A

POCKET DICTIONARY

OF

ENGLISH AND TAMIL

A

POCKET DICTIONARY

OF

ENGLISH AND TAMIL

GIVING THE NOMENCLATURE EMPLOYED AS WELL BY THE LOWER AS THE HIGHER CLASSES OF NATIVES, THE TAMIL WORDS BEING PRINTED BOTH IN ENGLISH AND IN THE NATIVE CHARACTER

J. OUCHTERLONY

GYAN

Published by

GYAN

Gyan Publishing House
5, Ansari Road
Daryaganj, New Delhi-110002
Phone: 011-47034999, 9811692060
E-mail: books@gyanbooks.com

Distribution Network
gyanbooks.com
India, USA, Canada, UK, Australia

ISBN: 978-93-6780-312-7 (PB)

First Published, 1851

2nd Impression 2024

Printed at: Gyan Press, Delhi.

A POCKET DICTIONARY OF ENGLISH AND TAMIL
Author: J. OUCHTERLONY

A POCKET DICTIONARY OF ENGLISH AND TAMIL,

GIVING

THE NOMENCLATURE EMPLOYED AS WELL BY THE LOWER AS THE HIGHER CLASSES OF NATIVES, THE TAMIL WORDS BEING PRINTED BOTH IN ENGLISH AND IN THE NATIVE CHARACTER.

BY

CAPTAIN J. OUCHTERLONY, F. G. S.

OF THE MADRAS ENGINEERS.

MADRAS:

PRINTED BY REUBEN TWIGG, AT THE CHRISTIAN KNOWLEDGE SOCIETY'S PRESS, CHURCH STREET, VEPERY.

1851.

PREFACE.

So many excellent Dictionaries of the Tamil language, by able and eminent authors, have been already published in Madras, that it would seem an act of presumption to add this small volume to their number, were it not that none of the works alluded to are available for the guidance of those, who are unacquainted with the Tamil character.

It seemed to me therefore that a Pocket Dictionary, or Vocabulary, of those words which are most commonly in use, and which constitute the "vulgar tongue" of the Southern provinces of the Peninsula, might supply that deficiency to learners and others who aimed only at a colloquial knowledge of the language.

Although I am aware that in pleading excuses for the imperfections of this little work, I expose myself to the retort of SWIFT to his hostess, who, affecting to lament the deficiencies of the elaborate banquet at which she had after much diplomacy secured the coveted distinction of his presence, received the cynical replique, "then why didn't you provide a better—you'd plenty of time," I am still induced to beg those who may favor it with their patronage, to find excuses for its faults in the circumstances under which it has been compiled, admitting only of the devotion to it of the brief intervals of leisure occurring in the course of active professional employment, and interposing serious obstacles to the proper correction of the errors of the press, and of those orthographical anomalies which creep into the pages of a publication like the present —rendered more numerous, doubtless, by the impossibility of procuring the services of a Moonshee in this remote district. To allude seriatim to the shortcomings which the work exhibits in this latter respect, would be tedious; but I may instance one which may seem rather prominent, and possibly create somewhat of confusion. It is in the rendering of the letter ழ, which in the earlier part of this Dictionary is given as *ghr*, and in the latter as *hr*. The reason of—or perhaps more correctly the excuse for this, is that after employing the *g* to convey an idea of the true guttural pronunciation of the ழ, through the first portion of the work, it occurred to me that when uttered by one not conversant with the Native character, the *g* might be unduly emphasized in a word in which it occurred, and a wrong pronunciation be thus conveyed. For example the word தழை (a small leaf,) occurring under L in the first part of the work, is rendered *tŭrghey*, and might hence be pronounced *tŭrg-hey*, which would be incorrect, since the *g* should be scarcely sounded, as *tŭr-*(*g*) *hey*. But in the latter part of the Dictionary, the word கீழ்மை (servility) is rendered *keerhmey*, about the pronunciation of which there can be no misconception.

It is necessary therefore here to point out, that wherever *ghr* occurs, as the rendering of ழ, the *g* is to be all but dropped, and sounded only gutturally; and further that, in common with all systems of pronunciation, the sign — is employed to denote that the letter over which it is placed is to be pronounced long ; the contrary measure being implied by the mark ◡.

Thus *ā* should be pronounced as in the interjection *ah !*

ă. . . . . . . as *a* in the word *jocular*.

ū. . . . . . . as double *o*, as in *room*.

ŭ. . . . . . . as *u* in the word *drum*.

It was my intention to prefix to this work a brief grammatical analysis, to assist the learner, but want of time to devote to its preparation, must plead my excuse for its absence, and I am fain to submit my little work with all its imperfections on its head, to the indulgent consideration of my brother Officers of the Madras Army, and the public whose fate leads them to be dwellers amongst the Tamulians.

KOONDAH MOUNTAINS,
1st *March*, 1851. J. O.

A
POCKET
DICTIONARY
OF
ENGLISH AND TAMIL.

A, an, *art.* oroo, ஒரு
Aback, *a.* peennāle, பின்னாலே
Abandon, *v.* tullookiradoo, veettoovidookiradoo, தள்ளுகிறது- விட்டுவிடுகிறது
Abash, *v.* koosăpunnookiradoo, கூசபண்ணுகிறது
Abate, *v.* arookiradoo, tuneekiradoo, அறுகிறது- தணிகிறது
Abbreviate, *v.* koraykookiradoo, குறைக்குகிறது
Abdomen, *s.* adivāuroo, அடிவயிறு
Abet, *v.* oodavookiradoo, உதவுகிறது
Abhor, *v.* veyrookiradoo, வெறுகிறது
Ability, *s.* tirānee, திராணி
Abject, *a.* yelăpŭmānăh, எளப்பமான.
Able, to be, *v.* koodookiradoo, கூடுகிறது
Aboard, ship, *a.* kŭppŭleen meyl, கப்பலின்மேல்
Abode, *s.* veedoo, woodoo, வீடு ஊடு
Abolish, *v.* tullookiradoo, தள்ளுகிறது
Abominable, *a.* ăroovŭroopānah, அருவருப்பான
Above, *a.* meyl, meyley, மேல் மேலே
Above said, *a.* meyl shŏnnă, மேற்சொன்ன
Abound, *v.* sheyrheekiradoo, செழிக்கிறது
About, (concerning,) *a.* kooreettoo, குறித்து
About, (so much,) *a.* kittătŭttă, poley, shooteeloom, கிட்டத்தட்ட, போலே, சுற்றிலும்.
Abreast, *a.* shŭreesvŭrăh, சரிவற

Abroad, *a.* veyleeyey, வெளியே
Abrupt, *a.* shŭdoodee, சடுதி
Abruptly, *a.* teedeereynăh, shŭdoodeeyay, திடீரென
Abscess, *s.* pereeyăkŭttoo, பெரியகட்டு
Abscond, *v.* oleetookollookiradoo, ஒளித்துக்கொள்ளுகிறது
Absent, to be, *v.* vŭrāmŭl voodookiradoo, வராமல்விடுகிறது
Abstemious, *a.* veyroopoo, வெறுப்பு
Absurd, *a.* pāyteeyŭm, booteekeevirodŭm, பயித்தியம்- புத்திக்குவிரோதம்
Abundant, *a.* meeghoodee, மிகுதி
Abuse, *v.* teettookiradoo, neendeekiradoo, திட்டுகிறது-நிந்திக்கிறது
Accept, *v.* ŭngeekŭreekiradoo, wottookollookiradoo, அங்கீகரிக்கிறது, ஒத்துக்கொள்ளுகிறது
Accident, *s.* yedāyooroo, kāymosŭm, வெடையூறு, கைமோசம்
Accidentally, *a.* tŭrcheyŭl, தற்செயல்
Accompany, *v.* koodă pokiradoo, koodă vurookiradoo, கூடப்போகிறது, கூடவருகிறது
Accomplice, *s.* oodŭndeykārun, உடந்தைக்காரன்
Acclivity, *s.* mŭlleyyettŭm, மலையேத்தம்
According to, *a.* pŭdee, pŭdeekee, படி-படிக்கு
Accordingly, *a.* ăppŭdeeyēy, அப்படியே
Account (expences,) *s.* kŭnăkoo, கணக்கு
Accurate, *a.* shareeyānah tee-

roottŭmānah, shemmeyănăh, சரியான- திருத்தமான செம்மையான
Accurately, *a.* shareeyākăh, deettŭmākăh, சரியாக- திட்டமாக
Accursed, *a.* koodeekerdoo, குடிகேடு
Accuse, *v.* koottŭm shollookiradoo, குத்தஞ்சொல்லுகிறது
Accuser, *s.* kootŭmshollookirăvŭn, குத்தஞ்சொல்லுகிறவன்
Accustomed, to be, *v.* vŭrăkŭmākkiradoo, வழக்கமாகிறது
Ache, *v.* nokirado, நோகிறது.
Acid, *a.* pooleepoo, புளிப்பு
Acknowledge, *v.* areekāy eedookiradoo, அறிக்கையிடுகிறது
Acquaint, *v.* areeyă kodookiradoo, அறியக்கொடுக்கிறது
Acquire, *v.* shŭmbādeekiradoo, சம்பாதிக்கிறது
Acquit, *v.* vidootŭley ākiradoo, விடுதலையாகிறது
Across, *a.* koorookoo, குறுக்கு
Act; Action, (deed,) *s.* sheykāy, nŭdākāy, kāreeyum, செய்கை- நடக்கை- காரியம்
Action, (law,) *s.* vŭghrăkoo, வழக்கு
Active, *a.* jākirŭtāy, சாக்கிரதை
Actual, *a.* neēsŭm, நிசம்
Actually, *a.* neesŭmāy, நிசமாய்
Acuteness, *s.* koormēy, meeghoodee, கூர்மை- மிகுதி
Add, *v.* koottookiradoo, sheyrkiradoo, கூட்டுகிறது- சேர்க்கிறது
Address, *s.* (to a letter,) meylveelāshŭm, மேல்விலாசம்
Address, (skill,) *s.* shoodshŭm, shooteerŭm, சூட்சம்- சூத்திரம்
Adhere, *v.* adookirădoo, adăykiradoo, அடுக்கிறது- அடைகிறது
Adhesive, *a.* wottoo, wottoosheyrvāy, ஒட்டு- ஒட்டுச்சேர்வை
Adjacent, *a.* ărookey, sŭmeebŭm, kittĕh, அருகே- சமீபம் கிட்ட
Adjoining, *a.* ădootădoo, sheyrtădoo, அடுத்தது- சேர்ந்தது
Adjust, *v.* sheppŭn eedookiradoo, dittŭm pŭnnookiradoo, செப்பனிடுகிறது- திட்டம்பண்ணுகிறது
Admire, *v.* meyshookirădoo, ŭdeesheeyă pŭdookiradoo, மெச்சுகிறது, அதிசயப்படுகிறது
Admit, *v.* yettookollookirădoo, yeydŭm kodookiradoo, யேத்துக்கொள்ளுகிறது- யெடங்கொடுக்கிறது
Adorn, *v.* ălŭngkŭreekiradoo, அலங்கரிக்கிறது
Adopt, *v.* mŭnshŭneer koodeekiradoo, மஞ்சணீர்க்குடிக்கிறது
Adroitly, *a.* gŭrtteeyāy, கெட்டியாய்
Adultery, *s.* veebăsārŭm, விபசாரம்
Advance, (money,) *v.* moonpunum kodookiradoo, முன்பணங்கொடுக்கிறது
Advance, (in office,) *v.* wosŭttookiradoo, ஒசத்துகிறது
Advantageously, *a.* bŭlŭmākăh, nāyŭmākăh, பலமாக- நயமாக
Adverting to, kooreetoo, pŭt-

tee, tottoo, குறித்து- பத்தி-தொட்டு

Advise, *v.* boottee shollookiradoo, yoshuney shollookiradoo, புத்திசொல்லுகிறது யோசனைசொல்லுகிறது

Afar, *a.* doorŭmāy, yettŭh, தூரமாய்-எட்ட

Affair, *s.* kūreeyŭm, ŭloovŭl, காரியம்- அலுவல்

Affection, *s.* pŭdshŭm, ănboo, peereeyŭm, பட்சம்- அன்பு-பிரியம்

Affirm, *v.* wooroodee pŭdootookiradoo, உறுதிப்படுத்துகிறது

Affliction, *s.* toonbŭm, vŭrootŭm, kleyshum, துன்பம்-வருத்தம்-கிலேசம்

Affray, *s.* shŭndey, ŭdeepeedee, சண்டை- அடிபிடி

Affright, *v.* bāyăh pŭdootookiradoo, பயப்படுத்துகிறது

Afoot, *a.* kālnŭdăyāy, கால்நடயாய்

Afraid, to be, *v.* bayŭpŭdookirădoo, பயப்படுகிறது

After, *a.* pinnāley, பின்னாலே

Afternoon, *s.* mŭtteeyānŭm, மத்தியானம்

Afterwards, *a.* peenboo, meyley, பின்பு- மேலே

Again, *a.* măroopŭdeeyoom, yĕnŭmoom, மறுபடியும்-யின்னமும்

Against, (orders,) *p.* (ooteerăvookoo,) veerodŭm, உத்திரவுக்கு-விரோதம்

Against, (the bank,) *p.* kŭrāyodoo; kŭrāyeeley, கரையோடு, கரையிலே

Age, (of a man,) vāyădoo, வயது

Aged, (man,) *a.* keerghăvŭn, கிழவன்

Aggravate, *v.* bārŭm ākkirădoo, பாரமாக்கிறது

Agility, *s.* kālkāy shoorookoo, கால்கைசுருக்கு

Ago, (long ago,) *a.* vuggoonāleykee minney, வெகுநாளைக்கு முன்னே

Agony, *s.* mukhā vŭrootŭm, nŏkādoo, மகாவருத்தம், நோக்காடு

Agree, (bargain,) *v.* ottookollookiradoo, ஒத்துக்கொள்ளுகிறது

Agreement, *s.* oodŭnpŭdeekāy, உடன்படிக்கை

Aid, *s.* wodavee, tooney, sŭgāyum, உதவி- துணை-சகாயம்

Aid, *v.* wodăvee sheykiradoo, உதவிசெய்கிறது

Air, *s.* kāttoo, vāyoo, காற்று-வாயு

Alarm, *v.* bāyŭh pŭdootookiradoo, பயப்படுத்துகிறது

Alas! *interj.* ăyyōh, ōhhō, ஐயோ, ஓகோ

Alert, *a.* jākirŭtāy, shooroo-shooroppoo, சாக்கிரதை-சுருசுருப்பு

Alight, *v.* yerŭngkiradoo, இறங்குகிறது

Alike, *a.* shŭmmānŭm, oppoo, சமானம்-ஒப்பு

Alive, *a.* whyŭrodoo, jeevŭn, உயிரோடு-சீவன்

All, *a.* yellām, எல்லாம்

Allow, *v.* wottookollookiradoo, ஒத்துக்கொள்ளுகிறது

Almanac, *s.* pŭnshāngŭm, பஞ்சாங்கம்

Almost, *a.* kittăhtŭttah, konshŭmkorāyŭh, கிட்டத்தட்ட கொஞ்சம்குறைய

Alms, *s.* peechey, dŭrmŭm, yāsākŭm, பிச்சை-தருமம்-யாசகம்

Alone, *a.* tŭnee, tŭneettoo, தனி, தனித்து

Along, (with,) koodăh, sheyr, கூட, சேர

Aloud, *a.* worŭkkăh, sŭttŭmāy, gurtteeyay, ஒறக்க-சத்தமாய்-கெட்டியாய்

Also, (he,) *a.* அவனும் (avun) oom ; அவனுங்கூட (avun) oomkoodah.

Alter, *v.* māttookiradoo, மாத்துகிறது

Altercation, *s.* tŭrkŭm, தற்கம்

Alternately, *a.* māttee māttee, மாறிமாறி

Although, *a.* ŭnāloom, ஆனாலும் eeroondāloom, இருந்தாலும்

Although, (you have come,) neer vŭndirŭndāloom, நீர்வந்திருந்தாலும்

Altitude, *s.* whyeerŭm, உயரம் wosshŭm, உச்சம்

Altogether, *a.* moorhoodoom, முழுதும் moottoom, முற்றும்

Alum, *s.* pŭdeekārŭm, படிகாரம்

Always, *a.* yeppodoom, yenneyrŭmoom, யெப்போதும் யென்னேரமும்

Amiable, *a.* shādoo, shŭrgoonŭm, சாது-சற்குணம்

Amidst, *p.* nŭdoovey, eedāyeeley, நடுவே, இடையிலே

Amongst, *p.* ool, eel, eedayeel, உள்,இல்-இடையில்

Amorous, *a.* kāmmānădoo, mōkŭmānădoo, காமமானது மோகமானது.

Amount, (money,) *s.* tokhāy, தொகை

Ample, *a.* veeshtārŭm, dārālŭm, விஸ்தாரம்,தாராளம்

Amputate, (a leg.) *v.* (kāl) veyttookiradoo, கால்வெட்டுகிறது

Amuse, *v.* pārkookāttookiradoo, பார்க்குகாட்டுகிறது

An, *a.* oroo, ஒரு

Ancestors, *s.* moonōrkŭl, sŭndădeeyār, முன்னோர்கள்-சந்ததியார்

Anchor, *s.* nŭngoorum, lŭngŭr, நங்கூரம், லங்கர்

Ancient, *a.* poorvŭmānăh ādeeyānăh, பூர்வமான-ஆதியான

Ancle, *s.* kŭnoovookāl, கணுவுகால்

And, *c.* oom, koodăh, peennoom, உம்-கூட-பின்னும்

Anew, *a.* poodoosākăh, புதுசாக

Anger, *s.* kobŭm, கோபம்

Angle, *s.* konŭm, கோணம்.

Angrily, *a.* kobŭmāy, kŭndeepāy, கோபமாய்-கண்டிப்பாய்

Angry, *a.* kobŭm, கோபம்

Angry, to be, *v.* mŭnŭstābŭmāy irrokiradoo, மனஸ்தாபமாயிருக்கிறது

Anguish, *s.* kŭvŭley, kleyshŭm, கவலை, கிலேஷம்

Animal, *s.* prānee, meeroogŭm, பிறாணி-மிருகம்

Animosity, *s.* pŭkhay, văyeerākeeyŭm, பகை-வயிருக்கியம்

Annex, *v.* ottookiradoo, sheyrkiradoo, ஒட்டுகிறது, சேர்க்கிறது

Anniversary, *s.* vŭrooshŭmdoroom, வருஷந்தோரும்

Announce, *v.* ăreeveekiradoo, அறிவிக்கிறது.

Annoy, *v.* ălŭttookiradoo, அலட்டுகிறது

Annually, *a.* vŭrooshānderŭm, வருஷாந்திரம்

Annul, *v.* tŭllookiradoo, தள்ளுகிறது

Anomalous, *a.* veebŭreedŭmānadoo, விபரீதமானது

Anonymous, *a.* peyreellādădoo, பெயரில்லாதது.

Another, (man,) *a.* veyroroovŭn, வேறொருவன்

Answer, *s.* mŭrroo vootteerăvoo, மருவுத்திரவு,

Ant, (common,) *s.* yeyroomboo, யெரும்பு

Ant, (white,) *s.* velley yeyroomboo, வெள்ளையெரும்பு

Ant, (red,) *s.* shŭkăpoo yeyroomboo, செகப்புயெரும்பு

Antagonist, *s.* yeydeer, எதிர்

Antedate, *v.* moonteydee podookiradoo, முன்தேதிபோடுகிறது

Antelope, *s.* poollimān, புள்ளிமான்

Ant-hill, *s.* yeyroomboo pŭttoo, யெரும்புபுட்டு

Antidote, *s.* mŭroondoo, pŭreekārŭm, மருந்து, பரிகாரம், தீர்ப்பு

Antipathy, *s.* pŭkhāy, பகை

Antler, *s.* mānkomboo, மான்கொம்பு

Anus, *s.* ăbānŭm, அபானம்

Anvil, *s.* ŭdāyŭl, pŭttădēy, அடையல், பட்டடை

Anxious, *a.* tŭveepānăh, kŭvŭleyānăh, தவிப்பான, கவலையான.

Any, *a.* yedākeeloom, யேதாகிலும்

Any one, *a.* ārākeeloom, yedoo wonākeeloom, ஆருகிலும்-யெதுவொன்றாகிலும்

At any rate—somehow or other,—yeppŭdeeyākeeloom, யெப்படியாகிலும்

Any where, yengeyoom, yevvŭdŭteel ākeeloom, எங்கேயும் யெவ்விடத்திலாகிலும்

Any more, innŭm, ădeegŭm, இன்னம் அதிகம்

Apace, *a.* shiggirŭmay, seekkeerŭmay, சீக்கிரமாய்

Apart, (to live,) *v.* tŭnnitoo vāshŭm pŭnnookiradoo, தனித்துவாசம் பண்ணுகிறது

Apartment, *s.* arāy, அறை

Ape, *s.* koorŭngoo, குறங்கு

Aperient, *s.* soogăbeydee, சுகபேதி

Aperture, *s.* toovārŭm, vāy, துவாரம்-வாய்

Apex, *s.* wooshee, noonee, உச்சி-நுனி

Apiece, *a.* ovvonrookoo, ஒவ்வொன்றுக்கு

Apologize, *v.* neeyāyŭm shollookiradoo, நியாயம்சொல்லுகிறது

Apoplexy, *s.* jŭnnee, சன்னி

Apothecary, *s.* mŭrŭndoo veekirăvun, மருந்துவிக்கிறவன்

Apparel, oodoopoo, உடுப்பு

Apparent, (clear,) teyleevoo, தெளிவு

Appeal, *v.* ŭbăyŭm eedookiradoo, அபயமிடுகிறது

Appear, *v.* kānkiradoo, காண்கிறது

Appearance, (figure,) *s.* sheyŭl, செயல்

Appease, *v.* āttookiradoo, ஆத்துகிறது

Appellant, *s.* ubayŭm eĕdookirăvŭn, அபயமிடுகிறவன்

Append, *v.* koottookiradoo, கூட்டுகிறது

Appertain, *v.* sheyrkiradoo, சேர்க்கிறது

Appetite, (food,) āsāy, ஆசை
Apple (of eye,) kúnmúnee, கண்மணி
Applicable, tŭkhoodeeyānŭdoo, தகுதியானது
Applicant, s. ărooveettookondävŭn, அருவித்துக்கொண்டவன்
Application, (law,) s. kelveekúdoodāshee, கேழ்விகடுதாசி
Application, (request,) s. kelvee, கேழ்வி
Apply, v. dāyăvoo kelkiradoo, தயவுகேழ்க்கிறது
Apply, v. (paint, &c.) v. poosookiradoo, பூசுகிறது
Apply, (a plaster,) v. shervey-podookiradoo, சேர்வைபோடுகிறது
Appoint, v. neymŭkŭm pŭnookiradoo, neymeekiradoo, நேமகம்பண்ணுகிறது நேமிக்கிறது
Appointed, (day.) a. neymittă (nāl,) நேமித்த(நாள்)
Appointment, s. neymŭkŭm, நேமகம்
Appraise, v. villeymŭdeekiradoo, விலைமதிக்கிறது
Apprehend, v. pideekiradoo, poodeekiradoo, பிடிக்கிறது
Apprehend, (fear,) v. bāyapúdookiradoo, பயப்படுகிறது
Apprehend, (think,) v. yennookiradoo, யெண்ணுகிறது
Apprehension, s. băyúm, பயம்
Apprehension, seizing, s. poodeemānúm, பிடிமானம்
Approach, v. kitta vúrookiradoo, கிட்டவருகிறது
Approbation, s. peereeyŭm, kúdāykŭn, பிரியம்-கடைகண்கடாட்சம்
Approve, v. shŭmmŭdeekiradoo, oppookollookiradoo, சம்மதிக்கிறது, ஒப்புகொள்ளுகிறது
Approximate, v. kittă vŭrookiradoo, கிட்டேவருகிறது
Appurtenance, s. sheyrndŭdoo, சேர்ந்தது
April, s. shitteērēy māshŭm, சித்திரைமாசம்
Apt, (fit,) a. tŭkădoo, tŭgoodee, தக்கது.தகுதி
Apt, (quick,) a. gētteeyānăh, கெட்டியான
Aptitude, s. tŭgoodee, தகுதி
Aptly, a. túgoodeeyāy, தகுதியாய்
Aqueduct, (channel,) s. vāykāl, kālvāy, kāvāy, வாய்க்கால்.கால்வாய்
Arable, (land,) a. vayŭlkānee, வயற்க்காணி-வயற்பூமிபயிரிடும்-பூமி
Arbitrate, v. neeyāyŭm teerkiradoo, நியாயந்-தீர்கிறது
Arc, s. peerēyvŭdeevoo, vŭttăteel oroobāgŭm, பிறைவடிவு வட்டத்திலொருபாகம்
Arch, s. vŭlavoo, வளவு
Arch, (shrewd,) a. komālŭmānăh, கோமாளமான
Architect, s. shŭrpee shāsteeree சிற்பிசாஷ்திரி
Architecture, s. shărpeeveyley சிற்பிவேலை
Archly, a. komālŭmay, கோமாளமாய்
Ardent, a. meēgoondăh, மிகுந்த
Ardently, a. veygoōmey, வெகுமே
Ardour, (eagerness,) s. oroojāmŭm, shiggeerum, ஒருசாமம்-சீக்கிரம்

Arduous, *a.* peerăyăsŭmānăh, kŭshtŭmānăh, பிரயாசமான-கஷ்டமான

Arduously, *a.* preeyăsŭmāy, kŭshtŭmāy, பிரயாசமாய்,கஷ்டமாய்

Areka, (tree,) *s.* kŭmookŭmŭrŭm, pākkoomŭrŭm, கமுகமரம் பாக்குமரம்

Areka, (nut,) *s.* pākkoo, பாக்கு

Argue, *v.* neeyāyŭm shollookiradoo, neeyāyum peyshookiradoo, நியாயம்பேசுகிறது

Argue, (law,) *v.* vuŕhukoo shollookiradoo, வழக்குசொல்லுகிறது

Argument, *s.* neeyāyŭm, நியாயம்

Arid land, *a.* vŭrŭndă neelŭm, வறண்டநிலம்

Aright, *a.* shāreeyākăh, deetŭmākăh, சரியாக-திட்டமாக

Arise, (ascend,) *v.* yerhookiradoo, ஒழுகிறது

Arise, (sun,) *v.* ooteekirădoo, உதிக்கிறது

Arithmetic, *s.* kŭnăkoo, கணக்கு

Arithmetician, *s.* kŭnăkŭn, kŭnakookārun, கணக்கன்

Arm, *s.* kāy, கை

Arm, *v.* āyoodŭm kodookiradoo, āyoodŭm pŭdootookiradoo, ஆயுதம்கொடுக்கிறது - ஆயுதப்படுத்துகிறது

Armful, *s.* oroo kodungkāy, ஒருகொடுக்கை

Armhole, *s.* kāykooree, கைக்குழி

Armpit, *s.* kŭmmookŭttoo, கமுக்கட்டு

Arms, *s.* āyoodŭm, ஆயுதம்

Army, *s.* pŭday, sheyney, படை-சேனை

Around, *a.* shoottee, shooroondoo, சுத்தி-சுருண்டு

Arouse, *v.* yerhoopookiradoo, எழுப்புகிறது

Arrack, *s.* shārāyŭm, rākkoo, சாராயம்.ருக்கு

Arrange, *v.* deettŭm pŭnnookiradoo, திட்டம்பண்ணுகிறது

Arrangement, *s.* deettum, திட்டம்

Arrears, *s.* kooraypŭnŭm, குறைப்பணம்

Arrest, *v.* poodeekirădoo, பிடிக்கிறது

Arrival, *s.* sheyrvoo, vŭndoosheyrtŭl, வந்துசேர்தல்

Arrive, *v.* vŭndoo sheyrkiradoo, வந்துசேர்கிறது

Arrogance, *s.* ănoovŭm, ŭgŭndāy, அநுவம்-அகந்தை

Arrogant, *a.* yedoopānăh, வெடுப்பான

Arrogantly, *a.* ŭgŭndayāy, அகந்தையாய்

Arrow, *s.* ŭmboo, bānŭm, அம்பு-பாணம்

Arrow-root, *s.* kooreykŭlŭngoo, கூரைக்கிழங்கு

Arsenal, *s.* āyoodăsāley, ஆயுதசாலை

Arsenic, *s.* pāshānŭm, பாஷாணம்

Art, *s.* sheygay, செய்கை

Artery, *s.* nŭrŭmboo, nādee, நரம்பு-நாடி

Artful, *a.* tŭndeerŭmānăh, தந்திரமான

Artful, (man,) *a.* shoodshŭmoollăh, சூட்சமுள்ள

Article, (thing,) *s.* porool, pŭndŭm, பொருள்,பண்டம்

Artifice, *s.* ŏobāyŭm, உபாயம்-தந்திரம்

Artificial, *a.* polee, sheyrkāyānăh, போலி,செயற்கையான
Artillery, *s.* beerŭngee, beerŭngeekārur, பீரங்கி,பீரங்கிகாரர்
Artizan, *s.* kŭmmālŭn, கம்மாளன்
As, *a.* pol, poley, ākŭh, pŭdee, pirakārum, போல்-ஆக-பிரகாரம்
Ascend, *v.* yeyrghoombookiradoo, yeyrghookiradoo, meyley pokiradoo, எழும்புகிறது, எழுகிறது
Ascent, (elevation,) *s.* yettŭm, whyrŭm, woochŭm, ஏற்றம்-உயரம்
Ascertain, *v.* needsheekiradoo, நிட்சியிக்கிறது
Ascribe, *v.* sheyloottookiradoo, செலுத்துகிறது
Ashamed, to be, *v.* veydkăpŭdookiradoo, vekkăpŭdookiradoo, வெட்கப்படுகிறது
Ashes, *s.* shāmbŭl, சாம்பல்
Ashore, *a.* kŭreyyeeley, கரையிலே
Aside, *a.* pŭkŭtteeley, பக்கத்திலே
Ask, *v.* kedkiradoo, கேழ்கிறது
Aslant, *a.* konălāy, கோணலாய்
Asleep, to be, *v.* toongee yiroo-kiradoo, neeteereyyay irrookiradoo, தூங்கியிருக்கிறது நித்திரையாயிருக்கிறது
Aspect, (look,) *s.* pārvāy, parvāy goontŭm, பார்வைகுணம்
Asperity, (temper,) *s.* ookeerŭm, உக்கிரம்
Asperse, *v.* ăbŭrādŭm peyshookiradoo, அபராதம்பேசுகிறது
Aspirant, *s.* āseykārŭn, ஆசைகாரன்
Aspirate, *v.* vŭloovooshăreekiradoo, வலுவுச்சரிக்கிறது
Aspire, *v.* whyrŭndoo kollă pārkiradoo, உயர்ந்துக்கொள்ளப் பார்க்கிறது
Ass, *s.* kŭloodey, kuroodey, கழுதை
Assail, *v.* shŭroovookiradoo, சருவுகிறது
Assailant, *s.* adeekirăvŭn, அடிக்கிறவன்
Assault, *s.* aditul, shuroovootul, அடித்தல்-சருவுதல்,
Assay, *v.* māttoo pārkiradoo, மாற்றுப்பார்க்கிறது
Assemble, *v.* sheyrkiradoo, koodăvŭndirookiradoo, சேர்கிறது
Assent, *s.* shŭmmădŭm, சம்மதம்
Assert, *v.* ooroottee shollookiradoo, உருட்டிசொல்லுகிறது
Assertion, *s.* vārtai, shol, வார்த்தை-சொல்
Assess, *v.* mŭdeekiradoo, மதிக்கிறது
Assessment, *s.* iraivŭree, kŭndāyŭm, இறைவரி கந்தாயம்
Asseveration, *s.* ooroodeeshol, உறுதிச்சொல்
Assiduity, *s.* jākirŭtāy, சாக்கிரதை
Assign, *v.* kooreekiradoo, குறிக்கிறது
Assimilate, *v.* shŭmāneekiradoo, சமானிக்கிறது
Assist, *v.* wodăveesheykiradoo, ஒதவிசெய்கிறது
Assistance, *s.* wodăvee, toonāy, ஒதவி-துணை
Associate, *v.* sheyrkirădoo, சேர்க்கிறது
Association, *s.* sŭngŭm, சங்கம்

Assort, *v.* mādeeree mādeeree pŭdootookiradoo, மாறி-மாறி படுத்துகிறது
Assuage, *v.* sŭmādānăh pŭdootookirădoo, சமாதானப் படுத்துகிறது
Assume, to, tooneekiradoo, துணிகிறது
Assume, (a name,) *v.* peyrreetookollookiradoo, பேரிட்டுக்கொள்ளுகிறது
Assurance, *s.* yedoopoo, எடுப்பு
Assure, *v.* neeshă pŭdootookiradoo, நிசப்படுத்துகிறது
Assuredly, *a.* neeshŭmāy, நிசமாய்
Asthma, *s.* kāsŭm, yerray, காசம்-இரை
Astonish, *v.* ădeeseeyă pŭdookirădoo, அதிசயப்படுகிறது
Astonishing, *a.* āchŭreeyŭm, ஆச்சரியம்
Astray, to go, *v.* tŭppee pokookiradoo, தப்பிப்போகுகிறது
Astringent, *a.* toovurpoo, துவர்ப்பு
Astronomer, *s.* gŭneedă shāsteeree, கணிதசாஸ்த்திரி
Asunder, *a.* ăroondoo, veettoo, அறுந்து-விட்டு
Asunder, (to fall,) *v.* ăroondoo pokiradoo, அறுந்துபோகிறது
At, *p.* eel, koo, eedŭteel, āy, ākă, ŭdiyeel, இல்-கு-இடத்தில்-ஆய
At (home,) veetteeley, voottееley, வீட்டிலே
At (last,) kŭdāycheey ākăh, கடைசியாக
At length, kŭdāycheeyiley, கடைசியிலே
At any rate, yeppŭdeeyoom, எப்படியும்
At once, oodăney, oroomeekkăh, ஒருமிக்க-உடனே
At ten o'clock, pŭttoo mŭneekee, பத்துமணிக்கு
At him, ăvŭneeley, அவனிலே
Athirst, *a.* dākŭmāy, தாகமாய்
Athletic, *a.* gerttee, கெட்டி
Athwart, *a.* koorookey, குறுக்கே
Atmosphere, *s.* ăndŭrŭm, அந்தரம்
Atone, (amend,) *v.* ooteerăvădŭm pŭnnookirădoo, உத்திரவாதம்பண்ணுகிறது
Atrocious, *a.* kodiyăh, mŭkhā, கொடிய,மகா
Atrocity, *s.* kodoomey, கொடுமை
Attached, to be, *v.* sheyrndeerookiradoo, சேர்ந்திருக்கிறது
Attachment, *s.* āsay, shineykeedŭm, ஆசை-சினேகிதம்
Attain, *v.* peyrookirădoo, பெயருகிறது
Attainable, peyrătŭkkăh, பெறத்தக்க
Attempt, *v.* yettŭnŭm pŭnnookiradoo, யெத்தனம்பண்ணுகிறது
Attend, *v.* kāttookollookiradoo, காத்துக்கொள்ளுகிறது
Attend, (accompany,) *v.* kōōdăpokiradoo, கூடபோகிறது
Attendant, *s.* veyleykārŭn, வேலைக்காரன்
Attention, *s.* gŭvŭnŭm, கவனம்
Attention, (civility,) *s.* oobāsārŭm, உபசாரம்
Attentive, *a.* gŭvŭneepoo, jhākirŭtay, கவனிப்பு-சாக்கிரதை

Attest, *v.* shātshee chollookiradoo, சாட்சிசொல்லுகிறது
Attestation, *s.* shātshee, சாட்சி
Attire, *s.* oodoopoo, உடுப்பு
Attire, *v.* oodootookiradoo, உடுத்துகிறது
Attitude, *s.* kolŭm, கோலம்
Attorney, *s.* pirămānŭm, பிரமாணம்
Attractive, *a.* nāyŭppoo, நயப்பு
Attribute, *v.* shoomŭttookiradoo, சுமத்துகிறது
Auction, *s.* yeylŭm, யேலம்
Auctioneer, *s.* yeylŭm koorookiravŭn, யேலம்கூருகிறவன்
Audacious, *a.* tooneevānăh, துணிவான
Audaciously, *a.* tooneevāy, துணிவாய்
Audacity, *s.* tooneevoo, துணிவு
Audible, *a.* kedkătŭkkă, கேட்கத்தக்க
Audibly, *a.* kedkăh, கேட்க
Audience, *s.* kedkirăvŭrkŭl, koottŭm, கேட்கிறவர்கள்கூட்டம
Audience hall, *s.* sŭbaikoodŭm, சபைகூடம்
Audit, (accts.) *v.* kunăkoo pārkirădoo, கணக்கைபார்க்கிறது
Aught, *s.* yedākeeloom, yādonroo, எதாகிலும் - யாதொன்று
Augment, *v.* ădeegă pŭdoŏtookirădoo, அதிகபடுத்துகிறது
Augury, *s.* shŭgoonŭm, shŭgoonăshāstirŭm, சகுனம் - சகுனசாஸ்திரம்
August, *s.* āvŭnee māshŭm, ஆவணிமாசம்
August, (man,) *a.* mŭkhā periyăvŭn, மகாபெரியவன்
Aunt, *s.* māmee, ŭttāy, மாமி, அத்தை
Auspicious, day, *s.* nŭllăh nāl, shoobădinŭm, நல்லநாள்
Auspiciously, *a.* soobŭmāy, சுபமாய்
Austere, (man,) *a.* kŭndităkārŭn, கண்டிதக்காரன்
Authentic, *a.* neeshŭm, meyānăh, நிசம்-மெய்யான
Author, *s.* sheydăvŭn-yereedeenăvŭn, செய்தவன்
Authoritative, *a.* kŭndeepoo, கண்டிப்பு
Authority, *s.* ădeekārŭm, அதிகாரம்
Authorize, *v.* ădeekārŭm peyrookiradoo, அதிகாரம்பெருகிறது
Auxiliary, *a.* ottāshēy, ஒத்தாசை
Avail, (self,) *v.* pŭttookirădoo, பத்துகிறது
Available, *a.* kāriyŭttookoo tŭkkăh, காரியத்துக்குத்தக்க
Avarice, *s.* pōroolāsēy, பொருளாசை
Avaricious, *a.* pōroolasēyānăh, பொருளாசையான
Avariciously, *a.* pŏroolāsēyāy, பொருளாசையாய்
Avenge, *v.* pŭleevāngookiradoo, பழிவாங்குகிறது
Avenue, *s.* vŭlee, toovārŭm, வழி-துவாரம்-பாதை
Aver, *v.* ooroodeeyāy shollookiradoo, உறுதியாய்ச்சொல்லுகிறது
Average, (to make,) *v.* shŭgŭttootokāy ākiradoo, சகட்டுதொகையாகிறது
Averse, *a.* veyroopoo, வெறுப்பு

Avert, *v.* teeroopookirădoo, திருப்புகிறது

Avocation, *s.* aloovŭl, toreel, அலுவல்-தொழில்

Avoid, *v.* tŭveerkiradoo, தவிர்கிறது

Avouch, *v.* ooroodeeyāy shollookiradoo, உறுதியாய்ச்சொல்லுகிறது.

Await, *v.* kāttirookirădoo, pārtirookirădoo, காத்திருக்கிறது பார்த்திருக்கிறது.

Awake, *v. n.* yerghoondirookiradoo, எழுந்திருக்கிறது

Awaken, *v.* yeyghrroopookirădoo, எழுப்புகிறது.

Award, *v.* teermāneekiradoo, தீர்மானிக்கிறது.

Aware, to be, teyreendirookiradoo, ăreekiradoo, தெரிந்திருக்கிறது.

Away, to send, *v.* ănoopee voodookirădoo, அனுப்பிவிடுகிறது

Awe, *v.* băyupŭdootookirădoo, பயப்படுத்துகிறது

Awhile, *a.* konshŭh neyrŭm, கொஞ்சநேரம்

Awkward, *a.* kaipŭdeeyādăvŭn, கைபடியாதவன்

Awkwardly, *a.* kocheyay, கொச்சையாய்

Awning, *s.* pŭndŭl, goodārŭm, பந்தல்-கூடாரம்

Awry, *a.* kōnŭlākăh, கோணலாக

Axe, *s.* kodālee, கோடாலி

Axle, *s.* ătchoo, ătchoomŭrrŭm, அச்சுமறம்

Aye, *i.* ām, āmām, ஆம்-ஆமாம்

Azure, *a.* neelŭm, நீலம்

B

Babble, *v.* peenāttookiradoo, பிதற்றுகிறது

Baboon, *s.* koorŭngoo, குரங்கு

Baby, *s.* kohrhŭndey, kolŭndey, pālāgŭn, குழந்தை, பாலகன்

Bachelor, *s.* kŭleeyānŭm illătăvŭn, கலியாணமில்லாதவன்

Back, to go, *v.* teeroombeēpokirădoo, திரும்பிபோகிறது

Back, the, *s.* moodoogoo, முதுகு

Back, *adv. a.* peen, peeney, பின், பின்னே

Backbone, *s.* moodoogoo yelŭmboo, முதுகெலும்பு

Backdoor, *s.* peenkātăvoo, பின்கதவு

Backside, (rump,) peenpoorŭm, பின்புறம்

Backward, *a.* peeneedŭm, பின்னிதம்

Bacon, *s.* pŭneeyerashee, pŭneekŭree, பன்றியிறைச்சி, பன்றிகறி

Bad, *a.* kertăh, கெட்ட

Bad man, *s.* kertăvŭn, pollādăvŭn, கெட்டவன்

Badge, (peons,) *s.* mooteerāy, முத்திரை

Badly, *a.* kertāy, கேடாய்

Badness, *s.* kerdoo, pollāngoo, கேடு-பொல்லாங்கு

Baffle, *v.* tŭdookiradoo, தடுக்கிறது

Bag, *s.* pāy, பை

Baggage, *s.* shāmān, சாமான்

Bail, (security,) *s.* peenĕy, ootŭrrăvādŭm, பிணை-உத்தரவாதம்

Bait, *s.* yerey, இரை

Bait, *v.* yerey podookiradoo, இரைபோடுகிறது

Bake, *v.* shoodookiradoo, சுடுகிறது

Bakery, *s.* rottee shoodookiravoodoo, ரொட்டிசுடுகிறவீடு
Baker, *s.* rotteekārŭn, ரொட்டிக்காரன்
Balance, (accounts,) *v.* sŭmmākiradoo, சம்மாகிறது
Balance, (due,) *s.* bākkee, koorĕy, பாக்கி-குறை
Balance, (scales,) *s.* trāsoo, தராசு
Bald, *a.* moottĕyānăh, மொட்டையான
Baldness, *s.* moottĕy, மொட்டை
Bald pate, *s.* moottĕy tŭlley, மொட்டைத்தலை
Bale, (water,) *v.* yerĕykiradoo, இறைக்கிறது
Baleful, *a.* kerdoodee, கெடுதி
Balk, *v.* tŭvŭr pŭnnookiradoo, தவறுப்பண்ணுகிறது
Ball, *s.* goondoo, குண்டு
Ball practice, *s.* goondoo shoodookiradoo, குண்டுசுடுகிறது
Ball cartridge, *s.* goondoo mŭroondoo, குண்டுமருந்து
Ballast, *s.* adeebārŭm, அடிபாரம்
Bamboo, *s.* moongeel, மூங்கில்
Band, (fillet,) *s.* kŭttoo, கட்டு
Band, (regimental,) *s.* vādeeăkārŭrkŭl, வாத்தியகாரர்கள்
Bandage, *s.* kŭttoo, kŭsshoo, கட்டு-கச்சு
Bandbox, *s.* toppeepoottee, தொப்பிப்பெட்டி
Bandy leg, *s.* doddeekāl, தொட்டிக்கால்
Banian (tree,) *s.* ālĕmŭrŭm, ஆலமரம்
Banish, *v.* toorŭttookiradoo, துரத்துகிறது
Bank, (river,) *s.* kŭrrey, orŭm, கரை-ஓரம்
Bank, (earth,) *v.* aney kŭttookiradoo, அணைகட்டுகிறது
Bankrupt, *s.* mooreendăvŭn, முறிந்தவன்
Banner, *s.* veeroodookodee, kodee, விருதுக்கொடி
Banquet, *s.* veeroondoo, விருந்து
Banter, *s.* pŭreeyāsŭm, shŭkăttŭm, பரியாசம்-சக்கட்டம்
Baptism, *s.* ngyānŭsnānŭm, ஞானஸ்நானம்
Bar, (metal,) *s.* tŭdey, தடை
Bar, (shoal,) *s.* deettee, திட்டி
Barb, (hook,) *s.* kŭroo, கரு
Barbarian, *s.* kodiyŭn, கொடியன்
Barbarity, *s.* kodoomey, கொடுமை
Barber, *s.* ŭmbŭttŭn, அம்பட்டன்
Bare, (naked,) *v.* ooreendoo podookiradoo, உரிந்துபோடுகிறது
Barefaced, *a.* veydkŭm kerttăh, வெட்கங்கெட்ட
Barefoot, *a.* veyroongkāl, வெறுங்கால்
Bareheaded, *a.* tŭleymoodādăh, தலைமூடாத
Barely, *a.* mātteerŭm, மாத்திரம்
Bareness, *s.* ŭmmănŭm, neeroovānŭm, அம்மணம்-நிருவாணம்
Bargain, *v.* veelley peyshookiradoo, விலைபேசுகிறது
Bargain, *s.* oppŭndŭm, ஒப்பந்தம்
Bark, *v.* koleykiradoo, குலைக்கிறது
Bark, (of tree,) *s.* mŭrrăpŭttāy, மரப்பட்டை
Barley, *s.* gānshee, காஞ்சி
Barrack, *s.* sheyvookŭr eeroopeedŭm, சேவகரிருப்பிடம்
Barrel, (cask,) peepā, பீப்பா

Barrel, (gun,) *s.* koorghŭl, koolŭl, குழல்
Barren, (land,) *a.* pārgh, (neelŭm,) பாழ்(நிலம்)
Barren, (woman,) *s.* mŭlŭdee, மலடி
Barrenness, *s.* mŭlŭdoo, pārgh, மலடு-பாழ்
Barricade, *s.* vŭrghee ădaipoo, வழியடைப்பு
Barrier, *s.* vŭrghee ădaipoo, வழியடைப்பு
Barrister, *s.* neeyāyăvādee, நியாயவாதி
Barrow, (wheel,) *s.* kāyvŭndee, கைவண்டி
Barter, *v.* māttookirădoo, மாற்றுகிறது
Base, (bottom,) *s.* ŭdee, அடி
Base, (mean,) *a.* kŭdai, yelăpŭm, கடை-இளப்பம்
Basely, *a.* yeenŭmāy, ஈனமாய்
Bashful, *a.* nānŭm, நாணம்
Basin, (wash,) *s.* kŭroovookirăpeengān, beysŭn, கழுவுகிறபீங்கான்
Bask, *v.* kāykirădoo, காய்கிறது
Basket, *s.* koodĕy, கூடை
Bastard, *s.* kŭllăpoolley, கள்ளப்பிள்ளை
Bat, *s.* vŭvvāl, வவ்வால்
Bath, (tub,) *s.* shnānătottee, ஸ்நானத்தொட்டி
Bathe, *v.* shnānŭm pŭnnookirădoo, ஸ்நானம்பண்ணுகிறது
Batta, *s.* pŭdee, படி
Battalion, *s.* pŭttālŭm, பட்டாளம்
Battle, *s.* yoottŭm, யுத்தம்
Bawd, *s.* vŭdăvāh, வடவா
Bawl, *v.* koopeedookirădoo, kŭttookiradoo, கூப்பிடுகிறது-கத்துகிறது

Bay, (color,) *a.* kŭreenjsheevŭpoo, குருஞ்சிவப்பு
Bayonet, *s.* shŭneen, சனின்
Bazaar, (market,) *s.* kŭdey, shŭndey, கடை-சந்தை
Be, *v.* eerrookirădoo, இருக்கிறது
Beach, *s.* kŭdŭl kŭrey, கடற்கரை
Bead, *s.* mŭnee, மணி
Beak, *s.* pŭravey mookkoo, பறவைமூக்கு
Beam, *s.* doolŭm, தூலம்
Bear, (carry,) *v.* yedookirădoo, kondoopokiradoo, எடுக்கிறது, கொண்டுபோகிறது
Bear, (suffer,) *v.* porookirădoo, pŭdookirădoo, பொறுக்கிறது-படுகிறது
Bear, *s.* kŭrŭdee, கரடி
Beard, *s.* dādee, தாடி
Bearer, *s.* shemeykārŭn, சேமைகாரன்
Bearers, (palki,) *s.* palŭkey booeekŭl, பல்லக்கைபோயிகள்
Beast, *s.* meeroogŭm, மிருகம்
Beastly, *a.* meeroogŭttŭnŭmānăh, மிருகத்தனமான
Beat, *v.* ŭdeekirădoo, அடிக்கிறது
Beautiful, *a.* seerăppānăh, சிறப்பான
Beauty, *s.* seerŭppoo, ărăgoo, alăgoo, சிறப்பு-அழகு
Because, *a.* ānăpŭdiyināley, ākāyināley, ānŭdeenāley, ஆனபடியினாலே-ஆனதினாலே
Beckon, *v.* kāykāttookirădoo, கைகாட்டுகிறது
Become, *v.* ākhookirădoo, ஆகுகிறது
Bed, (bedding,) *s.* medday, pŭdookāy, மெத்தை-படுக்கை

Bedstead, *s.* kŭtteel, கட்டில்
Bee, *s.* teynpootchee, தேன்பூச்சி
Beef, *s.* māttookŭrree, matteerāyshee, மாட்டுகறி-மாட்டிறைச்சி
Been, *p.* eerŭndoodoo, இருந்தது
Beer, *s.* beershārāyŭm, பீர்சாராயம்
Beetle, *s.* vŭndoo, வண்டு
Befal, *v.* shumpăveekiradoo, சம்பவிக்கிறது
Befitting, *a.* tŭkkăh, தக்க
Before, *a.* moonney, minney, முன்னே
Beforehand, *a.* moonnoorăh, moondăh, முன்னூற-முந்த
Befriend, *v.* oobăkŭreekirădoo, உபகரிக்கிறது
Beg, *v.* peetshey kerlkirădoo, பிச்சைகேட்கிறது
Beget, *v.* shenneepeekkirădoo, peyrookirădoo, ஜெனிப்பிக்கிறது
Beggar, *s.* peecheykārŭn, பிச்சைக்காரன்
Beggarly, (poor,) *a.* yelleemāyānăh, எளிமையான
Begin, *v.* todŭnggookirădoo, toovăkirădoo, தொடங்குகிறது
Beginning, *s.* todăkŭm, toovăkŭm, தொடக்கம்-துவக்கம்
Begun, *p.* todŭngkeenădoo, தொடங்கினது
Behalf, *s.* pŭkkŭm, năyŭm, பக்கம்-நயம்
Behead, *v.* tŭlley veyttookirădoo, தலைவெட்டுகிறது
Beheld, *p.* kŭndădoo, கண்டது
Behind, *a.* peenney, peennāley, பின்னே-பின்னாலே
Behold, *v.* pārkirădoo, பார்க்கிறது
Behold, *i.* eedo, pār, இதோ-பார்
Being, (person,) *s.* āl, ஆள்
Belabour, *v.* ŭdeekiradoo, அடிக்கிறது
Believe, *v.* nŭmbeekiradoo, நம்புகிறது
Bell, *s.* mŭnee, மணி
Bellow, *v.* ălookiradoo, yereykiradoo, அலறுகிறது, இரைக்கிறது
Bellows, *s.* toorootee, துருத்தி
Belly, *s.* vowroo, vayeeroo, வயிறு
Bellyache, *s.* vowroo novoo, வயிறுநோவு
Belong, *v.* oondāyeerookiradoo, உண்டாயிருக்கிறது
Beloved, to be, *v.* peereeyŭmākookirādoo, பிரியமாகுகிறது
Below, *a.* keeley, ŭdiyeeley, கீழே-அடியிலே
Belt, *s.* kŭchoo, dŭvālee, கச்சு, டவாலி
Bemoan, *v.* dookă pŭdookirădoo, துக்கபடுகிறது
Bench, *s.* beedŭm, பீடம்
Bend, *v.* vŭleykiradoo, shāykiradoo, வளைகிறது சாய்கிறது
Beneath, *a.* keel, ŭdeeyeel, கீழ் அடியிலே
Beneficent, *s.* kodēytŭnmey, கொடைத்தன்மை
Beneficial, *a.* pŭreyojhŭnŭmānăh, oobăyokŭmānăh, பிரயோசனமான-உபயோகமான
Benefit, *v.* nŭnmāy sheykirădoo, pŭrăyoshŭnă pudoottookiradoo, நன்மைசெய்கிறது, பிரயோசனப்படுத்துகிறது

Benevolence, *s.* dāyăvoo, தயவு
Benevolently, *a.* dāyăvāy, தயவாய்
Benevolent, *a.* dāyăvānăh, தயவான
Bent, *p.* vŭlaindăh, வளைந்த
Bequest, *s.* jhādăgŭm, சாதகம்
Bereaved, (to be,) *v.* sākăkodookiradoo, சாகக்கொடுக்கிறது
Berry, *s.* seeroopŭhrŭm, seeroopŭlŭm, சிறுபழம்
Beseech, *v.* vēndoodŭl sheykiradoo, வேண்டுதல்செய்கிறது
Beside, *a.* pŭkŭteeley, arookey, பக்கத்திலே-அருகே
Besides, *a.* ŭllāmŭloom, meyloom, tŭvirăh, அல்லாமலும்-மேலும்-தவிர
Besmear, *v.* poosookirădoo, பூசுகிறது
Bespeak, *v.* deettŭm pŭnnookirădoo, திட்டம்பண்ணுகிறது
Best, mŭkkhānŭllăh, மகாநல்ல
Bestow, *v.* kodookirădoo, ăroolee sheykiradoo, கொடுக்கிறது-அருளிசெய்கிறது
Bet, *v.* pŭndăyŭm podookiradoo, பந்தயம்போடுகிறது
Betel, *s.* vetteeley, வெற்றிலை
Betray, *v.* eerŭndăkhum pŭnnookiradoo, இரண்டகம்பண்ணுகிறது
Betrayer, *s.* doorogee, துரோகி
Betrothment, *s.* kŭleeyānăporootŭm, கலியாணப்பொருத்தம்
Betroth, *v.* neeyŭmeekkiradoo, neymeekiradoo, நியமிக்கிறது
Better, *a.* nullămāy, teyveyilley, நலமாய், தேவலை
Between, *p.* nŭdoovey, oolley, நடுவே-உள்ளே
Bewail, *v.* poolŭmbookiradoo, புலம்புகிறது
Beware, *v.* jhāgeerŭdeeyāyirookiradoo, சாக்கிரதியாயிருக்கிறது
Bewilder, *v.* kŭlŭngkă punnookiradoo, கலங்கபண்ணுகிறது
Bewitch, *v.* pŭkhŭttookiradoo, பகட்டுகிறது
Beyond, *a.* appāley, appŭrrŭm, அப்பாலே, அப்புறம்
Bias, *v.* shayikiradoo, சாய்கிறது
Bible, *s.* kiristăvŭr poostăkŭm, கிறிஸ்தவர்புத்தகம்
Bicker, *v.* shŭndeypŭnnookirădoo, சண்டைபண்ணுகிறது
Bid, *v.* ootirăvooshŏllookirădoo, உத்தரவுசொல்லுகிறது
Bid, *v.* (price,) veēllēy kerlkirădoo, விலைகேழ்கிறது
Bidder, *s.* veelley kettăvŭn, விலைகேட்டவன்
Big, *a.* pereeyăh, pŭrootăh, பெரிய, பருத்த
Big, (with child,) *a.* poolleytāchee, பிள்ளைத்தாச்சி
Bile, *s.* peettŭm, பித்தம்
Bilious, *a.* peettŭmānăh, பித்தமான
Bilk, *v*, moshŭm pŭnnookirădoo, மோசம்பண்ணுகிறது
Bill, *s.* kŭnnookoo chittoo, கணக்குச்சீட்டு
Bind, *v.* kŭttookirădoo, கட்டுகிறது
Binder, (book,) *s.* (poostakŭm) kuttookirăvŭn, கட்டுகிறவன்
Bird, *s.* kooroovee, pŭrăvāy, குருவி, பறவை

Birth, *s.* peerăvee, jhŭnănŭm, பிறவி- சனனம்

Birthday, *s.* jhŭnană nāl, peerŭndă nāl, சனனநாள், பிறந்தநாள்

Biscuit, *s.* viscottoo, விஸ்கோயித்து

Bisect, *v.* eerŭndāy vettookirădoo, இரண்டாய்வெட்டுகிறது

Bison, *s.* kāttyerămey, காட்டெருமை

Bit, (piece,) *s.* toondoo, துண்டு

Bit, (bridle,) *s.* kŭdăvāluteen eeroomboo toondoo, கடிவாளத்தினிரும்புத்துண்டு

Bitch, *s.* pettey nāi, பெட்டைநாய்

Bite, *v.* kŭdeekirădoo, kŭvvookirădoo, கடிக்கிறது- கவ்வுகிறது

Bite, *s.* kŭdee, kŭvvoo, கடி-கவ்வு

Bitter, *a.* kŭsŭppānăh, கசப்பான

Bitterness, *s.* kŭsŭppoo, கசப்பு

Black, *a.* kŭroopoo, kŭroopānăh, கறுப்பு-கறுப்பான

Blacking, *s.* kŭroopoomēy, கறுப்புமை

Blacksmith, *s.* kŭroomān, kollŭn, கருமான், கொல்லன

Bladder, *s.* ootāmpeyley, ஊற்றாம்பெளே

Blade,(knife,) *s.* ŭlăkoo, அலகு

Blade, (grass,) *s.* păyeer, பயிர்

Blade-bone, *s.* kāypŭttey, கைப்பட்டை

Blameable, *a.* koottŭm shāttătŭkkăh, குற்றஞ் சாட்டத்தக்க

Blame, *v.* koottŭm shollookiradoo, kootŭm shāttookirădoo, குற்றஞ்சொல்லுகிறது- குற்றஞ்சாட்டுகிறது

Blame, *s.* koottŭm, tŭvăroo, குற்றம்-தவறு

Blameless, tŭvŭrillādăh, தவறில்லாத

Blanch, *v.* vēllookirădoo, வெளுக்கிறது

Bland, *a.* oobăsārŭm, உபசாரம்

Blank, (paper,) *a.* yelloodādăh kŭdootāshee, எழுதாதகடுதாசி

Blank cartridge, *s.* veyttă mŭroondoo, வெட்டிமருந்து

Blanket, *s.* sheemēy kŭmblee, velley kŭmblee, சீமைகம்பளி-வெள்ளைகம்பளி

Blaspheme, *v.* neendeettoopeyshookiradoo, நிந்தித்துபேசுகிறது

Blast,(rocks,) *v.* mŭrŭndinăley kul wodaykiradoo, மருந்தாலேகல்லுடைக்கிறது

Blaze, *v.* yeyreekiradoo, எரிகிறது

Blaze, *s.* koloondoo, korghoondoo, கொழுந்து.

Bleach, *v.* velley pŭnnookiradoo, sŭlavay punnookiradoo, வெள்ளைபண்ணுகிறது-சலவைபண்ணுகிறது

Bleak, *a.* kooleerānăh, குளிரான

Bleat, *v.* ŭlookirădoo, அழுகிறது

Bleed, *v.* ruttŭm vāngookiradoo, இரத்தம்வாங்குகிறது

Blemish, *v.* kehdookiradoo, கெடுகிறது

Bless, *v.* āsheervādŭm sheykirădoo, ஆசீர்வாதஞ்செய்கிறது

Blessed, *a.* āsheervādŭmānăh, ஆசீர்வாதமான

Blight, *v.* kehdookiradoo, கெடுக்கிறது
Blind, *a.* kŭn tereeyādăh, கண் தெரியாத
Blind, (dog,) *s.* kŭn tereeyādă nāy, கண்தெரியாதநாய்
Blindfold, *v.* kŭn moodookiră-doo, கண்மூடுகிறது
Blindly, *a.* kŭroodāy, குருடாய்
Blindness, *s.* kŭn tereeyāmey, கண்தெரியாமை
Blister, *s.* kopoolŭm, கொப்புளம்
Blithe, *a.* kŭleepānăh, களிப்பான
Blockhead, *s.* moottāl, boottee-yeellādăvŭn, முட்டாள்-புத்தியில்லாதவன்
Blood, *s.* rŭttŭm, இரத்தம்
Bloodsucker, *s.* ăttay, அட்டை
Bloodvessel, *s.* ruttănŭrŭmboo, இரத்தநரம்பு
Bloody, (cruel,) *s.* rŭttăhpeeree-yŭmānăh, kodeeyah, இரத்தப்பிரியமான-கொடிய
Blossom, *s.* poo, mŭllŭr, பூ-மலர்.
Blot, *v.* (stain,) *v.* keerookira-doo, கீறுகிறது
Blotch, *s.* pŭroo, பரு
Blow, (wind,) *v.* (kătt,) ădee-kiradoo, காற்றடிக்கிறது
Blow, (a flower,) *v.* ăroomboo-kiradoo, அரும்புகிறது
Blow, (a horn,) *v.* oodookira-doo, ஊதுகிறது
Blow, (out,) *v.* ăveekiradoo, ăveeshee podookiradoo, அவிக்கிறது, அவிச்சுப்போடுகிறது
Blue, *a.* neelŭm, நீலம்
Blunder, *v.* tŭpeedŭm shey-kiradoo, தப்பிதம்செய்கிறது
Blunt, (knife,) *a.* money illādăh, (kuttee,) முனையில்லாதகத்தி
Blush, *v.* sheevăhkirădoo koo-shookiradoo, சிவக்கிறது, கூசுகிறது
Bluster, *v.* pŭkhădŭm pŭnnoo-kirădoo, பகடம் பண்ணுகிறது
Boar, *s.* ānpŭnnee, ஆண்பன்றி
Boar, (wild,) *s.* kāttoo pŭnnee, காட்டுபன்றி
Board, *s.* pŭlăkey, பலகை
Board, (council,) *s.* āloshŭnney shŭngŭm, ஆலோசனைச்சங்கம்
Boast, *v.* vimboo peshookiră-doo, வீம்புபேசுகிறது
Boastingly, *a.* vimbāy, வீம்பாய்
Boat, *s.* pŭdăvoo, donee, படவு, தோணி
Boatman, *s.* pŭdăvookārŭn, doneekārŭn, தோணிகாரன்
Body, *s.* oodŭmboo, shŭree-rŭm, உடம்பு, சரீரம்
Bog, *s.* wolāy, sheyroo, ஒலை, சேறு
Boil, *v.* veyveekirădoo, ākiră-doo, kodeekirădoo, kāshoo-kiradoo, கொதிக்கிறது, காய்ச்சுகிறது, வெவிக்கிறது, ஆக்கிறது
Boiler, *s.* koppŭrāy, கொப்பரை
Boisterous, *a.* oorăpānăh, உரப்பான
Boisterously, *a.* oorăpāy, உரப்பாய்
Bold, *a.* dāyreeyŭmānăh, too-neevānăh, தயிரியமான, துணிவான
Boldness, *s.* dāyreeyŭm, தயிரியம்

Bond, *s.* kŭdŭn shittoo, கடன் சீட்டு

Bondage, *s.* ŭdeemaitŭnŭm, அடிமைத்தனம்

Bone, *s.* yelloomboo, எலும்பு

Bonnet, *s.* toppee, தொப்பி

Bony, *a.* yelloombānăh, எலும்பான

Booby, *s.* moottāl, soomădŭn, மூட்டாள், சுமடன்

Book, *s.* poostăgŭm, pootăgŭm, புஸ்த்தகம், புத்தகம்

Bookcase, *s.* poostāgum ălamāree, புஸ்த்தகமலமாரி

Boon, *s.* vŭrrŭm, வரம்

Boor, *s.* nāttăvun, moodŭn, நாட்டவன், மூடன்

Boot, *s.* nedoonshāpāttoo, நெடுஞ்சப்பாத்து

Borax, *s.* vengārŭm, வெண்காரம்

Border, *s.* orŭm, kŭrrey, ஓரம் கரை

Bore, *v.* tolley pŭnnookirădoo, துளைபண்ணுகிறது

Borrow, *v.* kŭdŭn vāngkookirădoo, கடன்வாங்குகிறது

Bosom, (man's,) *s.* nenjoo, நெஞ்சு

Bosom, (woman's,) molāy, முலை

Both, *a.* eerŭndoom, இரண்டும்

Bother, *v.* tŭleyŭdee pŭnnookiradoo, தலையடிபண்ணுகிறது

Bother, *s.* tŭleyŭdee, தலையடி

Bottle, *s.* koopee, sheeshăh, boottee, குப்பி, சீசா, புட்டி

Bottom, *s.* ŭdee, keel, அடி, கீழ்

Bough, *s.* killēy, koppoo, கிளை, கொப்பு

Bound, *v.* tāndookiradoo, தாண்டுகிறது

Boundary, (land,) *s.* yelley, peerămānŭm, யெல்லை, பிரமாணம்

Boundless, *a.* yelley illādăh, யெல்லையில்லாத

Bountiful, *a.* oodārăh goonŭmoolăh, உதாரகுணமுள்ள

Bounty, *s.* oodārăh goonŭm, உதாரகுணம்

Bow, (the head,) *v.* tŭlley shāykiradoo, தலைசாய்கிறது

Bow, (knot,) *s.* tŭdŭm, தடம்

Bowels, *s.* koodŭl, குடல்

Box, *s.* poottee, பெட்டி

Boy, *s.* pāyyŭn, shiroovŭn, பய்யன், சிறுவன்

Brace, (bandage,) kŭttoo, கட்டு

Brace, (a pair,) jhodoo, ஜோடு

Brackish, (water,) ooppoo tanneer, savŭrtanneer, உப்புதண்ணீர், சவர்த்தண்ணீர்

Bradawl, *s.* tāmŭr, தமர்

Brag, *v.* vimboo peyshookiradoo, வீம்புபேசுகிறது

Braid, *v.* pinnookirădoo, பின்னுகிறது

Brain, *s.* mooley, மூளை

Brainless, *a.* booteeillādăh, புத்தியில்லாத

Bramble, *s.* moollsheydee, முட்செடி

Bran, *s.* tauvŭdoo, தவிடு

Branch, (tree,) mŭrrŭtteen kulley, mŭrrăkoppoo, மரத்தின் கிளை-மரக்கொப்பு,

Brandy, *s.* shārāyum, சாராயம்

Brasier, *s.* kŭnnān, கன்னான்

Brass, *s.* peetŭley, பித்தளை

Bravado, *s.* vimboo, வீம்பு

Brave, *a.* daireeyŭmānăh, தைரியமான

Bravely, *adv.* daireeyŭmāy, veerŭmay, தைரியமாய், வீரமாய்

Bravery, *s.* daireeyŭm, veerŭm, தைரியம், வீரம்

Bravo, *int.* shăvāsh, சவ்வாசு
Brawl, *v.* shŭndey pŭnnookiradoo, சண்டைபண்ணுகிறது
Brawl, *s.* shŭndey, சண்டை
Brawn, *s.* pŭnnee kŭrree, பன்றிகறி
Brawny, *a.* bŭllŭmānăh, பலமான
Bray, (ass,) *v.* kŭloodey kŭttookirădoo, கழுதைகத்துகிறது
Brazen, (insolent,) *a.* tooneekŭrrŭmoollăh, துணிகரமுள்ள
Brazier, *s.* kŭnnān, கன்னன்
Breach, (in wall,) *s.* torăpānăh yeddŭn, திறப்பானவிடம்
Breach, (of trust,) *s.* oonmeytŭvŭroo, உண்மைத்தவறு
Bread, *s.* rottee, ரொட்டி
Breadth, *s.* ŭgălŭm, அகலம்
Break, *v.* wodeekirădoo, eedeekirădoo, ஒடிக்கிறது,இடிக்கிறது
Breakfast, *s.* teymeyshey, kālamey shāpādoo, தேமேசை, காலமேசாப்பாடு
Breast, (man's,) *s.* nenjoo, mārboo, நெஞ்சு,மார்பு
Breast, (woman's,) *s.* molăy, முலை
Breast-bone, *s.* mārbyelŭmboo, மார்பெலும்பு
Breath, *s.* moochoo, āvee, மூச்சு,ஆவி
Breathe, *v.* moochoo vāngeevoodookiradoo, மூச்சுவாங்கிவிடுகிறது
Breathless, *a.* moochooillādăh, மூச்சுயில்லாத
Breed, *v.* shēneekiradoo, sheneepeekiradoo, செனிக்கிறது, செனிப்பிக்கிறது

Breeze, *s.* kāttoo, காற்று
Brevity, kooroomey, shoorookŭm, குறுமை,சுருக்கம்
Bribe, *s.* lŭnshŭm, kaykoolee, லஞ்சம்,கைக்கூலி,பரிதானம்
Bribed, (to be,) *v.* lŭnshŭm vāngookiradoo, லஞ்சம்வாங்குகிறது
Brick, *s.* shengŭl, செங்கல்
Bricks, (to make,) *v.* shengŭl ārookiradoo, செங்கலறுக்கிறது
Brickkiln, *s.* shengul shooley, shengul kālāvā, செங்கல்சூளை
Bricklayer, *s.* kollŭttookārŭn, கொல்லத்துக்காரன்
Brickmaker, *s.* shengŭl sheykiravŭn, செங்கல்செய்கிறவன்
Brickmould, *s.* shengŭl kŭttŭley, செங்கற்கட்டளை
Bridal, *s.* kŭleeyānŭm, கலியாணம்
Bride, *s.* mŭnvālee, மணவாளி
Bridge, *s.* pālŭm, பாலம்
Bridle, *s.* lŭgām, kŭdeevālum, லகாம், கடிவாளம்
Brief, *a.* shoorookŭmānăh, சுருக்கமான
Brier, *s.* mooloo, முள்ளு
Bright, *a.* toolukumānăh, துலக்கமான
Brighten, *v.* peerăkāsheekiradoo, toolŭkkiradoo, பிரகாசிக்கிறது, துலக்கிறது
Brightness, *s.* toolăkŭm, துலக்கம்
Brilliancy, *s.* peerăkăsŭm, பிரகாசம்
Brilliant, *a.* peerăkāsŭmoollăh, பிரகாசமுள்ள
Brim, *s.* orŭm, kŭrey, ஓரம், கரை

Brimful, *a.* neerayăh, neerayndăh, நிறைய, நிறைந்த
Brimstone, *s.* gŭndăkŭm, கந்தகம்
Brine, *s.* oopootănneer, உப்புத்தண்ணீர்
Bring, *v.* kondoo vurookiradoo, yedootoo kondoo vurookiradoo, கொண்டுவருகிறது
Brinjall, *s.* kŭttirreekay, கத்திரிக்காய்
Brink, *s.* orŭm, kŭrey, ஓரம், கரை
Briskly, *adv.* shoorŭkay, சுறுக்காய்
Bristle, *s.* pŭnnee măyeer, பன்றிமயிர்
Broad, *a.* ŭgŭlŭmānăh, அகலமான
Broidery, *s.* ŭlŭngkărătaiyul, அலங்காரத்தையல்
Broil, *s.* shŭndey, சண்டை
Broil, *v.* shoodookiradoo, kācheekiradoo, சுடுகிறது, காச்சிகிறது
Broken, to be, *v.* wodaikirădoo, wodaynshoo pokiradoo, உடைகிறது
Brood, (hen's,) *v.* ăvaikārkiradoo, அவைகார்க்கிறது
Brood, *s.* koonjeekoottŭm, குஞ்சுக்கூட்டம்
Broom, *s.* toodăpŭm, துடைப்பம்
Brother, (elder,) *s.* ŭnnŭn, அண்ணன்
Brother, (younger,) *s.* tŭmbee, shŭkotŭrŭn, தம்பி, சகோதரன்
Brother-in-law, *s.* mŭshŭnŭn, மச்சுனன்
Brow, *s.* nettee, நெத்தி
Brown, *a.* purheepoo nerumănăh, பழுப்புநிறமான
Browse, *v.* meykiradoo, மேய்கிறது
Bruise, *v.* nŏ pŭdootookirădoo, நோப்படுத்துகிறது
Bruised, to be, *v.* kŭsŭngkiradoo, கசங்கிறது
Bruise, (pound,) *v.* eedeekirădoo, இடிக்கிறது
Bruise, *s.* no, norookoo, நோ-நொருக்கு
Brush, *v.* tŏdēykirădoo, துடைக்கிறது
Brutal, *a.* kodoomāyănăh, கொடுமையான
Brutally, *adv.* kodoomāyăh, கொடுமையாய்
Brute, (man,) *s.* kodeeyăvŭn, கொடியவன்
Bubble, *v.* (in boiling,) kodeekirădoo, கொதிக்கிறது
Bucket, *s.* yettătshāl, யேற்றச்சால்
Buckle, *s.* vellāvee, வெள்ளாவி
Buckle, *v.* mootookiradoo, முட்டுகிறது
Bud, *s.* ăroomboo, அரும்பு
Bud, *v.* ăroombookirădoo, moleykiradoo, அரும்புகிறது, முளைக்கிறது
Buffalo, *s.* . yeroomeymādoo, எருமைமாடு
Buffalo, (male,) *s.* ān yeroomey, ஆண்எருமை
Buffet, *s.* koottoo, குட்டு
Buffet, *v.* ādeekiradoo, koottookirădoo, அடிக்கிறது, குட்டுகிறது
Buffoon, *s.* pŭghŭdeekārŭn, பகிடிக்காரன்
Buffoonery, *s.* pŭkhŭdee, பகிடி
Bug, *s.* moottey poochee, மூட்டைபூச்சி
Build, *v.* kŭttookirădoo, கட்டுகிறது

Builder, *s.* kŭttookiravun, கட்டுகிறவன்

Building, *s.* kŭttădŭm, கட்டடம்

Bulge, *v.* nellinj eerookiradoo, நெளுஞ்சிருக்கிறது

Bulk, *s.* tŭdeepoo, mōttŭm, தடிப்பு, மொத்தம்

Bulky, *a.* tudeepāy, mōttŭmāy, தடிப்பாய், மொத்தமாய்

Bull, *s.* yeyroodoo, யெருது

Bull-calf, *s.* sheyngkŭnroo, சேங்கன்று

Bullet, *s.* goondoo, குண்டு

Bullock, *s.* mādoo, yeroodoo mădoo, மாடு, எருதுமாடு

Bulwark, āney, kottŭlŭm, ŭrŭn, ஆணை, கொத்தளம், அரண்

Bump, *s.* koottoo, eedee, குத்து, இடி

Bump, *v.* ădeekiradoo, அடிக்கிறது

Bunch, *s.* koottŭm, kottoo, கூட்டம், கொத்து

Bundle, *s.* kŭttoo, shemmey, கட்டு, சுமை

Bung, *s.* peepā vay moodee, பீப்பாவாய்மூடி

Bung-hole, *s.* pipāvāy, பீப்பாவாய்

Bungalow, *s.* bŭngălā, பங்களா

Bungle, *v.* shŭrăvai veyley sheykirădoo, சரவைவேலைசெய்கிறது

Buoy, *s.* meedăpoo, மிதப்பு

Buoyancy, *s.* noymey, midăkoompoll, நொய்மை, மிதக்கும்போல்

Buoyant, *a.* nōydānăh, midăkătŭkkah, நொய்தான, மிதக்கத்தக்க

Burden, *s.* shemmey, bārŭm, சுமை, பாரம்

Burden, *v.* shemmey shoomăkirădoo, சுமைசுமக்கிறது

Burial, *s.* ădŭkkŭm, அடக்கம்

Burial-place, *s.* shoodookādoo, சுடுகாடு

Burn, *s.* shoodoo, shoodoondăgāyŭm, சூடு, சூடுண்டகாயம்

Burn, *v.* shoodookiradoo, yeyreekirădoo, veykiradoo, சுடுகிறது, யெரிகிறது, வேகிறது

Burnish, *v.* toolŭngkookiradoo, துலங்குகிறது

Burnt, to be, *v.* kŭrookookirădoo, கருகுகிறது

Burrow, *v.* bondoo sheykiradoo, பொந்துசெய்கிறது

Burst, *v.* veydeekirădoo, woodaikiradoo, வெடிக்கிறது, உடைகிறது

Bury, *v.* poodāykiradoo, புதைக்கிறது

Burying, *s.* poodaypoo, ădŭkŭm, புதைப்பு, அடக்கம்

Bush, *s.* sheydee, bodār, செடி, பொதார்

Bushy, *a.* shĕydeĕyāy, bodārāy, செடியாய், பொதாராய்

Busily, *adv.* shoorooshoorookay, சுருசுருக்காய்

Business, *s.* vēyley, வேலை

Bust, *s.* mārboo, மார்பு

Bustle, *s.* pŭrăpŭrăpoo, பரபறப்பு

Busy, (to be,) *v.* āloovŭlăy eerookiradoo, அலுவலாயிருக்கிறது

But, *conj.* ŭllāmul, tuveerăh, ānāl, அல்லாமல், தவிர

Butcher, *s.* kŭreekārŭn, kŭsāykārŭn, கரிக்காரன், கசாயக்காரன்

Butler, *s.* moodŭl veyleykārŭn, முதல்வேலைக்காரன்
Butter, *s.* vŭnney, வெண்ணெய்
Butterfly, *s.* vŭndoo, வண்டு
Buttermilk, *s.* more, மோர்
Button, *s.* bòttān, பொத்தான்
Buy, *v.* veelleekee vāngkirădoo, kollookirădoo, விலைகு வாங்குகிறது
Buyer, *s.* veelleekārŭn, விலைக்காரன்
By, *prep.* āl, āley, eel, kondoo, vŭrgheeyay, ஆல், ஆலே, கொண்டு, வழியாய்
By and Bye, vŭrăh vurăh, வர வர

C

Cabbage, *s.* koveesoo, கோவிசு
Cable, *s.* vŭddŭkkāyroo, வடக்கயறு
Cackle, *v.*. (birds,) kokŭreekiradoo, கொக்கரிக்கிறது
Cage, *s.* koodoo, கூடு
Cage, *v.* kootteeley ădaykiradoo, கூட்டிலேயடைக்கிறது
Cajole, *v.* năyŭndoo peyshookirădoo, நயந்து பேசுகிறது
Cake, *s.* pŭlăkārŭm, பலகாரம்
Calamitous, *a.* eedāyoorānăh, இடையூறான
Calamity, *s.* eedāyooroo, ŭbāyŭm, இடையூறு, அபாயம்
Calcine, *v.* yeyreekiradoo, bŭsbŭm ākiradoo, வெரிகிறது, பஸ்பமாகிறது
Calculate, *v.* pureesodeekiradoo, yennookiradoo, பரிசோதிக்கிறது, எண்ணுகிறது
Calculation, *s.* pureesoduney, பரிசோதனை
Calendar, *s.* pŭnshāngŭm, பஞ்சாங்கம்
Calf, (of cow,) *s.* kŭnăkoottee, pŭshăvookunroo, பசுக்கன்று, கன்றுக்குட்டி
Calf, (of leg,) *s.* kŭndăkāl, கெண்டைக்கால்,
Call, *v.* koopeedookiradoo, கூப்பிடுகிறது
Callous, *a.* kŭdeenŭmānăh, கடினமான
Calm, *a.* sāndăgumānăh, odookŭmānăh, சாந்தகமான
Calmly, *adv.* ōdookŭmāy, sāndăgŭmāy, ஒடுக்கமாய், சாந்தகமாய்.
Calmness, *s.* ōdookŭm, sāndăgŭm, ஒடுக்கம் சாந்தகம்
Calomel, *s.* rŭsăpŭrpŭm, rusăbŭspŭm, இரசபற்பம்
Calumniate, *v.* ŭvădooroo peyshookirădoo, அவதூறுபேசுகிறது
Calumny, *s.* uvădooroo, kòl, அவதூறு-கோள்
Calve, *v.* kŭnroo pòdookiradoo, கன்றுபோடுகிறது
Came, *p. p.* vŭndădoo, வந்தது
Camel, *s.* wòttey, wòttăkhŭm, ஒட்டை, ஒட்டகம்
Camp, *s.* goodārŭm, கூடாரம்
Camphor, *s.* kŭrpoorŭm, கற்பூரம்
Canal, *s.* pereeyă vāykāl, பெரியவாய்க்கால்
Cancel, *v.* ărgheekiradoo, அழிக்கிறது
Cancer, *s.* pilăvāy, பிளவை
Candid, *a.* mŭnŭm teerŭndăh, dārālŭmānăh, மனத்திறந்த, தாராளமான

Candidate, *s.* ooteeyokŭm kēdkirăvŭn, உத்தியோகம்கேட்கிறவன்

Candle, *s.* bŭttee, vuttee, வத்தி

Candle, (wax,) *s.* morhoogoo vuttee, மொழுகுவத்தி

Candour, *s.* dārālŭm, dāyālŭm, தாராளம், தயாளம்

Cane, (sugar,) *s.* kŭroomboo, கரும்பு

Cane, (stick,) *s.* perŭmboo, moongeel, kaikol, பெரம்பு, மூங்கல், கைகோல்

Cannon, *s.* beerŭngee, பீரங்கி

Cannonball, *s.* beerŭngee goondoo, பீரங்கிக்குண்டு

Cannot, *v. n.* koodādoo, ākkādoo, கூடாது, ஆகாது

Canopy, *s.* păndăl, koodāy, பந்தல், குடை

Canvass, (sail,) *s.* kŭpŭl pāy, கப்பற்பாய்

Cap, *s.* tōppee, தொப்பி

Capable, (man,) *a.* gētteekārŭn, கெட்டிக்காரன்

Capacious, *a.* veestārŭmānăh, pereesoo, விஷ்த்தாரமான பெரிசு

Capon, *s.* veedey yedootta shāvŭl, kuppāttoo, விதையெடுத்தசேவல், கப்பாத்து

Caprice, *s.* yennŭm, ninăyttăpirăkārŭm, எண்ணம், நினைத்தபிரகாரம்

Captive, *s.* sheeray, சிறை

Capture, *v.* sheeraypoodeekiradoo, சிறைபிடிக்கிறது

Carcase, peenŭm, பிணம்

Cardamom, *s.* yellŭm, எலம்

Care for, *v.* vŭsăpŭdoottookiradoo, வசப்படுத்துகிறது

Careful, *a.* bŭdirŭmoollah, jăkirŭtāyānăh, பத்திரமுள்ள, சாக்கிரதையான

Carefully, *adv.* bŭdirŭmāy, பத்திரமாய்

Careless, *a.* bŭdirămŭttăh, பத்திரமற்ற

Caress, *v.* pŭreevoo pŭnnookirădoo, பரிவுபண்ணுகிறது

Carnal, *a.* shitteenbŭmānăh, சிற்றின்பமான

Carouse, *v.* bodeyākhă koodeekiradoo, போதையாககுடிக்கிறது

Carpenter, *s.* tŭchun, தச்சன்

Carpentry, *s.* tŭchhă veylley, தச்சவேலை

Carpet, *s.* jŭmkālŭm, kŭmbălŭm, சமக்காளம், கம்பளம

Carry, *v.* yedookiradoo, kondoo pokiradoo, எடுக்கிறது, கொண்டுபோகிறது

Cart, *s.* vāndee, வண்டி

Cartage, *s.* văndeecooly, வண்டிகூலி

Carter, *s.* văndeekārŭn, வண்டிக்காரன்

Cart-load, *s.* văndee bārŭm, வண்டிபாரம்

Cartridge, *s.* goondoo mŭroondoo, குண்டுமருந்து

Cart-wheel, *s.* vāndee shŭkkărŭm, வண்டிச்சக்கரம்

Case, (lawsuit,) *s.* kāreeyŭm, vŭrghăkoo, காரியம், வழக்கு

Case, (disease,) *s.* goonŭm, viyadeeyeen kooroo, குணம், வியாதியின்கூறு

Cash, *s.* pŭnŭm, பணம்

Cask, *s.* peeppā, பீப்பா

Cast, (metal,) *v.* vārkirădoo, வார்க்கிறது

Cast, (convict,) *v.* koottŭm

kŭndoo teerkiradoo, குற்றங்கண்டுதீர்க்கிறது
Caste, *s.* jādee, khoolŭm, சாதி குலம்
Castigate, *v.* ŭdeekiradoo, dŭndŭm punnookiradoo, அடிக்கிறது, தண்டம்பண்ணுகிறது
Castle, *s.* kōrttey, கோட்டை
Castor, (plant,) *s.* āmŭnăkoo, ஆமணக்கு
Castor oil, *s.* āmŭnăk yenney, ஆமணக்கெண்ணெய்
Castrate, *v.* veedey vāngkookiradoo, விதைவாங்குகிறது
Cat, *s.* pooney, பூனை
Catastrophe, *s.* eedăyooroo, veekeenŭm, இடையூறு, விக்கினம்
Catch, *v.* poodeekirădoo, பிடிக்கிறது
Caterpillar, *s.* pŭsheypoohrăo, kumbleo poochee, பச்சைபுழு, கம்பளிப்பூச்சி
Cause, *s.* mookhandĕerŭm, kārŭnŭm, neeyāyŭm, முகாந்திரம்-காரணம்-நியாயம்.
Caustic, *a.* kārŭmānăh, காரமான
Caution, *v.* boottee shollookirădoo, புத்திசொல்லுகிறது
Cautious, *a.* bootteyānăh, bŭdirŭmānăh, புத்தியான, பத்திரமான
Cautiously, *adv.* bŭdeerŭmāy, jakeerŭtaiyāy, பத்திரமாய், சாக்கிரதையாய்
Cavalry, *s.* koodeerey seepāykul, koodeerey sheyvookŭr, குதிரைசேவுகர்
Cave, *s.* kōokāy, குகை
Cavil, *v.* koorookĕy peyshookirădoo, குறுக்கேபேசுகிறது
Cease, *v.* neenroo pokiradoo, நின்றுபோகிறது
Ceaseless, *a.* teerādăh, தீருத
Cedar, *s.* ăgoolee, அகுலி
Cede, *v.* oppoo kodookiradoo, ஒப்புக்கொடுக்கிறது
Ceiling, *s.* asmānăkeeree, அஸ்மானகிரி
Celebrate, *v.* pādookiradoo, பாடுகிறது
Celebration, *s.* kondāttŭm, கொண்டாட்டம்
Celebrity, *s.* keerttee, கீர்த்தி
Celerity, *s.* sikeerŭm, சீக்கிரம்
Celestial, *a.* neytee, நேத்தி
Celibacy, *s.* shŭmooshārŭtookool pŭdāmāy, சமுசாரத்துக்குட்படாமை
Cement, *v.* sheyrkiradoo, சேர்க்கிறது
Cement, *s.* pŭsāy, பசை
Censorious, to be, *v.* koottŭmpeedeekiradoo, குற்றம்பிடிக்கிறது
Censure, *v.* koottŭm shollookiradoo, குற்றஞ்சொல்லுகிறது
Censure, *s.* koottum peedeetŭl, குற்றம்பிடித்தல்
Centage, (per,) nooroo kŭnăkoo, நூற்றுக்கணக்கு
Central, *a.* nŭdoomāyumānăh, நடுமையமான
Centre, *s.* nŭdoomāyum, nŭdoovey, நடுமையம், நடுவே
Century, *s.* nooroo vŭrooshŭm, நூறுவருடம்
Ceremony, *s.* shŭdŭngoo, சடங்கு
Ceremonious, *a.* oobăsārŭmānăh, உபசாரமான
Certain, *a.* needsheeyumānăh, நிட்சயமான
Certainly, *a.* meyāy, மெய்யாய்
Certificate, *s.* ooreedeepŭtteerum, உறுதிபத்திரம்

Certify, *v.* neeshăpŭdootookiradoo, நிசப்படுத்துகிறது
Cessation, *s.* voodootŭlley, விடுதலை
Cession, oppooveepoo, ஒப்புவிப்பு
Chafe, *v.* kobăpŭdootookiradoo, கோவப்படுத்துகிறது,
Chaff, *s.* pŭdŭr, oomee, பதர் உமி
Chafingdish, *s.* neyroopoochăttee, நெருப்பு சட்டி
Chagrin, *s.* veedŭnŭm, விதனம்
Chain, *s.* sengeeleo, சங்கிலி
Chair, *s.* nărkālee, நாற்காலி
Chairman, (of meeting,) *s.* subāykee pereyavŭn, சபைக்கிபெரியவன்
Chalk, *s.* sheemey shoonāmboo, சிமை சுண்ணும்பு
Challenge, *s.* porookŭlaytŭl, போருக்கழைத்தல்
Chamber, *s.* oolărāy, உள்ளரை
Champ, *v.* kŭdeekiradoo, கடிக்கிறது
Champaign, *s.* sŭmŭmānăhboomee, சம்மானபூமி
Champion, *s.* veerŭn, வீரன்
Chance, *s.* veedee, விதி
Chandelier, kādeyvŭllŭkoo, காடைவெளக்கு
Change, *v.* mārookiradoo, மாறுகிறது
Change, (coin,) *s.* sillerey, சில்லறை
Changeable, (wind,) *a.* pŭlăkāttoo, பலகாற்று
Changeable, *a.* mārooddŭloollah, மாறுதலுள்ள
Channel, *s.* vāykkāl, வாய்க்கால்
Chant, *v.* pādookiradoo, பாடுகிறது
Chaotic, *a.* kolăpŭmānăh, கொழுப்பமான
Chapel, *s.* koveel, கோவில்
Chaplain, *s.* pādeeree, பாதிரி
Chapter, *s.* ădeekhārŭm, அதிகாரம்
Char, *v.* kŭreeyākiradoo, கரியாக்கிறது
Character, *s.* ădāyālŭm, அடையாளம்
Characteristic, *a.* ădāyālŭmānăh, அடையாளமான
Characterize, *v.* kooreettookāttookiradoo, குறிதுககாட்டுகிறது.
Charcoal, *s.* ădoopookŭree, அடுபுக்கரி.
Charge, *v.* shoomŭttookiradoo, சுமத்துகிறது.
Charger, *s.* pōrkoodeerey, போர்க்குதிரை
Chariot, *s.* nālooshŭkārŭttoovŭndee, நாலுச்சக்கரத்துவண்டி
Charitable, *a.* dŭrmŭmānăh, தருமமான
Charity, *s.* oobăkārŭm, உபகாரம்.
Charm, *v.* āsāy oondākirădoo, ஆசையுண்டாக்கிறது
Charm, *s.* kāppoo, காப்பு
Charming, *a.* eenbumānăh, இன்பமான
Chart, *s.* pŭdŭm, படம்
Charter, *s.* pŭtteyŭm, பட்டயம்
Chartered, *a.* pŭtteyŭmānăh, பட்டயமான
Chase, *v.* toorŭttookiradoo, துரத்துகிறது
Chase, (the,) *s.* veyttey, வேட்டை

Chasm, *s.* veydeepoo, pŭlăpoo, வெடிப்பு,பிளப்பு
Chaste, *a.* shootŭmānăh, சுத்தமான
Chastise, *v.* tŭndeekiradoo, தண்டிக்கிறது
Chastisement, *s.* tŭndeepoo, தண்டிப்பு
Chastity, *s.* kŭrpoo, கற்பு
Chat, *v.* kŭdăy peyshookiradoo, கதைபேசுகிறது
Chaw, *v.* meylookiradoo, மெல்லுகிறது
Cheap, *a.* năyŭm, நயம்
Cheapen, *v.* năyŭm pŭnnookiradoo, நயம்பண்ணுகிறது
Cheat, *v.* vŭnjăkŭm punnookiradoo,peetulāttum sheykiradoo, வஞ்சகம்பண்ணுகிறது
Cheat, *s.* vŭnjăkŭn, peetullāttookārun, வஞ்சகன்
Check, *v.* tŭngkookiradoo, தங்குகிறது
Check, kŭnnŭm, கன்னம்
Cheer, *v.* deedum pŭnnookiradoo, திடம்பண்ணுகிறது
Cheerful, *a.* shŭndoshŭmānăh, சந்தோஷமான
Cheerfully, *a.* mŭkhāshŭndoshŭmay, மகாசந்தோஷமாய்
Cheerless, *a.*shŭndoshŭmŭttadoo, சந்தோஷமற்றது
Cherish, *v.* vŭlŭrkookiradoo, வளர்க்கிறது
Chess, *s.* sokkŭttān, சொக்கட்டான்
Chest, *s.* mārboo, மார்பு
Chest, (box,) *s.* poottee, பெட்டி
Chew, *v.* mellookiradoo, மெல்லுகிறது-சப்புகிறது
Chicanery, *s.* moshŭm, oorootttoo,மோசம்,உருட்டு
Chicken, *s.* kōhree koonsjoo, கோழிக்குஞ்சு
Chicken-hearted, *a.* dāyālănenjoollăh, தயாளநெஞ்சுள்ள,
Chide, *v.* kooraysholloookiradoo, குறைசொல்லுகிறது
Chief, *a.* mookeeyŭmānăh, முக்கியமான
Chief, *s.* adeekhāree, அதிகாரி
Chiefly, *a.* mookeeyŭmākăh, முக்கியமாக
Child, *s.* poolley, புள்ளை
Child-birth, *s.* prŭsăveydeeney, பிரசவேதனை
Childhood, *s.* seeroopeerāyŭm, சிறுபிராயம்
Childish, *a* poolleyāypōl, பிள்ளையைபோல்
Childless, *a.* poolleyeellādăh, பிள்ளையில்லாத
Children, *s.* poolleykŭl, பிள்ளைகள்
Chill, *s.* kooleer, குளிர்
Chimera, *s.*veengŭvănŭm, வீண்கவனம்
Chimney, *s.* pokhāytoovārŭm, புகைதுவாரம்
Chin, *s.* mokŭttēy, மோக்கட்டை
Chink, *s.* veydeepoo, வெடிப்பு
Chips, *s.* seerāytool, சிறாய்தூள்
Chip, *v.* vettookiradoo, வெட்டுகிறது
Chirp, *v.* keesheedookiradoo, கீச்சிடுகிறது
Chisel, *s.* oolee, உளி
Chit, *s.* chittoo, sheettoo, சீட்டு
Chitchat, *s.* peyshoo, பேச்சு
Choice, *s.* peereeyŭm, பிரியம்
Choice, *a.* āroomāyānăh, அருமையான
Choke, *v.* poorāy yeyrookiradoo, புரையேறுகிறது

Choler, *s.* kobŭm, கோபம்
Cholera Morbus, *s.* vāndeevey-dee, vāndeepeerāndee, வாந்திப்பிராந்தி
Choleric, *a.* kobă goonŭmoollăh, கோபக்குணமுள்ள
Choose, *v.* peereeyă pŭdootookiradoo, பிரியப்படுத்துகிறது
Chop, *v.* kottookiradoo, கொத்துகிறது
Chosen, *a.* peereeyŭmānăh, பிரியமான
Christ, *s.* keereestoo, கிறிஸ்து
Christen, *v.* gnānŭsnānŭm pŭnnookiradoo, ஞானஸ்நானம் பண்ணுகிறது
Christian, *s.* keereestăvŭn, கிறிஸ்தவன்,
Christmas, *s.* keereestoo peerŭndănāl, கிறிஸ்துபிறந்தநாள்
Chronic, *a.* pŭhrăyăh, பழய
Chronicle, *s.* nālpŭttă shŭmāshārŭm, நாள்பட்ட சமாச்சாரம்
Chum, *s.* kōōttālee, கூட்டாளி
Church, *s.* koveel, கோவில்
Churl, *s.* kobee, கோபி
Churn, *v.* tāyr kŭdaikiradoo, தயிர்கடைகிறது
Chymist, (al,) *s.* rŭsăvādee, இரசவாதி
Chymistry, *s.* rŭsăvādŭm, இரசவாதம
Cigar, *s.* shōōrōōtōō, சுருட்டு
Cinder, *s.* kurrēē, கரி
Cinnamon, *s.* lăvŭngkăpŭttēy, இலவுங்கபட்டை
Cipher, *v.* kŭnŭkoo pŭrhŭkkiradoo, கணக்குபழகிறது
Circle, *s.* shŭkkŭrŭm, vŭttŭm, சக்கரம், வட்டம்
Circuit, *s.* shoottoo, சுற்று
Circular, *a.* shoottānăh, shŭkkŭrŭmānăh, சுற்றான, சக்கரமான
Circulate, *v.* shoottookiradoo, சுற்றுகிறது
Circulation, *s.* shoottoo, சுற்று
Circumference, *s.* shootŭlăvoo, shŭkkărŭm, சுற்றளவு, சக்கரம்
Circumlocution, *s.* shoottoopeyshoo, சுற்றுபேச்சு
Circumscribe, *v.* kŭttoopŭdoottookiradoo, கட்டுபடுத்துகிறது
Circumspection, *s.* jākkirŭtāy, சாக்கிறதை
Circumstance, *s.* shŭmāshārŭm, சமாச்சாரம்
Circumstantial, *a.* ădoottăh, அடுத்த
Circumvent, *v.* kŭbădŭm sheykiradoo, கபடம்செய்கிறது
Circumvention, *s.* kŭbădŭm, கபடம்
Cistern, koolŭm, குளம்
Citadel, *s.* kottey, korttey, கோட்டை
Citizen, *s.* pŭttŭnŭttān, பட்டணத்தான்
Citron, *s.* yeloomeeshāy, எலுமிச்சை
City, *s.* pŭttŭnŭm, oor, பட்டணம் ஊர்
Civil, *a.* mŭreeyādayānăh, மரியாதையான
Civil-court, *s.* mureeyādāyneenjhāysŭbāy, மரியாதை, நிஞாயசபை
Civilian, *s.* mureeyădāyoodāyăvŭn, மரியாதையுடையவன், அதிகாரதுரை

Civility, *s.* oroongkhoo, ஒழுங்கு

Civilize, *v.* pāngoo pŭdootookiradoo, பாங்குபடுத்துகிறது

Civil law, *s.* dŭrmăneeāyum, தற்மநியாயம

Civilly, *a.* nŭrkoonŭmāy, நற்குணமாய்

Claim, *v.* tŭndenroo shollookiradoo, தனதென்றுசொல்லுகிறது

Claimant, *s.* tŭndenroo shollookirăvŭn, தனதென்றுசொல்லுகிறவன

Clamber, *v.* totteeyerookiradoo, தொத்தியேறுகிறது

Clammy, *a.* peesoopeesoopāy, பிசுபிசுப்பாய்

Clamour, *s.* kookoorŭl, கூக்குரல்

Clamp, *s.* pŭttoo, பற்று

Clandestine, *a.* rŭgăsheeyŭmānăh, இரகசியமான

Clap, *v.* tŭttookiradoo, தட்டுகிறது,

Clapper, *s.* nākkoo, நாக்கு

Clarify, *v.* teyleendoopokiradoo, தெளிந்துபோகிறது

Clash, *v.* modookiradoo, மோதுகிறது

Clasp, *s.* kokkee, கொக்கி

Clasp, *v.* peedeekiradoo, பிடிக்கிறது

Class, *v.* peereekiradoo, பிரிக்கிறது

Clatter, *v.* kŭlăkŭlăkkiradoo, கலகலக்கிறது

Clause, *s.* todŭrvārttāy, தொடர்வார்த்தை

Claw, *s.* nŭghŭm, நகம

Clay, *s.* kŭleemŭn, களிமண்

Clean, *a.* shootŭmānăh, சுத்தமான

Clean, *v.* } todāykiradoo, todaytshoo podookiradoo, shooteesheykiradoo, துடைக்கிறது, துடைச்சுப்போடுகிறது, சுத்திசெய்கிறது
Cleanse, *v.* }

Clear, *a.* teyleevānăh, தெளிவான

Clearly, *a.* teyleevāy, தெளிவாய

Clearness, teyleevoo, தெளிவு

Cleave, *v.* veydeekiradoo, வெடிக்கிறது

Cleaver, *s.* kŭree ārookiră kŭttee, கறிஅறுக்கிறகத்தி

Cleft, *p.* veydeetădoo, வெடித்தது

Clemency, *s.* kroobāy, கிருபை

Clench, *v.* mŭdeekiradoo, மடிக்கிறது

Clergyman, *s.* gooroo, pādeeree, குரு, பாதிரி

Clerk, *s.* yerootooveyleykārŭn, எழுத்துவேலைக்காரன்

Clever, *a.* getteeyānăh, கெட்டியான

Cliff, *s.* shengootănamŭlley, செங்குத்தானமலை

Climate, *s.* oorkoonŭm, ஊர்க்குணம்

Climb, *v.* totteeyerookiradoo, peedeetoo yerookiradoo, பிடித்தேறுகிறது

Cling, *v.* otteekollookiradoo, ஒட்டிக்கொள்ளுகிறது

Clink, *v.* kŭlŭkoo shŭttŭmsheykiradoo, கலுக்கு-சத்தம் செய்கிறது

Clip, *v.* kŭtteereekiradoo, கத்திரிக்கிறது

Cloak, *s.* porvāyshŭttey, போர்வைசட்டை

Cloak, *v.* portookollookiradoo, போர்த்துக்கொள்ளுகிறது
Clock, *s.* mŭnee, மணி
Clock-maker, *s.* mŭnee sheykirăvŭn, மணிசெய்கிறவன்
Clod, *s.* munkŭttee, மண்கட்டி
Clog, *v.* tŭdāypŭdoottookiradoo, தடைபடுத்துகிறது
Close, *v.* ădāykirădoo, moodookiradoo, அடைக்கிறது-மூடுகிறது
Close, (a bargain,) *v.* oppŭndŭm pŭnnookiradoo, ஒப்பந்தம்பண்ணுகிறது
Close,(an account,) *v.*kŭnŭkoojodeekiradoo, கணக்குசோடிக்கிறது
Close, *a.* kittăh, sŭmeebŭmay, கிட்டசமீபமாய்
Cloth, *s.* toonee, துணிஉடுத்துகிறது
Clothe, *v.* oodoopoo pōdookirădoo, oodootookiradoo, உடுப்புப்போடுகிறது
Clothes, *s.* oodoopookŭl, உடுப்புகள்
Cloud, *s.* mŭbboo, mookheel, mŭnjoo, மப்பு, முகில், மஞ்சு
Cloudless, *a.* mŭbbeelādăh, மப்பில்லாத
Cloudy, *a.* mŭndārŭmānăh, மந்தாரமான
Clout, *s.* shānāytoonee, சாணைதுணி
Clove, *s.* lŭvŭngŭm, லவங்கம்
Cloven, *p.* poolŭndădoo, பிளந்தது
Clown, *s.* moodŭn, mŭbbŭn, மூடன், மப்பன்
Clownish, *a.* moodŭnānăh, மூடனான
Cloy, *v.* teyveettookiradoo, தெவிட்டுகிறது
Club, *s.* tŭndoo, tŭdee, தண்டு, தடி
Cluck, *v.* ădāykŭttookŭttookiradoo, அடைகத்துகத்துகிறது
Clump, *s.* koottum, கூட்டம்
Clumsy, *a.* kāypurăkŭmillādăh, கைபழக்கமில்லாத
Cluster, *s.* kottoo, koottum, கொத்து-கூட்டம்
Clutch, *v.* getteeyāy poodeekiradoo, கெட்டியாய்பிடிக்கிறது
Coach, *s.* koshvŭndee, கோச்சுவண்டி
Coachman, *s.* koshottookirăvŭn, கோச்சுவோட்டுகிறவன்
Coadjutor, *s.* toonaykārŭn, துணைகாறன்
Coagulate, *v.* oorainjeerookiradoo, உறைஞ்சிருக்கிறது
Coalesce, *v.* kŭlāykiradoo, கலைக்கிறது
Coarse, *a.* pŭroombŭdeeyānăh, பரும்படியான
Coast, *s.* kŭdŭlorŭm, கடலோரம்
Coat, *s.* shŭttey, சட்டை
Coax, *v.* nāyyŭppoo pŭnnookiradoo, நயப்புபண்ணுகிறது
Cobbler, *s.* suckleyŭn, chuckleeyun, சக்கிலியன்
Cobweb, *s.* shilŭndeenool, சிலந்திநூல்
Cock, *s.* shavŭl, சேவல்
Cockcrowing, *p.* koreekoopeedootŭl, கோழிகூப்பிடுதல்
Cockfight, *s.* shāvŭlshŭnday, சேவல்சண்டை
Cockscomb, *s.* shāvŭlkondāy, சேவல்கொண்டை
Cocoanut, *s.* teyngkāy, தேங்காய்

Code, s. neeyāyăshŭttŭm, நியாயசட்டம்
Coequal, a. shŭreeshŭmānŭmānăh, சரிசமானமான
Coerce, v. pŭlăpŭndŭmsheykiradoo, பலபந்தம்செய்கிறது
Coeval, a. orookālŭtteel nŭdŭndăh, ஒருகாலத்தில்நடந்த
Coffee, s. koppee, கோப்பி
Coffer, s. poottee, பெட்டி
Coffin, s. shāvoopoottee, சாவுபெட்டி
Cogent, a. teerŭmānăh, திரமான
Cogitation, s. yoshŭney, யோசினை
Cognizance, s. neeyāyăh veeshāreepoo, நியாயவிசாரிப்பு
Cohabit, v. koodeevāṙhkiradoo, கூடிவாழ்கிறது
Coheir, s. sherndăhpŭngkālee, சேர்ந்தபங்காளி
Coherence, s. shŭmmŭndum, சம்மந்தம்
Cohere, v. koodookiradoo, கூடுகிறது
Coherent, a. koodeenăh, கூடின
Cohesive, a. peedeepānăh, பிடிப்பான
Coil, s. shoorooley, சுருளை
Coin, s. silŭrey, சில்லறை
Coinage, s. kāshŭdeepoo, காசடிப்பு
Coincide, v. poroondookiradoo, பொருந்துகிறது
Coincidence, s. porootttŭm, பொருத்தம்
Coition, s. bokhŭm, போகம்
Cold, a. kooleer, kooleerānăh, குளிர்-குளிரான
Cold (and fever,) s. kooleerkāchŭl, குளிர்காய்ச்சல்
Coldly, a. kooleerākăh, குளிராக
Coldness, s. kooleermēy, குளிர்மை
Coldseason, s. kooleerkālŭm, kooleerndănāl, குளிர்காலம், குளிர்ந்தநாள்
Colic, s. vāyittoovŭlee, வயிற்றுவலி
Collar, s. kŭloottoogoottey, கழுத்துக்குட்டை
Collate, v. ottoopārkiradoo, ஒத்துப்பார்க்கிறது
Collateral, a. shŭmŭndŭmānăh, சம்மந்தமான
Colleague, s. goottalee, கூட்டாளி
Collect, v. sheyrkiradoo, சேர்க்கிறது
Collection, s. sheykărŭm, சேகரம்
Collectively, a. oroomeekkăh, ஒருமிக்க
Collector, s. tŭndŭrkārŭn, தண்டற்காரன்
College, s. shătteerăpŭlleekoodŭm, சாத்திரபள்ளிக்கூடம்
Collegian, s. shătteerăpŭlleekoodŭttān, சாத்திரபள்ளிக்கூடத்தான்
Collision, s. tŭttoo, தட்டு
Colour, s. vŭrnŭm, neerŭm, வர்ணம், நிறம்
Colour, v. vŭrnŭm adeekiradoo, neerŭm kodookiradoo, நிறம்கொடுக்கிறது
Colt, s. koodeereykoottee, குதிரைக்குட்டி
Column, s. toon, தூண்
Comb, s. seepoo, சீப்பு
Comb, v. tŭley seevookiradoo, தலைசீவுகிறது
Combat, v. moottookiradoo, முட்டுகிறது yoottŭm (or) wee-

deyŭm pŭnnookiradoo, யுத்தம்பண்ணுகிறது
Combat, s. yoottŭm, weedeyum, shŭndey, யுத்தம், சண்டை
Combination, s. sheyrmānŭm, kutto, சேர்மானம், கட்டு
Combine, v. sheyrkiradoo, சேர்க்கிறது
Combustible, a. vendoopokătŭkhă, வெந்துபோகத்தக்க
Combustion, s. yeyreevoo, எரிவு
Come, v. vŭrookiradoo, வருகிறது
Comeliness, s. urhăgoo, ulăgoo, அழகு
Comely, a. neytteeyānăh, நேத்தியான
Comfort, v. dookŭmteerŭtookiradoo, துக்கம்தீருத்துகிறது
Comfortable, a. suveekeyŭmānăh, சவுக்கியமான
Comfortably, a. suveekeyŭmākăh, சவுக்கியமாக
Comical, a. komālŭmānăh, கோமாளமான
Comically, a. komālŭmay, கோமாளமாய்
Coming, a. vŭrookira, வருகிற
Command, v. ootoorăvoo kodookiradoo, உத்திரவுக்கொடுக்கிறது
Commander, s. adeekāree, அதிகாரி, சேனாபதி
Commemorate, v. āshŭreekiradoo, ஆசரிக்கிறது
Commence, v. todŭngkookiradoo, toovakiradoo, தொடங்குகிறது, தொவக்கிறது
Commencement, s. ārŭmbŭm, ஆரம்பம்
Commend, v. metchookirădoo, மெச்சுகிறது
Commendation, s. vākkoovŏttāshey, வாக்குவொத்தாசை
Comment, v. veereettoo shollookiradoo, விரித்துசொல்லுகிறது
Commentary, s. veereevoo, விரிவு
Commerce, s. veeyābārŭm, வியாபாறம்
Commercial, a. veeyābārŭmoollăh, வியாபாறமுள்ள
Commiserate, v. pŭreetŭppeekiradoo, பரிதபிக்கிறது
Commission, v. ādēekārŭmkodookiradoo, அதிகாரம்கொடுக்கிறது
Commissioner, s. veeshārŭneykārŭn, விசாரணைகாரன்
Commit, v. oppooveekirădoo, ஒப்புவிக்கிறது
Commodious, a. tŭgoodeeyānăh, தகுதியான
Commodity, s. porool, pŭndŭm, பொருள், பண்டம்
Common, a. shādāranŭmānăh, சாதாரணமான
Common, s. podooneelŭm, பொதுநிலம்
Commonly, a. vŭrŭkŭmāy, வழக்கமாய்
Common place, a. pŭrŭmbŭdeeyānăh, பரும்படியான
Commotion, s. kŭlăkŭm, கலகம்
Communicate, v. shollookiradoo, areeveekiradoo, சொல்லுகிறது, அறிவிக்கிறது
Communication, s. shŭmāshārŭm, சமாசாரம்
Commute, v. māttookirădoo, மாற்றுகிறது
Community, s. podoovoo, பொதுவு

Compact, *a.* ooreedēēyanăh, உறுதியான

Compact, *s.* oodŭnpŭdeekāy, உடன்படிக்கை

Companion, *s.* seeneykeetŭn, சினேகிதன்

Company, *s.* koottŭm, கூட்டம்

Comparatively, *a.* sureemureeyadey, sureesŭmānŭm, சரிமரியாதை, சரிசமானம்

Compare, *v.* oppākookirădoo, ottoopārkiradoo. ஒப்பாகுகிறது, ஒத்துப்பார்க்கிறது

Comparison, *s.* ottoopārkāy, ஒத்துப்பார்க்கை

Compasses, *s.* shoottŭlăvoo, சுற்றளவு

Compassion, *s.* yerŭkkŭm, இரக்கம்

Compassionate, *v.* yerŭkkŭmākiradoo, இரக்கமாகிறது

Compatible, *a.* tŭgoomānăh, தகுமான

Compel, *v.* kŭttāyum pŭnnookiradoo, கட்டாயம்பண்ணுகிறது

Compendious, *a.* shoorookŭmānăh, சுருக்கமான

Compendium, *s.* adăkŭm, அடக்கம்

Compensate, *v.* ootŭrăvādŭmpŭnnookiradoo, உத்தரவாதம்பண்ணுகிறது

Compensation, *s.* ootŭrăvādum, உத்தரவாதம்

Competitor, *s.* yedeeree, எதிரி

Compile, *v.* sheyrkiradoo, சேர்க்கிறது, திரட்டுகிறது

Complacency, *s.* shŭndoshŭm, சந்தோஷம்

Compiler, *s.* sheyrkirăvŭn, சேர்க்கிறவன்

Complacent, *a.* shādoovānăh, சாதுவான

Complain, *v.* prādoo pŭnnookirădoo, பிராதுபண்ணுகிறது

Complainant, *s.* prādookārŭn, பிராதுக்காரன்

Complaint, *s.* prādoo, பிராது

Complaisant, *a.* dādsheeneeyŭmānăh, தாட்சிணியமான

Complete, *v.* teerkiradoo, moodeekiradoo, தீர்க்கிறது, முடிக்கிறது

Completion, *s.* teerppoo, தீர்ப்பு

Complexion, *s.* shāyŭl, சாயல்

Complex, *a.* kŭlŭppānăh, கலப்பான

Compliance, *s.* yennakum, இணக்கம்

Complicated, *a.* pinnŭlānăh, பின்னலான

Compliment, *s.* oobăsārŭm, உபசாரம்

Compliment, *v.* oobăsārŭm shollookirădoo, உபசாரம்சொல்லுகிறது

Complimentary, *a.* oobăsārŭmoollăh, உபசாரமுள்ள

Comply, *v.* yeenŭngkookiradoo, இணங்குகிறது

Compose, *v.* pooneykiradoo, புனைகிறது

Composition, *s.* teerŭttoo, திரட்டு

Composure, *s.* sāndŭm, சாந்தம்

Compound, *v.* koottookirădoo, கூட்டுகிறது

Compound, *a.* goottānăh, கூட்டான

Comprehend, *v.* āreekiradoo, kundoopoodeekiradoo, அறிகிறது, கண்டுபிடிக்கிறது

Comprehension, *s.* areevoo, அறிவு
Compress, *v.* ădăkkookiradoo, அடக்குகிறது
Comprise, *v.* adŭngkookiradoo, அடங்குகிறது
Compromise, *v.* neyră pudootookiradoo, நேர்ப்படுத்துகிறது
Compulsion, *s.* kŭttāyŭm, கட்டாயம்
Compunction, *s.* veeshārŭm, விசாரம்
Compute, *v.* yennookiradoo, pŭreeshodeekiradoo, எண்ணுகிறது, பரிசோதிக்கிறது
Comrade, *s.* koottālee, கூட்டாளி
Concave, *a.* kuveepānăh, கவிப்பான
Conceal, *v.* mŭrāykiradoo, oleekiradoo, மறைக்கிறது-ஒளிகிறது
Concede, *v.* shŭmmŭdeekiradoo, சம்மதிக்கிறது
Conceit, *s.* neeneyvoo, akhunday, நினைவு
Conceited, *a.* ăkhŭndayoollăh, அகந்தையுள்ள
Conceive, *v.* poolleyoondākiradoo, பிள்ளையுண்டாகிறது
Concentre, *v.* orŭdŭteeley sheyrkiradoo, ஒரிடத்திலேசேர்கிறது
Conception, *s.* neeneypoo, shenneypoo, நினைப்பு-சனிப்பு
Concerning, *p.* kooreettoo, குறித்து
Concern, *s.* kāreeyŭm, காரியம்
Concert, *v.* ālòshuney punnookiradoo, ஆலோசனைபண்ணுகிறது
Concession, *s.* shŭmmădum, சம்மதம்

Conch, *s.* shŭnggoo, சங்கு
Conciliate, *v.* shŭmmŭdeekiradoo, சம்மதிக்கிறது
Concise, *a.* shollpŭmānăh, சொல்ப்பமான
Conclude, *v.* moodeekiradoo, முடிக்கிறது
Conclusion, *s.* kŭdāyshee, கடைசி
Conclusive, *a.* moodeepānăh, முடிப்பான
Concourse, *s.* koottŭm, கூட்டம்
Concubine, *s.* vāypāttee, வைப்பாட்டி
Concupiscence, *s.* mokhaveekārŭm, மோகவிகாரம்
Concur, *v.* ottookollookiradoo, ஒத்துக்கொள்ளுகிறது
Concurrence, *s.* shundeepoo, சந்திப்பு
Concussion, *s.* koolookoo, குலுக்கு
Condemn, *v.* koottŭm kānookiradoo, குற்றம்காணுகிறது
Condemnation, *s.* sheedshāykeeteerpoo, சிட்சைக்குத்தீர்ப்பு
Condense, *v.* odookookiradoo, ஒடுக்குகிறது
Condescend, *v.* dāyvoo sheykiradoo, தயவுசெய்கிறது
Condescension, *s.* dāyvoo, தயவு
Condign, *a.* tŭgoodeeyānah, தகுதியான
Condiment, *s.* oorookāy, ஊறுகாய்
Condition, *s.* mookāndŭrŭm, முகாந்தரம்
Condole, *v.* pŭreetŭppeekiradoo, பரிதபிக்கிறது
Conduce, *v.* kāreeyă pŭdookiradoo, காரியப்படுகிறது

Conducive, *a.* kareeyŭmānăh, காரியமான

Conduct, *s.* nŭdŭttāy, நடத்தை

Conduct, *v.* nŭdapeeveekiradoo, நடப்பிவிக்கிறது

Conduit, *s.* vāykkāl, வாய்க்கால்

Cone, *s.* kooveendă mādeeree, குவிந்தமாதிரி

Confabulate, *v.* peysheekollookiradoo, பேசிக்கொள்ளுகிறது

Confection, *s.* teeteeppoo, தித்திப்பு

Confederacy, *s.* kŭttoopādoo, கட்டுப்பாடு

Confederate, *a.* oodŭnpŭdeekāyyānăh, உடன்படிக்கையான

Confer, *v.* yosheekiradoo, யோசிக்கிறது

Conference, *s.* āloshŭnĕykoottŭm, ஆலோசனைகூட்டம்

Confess, *v.* sŭmmŭdeekiradoo, சம்மதிக்கிறது

Confessedly, *a.* sŭmmŭdeeyāk, சம்மதியாக

Confession, *s.* tereeveepoo, தெரிவிப்பு

Confide, *v.* nŭmbeekay vaykkiradoo, நம்பிக்கைவைக்கிறது

Confidence, *s.* ooroodee, nŭmbeekāy, உறுதி, நம்பிக்கை

Confident, *a.* ooroodeeyoollăh, உறுதியுள்ள

Confidential, *a.* rŭgoosheeŭmānăh, இரகசியமான

Confine, *v.* kāvŭleel vaikkiradoo, காவலில்வைக்கிறது

Confines, *s.* yelley, எல்லை

Confinement, *s.* pŭndeepoo, பந்திப்பு

Confirm, *v.* deettă pŭdoottookiradoo, திட்டப்படுத்துகிறது

Confiscate, *v.* āsteeyin abŭrādŭm podookiradoo, ஆஸ்தியின் அபராதம்போடுகிறது

Conflagration, *s.* peyreeyă neyroopoo, பெருநெருப்பு

Conflict, *s.* weedeyŭm, yoottŭm, யுத்தம்

Confluence, *s.* tanneer pāyshŭl, தண்ணீர்பாய்ச்சல்

Conflux, *s.* jŭnukkootŭm, சனக்கூட்டம்

Conform, *v.* isāykiradoo, இசைகிறது

Conformably, *a.* isāyvāy, இசைவாய்

Conformity, *s.* isayvoo, இசைவு

Confound, *v.* kŭlŭkkookiradoo, கலக்குகிறது

Confront, *v.* yedeeryedeerāyneerkiradoo, எதிரெதிராய்நிற்கிறது

Confuse, *v.* kooluppookiradoo, korhuppookiradoo, குழப்புகிறது

Confusion, *s.* kooluppum, korhăpŭm, குழப்பம்

Confute, *v.* aṙeekiradoo, அழிக்கிறது

Congeal, *v.* kŭdeenŭm ākkiradoo, kŭtteeākookiradoo, கடினமாக்கிறது, கட்டியாகுகிறது

Congenial, *a.* ottoodūlānăh, ஒத்துதலான

Conglutinate, *v.* pŭsay eedookiradoo, பசையிடுகிறது

Congratulate, *v.* vāṙhttookiradoo, வாழ்த்துகிறது

Congregation, *s.* sŭbāy, pŭnjshāyŭm, சபை. பஞ்சாயம்

Conic, *a.* tŭrŭndăh, திரண்ட

Conical, *a.* koovcenttŭlānăh, குவிந்தலான

Conjecture, *s.* needānŭm, நிதானம்

Conjointly, *a.* koottŭmāy, oroomeekhă, கூட்டமாய், ஒருமிக்க

Conjunction, *s.* yenăkŭm, இணக்கம்

Conjunctive, *s.* eesayvoo, இசைவு

Conjure, *v.* (play,) mānderŭmpŭnnookiradoo, ooshādŭnŭm punnookiradoo, மந்திரம்பண்ணுகிறது, உச்சாடனம் பண்ணுகிறது

Conjure, *v.* ānāyyeedookiradoo, ஆணையிடுகிறது

Conjurer, *s.* mānderăkārŭn, மாந்திரக்காறன்

Connect, *v.* sheyrkiradoo, சேர்க்கிறது

Connexion, *s.* sheyrvoo, eesāyvoo, சேர்வு, இசைவு

Connive, *v.* kŭndoo jādăyāy voodookiradoo, கண்டுசாட்டையாய் விடுகிறது

Connubial, *a.* kŭleeyānă nelleyānăh, கலியாணநிலையான

Conquer, *v.* veytteekollookirădoo, வெற்றிக்கொள்ளுகிறது

Conqueror, *s.* veytteeyoodāyăvŭn, வெற்றியுடையவன்

Conquest, *s.* veyttee, வெற்றி

Consanguinity, *s.* rŭttăkŭllăpoo, இரத்தக்கலப்பு

Conscience, *s.* mŭnăshādshee, mŭnăneeyayum, மனச்சாட்சி, மனநியாயம்

Conscientious, *a.* mŭnăneedeeyānăh, மனநீதியான்

Conscious, *a.* mŭnŭmăreendăh, மனமறிந்த

Consecrate, *v.* āsŭreekiradoo, ஆசரிக்கிறது

Consent, *v.* ottookollookiradoo, ஒத்துக்கொள்ளுகிறது

Consequence, *s.* neemiteeyŭm, kāriŭm, நிமித்தியம், காரியம்

Consequential, *a.* gŭnŭmoollăh, கனமுள்ள

Consequently, *a.* neemitteeyŭm, நிமித்தியம்

Conserve, *s.* oorookay, vŭttŭl, ஊறுகாய், வற்றல்

Consider, *v.* neeneykiradoo, yosheekiradoo, நினைக்கிறது

Considerable, *a.* ădeegŭmānăh, அதிகமான்

Considerate, *a.* booteeyoollăh, புத்தியுள்ள

Consideration, *s.* yoshŭney, யோசினை

Consign, *v.* oppooveekkiradoo, ஒப்புவிக்கிறது

Consist, *v.* adŭngkookiradoo, அடங்குகிறது

Consistent, *a.* neeleypŭrŭmānăh, நிலைபறமான்

Consolation, *s.* mŭnăshŭndoshŭm, மன்சந்தோஷம்

Console, *v.* dookkŭm teertăkiradoo, sulleepāttookiradoo, துக்கம்திரத்க்கினது, சலிப்பாற்றுகிறது

Consolidate, *v.* oorāyăh sheykiradoo, உறைய்ச்செய்கிறது

Consort, *s.* koottālee, கூட்டாளி

Conspicuous, *a.* veyleevānăh, வெளிவான

Conspiracy, *s.* kerttăhyāloshŭney, கெட்டயாலோசினை

Conspire, *v.* ottookollookiradoo, ஒத்துக்கொள்ளுகிறது

Conspirator, *s.* rāshădoorogee, இராசதுரோகி

Constable, *s.* kāvulkārŭn, காவற்காரன்

Constancy, *s.* neeshŭm, neesŭm, நிசம்

Constant, *a.* neeshŭmānăh, நிசமான

Constantly, *a.* neeteeyŭmāy, நித்தியமாய்

Consternation, *s.* kŭlăkum, கலக்கம்

Constipation, *s.* mŭlăbŭndŭm, மலப்பந்தம்

Constitute, *v.* oondākookiradoo, உண்டாக்குகிறது

Constitution, *s.* yerpādoo, ஏற்பாடு

Constrain, *v.* kŭttāyŭm pŭnnookiradoo, கட்டாயம்பண்ணுகிறது

Constraint, *s.* kŭttāyŭm, கட்டாயம்

Constrict, *v.* kutteepeedeekiradoo, கட்டிப்பிடிக்கிறது

Construct, *v.* oondoopunnookiradoo, உண்டுபண்ணுகிறது

Consult, *v.* ālōsheekiradoo, ஆலோசிக்கிறது

Consultation, *s.* āloshŭney, ஆலோசினை

Consulter, *s.* ālosheney pŭnnookiravŭn, ஆலோசினைபண்ணுகிறவன்

Consumable, *a.* sheylăveedă koodeeyăh, செலவிடக்கூடிய

Consume, *v.* sheylavoo punneepokiradoo, areendoopokiradoo, செலவுபண்ணிப்போகிறது, அழிந்துப்போகிறது

Consumer, *s.* sheylăveedookiravŭn, செலவிடுகிறவன்

Consuming, *a.* ărheekira, அழிக்கிற

Consummation, *s.* ănookoolum, அநுகூலம்

Contact, (to come in,) *v.* moottookiradoo, முட்டுகிறது

Contagion, *s.* ottoo, ஒட்டு

Contagious, *a.* ottătŭkkăh, ஒட்டத்தக்க

Contain, *v.* kollookiradoo, கொள்ளுகிறது

Containable, *a.* kōllătŭkkăh, கொள்ளத்தக்க

Contaminate, *v.* ărhookākookiradoo, அழுக்காக்குகிறது,

Contamination, *s.* teettoo, தீட்டு

Contemn, *v.* purheeshollookiradoo, பழிசொல்லுகிறது

Contemner, *s.* purheekirăvŭn, பழிக்கிறவன்

Contemplate, *v.* neeneykiradoo, நினைக்கிறது

Contemplation, *s.* deeyānum, தியானம்

Contemplative, *a.* deeyānŭmolla, தியானமுள்ள

Contemplatively, *a.* deeyānŭmay, தியானமாய்

Contemplator, *s.* deeyānăkārun, தியானக்காரன்

Contemporaneous, *a.* oreykālŭmānăh, ஒரேகாலமான

Contemporary, *s.* tŭrkālăsheevee, தற்காலசீவி

Contempt, *s.* pŭleepoo, பழிப்பு

Contemptible, *a.* konshŭmŭnădoollăh, கொஞ்சமனதுள்ள

Contemptibly, *a.* ărpŭmay, அற்பமாய்

Contemptuous, *a.* nindineyoollăh. நிந்தினையுள்ள

Contemptuously, *a.* nindineyāy pureekashumay, நிந்தினையாய், பரிகாசமாய்

Contend, *v.* shŭndey sheykiradoo, சண்டைசெய்கிறது

Content, *s.* teeroottee, திருத்தி

Content, *a.* pooreepānăh, teerooteeyoollăh, பூரிப்பான், திருத்தியுள்ள
Content, *v.* āsāy pŭdootookiradoo, ஆசைபடுத்துகிறது
Contented, (to be,) *a.* mŭnăvashayay irrookiradoo, asaypudookiradoo, மனவாசையா யிருக்கிறது, ஆசைபடுகிறது
Contention, *s.* shŭndey, pŭnăkkoo, சண்டை, பிணக்கு
Contentious, *a.* shŭndeyoollăh, சண்டையுள்ள
Contentiously, *a.* shŭndeyāy, adeepŭdeeyay, சண்டையாய், அடிபுடியாய்
Contentiousness, *s.* moorŭttootŭnum, முரட்டுதனம்
Contentment, *s.* teerootee, pooreepoo, திருத்தி, பூரிப்பு
Contents, *s.* ădăkŭm, porheepoo, அடக்கம், பொழிப்பு
Contest, *s.* shŭndey, pōr, சண்டை, போர்
Contest, *v.* shŭndey poodeekiradoo, சண்டைபிடிக்கிறது
Contestable, *a.* shŭndeyoollăh, சண்டையுள்ள
Context, *s.* todŭrndăvākoo, தொடர்ந்தவாக்கு
Contiguity, *s.* sŭmeebŭm, andāy, சமீபம், அண்டை
Contiguous, *a.* sŭmeebŭmānăh, சமீபமான
Contiguously, *a.* adookăh, அடுக்க
Continence, *s.* neerey, நிறை
Continent, *a.* kŭrpoollăh, கற்புள்ள
Contingency, *s.* sŭmooseeyŭm, sundeykhŭm, சமூசியம், சந்தேகம்
Contingent, *a.* tŭlsheyŭlānăh, தற்செயலான
Continual, *a.* eedāyveedādăh, neetteeyăh, இடைவிடாத, நித்திய
Continually, *a.* neetteeyŭmāy, நித்தியமாய்
Continuance, *s.* neetteeyŭm, நித்தியம்
Continue, *v.* nelley neeroottookirădoo, nelley pŭdookiradoo, நிலைநிறுத்துகிறது, நிலைப்படுகிறது
Contort, *v.* teerookookiradoo, திருகுகிறது
Contortion, *s.* teereepoo, திரிப்பு
Contour, *s.* kooreepoo, குறிப்பு
Contra, *a.* yeydeer, māroo, எதிர், மாறு
Contraband, *a.* kŭllăshettānăh, கள்ளசெட்டான்
Contract, *s.* goottăkāy, குத்தகை
Contract, *v.* koraynjeepokiradoo, குறைஞ்சுபோகிறது
Contract, (bargain,) *v.* goottăkāypŭnnookiradoo, குத்தகைபண்ணுகிறது
Contracted, *a.* wodoongkeenăh, ஒடுங்கின
Contraction, *s.* wodookŭm, ஒடுக்கம்
Contractor, *s.* goottăkāykārŭn, குத்தகைக்காரன்
Contradict, *v.* yedeertoo peyshookiradoo, எதிர்த்துப்பேசுகிறது
Contradiction, *s.* yedeerpeyshoo, எதிர்ப்பேச்சு
Contradictorily, *a.* yedeerpeyshāy, எதிர்ப்பேச்சாய்
Contradictory, *a.* yedeerpeyshoollăh, எதிர்ப்பேச்சுள்ள
Contradistinguish, *v.* yedeervāykiradoo, எதிர்வைக்கிறது

Contrariety, *s.* māroopādoo, மாறுபாடு

Contrarily, *a.* veerodumāy, விரோதமாய்

Contrary, *a.* māroopādānăh, yedeerānăh, மாறுபாடான, எதிரான

Contrast, *s.* virodŭlŭmkārŭm, விரோதலங்காரம்

Contrast, *v.* tŭdookiradoo, yeydeervāykiradoo, தடுக்கிறது, எதிர்வைக்கிறது

Contravene, *v.* tŭdookirădoo, தடுக்கிறது

Contribute, *v.* oodăvookirădoo, உதவுகிறது

Contribution, *s.* oobăkārŭm, oodăvee, உபகாரம், உதவி

Contributor, *s.* oodăveekārun, உதவிக்காறன்

Contrite, *a.* pŭchādābŭmoollăh, பச்சாத்தாபமுள்ள

Contritely, *a.* mŭnŭstābŭmay, மனஸ்தாபமாய்

Contrition, *s.* mŭnŭstābŭm, pŭchātābŭm, மனஸ்தாபம், பச்சாத்தாபம்

Contrivance, *s.* oobāyŭm, உபாயம்

Contrive, *v.* oobāyăpŭdootōōkiradoo, உபாயப்படுத்துகிறது

Contriver, *s.* oobāyăkārŭn, உபாயக்காரன்

Control, *s.* ālookāy, ஆளுகை

Control, *v.* ālookiradoo, ஆளுகிறது

Controller, *s.* ālookirăvŭn, ஆளுகிறவன்

Controversy, *s.* veeyājeeŭm, வியாச்சியம்

Controvert, *v.* yedeer peyshookiradoo, எதிர்பேசுகிறது

Contumacious, *a.* morŭttoo goonŭmānăh, முரட்டுகுணமான

Contumaciously, *a.* morŭttoogoonŭmāy, முரட்டுகுணமாய்

Contumacy, *s.* morŭndoo, முரண்டு

Contumely, *s.* nindaypeychoo, நிந்தைபேச்சு

Contuse, *v.* norookiradoo, novoo pudootookiradoo, நொருக்கிறது, நோவுப்படுத்துகிறது

Contusion, *s.* novoo, norookkoo, நோவு, நொருக்கு

Convalescence, *s.* shoogŭm, shostŭmădāytŭl, சுகம், சொஸ்தமடைதல்

Convalescent, *a.* shoogŭmākira, சுகமாகிற

Convene, *v.* sheyrkiradoo, சேர்க்கிறது

Convenience, *s.* shāvăkāshŭm, சாவகாசம்

Convenient, *a.* shāvăgāshŭmānăh, சாவகாசமான

Conveniently, *a.* shoogŭmāy, சுகமாய்

Conversable, *a.* koodeepeshookira, கூடிப்பேசுகிற

Conversably, *a.* sŭgăvāshŭmāy, சகவாசமாய்

Conversant, *a.* puṙhŭkŭmānăh, பழக்கமான

Conversation, *s.* peychoo, பேச்சு

Converse, *v.* peyshookiradoo, பேசுகிறது

Conversely, *a.* yeydeeray, எதிராய்

Conversion, *s.* goonapŭdoodŭl, குணப்படுதல்

Convert, *s.* goonăpŭttăvŭn, குணப்பட்டவன்

Convert, *v.* mŭnŭm teerŭmbookiradoo, மனந்திரும்புகிறது

Convex, *a.* koor̈hăvānăh, nŭdoo-modānăh, குழவான், நடுமேடான

Convexly, *a.* koomŭreepāy, koorhăvāy, குமிழப்பாய், குழவாய்

Convey, *v.* kondoo pokiradoo, கொண்டுபோகிறது

Conveyance, (law,) *s.* sheyloot-tookay, செலுத்துகை

Conveyer, *s.* kondoopokirăvŭn, கொண்டுபோகிறவன்

Convict, *v.* koottăvaleeyayteer-kiradoo, குற்றவாளியாய்த்தீர்க்கிறது

Convict, *s.* koottăvālee, kāvu-leelirookirăvun, குற்றவாளி, காவலிலிருக்கிறவன்

Conviction, *s.* needānŭm, நிதானம்

Convince, *v.* koottŭtteykānbee-kiradoo, குற்றத்தைக்காண்பிக்கிறது

Convincingly, *a.* neetshyă pŭda-tŭkădāy, நிச்சயப்படத்தக்கதாய்

Convivial, *a.* kondātŭmloolăh, கொண்டாட்டமுள்ள

Conviviality, *s.* kondāttŭm, கொண்டாட்டம்

Convocate, *v.* vŭră ărhaikira-doo, வரவழைக்கிறது

Convocation, *s.* koottŭm, கூட்டம்

Convoke, *v.* koottŭm sheyrki-radoo, கூட்டம்சேர்க்கிறது

Convulsed, (to be,) *v.* eerhooki-radoo, இழுக்கிறது

Convulsion, *s.* eerhoopoo, jŭn-nee, இழுப்பு, சன்னி

Convulsive, *a.* vuleepoollăh, வலிப்புள்ள

Convulsively, *a.* vŭleeyāy, வலியாய்

Cook, *s.* koosheeneekārun, குசினிக்காரன், சமையற்காரன்

Cook, *v.* sŭmeykiradoo, ākkira-doo, சமைக்கிறது, ஆக்கிறது

Cooking, *s.* sumaiyŭl, ākkŭl, சமையல், ஆக்கல்

Cookery, *s.* sŭmāiyŭlveyley, ākkiraveyley, சமையல்வேலை, ஆக்கிறவேலை

Cookhouse, *s.* koosheenee, sŭ-măyŭlwoodoo, குசினி, சமையல்வீடு

Cool, *a.* kooleerchee, kooloor, குளிர்ச்சி, குளிர்

Cool, *v.* kooleer punnookiradoo, āttookiradoo, குளிரப்பண்ணுகிறது, ஆற்றுகிறது

Cooler, *s.* āttookiravun, ஆற்றுகிறவன்

Coolheaded, (to be,) *v.* tuneeti-rookiradoo, தணித்திருக்கிறது

Coolly, *a.* kooleercheeyāy, குளிர்ச்சியாய்

Coolness, *s.* kooleer, eerum, sheedulum, குளிர், ஈரம், சீதளம்

Coop, *s.* koodoo, pŭnjărŭm, கூடு, பஞ்சரம்

Coop, *v.* kŭrăpeel ădāykiradoo, கரப்பிலடைக்கிறது

Cooper, *s.* mŭrătotee sheykira-tŭchŭn, மரத்தொட்டிகளைசெய்கிறதச்சன்

Co-operate, *v.* koottooveyley sheykiradoo, கூட்டுவேலைசெய்கிறது

Co-operation, *s.* koottooveylley, கூட்டுவேலை

Copartner, *s.* kootālee, கூட்டாளி

Copartnership, *s.* koodăpŭng-koo, கூடப்பங்கு

Cope, *v.* yeydeerkiradoo, எதிர்க்கிறது

Copier, *s.* pārtoo yeyroodookiravun, பார்த்தெழுதுகிறவன்
Coping, *s.* mokŭttooshoovŭr, முகட்டுச்சுவர்
Copious, *a.* poorteeyānăh, dārālŭmānăh, பூர்த்தியான, தாராளமான
Copiously, *a.* poorteeyāy, பூர்த்தியாய்
Copiousness, *s.* meegoodee, மிகுதி
Copper, *s.* shemboo, tāmbirum, செம்பு, தாம்பிரம்
Copper, *v.* shemboo tugood udeekiradoo, செம்புதகுடடிக்கிறது
Copper, *a.* shembānăh, செம்பான
Copperas, *s.* ănnăbeydee, miletootŭm, அன்னபேதி, மயிற்றுத்தம்
Copper-plate, *s.* shembootŭgădoo, செப்புத்தகடு
Coppersmith, *s.* kŭnnān, கன்னான்
Coppery, *a.* shemboolăh, செம்புள்ள
Coppice, *s.* sirookādoo, pŭrŭtteykadoo, சிறுகாடு, பறட்டைக்காடு
Copulate, *v.* bokŭm punnookiradoo, போகம்பண்ணுகிறது
Copulation, *s.* bokŭm, போகம்
Copy, *s.* peerŭdee, பிரதி
Copy, *v.* peyrttyeyroodookiradoo, பெயர்த்தெழுதுகிறது
Copyer, *s.* asŭlyeyroodookiravun, அசலெழுதுகிறவன்
Coral, *s.* moorookaykŭl, முருகைக்கல்
Cord, *s.* kowroo, kāyroo, கயிறு, கவறு
Cord, *v.* kŭttookiradoo, கட்டுகிறது
Cordage, *s.* kŭppŭl kowroo, கப்பற்கயிறு
Cordial, *a.* dārālŭmoollăh, தாராளமுள்ள
Cordiality, *s.* dārālŭm, தாராளம்
Cordially, *a.* neyshŭmāy, நேசமாய்
Cordmaker, *s.* kowroo moorookookiravŭn, கவறுமுறுக்குகிறவன்
Coriander, *s.* kotŭmŭllee, daneekhŭm, கொத்தமல்லி, தனிகம்
Cork, *s.* ădaipoo, அடைப்பு
Cork, *v.* koosheeyittŭdaikiradoo, குச்சியிட்டடைக்கிறது
Corkscrew, *s.* koosheevāngkee, குச்சிவாங்கி
Corn, (salt,) *v.* ooppoopodookiradoo, உப்புப்போடுகிறது
Corn, *s.* dāneeyŭm, தானியம்
Corner, *s.* mooley, மூலை
Cornerstone, *s.* mooleykŭl, மூலைக்கல்
Cornfield, *s.* videyneelum, விதைநிலம்
Cornice, *s.* shittirăkumbee, kārniss, சித்திரகம்பி
Coroner, *s.* mŭrŭna veeshārŭnaikarŭn, மரணவிசாரணைக்காரன்
Corporal, *a.* shureerumoollăh, சரீரமுள்ள, சிரேகமுள்ள
Corpse, *s.* poonŭm, பிணம்
Corpulence, *s.* korhoopoo, கொழுப்பு
Corpulent, *a.* korhoopānăh, கொழுப்பான
Correct, *v.* pirheytiroottookiradoo, பிழைதிருத்துகிறது

Correct, *a.* niddānŭmānăh, நிதானமான

Correction, *s.* tirroottŭm, திருத்தம்

Correctional, *a.* tirroottăpŭdătŭkkăh, திருத்தப்படத்தக்க

Correctness, *s.* tirroottŭm, திருத்தம்

Correctly, *a.* shăreeyay, சரியாய், செவ்வையாய்

Correspond, *v.* kayeedŭm or kākeedŭmyeyrghoodookiradoo, காகிதமெழுதுகிறது

Correspondence, *s.* kayeedŭm or kākeedăsŭmbāshŭney, காகிதசம்பாஷணை

Correspondent, *s.* kayeedă or kākeedăpokoovŭrătoo pŭnnookiravŭn, காகிதபோக்குவரத்துபண்ணுகிறவன்

Correspondent, *a.* tŭgoomānăh, தகுமான

Corroborate, *v.* bŭlăpŭdoottookiradoo, பலப்படுத்துகிறது

Corroboration, *s.* bŭlŭm, பலம்

Corrode, *v.* kŭreykiradoo, கரைக்கிறது

Corrosion, *s.* kŭreypoo, கரைப்பு

Corrosive, *a.* kārŭmānăh, காரமான

Corrosively, *a.* kārŭmāy, காரமாய்

Corrupt, *v.* argheekirado, kŭrdookiradoo, அழிக்கிறது, கெடுக்கிறது

Corrupt, *a.* areevoollăh, அழிவுள்ள

Corruptible, *a.* kŭrdootŭlākăh, கெடுதலாக்க

Corruption, *s.* kŭrdoo, கேடு

Corruptly, *a.* kŭrdāy, கேடாய்

Corse, *s.* poonŭm, பிணம்

Cosmetic, *s.* pŭlăpŭlapookiramŭrŭndoo, பளபளப்புகிறமருந்து

Cost, *s.* sheylăvoo, செலவு

Cost, *v.* peedeekiradoo, பிடிக்கிறது

Costive, *a.* beydeeyillādăh, bulumkuttookiradoo, பேதியில்லாத, பலங்கட்டுகிறது

Costiveness, *s.* bŭlăbŭndŭm, பலபந்தம்

Costliness, *s.* gŭnăsheylăvoo, கனசெலவு

Costly, *a.* gŭnăsheylăvoollăh, கனசெலவுள்ள அதிகசெலவுள்ள

Costume, *s.* jhādāy, சாடை

Cot, *s.* (hut,) koodeeshay, goodeeshay, குடிசை

Cot, *s.* kŭttil, கட்டில்

Contemporaneous, *a.* oreykālŭteeloollăh, ஒரேகாலத்திலுள்ள

Contemporary, *a.* oreykālŭtton, ஒரேகாலத்தோன்

Cotton, *s.* pŭnsjee, pŭroottee, பஞ்சு, பருத்தி

Cotton, *a.* punsjŭlānăh, பஞ்சலான

Couch, *s.* kuttil, கட்டில்

Couch, *v.* shāyndookollookiradoo, சாய்ந்துகொள்ளுகிறது

Couchant, *a.* pŭdoottirookira, படுத்திருக்கிற

Cough, *v.* eeroombookiradoo, இரும்புகிறது

Cough, *s.* eeroomŭl, இருமல்

Council, *s.* āstānum, ஆஸ்தானம்

Counsel, *v.* yoshŭney shellookiradoo, யோசனைசொல்லுகிறது

Counsel, *s.* yoshŭney, யோசனை

Count, *v.* yennookiradoo, yenneepārkiradoo, யெண்ணுகிறது

Countenance, *s.* mookăjhādāy, முகச்சாடை

Countenance, *v.* oopăkŭreekiradoo, உபகரிக்கிறது

Counteract, *v.* yeydeer yettookiradoo, எதிரேற்றுகிறது

Counteraction, *s.* yedăroo, இடறு

Counterbalance, *s.* shărreenerrey, சரிநிறை

Counterevidence, *s.* yeydeershātshee, எதிர்ச்சாட்சி

Counterfeit, *v.* kubadăveyleysheykiradoo, கபடவேலைசெய்கிறது

Counterfeit, *a.* poyyānăh, kubbŭdānăh, பொய்யான

Countermand, *s.* yeydeer ooteeravoo, எதிருத்திரவு

Countermarch, *v.* teeroombeepokiradoo, திரும்பிபோகிறது

Counterpane, *s.* dooptee, துப்பட்டி

Counterpart, *s.* pukoodee, பகுதி

Counterpoise, *s.* shăreenerrey, சரிநிறை

Countersign, *s.* shitteenmeylkāyyoppum, சிட்டின்மேற்கையொப்பம்

Countersign, *s.* shitteenmeylkāyyoppumvaikkiradoo, சிட்டின்மேற் கையொப்பம்வைக்கிறது

Countless, *a.* kŭnŭkillādăh, கணக்கில்லாத

Country, *s.* deyshŭm, ooroo, nadoo, தேசம், ஊரு, நாடு

Couple, *s.* eerŭndoo, jodoo, இரண்டு, சோடு

Couplet, *s.* eerŭdeepā, ஈரடிப்பா

Coupling, *p.* yenney, இணை

Courage, *s.* dāyreeŭm, தயிரியம்

Courageous, *a.* dāyreeyăh, தயிரிய

Courageously, *a.* dāyreeŭmāy, தயிரியமாய்

Courier, *s.* toodŭn, ăreekār, தூதன், அரிக்காரர்

Course, *s.* wottŭm, ஓட்டம்

Courses, *s.* (monthly) woottookoodoorum, வீட்டுக்குதூரம்

Court, *s.* rājhāsŭmookŭm, இராசசமுகம்

Courteous, *a.* mŭreeyādāyoollăh, மரியாதையுள்ள

Courteously, *a.* mŭreeyādāyāy, மரியாதையாய்

Courteousness, *s.* / Courtesy, — mŭreeyāday, āsārŭm, மரியாதை, ஆசாரம்

Courtesan, *s.* veyshee, வேசி

Courthouse, *s.* needeekoodŭm, நீதிகூடம்

Court martial, *s.* korttoomāshul, கோர்ட்டுமாஷல்

Cousin, *s.* mŭchān, māytoonŭr, மைச்சான், மைத்துநர்

Covenant, *s.* kŭttoopādoo, கட்டுப்பாடு

Cover, *s.* moodee, மூடி

Cover, *v.* moodookiradoo, மூடுகிறது

Covering, *s.* moodee, மூடி

Coverlet, *s.* dooptee, துப்பட்டி

Covert, *s.* oleepoo, ஒளிப்பு

Covert, *a.* oleepānăh, ஒளிப்பான

Covertly, *a.* oleepāy, ஒளிப்பாய்

Covet, *v.* āseekiradoo, ஆசிக்கிறது

Covetous, *a.* āsāyoollăh, ஆசையுள்ள

Covetously, *a.* āsāyāy, ஆசையாய்

Covetousness, *s.* āsāy, ஆசை

Cow, *s.* pŭshoo, pŭshoovoo, பசு, பசுவு

Cow, *v.* tŭdoomārăhsheykiradoo, தடுமாறச்செய்கிறது

Coward, *s.* shoneykurttăvun, சுணைக்கெட்டவன்

Cowardice, *s.* shoney, shoneykurdoo, சுணை, சுணைக்கேடு

Cowardly, *adv.* shoneykurday, சுணைக்கேடாய்

Cowardly, *a.* shoneyoollăh, சுணையுள்ள

Cowdung, *s.* yeyroo, yeyroovoo, shānee, எரு, எருவு, சாணி

Cowherd, *s.* yedeyŭn, இடையன்

Cowhouse, *s.* māttookottāy, மாட்டுக்கொட்டாய், பட்டி

Cowpox, *s.* pŭshoovāy shooree, பசுவைசூரி, பசுமாரி, அம்மன்

Cowry, pŭlăkŭray, பலகரை

Coy, *a.* kooshŭmoollăh, கூச்சமுள்ள

Coyness, *s.* kooshŭm, கூச்சம்

Crab, *s.* nŭndoo, நண்டு

Crabbedly, *a.* kŭrŭdāy, கரடாய்

Crack, *s.* veydeepoo, wottay, வெடிப்பு, ஒட்டை

Crack, *v.* pelŭkkiradoo, பிளக்கிறது

Crack-brained, *a.* pāyteeyŭmoollăh, பைத்தியமுள்ள

Crackle, *v.* neyrooneyrookiradoo, நெருநெருக்கிறது

Cracking, neyrooneyroopoo, நெருநெருப்பு

Cradle, *s.* totteel, yeyney, தொட்டில், யேணை

Craft, *s.* oobāyŭm, உபாயம்

Crafty, *a.* vŭnjăkŭmoollăh, வஞ்சகமுள்ள

Craggy, *a.* tirrookŭlānăh, திருகலான

Cramp, *s.* vŭlee, yeyghroopoo, வலி, இழுப்பு

Cramp, *v.* yeyghrookiradoo, இழுக்கிறது

Cranium, *s.* kŭbālum, கபாலம்

Crash, *s.* neyrooneyroopoo, நெறுநெறுப்பு

Crave, *v.* genjhookiradoo, கெஞ்சுகிறது

Craving, (of the stomach,) ajeerŭnŭm, அஜீரணம்

Crawl, *v.* tŭvărookiradoo, தவழுகிறது

Crawling, *s.* tŭvŭrvoo, தவழ்வு

Craziness, *s.* mŭdeekurdoo, மதிகேடு

Crazy, *a.* mŭdeekurdānăh, மதிகேடான

Creak, *v.* kreesheynkiradoo, கிறிச்சென்கிறது

Creaking, *s.* kreesheynrăshŭttŭm, கிறிச்சென்றசத்தம்

Cream, *s.* āday, ஆடை

Cream, *v.* ādayākiradoo, ஆடையாகிறது

Creamy, *a.* ādaiyoollăh, ஆடையுள்ள

Crease, *v.* shoorookookiradoo, சுருக்குகிறது

Create, *v.* oondākkookiradoo, உண்டாக்குகிறது

Creation, *s.* oondāppoo, உண்டாப்பு

Creator, *s.* oondākirăvŭr, உண்டாக்கிறவர், கடவுள்
Creature, *s.* pŭdaipoo, படைப்பு
Credence, *s.* nŭmbeekāy, நம்பிக்கை
Credible, *a.* nŭmbătŭkkăh, நம்பத்தக்க, மதிக்கத்தக்க
Credibly, *a.* nŭmbătŭkădāy, நம்பத்தக்கதாய், மதிக்கத்தக்கதாய்
Credit, *v.* nŭmbookiradoo, நம்புகிறது, மதிக்கிறது
Credit, *s.* nŭmbeekay, kŭdŭn, நம்பிக்கை, கடன்
Creditable, *a.* pookhŭlătŭkkăh, mŭdeekăpŭdătŭkkăh, புகழத்தக்க, மதிக்கபடத்தக்க
Creditably, pŭkhŭlătŭkădāy, புகழத்தக்கதாய், மதிப்பாய்
Creditor, *s.* kŭdŭnkodoottăvŭn, கடன்கொடுத்தவன்
Credulity, *s.* bootteeyillāmāy, புத்தியில்லாமை
Credulous, *a.* bootteeyillādăh, புத்தியில்லாத
Creed, *s.* veeshăvāshăpeerŭmānŭm, விஸ்வாசபிரமாணம்
Creep, *v.* tŭvăṙookiradoo, தவழுகிறது
Creeper, *s.* kodee, கொடி
Creeping, *a.* tŭvŭṙookiră, தவழுகிற
Cremation, *s.* dŭgănŭm, shoodookādoo, தகனம், சுடுகாடு
Crescent, *s.* peeray, பிறை
Crevice, *s.* veydeepoo, வெடிப்பு
Crew, *s.* koottŭm, கூட்டம்
Crier, *s.* koorookirăvŭn, கூறுகிறவன்
Crime, *s.* koottŭm, pādăkŭm, குற்றம், பாதகம்
Criminal, *s.* koottăvālee, குற்றவாளி
Criminal, *a.* koottŭmoollăh, குற்றமுள்ள
Criminality, *s.* koottŭm, குற்றம்
Criminally, *a.* koottŭmāy, குற்றமாய்
Criminate, *v.* koottŭmsholloo-kiradoo, குற்றம்சொல்லுகிறது
Crimination, *s.* koottătshol, குற்றச்சொல்
Crimson, *a.* sivuppānăh, shŭkuppānăh, சிவப்பான
Cringe, *v.* genshookiradoo, கெஞ்சுகிறது
Cringer, *s.* genshookirăvŭn, கெஞ்சுகிறவன்
Cringing, *a.* pŭdookŭmānăh, பதுக்கமான
Cripple, *s.* sŭppānee, moodăvŭn, சப்பாணி, முடவன்
Cripple, *v.* moodŭkookirădoo, முடக்குகிறது
Crisis, *s.* eerottoo, ஈரொட்டு
Crisp, *a.* shooroondăh, சுருண்ட
Crispness, *s.* shoorool, சுருள்
Critically, *a.* gŭvănŭmāy, கவனமாய்
Criticise, *v.* peeṙhey yeydookiradoo, பிழையெடுக்கிறது
Criticism, *s.* nottŭm, நோட்டம்
Critique, *s.* needānŭm, நிதானம்
Croak, (as frogs,) *v.* tŭvŭley-kŭttookiradoo, தவளைகத்துகிறது
Crockery, *s.* mŭnsāmāngŭl, மண்சாமான்கள்
Crocodile, *s.* moodŭley, முதலை
Crooked, *a.* konŭlānăh, கோணலான

Crookedly, *a.* konŭlāy, கோணலாய்

Crop, *s.* bokhum, velāyvoo, போகம், விளைவு

Crop, *v.* ărookiradoo, pŭreekiradoo, அறுக்கிறது, பறிக்கிறது

Cross, *s.* siloovay, சிலுவை

Cross, *a.* koorookānăh, குறுக்கான்

Cross, *v.* koorookeypokiradoo, குறுக்கேபோகிறது

Cross-examine, *v.* koorookooveeshārŭney sheykiradoo, குறுக்குவிசாரணைசெய்கிறது

Crossly, *a.* koorookāy, குறுக்காய்

Crossness, *s.* koorookoo, குறுக்கு

Crouch, *v.* kooneekiradoo, குனிகிறது

Crow, *s.* kākkāy, kākkā, காக்கை, காக்கா

Crow, *v.* koovookiradoo, கூவுகிறது

Crowbar, *s.* ălāvāngkoo, gŭdăpāray, அலவாங்கு, கெட்டபாரை

Crowd, *s.* neyrookŭm, நெருக்கம்

Crowd, *v.* koodookiradoo, கூடுகிறது

Crowded, *a.* neyrookŭmānăh, நெருக்கமான

Crown, *s.* greedŭm, கிரீடம்

Crown, *v.* greedumpodookiradoo, கிரீடம்போடுகிறது

Crucible, *s.* kookhāy, குகை

Crucifix, siloovāyeelāraioondăroobum, சிலுவையிலறையுண்டருபம்

Crucify, *v.* silovayeelāreykiradoo, சிலுவையிலறைகிறது

Crude, *a.* pŭcheyyānăh, பச்சையான்

Crudeness, *s.* pŭchēy, பச்சை

Cruel, *a.* yerăkkŭmillādăh, kodoomeyānăh, இரக்கமில்லாத, கொடுமையான்

Cruelty, *s.* yerăkŭmillāmey, இரக்கமில்லாமை

Cruelly, *a.* kodoomeyāy, கொடுமையாய்

Crumb, *s.* yecheel, sinnŭm, எச்சில், சின்னம், பின்னம்

Crumble, *v.* chinnăpinnŭmākiradoo, noroongkookiradoo, சின்னபின்னமாக்கிறது, நொருங்குகிறது

Crumple, *v.* sooroongkookiradoo, சுருங்குகிறது

Crupper, *s.* vālāshŭm, வாலாசம்

Crush, *v.* nŭsookiradoo, நசுக்கிறது

Crust, *s.* rotteeyeen tol, ரொட்டியின்தோல்

Crustily, *a.* kŏbŭmāy, கோபமாய்

Crustiness, *s.* veydooveydoopoo, வெடுவெடுப்பு

Crusty, *a.* veydooveydoo, வெடுவெடு

Crutch, *s.* oonrookol, ஊன்றுகோல்

Cry, (out,) *v.* koorookiradoo, கூறுகிறது

Cry, *v.* ălookiradoo, அழுகிறது

Cries, *s.* ălookai, அழுகை

Cryer, *s.* koorookirăvŭn, koopiddookiravun, கூறுகிறவன், கூப்பிடுகிறவன்

Crystal, *s.* pŭleengkoo, பளிங்கு

Crystalize, *v.* pŭleengākiradoo, பளிங்காகிறது

Cub, *s.* koottee, குட்டி

Cub, *v.* koottee podookiradoo, குட்டிபோடுகிறது

Cubation, *s.* adaikātŭl, அடைகாத்தல்
Cube, *s.* gŭnŭm, கனம்
Cubical, *a.* gŭnăpeyrookŭmpŭnneenăh, கனபெருக்கம்பண்ணின
Cubit, *s.* moorghum, முழம்
Cucumber, *s.* vellreekāy, வெள்ளரிக்காய்
Cudgel, *v.* tŭdeeyāl adeekiradoo, தடியாலடிக்கிறது
Cue, *s.* vāl, tongkŭl, வால், தொங்கல்
Cuff, *s.* ădŭkkoo, அதக்கு
Cuff, *v.* koottookiradoo, குட்டுகிறது
Culminate, *v.* woshŭmākiradoo, உச்சமாகிறது
Culmination, *s.* mŭtteeyeelvŭrootul, மத்தியில்வருதல்
Culpability, tŭppeedŭm, தப்பிதம்
Culpable, *a.* tŭppeedŭmoollăh, தப்பிதமுள்ள
Culprit, *s.* tŭppeedăvālee, தப்பிதவாளி
Cultivate, *v.* boomee oorookiradoo, பூமியுழுகிறது
Cultivation, *s.* vellānmāy, வெள்ளாண்மை
Cultivator, *s.* oorghookirăvŭn, உழுகிறவன்
Culture, *s.* pāyŭrshee, பயிற்சி
Cumber, *v.* bārăpŭdoottookiradoo, tondŭraypŭdookiradoo, பாரப்படுத்துகிறது, தொந்தரைபடுகிறது
Cumbersome, *a.* bārŭmānăh, tondŭrayānăh, பாரமான, தொந்தரையான
Cumbersomely, *a.* bārŭmāy, tondŭrāyyāy, பாரமாய், தொந்தரையாய்
Cumbrance, *s.* bārŭm, tondŭrāy, பாரம், தொந்தரை
Cunning, *s.* oobāyŭm, உபாயம்
Cunning, *a.* oobāyumānăh, உபாயமான
Cunningly, *a.* oobāyŭmāy, உபாயமாய்
Cup, *s.* kinnŭm, koppey, கிண்ணம், கோப்பை
Cupboard, *s.* kopeysāmāngkul koodoo, கோப்பைசாமான்கள் கூடு
Cupidity, *s.* eerombăh, āsāy, இரொம்ப, ஆசை
Cupola, *s.* koborŭm, கோபுரம்
Cuppingglass, *s.* rŭttŭmvāngkiraglassoo, இரத்தம்வாங்குகிறகிளாசு
Cur, *s.* kŭllă nāy, கள்ளநாய்
Curable, *a.* goonŭmākătŭkka, குணமாகதக்க
Curb, (chain,) *s.* kudeevalăshengkeelee, கடிவாளச்சங்கிலி
Curb, *v.* adŭkkookiradoo, அடக்குகிறது
Curd, *s.* tāyr, தயிர்
Curdle, *v.* toykiradoo, pāl ōraikiradoo, தோய்கிறது, பாலொறைக்கிறது
Cure, *s.* goonŭm, குணம்
Cured, (to be,) *v.* goonŭmākkiradoo, குணமாக்கிறது
Cureless, *a.* goonăpŭdādăh, குணப்படாத
Curiosity, *s.* tŭveepoo, தவிப்பு,
Curious, *a.* noodŭnŭmānăh, veenodŭmānah, நூதனமான விநோதமான
Curiously, *a.* tŭveepay, noodŭnumay, தவிப்பாய், நூதனமாய்
Curl, *s.* shoorul, சுருள்

Curl, *v.* shoorŭlookiradoo, shooroottookiradoo, சுருளுகிறது, சுருட்டுகிறது
Curly, *a.* shoorŭlānăh, சுருளான
Curmudgeon, *s.* lobee, உலோபி
Currency, *s.* kāsoo, காசு
Current, (water,) *s.* neerottŭm, நீரோட்டம்
Current, (money,) *a.* sheylloongkāsoo, செல்லுங்காசு
Currently, *a.* vŭrŭkkŭmāy, வழக்கமாய்
Currier, *s.* tol shāyŭkkārŭn, தோல்ச்சாயக்காரன்
Currishly, *a.* veydooveydoopay, வெடுவெடுப்பாய்
Currishness, *s.* veydooveydoopoo, வெடுவெடுப்பு
Curry, *s.* kŭrree, கறி
Curry, *v.* tol sheevookiradoo, தோல்சீவுகிறது
Currycomb, *s.* kŭrār, குறர்
Curse, *s.* sābŭm, சாபம்
Curse, *v.* sābŭmiddookiradoo, சாபமிடுகிறது
Cursed, *a.* sābŭmāy, சாபமாய்
Cursing, *s.* sabeepoo, சாபிப்பு
Cursorily, *a.* soorookŭmay, சுருக்கமாய்
Curtail, *v.* korraykiradoo, குறைக்கிறது
Curtailing, *s.* korraipoo, குறைப்பு
Curtailment, *s.* koorookum, குருக்கம்
Curtain, *s.* mŭrăvoo, tirray, மறவு, திரை
Curtain, (to draw,) *v.* mŭrăvoo kuttookiradoo, மறவுகட்டுகிறது
Curvature, *s.* neyleevoo, நெளிவு
Curve, *s.* vŭleyvoo, வளைவு
Curve, *v.* vŭlaikiradoo, வளைக்கிறது
Curved, *a.* vŭlaindăh, வளைந்த
Cushion, *s.* meddey, மெத்தை
Custard, *s.* pālpŭrămānŭndŭm, பால்பரமானந்தம்
Custardapple, *s.* seettā, சீத்தா
Custody, *s.* kāvŭl, காவல்
Custom, *s.* pŭrhŭkŭm, vŭrhŭkŭm, பழக்கம், வழக்கம்
Custom, (of butlers, &c.) *s.* tŭrăvoo, தரவு
Customarily, *a.* vŭrhŭkŭmāy, வழக்கமாய்
Customary, *a.* vŭrŭkhŭmānăh, வழக்கமான
Customhouse, *s.* āyŭttoorey, ஆயத்துறை
Cut, *s.* vettoo, ărăh, வெட்டு, அறு
Cut, *v.* vettookiradoo, arookiradoo, வெட்டுகிறது, அறுக்கிறது
Cutaneous, *a.* toloookŭdoottăh, தோலுக்கடுத்த
Cuticle, *s.* tol, தோல்
Cutlas, *s.* kŭttee, கத்தி
Cutler, *s.* koorāyoodăveyleysheykirăvŭn, கூராயுதவேலை செய்கிறவன்
Cutlery, *s.* koorāyoodŭm, கூராயுதம்
Cutting, aroopoo, அறுப்பு
Cylinder, *s.* teerŭndăvŭdeevoo, திரண்டவடிவு
Cylindric, *a.* teerŭndăvŭdeevoollăh, திரண்டவடிவுள்ள
Cymbal, *s.* tālŭm, தாளம்

D

Dab, *v.* kāyāl ŭdeekiradoo, கையாலடிக்கிறது

Dabble, *v.* ărghookākiradoo, அழுக்காக்கிறது
Dad, *s.* peetā, tādey, ăppoo, பிதா, தாதை, அப்பு
Dagger, *s.* eettee, ஈட்டி
Daily, *a.* dinnŭmdinnŭm, dinnŭmoom, தினந்தினம், தினமும்
Dainties, *s.* roosheeyānăh oonăvoo, உருசியானவுணவு
Daintily, *a.* roosheeyāy, உருசியாய்
Daintiness, *s.* rooshee, உருசி
Dainty, *a.* mettăh, roosheeyānăh, மெத்தருசியான
Dairy, *s.* pāltāyroo vaikirāyeydŭm, பால்தயருவைக்கிறவிடம்
Dale, *s.* pŭllŭm, பள்ளம்
Dally, *v.* mŭroovookiradoo, மருவுகிறது
Dam, *s.* anay, அணை
Dam, *v.* anaykŭttookiradoo, அணைகட்டுகிறது
Damage, *s.* purghoodoo, pārgh, kŭddoodee, பழுது, பாழ், கெடுதி
Damage, *v.* kerdookiradoo, sheydăpudoottookiradoo, கெடுக்கிறது, சேதப்படுத்துகிறது
Damaged, *a.* pārghoollăh, பாழுள்ள
Damask, *s.* oroopŭttoo, ஒரு்பட்டு
Dame, *s.* yeshŭmāneetchee, எசமானிச்சி
Damn, *v.* koottăvālleeyākăh, teerkiradoo, குற்றவாளியாகத்தீர்க்கிறது
Damnable, *a.* koottatookedŭmānăh, குற்றத்துக்கிடமான
Damnably, *a.* koottatookedoovāy, குற்றத்துக்கேதுவாய்
Damp, *s.* eerŭm, sheedālŭm, ஈரம், சீதளம்
Damp, *a.* eerŭmānăh, ஈரமான
Damp, *v.* eerŭmākiradoo, vurāykăsheykiradoo, ஈரமாகிறது, விரைக்கச்செய்கிறது
Dampness, *s.* eerum, sheedălŭm, ஈரம், சீதளம்
Damsel, *s.* koomăree, குமரி
Dance, *s.* āttoo, ஆட்டு
Dance, *v.* ādookiradoo, ஆடுகிறது
Dancer, *s.* ādookirăvun, koottādee, ஆடுகிறவன், கூத்தாடி
Dancing, *s.* āttŭm, nŭdănŭm, ஆட்டம், நடனம்
Dandle, *v.* āttookiradoo, ஆட்டுகிறது
Dandy, *s.* koosādăvŭn, கூசாதவன்
Danger, *s.* moshŭm, mosum, மோசம்
Dangerous, *a.* mosŭmānăh, மோசமான
Dangerously, *a.* mosŭmāy, மோசமாய்
Dank, *a.* eerŭmānăh, ஈரமான
Dare, *v.* tooneekiradoo, துணிகிறது
Daring, *a.* tooneekŭrrŭmoollăh, துணிகரமுள்ள
Daring, *s.* tooneekŭrrŭm, tooneevoo, துணிகரம், துணிவு
Daringly, *a.* tooneevāy, துணிவாய்
Darkness, *s.* eerool, eeroottoo, இருள், இருட்டு
Dark, *a.* eeroottānăh, இருட்டான
Darken, *v. a.* eeroottookiradoo, இருட்டுகிறது
Darken, *v. n.* eeroolookiradoo, இருளுகிறது
Darkish, *a.* eeroondăh, இருண்ட

Darling, *s.* sheylvăpoolley, செல்வப்பிள்ளை
Darling, *a.* sheylvumānăh, செல்வமான
Darn, *v.* eeṙeyidookiradoo, இழையிடுகிறது
Darn, *s.* eerey, இழை
Dart, *v.* iddeekiradoo, koottookiradoo, இடிக்கிறது, குத்துகிறது
Dart, *s.* veyl, வேல்
Dash, *s.* moottoo, mottoo, முட்டு, மொத்து
Dash, *v.* tākookiradoo, தாக்குகிறது
Dastard, *s.* shooneykurttăvŭn, bāyŭngkŭrŭmollăvŭn, பயங்கரமுள்ளவன், சுணைகெட்டவன்
Dastardly, *a.* shooneykurdāy, சுணைகேடாய்
Date, *s.* teydee, teegădee, தேதி, திகதி
Date, *v.* teydeeyeṙghoodookiradoo, தேதியெழுதுகிறது
Dative, (case) koo vettoomāy, கு- வேற்றுமை
Daub, *s.* poosoo, பூசு
Daub, *v.* poosookirădoo, பூசுகிறது
Daughter, *s.* mŭkŭl, koomārtee, மகள், குமாரத்தி
Daughter-in-law, *s.* mŭroomŭkŭl, மருமகள்
Daunt, *v.* băyăpŭdootookiradoo, பயப்படுத்துகிறது
Dauntless, *a.* dāyreeyŭmānăh, diddŭmānăh, தயிரியமான, திடமான
Dawn, *v.* oodeekiradoo, உதிக்கிறது
Dawn, *s.* viddeeyŭrkālŭm, விடியற்காலம்
Dawning, *s.* oodyŭm, உதயம்
Day, *s.* nāl, நாள்
Daybreak, *s.* viddeeyŭrkālŭm, விடியற்காலம்
Day-labourer, *s.* kooleeyāl, கூலியாள்
Daylight, *s.* pŭgŭlveyleeshŭm, பகல்வெளிச்சம்
Daytime, *s.* pŭgŭlkālŭm, பகல்காலம்
Daywages, *s.* dinnăkoolee, தினக்கூலி
Dazzle, *v.* kŭnnāmpoochooyattookiradoo, கண்ணும்பூச்சுயாட்டுகிறது
Dazzling, *a.* kŭnkoochŭmoollăh, கண்கூச்சமுள்ள
Dead, *a.* sheyttădoo, whyeerŭttăh, sheyttooponă, செத்தது, உயிரற்ற
Deaden, *v.* oonurcheekurdookiradoo, உணர்ச்சிகெடுக்கிறது
Deadly, *a.* kolloom tŭnmayoollăh, கொல்லுந்தன்மையுள்ள
Deadness, *s.* kolloom tŭnmāy, கொல்லுந்தன்மை
Deaf, *a.* shevvoodoollah, செவிடுள்ள
Deafen. *v.* shevvoodākiradoo, செவிடாக்கிறது
Deafly, *a.* shevvooday, செவிடாய்
Deafness, *s.* shevvoodoo, செவிடு
Deal, (divide,) *v.* pŭgookiradoo, பகுக்கிறது
Deal, *v.* velleypeyshookiradoo, விலைபேசுகிறது
Dealer, *s.* vŭttăgun, vŭrtăgŭn, வத்தகன், வர்த்தகன்
Dear, (price,) *a.* korāychŭllānăhvelley, குறைச்சலானவிலை
Dear, *a.* (beloved,) ăroomaiyānăh, அருமையான

Dearly, *a*. korāychŭllāy, ăroomaiyāy, குறைச்சலாய், அருமையாய்
Dearness, *s*. koorāychŭl, aroomay, குறைச்சல், அருமை
Dearth, *s*. pŭnjhŭm, பஞ்சம்
Death, *s*. săvoo, mŭrŭnŭm, சாவு, மரணம்
Death-like, *a*. mŭrŭnŭmpoley, sāvānăh, மரணம்போலே, சாவான
Debar, *v*. tŭrdookiradoo, தடுக்கிறது
Debark, *v*. yerŭngkookiradoo, இறங்குகிறது
Debarkation, *s*. yerŭkkŭm, இறக்கம்
Debase, *v*. eergheekirădoo, இழிக்கிறது
Debate, *s*. tŭrkŭm, தர்க்கம்
Debate, *v*. tŭrkkeekiradoo, தர்க்கிக்கிறது
Debauch, *s*. toonmārkŭm, துன்மார்க்கம்
Debauch, *v*. toonmārkŭmpŭnnookiradoo, துன்மார்க்கம்பண்ணுகிறது
Debauchee, *s*. toonmārkākārŭn, துன்மார்க்காறன்
Decapitate, *v*. tuleyveyttookiradoo, தலைவெட்டுகிறது
Decapitation, *s*. tuleyveyttoo, தலைவெட்டு
Decay, *s*. kurdoo, கேடு
Decay, *v*. kurdookiradoo, kurttoo pokiradoo, கெடுகிறது
Decayed, *a*. kurttăh, கெட்ட
Deceit, *s*. vŭnjăkŭm, வஞ்சகம்
Deceitful, *a*. vŭnjăkŭmānăh, வஞ்சகமான
Deceitfully, *a*. vŭnjăkŭmāy, வஞ்சகமாய்
Deceive, *v*. vŭnjeekirădoo, வஞ்சிக்கிறது
Deceiver, *s*. vŭnjăkŭn, வஞ்சகன்
December, *s*. mārkŭleemāshŭm, மார்கழிமாசம்
Decency, *s*. mŭreeyāday, மரியாதை
Decent, *a*. mŭreeyādayānăh, மரியாதையான
Decently, *a*. mŭreeyādayāy, மரியாதையாய்
Decentness, mŭreeyāday, மரியாதை
Deception, *s*. vŭnsjŭnney, vunsjakŭm, வஞ்சனை, வஞ்சகம்
Deceptive, *a*. vŭnsjeekătŭkkăh, வஞ்சிக்கதக்க
Decide, *v*. teermāneekiradoo, தீர்மானிக்கிறது
Decided, *p*. dittŭmānăh, திட்டமான
Decidedly, *a*. teerpāy, தீர்ப்பாய்
Decimate, *v*. tŭspākhŭmvāngkiradoo, தசபாகம்வாங்கிறது
Decipher, *v*. yewgeebasheykānkiradoo, யூகிபாஷைகாண்கிறது
Decision, *s*. teerpoo, தீர்ப்பு
Decisive, *a*. teermānŭmānăh, தீர்மானமான
Decisively, *a*. teerpāy, தீர்ப்பாய்
Deck, *s*. kŭppŭleen tŭlŭm, கப்பலின்தளம்
Deck, *v*. ălŭngkŭreekiradoo, அலங்கரிக்கிறது
Declaim, *v*. prŭsŭngŭm shollookiradoo, பிரசங்கம்சொல்லுகிறது
Declamation, *s*. prusungum, பிரசங்கம

Declamatory, *a.* prŭsŭngeepay, பிரசங்கிப்பாய்

Declaration, *s.* shol, peychoo, சொல், பேச்சு

Declare, *v.* ăreeveekiradoo, அறிவிக்கிறது

Decline, *s.* nŭshtŭm, நஷ்டம்

Decline, *v.* koorookookiradoo, குருகுகிறது

Decoction, *s.* kŭshāyŭm, கஷாயம்

Decomposable, *a.* vŭgookăkoodeeyăh, வகுக்கக்கூடிய

Decompose, *v.* pŭgookiradoo, pirreekiradoo, பகுக்கிறது, பிரிகிறது

Decomposition, *s.* pirreevoo, tŭnmeyshoottee, பிரிவு, தன்மைசுத்தி

Decorate, *v.* ălŭngkŭreekiradoo, அலங்கரிக்கிறது

Decoration, *s.* ălŭngkŭreepoo, அலங்கரிப்பு

Decorous, *a.* seerānăh, சீரான

Decorously, *a.* seerāy, சீராய்

Decorum, *s.* mŭreeyāday, மரியாதை

Decoy, *v.* rooseekāttookiradoo, inbumkattookiradoo, உருசிகாட்டுகிறது, இன்பம்காட்டுகிறது

Decrease, *s.* korayvoo, tŭlurvoo, குறைவு, தளர்வு

Decrease, *v.* korāykiradoo, sheerookiradoo, குறைகிறது, சிறுகிறது

Decree, *s.* teerpoo, தீர்ப்பு

Decree, *v.* teerkiradoo, தீர்க்கிறது

Decrepit, *a.* tŭlŭrvoollăh, தளர்வுள்ள

Decry, *v.* korāyvāypeyshookiradoo, குறைவாய்பேசுகிறது

Dedicate, *v.* neymeekiradoo, நியமிக்கிறது

Dedication, *s.* neymeepoo, நியமிப்பு

Deduce, *v.* niddāneekiradoo, நிதானிக்கிறது

Deduct, *v.* korāykiradoo, kŭrgheekiradoo, குறைக்கிறது, கழிக்கிறது

Deduction, *s.* korayvoo, kurgheevoo, tulloopŭdee, குறைவு, கழிவு, தள்ளுபடி

Deduction, (inference,) *s.* needāneepoo, நிதானிப்பு

Deed, *s.* sheykāy, kāreeŭm, செய்கை, காரியம்

Deed, (legal,) *s.* needānăkāyeedŭm, நிதானகாயிதம்

Deem, *v.* needāneekiradoo, நிதானிக்கிறது

Deep, *s.* ālŭm, ārghŭm, ஆழம்

Deep, *a.* ālŭmoollăh, ārghŭmānăh, ஆழமுள்ள

Deepen, *v.* ārghŭmākiradoo, nondookiradoo, tondookiradoo, ஆழமாக்கிறது, தோண்டுகிறது

Deeply, *a.* ālŭmāy, ārghŭmāy, ஆழமாய்

Deepness, *s.* ālŭm, ārghŭm, ஆழம்

Deer, *s.* mān, மான்

Deface, *v.* argheekiradoo, அழிக்கிறது

Defacement, *s.* argheepoo todeypoo, அழிப்பு, துடைப்பு

Defalcation, *s.* korāy, tālshee, tāhrtshee, குறை, தாழ்ச்சி

Defamation, *s.* ŭvădooroo, அவதூறு

Defamatory, *a.* ŭvadoorānăh, அவதூறான

Defame, *v.* neendeekiradoo, நிந்திக்கிறது

Defaming, *s*. neendeetŭl, நிந்தித்தல்
Default, *s*. koray, tŭpeedŭm, koottum, குறை, தப்பிதம், குற்றம்
Defaulter, *s*. koottăvālee, குத்தவாளி
Defeat, *s*. tŭttăreevoo, தட்டழிவு
Defeat, *v*. sŭngăreekiradoo, சங்கரிக்கிறது
Defect, *s*. oonŭm, koottŭm, tuppoo, ஊனம்,குத்தம்,தப்பு
Defective, *a*. oonumānăh, tŭppānăh, ஊனமான, தப்பான
Defectively, *a*. oonŭmāy, tūppāy, ஊனமாய், தப்பாய்
Defend, *v*. ādŭreekiradoo, ஆதரிக்கிறது
Defendant, *s*. priddeevādee, பிரதிவாதி
Defence, (in law.) *s*. priddeevādŭm, பிரதிவாதம்
Defense, *s*. ādŭrăvoo, ஆதரவு
Defenseless, *a*. ādŭrăvŭttăh, ஆதரவற்ற
Defensible, *a*. priddeevādeekătŭkkăh, பிரதிவாதிக்கத்தக்க
Defensive, (to stand on,) *v*. yedeertoo neerkiradoo, எதிர்த்துநிற்கிறது
Defensive, *a*. yeydeerkiră, எதிர்கிற
Defensively, *a*. yeydeerāy, எதிராய்
Defer, *v*. tāmădŭmpŭnnookiradoo, தாமதம்பண்ணுகிறது
Deference, *s*. mureeyādāy, மரியாதை
Deferred, (to be,) *v*. tāmădāpŭdoottookiradoo, தாமதபடுத்துகிறது
Defiance, *s*. yeydeerpoo, எதிர்ப்பு
Deficiency, *s*. korāy, tārhtchee, குறை, தாழ்ச்சி
Deficient, *a*. korāychŭloollăh, குறைச்சலுள்ள
Defier, *s*. ŭnjādăvŭn, அஞ்சாதவன்
Defile, *s*. kŭshtŭmānăh vŭlee, கஷ்டமானவழி
Defile, *v*. ārghookākookiradoo, koraypŭdootookiradoo, அழுக்காக்குகிறது, குறைப்படுத்துகிறது
Definable, *a*. kooreekătŭkkăh, குறிக்கதக்க
Define, *v*. kooreekiradoo, குறிக்கிறது
Definite, *a*. dittŭmānăh, திட்டமான
Definitely, *a*. dittŭmāy, திட்டமாய்
Definition. *s*. ăroottŭm, அருத்தம்
Definitively, *a*. dittŭmāy, திட்டமாய்
Deflagrate, *v*. yeyreekiradoo, எரிக்கிறது
Deflect, *v*. vŭlaykiradoo, konookiradoo, வளைக்கிறது கோணுகிறது
Deflection, *s*. vŭleyvoo, வளைவு
Deform, *v*. ooroovŭleekiradoo, உருவழிக்கிறது
Deformed, *p*. roobŭttăh, உருப்பற்ற
Deformity, *s*. ooroovăkŭrdoo, உருவக்கேடு
Defraud, *v*. ŭbăkŭreekiradoo, vunsjeekiradoo, வஞ்சிக்கிறது, அபகரிக்கிறது
Defrauder, *s*. ŭbăkŭreekirăvun, vŭnjshăkŭn, அபகரிக்கிறவன்
Defray, *v*. sheylăvookoo shŭgāyŭm sheykiradoo, செலவுக்கு சகாயஞ்செய்கிறது

Defunct, *a.* shettăh, kālŭmponăh, செத்த, காலம்போன
Defy, *v.* yeydeerpāy peyshookiradoo, எதிர்பாய்பேசுகிறது
Degeneracy, *s.* kŭrdootŭley, கெடுதலை
Degenerate, *v.* koonăkerdookiradoo, குணக்கேடாகிறது
Degenerate, *a.* koonăkŭrdoollăh, குணக்கேடுள்ள
Degenerately, *a.* koonăkŭrdāy, குணக்கேடாய்
Degrade, *v.* eergheevoopŭdoottookiradoo, இழிவுபடுத்துகிறது
Degree, *s.* ŭlăvoo, pirrămānŭm, அளவு, பிரமாணம்
Deign, *v.* dāyăvāypārkiradoo, தயவாய்பார்க்கிறது
Deity, *s.* deyvŭm, தெய்வம்
Dejected, *a.* shoonŭkŭmānăh, சுணக்கமான
Dejection, *s.* mŭnăkŭlăkŭm, மனக்கலக்கம்
Delay, *s.* tāmădŭm, tāmeeshum, தாமதம், தாமிஷம்
Delay, *v.* tāmădăpŭdootookiradoo, தாமதப்படுத்துகிறது
Delectable, *a.* inbŭtteykodookira, இன்பத்தைதக்கொடுக்கிற
Delectably, *a.* inbŭmāy, இன்பமாய்
Deliberate, *v.* yoshŭneypŭnnookiradoo, யோசனைபண்ணுகிறது
Deliberately, *a.* yoshŭneyyay, யோசனையாய்
Deliberation, *s.* āloshŭney, ஆலோசனை
Delicacy, *s.* ăroomey, அருமை
Delicate, *a.* menmeyānăh, மென்மையான
Delicately, *a.* menmeyāy, மென்மையாய்
Delicious, *a.* inbŭmānăh, இன்பமான
Deliciously, *a.* inbŭmāy, இன்பமாய்
Delight, *v.* shŭndoshŭ pŭdoottookiradoo, சந்தோஷப்படுத்துகிறது
Delight, *s.* inbŭm, shŭndoshŭm, இன்பம், சந்தோஷம்
Delightful, *a.* inbŭmoollăh, pirreeyumoollăh, இன்பமுள்ள, பிரியமுள்ள
Delightfully, *a.* shundoshŭmāy, சந்தோஷமாய்
Delights, *s.* vāybokŭm, வைபோகம்
Delineate, *v.* shittirreekiradoo, சித்திரிக்கிறது
Delineation, *s.* shittirrŭm, சித்திரம்
Delinquency, *s.* tŭpeedŭm, koottŭm, தப்பிதம், குற்றம்
Delinquent, *s.* koottăvalee, tŭppeedăvalee, தப்பிதவாளி
Deliquesce, *v.* yĕlăkhookiradoo, இளகுகிறது
Delirious, *a.* māyŭkkŭmānăh, pāyteeŭmānăh, மயக்கமான, பைத்தியமான
Delirium, *s.* māyŭkkŭm, pāyteeŭm, மயக்கம், பைத்தியம்
Deliver, *v.* eerŭdsheekiradoo, இரட்சிக்கிறது
Deliverance, *s.* eerudsheepoo, voodootŭlley, இரட்சிப்பு, விடுதலை
Deliverer, *s.* eerŭdshăkŭr, இரட்சகர்
Dell, *s.* koorhāy, குழாய்
Delude, *v.* vŭnsjeekiradoo, வஞ்சிக்கிறது

Deluder, *s.* vŭnsjăkŭn, yettŭn, வஞ்சகன், எத்தன்
Deluge, *s.* tănneerpeyrookŭm, தண்ணீர்பெருக்கம்
Delusion, *s.* māyŭm, tŭkhaypoo, மாயம், திகைப்பு
Deluge, *v.* tanneerpeyrookiradoo, தண்ணீர்பெருகிறது
Delusive, *a.* māyăkătŭkkăh, மயக்கத்தக்க
Delve, *v.* tondookiradoo, nōndookiradoo, தோண்டுகிறது
Demand, *v.* kerdkiradoo, கேட்கிறது
Demand, *s.* kerlvee, கேள்வி
Demeanor, *s.* nŭdŭttay, நடத்தை
Demean, *v.* nŭdŭkiradoo, நடக்கிறது
Demerit, *s.* dŭndeekātŭkkăh, தெண்டிக்கதக்க
Demi, *s.* pādee, ărttŭm, ăray, பாதி, அர்த்தம், அரை
Demolish, *v.* iddeekiradoo, இடிக்கிறது
Demolition, *s.* nāshum, argheevoo, நாசம், அழிவு
Demon, *s.* pey, pishăshoo, pŭshăshoo, பேய், பிசாசு, பசாசு
Demoniac, *s.* peypiddeetăvŭn, பேய்பிடித்தவன்
Demoniacal, *a.* peytunumānăh, பேய்த்தனமான
Demonstrable, *a.* roobeekătŭkkăh, உரூபிக்கதக்க
Demonstrate, *v.* roobeekiradoo, உரூபிக்கிறது
Demonstration, *s.* drishtānderum, திருட்டாந்திரம்
Demonstrative, *a.* drishtāndeeră pudoottookira, திருட்டாந்திரப்படுத்துகிற
Demonstrator, *s.* roobeekiravŭn, உரூபிக்கிறவன்
Demoralize, *v.* kurdookiradoo, கெடுக்கிறது
Demur, *v.* tāmeesheekiradoo, தாமிஷிக்கிறது
Demure, *a.* koochŭmoollăh, கூச்சமுள்ள
Demurely, *a.* koochăpŭdŭtāy, கூச்சபட்டதாய்
Demurrer, *s.* tāmeesheekirăvŭn, தாமிஷிக்கிறவன்
Demy, *s.* ărey, அரை
Den, *s.* kookhay, vŭley, gebbee, குகை, வளை, கெபி
Denial, *s.* koorookoopeysshoo, குறுக்கேபேசு
Denominate, *v.* peyriddookiradoo, பெயரிடுகிறது
Denomination, *s.* peyr, பெயர்
Denote, *v.* kānbeekiradoo, kooreekiradoo, காண்பிக்கிறது, குறிக்கிறது
Denounce, *v.* koottŭmshāttookiradoo, குற்றஞ்சாட்டுகிறது
Dense, *a.* neyrookŭmoollăh, நெருக்கமுள்ள
Denseness, *s.* neyrookŭm, gŭnŭm, நெருக்கம், கனம்
Dent, *s.* keeroo, கீறு
Dent, *v.* keerookiradoo, கீறுகிறது
Dentist, *s.* pŭl poodeengee, பற்பிடுங்கி
Denude, *v.* ooreekiradoo, உரிகிறது
Denunciation, *s.* teermānŭm, தீர்மானம்
Deny, *v.* koorookoosholloookiradoo, குருக்குச்சொல்லுகிறது
Depart, *v.* poorăpŭdookiradoo, புறப்படுகிறது
Departure, *s.* poorăpādoo, புறப்பாடு

Depend, *v.* nŭmbookiradoo, நம்புகிறது

Dependence, *s.* ādŭreepoo, ஆதரிப்பு

Dependent, *a.* ādŭreekira, ஆதரிக்கிற

Depict, *v.* toolāmbŭrŭmāy kāttookiradoo, துலாம்பிறமாய் கட்டுகிறது

Deplorable, *a.* poolŭmbŭlānăh, புலம்பலான

Deplorably, *a.* poolŭmbŭlāy, புலம்பலாய்

Deplore, *v.* tookeekiradoo, poolumbulayirrookiradoo, புலம்பலாயிருக்கிறது

Deponent, *s.* shātsheeshollookiravŭn, சாட்சிசொல்லுகிறவன்

Depopulate, *v.* koodeeyerghoopookiradoo, குடிபெயுழப்புகிறது

Deport, *v.* nŭdoottoovoodookiradoo, நடத்துவிடுகிறது

Deportment, *s.* nŭdŭttey, நடத்தை

Depose, *v.* shādsheeshollookiradoo, சாட்சிசொல்லுகிறது

Deposit, *s.* ădāykŭlŭm, teyvŭnee, அடைக்கலம், டேவணி

Deposit, *v.* ădŭkkookiradoo, அடக்குகிறது

Depositary, *s.* ootŭrăvādee, உத்தரவாதி

Deposition, *s.* vākoomoolŭm, வாக்குமூலம்

Depository, *s.* kŭlŭnjsheeŭm, punavoodoo, களஞ்சியம், பணவீடு

Depraved, (to be,) *v.* kurdookiradoo, கெடுகிறது

Depravity, *s.* kurdoo, pārgh, கேடு, பாழ்

Deprecate, *v.* dookeekiradoo, துக்கிக்கிறது

Depreciate, *v.* villeykoraykiradoo, விலைகுறைக்கிறது

Depreciation, *s.* villeykoraypoo, விலைகுறைப்பு

Depredation, *s.* kollay, shorŭm, கொள்ளை, சோரம்

Depredator, *s.* tirroodŭn, kŭllŭn, திருடன், கள்ளன்

Depress, *v.* mŭnăkŭlŭkiradoo, amookookiradoo, மனக்கலக்கிறது, அமுக்குகிறது

Depression, (mental,) *s.* mŭnăkŭllăkŭm, மனக்கலக்கம்

Deprivation, *s.* pŭreepoo, tārtchee, பறிப்பு, தாழ்ச்சி

Deprive, *v.* pureekiradoo, yedoottoopodookiradoo, எடுத்துப்போடுகிறது, பறிக்கிறது

Depth, *s.* ārghŭm, ālŭm, ஆழம்

Deputation, *s.* toodoo, தூது

Depute, *v.* toodānoopookiradoo, தூதனுப்புகிறது

Derange, *v.* kŭlăkkookiradoo, கலக்குகிறது

Derangement, *s.* kŭllăkŭm, கலக்கம்

Dereliction, *s.* tŭppoo, tŭvăroo, தப்பு, தவறு

Deride, *v.* pŭreekāseekiradoo, பரிகாசிக்கிறது

Derider, *s.* pŭreekāseekirăvŭn, பரிகாசக்காரன்

Derision, *s.* pŭreekāsŭm, gaylee, பரிகாசம், கேலி

Derisive, *a.* pŭreekāsŭmānăh, பரிகாசமான

Derivation, *s.* pirrăppoo, oorpŭttee, பிறப்பு, உற்பத்தி

Derive, *v.* vāngkookiradoo, வாங்குகிறது

Derogate, *v.* tārghtookiradoo, தாழ்த்துகிறது

Derogatory, *a*. tārtsheeyoollăh, தாழ்ச்சியுள்ள

Descant, *v*. shŭmbāshŭnney pŭnnookiradoo, சம்பாஷிணை பண்ணுகிறது

Descend, *v*. yerŭngookiradoo, இறங்குகிறது

Descendants, *s*. pin shŭndudeeyār, பின்சந்ததியார்

Descending, *a*. yerŭngookira, இறங்குகிற

Descent, *s*. yerŭkkŭm, இறக்கம்

Describe, *v*. kooreettoo shollookiradoo, vibburŭmāy shollookiradoo, sholleekāttookiradoo, சொல்லிக்காட்டுகிறது

Description, *s*. vibbŭrŭm, kooreepoo, குறிப்பு, மச்சம், விபரம்

Descriptive, *a*. kooreepoollăh, குறிப்புள்ள

Descry, *v*. kānookiradoo, kŭndoopoodeekiradoo, காணுகிறது, கண்டுபிடிக்கிறது

Desecrate, *v*. eenapŭdoottookiradoo, ஈனப்படுத்துகிறது

Desecration, *s*. eenŭm, anāshārŭm, ஈனம், அநாசாரம்

Desert, *s*. yokeeyum, tugoodee, யோக்கியம், தகுதி

Desert, *s*. kādoo, vŭnŭm, காடு, வனம்

Desert, *v*. kāyvoottoovoodookiradoo, கைவிட்டுவிடுகிறது

Deserted, *v*. pārghānăh, koodeeyillādăh, குடியில்லாத, பாழான

Deserter, *s*. numbeekay drogee, நம்பிக்கை. துரோகி

Desertion, *s*. orheepoo, oleeppoo, ஒழிப்பு

Deserve, *v*. pāttirrŭmāyirookiradoo, பாத்திரமாயிருக்கிறது

Deserving, *a*. yokeeŭmānăh, யோக்கியமான

Desiccate, *v*. kāshookiradoo, oonukiradoo, காய்ச்சுகிறது, உணக்கிறது

Desiccation, *s*. kāyvoo, oonŭkkoo, காய்வு, உணக்கு

Design, *s*. nokŭm, yennŭm, நோக்கம், யெண்ணம்

Design, *v*. yennookiradoo, எண்ணுகிறது

Designate, *v*. neymeekiradoo, நேமிக்கிறது

Designation, *s*. neymeepoo, நியேமிப்பு

Designedly, *a*. mŭnāsākăh, மனசாக

Desirable, *a*. āseekătŭkkăh, ஆசிக்கதக்க, விரும்பதக்க

Desired, *p*. vurnoomyenkiră, வேண்டுமென்கிற

Desire, *v*. āseekiradoo, ஆசிக்கிறது

Desire, *s*. āsay, virroopum, ஆசை, விருப்பம்

Desirous, *a*. āsāyānăh, ஆசையான

Desist, *v*. woykiradoo, teerkiradoo, ஓய்கிறது, தீர்க்கிறது

Desolate, *a*. pārghānăh, பாழான

Desolation, *s*. pārgh, பாழ்

Despair, *v*. yengkookiradoo, ஏங்குகிறது

Despair, *s*. yekkŭm, ஏக்கம்

Despatch, *s*. seekirrum, சீக்கிரம்

Desperate, *a*. nŭmbeekayillādăh, நம்பிகையில்லாத

Desperately, *a*. nŭmbeekayinmeyay, நம்பிகையின்மையாய், கோபமாய்

Desperation, *s*. nŭmbeekayinmey, நம்பிகையின்மை

Despicable, *a.* yelăppŭmānăh, இளப்பமான

Despicably, *a.* yellăpŭmāy, eenŭmāy, இளப்பமாய், ஈன மாய்

Despise, *v.* nindeekiradoo, asŭtteypŭnnookiradoo, நிந்திக் கிறது, அசட்டைபண்ணுகிறது

Despite, *s.* pureepoo, பழிப்பு

Despitefully, *a.* pŭgāy odey, பகைபோடே

Despoil, *v.* kolley yiddookiradoo, கொள்ளையிடுகிறது

Despond, *v.* nŭmbeekāyŭttirrookiradoo, நம்பிக்கையற்றிருக் கிறது

Despondency, *s.* mŭnŭsdābŭm, மனஸ்தாபம்

Despotically, *a.* tŭnnŭrăsāy, த ன்னரசாய்

Destination, *s.* neymĕettăyeddum, நியமித்தயிடம்

Destine, *v.* neymeekiradoo, நி யமிக்கிறது

Destiny, *s* neymŭm, viddeelŭbbee, நியமம் விதி, இலபி

Destitute, *a.* anādeeyānah, அ நாதியான

Destitution, *s.* dŭreedirrŭm, த ரித்திரம்

Destroy, *v.* ărghheekiradoo, அழி க்கிறது

Destroyer, *s.* ărghheekirăvŭn, அ ழிக்கிறவன்

Destruction, *s.* ărghheevoo, kŭrdoo, nāsŭm, அழிவு, கேடு, நா சம்

Destructive, *a.* nāsăpŭdootookiră, நாசப்படுத்துகிற

Detach, *v.* peereekiradoo, பிரிக் கிறது

Detached, (to be,) *v.* peereendirookiradoo, பிரிந்திருக்கிறது

Detachment, *s.* peereevoo, பிரிவு

Detail, *v.* kundeettoo shollookiradoo, கண்டித்துசொல்லுகி றது

Detail, *s.* vibbŭrŭm, விபரம்

Detain, *v.* mŭreekiradoo, மறிக் கிறது

Detect, *v.* kŭndoopoodeekiradoo, கண்டுபிடிக்கிறது

Detection, *s.* ăkhăpādoo, அகப் பாடு

Detention, *s.* mŭreeyŭl, mŭreepoo, மறியல், மறிப்பு

Deter, *v.* tŭdŭngkŭlpŭnnookiradoo, தடங்கல்பண்ணுகிறது

Deteriorate, *v.* kŭrdookiradoo, eerheevoopudookiradoo, இழி வுபடுகிறது, கெடுகிறது

Deterioration, *s.* eerheevoo, kŭrdoo, இழிவு, கேடு

Determination, *s.* teermānŭm, தீர்மானம்

Determine, *v.* teermāneekiradoo, தீர்மானிக்கிறது

Detest, *v.* veyrookiradoo, ăroovŭrookiradoo, வெறுக்கிறது, அருவருக்கிறது

Detestable, *a.* ăroovŭroopoollăh, அருவருப்புள்ள

Detestation, *s.* ăroovŭroopoo, அ ருவருப்பு

Detract, *v.* kolshollookiradoo, கோள்சொல்லுகிறது

Detraction, *s.* kol, கோள்

Detriment, *s.* nŭshtŭm, kŭrdoo, நஷ்டம் கேடு

Detrimental, *a* nŭshtŭmoollăh, kŭrdānăh, நஷ்டமுள்ள, கே டான

Devastation, *s.* argheevoo, shŭngkārum, அழிவு, சங்காரம்

Develop, *v.* veyleepŭdookiradoo, வெளிப்படுகிறது

Development, *s.* veyleepŭdootookāy, வெளிப்படுத்துகை
Deviate, *v.* tupeedumāy shāyndoopokiradoo, தப்பிதமாய் சாய்ந்துபோகிறது
Deviation, *s.* tŭpeedŭmānăh shayvoo, தப்பிதமானசாய்வு
Device, *s.* oobāyŭm, உபாயம்
Devil, *s.* pŭshāshoo, pēy, பசாசு, பேய்
Devilish, *a.* pēyāttumānăh, பேயாட்டமான
Devious, *a.* shoorsheeyānăh, kōnŭlākăh, சுழ்ச்சியான, கோணலாக
Devise, *v.* oobāyŭmpŭnnookiradoo, உபாயம்பண்ணுகிறது
Devoid, *a.* illādăh, இல்லாத
Devolve, *v.* eerŭngkookiradoo, இறங்குகிறது
Devote, *v.* neyroorakidoo, நேருகிறது
Devotee, *s.* sŭnneeyāsee, சந்நியாசி
Devotion, *s.* pŭttee, பத்தி
Devour, *v.* púdsheekiradoo, பட்சிக்கிறது
Devout, *a.* pŭtteeyānăh, பத்தியான
Devoutly, *a.* pŭtteeyāy, பத்தியாய்
Dew, *s.* pŭnee, பனி
Dewlap, *s.* ŭddŭr, அதர்
Dexterity, *s.* kŭrtteetŭnŭm, கெட்டித்தனம்
Dextrous, *a.* sāmārteeyŭmānăh, சாமார்த்தியமான
Dextrously, *a.* sāmārteeyŭmāy, சாமார்த்தியமாய்
Dhony, *s.* donee, தோணி
Diabolical, *a.* pēyāttŭmānăh, பேயாட்டமான
Diagonal, *s.* koorookoovŭree, குறுக்குவரி
Diagonally, *a.* vittŭmay, விட்டமாய்
Diagram, *s.* kodoo, கோடு
Dial, *s.* sooreeyăkŭdeeyārŭm, சூரியகடியாரம்
Dialect, *s.* pāshey, பாஷை
Dialogue, *s.* sŭmbāshŭney, சம்பாஷணை
Diameter, *s.* veetlăkol, விட்டக்கோல்
Diametrically, *a.* veettŭmāy, விட்டமாய்
Diamond, *s.* vayrŭm, வைரம்
Diary, *s.* nālkŭnookoo, நாட்கணக்கு
Dice, *s.* pŭkhŭday, பகடை
Dictate, (words,) *v.* vāshăgŭmshollookiradoo, வாசகஞ்சொல்லுகிறது
Dictate, (order,) *v.* kŭttŭley eedookiradoo, கட்டளையிடுகிறது
Dictatorial, *a.* ădeekārŭmoollăh, அதிகாரமுள்ள
Dictionary, *s.* ākhŭrādee, அகராதி
Die, *v.* shettoopokiradoo, yerrundoopokiradoo, செத்துப்போகிறது, இறந்துபோகிறது
Diet, *s.* putteyăhshāppādoo, பத்தியசாப்பாடு
Differ, *v.* vitteeyāsăhpudookiradoo, வித்தியாசப்படுகிறது
Difference, *s.* vitteeyāsŭm, வித்தியாசம்
Different, *a.* pŭlăvittŭmānăh, பலவிதமான
Difficult, *a.* peerayāsŭmanăh, kushtumanah, tondŭrăvānăh, கஷ்டமான, பிரயாசமான, தொந்தரவான

Difficulty, *s.* peerăyāsum, kushtum, பிரயாசம், கஷ்டம்
Diffidence, *s.* nānŭm, நாணம்
Diffident, *a.* nānŭmoollăh, நாணமுள்ள
Diffuse, *v.* pŭrŭppookiradoo, பரப்புகிறது
Diffusely, *a.* virreevākăh, விரிவாக
Dig, *v.* tondookiradoo, nondookiradoo, தோண்டுகிறது
Digest, *v.* jeerŭneekiradoo, சீரணிக்கிறது
Digestible, *a.* jeerŭneekătŭkkăh, சீரணிக்கத்தக்க
Digestion, *s.* jeerŭnŭm, சீரணம்
Digit, *s.* veerŭliddey, விரலிடை
Dignified, *a.* mŭghătānăh, மகத்தான
Dignify, *v.* mŭgheemaypŭdootookiradoo, மகிமைப்படுத்துகிறது
Dignity, *s.* peyroomāy, பெருமை
Digress, *v.* vŭghreevellăkookiradoo, வழிவிலகுகிறது
Digression, *s.* villŭkoo, விலக்கு
Dike, *s.* ăney, அணை
Dilapidate, *v.* iddeekiradoo, ărgheekiradoo, இடிக்கிறது, அழிக்கிறது
Dilapidation, *s.* iddeevoo, pārgh, இடிவு, பாழ்
Dilate, *v.a.* vibbŭrŭmaypeyshookiradoo, விபரமாய்ப்பேசுகிறது
Dilate, *v. n.* pŭrŭmbookiradoo, பரம்புகிறது
Dilatory, *a.* shombānăh, சோம்பான
Dilemma, *s.* abāyŭm, அபாயம்
Diligence, *s.* jākeerŭttāy, சாக்கிரதை
Diligent, *a.* jākeerŭttāyoollăh, சாகிரதையுள்ள
Diligently, *a.* jākeerŭttāyāy, சாக்கிரதையாய
Dilute, *v.* neerākookiradoo, நீராக்குகிறது
Dilute, *a.* meylindăh, மெலிந்த
Dim, *v.* mŭngŭl ākookiradoo, மங்கலாக்குகிறது
Dim, *a.* mŭngŭlānăh, மங்கலான
Dimension, *s.* ŭlăvoo, அளவு
Diminish, *v. a.* korāykiradoo, sirrookiradoo, குறைக்கிறது சிறுக்கிறது
Diminish, *v. n.* korāykiradoo, seerookiradoo, குறைக்கிறது, சிறுக்கிறது
Diminution, *s.* koraychŭl, குறைச்சல்
Diminutive, *a.* sirreeyăh, சிறிய
Dimly, *a.* mŭngŭlāy, மங்கலாய்
Dimness, *s.* mŭngŭl, மங்கல்
Dimple, *s.* kooree, குழி
Din, *s.* yerāychŭl, இரைச்சல்
Dine, *v.* pŭgŭl poshŭnŭm sheykiradoo, shāpiddookiradoo, பகற்போசனஞ்செய்கிறது, சாப்பிடுகிறது
Dingy, *a.* arghookoollăh, அழுக்குள்ள
Dinner, *s.* teenee, pŭgŭlposhŭnŭm, தீனி, பகற்போசனம்
Dip, *v.* toykiradoo, தோய்க்கிறது
Diplomacy, *s.* oobāyŭm, உபாயம்
Diplomatic, *a.* oobāyŭmānăh, உபாயமான

Dipping, *s.* toyvoo, தோய்வு
Dire, *a.* mŭkhābāyŭngkurŭmānăh, மகாபயங்கரமான
Direct, *v.* kanbeekiradoo, sholleekodookiradoo, காண்பிக்கிறது, சொல்லிக்கொடுக்கிறது
Direct, *a.* shareeyānăh, teermānŭmānăh, சரியான, தீர்மானமான
Direction, (of a letter,) *s.* meylvāshăgŭm, மேல்வாசகம்
Directly, *a.* neyrey, wodaney, நேரே, உடனே
Direful, *a.* mŭhhābāyŭngkŭrŭmānăh, மகாபயங்கரமான
Dirt, *s.* arghookoo, அழுக்கு
Dirty, *v.* arghookākookiradoo, அழுக்காகுகிறது
Dirty, *a.* arghookoollăh, அழுக்குள்ள
Dirty, (mean,) *a.* irrgheevānăh, இழிவான
Disability, *s.* bŭlăveenŭm, பலவீனம்
Disable, *v.* bŭlŭn kŭrdookiradoo, பெலன்கெடுக்கிறது
Disadvantage, *s.* nŭstŭm, நட்டம்
Disadvantageous, *a.* nŭstŭmānăh, நட்டமான
Disaffect, *v.* beydăkŭm pŭnnookiradoo, பேதகம்பண்ணுகிறது
Disaffection, *s.* beydăkŭm, பேதகம், பேதம
Disagree, *v.* veyroopŭdookiradoo, wovāmeyākiradoo, வேறுபடுகிறது, வொவ்வாமையாக்குகிறது
Disagreeable, *a.* veyroopoollah, வெறுப்புள்ள
Disagreeably, *a.* veyroopāy, வெறுப்பாய்
Disagreement, *s.* woyamey, வொவ்வாமை
Disallow, *v.* tŭdookiradoo, தடுக்கிறது
Disappear, *v.* mŭreykiradoo, மறைகிறது
Disappearance, *s.* mŭreyvoo, மறைவு
Disappoint, *v.* numbeekaykŭrdookiradoo, நம்பிக்கைக்கெடுக்கிறது
Disappointment, *s.* kāreeyăkŭrdoo, காரியக்கேடு
Disapprobation, *s.* mŭnăkooray, மனக்குறை
Disapprove, *v.* mŭnăkooraypŭdookiradoo, மனக்குறைபடுகிறது
Disarm, *v.* neerāyeedŭnākiradoo, நிராயுதனாகிறது
Disarrange, *v.* korhŭppookiradoo, குழப்புகிறது
Disarrangement, *s.* korhŭppŭm, குழப்பம்
Disaster, *s.* moshŭm, mosum, மோசம்
Disastrous, *a.* moshŭmānăh, மோசமான
Disavow, *v.* yeydeerpeyshookiradoo, எதிர்ப்பேசுகிறது
Disavowal, *s.* yeydeerpeychoo, எதிர்ப்பேச்சு
Disband, *v.* āneekoolaykiradoo, அணிகுலைகிறது
Disbelief, *s.* nŭmbeekāyeenŭm, நம்பிக்கையீனம்
Disbelieve, *v.* nŭmbādirrookiradoo, நம்பாதிருக்கிறது
Disbeliever, *s.* numbeekāyillādăvŭn, நம்பிக்கையில்லாதவன்
Disburse, *v.* pŭnŭmkodookiradoo, sheylăvŭreekiradoo, பணங்கொடுக்கிறது, செலவழிக்கிறது

Disbursement, *s.* sheylăvoo, செலவு

Disc, *s.* mŭndălŭm, மண்டலம்

Discard, *v.* tŭllookiradoo, தளளுகிறது

Discern, *v.* teyreekiradoo, kānookiradoo, தெரிகிறது, காண்கிறது

Discernible, *a.* kānătŭkkăh, areeyătŭkkăh, காணத்தகக, அறியத்தகக

Discernment, *s.* kānŭl, teyrchee, காணல், தேர்ச்சி

Discharge, *v.* tŭllookiradoo, தளளுகிறது

Discharge, *s.* tŭlloo, kŭrheevoo, தளளு, கழிவு

Disclaim, *v.* mŭrootŭleekiradoo, மறுதலிக்கிறது

Disclose, *v.* kăttookiradoo, kānbeekiradoo, காட்டுகிறது

Disclosure, *s.* kāttookay, pŭrseetŭm, பிரசித்தம், காட்டுகை

Discolor, *v.* vŭnnŭmargheekiradoo, வன்னமழிக்கிறது

Discomfited, (to be,) *v.* abăjeyăpŭdookiradoo, அபசெயபபடுகிறது

Discomfiture, *s.* ŭbăjheyŭm, அபசெயம்

Discomfort, *s.* săveegeeyă kŭrdoodul, சவுக்கியகெடுதல

Discommode, *v.* tondŭravoopŭnnookiradoo, தொந்தரைபணணுகிறது

Discompose, *v.* koleykiradoo, கொலெககிறது

Discomposure, *s.* koleyvoo, கொலைவு

Disconcert, *v.* ŭlakhŭreekiradoo, அலைக்கழிக்கிறது

Disconsolate, *a.* sŭnjŭllŭmoollah, சஞ்சலமுளள

Discontent, *s.* mŭnăkorey, மனக்குறை

Discontented, *a.* mŭnăkoreyānăh, மனக்குறையான

Discontentment, *s.* mŭnăkŭlăkŭm, மனக்கலக்கம்

Discontinuance, *s.* orgheevoo, ஒழிவு

Discontinue, *v.* orgheevākhiradoo, ஒழிவாகிறது

Discord, *s.* beydăgum, பேதகம்

Discordant, *a.* beydăgŭmānăh, பேதகமான

Discount, *s.* tŭlloopŭdee, தளளுபடி

Discount, *v.* tŭllookiradoo, தளளுகிறது

Discountenance, *v.* mooghumooreekiradoo, முகமுறிக்கிறது

Discourage, *v.* dāyreeyăveenăpŭdoottookiradoo, தயிரியவீனபபடுத்துகிறது

Discouragement, *s.* dāyreeyăveenŭm, தைரியவீனம்

Discourse, *s.* peychoo, பேசசு

Discourse, *v.* peysookiradoo, பேசுகிறது

Discourteous, *a.* ăvămŭreeyādeyoollăh, அவமரியாதையுளள

Discover, *v.* kŭndoopoodeekiradoo, கண்டுபிடிக்கிறது

Discovery, *s.* kānookhāy, காணுகை

Discredit, *v.* sŭndeykheekiradoo, சநதேகிக்கிறது

Discreditable, *a.* nānăyăkoreyvānăh, நாணயகுறைவான

Discreet, *a.* yojhŭneyoollăh, யோசனையுளள

Discreetly, *a.* yojhŭneyāy, யோசனையாய்

Discrepancy, *s.* vittoovāsum, வித்துவாசம

Discrepant, *a.* veettoovāsŭmānăh, விருதுவாசமான

Discretion, *s.* boottee, areevoo, புத்தி, அறிவு

Discretionary, *a.* shorhăbootteeyānăh, சுழபுத்தியான

Discriminate, *v.* teyreend yeddookiradoo, தெரிந்தெடுக்கிறது

Discuss, *v.* njāyŭm peyshookiradoo, ஞாயம்பேசுகிறது

Discussion, *s.* tŭrkŭm, தருக்கம்

Disdain, *s.* ăsŭttey, அசட்டை

Disdain, *v.* asŭttey pŭnnookiradoo, அசட்டைபண்ணுகிறது

Disdainful, *a.* ăsŭtteyodoo, அசட்டையோடு

Disease, *s.* nōy, veeyādee, novoo, நோய், வியாதி

Diseased, *a.* veeyādeepŭttăh, வியாதிப்பட்ட

Disembark, *v.* yerŭngookiradoo, இறங்குகிறது

Disembarkation, *s.* yerrŭkŭm, இறக்கம்

Disembarrass, *v.* } voodooveekiradoo, விடுவிக்கிறது
Disengage, *v.* }

Disengaged, *a.* sāvakāshŭmānăh, சாவகாசமான

Disfavor, *s.* ŭbăshārŭm, அபசாரம்

Disfigure, *v.* ălŭngolăpŭdootookiradoo, அலங்கோலப்படுத்துகிறது

Disfigurement, *s.* ălŭngolŭm, அலங்கோலம்

Disgorge, *v.* vāndeepunnookiradoo, வாந்திபண்ணுகிறது

Disgrace, *s.* ăvŭmānŭm, ăbŭmānŭm, அவமானம் அபமானம்

Disgraceful, *a.* ăvŭmānŭmoollăh, அவமானமுள்ள

Disgracefully, *a.* ăvŭmānŭmāy, அவமானமாய்

Disguise, *s.* poykolum, பொய்க்கோலம்

Disguise, *v.* poykolumyeddookiradoo, பொய்க்கோலமெடுக்கிறது

Disgust, *s.* veyroopoo, வெறுப்பு

Dishonor, *s.* ăvŭmānŭm, அவமானம்

Dishonorable, *a.* ăvŭmānŭmoollăh, அவமானமுள்ள

Dishonorably; *a.* ăvŭmānŭmāy, அவமானமாய்

Disinclination, *s.* pirreeyăveenŭm, பிரியவீனம்

Disincline, *v.* pirreeyăveenăpŭdoottookiradoo, பிரியவீனப்படுத்துகிறது

Disinfect, *v.* tottooveeyādee mātookiradoo, தொத்துவியாதி மாற்றுகிறது

Disingenuous, *a.* tŭndirrŭmoollăh, தந்திரமுள்ள

Disinter, *v.* poonumyeddookiradoo, shuvumkulurkiradoo, புணமெடுக்கிறது, சவங்கிளர்க்கிறது

Disinterested, *a.* pŭrobăkhārŭmoollăh, பரோபகாரமுள்ள

Disinterment, *a.* shŭvŭmkŭlŭrchee, சவங்கிளர்ச்சி

Disjoint, *v.* isseyvookŭrdookiradoo, இசைவுகெடுக்கிறது

Disjointly, *a.* isseyvookŭrday, இசைவுகேடாய்

Dislike, *v.* veyroopoo, வெறுப்பு

Dislocation, *s.* shoolookoo, சுளுக்கு

Dislodge, *v.* yedootoopodookiradoo, tŭllookiradoo, எடுத்துப்போடுகிறது, தள்ளுகிறது

Disloyalty, *s.* rajahdoorokŭm, இராசதுரோகம

Dismal, *a.* shŭngshŭlŭmoollăh, சஞ்சலமுள்ள

Dismally, *a.* shŭngshŭlŭmāy, சஞ்சலமாய்

Dismantle, *v.* kŭlŭttookiradoo, kŭrdookiradoo, கழற்றுகிறது, கெடுக்கிறது

Dismasted, (to be,) *v.* pāymŭrŭm kŭrttoopokiradoo, பாய்மரங்கெட்டுப்போகிறது

Dismay, *s.* bayŭm, mŭnăkŭlăkum, பயம, மனக்கலக்கம

Dismayed, (to be,) *v.* bāyăpŭdootookiradoo, பயப்படுகிறது

Dismember, *v.* shitteerăvŭdeysheykiradoo, சித்திரவதைசெய்கிறது

Dismiss, *v.* tŭllookiradoo, anoopeevoodookiradoo, தள்ளுகிறது, அனுப்பிவிடுகிறது

Dismissal, *s.* tŭlloodŭl, தள்ளுதல

Dismount, *v.* yerŭngkookiradoo, இறங்குகிறது

Dismount, *v. a.* tŭllookiradoo, தள்ளுகிறது

Disobedience, *s.* keelpŭdeeyāmāy, கீழ்ப்படியாமை

Disobedient, *a.* keelpŭdeeyādăh, கீழ்ப்படியாத

Disobey, *v.* keelpŭdeeyādirrookiradoo, கீழ்ப்படியாதிருக்கிறது

Disoblige, *v.* koonumillādirrookiradoo, குணமில்லாதிருக்கிறது

Disobliging, *a.* koonŭmillādăh, குணமில்லாத

Disorder, *v.* tāroomāroopŭnnookiradoo, தாறுமாறுபண்ணுகிறது

Disorder, *s.* tāroomāroo, veeyādee, தாறுமாறு, வியாதி

Disorderly, *a.* tāroomārānăh, தாறுமாறான

Disorganization, *s.* kŭlāychŭl, கலைச்சல்

Disorganize, *v.* tāroomārākiradoo, தாறுமாறாகிறது

Disown, *v.* mŭrootŭleekiradoo, மறுதலிக்கிறது

Disparage, *v.* eegŭdsheepŭnnookiradoo, இகட்சிபண்ணுகிறது

Disparity, *s.* veettoovāsŭm, வித்துவாசம

Dispatch, *v.* ănoopeevoodookiradoo, அனுப்பிவிடுகிறது

Dispel, *v.* kŭlāykiradoo, கலைக்கிறது

Dispensary, *s.* mŭroondoogŭdŭngkoo, மருந்துகிடங்கு

Dispensation, *s.* deyvādeenŭm, தேவாதினம

Dispense, (with,) *v.* tŭveerkiradoo, தவிர்க்கிறது

Disperse, *v.* kŭlāykiradoo, கலைக்கிறது

Dispersion, pŭrăpoo, பரபபு

Dispirit, *v.* mŭnŭmkŭlŭngkiradoo, மனங்கலங்கிறது

Displace, *v.* yedootoopodookiradoo, tŭlleevoodookiradoo, எடுத்துப்போடுகிறது, தள்ளிவிடுகிறது

Displacement, *s.* tŭllookai, தள்ளுகை

Display, *v.* kānbeekiradoo, teyreeveekiradoo, காண்பிக்கிறது, தெரிவிக்கிறது

Display, *s.* veydeekai, வேடிக்கை

Displease, *v.* kobămoottookiradoo, கோபமூட்டுகிறது

Displeasure, *s.* kobŭm, mŭnă-korāy, கோபம்,மனக்குறை
Disposable, *a.* shellăkoodeeyăh, செல்லக்கூடிய
Disposal, *s.* shellootokay, செலுத்துகை
Dispose, (of,) *v.* sheylăvŭreeki-radoo, செலவழிக்கிறது
Disposed, *a.* mŭnŭmshāyndăh, மனஞ்சாய்ந்த
Disposition, *s.*koonŭm,goonŭm, குணம்
Dispraise, *s.* eegŭrhtshee, இகழ்ச்சி
Dispraise,*v.*eegurhtsheeyāy pey-shookiradoo, இகழ்ச்சியாய்பேசுகிறது
Disproportion, *s.* ovvāmai, ஒவ்வாமை
Disproportionate, *a.* ovvāmai-yāy, ஒவ்வாமையாய்
Disprove, *v.* yeydeerneeyāyum-shollookiradoo, எதிர்நியாயஞ்சொல்லுகிறது
Disprover, *s.*yeydeerneeyāyŭm-shollookiravŭn, எதிர்வியாச்சியஞ்சொலலுகிறது
Disputant, *s.* vādookārŭn, வாதுக்காறன்
Disputation, *s.* } vādoo, வாது
Dispute, }
Dispute, *v.* vādādookiradoo, வாதாடுகிறது
Disqualification, *s.* tugoodeeyil-lāmāy, தகுதியில்லாமை
Disqualify, *v.* tŭgoodeekŭrdoo-kiradoo, தகுதிகெடுக்கிறது
Disquiet, *v.* tondŭrăvoopŭnnoo-kiradoo, kŭlŭkeepodookira-doo, தொந்திரவுபண்ணுகிறது
Disquietude, *s.* kŭlŭkkŭm, கலக்கம்
Disregard,*s.* asuttey, அசட்டை
Disregard, *v.* asŭtteypŭnnooki-radoo, அசட்டைபண்ணுகிறது
Disrelish, *s.* veyroopoo, வெறுப்பு
Disrelish,*v.* veyroopayirrookira-doo, வெறுப்பாயிருக்கிறது
Disreputable, *a.* avŭmānŭmool-lăh, அவமானமுள்ள
Disrespect, *s.* ŭbăshārŭm, அபசாரம்
Disruption, *s.* keereevoo, peyr-poo, கிழிவு, பெயர்ப்பு
Dissatisfaction, *s.* sumudeeyil-lādah, சம்மதியில்லாத
Dissatisfied, (to be,) *v.* sumu-deeyillādirookiradoo, சம்மதியில்லாதிருக்கிறது
Dissect, *v.* ŭngŭmchetteereeki-radoo, அங்கஞ்சத்திரிக்கிறது
Dissection, *s.* ŭngăchĕtteerŭm, அங்கசத்திரம்
Dissemble, *v.*kŭllŭmayirookira-doo, கள்ளமாயிருக்கிறது
Dissembler, *s.* kŭllăkārŭn, கள்ளக்காறன்
Disseminate, *v.* pŭrŭppookira-doo, பரப்புகிறது
Dissent, *s.* sŭmmŭdeeyāmai, சம்மதியாமை
Dissent, *v.* sŭmmŭdeeyād irroo-kiradoo, சம்மதியாதிருக்கிறது
Dissenter, *s.* sŭmmŭdeeyillādă-vŭn, சம்மதியில்லாதவன்
Dissentient, *a.* sŭmmŭdeeyā-dăh, சம்மதியாத
Dissertation, *s.* vibbărŭm, விபரம்
Disseverance, *s.* koolayvoo, குலைவு

Dissimilar, *a.* veyveyrānăh, வெவ்வெறுன

Dissimilarity, *s.* veyveyroo, வெவ்வேறு

Dissimulation, *s.* vŭnjŭney, vŭnjăkŭm, வஞ்சனை, வஞ்சகம்

Dissipate, *v.* koleykiradoo, குலைகிறது

Dissipation, *s.* kolākhŭlŭm, கோலாகலம்

Dissolute, *a.* kŭrttănŭdaiyoollăh, கெட்டநடையுள்ள

Dissolution, *s.* ărgheevoo, mŭrănŭm, அழிவு, மரணம்

Dissolve, *v.* } kŭraikiradoo, kŭrāynshoopoodokiradoo, கரைந்துப்போடுகிறது, உருவுகிறது

Dissolved, (to be,) *v.* kŭraindoo, or kurainjshoo pokiradoo, கரைஞ்சுபோகிறது

Dissuade, *v.* tŭdookiradoo, தடுக்கிறது

Dissuasion, *s.* tudoopoo, தடுப்பு

Distance, *s.* doorum, toley, தூரம் தொலை

Distant, *a.* doorŭmānăh, தூரமான

Distaste, *s.* veyroopoo, வெறுப்பு

Distasteful, *a.* rooseeyŭttăh, ருசியற்ற

Distemper, *s.* veeyādee, வியாதி

Distend, *v.* veengăpŭnnookiradoo, வீங்கப்பண்ணுகிறது

Distil, *v.* kāchookiradoo, காயச்சுகிறது

Distillation, *v.* kāchăpŭttădoo, காய்ச்சப்பட்டது

Distiller, kāchookirăvŭn, காய்ச்சுகிறவன

Distilling, *s.* kāchookāy, காய்ச்சகை

Distinct, *a.* veyrooveyrānăh, வேறுவேறுன

Distinction, *s.* keertee, கீர்த்தி

Distinctly, *a.* deerkŭmāy, தீர்க்கமாய்

Distinctness, *s.* deerkŭm, தீர்க்கம்

Distinguished, *a.* keerteeyoollăh, கீர்த்தியுள்ள

Distinguish, *v.* kooreekiradoo, குறிக்கிறது

Distinguish, *v.* (confer distinction,) keerteesheykiradoo, கீர்த்திசெய்கிறது

Distort, *v.* shooleekiradoo, சுளிக்கிறது

Distortion, *s.* neyleepoo, shooleepoo, நெளிப்பு, சுளிப்பு

Distract, *v.* kŭlŭkkookiradoo, கலக்குகிறது

Distractedly, *a.* mŭnăkŭlăkŭmāy, மனக்கலக்கமாய், பைத்தியமாய்

Distraction, *s.* mŭnăkŭlakŭm, மனகலக்கம்

Distrain, *v.* neyrookookiradoo, நெருக்குகிறது

Distress, *v.* toonbăpŭdookiradoo, துன்பப்படுகிறது

Distress, *s.* twyărŭm, dookŭm, துயரம் துக்கம்

Distressing, *a.* twyărăpŭdootătŭkkăh, துயரப்படுத்தத்தக்க

Distribute, *v.* pŭngeedookiradoo, பங்கிடுகிறது

Distribution, *s.* pŭngeedoo, பங்கிடு

District, *s.* oor, nādoo, deyshum, ஊர், நாடு, தேசம்

Distrust, *s.* sŭndeykhŭm, சந்தேகம்

Distrust, *v.* sŭndeykhăpŭdookiradoo, சந்தேகப்படுகிறது
Distrustful, *a.* sŭndeykŭmānăh, சந்தேகமான
Disturb, *v.* kŭlaikiradoo, kohrŭppookiradoo, கலைகிறது,குழப்புகிறது
Disturbance, *s.* kŭlăkŭm, kohrăppŭm, கலக்கம், குழப்பம்
Disunite, *v.* peereekiradoo, பிரிக்கிறது
Disuse, *v.* voottoovoodookiradoo, விட்டுவிடுகிறது
Ditch, *s.* pŭllŭm, koree, gŭdŭngkoo, பள்ளம், குழி, இடங்கு
Ditto, meylpŭdee, மேற்படி
Ditty, *s.* oroo pattoo, ஒர்பாட்டு
Diurnal, *a.* dinăh, dinădinŭm, தின, தினதினம்
Diurnally, *a.* dinŭmdinŭmay, தினந்தினமாய்
Dive, *v.* shoorhee odookiradoo, சுழிசோடுகிறது
Diver, *s.* ālŭmāypŭdeepŏn, shoorheeodookiravun, ஆழமாய்படிப்போன்
Diverge, *v.* ăgŭlookiradoo, அகலுகிறது
Divergence, *s.* ŭgŭlvoo, அகல்வு
Diverse, *a.* pŭlăveedŭmānăh, பலவிதமான
Diversify, *v.* veyroopŭdoottookiradoo, வேறுபடுத்துகிறது
Diversion, *s.* oollāsŭm, உலலாசம்
Diversity, *s.* veyroopādoo, வேறுபாடு
Diversly, *a.* pŭlăveedŭmāy, பலவிதமாய்
Divert, *v.* teeroopookiradoo, திருப்புகிறது
Divest, *v.* ooreekiradoo, உரிக்கிறது
Divide, *v.* pŭngiddookiradoo, பங்கிடுகிறது
Divine, *s.* gooroo, goorookul, குரு, குருக்கள
Divine, *v.* kooreeshollookiradoo, குறிசொலலுகிறது
Divine, *a.* deyveekŭmānăh, தெய்வீகமான
Divinely, *a.* deyveekumay, தெய்வீகமாய்
Diving, *s.* shoorhee, shoorheepoo, சுழி, சுழிப்பு
Divinity, *s.* deyvătunmey, தெய்வத்தன்மை
Divisibility, *s.* peereekăkoodeeyă tunmey, பிரிக்கக்கூடியதன்மை
Divisible, *a.* pŭghookăkoodeeyăh, பகுக்கக்கூடிய
Division, *s.* pŭgeerchee, toondoo, பகிர்ச்சி, துண்டு
Divorce, *v.* veevākă moshŭnŭmpŭnnookiradoo, விவாகமோசனம்பண்ணுகிறது
Divulge, *v.* tŭrŭndoo shollookiradoo, திறந்துசொலலுகிறது
Dizziness, *s.* kirrookirroopoo, கிறுகிறுப்பு
Dizzy, *a.* kirrookirroopoollăh, கிறுகிறுப்புள்ள
Do, *v.* sheykiradoo, செய்கிறது
Docile, *a.* pŭdeevānăh, படிவான
Docility, *s.* pŭdeevoo, படிவு
Dock, *v.* vāl veyttookiradoo, வால்வெட்டுகிறது
Dockyard, *s.* kŭppŭltuchăwadie, கப்பல்தச்சவாடி
Doctor, *s.* vāydeeyŭn, வைத்தியன்

Doctrine, *s.* oobădeyshum, உபதேசம்
Document, *s.* pŭtteerum, dŭstooveyjhoo, பத்திரம், தஸ்தவேசு
Doe, *s.* penmān, பெண்மான்
Dog, *s.* nāyee, நாய்
Dog, *v.* oochookāttookiradoo, உச்சுக்காட்டுகிறது
Doggedly, *a.* koolāvootŭlāy, குலாவுதலாய்
Dogma, *s.* shoosteerŭm, சூத்திரம்
Dogmatic, *a.* piddeevādŭmoollăh, பிடிவாதமுள்ள
Dogmatically, *a.* piddeevādŭmāy, பிடிவாதமாய
Dole, *s.* pŭngoo, பங்கு, ஈவு
Doleful, *a.* dookŭmoollăh, துக்கமுள்ள
Dolefully, *a.* dookŭmāy, துக்கமாய்
Dolor, *s.* poolŭmbŭl, புலமபல
Dolorous, *a.* mŭnăshŭnjshŭlŭmoollăh, மனச்சஞ்சலமுள்ள
Dolorously, *a.* shŭnjshŭllŭmāy, சஞ்சலமாய
Dolt, *s.* mŭdaiyŭn, mŭttee, மடையன், மட்டி
Doltish, *a.* mŭndŭmoollăh, மந்தமுள்ள
Domain, *s.* rājsheeyŭm, இராசசியம்
Dome, *s.* kodoomoodee, கொடுமுடி
Domestic, *a.* illorookŭmānăh, இல்லொழுக்கமான
Domestic, *s.* veyleyāl, veyleykārŭn, வேலையாள், வேலைக்காரன்
Domesticate, *v.* pŭrhăkookiradoo, பழகுகிறது
Dominant, *a.* ādsheeyānăh, ஆட்சியான
Dominate, *v.* ŭdeekŭreekiradoo, அதிகரிக்கிறது
Dominator, *s.* ŭdeekāree, அதிகாரி
Domineer, *v.* ālookiradoo, ஆளுகிறது
Domineering, *a.* āngārŭmoollăh, ஆங்காரமுள்ள
Dominion, *s.* rajsheeyŭm, இராச்சியம
Donation, *s.* oobăkārŭm, tŭttŭm, உபகாரம, தத்தம
Donkey, *s.* kŭroodey, kŭloodey, கழுதை
Donor, *s.* oobăkāree, உபகாரி
Don't, sheyă vānām, sheyādey, செயயவேணடாம, செயயாதே
Doom, *s.* teermānŭm, teervāy, தீர்மானம, தீர்வை
Doom, *v.* teerkiradoo, teermāneekiradoo, தீர்க்கிறது, தீர்மானிக்கிறது
Door, *s.* kădăvoo, கதவு
Doorlock, *s.* kadavoopoottoo, கதவுபூட்டு
Dormant, *a.* tookŭmānăh, தூக்கமான
Dormitory, *s.* pŭdookāymŭndăpŭm, படுக்கைமண்டபம்
Dose, *s.* oroo dŭrŭm mŭroondookooleekay, ஒருதரமருந்து, குளிகை
Dose, *v.* mŭroondoo kodookiradoo, மருந்துகொடுக்கிறது
Dot, *s.* poolee, koottoo, புள்ளி, குத்து
Dotage, *s.* bootteetŭlŭrchee, புத்திதளர்ச்சி
Dotard, *s.* bootteetŭlŭrndōn, புத்திதளர்ந்தோன்
Dote, *v.* mŭdeemāyŭngookiradoo, மதிமயங்குகிறது

Dotingly, *a.* mŭdeemāyŭkŭmāy, மதிமயக்கமாய்

Double, *s.* eerŭtteepoo, இரட்டிப்பு

Double, *v.* eerŭtteekiradoo, இரட்டிக்கிறது

Double, *a.* eerutteyānăh, இரட்டையான

Doubly, *a.* eerŭtteyāy, இரட்டையாய்

Doubt, *s.* shŭndeykhŭm, shumoosheeyum, சந்தேகம், சமுசயம்

Doubt, *v.* shŭmoosheeyăpŭdookiradoo, சமுசயப்படுகிறது

Doubtful, *a.* shŭmoosheeyŭmoollăh, சமுசயமுள்ள

Doubtfully, *a.* shŭmoosheeyŭmāy, சமுசயமாய்

Doubtingly, *a.* shŭmoosheeyŭmāy, சமுசயமாய்

Doubtless, *a.* shŭmoosheeyŭm illādăh, சமுசயமில்லாத

Doubtlessly, *a.* shŭmoosheeyŭmillādāy, சமுசயமில்லாதாய்

Dough, *s.* pisseendŭmāh, பிசைந்தமா

Doughty, *a.* dāyreeyŭmānăh, தயிரியமான

Dovetail, *s.* kŭroondoo, கருந்து

Down, *s.* meyleeyăh yerăgoo māyeer, மெல்லியஇறகுமயிர்

Down, *a.* keeley, keerghey, கீழே

Downcast, *a.* dookumānăh, துக்கமான

Downfall, *s.* veerookāy, விழுகை

Downhill, *a.* mŭley yerrăkŭmoollăh, மலையிறக்கமுள்ள

Downright, *a.* neyrānăh, நேரான

Downward, *a.* keeley, keerghey, கீழே

Doze, *v.* toongkookiradoo, தூங்குகிறது

Dozen, *s.* pŭnneerŭndoo, பன்னிரண்டு

Drab, *a.* kŭmbălŭmānăh, கம்பலமான

Draft, *s.* lŭbbee, shŭttŭm, இலிபி, சட்டம்

Drag, *v.* yillookiradoo, eerghookiradoo, இழுக்கிறது

Drain, *s.* vāykāl, kāvāy, வாய்க்கால் காலவாய்

Drain, *v.* oolurtookiradoo, vŭdeekiradoo, உலர்த்துகிறது, வடிகிறது

Drainable, *a.* vŭdeekătŭkkăh, வடிக்கத்தக்க

Drainage, *s.* vŭdeepoo, வடிப்பு

Drake, *s.* ānvāttoo, ஆண்வாத்து

Dram, *s.* oroo nerrey, ஒர்நிறை

Dramatical, *a.* nŭdŭnă, nādăkăh, நடன, நாடக

Draught, *s.* koodeepoo, குடிப்பு

Draught, *v.* kooreepooyeyroodookiradoo, குறிப்பெழுதுகிறது

Draw, *v.* eerghookiradoo, yilloo-kiradoo, இழுக்கிறது

Draw-back, *s.* tārchee, nŭstŭm, தாழ்ச்சி, நஷ்டம்

Drawer, *s.* pooteeărāy, பெட்டியறை

Drawing, *s.* shitteerăpŭdŭm, சித்திரப்படம்

Drawl, *v.* koorulneetteepeyshookiradoo, குரல்நீட்டிப்பேசுகிறது

Dread, *s.* ŭchŭm, băyŭm, அச்சம், பயம்

Dread, *v.* băyăpŭdookiradoo, பயப்படுகிறது
Dreadful, *a.* băyăpādoollăh, பயப்பாடுள்ள
Dream, *s.* kŭnăvoo, kŭnā, கனவு, கனா
Dream, *v.* kŭnăvoo kānookiradoo, கனவுகாணுகிறது
Dreamer, *s.* kŭnăvookānookiravŭn, கனவுகாணுகிறவன்
Drear, *a.* pārhānăh, பாழான
Drearily, *a.* mŭnădookŭmay, மனதுக்கமாய்
Dreariness, *v.* sŭnjshŭlŭm, சஞ்சலம்
Dreary, *a.* pārānăh, பாழான
Dregs, *s.* mundee, vŭndŭl, மண்டி, வண்டல்
Drench, *v.* nŭnaykiradoo, toykiradoo, நனைக்கிறது, தோய்க்கிறது
Dress, *s.* oodoopoo, உடுப்பு
Dress, *v.* oodookiradoo, உடுக்கிறது
Dressing, *p.* oodootŭl, உடுத்தல்
Dribblet, *s.* shochŭm, சொச்சம்
Dribble, *v.* joolloovŭdeekiradoo, சொள்ளுவடிகிறது
Drill, (a hole,) *v.* tămur eedookiradoo, தமரிடுகிறது
Drill, (soldiers,) *v.* seepāyŭloovŭl kŭrpeekiradoo, சிப்பாயலுவல்கற்ப்பிக்கிறது
Drink, *v.* koodeekiradoo, குடிக்கிறது
Drinkable, *a.* koodeekătŭkkăh, குடிக்கத்தக்க
Drinker, *s.* koodeekārŭn, koodeeyŭn, குடிகாரன், குடியன்
Drinking, *s.* koodeepoo, குடிப்பு
Drip, *v.* orhookiradoo, oolookiradoo, ஒழுகிறது
Drive, *v.* torŭttookiradoo, துரத்துகிறது
Drive, *v.* (ride,) săvāreepokiradoo, சவாரிபோகிறது
Drivel, *v.* vāyoorookiradoo, வாயூருகிறது
Driveller, *s.* vāy neer vŭdeeyŭn, வாய்நீர்வடியன்
Driver, *s.* ottoovon, ஓட்டுவோன்
Driving, *s.* ottookāy, ஓட்டுகை
Drizzle, *v.* shillooshillookiradoo, சிலுசிலுக்கிறது
Droll, *a.* pŭkhŭdeesheykira, பகடிசெய்கிற
Drollery, *s.* tŭmāsoo, pŭkhŭdee, தமாசு, பகடி
Dromedary, *s.* ottey, ottăkŭm, ஒட்டை, ஒட்டகம்
Drone, *s.* shombānăvŭn, shombŭn, சோம்பன, சோம்பானவன
Dronish, *a.* sombŭlānăh, சோம்பலான
Droop, *v.* sombŭlāy irookiradoo, சோம்பலாயிருக்கிறது
Drooping, *s.* tŭlŭrchee, தளர்ச்சி
Drop, *s.* toolee, shottoo, துளி, சொட்டு
Drop, *v.* veehră voodookiradoo, veehrookiradoo, விழவிடுகிறது, விழுகிறது
Dropsical, *a.* ădaypānăh, அதைப்பான
Dropsy, *s.* ădayppoo, அதைப்பு
Dross, *s.* keettum, kŭleevoo, கிட்டம், கழிவு
Drought, *s.* kānŭl, கானல்
Drove, *s.* koottum, கூட்டம்
Drover, *s.* ottookirăvŭn, ஓட்டுகிறவன

Drown, *v.* tāhrookiradoo, தாழுகிறது
Drowsy, *a.* nitteereyoollăh, நித்திரையுள்ள
Drubbing, *s.* ŭdee, eedee, அடி, இடி
Drudgery, *s.* kŭdeyāttŭm, கடையாட்டம்
Drug, *s.* mŭroondoo, sŭrakoo, மருந்து, சரக்கு
Druggist, *s.* mŭroondookŭdeykūrŭn, மருந்துகடைக்காரன
Drum, *s.* tămboor, peyreekhey, தம்பூர், பேரிகை
Drummer, *s.* tămboor kārŭn, peyreekhey tuttoovone, தம்பூர்க்காரன், பேரிகைதட்டுவோன்
Drunkard, *s.* koodeeyŭn, veyreeyŭn, குடியன், வெறியன்
Drunk, drunken, *a.* veyreeyānăh, வெறியன்
Drunkenly, *a.* veyreeyay, வெறியாய்
Drunkenness, *s.* veyree, வெறி
Dry, *a.* kăyndăh, காய்ந்த
Dubious, *a.* shŭndeykŭmoollăh, eeroomŭnŭmānăh, சந்தேகமுள்ள, இருமனமான
Duck, *s.* văttoo koollăvăttoo, tārā, குள்ளவாத்து, தாரா
Duckling, *s.* văttookoonjshoo, வாத்துக்குஞ்சு
Ductile, *a.* nŭdătă koodeeyăh, நடத்தக்கூடிய
Due, *s.* kŭdŭn, nillooway, கடன் நிலுவை
Dull, *a.* mŭndŭmoollăh, dookŭmānăh, மந்தமுள்ள, தூக்கமான
Dumb, *a.* oomaiyānăh, ஊமையான
Dunce, *s.* paitteekārŭn, mŭdayŭn, moodŭn, பைத்தியகாரன், மடையன், மூடன்
Dung, (human) *s.* pee, nŭrăkul, பீ, நரகல்
Dung, (cows, &c.) *s.* shānee, yerroovoo, சாணி, எருவு
Dungeon, *s.* kāvŭlshāley, காவற்சாலை
Dunghill, *s.* kooppey modoo, குப்பைமேடு
Dupe, *v.* yekkiradoo, எய்க்கிறது
Duplicate, *s.* pirrŭdee, பிரதி
Duplicity, *s.* eerŭndăghum, இரண்டகம்
Durable, *a.* ooroodeeyoollăh, உறுதியுள்ள
Duration, *s.* nilleepoo, நீளிப்பு
During, *p.* nilleepoo, eel, நீளிப்பு, இல்
Dusk, *s.* kŭrookŭl, கருக்கல்
Dust, *s.* tool, dooshee, தூள், தூசி
Dutiful, *a.* mŭreeyādayoollăh, மரியாதையுள்ள
Duty, *s.* kŭdămey, kŭdŭn, கடமை, கடன்
Dwarf, *s.* koollŭn, குள்ளன்
Dwell, *v.* koodeeyirookiradoo, குடியிருக்கிறது
Dwelling, *s.* woodoo, iroopoo, வீடு, இருப்பு
Dwellinghouse, *s.* vāshŭm pŭnnookirăvoodoo, வாசம்பண்ணுகிறவீடு
Dwindle, *v.* sirrookiradoo, சிறுக்கிறது
Dying, *s.* mŭrŭnŭm, மரணம்
Dysentery, *s.* rŭttăkŭrgheechul, இரத்தக்கழிச்சல்

E

Each, *a.* ovvonroo, ஒவ்வொன்று
Eager, *a.* peyrāshaiyoollăh, பேராசையுள்ள
Eagle, *s.* kŭloogoo, கழுகு

Ear, *s*. kŭdoo, காது
Earing, *s*. kŭdookŭn, கடுக்கன்
Early, *a*. ădeekālŭmey, neyrŭtodey, அதிகாலமே,நேரத்தோடே
Earn, *v*. shŭmbādeekiradoo, சம்பாதிக்கிறது
Earnest, *a*. jākirruttaiyoollăh, சாக்கிரதையுள்ள
Earnestly, *a*. oonmeyāy, உண்மையாய்
Earth, *s*. boomee, பூமி
Earthen, *a*. mŭnnāley sheydah, mŭnneeloondānăh, மண்ணாலே செய்த, மண்ணிலுண்டான
Earthly, *a*. prubinjshă, பிரபஞ்ச
Earthquake, *s*. boomee ădeerchee, பூமியதிர்ச்சி
Ease, *s*. shoolpŭm,soogŭm,சொல்ப்பம், சுகம்
Easily, *a*. vurootum eenree, shooloovoo, வருததமின்றி, சுளுவு
East, *s*. keelăkoo, kŭrghakoo, கிழக்கு
Easterly, *a*. keerghăkeeleerundoo, கிழக்கிலிருந்து
Eastern, *a*. keerghăkeeloollăh, கிழக்கிலுள்ள
Eastward, *a*. keerghăkey, கிழக்கே
Easy, *a*. lŭgoovānăh, shooloovānăh, இலகுவான
Eat, *v*. toonnookiradoo, தின்னுகிறது
Eatable, *a*. toonătŭkkăh, தின்னததக்க, தின்பண்டம்
Eaves, *s*. eerăvānŭm, இறவானம்
Ebb, *v*. vŭttookiradoo, வற்றுகிறது
Ebony, *s*. kŭroongkālee, கருங்காலி
Ebullition, *s*. kodeepoo, poongŭl, கொதிப்பு, பொங்கல்
Eccentric, *a*. orhŭngillādăh, ஒழுங்கில்லாத
Echo, *s*. yeddeer olee, எதிரொலி
Eclipse, *s*. grānŭm, grŭgănŭm, கிராணம், கிரகணம்
Economy, *s*. voottooveesjāruney, வீட்டுவிசாரணை
Ecstasy, *s*. migghoo shŭndoshŭm, மிகுசந்தோஷம்
Eddy, *s*. shoorhee, சுழி
Edge, *s*. orŭm, koor, ஓரம், கூர்
Edible, *a*. tinnătŭkkăh, தின்னததக்க
Edict, *s*. pirrămānŭm, kŭttŭley, shŭttŭm, பிரமாணம், கட்டளை, சட்டம்
Edification, *s*, boottee, புத்தி
Edifice, *s*. veedoo, woodoo, kŭttădŭm, வீடு, கட்டடம்
Edify, *v*. oobădeysheekiradoo, உபதேசிக்கிறது
Educate, *v*. pŭdeepeekiradoo, படிப்பிக்கிறது
Education, *s*. pŭdeepoo, படிப்பு
Eel, *s*. villāngkoo, விலாங்கு
Efface, *v*. todeykiradoo, teykiradoo, துடைக்கிறது, தேய்க்கிறது
Effect, *v*. kāreeyăhpŭdookiradoo, காரியப்படுகிறது
Effect, *s*. kāreeyŭm, காரியம்
Effects, *s*. tŭlăbādŭm, தளபாடம்
Effectual, *a*. kāreeyăpādānăh, காரியப்பாடான
Effectually, *a*. kāreeyăpādāy, காரியப்பாடாய்
Effeminacy, *s*. nānŭm, நாணம்
Effervescence, *s*. kodookodoopoo, கொதுகொதுப்பு

Efficacy, *s.* pŭlŭm, nŭlŭm, பலம், நலம்

Efficient, *a.* kāreeyăpŭdootookirăh, காரியப்படுகிற

Efflorescent, *a.* sheynduroompoollăh, செந்தழும்புள்ள

Effluvia, *s.* vāshŭney, வாசனை

Effort, *s.* pryettĕnnŭm, பிரயெத்தனம்

Effrontery, *s.* mānŭm illādăh, மானமில்லாத

Effulgence, *s.* toolăkŭm, துலக்கம்

Effulgent, *a.* shodeeyoollăh, veyleeshumoollah, வெளிச்சமுள்ள, சோதியுள்ள

Effusion, *s.* vārppoo, வார்ப்பு

Egg, *s.* moottey, முட்டை

Egregious, *a.* ŭbbooroovŭmānăh, அபூருவமான

Egress, *s.* pokkoo, poorăpādoo, போக்கு, புறப்பாடு

Eight, *n.* yettoo, எட்டு

Eighteen, *n.* pŭdeenyettoo, பதினெட்டு

Eighth, *a.* yettam, yettāvŭdānăh, எட்டாம், எட்டாவதான

Either, *a. p.* yeddăkeeloom, எதாகிலும்

Ejaculation, *s.* veechoo, tŭlloo, வீச்சு, தளளு, எறி

Eject, *v.* tŭllookiradoo, yeyreekiradoo, தளளுகிறது, எறிகிறது

Ejectment, *s.* tŭlloopiddee, தளருபிடி

Elaborate, *a.* teerkŭmānăh, தீர்க்கமான

Elapse, *v.* shennoopokiradoo, சென்றுபோகிறது

Elastic, *a.* shooroongătŭkkăh, சுருங்கத்தக்க

Elate, *a.* shŭndoshŭmānăh, சந்தோஷமான

Elbow, *s.* moorghŭngkāy, முழங்கை

Elder, *s.* moottavŭn, மூத்தவன

Eldest, *s.* tŭleyānăh, tŭlăchŭn, தலையான, தலைச்சன

Elect, *s.* teyreendăh yedookăpŭttăvŭn, தெரிந்தெடுக்கப்பட்டவன

Elegant, *a.* ărhăkānăh, அழகான

Elegy, *s.* dookăpādoo, துக்கப்பாடு

Element, *s.* kārănŭm, காரணம்

Elephant, *s.* āney, யானை ஆனை

Elephant driver, (spearman,) āney ottookirăvŭn, யானையோட்டுகிறவன

Elevate, *v.* wooshuttookiradoo, whyrttookiradoo, உசத்துகிறது, உயர்த்துகிறது.

Elevated, *p.* wooshŭndăh, whyrndăh, உசந்த, உயர்ந்த

Eleven, *a.* pŭdeen oroo, பதினொரு

Elicit, *v.* veyleepudoottookiradoo, வெளிப்படுத்துகிறது

Eligible, *a.* tŭkoomānăh, தகுமான

Elk, *s.* mŭrey, kŭdămān, மரை, கடமான்

Elocution, *s.* ŭdshŭrăshoottee, அட்சரசுத்தி

Eloquence, *s.* shādooreeyŭm, சாதுரியம்

Else, *a.* ŭllădoo, அல்லது

Elsewhere, *a.* mŭttă yengkoom, மற்றெங்கும்

Elucidate, *v.* veelŭngkă sheykiradoo, விளங்கச்செய்கிறது

Elude, *v.* tuppee olittodookiradoo, தப்பியொளித்தோடுகிறது

Elysian, *a.* ănŭndŭmănăh, ஆனந்தமான
Emaciated, *a.* veengŭlănăh, வீங்கலான
Emancipate, *v.* voodootŭleyăkookiradoo, விடுதலையாக்குகிறது
Embalm, *v.* taiyŭl moottookiradoo, தையல்மூட்டுகிறது
Embankment, *s.* vurumboo, kŭray, வரம்பு, கரை
Embark, *v.* kŭpŭlmeyley yerookiradoo, கப்பல்மேலேறுகிறது
Embarrass, *v.* koorghăpookiradoo, குழப்புகிறது
Embassador, *s.* toodoo, toodun, தூது, தூதன
Embassy, *s.* toodoo, தூது
Embellish, *v.* ŭlŭngkŭreekiradoo, அலங்கரிக்கிறது
Embers, *s.* tŭnŭl, தணல்
Embezzle, *v.* kŭlăvoopŭnnookiradoo, களவுபண்ணுகிறது
Emblem, *s.* kooreepoo, ădaiyălŭm, குறிப்பு, அடையாளம்
Embrace, *v.* ălingŭnŭm pŭnnookiradoo, ஆலிங்கனம்பண்ணுகிறது
Embrasure, *s.* beeringkee yettoom văy, பீரங்கியேற்றும்வாய்
Embroider, *v.* shŭreeghy eerhaykiradoo, சரிகையிழைக்கிறது
Embroidery, *s.* shureeghy veylley சரிகைவேலை
Embroil, *v.* koorhăppookiradoo, குழப்புகிறது
Emerald, *s.* murăkhŭdŭm, மரகதம்
Emerge, *v.* veyleekiradoo, வெளிக்கிறது
Emergency, *s.* ăbuttoo, ஆபத்து
Emetic, *s.* văndee mŭroondoo, உவாந்திமருந்து
Emigrant, *s.* pŭrădeyshee, பரதேசி
Emigrate, *v.* pŭrădeyshŭm pokiradoo, பரதேசம்போகிறது
Eminent, *a.* mănŭmoollăh, மானமுள்ள
Emissary, *s.* toodŭn, தூதன
Emit, (light,) *v.* yeyreekiradoo, எறிக்கிறது
Emollient, *s.* illăkookiră mŭroondoo, இளக்குகிறமருந்து
Emolument, *s.* vŭroomănŭm, வருமானம்
Emotion, *s.* oonŭrchee, உணர்ச்சி
Emphasis, *s.* ărhootăpeychoo, அழுத்தப்பேச்சு
Emphatic, *a.* ărhootăpeysoovănăh, அழுத்தப்பேசுவான்
Empire, *s.* răjeeyăpărŭm, இராச்சியபாரம்
Empiric, *s.* pămŭrăvaitteyŭn, பாமரவைத்தியன்
Employ, *s.* veyley, ăloovŭl, வேலை, அலுவல்
Employment, *s.* ootteeyokhŭm, உத்தியோகம்
Emporium, *s* veeyăbărăttorey, வியாபாரத்துறை
Empoverish, *v.* yeyleeyă sheykiradoo, எளியச்செய்கிறது
Empower, *v.* ădeekărŭm kodookiradoo, அதிகாரம்கொடுக்கிறது
Empress, *s.* rajahstree, rănee, இராசஸ்திரி, இராணி
Empty, *a.* kălee, காலி
Empty, *v.* kălee sheydoo podookiradoo, காலிசெய்துபோடுகிறது
Emulate, *v.* eegŭlăttŭm sheykiradoo, இகலாட்டம்செய்கிறது

Emulous, *a.* vellookiră, வெல்லுகிற

Enable, *v.* tŭkoodeeyākookiradoo, தகுதியாக்குகிறது

Enact, *v.* ooteeravoo eedookiradoo, உத்திரவுயிடுகிறது

Encamp, *v.* pāleyŭm yerŭngkookiradoo, பாளயம்பிறங்குகிறது

Enchant, *v.* măyŭkkookiradoo, மயக்குகிறது

Enchase, *v.* kŭl yereykiradoo, கல்லெழைக்கிறது

Encircle, *v.* shoottookiradoo, சுற்றுகிறது

Enclose, *v.* adakum sheykiradoo, அடக்கம்செய்கிறது

Enclosed, *a.* ădăkŭmānăh, அடக்கமான

Enclosure, *s.* ădăkkŭm, அடக்கம்

Encomium, *s.* vŭndŭnŭm, வந்தனம்

Encompass, *v.* shoottookiradoo, சுற்றுகிறது

Encourage, *v.* dayreeyăpŭdootookiradoo, தைரியப்படுத்துகிறது

Encourager, *s.* dayreeyăpŭdootookiravun, தைரியப்படுத்துகிறவன்

Encumber, *v.* bārŭmshoomŭttookiradoo, பாரஞ்சுமத்துகிறது

End, *s.* moodeevoo, kudaishee, முடிவு, கடைசி

Endanger, *v.* mosăh or moshăpŭdoottookiradoo, மோசப்படுத்துகிறது

Endearment, *s.* mŭghŭrchee, மகிழ்ச்சி

Endeavour, *v.* yettunumpunnookiradoo, எத்தனம்பண்ணுகிறது

Endless, *a.* moodeevillādăh, முடிவில்லாத

Endue, *v.* bŭlăpŭdoottookiradoo, பலப்படுத்துகிறது

Endure, *v.* yendookiradoo, ஏந்துகிறது

Enemy, *s.* pŭghaylee, பகையாளி

Energetic, *a.* belŭnoollăh, பெலனுள்ள

Energy, *s.* prăyăttŭnŭm, பிரயத்தனம்

Enervate, *v.* tŭlŭrtookiradoo, தளர்த்துகிறது

Enforce, *v.* kurtteepŭdoottookiradoo, கெட்டிப்படுத்துகிறது

Enfranchise, *v.* voodootuleyākookiradoo, விடுதலையாக்குகிறது

Engage, *v.* pŭtheekiradoo, பதிக்கிறது

Engagement, (business,) *s.* ăloovŭl, அலுவல்

Engagement, (battle,) *s.* por, போர்

Engagement, (bargain,) *s.* உடன்படிக்கை

Engaging, *a.* shārŭmānăh, சாரமான

Engender, *v.* oondākookiradoo, உண்டாக்குகிறது

Engine, *s.* shoosttirrŭm, சூத்திரம்

Engineer, *s.* shoosttirrăkārŭn, pādeykārŭn, சூத்திரகாரன, பாதைகாரன்

English, *s.* eengeeleeshoo pāshāy, இங்கிலீசுபாஷை

Englishman, *s.* eengeeleeshookārŭn, இங்கிலீசுக்காரன்

Engrave, *v.* nondookiradoo, தோண்டுகிறது

Enhance, *v.* adeegăpŭdootookiradoo, அதிகப்படுத்துகிறது

Enigma, *s.* voodookŭday, விடுகதை

Enjoin, *v.* kurpuney, or kŭttŭley eedookiradoo, கற்பனை or கட்டளையிடுகிறது
Enjoy, *v.* bokeekiradoo, போகிக்கிறது
Enjoyment, *s.* bokŭm, போகம்
Enlarge, *v.* ădeegăpŭdootookiradoo, அதிகப்படுத்துகிறது
Enlighten, *v.* veyleeshŭmăkkiradoo, வெளிச்சமாக்கிறது
Enmity, *s.* pŭgāy, பகை
Enormity, *s.* pādăgŭm, பாதகம்
Enough, *a.* podoom, poorŭnŭm, போதும், பூரணம்
Enormous, *a.* mŭkhā, மகா
Enrage, *v.* kobŭmyeyrhoopookiradoo, கோபமெழுப்புகிறது
Enrich, *v.* ayshooreeyumākiradoo, அய்சுரியமாக்கிறது
Enrobe, *v.* oodootookiradoo, உடுத்துகிறது
Enshrine, *v.* sheykŭrŭmpŭnnookiradoo, சேகரம்பண்ணுகிறது
Ensign, *s.* porkodee, போர்க்கொடி
Enslave, *v.* kāvŭlpŭdootookiradoo, காவல்படுத்துகிறது
Ensue, *v.* nŭdŭtookiradoo, நடத்துகிறது
Entail, *v.* shondŭmāykodookiradoo, சொந்தமாய்கொடுக்கிறது
Entangle, *v.* māttookiradoo, மாட்டுகிறது
Enter, *v.* oolley pokookiradoo, உள்ளேபோகுகிறது
Enterprise, *v.* yeyrpŭdootookiradoo, ஏற்படுத்துகிறது
Enterprising, *s.* tooneekŭrăvānăh, துணிகரவான
Entertain, *v.* woravādookiradoo, உறவாடுகிறது
Enthrone, *v.* singājhŭnŭteelyeyrookiradoo, சிங்காசனத்திலேறுகிறது
Enthusiast, *s.* mŭroolŭn, மருளன்
Enthusiasm, *s.* mŭrool, மருள்
Entice, *v.* rooseekāttookiradoo, உருசிகாட்டுகிறது
Entire, *a.* teermānŭmānăh, நிர்மானமான
Entirely, *a.* shoottŭmāy, teer, சுத்தமாய், நிர
Entitle, *v.* pŭttŭm kŭttookiradoo, பட்டங்கட்டுகிறது
Entomb, *v.* shŭvacheymŭm pŭnnookiradoo, சவச்சேமம்பண்ணுகிறது
Entrails, *s.* koodŭl, குடல்
Entrance, *v.* kŭleekăh sheykiradoo, களிக்கச்செய்கிறது
Entrance, *s.* vāyeel, vāsŭl, வாயில், வாசல்
Entrap, *v.* boneiley poodeekiradoo, போனிலேபிடிக்கிறது
Entreat, *v.* prātŭney pŭnnookiradoo, பிராத்தனைபண்ணுகிறது
Envelope, *v.* shooroottookiradoo, சுருட்டுகிறது
Envenom, *v.* nŭnjshoo podookiradoo, நஞ்சுப்போடுகிறது
Envious, *a.* porāmeyyānăh, பொறாமையான
Environ, *v.* shooroottookiradoo, சுருட்டுகிறது
Environs, *s.* shoottoopoorum, சுற்றுபுறம்
Enumerate, *v.* yenneepārkiradoo, எண்ணிப்பார்க்கிறது
Envoy, *s.* toodŭn, tānăbŭdee, தூதன், தானுபதி
Envy, *s.* porāmay, yeyreechŭl, பொறாமை, யெரிச்சல்

Epicure, *s.* shāppādoo peereeyŭn, சாப்பாடுபிரியன்

Epidemic, *s.* peyroovāreenoy, or novoo, பெருவாரிநோய்

Epilepsy, *s.* kākāyvŭlee, காக்காய்வலி

Episode, *s.* eedeykŭdey, இடைக்கதை

Epistle, *s.* chittoo, kāyeedum, சீட்டு,காயிதம்

Epistolary, *a.* chittoopongkānăh, சீட்டுபோங்கான

Epitaph, *s.* kŭlveyttoo njāpăgŭm, கல்வெட்டுஞாபகம்

Epithet, *s.* kooreepoo peyr, குறிப்புபெயர்

Epitome, *s.* ŭdăkŭm, அடக்கம்

Epoch, *s.* ŭchoo, அச்சு

Equal, *a.* shŭmānŭmānăh, சமானமான

Equally, *a.* shŭmānŭmāy, சமானமாய்

Equanimity, *s.* shŭmādānŭm, சமாதானம்

Equestrian, *a.* koodeereypŭreedshēyoollah, குதிரைபரிட்சையுள்ள

Equidistant, *a.* shāreedoorŭmānăh, சரிதூரமான

Equilateral, *a.* ottăpŭngŭmoollăh, ஒத்தப்பங்குமுள்ள

Equilibrium, *s.* shŭmă neerāy, சமநிறை

Equinox, *s.* shŭmărāteerŭm, சமராத்திரம்

Equip, *v.* kolŭmkŭttookiradoo, கோலங்கட்டுகிறது

Equipage, *s.* kolŭm, oodoopoo, கோலம் ,உடுப்பு

Equity, *s.* needee, durmum, நீதி, தருமம்

Equivalent, *s.* bŭddil, yoodoo, shŭmŭm, பதில், ஈடு, சமம்

Equivocal, *a.* rutteyānăh, இரட்டையான

Equivocate, *v.* poorŭttookiradoo, புரட்டுகிறது

Era, *s.* kālŭm, yookhŭm, காலம், யுகம்

Eradicate, *v.* veyrodoo ăgheekiradoo, வேரோடபிக்கிறது

Erase, *v.* shorŭndeepodookiradoo, teykiradoo, சொரண்டிபோடுகிறது, தேய்க்கிறது

Ere, *a.* minnŭmey, முன்னமே

Erelong, *a.* seekeerŭmāy, konjsha neyrŭttilley, சீக்கிரமாய், கொஞ்சநேரத்திலே

Erect, *a.* nimmeercheeyānăh, நிமிர்ச்சியான

Erect, *v.* yettookiradoo, kŭttookiradoo, எத்துகிறது, கட்டுகிறது

Err, *v.* tŭvărookiradoo, tŭppookiradoo, தவறுகிறது, தப்புகிறது

Errand, *s.* kāreeyŭm, sheydee, காரியம், சேதி

Errata, *s.* yeÿroottoopŭrheygŭl, எழுத்துப்பிழைகள்

Erroneous, *a.* tŭppānăh, pŭrheyānăh, தப்பான, பிழையான

Error, *s.* tŭppoo, pŭrhey, mosŭm moshŭm, tŭppeedŭm, தப்பு பிழை மோசம் தப்பிதம்

Erudition, *s.* kŭlvee, areevoo, கல்வி, அறிவு

Eruption, *s.* seerŭngkoo, koppălŭm, சிரங்கு கொப்பளம்

Escape, *v.* tŭppookiradoo, தப்புகிறது

Escort, *s.* vŭleetooney, வழித்துணை

Escort, *v.* tooneypokookiradoo, துணைபோகுகிறது

Esculent, *a.* shāppidătukkăh, சாப்பிடத்தக்க

Especial, *a.* moogeeyŭmānăh, முகியமான
Especially, *a.* moogeeyŭmāy, முக்கியமாய்
Espouse, *v.* kuleeyānŭm neymeekiradoo, கலியாணம்நேமிக்கிறது
Espy, *v.* kŭndoopoodeekiradoo, கண்டுபிடிக்கிறது
Essence, *s.* shārŭm, vāsŭney, சாரம் வாசனை
Essential, *a.* teyveyānăh, vehndeeyăh, தேவையான, வேண்டிய
Establish, *v.* deedapŭdookiradoo, yeyrpŭdoottookiradoo, திடப்படுத்துகிறது, ஏர்ப்படுத்துகிறது
Establishment, *s.* deettŭm, yeyrpādoo, திட்டம், யேர்ப்பாடு
Estate, *s.* nellŭm, ādănŭm, நிலம், ஆதனம்
Esteem, *v.* gŭnŭmpŭnnookiradoo, mŭdeekiradoo, கனம்பண்ணுகிறது, மதிக்கிறது
Estimate, *s.* mŭdeepoo, மதிப்பு
Estrange, *v.* ăuneeyăveerodŭmpŭnnookiradoo, அன்னியவிரோதம்பண்ணுகிறது
Estuary, *s.* kŭdŭlvāykāl, கடல்வாய்க்கால்
Etching, *s.* shitteerăpŭdŭm, சித்திரப்படம்
Eternal, *a.* neetteeyăh, நித்திய
Eternally, *a.* neeteeyŭmāy, நித்தியமாய்
Eternity, *s.* neeteeyŭm, நித்தியம்
Etymology, *s.* sholleedeekārŭm, சொல்லதிகாரம்
Evacuate, (bowels,) *v.* beydee ākookirădoo, பேதியாக்குகிறது
Evacuate, *v.* vittoopokiradoo, விட்டுபோகிறது
Evacuation, *s.* vittoopokhŭl, விட்டுப்போகல்
Evade, *v.* tŭveerkiradoo, தவிர்கிறது
Evanescent, *a.* ărheendoopokiră, அழிந்துபோகிற
Evangelical, *a.* shoovăsheysŭteel ădŭngkeeyăh, சுவிசேஷத்திலடங்கிய
Evaporate, *v.* āveeyākookiradoo, ஆவியாக்குகிறது
Evasion, *s.* nŭrhoovŭl, நழுவல்
Evasive, *a.* nŭrhoovookiră, நழுவுகிற
Even, *a.* shŭmānŭmoollăh, சமானமுள்ள
Even, *ad.* oom, koodăh, உம், கூட, முதலாய்
Evening, *s.* sāyŭngkālŭm, சாய்ங்காலம்
Evennow, *ad.* ippokoodăh, இப்பக்கூட
Event, *s.* sheydee, kāreeyŭm, சேதி, காரியம்
Ever, *ad.* yeyppodoom, யெப்போதும்
Evergreen, *s.* pŭchă sheydee, பச்சைசெடி
Everlasting, *a.* yeyppodŭmoollăh, யெப்போதுமுள்ள
Evermore, *a.* yenneyrŭmoom, என்னேரமும்
Every, *a.* ovvoroo, yeyvvŭrkŭloom, ஒவ்வொரு, எவர்களும்
Everyday, *a.* yeyndănāloom, nāldoroom, எந்தநாளும், நாள்தோறும்
Everywhere, *a.* yeyngăyoom, எங்கயும்
Evidence, *s.* shātshee, சாட்சி

Evident, *a*. veyleeyānăh, வெளியான
Evil, *s*. ŭbāyŭm, அபாயம்
Evildoer, *s*. pōllāngŭn, பொல்லாங்கன்
Evilminded, *a*. kodeeyă mŭnŭmānăh, கொடியமனமான
Evince, *v*. roobeekiradoo, உருபிக்கிறது
Eulogium, *s*. vŭndŭnŭm, வந்தனம்
Eunuch, *s*. ānmāy illādăvŭn, koja, ஆண்மையில்லாதவன், கோசா
Evolution, *s*. oorpŭttee, உற்பத்தி
European, *a*. sheemey, சீமை
Ewe, *s*. pennādoo, பெண்ணாடு
Exacerbation, *s*. kobŭm, kobamoottookay, கோபம்
Exact, *v*. neyrookookiradoo, நெருக்குகிறது
Exact, *a*. shareeyānăh, சரியான
Exaggerate, *v*. oonmeykee michumay shollookiradoo, உண்மைக்குமிச்சமாய் சொல்லுகிறது
Exalt, *v*. ooshŭttookiradoo, உசத்துகிறது
Examination, *s*. sjoduney, pŭreedshāy, சோதினைபரீட்சை
Examine, *v*. sjodeekiradoo, சோதிக்கிறது
Examiner, *s*. sjodŭneykārŭn, சோதினைக்காரன்
Example, *s*. mādeeree, மாதிரி
Exasperate, *v*. kobŭmoottookiradoo, கோபமூட்டுகிறதுஎரிச்சலாக்குகிறது
Excavate, *v*. tondookiradoo, தோண்டுகிறது
Exceed, *v*. ădeegă pŭdootookiradoo, அதிகப்படுத்துகிறது
Exceeding, *a*. ădeegŭmāy, அதிகமாய்
Excellence, *s*. sirreystŭm, சிரேஷ்டம்
Excellent, *a*. sirreystŭmānăh, சிரேஷ்டமான
Except, *v*. yeydeertoo peyshookiradoo, எதிர்த்துப்பேசுகிறது
Except, *p*. tŭveerăh, தவிர
Exception, *s*. tŭlloopŭdee, தள்ளுபடி
Excess, *s*. ădeegŭm, அதிகம்
Excessive, *a*. ădeegŭmānăh, அதிகமான
Excessively, *a*. ădeegŭmāy, அதிகமாய்
Exchange, *s*. bŭdil, பதில்
Excise, *s*. teervai, தீர்வை
Excite, *v*. yeyrhoopookiradoo, toondookiradoo, எழுப்புகிறது, தூண்டுகிறது
Exclaim, *v*. koopeedookiradoo, கூப்பிடுகிறது
Exclamation, *s*. koopeedoo, கூப்பிடு
Exclude, *v*. neekookiradoo, நீக்குகிறது
Exclusive, *a*. teermānŭmānăh, தீர்மானமான
Exclusively, *a*. teermānŭmay, தீர்மானமாய
Excoriate, *v*. ooreekiradoo, உரிக்கிறது
Excrement, *s*. vŭllŭm, yeyroo, nŭrăkul, வலம், எரு, நரகல்
Excrescence, *s*. poodŭrchee, புடார்ச்சி
Excruciating, *a*. rombo vŭrootumānăh, ரொம்பவருத்தமான
Exculpate, *v*. koottŭm teerkiradoo, குற்றந்தீர்க்கிறது

Excursion, *s.* sŭvāree, nŭdey, சவாரி, நடை
Excusable, *a.* mŭnneekătukăh, மன்னிக்கத்தக்க
Excuse, *v.* mŭnneekiradoo, மன்னிக்கிறது
Excuse, *s.* sākkoo, சாக்கு
Execrable, *a.* pŭgaikăpŭdatŭkkăh, புகைக்கப்படத்தக்க
Execrate, *v.* dittookiradoo, ooroodee sheykiradoo, திட்டுகிறது, உறுதிசெய்கிறது
Execration, *s.* dittoo, திட்டு
Execution, *s.* koley, கொலை
Executioner, *s.* koleysheykirăvŭn, கொலைசெய்கிறவன்
Executor, *s.* mŭrŭnăshādŭnăpālăkŭn, மரணசாதனபாலகன்
Executrix, *s.* mŭrŭnăshādŭnăkāree, மரணசாதனகாரி
Exemplary, *a.* neyrānăh, நேரான
Exemplify, *v.* preedee yeyroodookiradoo, பிரதியெழுதுகிறது
Exempt, *a.* nikkŭlānăh, நீக்கலான
Exercise, *s.* ŭbeeyāshŭm, pŭrhăkŭm, அப்பியாசம், பழக்கம்
Exercise, *v.* ŭbeeyāshŭm pŭnnookiradoo, அப்பியாசம்பண்ணுகிறது
Exert, *v.* mooyŭrcheepunnookiradoo, முயற்சிபண்ணுகிறது
Exertion, *s.* mooyŭrchee, worasākŭm, முயற்சி. உற்சாகம்
Exhale, *v.* shoovāshŭm voodookiradoo, சுவாசம்விடுகிறது
Exhausted, (to be,) *v.* worgheendirookiradoo, ஒழிந்திருக்கிறது
Exhibit, *v.* teyreeyă kāttookiradoo, தெரியக்காட்டுகிறது
Exhilarate, *v.* shŭndoshă pŭdootookiradoo, சந்தோஷப்படுத்துகிறது
Exhort, *v.* boottee shollookiradoo, புத்திசொல்லுகிறது
Exigency, *s.* ăvăsŭrŭm, அவசரம்
Exile, *s.* pŭrădeyshee, பரதேசி
Exist, *v.* irookiradoo, oondākiradoo, இருக்கிறது உண்டாகிறது
Existence, *s.* jeevun, oonmey, ஜீவன், உண்மை
Exit, *s.* poorapādoo, pokkoo, புறப்பாடு, போக்கு
Exonerate, *v.* koottŭm vellăkookiradoo, குற்றம்விலக்குகிறது
Exorbitantly, *a.* miggoondah, மிகுந்த
Exorbitant, *a.* miggoodeeyānăh, மிகுதியான
Exorcise, *v.* peyāy doorŭttookiradoo, பேயைத்துரத்துகிறது
Exotic, *a.* pŭrădeyshŭteeloollăh, பரதேசத்திலுள்ள
Expand, *v.* ŭgălă sheykiradoo, அகலச்செய்கிறது
Expanse, *s.* visstārŭm, விஸ்தாரம்
Expatiate, *v.* vistŭreetoo shollookiradoo, விஸ்தரித்துசொல்லுகிறது
Expect, *v.* yeydeer pārkirădoo, எதிர்பார்க்கிறது
Expectation, *s.* yeydeerpārkai, எதிர்பார்க்கை
Expectoration, *s.* shŭleekă kookāy, சளிகக்குகை
Expedient, *s.* oobāyŭm, உபாயம்
Expedient, *a.* tŭgoodeeyānăh, tirŭmānăh, yokeeyŭmānăh தகுதியான, திரமான, யோக்கியமான

Expedite, *v.* jŭldee pŭnnăveekirădoo, சலுதிபண்ணவிக்கிறது

Expedition, *s.* jŭldee, seekirrŭm, சலுதி சீக்கிரம்

Expeditious, *a.* seekirrŭmānăh, சீக்கிரமான

Expel, *v.* torŭttookiradoo, துரத்துகிறது

Expend, *v.* sheylăvoo pŭnnookiradoo, செலவுபண்ணுகிறது

Expense, *s.* sheylăvoo, செலவு

Experience, *s.* ŭbeeyāsŭm, pŭrbăkŭm, அப்பியாசம், பழக்கம்

Experiment, *s.* sodŭney, சோதனை

Expert, *a.* sŭmŭrtānăh, gurteyānăh, சமர்த்தான கெட்டியான

Expiate, *v.* teertoopodookiradoo, தீர்த்துப்போடுகிறது

Expiation, *s.* pāvŭneevŭrtee, பாவநிவிர்த்தி

Expire, *v.* jheevŭney voodookiradoo, சீவனைவிடுகிறது, சீவனைவிடுகை

Expiration, *s.* teerpoo, moodeevoo, தீர்ப்பு, முடிவு

Explain, *v.* shollee kāttookiradoo, virreetoo shollookiradoo, சொல்லிக்காட்டுகிறது, விரித்துச்சொல்லுகிறது

Explanation, *s.* virreettooshol, விரித்துசொல்

Explicit, *a.* dittŭmānăh, திட்டமான

Explicitly, *a.* dittŭmāy, திட்டமாய்

Explode, *v.* veydeekiradoo, veydee shoodookiradoo, வெடிசுடுகிறது, வெடிக்கிறது

Explosion, *s.* veydeepoo, வெடிப்பு

Exploit, *s.* ānpŭrākrŭmŭm, ஆண்பராக்கிரமம்

Explore, *v.* ŭlăvoodookiradoo, அளவிடுகிறது

Explosion, *s.* ŭdeervŭdee, அதிர்வெடி

Export, *s.* oolloorsŭrakoo, உள்ளூர்ச்சரக்கு

Export, *v.* yettookiradoo, ஏற்றுகிறது

Expose, *v.* kāttookiradoo, காட்டுகிறது

Exposition, *s.* prŭsŭngŭm, பிரசங்கம்

Expositor, *s.* prŭsŭngkăkārŭn, பிரசங்கக்காரன்

Expostulate, *v.* neeyāyŭm shoollookiradoo, நியாயஞ்சொல்லுகிறது

Exposure, (to make,) *v.* ăreeveekiradoo, அறிவிக்கிறது

Expound, *v.* ŭrŭttŭm shollookiradoo, அர்த்தஞ்சொல்லுகிறது

Express, *s.* seekirrŭteel pokhoomtoodŭn, சீக்கிறத்திற்போகும்தூதன்

Express, *a.* dittŭmānăh, teermānŭmoollah, திட்டமான, தீர்மானமுள்ள

Express, *v.* pirrheekiradoo, பிழிகிறது

Expression, *s.* peychoo, vākoo, பேச்சு, வாக்கு

Expressive, *a.* teyleevāy kāttookiră, தெளிவாய்க்காட்டுகிற

Expressly, *a.* teyleevay, தெளிவாய்

Expulsion, *s.* tŭlloopoodee, தள்ளுபடி

Expunge, *v.* todāykiradoo, துடைக்கிறது

Exquisite, *a.* roosheeyānăh, உருசியான

Extempore, *a.* yoshŭney illāmŭl, யோசனையில்லாமல்

Extend, *a*. ŭgălookiradoo, neelookiradoo, அகலுகிறது, நீளுகிறது

Extensive, *a*. yeddŭmpādānăh, இடம்பாடான

Extent, *s*. yelley, எல்லை

Extenuate, *v*. koottŭm koreykiradoo, குற்றங்குறைக்கிறது

Exterior, *s*. veyleepŭrŭm, வெளிப்புறம்

Exterminate, *v*. nāshăpŭdookiradoo, நாசப்படுகிறது

External, *a*. veylŭpeerŭmānăh, வெளிப்புறமான

Extinct, to become, *v*. ăveendoopokiradoo, அவிந்துபோகிறது

Extinguish, *v*. ăveechoo podookiradoo, அவிச்சுபோடுகிறது

Extinguishable, *a*. ăveekăkoodeeyăh, அவிக்கக்கூடிய

Extirpate, *v*. nāsŭm pŭnnookiradoo, நாசம்பண்ணுகிறது

Extol, *v*. pookŭrhookiradoo, புகழுகிறது

Extort, *v*. poodeengeekiradoo, பிடுங்குகிறது

Extract, *v*. yeydookiradoo, எடுக்கிறது

Extract, *s*. yeydookăpŭttădoo, எடுக்கப்பட்டது

Extraction, *s*. yeydootŭl, எடுத்தல

Extraneous, *a*. yeydilānăh, எதிலான

Extraordinary, *a*. vinndeyānăh, விநதையான

Extravagant, *a*. oodāreetŭnŭmānăh, ஊதாரித்தனமான

Extreme, *a*. kŭdayānăh, கடையான

Extremely, *a*. miggăvoom, meechŭmay, மிகவும், மிச்சமாய்

Extremity, *s*. kŭdāy, கடை

Extricate, *v*. tŭppeeveekiradoo, தப்புவிக்கிறது

Exuberance, *s*. korhoopoo, sheyrheepoo, கொழுப்பு, செழிப்பு

Exult, *v*. mŭgeerhkiradoo, மகிழுகிறது

Eye, *s*. kŭn, கண்

Eyeball, *s*. kŭnmŭnee, கண்மணி

Eyebrow, *s*. pooroovŭm, புருவம்

Eyelash, *s*. kŭneemey, கணணிமை

Eyelid, *s*. kŭnmŭdŭl, கண்மடல்

Eyetooth, *s*. kŭdeyvāy pŭl, கடைவாய்ப்பல்

Eyewitness, *s*. kŭn kŭndă shātshee, கண்கணடசாட்சி

F

Fable, *s*. poykŭdey, பொய்க்கதை

Fabric, *s*. kŭttoovelley, கட்டுவேலை

Fabulous, *a*. poyānăh, kŭttookŭdeyānăh, பொய்யான, கட்டுக்கதையான

Face, *s*. mooghŭm, முகம்

Face, *v*. yeydeerkiradoo, எதிர்க்கிறது

Facetious, *a*. gayleeyānăh, கேலியான

Facilitate, *v*. lŭghoovākookiradoo, இலகுவாக்குகிறது

Facility, *s*. lŭghoo, இலகு

Facing, *s*. teerŭttoondoo, திரத்துணடு

Fact, *s*. meymey, sheydee, மெய்மை, செய்தி

Faction, *s*. kŭlăkhum, கலகம்

Factious, *a.* kŭlăkhumānăh, கலகமான
Factotum, *s.* sŭmŭstăpŭkhŭn, சமஸ்தபாகன
Faculty, *s.* sāmŭrteeyŭm, சாமர்த்தியம்
Fade, *v.* neerum koraykiradoo, kăykiradoo, நிறங்குறைகிறது, காய்கிறது
Fagot, *s.* virrăgooshooleekŭttoo, விறகுசுள்ளிக்கட்டு
Fail, *v.* tŭppookiradoo, தப்புகிறது
Failure, *s.* tŭppoo, தப்பு
Fain, *a.* shŭndoshŭmānăh, சந்தோஷமான
Faint, *v.* āyyāsŭmākiradoo, ஆயாசமாகிறது
Faint, *a.* āyyāsŭmānăh, ஆயாசமான
Fair, *s.* shŭvŭnduree, சவுந்திரி அழகி
Fair, *a.* ărghăkhoollăh, அழகுள்ள
Fair, (correct,) *a.* neeyāyŭmāy, நியாயமாய்
Fairy, *s.* măyŭkkookiravŭl, மயக்குகிறவள்
Faith, *s.* nŭmbeekay, veesoovāsŭm, நம்பிக்கை, விசுவாசம்
Faithful, *a.* veesoovāsŭmoollăh, விசுவாசமுள்ள
Faithlessness, *s.* ăveesoovāsŭm, அவிசுவாசம்
Fall, *v.* voorghookiradoo, விழுகிறது
Fallacious, *a.* poykolŭmoollăh, பொய்க்கோலமுள்ள
Fallacy, *s.* poy, பொய்
Fallible, *a.* poykăkoodeeyăh, பொய்க்கக்கூடிய
Fallow, *a.* pāyeerillādă, பயிரில்லாத
False, *a.* poyyānăh, பொய்யான
Falsehood, *s.* poy, பொய்
Falsity, *s.* poymāy, பொய்மை
Falsify, *v.* poykă pŭnnookiradoo, பொய்க்கப்பண்ணுகிறது
Falter, *v.* tikkeedeekee peyshookiradoo, திக்கித்திக்கிப்பேசுகிறது
Fame, *s.* keertee, கீர்த்தி
Familiar, *s.* oottă sheeneykeetŭn, உற்றசினேகிதன்
Familiar, *a.* oottăsheeneykeetŭmānăh, உற்றசினேகிதமான
Familiarity, *s.* shŭgăvāshŭm, savookāshum, சகவாசம், சாவுகாசம்
Family, *s.* sŭmoosārŭm, சமுசாரம்
Famine, *s.* pŭnjshŭm, பஞ்சம்
Famish, *v.* pŭtteenee kŭrdookiradoo, பட்டினிகிடக்கிறது
Famous, *a.* keerteeyānăh, கீறத்தியான
Fan, *s.* visseeree, விசிறி
Fan, *v.* vissoorookiradoo, விசுருகிறது
Fanatic, *s.* mŭrŭlpoodeetah, மருள்பிடித்த
Fancy, *s.* ninneypoo, நினைப்பு
Fang, *s.* sheengăpŭl, சிங்கப்பல்
Fantastic, *a.* veen yennŭmoollah, வீணெண்ணமுள்ள
Far, *a.* doorŭmānăh, தூரமான
Farce, *s.* nādăkŭm, koottoo, நாடகம் கூத்து
Fare, *s.* pirrăyānă poshŭnŭm, பிரயாணப்போசனம்
Fare, *v.* pirrăyānă boshŭnŭm sheykiradoo, பிரயாணபோசனஞ்செய்கிறது
Farewell, *s.* vŭrgheevoodŭl, வழிவிடல்

Farm, *s.* vellānmay, வெள்ளாண்மை
Farmer, *s.* vellŭnmāykārŭn, வெள்ளாண்மைகாறன்
Farrier, *s.* lādŭmkuttookiravŭn, lādŭkārŭn, இலாடம்கட்டுகிறவன்
Farther, *a.* apoorŭm, innŭmdoorum, அப்புறம், இன்னந்தூரம்
Fascinate, *v.* mokeepeekiradoo, மோகிப்பிக்கிறது
Fashion, *s.* mādeeree, மாதிரி
Fast, *v.* osŭndee sheykiradoo, ஒருசந்திசெய்கிறது
Fast, *a.* seekirrŭmānăh, சீக்கிறமான
Fasten, *a.* ădaykiradoo, kŭttookiradoo, அடைக்கிறது, கட்டுகிறது
Fastidious, *a.* veyroopānăh, வெறுப்பான
Fat, *a.* korhoottăh, கொழுத்த
Fat, *s.* korhoopoo, கொழுப்பு
Fatal, *a.* mŭrŭnŭttookoo yedoovānăh, மரணத்துக்கேதுவான
Fate, *s.* mŭrŭnŭm, மரணம
Father, *s.* tŭkhăpŭn, ăppŭn, தகப்பன், அப்பன்
Fatherinlaw, *s.* māmŭn, māmŭnăr, மாமன், மாமனார்
Fatherless, *a.* tŭkhăpŭnillādăh, தகப்பனில்லாத
Fathom, *v.* ālŭmpārkiradoo, ஆழம்பார்க்கிறது
Fathomless, *a.* alŭkăpŭdăkoodādăh, அளக்கப்படகூடாத
Fatigue, *s.* yellapoo, எளப்பு
Fatigued, (to be,) *v.* yellăpāyirookiradoo, எளப்பாயிருக்கிறது, அலேக்கழிகிறது
Fatten, *v.* korghoopeekiradoo, korghookăhvaikiradoo கொழுப்பிக்கிறது, கொழுக்கவைக்கிறது
Fault, *s.* koottŭm, tŭppoo, குற்றம், தப்பு
Faultless, *a.* koottŭmillādăh, குற்றமில்லாத
Faulty, *a.* koottŭmoollŭh, குற்றமுள்ள
Favour, *s.* dāyŭvoo, தயவு
Favourable, *a.* dāyŭvānăh, தயவான
Favourite, *a.* peereeyŭmānăh, isstŭmānăh, பிரியமான, இஷ்டமான
Fawn, *s.* mānkoottee, மான்குட்டி
Fealty, *s.* rashāvookŭmaivoo, இராசாவுக்கமைவு
Fear, *s.* bayŭm, பயம
Fearful, *a.* bayăpādoollăh, பயப்பாடுள்ள
Fearless, *a.* bayŭmillādăh, பயமில்லாத
Feasible, *a.* sheyyă koodeeyăh, செய்யக்கூடிய
Feat, *s.* prākirrŭmŭm, பராக்கிரமம்
Feast, *s.* virroondoo, விருந்து
Feather, *s.* eerăkhoo, இறகு
Feature, *s.* sāyŭl, rooboo, roobum, சாயல், ரூபு
February, *s.* māshee mādŭm, மாசிமாதம்
Fecundity, *s.* kodookoomtŭnmey, கொடுக்குந்தன்மை
Fee, *s.* veygoomŭdee, வெகுமதி
Feeble, *a.* bŭlăveenŭmoollăh, பலவீனமுள்ள
Feed, *v.* shāppādoo koodookiradoo, yeyreykodookiradoo, சாப்பாடுகொடுக்கிறது, இரைகொடுக்கிறது
Feel, *v.* tottooparkiradoo, தொட்டுபார்க்கிறது

Feeling, *s.* areevoo, அறிவு
Feign, *v.* obbāshārŭmpŭnnookiradoo, ஒப்பாசாரம்பண்ணுகிறது
Feignedly, *a.* poyāy, oppookoo, பொய்யாய், ஒப்புக்கு
Feint, *s.* pŭreekāsŭm, பரிகாசம்
Felicity, *s.* innbŭm, இன்பம்
Feline, *a.* pooneekooreeyăh, பூனைக்குரிய
Fell, *v.* veerhkiradoo, வீழ்கிறது
Fellow, *s.* koottālee, கூட்டாளி
Fellowhelper, *s.* koottāleeshŭgāyŭn, கூட்டாளிசகாயன்
Fellowservant, *s.* koottālee, veyleykārŭn, கூட்டாளிவேலைக்காரன்
Fellowsufferer, *s.* oodŭnottănoyālee, உடனொத்தநோயாளி
Fellowship, *s.* wodŭndey, உடந்தை
Felon, *s.* koottăvālee, குற்றவாளி
Felt, *s.* tōlpāy, தோல்பாய்
Female, *s.* peyn, பெண்
Feminine, *a.* peynkŭlookŭdootăh, பெண்களுக்கடுத்த
Femoral, *a.* todayeeloollăh, தொடையிலுள்ள
Fence, *v.* silŭmbŭmpŭnnookiradoo, சிலம்பம்பண்ணுகிறது
Ferment, *v.* poongookiradoo, noraykiradoo, பொங்குகிறது, நுரைக்கிறது
Fermentation, *s.* poongŭl, kodee, பொங்கல், கொதி
Ferocious, *a.* doottŭmānăh, dooshdădinŭmānah, துட்டமான, துட்டதினமான
Ferocity, *s.* doottŭm, dooshdŭm, துட்டம், துஷ்டம்
Ferrule, *s.* poon, பூண்
Ferry, *s.* toorāy, toney, துறை, தோணி
Ferryman, *s.* toneykārŭn, தோணிக்காரன்
Ferryboat, *s.* toney, wodŭm, தோணி, ஓடம்
Fertile, *a.* sheyreepoollăh, செழிப்புள்ள
Fertility, *s.* sheyrghoomay, செழுமை
Fervent, *a.* ookeerŭmānăh, உக்கிரமான
Fervor, *s.* shoodoo, anŭl, சூடு அனல்
Fester, *v.* sheekŭttookiradoo, சிக்கட்டுகிறது
Festival, *s.* pŭndăkāy, tirŭnāl, திருநாள், பண்டிகை
Festivity, *s.* ādŭmpŭrŭm, ஆடம்பரம்
Fetch, *v.* yeydootookondoovŭrookiradoo, எடுத்துக்கொண்டுவருகிறது
Fetid, *a.* nāttŭmānăh, நாற்றமான
Fetter, *v.* penaykiradoo, பிணைக்கிறது
Fetters, *s.* penayvoo, பிணைவு
Feud, *s.* shŭndey, சண்டை
Fever, *s.* kāchŭl, காய்ச்சல்
Feverish, *a.* kāchŭlgoonŭmoollăh, காய்ச்சல்குணமுள்ள
Few, *a.* konjshăh, கொஞ்ச
Fib, *s.* poy, பொய்
Fibre, *s.* shimboo, சிம்பு.
Fibrous, *a.* shimbānăh, சிம்பான
Fickle, *a.* nilleyyŭttăh, நிலையற்ற
Fickleness, *s.* poorŭl ittŭnŭm, புரளித்தனம்
Fiction, *s.* kuttoopeychoo, கட்டுப்பேச்சு

Fictitiously, *a.* kuttookoottāy, கட்டுக்கூட்டாய்

Fiddle, *s.* veeney, tumbooroo, வீணை, தம்புரு

Fidelity, *s.* oonmey, nānăyŭm, உண்மை, நாணயம்

Fidget, *v.* ādookiradoo, ஆடுகிறது

Fie, *intj.* chee, cheechee, சீ, சீச்சீ

Field, *s.* văyŭl, வயல்

Fieldpiece, *s.* seeroobeeringkee, சிறுபீரங்கி

Fiend, *s.* doostădeyvŭdey, pŭshāshoo, துஷ்டதேவதை, பசாசு

Fierce, *a.* ăkhorŭmānăh, அகோரமான

Fiery, *a.* ănŭlānăh, அனலான

Fife, *s.* poollāngkoorhŭl, புல்லாங்குழல்

Fifer, *s.* koorhŭloodee, குழலூதி

Fifteen, *n.* pŭdeenŭnjshoo, பதினைந்து

Fifteenth, *n.* pŭdeenŭnjshām, பதினைந்தாம்

Fifth part, *n.* ŭnjshāvŭdoo pākhŭm, ஐந்தாவதுபாகம்

Fifth, *n.* aindāvŭdānăh, ஐந்தாவதான

Fifty, *n.* aimbŭdoo, ஐம்பது

Fig, *s.* ătteepŭrghŭm, அத்திப்பழம்

Fight, *s.* shŭndey, yoottŭm, சண்டை, யுத்தம்

Fighter, *s.* shŭndeykarŭn, சண்டைக்காரன்

Fight, *v.* shŭndey sheykiradoo, yoottŭm sheykiradoo, சண்டைசெய்கிறது

Figurative, *a.* pāvŭneyānăh, பாவனையான

Figure, (numbers,) *s.* vŭreekooreepoo, lŭkkŭm, வரிக்குறிப்பு, இலக்கம்

Figure, (form,) *s.* sāyŭl, roobum, சாயல், ரூபம்

Filch, *v.* ādāyŭm peedeekiradoo, ஆதாயம்பிடிக்கிறது

File, *s.* ărŭm, அரம்

File, *v.* rāvookiradoo, ராவுகிறது

Filial, *a.* poolleyădāyvānăh, பிள்ளையடைவான

Filings, *s.* ărăpoodee, அரபொடி

Fill, *v.* neereykiradoo, rŭppookiradoo, நிறைக்கிறது, ரப்புகிறது

Fillet, *s.* kŭchoo, nādā, கச்சு நாடா

Fillip, *v.* shoondookiradoo, சுண்டுகிறது

Filly, *s.* koodeerey kottee, குதிரைக்குட்டி

Film, (thread,) sŭvvoo, சவ்வு

Filter, *v.* vŭdeekiradoo, வடிக்கிறது

Filth, *s.* ărhookoo, mŭlŭm, அழுக்கு, மலம்

Filthy, *a.* ărhookānăh, அழுக்கான

Fin, *s.* meen seerăkoo, மீன்சிறகு

Final, *a.* dittumānăh, திட்டமான

Finally, *a.* dittŭmāy, திட்டமாய்

Finance, *s.* vŭroomānŭm, வருமானம்

Find, *v.* kŭndoopoodeekiradoo, kittookiradoo, கண்டுபிடிக்கிறது, கிட்டுகிறது

Fine, *s.* abŭradŭm, அபராதம்

Fine, *v.* abŭrādŭmpodookiradoo, அபராதம்போடுகிறது

Fineness, *s*. nŭnmey, நன்மை
Finger, *s*. virrŭl, விரல்
Finical, *a*. woyārumānăh, ஒய்யாரமான
Finingpot, *s*. shoottŭm pŭnneenă pāney, சுத்தம்பண்ணினபானை
Finish, *v*. moodeekiradoo, teerkiradoo, முடிக்கிறது, தீர்க்கிறது
Finite, *a*. teerpānăh, தீர்ப்பான
Fire, *s*. neyroopoo, tee, நெருப்பு, தீ
Fire, *v*. neyroopoo pŭttookiradoo, shoodookiradoo, நெருப்புப்பற்றுகிறது, சுடுகிறது
Firearms, *s*. toopākee, துப்பாக்கி
Firefly, *s*. minnām poochee, மின்னும்பூச்சு
Firelock, *s*. toopākee, துப்பாக்கி
Firewood, *s*. virrăgoo, veravoo, விறகு வெறவு
Fireworks, *s*. bānŭm, பாணம்
Firm, *a*. nilleyānăh, நிலையான
Firm, *s*. koottoo veeyāpāreekŭl, கூட்டுவியாபாரிகள்
Firmament, *s*. sjodee shăkŭrŭm, சோதிசக்கரம்
Firmness, *s*. ŭrhootŭm, அழுத்தம
First, *a*. moodŭlānăh, முதலான
Fish, *s*. meen, மீன்
Fisherman, *s*. meen poodeekiravŭn, shembŭdăvŭn, மீன்பிடிக்கிறவன், செமபடவன்
Fishhook, *s*. toondeel, தூண்டில்
Fist, *s*. moottee, முட்டி
Fistula, *s*. poorey, புரை
Fit, *a*. tŭgoodeeyānăh, தகுதியான, பரையான
Fit, *s*. jhŭnnee, சன்னி
Fit, *v*. shareepŭdoottookiradoo, சரிப்படுத்துகிறது
Five, *n*. aindoo, ŭnjshoo, ஐந்து, ஐஞ்சு
Fix, *v*. tăpeekiradoo, தாபிக்கிறது
Flabby, *a*. meyleendăh, மெலிந்த
Flag, *s*. kodee, bāutā, கொடி, பாவுட்டா
Flagitious, *a*. ăkrŭmŭmānăh, அக்கிறமமான
Flagrant, *a*. kodeeyăh, கொடிய
Flail, *s*. kŭdur tŭdee, கதிர்தடி
Flambeau, (with oil, bearer, &c. complete,) māssāl, மசால்
Flambeau, *s*. deevuttee, pŭndŭm, தீவட்டி, பந்தம
Flame, *v*. oleevākirădoo, ஒளிவாகிறது
Flame, *s*. olee, shoovāley, ஒளி சுவாலை
Flaming, *a*. oleevānăh, ஒளிவான
Flank, *s*. pŭkŭm, villā, பக்கம விலா
Flannel, *s*. kŭmbălee, கமபளி
Flap, *v*. ăseykiradoo, அசைகிறது
Flare, *v*. sŭleetoopokiradoo, சலித்துப்போகிறது
Flash, *v*. pŭleecheedookiradoo, பளிச்சிடுகிறது
Flashy, *a*. koosālānăh, குசாலான
Flask, *s*. kooppee, shŭtŭrăh boottee, குப்பி, சதரபுட்டி
Flatly, *a*. tugădāy, தகடாய்
Flatten, *v*. pŭdŭrkiradoo, படர்கிறது
Flat, *a*. tugădānăh, தகடான

Flatter, *v.* poogŭrhookiradoo, புகழுகிறது

Flattery, *s.* titteepānŭh peychoo, தித்திப்பானபேச்சு

Flavour, *s.* rooshee, sārum, soovay, உருசி, சாரம், சுவை வாசனை

Flaw, *s.* veydeepoo, வெடிப்பு

Flax, *s.* shŭnŭl, சணல்

Flay, *v.* ooreekiradoo, ooreechee podookiradoo, உரிக்கிறது

Flea, *s.* telloo poochee, தெள்ளு பூச்சி

Fledged, (to be,) *v.* sirăkhoo molaykiradoo, சிறகுமுளைக்கிறது

Flee, *v.* veereyvay odeepokiradoo, pŭrŭndoopoyedookiradoo, விரைவாயோடிப்போகுகிறது

Fleece, *s.* āttoo romŭm, āttoomāyeer, ஆட்டுரோமம், ஆட்டுமயிர்

Fleet, *a.* seekirrumānăh, சீக்கிரமான

Flesh, *s.* shŭdey, kuree, māmeeshŭm, சதை, கறி, மாமிஷம்

Flexible, *a.* vŭlāyătukkăh, வளையத்தக்க

Flexure, *s.* vŭleyvoo, வளைவு

Flight, *s.* wottŭm, ஓட்டம்

Flimsy, *a.* meyleemeyānăh, மெலிமையான

Flinch, *v.* eerghookiradoo, இழுக்கிறது

Fling, *v.* yeyreekiradoo, yeyreenjshee podookiradoo, எறிகிறது

Flint, *s.* neyroopoo kŭl, நெருப்புக்கல்

Flippant, *a.* shādooreeyŭmānăh, சாதுரியமான

Flit, *v.* pŭrŭkkiradoo, nilleyŭttirrookiradoo, பறக்கிறது நிலையற்றிருத்தல்

Float, *v.* middăkiradoo, மிதக்கிறது

Float, *s.* teyppŭm, தெப்பம்

Flock, *s.* koottŭm, கூட்டம்

Flog, *v.* ădeekiradoo, அடிக்கிறது

Flood, *s.* tanneerpeyrookŭm, தண்ணீர்பெருக்கம்

Floor, *s.* tŭrey, neelŭm, தளை நிலம்

Florid, *a.* sheevŭndăh, சிவந்த

Florist, *s.* poo totăkārŭn, poontottăkārŭn, பூந்தோட்டக்காரன்

Flounder, *v.* pāykiradoo, பாய்கிறது

Flour, *s.* māvoo, மாவு

Flourish, *v.* moleykiradoo, முளைக்கிறது

Flow, *v.* tanneer odookiradoo, pāykiradoo, தண்ணீரோடுகிறது, பாய்கிறது

Flower, *s.* poo, pooshpŭm, பூ, புட்பம்

Flowergarden, *s.* poon tottŭm, பூந்தோட்டம்

Flowerpot, *s.* poompāney, பூம்பானை

Flowery, *a.* poovoollăh, பூவுள்ள

Fluctuate, *v.* tŭlŭmbookiradoo, தளம்புகிறது

Fluctuation, *s.* tŭlŭmboo, தளம்பு

Fluency, *s.* pāychŭl, பாய்ச்சல்

Fluent, *s.* pāychŭlānăh, பாய்ச்சலான

Fluently, *a.* paychŭlāy, பாய்ச்சலாய்

Fluid, *s.* neer, neerālum, நீர், நீராளம்

Fluke, *s.* lŭngkŭr pŭl, லங்கர்பல்
Flummery, *s.* koorhŭmboo, குழம்பு
Flush, *v.* seevŭhkiradoo, சிவக்கிறது
Flute, *s.* poollāngkoorhŭl, புல்லாங்குழல்
Flutter, *v.* pŭdeypŭdeykiradoo, படைபடைக்கிறது
Flux, *s.* kŭrheechŭl, கழிச்சல்
Fly, *s.* ee, ஈ
Fly, *v.* pŭrŭkiradoo, பறக்கிறது
Foal, *s.* koodeerey koottee, குதிரைக்குட்டி
Foam, *s.* norey, poongkŭl, நுரை பொங்கல்
Fodder, *s.* vilŭngoonăvoo, yeyrey, விலங்குணவு எரை
Foe, *s.* pŭgaiyālee, yeydŭrālee, பகையாளி, எதிராளி
Fœtus, *s.* kŭroo, கரு
Fog, *s.* moodoopŭnee, மூடுபனி
Foible, *s.* tŭppeedum, தப்பிதம்
Foil, *v.* torpeekiradoo, தோர்ப்பிக்கிறது
Fold, *s.* mŭdeepoo, மடிப்பு
Fold, *v.* mŭdeekiradoo, மடிக்கிறது
Foliage, *s.* yeyley, tŭrhey, இலை, தழை
Folk, *s.* jenŭngkŭl, சனங்கள்
Follow, *v.* todŭrookiradoo, தொடருகிறது
Follower, *s.* todurookiravun, தொடருகிறவன்
Folly, *s.* pāyteeyŭm, mŭdeekurdoo, பையித்தியம், மதிகேடு
Foment, *v.* wottookiradoo, ஒற்றுகிறது
Fond, *a.* peereeyŭmānăh, பிரியமான
Fondle, *v.* peereyŭmkattookiradoo, பிரியங்காட்டுகிறது
Fondness, *s.* peereyŭm, பிரியம்
Food, *s.* shāppādoo, poshŭnŭm, சாப்பாடு, போசனம்
Fool, *s.* payteeyăkārŭn, பைத்தியகாரன்
Foolish, *a.* payteeyŭmānăh, பைத்தியமான
Foot, *s.* (measure,) ŭdee, அடி
Foot, *s.* kāl, கால்
Footing, *s.* nilley, pādŭm, நிலை பாதம்
Footpath, *s.* eedookoovŭlee, இடுக்குவழி
Footstep, *s.* kālmiddee, காலடி
Fop, *s.* pillookŭn, பிலுக்கன்
For, *p.* kākăh, காக
Forage, *s.* yeyrey, இரை
Forbear, *v.* porookiradoo, பொறுக்கிறது
Forbearance, *s.* poroomey, பொறுமை
Forbid, *v.* vĕlăkeekiradoo, விலக்குகிறது
Force, *v.* kŭttāyŭm punnookiradoo, கட்டாயம்பண்ணுகிறது
Forceps, *s.* eedookee, இடுக்கி
Forcible, *a.* kŭttāyŭmānăh, bŭlŭmānăh, கட்டாயமான, பெலமான
Forcibly, *a.* bŭlŭmāy, kŭttāyŭmāy, பெலமாய், கட்டாயமாய்
Ford, *v.* ārookŭdŭkiradoo, ஆறுகடக்கிறது
Fore, *a.* moon minn, முன்
Forebade, *v.* kooreekāttookiradoo, குறிகாட்டுகிறது
Forecast, *v.* moon yoseekiradoo முன்யோசிக்கிறது

Forefathers, *s.* moonorkhŭl, முன்னோர்கள்

Forego, *v.* anoopăveeyāmŭl voodookiradoo, அனுபவியாமல்விடுகிறது

Forehead, *s.* neyttee, நெற்றி

Foreign, *a.* ŭnneeyŭmānăh, அன்னியமான

Foreigner, *s.* ŭnneeyŭn, அன்னியன்

Foreknow, *v.* moon ăreekiradoo, முன்னறிகிறது

Foreknowledge, *s.* moonăreevoo, முன்னறிவு

Foremost, *a.* moondeenăh, முந்தின

Forenoon, *s.* moon neyrŭm, முன்னேரம்

Forepart, *s.* moorpŭkkhŭm, முற்பக்கம்

Forerunner, *s.* toodŭn, தூதன்

Forest, *s.* kādoo, sholey, vunum, காடு, வனம், சோலை

Forestall, *v.* moonney tŭdookiradoo, முன்னேதடுக்கிறது

Foretell, *v.* moonney shollookiradoo, முன்னேசொல்லுகிறது

For ever, *a.* yeppōdoom, எப்போதும்

Forewarn, *v.* shollee vaikiradoo, சொல்லிவைக்கிறது

Forfeit, *v.* abŭrādŭm kodookiradoo, அபராதம்கொடுக்கிறது

Foresee, *v.* moonă reekiradoo, முன்னறிகிறது

Forge, *s.* woley, உலை

Forgery, *s.* kŭttookoottoo, கட்டுக்கூட்டு

Forget, *v.* mŭrŭndoo pokiradoo, மறந்துப்போகிறது

Forgetfulness, *s.* mŭrukhŭmgoonŭm, மறக்கும்குணம்

Forgive, *v.* pirrheyporookiradoo, பிழைபொறுக்கிறது

Forgiveness, *s.* pirrheyporoopoo, பிழைபொறுப்பு

Fork, *s.* moolloo, முள்ளு

Forked, *a.* kŭvŭrkondăh, கவர்கொண்ட

Forlorn, *a.* ādŭrvŭttăh, ஆதரவற்ற

Form, *s.* roobŭm, ooroo, āghārŭm, உரு, ஆகாரம், ரூபம்

Form, *v.* ooroovākiradoo, kŭttookiradoo, உருவாக்கிறது, கட்டுகிறது

Formal, *a.* vŭrhŭkŭmānăh, āsārŭmoollăh, வழக்கமான, ஆசாரமுள்ள

Formation, *s.* villeyvoo, kuttoo, oondādŭl, விளைவு, கட்டு, உண்டாதல்

Former, *a.* moondeenăh, முந்தின

Formerly, *a.* moonney, முன்னே

Formidable, *a.* bayŭm kŭrŭmānăh, பயங்கரமான

Formula, *s.* shoosttirrum, சூத்திரம்

Forsake, *v.* kāy voodookiradoo, கைவிடுகிறது

Forswear, *v.* poyāney iddookiradoo, பொய்யாணையிடுகிறது

Fort, *s.* korttey, கோட்டை

Forth, *a.* moonney, veyleeyey, முன்னே, வெளியே

Forthwith, *a.* oodăney, உடனே

Fortification, *s.* korttey kŭttoodŭl, கோட்டைகட்டுதல்

Fortify, *v.* korttey kuttookiradoo, கோட்டைகட்டுகிறது

Fortitude, *s.* dāyreeyŭm, தயிரியம்

Fortnight, *s.* pŭdeenāloo nāl, irrŭndoo kŭhramey, பதினாலு நாள்

Fortress, *s.* korttey, கோட்டை
Fortuitous, *a.* tŭrsheyŭlānăh, தற்செயலான
Fortunate, *a.* ănoogoolŭmānăh, அனுகூலமான
Fortunately, *a.* ănoogoolŭmāy, அனுகூலமாய்
Fortune, *s.* adŭstŭm, bākkeeyum, அதிஷ்டம், பாக்கியம்
Fortuneteller, *s.* kooreeshollookiravun, குறிசொல்லுகிறவன்
Forward, *v.* moon ănoopookiradoo, முன்னனுப்புகிறது
Forward, *a.* moonbānăh, முன்பான
Foster, *v.* vŭlŭrkiradoo, வளர்க்கிறது
Fosterbrother, *s.* mŭnjshŭneershŭkotŭrŭn, மஞ்சனீர்ச்சகோதரன்
Fosterchild, *s.* mŭnjshŭneerpoolley, மஞ்சனீர்ப்பிள்ளை
Fostersister, *s.* mŭnjshŭneershŭkotŭree, மஞ்சனீர்ச்சகோதரி
Foul, *a.* ărghookoo, அழுக்கு
Found, *v.* ădeepodookiradoo, அடிப்போடுகிறது
Foundation, *s.* ăsteevārŭm, அஸ்திவாரம்
Founder, *s.* kŭnnān, கன்னான்
Founder, *v.* tārhookiradoo, தாழுகிறது
Fountain, *s.* neeroottoo, நீரூற்று
Four, *n.* nāloo, நாலு
Fourfold, *a.* nāloomŭdŭkkānăh, நாலுமடக்கான
Fourfooted, *a.* nālookālooIlăh, நாலுகாலுள்ள
Fourteen, *n.* pŭdinnāloo, பதினாலு
Fourteenth, *n.* pŭdinnālām, பதினாலாம்
Fourth, *n.* nālām, நாலாம்
Fowl, *s.* korghee, கோழி
Fowler, *s.* kooravun, koorooveepiddeekiravun, குறவன், குருவிபிடிக்கிறவன்
Fowlingpiece, *s.* toopākee, துப்பாக்கி
Fox, *s.* noorhaynŭree, நுழைநரி
Fraction, *s.* keerhvāykŭnŭkoo, கீழ்வாய்க்கணக்கு
Fracture, *s.* neyreevoo, நெரிவு
Fragile, *a.* norookŭlānăh, நொறுக்கலான
Fragment, *s.* toondoo, toondum, துண்டு, துண்டம்
Fragrance, *s.* vasŭney, teeteepoomŭnŭm, வாசனை, தித்திப்புமணம்
Fragrant, *a.* vāsuneyānăh, வாசனையான
Frail, *a.* tŭlŭrcheeyānăh, தளர்ச்சியான
Frailty, *s.* tŭlŭrchee, தளர்ச்சி
Frame, *s.* nelley, vāsukkal, shŭttŭm, நெலை, வாசல்கால், சட்டம்
Frangible, *a.* noroongătŭkkŭh, நொருங்கதக்க
Frank, *a.* kŭbŭduttăh, dārālŭmānăh, கபடற்ற, தாராளமான
Frankincense, *s.* sāmbrānee, சாம்பிராணி
Frankly, *a.* kŭbbădŭttŭdāy, dārālŭmāy, கபடற்றதாய், தாராளமாய்
Frankness, *s.* dārālŭm, தாராளம
Frantic, *a.* moorkŭmānăh, மூர்க்கமான
Fraternal, *a.* shŭkotŭrŭttey pōl, சகோதரத்தைபோல்
Fraternity, *s.* shŭkotŭrămoray, சகோதரமுறை

Fratricide, *s.* shŭkotŭrŭney kolvon, சகோதரனைகொல்வோன்

Fraud, *s.* kŭbădŭm, mosŭm, கபடம, மோசம

Fraudulent, *a.* kŭbădŭmoollăh, கபடமுள்ள

Fraught, *a.* shoomŭkira, சுமக்கிற

Fray, *s.* shŭndey, சண்டை

Freak, *s.* sheystey, சேஷ்டை

Freckle, *s.* kŭrookhŭl, கருகல்

Free, *a.* tŭnneesheyānăh, தனிச்சையான

Freebooter, *s.* kolleykārŭn, கொள்ளைக்காரன்

Freedom, *s.* voodootŭlley, விடுதலை

Freehold, *s.* kāneeboomee, காணிபூமி

Freely, *a.* dārālŭmāy, தாராளமாய

Freeze, *v.* woraynjsha pokiradoo, உறைஞ்சிபோகிறது

Freight, *s.* yeyttoo, ஏற்று

French, *a.* prānshoo, பிராஞ்சு

Frenzy, *s.* payteeyŭm, பைத்தியம

Frequent, *a.* adeekŭdeeyānăh, அடிக்கடியான

Frequent, *v.* poorhungookiradoo, புழங்குகிறது

Frequently, *a.* ădeekŭdee, அடிக்கடி

Fresh, *a.* poodoo, poodeeyāh, புது, புதிய

Freshen, *v.* kooleermēy akookiradoo, குளிர்மையாக்குகிறது

Fret, *v.* mŭna koorhapa pudookiradoo, மனக்குழப்பபடுகிறது

Friction, *s.* teyvoo, தேயவு

Friday, *s.* velleekŭrāmey, வெள்ளிக்கிழமை

Friend, *s.* shinneykeetŭn, சினேகிதன்

Friendless, *a.* oodŭveeyillādah, உதவியில்லாத

Friendly, *a.* shinneykeetŭmay, சினேகிதமாய

Friendship, *s.* shinneykeetum, சினேகிதம

Frigate, *s.* shŭndeykŭpŭl, pōrkūpul, சண்டைகப்பல், போர்கப்பல்

Fright, *s.* diggul, திகில்

Frighten, *v.* diggul punnookiradoo, திகில்பண்ணுகிறது

Frightful, *a.* digguloollăh, திகிலுள்ள

Frigid, *a.* kooleerndă, குளிர்ந்த

Fringe, *s.* ālŭngkārŭm, அலங்காரம

Frisk, *v.* toollookiradoo, துள்ளுகிறது

Fritter, *v.* toondeekiradoo, துண்டிக்கிறது

Frivolous, *a.* shōllpŭmānăh, சொல்ப்பமான

Frizzle, *v.* mayeerey shooroottookiradoo, மயிரைசுருட்டுகிறது

Frog, *s.* tŭvŭley, தவளை

Frolic, *s.* toolāttŭm, துள்ளாட்டம்

From, *pr.* eeroondoo, இருந்து

Front, *a.* yeddeer, யெதிர்

Frontier, *s.* deyshŭtteenyelley, தேசத்தினெல்லை

Frost, *s.* kŭndeypŭnee, கெண்டைபனி

Froth, *s.* norey, நுரை

Froward, *a.* veydooveydoopoollăh, வெடுவெடுப்புள்ள

Frown, *v.* mookhŭm konookiradoo, முகங்கோணுகிறது

Frozen, *a.* kooleerndăh, குளிர்ந்த

Fructiferous, *a.* purghumoollăh, பழமுள்ள
Fructify, *v.* pŭrghŭm kodookiradoo, பழமகொடுக்கிறது
Frugal, *a.* mŭttānăh, மட்டான
Frugality, *s.* mŭttoo, மட்டு
Fruit, *s.* pŭrghŭm, பழம்
Fruitful, *a.* pŭrghŭm kodookira, பழமகொடுக்கிற
Fruition, *s.* shoobŭlŭm, bokŭm, சுபலம, போகம
Fruitless, *a.* shŭlleettoopodookiră, சவித்துப்போகிற
Frustrate, *v.* tŭdai pŭnnookiradoo, தடைபண்ணுகிறது
Fry, *v.* poreekiradoo, பொரிக்கிறது
Fuel, *s.* virraghoo, shoolee, விறகு, சுள்ளி சுப்பி
Fugitive, *a.* arheevoollăh, அழிவுள்ள
Fulfil, *v.* nŭreyveyttookiradoo, நிறைவேற்றுகிறது
Fulfilment, *s.* nŭreyvettŭm, நிறைவேற்றம
Full, *a.* nirreyvānăh, roppoodŭlānăh, நிறைவான ரொப்புதலான
Fullmoon, *s.* poorŭnă chŭndeerŭn, பூரணசந்திரன்
Fully, *a.* nirrāyăh, நிறைய
Fulness, *s.* poorŭnŭm, பூரணம
Fume, *s.* poggeychul, புகைச்சல்
Fumigate, *v.* poggey kuttookiradoo, புகைகட்டுகிறது
Fun, *s.* gaylee, pŭreeyāsŭm, கேலி, பரியாசம
Function, *s.* ootteeyokŭm, உத்தியோகம
Fund, *s.* moodŭlpŭnŭm, முதற்பணம
Fundamental, *a.* asteevārŭmānăh, அஸ்திவாரமான
Funeral, *s.* irrheevoo, இழவு
Fungus, *s.* kālān, காளான்
Funnel, *s.* ponŭl, பொனல்
Funny, *a.* gayleeyānăh, கேலியான
Fur, *s.* melleeyă mayeer, மெல்லியமயிர்
Furbish, *v.* minnookookiradoo, மினுக்குகிறது
Furious, *a.* moorkŭmānăh, மூர்க்கமான
Furl, *v.* shoorookookiradoo, சுருக்குகிறது
Furlough, *s.* oottirravoo, உத்திரவு
Furnace, *s.* kookai, குகை
Furnish, *v.* dittŭmpunnookiradoo, திட்டம்பண்ணுகிறது
Furniture, *s.* voodoo sāmānŭm, வீட்டுசாமானம்
Furrow, *s.* oorhăvoo sāl, உழவுசால்
Further, *a.* abburŭm, doorŭm, அப்புறம், தூரம்
Furthest, *a.* adeegă doorŭmānăh, அதிகதூரமான
Fury, *s.* moorkŭm, மூர்க்கம்
Fuse, *v.* oorookookiradoo, உருக்குகிறது
Fusion, *s.* oorookookay, உருக்குகை
Fusible, *a.* oorookătŭkkă, உருக்கத்தக்க
Fuss, *s.* koorhăpŭm, குழப்பம்
Futile, *a.* pirrāyoshŭnŭmŭttăh, பிரயோசனமற்ற
Future, (in) *a.* inneemeyl, இனிமேல்
Futurity, *s.* pinnādee, பின்னடி
Fy, or Fie, cheechee, சீச்சீ

G

Gabble, *s.* pŭsăpŭsăpoo, பசப சப்பு
Gabbler, *s.* pŭsăpun, pŭsăpee, பசப்பி, பசப்பன்
Gable, *s.* mŭnjshoo, மஞ்சு
Gad, *v.* tirreekiradoo, திரிகிறது
Gag, *v.* vāy ădāykiradoo, வாயடைக்கிறது
Gage, *s.* ădăkoo, அடகு
Gaily, *a.* oollāsŭmāy, உல்லாசமாய்
Gain, *s.* lābŭm, இலாபம்
Gainsay, *v.* yeydeertoo peyshookiradoo, எதிர்த்துப்பேசுகிறது
Gait, *s.* nŭdey, நடை
Gale, *s.* veykămānă kāttoo, வேகமானகாற்று
Gall, *s.* peettŭm, பித்தம்
Gall, *v.* oorainsjookiradoo, உரைஞ்சுகிறது
Gallant, *a.* ālāngkārŭmoollah, kāmunoollah, அலங்காரமுள்ள, காமமுள்ள
Gallery, *s.* tŭttoo, pŭdee, tŭlŭm, தட்டு, படி, தளம்
Galling, *a.* areepoo, அரிப்பு
Gallnut, *s.* kŭdookay, கடுக்காய்
Gallop, *s.* nālookāl pāchŭl, நாலுகால்பாச்சல்
Gallows, *s.* tookkoo mŭrŭm, தூக்குமரம்
Gambler, *s.* shoodādee, சூதாடி
Gambol, *v.* toolloovŭleyādookiradoo, துள்ளுவிளையாடுகிறது
Game, (gamble,) *v.* shoodādookiradoo, சூதாடுகிறது
Gamester, *s.* shoodun, சூதன்
Gander, *s.* ān vattoo, ஆண்வாத்து
Gang, *s.* koottŭm, goomboo, கூட்டம், கும்பு
Gangrene, *s.* worayttăy yereechee, உரத்தையிரைச்சி
Gaol, *s.* kāvŭlkoodŭm, காவற்கூடம
Gap, *s.* pilăvoo, பிளவு
Gape, *v.* kottāvee voodookiradoo, கொட்டாவிவிடுகிறது
Garb, *s.* veyshŭm, வேஷம
Garden, *s.* tottŭm, தோட்டம
Gardener, *s.* tottăkarŭn, தோட்டக்காரன்
Gargle, *s.* adaishoo mŭrŭndoo, அடைசுமருந்து
Garland, *s.* poo māley, பூமாலை
Garlic, *s.* vellăh vengāyŭm, vellăhpoondoo, வெள்ளைவெங்காயம, வெள்ளைபூண்டு
Garment, *s.* oodoopoo, உடுப்பு
Garnish, *v.* ŭlŭngkŭreekiradoo, அலங்கரிக்கிறது
Garrison, *s.* korttey dāneeyŭm, கோட்டைதானையம
Garrulous, *a.* vāy ādookiră, வாயாடுகிற
Gash, *s.* vettoo, pilŭppoo, வெட்டு, பிளப்பு
Gasp, *v.* yeylāykiradoo, இளைக்கிறது
Gate, *s.* vāsŭl, vurghee, வாசல், வழி
Gateway, *s.* vāsulvŭrghee, வாசல்வழி
Gather, *v.* koottookiradoo, peyreekiradoo, கூட்டுகிறதுபெரிக்கிறது
Gaudy, *a.* veydeekāyānăh, வேடிக்கையான
Gauge, *v.* ŭlăvidookiradoo, அளவிடுகிறது
Gauze, *s.* sŭllā, சல்லா

Gay, *a.* veydeekaiyānăh, வேடிக்கையான
Gaze, *v.* kooreepākŭ pārkiradoo, குறிப்பாகப்பார்க்கிறது
Gazette, *s.* shŭmāshārăputteereekay, சமாச்சாரபத்திரிகை
Geld, *v.* virrey vangkookiradoo, விரைவாங்குகிறது
Gelding, *s.* virreyvāngăpŭttăkoodeeree, விரைவாங்கபட்ட குதிரை
Gem, *s.* rŭtteenŭm, இரத்தினம
Gender, *s.* jādee, சாதி
Genealogy, *s.* sundāna vurghee, சந்தானவழி
General, *a.* shādārŭnŭmānăh, சாதாரணமான
Generally, *a.* shādārŭnŭmāy, சாதாரணமாய்
Generate, *v.* pŭrapeekiradoo, sheyneepeekiradoo, ஜனிப்பிக்கிறது, பிறப்பிக்கிறது
Generation, *s.* pŭrappoo, பிறப்பு
Generosity, *s.* dārālŭm, தாராளம
Generous, *a.* dārālŭmoollăh, தாராளமுள்ள
Genial, *a.* vŭlŭrkira, வளர்க்கிற
Genius, *s.* kuroottoo, கருத்து
Genteel, *a.* sirrŭppānăh, சிறப்பான
Gentle, *a.* sāndŭmānăh, சாந்தமான
Gentleman, *s.* doorey, doorey-mŭkŭn, துரை, துரைமகன்
Gently, *a.* mŭllămŭllăh, மெள்ளமெள்ள
Gentry, *s.* dooreykŭl, whyrundăkoolŭm, துரைகள உயர்ந்தகுலம
Genuine, *a.* kŭlăpillădăh, கலப்பில்லாத
Genus, *s.* vŭkhāy, vŭkhay moodŭl, வகை, வகைமுதல
Geographer, *s.* bomeeshāstree, பூமிசாஸ்த்திரி
Geography, *s.* poogholshātteerum, பூகோளசாத்திரம
Geometrician, *s.* ŭlavooshatteeree, அளவுசாத்திரி
Geometry, *s.* ŭlăvooshātteerŭm, அளவுசாத்திரம
Germ, *s.* mooley, kuroo, மூலை, கரு
Gesture, *s.* sāyeekinney, சயிக்கினை
Get, *v.* shŭmbādeekiradoo, சம்பாதிக்கிறது
Ghastly, *a.* ŭvŭrroobŭmānăh, அவரூபமான
Ghost, *s.* āvee, ooyeer, ஆவி, உயிர்
Giant, *s.* peyroombādee muneedun, பெருமபாடிமனிதன்
Gibbet, *s.* tookkoomŭrrŭm, தூக்குமரம
Gibe, *v.* pŭrgheekiradoo, பழிக்கிறது
Giddiness, *s.* kirookiroopoo, கிறுகிறுப்பு
Giddy, *a.* kirookiroopānăh, கிறுகிறுப்பான
Gift, *s.* teeyākhŭm, தியாகம
Giftedness, *s.* trānee, திராணி
Gigantic, *a.* mukhāpeyreeyăh, மகாபெரிய
Gild, *v.* munjulpokhay pooshookiradoo, மஞ்சளபுகைபூசுகிறது
Gilding, *s.* mŭnjŭlnerrŭmpooshoo, மஞ்சளநிறமபூச்சு
Gimblet, *s.* dimrŭttee, திமரட்டி
Gin, *s.* kŭnnee, கண்ணி
Ginger, *s.* eenjshee, இஞ்சி

Gird, *v*. kŭshey kuttookiradoo, கச்சைகட்டுகிறது
Girdle, *s*. ŭraykŭchoo, அரைக்கச்சு
Girl, *s*. penpoolley, siroopen, பெண்பிள்ளை, சிறுபெண்
Girth, (saddle,) *s*. irrookoovâr, இறுக்குவார்
Girth, *s*. shoot ŭlăvoo, சுற்றளவு
Give, *v*. kodookiradoo, கொடுக்கிறது
Giver, *s*. kodookirăvŭn, கொடுக்கிறவன்
Gizzard, *s*. māngkay, மாங்காய்
Glad, *a*. shŭndoshŭmānăh, சந்தோஷமான
Gladness, *s*. shŭndoshŭm, சந்தோஷம்
Glance, *v*. pārvayshellookiradoo, பார்வைசெல்லுகிறது
Gland, *s*. veesheynŭrŭmboo, விசைநரம்பு
Glare, *s*. kāndee, pŭllăpŭllăpoo, காந்திபளபளப்பு
Glass, *s*. kŭnnādee, கண்ணாடி
Glassy, *a*. kŭnnādeepoley, கண்ணாடிபோலே
Glaze, *v*. kŭnnādee kŭttookira, கண்ணாடிகட்டுகிறது
Glazier, *s*. kŭnnādee kŭttookirăvŭn, கண்ணாடிகட்டுகிறவன்
Gleam, *v*. pŭlăpŭlăkiradoo, பளபளக்கிறது
Glee, *s*. kondāttŭm, கொண்டாட்டம்
Glide, *v*. pāykiradoo, பாய்கிறது
Glimmering, *s*. pŭlăpŭlăpoo, பளபளப்பு
Glimpse, *s*. keelkŭn, கீழ்க்கண்
Glitter, *v*. pŭlăpŭlăpāy irrookiradoo, பளபளப்பாயிருக்கிறது
Globe, *s*. ooroondey, mŭndălŭm, உருண்டை, மண்டலம
Globular, ooroondeyvŭdeevānăh, உருண்டைவடிவான
Gloom, *s*. irroottoo, kŭmmŭl, இருட்டு, கமமல்
Gloomy, *a*. kŭmmŭlānăh, கமமலான
Glorify, *v*. pookŭrghookiradoo, புகழுகிறது
Glory, *s*. mŭkheemey, மகிமை
Gloss, *s*. tŭlătŭlăpoo, தளதளப்பு
Glove, *s*. kayoorey, kayjodoo, கையுறை, கைசோடு
Glowworm, *s*. minminĕepoochee, மின்மினிபூச்சி
Glue, *s*. vŭjjărŭm, வச்சிரம
Glutinous, *a*. peesoopeesoopānăh, பிசுபிசுப்பான
Glutton, *s*. peroondeenŭn, பெருந்தீனன்
Gnash, *v*. neyrooneyrookiradoo, நெறுநெறுக்கிறது
Gnaw, *v*. kŭdeekiradoo, கடிக்கிறது
Go, *v*. pokirădoo, போகிறது, or போகுகிறது
Goad, *v*. koottookiradoo, குற்றுகிறது
Goat, *s*. vellādoo, வெள்ளாடு
Gobblet, *s*. kinnee, கிண்ணி
God, *s*. kŭdăvool, swāmee, கடவுள், சுவாமி
Godhead, *s*. deyvŭm, தெய்வம்
Godliness, *s*. deyvăbŭktee, தெயவபக்தி
Godly, *a*. deyvăh, தெயவ
Godown, *s*. gŭdŭngkoo, கிடங்கு
Going, *s*. pokkoo, போக்கு
Gold, *s*. pōn, tŭngkŭm, தங்கம் பொன்

Goldbeater, *s.* tŭttān, தட்டான்
Golden, *a.* pōnoollăh, பொன்னுள்ள
Goldsmith, *s.* tŭttān, தட்டான்
Good, *s.* nŭnmey, nŭllŭm, நன்மை நலம்
Good, *a.* nŭllăh, nŭllŭmanah, நல்ல நலமான
Goodnature, *s.* nŭllăgoonŭm, நல்லகுணம்
Goodbye, soobăprāyānŭm, சுபபிரயாணம
Goodness, *s.* oottŭmŭm, உத்தமம்
Goods, *s.* sāmān, sŭrŭkoo, சாமான் சரக்கு
Goose, *s.* vāttoo, வாத்து
Gore, *s.* woraynda rŭttŭm, உறைந்தரத்தம
Gore, *v.* koottookiradoo, குத்துகிறது
Gorgeous, *a.* sŭmburŭmānăh, சம்பிரமான
Gormandize, *v.* adeegŭmay tinnookiradoo, அதிகமாய்தின்னுகிறது
Gosling, *s.* vāttoo koonjshoo, வாத்துக்குஞ்சு
Gospel, *s.* sooseyshŭm, சுவிசேஷம
Gossamer, *s.* dooshee, silŭmbeenool, தூசி, சிலம்பிநூல
Gossip, *s.* pŭdeenămoreypon, புதினமுறைப்போன்
Govern, *v.* ālookiradoo, ஆளுகிறது
Government, *s.* ālookay, ஆளுகை
Governor, ālpăvŭn, deysādeebŭddee, தேசாதிபதி
Gourd, *s.* kommŭtteekay கொம்மட்டிக்காய்

Gout, *s.* sooley, சூலை
Gown, *s.* nelleyŭngkee, நிலையங்கி
Grace, *v.* singāreekiradoo, சிங்காரிக்கிறது
Graceful, *a.* singkārŭmānăh, சிங்காரமான
Gracious, *a.* dāyālŭmānăh, தயாளமான
Gradation, *s.* pŭdeepŭdee, படிப்படி
Gradually, *a.* pŭdeepŭdeeyāy, படிப்படியாய
Grain, *s.* dāneeyŭm, தானியம
Graminivorous, *a.* pilloo meykira, புலமேய்கிற
Grammar, *s.* illăkkŭnŭm, இலக்கணம
Grammatically, *a.* illăkkŭnŭmooreyay, இலக்கணமுறையாய்
Granary, *s.* oogrānŭm, உக்கிராணம
Grand, *a.* mŭkhā, menmeyanāh, மகா, மேன்மையான
Grandchild, *s.* peyrăpoolley, பேரப்பிள்ளை
Granddaughter, *s.* peyttee, பேத்தி
Grandeur, *s.* peyroomey, sŭmbŭrum, பெருமை, சம்பிரம்
Grandfather, *s.* pāttŭn, பாட்டன்
Grandmother, *s.* pāttee, பாட்டி
Grandson, *s.* peyrŭn, பெயரன்
Granivorous, *a.* dāneeyŭm tinnookira, தானியம்தின்னுகிற
Grant, *v.* kodookiradoo, aroolee-sheykiradoo, கொடுக்கிறது, அருளிச்செய்கிறது
Granular, *a.* dāneeyŭmoollah, dāneeyŭmpoley, தானியமுள்ள, தானியம்போலே

Granulate, *v.* mŭneeyākookiradoo, மணியாக்குகிறது
Grape, *s.* moondirreepŭrghŭm, முந்திரிகைபழம்
Grapnel, *s.* shinnă lŭngŭr, சின்ன லங்கர்
Grapple, *v.* poodeekiradoo, பிடிக்கிறது
Grasp, *v.* kāy poodeekiradoo, கைப்பிடிக்கிறது
Grass, *s.* pilloo, புல்லு
Grasscutter, *s.* pillookārŭn, புல்லுக்காரன்
Grasshopper, *s.* veyttookŭlee, வெட்டுக்கிளி
Grate, *v.* ooreenjshookiradoo, உரிஞ்சுகிறது
Grateful, *a.* nŭnreeyoollăh, நன்றியுள்ள
Grater, *s.* tooroovoomŭney, துருவுமனை
Gratification, *s.* innbŭm, இன்பம்
Gratify, *v.* innbă, pŭdoottookiradoo, இன்பப்படுத்துகிறது
Gratifying, *p.* isshtŭmoollăh, இஷ்டமுள்ள
Gratis, *a.* illăvŭsŭmāy, இலவசமாய்
Gratitude, *s.* nŭnree, areevoo, நன்றி, அறிவு
Gratuitous, *a.* illăvŭsŭmānŭh, இலவசமான
Gratuity, *s.* illăvŭsŭm, இலவசம்
Grave, *s.* pŭnaăkooree, புணக்குழி
Grave, *a.* gembeerŭmānăh, கெம்பீரமான
Gravedigger, *s.* veytteeyăn, வெட்டியான்
Gravel, *s.* pŭroo mŭnŭl, kŭl mŭn, பருமணல் கல்மண்
Gravity, *s.* bārŭm, பாரம்
Gravy, *s.* oon, oonŭm, ஊன், ஊனம்
Graze, *v.* meykiradoo, மேய்க்கிறது
Grease, *s.* neyputtoo, korghoopoo, நெய்ப்பற்று, கொழுப்பு
Grease, (for wheels,) *s.* keel, கீல்
Great, *a.* peyreeyăh, பெரிய
Greatly, *a.* peyreeyăday, adeegŭmāy, பெரியதாய், அதிகமாய்
Greatness, *s.* peyroomėy, பெருமை
Greediness, *s.* ŭngŭlāypoo, அங்கலாய்ப்பு
Greedy, *a.* ŭngŭlāypānŭh, அங்கலாய்ப்பான
Greenness, *s.* pŭchhey, பச்சை
Green, *a.* pŭchheyānăh, பச்சையான
Greens, *s.* keerey, கீரை
Greet, *v.* āshārŭm pŭnnookiradoo, ஆசாரம்பண்ணுகிறது
Gregarious, *a.* koottŭmāy pokirŭh, கூட்டமாயபோகிற
Grey, (hair,) *a.* nŭraijttŭh māyeer, நரைத்தமயிர்
Grey, (horse,) *a.* sāmbanerrakoodeerey, சாம்பனிறகுதிரை
Greyhound, *s.* veyttey nai, வேட்டைநாய
Grief, *s.* dookkŭm, துக்கம்
Grievance, *s.* mŭnŭkoorey, மனக்குறை
Grieve, *v.* dookŭ pudookiradoo, துக்கப்படுகிறது
Grievous, *a.* dookŭmānăh, துக்கமான
Grill, *v.* shoodookiradoo, சுடுகிறது
Grim, *a.* ăvlŭlŭdshŭsŭmānăh, அவலட்சணமான

Grimace, *s.* neyreepoo, நெறிப்பு
Grin, *v.* pŭl kăttookiradoo, பற்காட்டுகிறது
Grind, *v.* areykiradoo, அரைக்கிறது
Grinder, *s.* areykirăvŭn, அரைக்கிறவன்
Grindstone, *s.* shāāey kŭl, சாணைக்கல்
Gripes, *s.* whyttoovŭlăvoo, வயிற்றுளைவு
Gripe, *v.* eerookă poodeekiradoo, இறுகப்பிடிக்கிறது
Gritty, *a.* shoneyoollăh, சுணையுள்ள
Groan, *v.* poolŭmbookiradoo, புலம்புகிறது
Groin, *s.* areypoottoo, அரைப்பூட்டு
Groom, *s.* koodeereykārŭn, குதிரைக்காரன்
Groove, *s.* tuttoo, தட்டு
Grope, *v.* toolāvookiradoo, துளாவுகிறது
Gross, *a.* mŏttumāy, மொத்தமாய்
Grotto, *s.* kookay, gebbee, குகை, கெபி
Grotesque, *a.* komālŭmānăh, கோமாளமான
Grove, *s.* sholey, toppoo, சோலை, தோப்பு
Grovel, *v.* tŭvurhkiradoo, தவழ்கிறது
Ground, *s.* boomee, neelŭm, பூமி, நிலம
Groundless, *a.* ŭdeeyillādăh, அடியில்லாத
Groundrent, *s.* neelavŭree, நிலவரி
Group, *s.* koottŭm, kooppŭl, கூட்டம், குப்பல்
Grow, *v.* vŭlŭrkiradoo, molleykiradoo, வளர்கிறது, முளைக்கிறது
Growl, *v.* ădŭmbookiradoo, ooroomookiradoo, அதம்புகிறது, உறுமுகிறது
Growth, *s.* vŭlŭrtee, molainjoo, வளர்த்தி, முளைஞ்சு
Grub, *s.* pŭneepoorghoo, பனிப்புழு
Grudge, *s.* pŭgey, ooroomookhay, பகை, உறுமுகை
Gruel, *s.* kŭnjshee, கஞ்சி
Grumble, *v.* ooroomookiradoo, உறுமுகிறது
Grunt, *v.* ooroombookiradoo, உறும்புகிறது
Guarantee, *s.* ootrăvādee, உத்தரவாதி
Guard, *v.* kāvŭlayirrookiradoo, kārkiradoo, காக்கிறது, காவலாயிருக்கிறது
Guardian, *s.* kāvŭlŭn, காவலன்
Guava, *s.* koyyāpŭrghŭm, கொய்யாப்பழம்
Guess, *s.* yennŭm, ninneyvoo, எண்ணம், நினைவு
Guest, *s.* anneeyŭn, அன்னியன்
Guide, *s.* vŭleekāttee, வழிகாட்டி
Guide, *v.* vŭleekāttookiradoo, nŭdŭttookiradoo, வழிகாட்டுகிறது, நடத்துகிறது
Guile, *s.* kŭlăvoo, shoodoo, களவு, சூது
Guilt, *s.* koottŭm, குற்றம்
Guiltless, *a.* koottŭmillādah, குற்றமில்லாத
Guilty, *a.* koottŭmoollah, குற்றமுள்ள
Guise, *s.* kolŭm, veyshŭm, கோலம், வேடம்
Gulf, *s.* koodā, குடா

Gullet, *s.* tondey, தொண்டை
Gulp, *v.* āsheyāy meerhoongookiradoo, ஆசையாய்மிழுங்குகிறது
Gum, *s.* eeroo, gondoo, சுரு,கோந்து
Gun, *s.* toopākkee, beeringkee, துபாக்கி, பீரங்கி
Gunbarrel, *s.* toopākkeekoorghŭl, துபாக்கிக்குழல்
Gunner, *s.* beeringkeekārŭn, பீரங்கிக்காரன்
Gunnycloth, *s.* gonee, கோணி
Gunpowder, *s.* toopākkeemŭrŭndoo, துபாக்கிமருந்து
Gunwale, *s.* kŭpŭleenveeleemboo, கப்பலின்விளிம்பு
Gush, *v.* peyroogookiradoo, பெருகுகிறது
Gust, *s.* soorāvureekāttoo, சூராவழிகாத்து
Gusto, *s.* eedŭm, shoovey, இதம், சுவை
Gut, *s.* koodŭl, koodur, குடல், குடர்
Gutter, *s.* neer pādey, நீர்ப்பாதை
Guttural, *a.* keelkoorŭl, கீழ்க்குறல்

H

Habit, *s.* purhăkŭm, vurhukum, பழக்கம்
Habitably, *a.* koodeeyirrookavŭsudeeyāy, குடியிருக்கவசதியாய்
Habitation, *s.* vāshŭm, irroopŭdŭm, வாசம் இருப்பெடம்
Habitual, *a.* pŭrhăkŭmānăh, பழக்கமான
Habituate, *v.* pŭrhŭkookiradoo, பழக்குகிறது
Hack, *v.* kottookiradoo, கொத்துகிறது
Haggard, *a.* pinnnŭmānăh, பின்னமான
Hail, *interj.* vārhee, vārhkăh, வாழி, வாழ்க
Hailstone, *s.* kŭl mŭrhey, கல்மழை
Hair, *s.* māyeer, மயிர்
Hairy, *a.* māyeeroollăh, மயிருள்ள
Hairless, *a.* motteyānăh, மொட்டையான
Hale, *a.* shostŭmoollăh, shookŭmoollăh, சுகமுள்ள, சொஸ்தமுள்ள
Half, *s.* arey, pādee, அரை, பாதி
Halfway, pādeevŭlee, padeevŭrghee, பாதிவழி
Hall, *s.* sāley, சாலை
Hallo, *v.* koopiddookiradoo, கூப்பிடுகிறது
Hallow, *v.* pŭreeshootŭm ākookiradoo, பரிசுத்தமாக்குகிறது
Hallowed, *p.* pureeshootŭmānădoo, பரிசுத்தமானது
Halt, *s.* nelley, நிலை
Halter, *s.* koodeeree vāy kowroo, tookoomkowroo, குதிரைவாய்கயறு, தூக்குங்கயறு
Halve, *v.* pādeesheykiradoo, பாதிசெய்கிறது
Ham, *s.* oopeettŭ pŭnreeyeen todey, உப்பிட்ட பன்றியின்தொடை
Hamlet, *s.* grāmŭm, கிராமம்
Hammer, *s.* shoottee, shŭmŭttee, சுத்தி, சம்மட்டி
Hammock, *s.* toongoo mŭnjshŭm, தூங்குமஞ்சம்
Hamper, *v.* seekoopŭdootookiradoo, சிக்குப்படுத்துகிறது
Hamper, *s.* koodey, kŭdakhŭm, கூடை, கடகம்

Hamstring, *v.* peenkāl nŭrŭmboo veyttookiradoo, பின்காலநரம்புவெட்டுகிறது

Hand, *s.* kāy, கை

Handbreadth, orookāy ŭgălŭm, ஒருகையகலம்

Handcuff, *v.* kāy koottee kŭttookiradoo, கைகூட்டிகட்டுகிறது

Handful, *s.* kāy nirrāyăh, கைநிறைய

Handkerchief, *s.* kay koottey, kay roomālley, கைக்குட்டை, கைஉறுமாலை

Handle, *s.* kāy poodee, கைபிடி

Handmill, *s.* kay yendŭrākŭl, கையெந்திரகல்

Handsome, *a.* arhăkānăh, அழகான

Handsomely, *a.* arhăkāy, அழகாய்

Handspike, *s.* kāymeendee, கைமிண்டி

Handwriting, *s.* kāy yeyrghoottoo, கையெழுத்து

Handy, *a.* kāysāmŭrteeyŭmānăh, கைசாமர்த்தியமான

Hang, *v.* tookkookiradoo, தூக்குகிறது

Hanging, *s.* tookkoo, தூக்கு

Hangman, *s.* tookkoovon, தூக்குவோன்

Hanker, *v.* āshey pudookiradoo, ஆசைப்படுகிறது

Haply, *a.* tŭrsheyŭlay, தற்செயலாய்

Hapless, *a.* adŭstāyeenŭmānăh, அதஷ்டடீனமான

Happen, *v.* sŭmbăveekiradoo, சம்பவிக்கிறது

Happiness, *s.* seylvŭm, bākkeeyum, செல்வம், பாக்கியம்

Happy, *a.* mŭnnā shŭndoshŭmānăh, vālvānăh, seylvumanah, bākkeeyŭmānăh, மனச்சந்தோஷமான, பாக்கியமான வாழ்வான, செல்வமான

Harangue, *s.* prŭbleeyŭm, பிரபலியம்

Harass, *v.* tonduravoo sheykiradoo, aleya vaikiradoo, தொந்திரவுசெய்கிறது, அலையவைக்கிறது

Harbinger, *s.* toodŭn, தூதன்

Harbour, *v.* yeddŭm kodookiradoo, இடங்கொடுக்கிறது

Hard, *a.* getteeyānăh, கெட்டியான

Hard, (difficult,) *a.* pirrāyāsŭmānăh, பிரயாசமான

Harden, *v.* gettee pŭnnookiradoo, kudeenapŭdoottookiradoo, கடினப்படுத்துகிறது, கெட்டிபண்ணுகிறது

Hardhearted, *a.* gettee mŭnăsoo, கெட்டிமனசு

Hardiness, *a.* veerŭm, dāyreeyŭm, வீரம், தைரியம்

Hardly, *a.* pirrāyāsŭmāy, பிரயாசமாய்

Hardmouthed, *a.* vaykkŭdungkādăh, வாயிக்கடங்காத

Hardness, *s.* kudeenum, gettee, கடினம், கெட்டி

Hardship, *s.* kŭstŭm, kushtum, vŭrootŭm, கஷ்டம், வருத்தம்

Hardy, *a.* veerŭmānăh, dŭdŭmānăh, வீரமான, திடமான

Hare, *s.* moosŭl, mooyŭl, முசல், முயல்

Hark, *v.* sheyvee kodookiradoo, செவி கொடுக்கிறது

Harlot, *s.* veysee, வேசி

Harm, *s.* kerdoodee, கெடுதி

Harmless, *a.* kerdoodeeyŭttăh, கெடுதியற்ற

Harmonious, *a.* aikkumoollŭh, ஐக்கமுள்ள
Harness, *v.* kooderee oodăpoo, குதிரையுடுப்பு
Harp, *v.* veeneyvăsheekiradoo, வீணைவாசிக்கிறது
Harper, *s.* veeneyvăsheepon, வீணைவாசிப்போன்
Harsh, *a.* kārŭmānah, toovŭrā-năh, காரமான, துவரான
Harshness, *s.* woreypoo, kārŭm, உறைப்பு, காரம்
Hart, *s.* măn, மான்
Hartshorn, *s.* năvăsărŭm, நவசாரம்
Harvest, *v.* vulayvoo sheyrkiradoo, விளைவுசேர்க்கிறது
Hash, *v.* kottookiradoo, கொத்துகிறது
Hasp, *s.* poottoo, பூட்டு
Haste, *s.* seekeerŭm, juldee, சீக்கிரம், சலதி
Hasten, *v.* seekeerŭmpŭnnookiradoo, shoorookoopŭnnookiradoo, சீக்கிரம்பண்ணுகிறது சுறுக்குபண்ணுகிறது
Hastily, *a.* seekeerŭmăy, shoorookăy, சுறுக்காய், சீக்கிறமாய்
Hasty, *a.* seekeerŭmănăh, சீக்கிறமான
Hat, *s.* toppee, தொப்பி
Hatch, *v.* koonjshoo poreekiradoo, குஞ்சுபொரிக்கிறது
Hatchet, *s.* kăy kodălee, கைகோடாலி
Hate, *s.* pŭkhăy, krodŭm, பகை, குரோதம்
Hateful, *a.* pŭghăyănăh, பகையான
Hatred, *s.* pŭghay, veerodŭm, பகை, விரோதம்
Haughtiness, *s.* shulookoo, சலுக்கு
Haughty, *a.* shŭllookānah, சலுக்கான
Haul, *v.* irrghookiradoo, இழுக்கிறது
Haunch, *s.* iddoopoo, இடுப்பு
Haunt, *v.* nŭdŭmădookiradoo, நடமாடுகிறது
Have, *v.* oondăyirrookiradoo, உண்டாயிருக்கிறது
Haven, *s.* koodākudul, குடாக்கடல்
Havoc, *s.* kŭndătoondŭm, கண்டதுண்டம்
Hawk, *s.* răjhălee, இராசாளி
Hawker, *s.* ȝŭbăree, sitteeyăbăree, சித்தியாபாரி
Hay, *s.* kănjshee pilloo, காய்ந்த புல்லு, வைக்கல்
Hazard, *s.* kedoodee, ŭbăyŭm, கெடுதி, அபாயம்
Haze, *s.* moodoopŭnee, mŭbboo, மூடுபனி, மப்பு
He, *p.* avun, avur, அவன், அவர்
Head, *s.* tŭley, தலை
Headache, tuleyno, tuleyvulee, தலைநோ, தலைவலி
Headlong, *a.* tŭleykeerhăy, தலைகீழாய்
Headstrong, *a.* gertteetuley, கெட்டித்தலை
Heal, *v.* sŭgapŭdoottakiradoo, சுகப்படுத்துகிறது
Health, *s.* soogŭm, sostŭm, சுகம், சொஸ்தம்
Healthy, *a.* soogumănăh, sostŭmănăh, சுகமான, சொஸ்தமான
Heap, *s.* koombŭl, கும்பல்
Hear, *v.* kerlkiradoo, kerhkiradoo, கேழ்க்கிறது
Hearer, *s.* kerlveepŭdoovon, கேழ்விப்படுவோன்
Hearing, *p.* kerlvee, கேழ்வி

Hearken, *v.* kerlkiradoo, kerhkiradoo, கேழ்க்கிறது
Hearsay, *s.* kerlvee, கேழ்வி
Heart, *s.* koley, குலை
Heartily, *a.* mŭnădārŭh, dārālŭmāy, மனதார, தாராளமாய்
Heartburn, *s.* koley yeyreevoo, குலையெரிவு
Heartless, *a.* kodeeyă goonŭmānăh, கொடியகுணமான
Hearty, *a.* mŭnadoollăh, மனதுள்ள
Heat, *v.* shoodookiradoo, veyveekiradoo, வேவிக்கிறது, சுடுகிறது
Heat, *s.* shoodoo, kāchul, காய்ச்சல்
Heathen, *a.* ăngnyānăh, அஞ்ஞான
Heathenism, *s.* angnyanŭm, அஞ்ஞானம்
Heave, *v.* yeddookiradoo, எடுக்கிறது
Heave, (as the sea,) veengkookiradoo, வீங்குகிறது
Heaven, *s.* pŭrămŭndălŭm, பரமண்டலம்
Heavenly, *a.* āgāshŭmānăh, ஆகாயமான
Heaviness, *s.* bārŭm, பாரம்
Heavy, *a.* bārŭmānăh, பாரமான
Hedge, *s.* veylee, வேலி
Hedgehog, *s.* moolumpŭnnee, moolloopŭnnee, முட்பன்றி
Hedgingbill, *s.* vettăkŭttee, kāykŭttee, வெட்டக்கத்தி, கைக்கத்தி
Heed, *s.* yennŭm, săvăkāsŭm, எண்ணம், சாவகாசம்
Heel, *s.* koodeekāl, குதிக்கால்
Heifer, *s.* kŭdāreekŭnroo, கடாரிக்கன்று
Height, *s.* whyărŭm, உயரம்
Heighten, *v.* megookhă pŭnnookiradoo, மிகுக்கப்பண்ணுகிறது
Heinous, *a.* verookăpŭdătŭkkăh, வெறுக்கப்படத்தக்க
Heir, *s.* shoodŭndeerăvālee, சுதந்திரவாளி
Heiress, *s.* shoodŭndeeree, சுதந்திரி
Heirless, *a.* shoodundeerumillādăh, சுதந்திரமில்லாத
Hell, *s.* nŭrăkhŭm, நரகம்
Helm, *s.* shookān, சுக்கான்
Helmet, *s.* tŭleypā, தலைப்பா
Help, *v.* ottāsheysheykiradoo, oodavookiradoo, ஒத்தாசைசெய்கிறது, உதவுகிறது
Help, *s.* ottāshey, oodăvee, shŭgāyŭm, ஒத்தாசை, உதவி, சகாயம்
Helpless, ottāsheyillādăh, tŭneettăh, ஒத்தாசையில்லாத, தனித்த
Helve, *s.* kodālee kāypoodee, கோடாலிகைப்பிடி
Hemisphere, *s.* pādeeyoondai, பாதியுண்டை
Hemp, *s.* shŭnŭl, சணல்
Hen, *s.* petteykorghee, பெட்டைக்கோழி
Hence, *a.* ivvŭdŭtteeleerŭundoo, இவ்விடத்திலிருந்து
Henceforth, *a.* iddoomoodŭl, இதுமுதல்
Heptagon, *s.* yeylookonŭm, எழுகோணம்
Her, *p.* avŭley, அவளை
Herald, *s.* toodŭn, தூதன்
Herb, *s.* poondoo, பூண்டு
Herbage, *s.* yelley, tŭrhey, இலை, தழை
Herd, *s.* meerookăkoottŭm, மிருகக்கூட்டம்

Here, *a*. ingey, இங்கே
Hereafter, *a*. inneemeyl, இனிமேல்
Hereby, *a*. iddeenāl, இதினால்
Hereditary, *a*. shoodŭndŭrŭmānăh, சுதந்திரமான
Herein, *a*. iddeel, இதில்
Herewith, *a*. eettoodŭn, இத்துடன்
Heritage, *s*. shoodŭndeerŭm, kānee, சுதந்திரம், காணி
Hermit, *s*. tăvăshee, தவசி
Hero, *s*. soureyăvān, சௌரியவான்
Heroism, *s*. soureyŭm, சௌரியம்
Hers, *p*. avŭloodāyăh, அவளுடைய
Herself, *p*. avŭldāney, அவள்தானே
Hesitate, *v*. āyăpŭdoottookiradoo, ஐயப்படுத்துகிறது
Hesitation, *s*. āyyŭm, ஐயம்
Hew, *v*. veyttookiradoo, வெட்டுகிறது
Hiccough, *s*. veekkŭl, விக்கல்
Hidden, *p*. rŭgoosheeyŭmānăh, இரகசியமான
Hide, *v*. oleekiradoo, ஒளிக்கிறது
Hide, *s*. tōll, தோல்
Hideous, *a*. bāyŭngŭrŭmānăh, pey kolŭmānăh, பயங்கரமான, பேய்க்கோலமான
Hieroglyphic, *s*. yoogăbāshāy, யூகபாஷை
Higgledy piggledy, *a*. kālākolŭmāy, காலாகோலமாய்
High, *a*. whyŭrŭmānăh, உயரமான
Highlanders, *s*. mŭlleyālkhul, மலையாள்கள்
Highly, *a*. whyŭrŭmāy, உயரமாய்
Highness, *s*. whyŭrchee, உயர்ச்சி
Highminded, *a*. whyŭrndă mŭnădoo, உயர்ந்தமனது
Highway, *s*. perroovŭlee, or vŭghree, பெருவழி
Highwater, *s*. yeyttŭm, ஏற்றம்
Hilarity, *s*. shŭndoshŭm, சந்தோஷம்
Hill, *s*. mŭley, mēdoo, or modoo, மலை, மேடு
Hillock, *s*. seeroomŭlley, koonroo, சிறுமலை, குன்று
Hilt, *s*. kaypoodee, கைபிடி
Him, *p*. avŭney, அவனை
Himself, *p*. avŭndān, avŭneyyey, அவன்தான், அவனையே
Hind, *s*. pēnmān, பெண்மான்
Hinder, *a*. pinnpŭkŭmānăh, பின்பக்கமான
Hinder, *v*. tŭdeysheykiradoo, tŭveerkiradoo, தடைசெய்கிறது, தவிர்க்கிறது
Hinderance, *s*. tŭdāy, தடை
Hinge, *s*. keel, pŭneyŭl, கீல், பிணையல்
Hint, *s*. kooreepoo, குறிப்பு
Hip, *s*. iddoopoo, இடுப்பு
Hire, *s*. koolee, கூலி
His, *p*. avŭnoodaiyăh, அவனுடைய
Hiss, *v*. yeyreykiradoo, இரைகிறது
Historian, *s*. shŭreeteerăkārŭn, சரித்திரக்காரன்
History, *s*. kŭdey, shŭreeteerŭm, கதை, சரித்திரம்
Hit, *v*. ŭdeekiradoo, tŭttookiradoo, அடிக்கிறது, தட்டுகிறது
Hither, *a*. ingey, ippāl, இங்கே, இப்பால்
Hitherto, *a*. iddoovuraikoom, இதுவரைக்கும்

Hive, s teyngoodoo, தேன்கூடு
Hoard, v. kooveekiradoo, குவிக்கிறது
Hoarfrost, s. ooraindă pŭnee, உறைந்தபனி
Hoariness, s. nŭrey, moodoomey, நரை, முதுமை
Hoarseness, s. tondeykŭmbŭl, தொண்டைகம்பல்
Hoax, s. vuleyăttoo, விளையாட்டு
Hobble, v. nondee nŭdŭttookiradoo, நொண்டிநடத்துகிறது
Hobnail, s. tŭleyānee, தலையாணி
Hoe, s. mŭnvettee, மண்வெட்டி
Hog, s. ān pŭnee, ஆண்பன்றி
Hoist, v. tookkookiradoo, தூக்குகிறது
Hold, s. poodee, poodeepoo, பிடி, பிடிப்பு
Hold, v. poodeekiradoo, பிடிக்கிறது
Holder, s. poodeekirăvŭn, பிடிக்கிறவன்
Hole, s. toovārŭm, toley, koolee, or koorhee, துவாரம், தொளை
Holiness, s. pŭrshoottŭm, பரிசுத்தம்
Hollow, a. koorhāyanăh, குழாயான
Hollow, (false,) a. poyyānăh, பொய்யான
Hollow, v. tondookiradoo, தோண்டுகிறது
Holy, a. pŭrshootŭmānăh, பரிசுத்தமான
Holyday, s. pŭrshoottănāl, பரிசுத்தநாள்
Homage, s. vŭnăkŭm, வணக்கம்
Home, s. voodoo, woodoo, irroopŭdŭm, வீடு-இருப்பிடம்
Homely, a. puroombŭdeeyānăh, பரும்படியான
Homemade, a. wootteelsheydirrookiră, வீட்டில்செய்திருக்கிற
Homicide, s. koleypādăkŭm, weerkollee, கொலைபாதகன் உயிர்கொல்லி
Hone, s. shāneykŭl, சாணைக்கல்
Honest, a. nānăyŭmānăh, நாணயமான
Honesty, s. nānăyŭm, நாணயம்
Honestly, a. nānăyŭmāy, நாணயமாய்
Honey, s. teyn, தேன்
Honeycomb, s. teynvŭdey, தேன்வடை
Honor, s. gŭnŭm, கனம்
Honor, v. gŭnŭm sheykiradoo, கனம்செய்கிறது
Honorable, a. mŭkhutānăh, மகத்தான
Hood, s. tuleymoodee, தலைமுடி
Hoof, s. koolŭmboo, ŭdee, குளம்பு, அடி
Hook, v. māttookiradoo, மாட்டுகிறது
Hook, s. kokkee, கொக்கி
Hookah, s. ookkăh, உக்கா
Hooked, a. sikkoollăh, சிக்குள்ள
Hoop, s. vŭleyŭm, வளையம்
Hoopingcough, s. kŭkkoovān, கக்குவான்
Hoot, v. nindeekiradoo, நிந்திக்கிறது
Hop, v. kindoo villeyādookiradoo, கிந்துவிளையாடுகிறது

Hope, *s*. nŭmbeekay, நம்பிக்கை
Hopeless, *a*. nŭmbeekayillāmŭl, நம்பிக்கையில்லாமல்
Horde, *s*. koottŭm, கூட்டம்
Horizon, *s*. sŭkrăvālŭm, சக்கரவாளம்
Horizontal, *a*. ŭdeevārŭtookooneyrānăh, அடிவாரத்துக்கு நேரான
Horn, *s*. komboo, கொம்பு
Horned, *a*. komboollăh, கொம்புள்ள
Hornet, *s*. koolăvee, குளவி
Horoscope, *s*. jhādăgŭm, சாதகம்
Horrible, *a*. kodoomeyānăh, கொடுமையான
Horrid, *a*. bāyŭngkŭrumānăh, பயங்கரமான
Horror, *s*. bayŭngkŭrŭm, பயங்கரம்
Horse, *s*. koodeerey, குதிரை
Horseback, (on,) koodeereymeyley, குதிரைமேலே
Horsekeeper, *s*. koodeerey kārŭn, குதிரைக்காரன்
Horseleech, *s*. koodeerey ăttey, குதிரையட்டை
Horseman, *s*. koodeerey veerŭn, குதிரைவீரன்
Horserace, *s*. koodeerey pŭndeeyŭm, குதிரைபந்தயம்
Horseradish, *s*. koodeerey moollengee, குதிரைமுள்ளங்கி
Horseshoe, *s*. koodeerey lādŭm, குதிரைலாடம்
Horticulture, *s*. totăveyley, தோட்டவேலை
Hose, *s*. meyjodoo, மேசோடு
Hospitable, *a*. oobăsŭrŭneyoollăh, உபசாரனையுள்ள
Hospital, *s*. noyāleekŭlay vaittooveeshāreekoomyeddŭm, நோயாளிகளைவைத்து விசாரிக்குமிடம்
Hospitality, *s*. oobăkārŭm, உபகாரம்
Host, *s*. koottŭm, seyney, கூட்டம், சேனை
Hostage, *s*. peeneyālee, பிணையாளி
Hostile, *a*. yeydeerānăh, எதிரான
Hostility, *s*. pŭgbay, virrodŭm, பகை, விரோதம்
Hot, *a*. shoodăh, shoodoollăh, சூடு-சூடுள்ள
Hotel, *s*. pŭnchouse, tungoomedŭm, தங்குமடம்
Hotseason, *s*. veyneykālŭm, வேனைகாலம்
Hovel, *s*. koodeeshey, குடிசை
Hover, *v*. sirrăkŭdeekiradoo, சிறகடிக்கிறது
Hough, *s*. kālveeseynŭrŭmboo, கால்விசைநரம்பு
Hound, *s*. vetteynāy, வேட்டைநாய்
Hour, *s*. mŭneeneyrŭm, nārhee, மணிநேரம்-நாழி
Hourglass, *s*. nārheekay areeyoom kunādee, கண்ணாடி நாழிகையறியும் நாழிகையறியுங்கண்ணாடி
Hourly, *a*. nārheekeeyāy, நாழிகையாய்-முகர்த்தமாய்
House, *s*. voodoo, or woodoo, வீடு
Household, *s*. veettār, வீட்டார்
Housekeeping, *s*. koodeetŭnŭm, குடித்தனம்
Houserent, *s*. voottoovādăkāy, வீட்டுவாடகை
How, *a*. yeppŭdee, எப்படி
However, *a*. ākeeloom, yeppŭdeeākeeloom, ஆகிலும். எப்படியாகிலும்

Howl, *v.* koovookiradoo, ooleyidookiradoo, கூவுகிறது, உளையிடுகிறது
Hubbub, *s.* shŭntădee, yeyrāychŭl, shŭttŭm, சந்தடி, இரைச்சல், சத்தம்
Hue, *s.* nerrum, vŭrŭnŭm, sāyŭm, நிறம், வர்ணம், சாயம்
Huff, *v.* kobeekiradoo seerookiradoo, கோபிக்கிறது-சீறுகிறது
Hug, *v.* ăneykiradoo, அணைக்கிறது
Huge, *a.* peerămāndŭmānăh, mŭkhā, பிரமாண்டமான, மகா
Hum, *v.* yeyreykiradoo, இரைகிறது
Human, *a.* mŭneetătŭnmeyānăh, மனிததன்மையான
Humane, *a.* oobăsārŭneyānăh, உபசாரணையான
Humanity, *s.* mŭneetŭnmey, oobăsārŭm, மனிததன்மை, உபசாரம்
Humble, *v.* keelpŭdoottookiradoo, கீழ்ப்படுத்துகிறது
Humbly, *a.* tārhmaiyay, தாழ்மையான
Humid, *a.* eerŭmānăh, ஈரமான
Humidity, *s.* eerŭm, ஈரம்
Humility, *s.* mŭnătārhmay, மனத்தாழ்மை
Humour, (of body,) *s.* neerpoodeepoo, நீர்ப்பிடிப்பு
Humour, (of mind,) *s.* goonum, குணம்
Humorous, *a.* tŭndurumānah, தந்திரமான
Humpbacked, *a.* koonānăh, கூனான
Hunger, *s.* pŭshee, பசி
Hungry, *a.* pusheeyāy, பசியாய்
Hunt, *v.* veytteyādookiradoo, வேட்டையாடுகிறது
Huntsman, *s.* veytteykārŭn, shikāree, வேட்டைக்காரன், சிகாரி
Hurl, *v.* tŭllookiradoo, yeyreekiradoo, தள்ளுகிறது- எறிகிறது
Hurricane, *s.* veygŭmoollăh kāttoo, வேகமுள்ளகாற்று
Hurry, *s.* ăvăshŭrŭm, tooreedŭm, அவசரம் துரிதம்
Hurt, *v.* eengoo sheykiradoo, novoopŭdoottookiradoo, நோவுபடுத்துகிறது, தீங்குசெய்கிறது
Hurtful, *a.* nōyānăh, sheydŭmānăh, நோயான-சேதமான
Husband, *s.* poorooshŭn, āmbŭdeyān, புருஷன், அகம்படியான்
Husbandman, *s.* păyeer sheykiravŭn பயிர்செய்கிறவன்
Husbandry, *s.* păyeer torheel, பயிர்தொழில்
Hush *v.* peyshādăpŭdeeyŭmŭrttookiradoo, பேசாதபடியமர்த்துகிறது
Husk, *s* oomee, tōll, sheydŭl, உமி-தோல், செதில்
Hut, *s.* koodeeshai, குடிசை
Hutbuilder, *s.* koodeeshai kŭttoovon, குடிசைகட்டுவோன்
Hydraulics, *s.* jhŭlăshootteerăshāsteerum, சலசூத்திரசாஸ்த்திரம்
Hydrocele, *s.* wodŭm, ஒதம்
Hydrophobia, *s.* nāy kudeetă pāytteeum, நாய்கடித்தபைத்தியம்
Hyena, kŭrhootey pillee, dŭmmŭlgŭndee, கழுதைபுலி-தமன்கண்டி

Hypochondria, *s.* kŭdeykoodŭl-noy, கடைகுடல்நோய்
Hypocrisy, *s.* mŭnŭm onroo vā-konroo, மனமொன்றுவாக்கொன்று
Hypocrite, *s.* vŭnjshăkŭn, வஞ்சகன்
Hypocritical, *a.* vŭnjshăkŭmā-năh, வஞ்சகமான
Hypothesis, *s.* pŭtshŭm, yennŭm, பட்சம், யெண்ணம்

I

I, nān, நான்
Ice, *s.* worāyndătanneer, pŭnee-tanneer, உறைந்தநீர், பனிதண்ணீர்
Ichneumon, *s.* keeree, கீரி
Idea, *s.* neeneyvoo, yennŭm, totŭm, நினைவு-எண்ணம், தோற்றம்
Ideal, *a.* ninneyttăh, நினைத்த
Identity, *s.* vitteeyāsŭm illāmay, வித்தியாசமில்லாமை
Idiom, *s.* pāshāypokkoo, பாஷைபோக்கு
Idiomatical, *a.* pāshāypokoollăh, பாஷைபோக்குள்ள
Idiot, *s.* arooveelādŭvŭn, pāytee-yun அறிவில்லாதவன், பயித்தியன்
Idle, *a.* shombānăh, shombeyree, சோம்பான-சோம்பேரி
Idleness, *s.* shomboottŭnŭm, சோம்புத்தனம்
Idol, *s.* vikkirrăkŭm, விக்கிரகம்
Idolator, *s.* vikkirrăkāpŭtteekā-rŭn, விக்கிரகபத்திக்காரன்
Idolatry, *s.* vikkprăkăpŭttee, விக்கிரகபத்தி
Idolize, *v.* vŭnŭngkookiradoo, வணங்குகிறது

If, *c.* (a terminal,) ŭl, ēel, ஆல் இல்
If I go, nānponāl, நான்போனால்
Ignite, *v.* pŭtteeyeyreekiradoo, yeyreekiradoo, பற்றியெரிகிறது எரிக்கிறது
Ignoble, *a.* yeenŭmānăh, ஈனமான
Ignominy, *s.* mānăpŭngŭm, pŭr-heepoo, மானபங்கம்-பழிப்பு
Ignorance, *s.* ăreeveenŭm, pāy-teeŭm, அறிவீனம், பைத்தியம்
Ignorant, *a.* ăreeveenŭmānăh, pāyteeŭmānăh, அறிவீனமான, பைத்தியமான
Ignorantly, *a.* ăreeveenŭmāy, அறிவீனமாய்
Ill, *a.* novay, veeyādeeyay, நோவாய், வியாதியாய்
Illegal, *a.* neeyāyŭtŭppānăh, நியாயதப்பான
Illegally, *a.* kŭttŭleykee veero-dŭmāy, ŭndŭmāy, கட்டளைக்குவிரோதமாய், அநீதமாய்
Illegible, *a.* vāseekă koodādăh, வாசிக்கக்கூடாத
Illegitimate, (child,) vaypāttee-poolley, வைப்பாட்டிபிள்ளை
Illfavoured, *a.* andăkērdānăh, அந்தக்கேடான
Illhumoured, *a.* kerttă goonŭ-moollah, கெட்டகுணமுள்ள
Illiberal, *a.* lobŭmānăh, உலோபமான
Illicit, *a.* neeyāyă tŭppānăh, நியாயதப்பான
Illiterate, *a.* āreevŭttaḥ, அறிவற்ற
Illness, *s.* toonbŭm, துன்பம்
Illnature, *s.* toor goonŭm, toor-koonŭm, துர்க்குணம்
Illnatured, *a.* toor goonŭmānăh, துர்குணமான

Illtreat, *v.* teengkoo sheykiradoo, தீங்குசெய்கிறது
Illumine, vŭllŭkyettookirădoo, விளக்கேற்றுகிறது
Illumination, *s.* sodee, pirrăkāsŭm, சோதி, பிரகாசம்
Illusion, *s.* mayăkŭm, poymey, மயக்கம்-பொய்மை
Illustrate, *v.* tŭrŭndoo kāttookiradoo, திறந்துகாட்டுகிறது
Illustrative, *a.* tŭrŭndoo kāttookiră, திறந்துகாட்டுகிற
Illustrious, *a.* yokeeyŭmānăh, யோக்கியமான
Image, *s.* ooroovŭm, vikkirrăkŭm, உருவம், விக்கிறகம்
Imaginable, *a.* ninneykătŭkkăh, நினைக்கத்தக்க
Imaginary, *a.* ninneykiră, நினைக்கிற
Imagination, *s.* ninneypoo, நினைப்பு
Imagine, *v.* ninneykiradoo, நினைக்கிறது
Imbecile, *a.* tŭlŭrndăh, தளர்ந்த
Imbecility, *s.* tŭlŭrchee, தளர்ச்சி
Imbibe, *v.* wooreenjshookiradoo, koodeekiradoo, உறிஞ்சுகிறது, குடிக்கிறது
Imbitter, *v.* kŭsŭp ākookiradoo, கசப்பாக்குகிறது
Imbolden, *v.* dāyreeyă pŭdootookiradoo, தைரியப்படுத்துகிறது
Imbrue, *v.* nŭneykiradoo, நினைக்கிறது
Imbue, (to steep,) *v.* oorvaykiradoo, ஊறவைக்கிறது
Imitate, *v.* pōle sheykiradoo, போல்செய்கிறது
Imitation, *s.* oppŭney, poley, sāyŭl, ஒப்பனை, சாயல், போலே
Imitator, *s.* pōle sheykirăvŭn, போல்செய்கிறவன்
Immaculate, *a.* shoottŭmānăh, சுத்தமான
Immaterial, *a.* shittoo roobŭmānăh, சித்துருபமான
Immature, *a.* yelămeyānăh, இளமையான
Immeasurable, *a.* ŭlăveerŭndăh, அளவிறந்த
Immediate, *a.* oodŭnānăh, உடனான
Immediately, *a.* oodŭney, உடனே
Immemorial, *a.* nŭdoo nāley eel, நெடுநாளையில்
Immense, *a.* mŭkhā, yelley illādăh, mŭttilllādăh, மகா, மட்டில்லாத, எல்லையில்லாத
Immensely, *a.* yĕyrālŭmāy, ஏராளமாய்
Immerge, *v.* tārhkiradoo, tārlkiradoo, தாழ்கிறது
Immerse, *v.* tārhtookiradoo, தாழ்த்துகிறது
Immersion, *s.* tārhvoo, தாழ்வு
Immethodical, *a.* koorhŭppŭmānăh, குழப்பமான
Imminent, *a.* neyrănăh, நேரான
Immoderate, *a.* mŭttillādăh, மட்டில்லாத
Immodest, *a.* veydăkŭmkerttăh, oroongkŭttă, வெட்கங்கெட்ட, ஒழுங்கற்ற
Immolate, *v.* bŭleey iddookiradoo, பலியிடுகிறது
Immoral, *a.* doonmārkŭmoollăh, துன்மார்க்கமுள்ள
Immorality, *s.* doonmārkŭm, துன்மார்க்கம்
Immortal, *a.* sākhakoodādăh, சாகக்கூடாத
Immortality, *s.* sāvāmey, சாவாமை

Immortalize, *v.* neyley neeroottookiradoo, நிலைநிறுத்துகிற து

Immoveable, *a.* teermānăh, ashayvŭttăh, தீரமான, அசைவற்ற

Immunity, *s.* voodootŭley, விடு தலை

Immure, *v.* kāvŭleel vaikiradoo, காவலில்வைக்கிறது

Immutability, *s.* mārāmey, sāsveedŭm, மாறாமை, சாசுவதம்

Immutable, *a.* sāsveedŭmānăh, சாசுவதமான

Impair, *v.* kurdookiradoo, கெடு க்கிறது

Impalpable, *a.* pŭreeseekă koodādăh, பரிசிக்கக்கூடாத

Impart, *v.* āreeveekiradoo, pŭgookirădoo, அறிவிக்கிறது புகுக்கி றது

Impartial, *a.* nŭdoovānăh, needeeyoollăh, நடுவான, நீதியுள் ள

Impassable, *a.* pokă koodādăh, போகக்கூடாத

Impatience, *s.* porāmey, soorookoo, பொறாமை, சுறுசுறு

Impatient, *a.* porāmeyānăh, toodookānăh, துடுக்கான

Impeach, *v.* koottŭm shollookiradoo, குற்றமசொல்லுகிறது

Impeachment, *s.* koottăsholl, கு ற்றச்சொல்

Impede, *v.* tŭneekiradoo, tŭveerkiradoo, தணிக்கிறது, தவிர்க் கிறது

Impediment, *s.* yeydăroo, இடை று

Impel, *v.* tŭllookiradoo, sellŭttookiradoo, தள்ளுகிறது, செ லுத்துகிறது

Impending, *a.* yeydoovānăh, எ துவான

Impenetrable, *a.* oolshellăkoodādăh, உட்செல்லக்கூடாத

Impenitent, *a.* visshŭnămŭttăh, mŭnŭmteeroombādăh, விசன மற்ற, மனந்திரும்பாத

Imperative, *a.* kŭttoopādānăh, கட்டுப்பாடான

Imperceptible, *a.* tottădăh, தோ ற்றாத

Imperfect, *a.* nirreyvŭttăh, நி றைவற்ற

Imperious, *a.* sŭlŭkānăh, சலு க்கான

Impertinent, *a.* yeddākoodŭmānăh, எட்டாகூடமான

Impertinently, (to speak,) *v.* yedeertăh goonŭmāy peysookiradoo, எதிர்த்தகுணமாய்ப் பேசுகிறது

Impervious, *a.* oodooroovŭkkoodadah, oolshella koodādăh, ஊடுருவக்கூடாத உள்செல்லக் கூடாத

Impetuous, *a.* veykŭmānăh, seekeerŭmānăh, வேகமான, சீக்கி ரமான

Impetus, *s.* veechoo, வீச்சு

Impiety, *s.* anāsārŭm, அனாசார ம்

Impious, *a.* ăvăbŭtteeyānah, அ வபத்தியான

Implacable, *a.* moorŭndānăh, மு ரண்டான

Implant, *v.* poodāykiradoo, பு தைக்கிறது

Impliment, *s.* āyoodŭm, ஆயுதம்

Implicate, *v.* seekoo pŭdootookiradoo, சிக்குப்படுத்துகிறது

Implicitly, *a.* sŭndeykhŭm illāmŭl, சந்தேகமில்லாமல்

Implore, *v.* vēhndookiradoo, prātteekiradoo, வேண்டுகிறது பிரார்த்திக்கிறது

Imply, *v.* kāttookiradoo, காட்டு கிறது
Import, *s.* kŭroottoo, கருத்து
Import, *v.* eerăkkoomŭdee pŭnnookiradoo, இறக்குமதிபண்ணு கிறது
Important, *a.* mookeeyŭmānăh, prădānŭmānăh, முக்கியமான, பிரதானமான
Importunate, *a.* genjshookiră, piddeevādŭmānăh, கெஞ்சுகிற, பிடிவாதமான
Importune, *v.* genjshee kerlkiradoo, கெஞ்சிக்கேட்கிறது
Importunity, *s.* genjshoo, piddeevādŭm, பிடிவாதம்
Impose, *v.* vŭnjsheekiradoo, kălŭtŭnumsheykiradoo, கள்ளத்தனஞ்செய்கிறது, வஞ்சிக்கிறது
Imposition, *s.* vŭnjshăkŭm, வஞ்சகம்
Impossible, *a.* koodādăh, aroomeyānăh, கூடாத, அருமையான
Impostor, *s.* vŭnjshăkŭn, வஞ்சகன்
Impotent, *a.* tŭlŭrcheeyānăh, தளர்ச்சியான
Impoverish, *v.* tureetirŭm ākookiradoo, தரித்திரமாக்குகிறது
Impracticable, *a.* koodādăh, கூடாத
Imprecate, *v.* tittookiradoo, திட்டுகிறது
Imprecation, *s.* tittoo, திட்டு
Impregnable, *a.* sāyeekă koodādăh, சகிக்கக்கூடாத
Impregnate, *v.* sheyneepeekiradoo, செனிப்பிக்கிறது
Impregnated, (to be,) *v.* sheyney ākookiradoo, செனையாகுகிறது
Impression, *s.* pŭdeepoo, பதிப்பு
Impressive, *a.* pŭdeeyă tŭkkăh, பதியதக்க
Imprint, *v.* achoopŭteekiradoo, அச்சுபதிக்கிறது
Imprison, *v.* kāvŭleel vaykiradoo, காவலில்வைக்கிறது, காவற்கூடத்திலடைக்கிறது
Imprisonment, *s.* kāvŭl, காவல்
Improbable, *a.* asādeeyŭmānăh, அசாத்தியமான
Improper, *a.* tŭkādăh, தகாத
Improperly, *a.* tŭkoodeeyŭttădāy, தகுதியற்றதாய்
Improve, *v.* ădeegă pŭdoottookiradoo, அதிகப்படுத்துகிறது
Improvident, *a.* asămŭndŭmoollăh, அசமந்தமுள்ள
Imprudent, *a.* boottee yillādăh, புத்தியில்லாத
Impudent, *a.* toodookānăh, துடுக்கான
Impudence, *s.* toodookoo, துடுக்கு
Impulse, *s.* mooyŭrchee, முயற்சி
Impunity, tŭdey illamŭl, தடையில்லாமல்
Impure, *a.* shoottum illādăh, சுத்தமில்லாத
Impute, *v.* shăttookiradoo, சாட்டுகிறது
Imputation, *s.* shāttoo, சாட்டு
In, *p.* eel, eeley, oolley, லே, உள்ளே
Inability, *s.* sāmārteeyŭm illāmāy, சாமார்த்தியமில்லாமை
Inaccessible, *a.* yettādăh, yeră-koodādăh, எட்டாத, ஏறக்கூடாத
Inaccurate, *a.* tŭppānăh, pirrheyānăh, தப்பான, பிழையான

Inactive, *a.* shômbŭlānăh, சோம்பலான

Inadequate, *a.* koorāyvānăh, குறைவான

Inadmissible, *a.* onnādăh, ஒன்ணாத

Inadvertence, *s.* mosŭm, pisshŭgoo, மோசம்,பிசகு

Inadvertently, *a.* mosŭmāy, மோசமாய்

Inanimate, *a.* whyeerillādăh, உயிரில்லாத

Inanity, *s.* shooneeyŭm, சூனியம்

Inapplicable, *a.* tŭgoodee yillādăh, தகுதியில்லாத

Inarticulate, *a.* teerkŭmillāmŭl, தீர்க்கமில்லாமல்

Inattention, *s.* gŭvŭnŭm innmey, கவனமின்மை

Inasmuch, *a.* ākāyāl, ānăpŭdeeyināley, ஆகையால், ஆனபடியினாலே

Inattentive, *a.* gŭvŭnŭmŭttăh, கவனமற்ற

Inaudible, *a.* kādoo,kŭrlādăh, காதுகேளாத

Inauguration, *s.* pŭttŭmkŭttookāy, பட்டம்கட்டுகை

Inauspicious, *a.* soogăpirrheyānăh, சுகப்பிறையான

Incalculable, *a.* ŭlăvillādăh, அளவில்லாத

Incantation, *s.* oorooseypeepoo, உருச்செபிப்பு

Incapable, *a.* tŭkādăh, தகாத

Incapacity, *s.* tŭkoodee yinnmey, தகுதியின்மை

Incarnation, *s.* avădārŭm, அவதாரம்

Incautious, *a.* gŭvănŭm illādăh, கவனமில்லாத

Incendiary, *s.* voodoo shoodookirăvŭn, வீடுசுடுகிறவன்

Incense, *v.* kobămoottookiradoo, கோபமூட்டுகிறது

Incense, *s.* shāmbirrānee, சாம்பிராணி

Incessant, *a.* nitteeyŭmoollăh, orheeyādăh, நித்தியமுள்ள, ஒழியாத

Inch, *s.* ŭngălŭm, அங்குலம்

Incident, *s.* kāreeyŭm, காரியம்

Incite, *v.* moottookiradoo, மூட்டுகிறது

Incitement, *s.* mookāndirrum, முகாந்திரம்

Incivility, *s.* ăvămureeyādey, அவமரியாதை

Inclemency, *s.* kodoomey, கொடுமை

Inclement, *a.* kodoomeyānăh, கொடுமையான

Inclination, (learning,) *s.* shāyvoo, sērboo, சாய்வு, சார்பு

Inclination, (desire,) *s.* āsey, mŭnŭm, ஆசை, மனம்

Incline, *v.* sāykiradoo, சாய்கிறது

Include, *v.* adăkă pŭdootookiradoo, அடக்கப்படுத்துகிறது

Included, *p.* ădăkă pŭddootinnă, அடக்கப்படுத்தின

Incognito, *a.* erŭgăsheeyŭmay, இரகஷியமாய்

Incoherent, *a.* wolŭrŭlānăh, உளறலான

Income, *s.* vŭroomānŭm, வருமானம்

Incommode, *v.* ŭlŭkŭrheekiradoo, அலக்கழிக்கிறது

Incomparable, *a.* oppillādăh, ஒப்பில்லாத

Incompatible, *a.* poroondāmeyānah, பொருந்தாமையான

Incompetent, *a.* tārhcheeoollăh, தாழ்ச்சியுள்ள

Incomplete, *a.* koraychŭlānăh, குறைச்சலான

Incomprehensible, *a.* yennookool ŭdŭngkādăh, எண்ணுக்குள்ளடங்காத

Inconceivable, *a.* guvŭnŭttookettādăh, கவனத்துக்கெட்டாத

Inconsiderable, *a.* sirroomeyānăh, சிறுமையான

Inconsiderate, *a.* bootteekurtăh, புத்திகெட்ட

Inconsistent, *a.* yenŭngkādăh, இணங்காத

Inconstancy, *s.* nillāmāy, நில்லாமை

Inconstant, *a.* nillāmāyānăh, நில்லாமையான

Incontestable, *a.* yeydeer peyshăkoodādăh, teyleevānah, எதிர்ப்பேசக்கூடாத, தெளிவான

Incontinency, *s.* kāmŭm, காமம்

Incontinent, *a.* kāmŭmoollăh, காமமுள்ள

Inconvertible, *a.* māttă koodādăh, மாற்றக்கூடாத

Incorporeal, *a.* roobăh, shittānăh, அரூப, சித்தான

Incorrect, *a.* tŭppānăh, pirrheyānăh, தப்பான, பிழையான

Incorrigible, *a.* ădeetŭppānăh, அதிதப்பான

Increase, *s.* miggoodee, ădeekŭreepoo, மிகுதி, அதிகரிப்பு

Increase, *v.* ădeegă pŭdookiradoo, அதிகப்படுகிறது

Incredible, *a.* nŭmbă koodādăh, நம்பக்கூடாத

Incredulity, *s.* nŭmbeekayeenmey, நம்பிக்கையீனமை,

Incrust, *v.* kittŭttāl moodookiradoo, கிட்டத்தால்மூடுகிறது

Incubate, *v.* ădeykākiradoo, அடைகாக்கிறது

Incubation, *s.* adeykāpoo, அடைகாப்பு

Inculcate, *v.* pŭdeepeekiradoo, படிப்பிக்கிறது

Incumbent, *s.* kŭdănālee, ooteeyokŭstŭn, உத்தியோகஸ்தன், கடனாளி

Incur, *v.* oondākookiradoo, உண்டாக்குகிறது

Incurable, *a.* shoogăpŭdāmeyyānăh, சுகப்படாமையான

Incurvate, *v.* vŭleykiradoo, வளைக்கிறது

Indebted, *a.* kŭdŭnpŭttăh, கடன்பட்ட

Indecently, *a.* ăvămŭreeyādayāy, அவமரியாதையாய்

Indecision, *s.* teerpinmey, தீர்ப்பின்மை

Indecisive, *a.* teermānămŭttăh, தீர்மானமற்ற

Indecorous, *a.* ăvŭmŭreeyādaiyoollăh, அவமரியாதையுள்ள

Indeed, *i.* oko, meydāno, meyyākăh, ஒகோ, மெய்தானோ, மெய்யாக

Indefatigable, *a.* vŭrootăvālee, yelleypillādăh, வருத்தவாளி, இளைப்பில்லாத

Indefinite, *a.* neeshŭm ŭttăh, நிசமற்ற

Indelible, *a.* ărheekăpŭdăkoodādăh, அழிக்கப்படக்கூடாத

Indelicate, *a.* ăvămŭreeyādăyānăh, அவமரியாதையான

Indemnity, *s.* oottŭrăvādŭm, உத்தரவாதம்

Indent, *v.* pŭdeekirădoo, பதிக்கிறது

Indenture, *s.* oppŭndă sheettoo, ஒப்பந்தசீட்டு

Independence, *s.* tŭneeshtŭm, தன்னிஷ்டம்

Independent, *a.* tŭneeshtŭmānăh, தன்னிஷ்டமான
Indescribable, *a.* shollă moodeeyādăh, சொல்லமுடியாத
Indeterminate, *a.* neesheeyămŭttăh, நிச்சயமற்ற
Index, *s.* ăttăvŭney, அட்டவணை
India, *s.* indoo deyshŭm, இந்து தேசம்
Indian, *s.* indoo deyshŭttān, இந்துதேசத்தான்
Indian corn, *s.* mŭkkāchollŭm, மக்காசோளம்
Indicate, *v.* kooreepoo kāttookiradoo, குறிப்புக்காட்டுகிறது
Indicative, *a.* kooreekiră, kāttookiră, குறிக்கிற, காட்டுகிற
Indictment, *s.* koottŭmteerpookŭdoodāshee, குற்றத்தீர்ப்புக்கடுதாசி
Indifference, *s.* vendāveyroopoo, வேண்டாவெறுப்பு
Indifferent, *a.* vendāveyroopānăh, வேண்டாவெறுப்பான
Indifferently, *a.* vendāveyroopāy, வேண்டாவெறுப்பாய்
Indigence, *s.* tŭreetirrŭm, yelleemey, தரித்திரம், எளிமை
Indigent, *a.* yelleeyă, tureetirrŭmānăh, எளிய, தரித்திரமான
Indigestible, *a.* mŭndŭmānăh, மந்தமான
Indigestion, *s.* mŭndŭm, மந்தம்
Indignant, *a.* yeyreevoollăh, kobŭmoollah, எரிவுள்ள, கோபமுள்ள
Indignation, *s.* yeyreechŭl, kobŭm, எரிச்சல், கோபம்
Indignity, *s.* avŭmānŭm, அவமானம்
Indigo, *s.* neelŭm, நீலம்
Indirectly, *a.* koorookŭdeeyāy, குருக்கடியாய்
Indiscreet, *a.* bootteekŭrttăh, āloshŭney illādăh, புத்திகெட்ட, ஆலோசனையில்லாத
Indiscretion, *s.* boottee tārhchee, புத்தித்தாழ்ச்சி
Indiscriminately, *a.* yedendillāmŭl, ஏதென்றில்லாமல்
Indispensable, *a.* agŭtteeyŭmānăh, teyveyānăh, அகத்தியமான, தேவையான
Indispose, *v.* mŭnă veenă pŭdoottookiradoo, மனவீனப்படுத்துகிறது
Indisposition, *s.* veyroopoo, வெறுப்பு
Indisputable, *a.* yeydeer peyshăkoodādăh, எதிர்ப்பேசக்கூடாத
Indissoluble, *a.* 'kŭraikă koodādăh, கரைக்கக்கூடாத
Indistinct, *a.* teerkă mŭttăh, தீர்க்கமற்ற
Individual, *s.* oroovŭn, or āl, ஒருவன், ஓராள்
Indivisible, *a.* peereekă koodādăh, பிரிக்கக்கூடாத
Indolence, *s.* shomboo, asŭttey, சோம்பு, அசட்டை
Indolent, *a.* shombānăh, gŭvŭley ŭttah, சோம்பான, கவலையற்ற
Indubitable, *a.* nitchăyŭmānăh, நிச்சயமான
Induce, *v.* sheyveekiradoo, yevookiradoo, செய்விக்கிறது, ஏவுகிறது
Inducement, *s.* yeyvookay, sheyveekay, ஏவுகை, செய்விக்கை
Indulge, *v.* oottirrăvoo kodookiradoo, உத்திரவுகொடுக்கிறது

Indulgence, *s.* yedŭm kodootul, இடங்கொடுத்தல்
Indulgent, *a.* yedum kodookiră, இடங்கொடுக்கிற
Indurate, *v.* kŭdeenă pŭdoottookiradoo, கடினப்படுத்துகிறது
Industrious, *a.* jakeerŭtayoollăh, சாக்கிரதையுள்ள
Industry, *s.* jakeerŭttay, சாக்கிரதை
Inebriated, *a.* veyree, koodee, வெறி, குடி
Ineffectual, *a.* tŭkhămeyānăh, belŭnŭttah, தகாமையான, பெலனற்ற
Inelegant, *a.* ăvŭlŭdshŭnumānăh, அவலட்சணமான
Inequality, *s.* otteerāmey, ஒத்திராமை
Inert, *a.* eeyŭngkādăh, இயங்காத
Inestimable, *a.* mŭdeekăkoodādăh, ŭlăveelādăh, மதிக்கக்கூடாத, அளவில்லாத
Inevitable, *a.* villăkă koodādăh, விலக்கக்கூடாத
Inexorable, *a.* munasoo eerookŭmoollăh, மனசுயிறுக்கமுள்ள
Inexpedient, *a.* tŭkādăh, தகாத
Inexperience, *s.* abeeyāsŭm eenmey, அப்பியாசமின்மை
Inexplicable, *a.* yennă koodādăh, என்னக்கூடாத
Inexpressible, *a.* shollăkoodādăh, சொல்லக்கூடாத
Inexhaustible, *a.* shellăvŭrheeyādăh, செலவழியாத
Inextinguishable, *a.* aveeyādăh, அவியாத
Infallible, *a.* tŭvŭrādăh, dittŭmānăh, தவறாத, திட்டமான
Infamous, *a.* veyrookătŭkkă, வெறுக்கத்தக்க
Infamy, *s.* avŭkeertee, அவகீர்த்தி
Infancy, *s.* pālăghŭnăy eerundănāl, பாலகனாயிருந்தநாள்
Infant, *s.* koorŭntey, pālŭn, pālăghŭn, குழந்தை, பாலன், பாலகன்
Infanticide, *s.* poolley kollee, பிள்ளைகொல்லி
Infantile, *a.* koorŭntey kŭdoottăh, குழந்தைக்கடுத்த
Infantry, *s.* kāl seepahee, doopākee seepahee, கால்சிபாயி, துபாக்கிசிபாயி
Infatuated, (to be,) *v.* mayŭngkeetirreekiradoo, மயங்கித்திரிகிறது
Infatuate, *v.* mayŭkkookiradoo, மயக்குகிறது
Infatuation, *s.* pāyteeyă tŭnŭm, பைத்தியத்தனம்
Infect, *v.* tottookiradoo, தொத்துகிறது
Infectious, *a.* tottă, wottătŭkkă, தொத்த, ஒட்டத்தக்க
Infer, *v.* anoomāneekiradoo, அநுமானிக்கிறது
Inference, *s.* anoomānŭm, teermānŭm, அநுமானம், தீர்மானம்
Inferior, *a.* tārhcheeyānăh, தாழ்ச்சியான
Inferiority, *s.* tārhvoo, tālvoo, தாழ்வு
Infernal, *a.* peytŭnŭmoollăh, பேய்த்தனமுள்ள
Infertile, *a.* pārghānăh, பாழான
Infertility, *s.* pargh, பாழ்
Infest, (as beasts,) *v.* meeroogŭm vurghŭkŭmay vŭrookiradoo, மிருகம்வழக்கமாய்வருகிறது
Infidelity, *s.* ăveesoovāsŭm, அவிசுவாசம்

Infinite, *a.* moodeeyādăh, yelleyŭttăh, முடியாத, எல்லையற்ற
Infinitely, *a.* yelley illāmŭl, எல்லையில்லாமல்
Infirm, *a.* soogăveenŭmānăh, சுகவீனமான
Infirmary, *s.* ādooră sāley, ஆதுரசாலை
Inflame, *v.* yeyreekiradoo, kobămoottookiradoo, எரிகிறது, கோபமூட்டுகிறது
Inflammable, *a.* yeyreeyătŭkkăh, எரியத்தக்க
Inflammation, *s.* yeyreevoo, எரிவு
Inflate, *v.* veengăpunnookiradoo, வீங்கப்பண்ணுகிறது
Inflection, *s.* vŭleyvoo, வளைவு
Inflexible, *a.* diddŭmānăh, திடமான
Inflect, *v.* shoomuttookiradoo-ooroottookiradoo, சுமத்துகிறது, உருத்துகிறது
Influence, *s.* tāvoodŭl, தாவுதல்
Influx, *s.* peyrookŭm, பெருக்கம்
Inform, *v.* areeveekiradoo, அறிவிக்கிறது
Informant, *s.* areeveepon, அறிவிப்போன்
Information, *s.* areeveekay, அறிவிக்கை
Infrangible, *a.* mŭreekăkoodādăh, முறிக்கக்கூடாத
Infringe, *v.* tŭdādŭdee punnookiradoo, தடாதடிபண்ணுகிறது
Infringement, *s.* tŭdādŭdee, தடாதடி
Infuriate, *v.* kobămoottookiradoo, கோபமூட்டுகிறது
Infuse, *v.* oottookiradoo, ஊட்டுகிறது
Ingenious, (man,) shoochăkārŭn, gurteekārŭn, vivveykărŭn, சூட்சக்காரன், கெட்டிக்காரன், விவேககாரன்
Ingenuity, *s.* shoochŭm, vivveykŭm, boottee, விவேகம் புத்தி சூட்சமமான
Ingenuous, *a.* oottŭmŭmānăh, உத்தமமான
Ingenuousness, *s.* dārālŭm, தாராளம
Inglorious, *a.* veydkŭmoollăh, வெட்கமுள்ள
Ingraft, *v.* pŭdeekiradoo, பதிக்கிறது
Ingratiate, *v.* dayăvoo koolākookiradoo, தயவுக்குள்ளாக்குகிறது
Ingratitude, *s.* nŭnree mŭrŭpoo, நன்றிமறப்பு
Ingredient, *s.* tŭneesŭrŭkoo, தனிச்சரக்கு
Ingress, *s.* oolshelăvoo, உட்செலவு
Ingulf, *v.* mooroongkookiradoo, முழுங்குகிறது
Inhabit, *v.* vāshŭmpŭnnookiradoo, வாசம்பண்ணுகிறது
Inhabitant, *s.* koodeeyānăvŭn, குடியானவன்
Inhale, *v.* moochoovāngkookiradoo, மூச்சுவாங்குகிறது
Inherent, *a.* doorkhoonŭmānăh, soowāmbŭmānăh, துர்க்குணமான, சுபாபமான
Inherit, *v.* shoodŭndirreekiradoo, சுதந்திரிக்கிறது
Inheritance, *s.* shoodŭndirrŭm, சுதந்திரம்
Inhospitable, *a.* oobăgārŭmillādăh, உபகாரமில்லாத
Inhuman, *a.* kodoomeyānăh, கொடுமையான, மனிததன்மையற்ற
Inhumanity, *s.* kodoomey, neeshttoorŭm, கொடுமை, நிட்டூரம்

Inimitable, *a.* pole sheyă koodādŭh, போல்செய்யக்கூடாத

Iniquitous, *a.* pollādŭh, பொல்லாத

Iniquity, *s.* pŏllāngoo, பொல்லாங்கு

Initial, *a.* moodŭlnilleyānŭh, முதநிலையான

Initiate, *v.* pŭdeepeekiradoo, படிப்பிக்கிறது

Inject, *v.* oolpāshookiradoo, உட்பாய்ச்சுகிறது

Inimical, *a.* sineykŭmŭttăh, சினேகமற்ற

Injudicious, *a.* bootteeyŭttăh, புத்தியற்ற

Injunction, *s.* oottirrăvoo, kŭttŭley, கட்டளை, உத்திரவு

Injure, *v.* kurdookiradoo, sheydă pŭdookiradoo, கெடுக்கிறது, சேதப்படுத்துகிறது

Injurious, *a.* kurdānah, sheydăpudootookiră, கேடான, சேதப்படுத்துகிற

Injury, *s.* kurdoo, ubăkārŭm, கேடு, அபகாரம்

Injustice, *s.* aneedŭm, அநீதம்

Ink, *s.* yeroottoo māy, எழுத்துமை

Inkstand, *s.* maikoodoo, inkăboottee, மைக்கூடு

Inland, *a.* kŭdŭlookkoo doorŭmānăh, oolnādoo, கடலுக்கு தூரமான, உள்நாடு

Inlaying, *s.* ottoo veyley, ஒட்டுவேலை

Inlet, *s.* pŏkkoo, போக்கு

Inmate, *s.* voodoodeekārŭn, வீடுதிக்காரன்

Inn, *s.* shuttrum, mŭdum, சத்திரம், மடம்

Innate, *a.* soowābŭmānăh, சுபாபமான

Inner, *a.* oollānăh, உள்ளான

Innermost, *a.* oollookoollānăh, உள்ளுக்குள்ளான

Innocent, *a.* goottŭm illādŭh, teengkŭttah, shootŭmānăh, சுத்தமான குற்றமில்லாத, தீங்கற்ற

Inoffensive, *a.* sādoovānăh, tŭnmeyānăh, சாதுவான, தன்மையான

Innovation, *s.* poodoomey, noodŭnŭm, புதுமை, நூதனம்

Innumerable, *s.* kŭnnŭkillādăh, கணக்கில்லாத

Inordinate, *a.* orhoongkuttăh, ஒழுங்கற்ற

Inquest, *s.* visshārŭney, விசாரணை

Inquietude, *s.* kŭlăkŭm, கலக்கம்

Inquire, *v.* visshāreekiradoo, விசாரிக்கிறது

Inquirer, *s.* visshāreekiravun, விசாரிக்கிறவன்

Inquiry, *s.* visshārŭney, விசாரணை

Inquisitive, *a.* visshārŭneyoollăh, விசாரணையுள்ள

Insane, *a.* pāyteeŭmoollăh, பைத்தியமுள்ள

Insanity, *s.* pāyteeŭm, பைத்தியம்

Insatiable, *a.* āttăkoodādăh, ஆற்றக்கூடாத

Inscribe, *v.* yerhoodookiradoo, எழுதுகிறது

Inscription, *s.* yerhoottoo, எழுத்து

Inscrutable, *a.* ārāykoodādăh, ஆராய்க்கூடாத

Insect, *s.* poochee, vŭndoo, பூச்சி, வண்டு

Insecurity, *s.* mosŭm, bŭdeerŭm

eenmey, மோசம், பத்திரமின்மை

Insensible, *a.* shoovŭrŭney kurttăh, சுவரணைகெட்ட

Insensibly, *a.* shoovŭrŭney kurdāy, சுவறணைகேட்டாய்

Insensibility, *s.* shoovŭrŭneykurdoo, சுவறணைகேடு

Inseparable, *a.* pirreekăkoodādāh, pŭgookăkoodādăh, பிரிக்கக்கூடாத, புகுக்கக்கூடாத

Insert, *v.* ooleyvāykiradoo, sheylootookiradoo, உள்ளேவைக்கிறது, செலுத்துகிறது

Inside, *a.* ool, ooley, oolpŭkkŭm, உள், உள்ளே, உட்பக்கம்

Insidious, *a.* oolkŭlăvānăh, உள்களவான

Insight, *s.* oolpārvāy, உள்பார்வை

Insignia, *s.* sāsŭnŭm, mooteerey, சாசனம், முத்திரை

Insignificant, *a.* yeleemāyānăh, seeroomāyānăh, எளிமையான, சிறுமையான

Insincere, *a.* poyyānăh, பொய்யான

Insinuate, *v.* oorăvādookiradoo, உறவாடுகிறது

Insinuating, *a.* oorăvādeenăh, உறவாடின

Insipid, *a.* soovāy ŭttăh, சுவையற்ற

Insist, *v.* oonree peyshookiradoo, ărhootookiradoo, ஊன்றிப்பேசுகிறது, அழுத்துகிறது

Insnare, *v.* āsēy kodookiradoo, ஆசைக்கொடுக்கிறது

Insolent, *a.* adeenăprŭsŭngee, அதனப்பிரசங்கி

Insolence, *s.* adeenăprŭsŭngŭm, அதனப்பிரசங்கம்

Insolvable, *a.* vŭlŭngkă koodādăh, விளங்கக்கூடாத

Insolvent, *s.* kŭdŭnirookă māttādăvŭn, கடனிறுக்கமாட்டாதவன்

Inspect, *v.* kŭn pārkiradoo, கண்பார்க்கிறது

Inspector, *s.* kŭn pārkirăvŭn, கண்பார்க்கிறவர்

Inspiration, *s.* gnānăveepŭrăveyshŭm, ஞானவிப்பிரவேசம்

Instability, *s.* nilleyāmey, நிலையாமை

Instalment, *s.* tŭdavey, தடவை

Instance, *s.* deeshtāndirrŭm, திஷ்டாந்திரம்

Instant, *s.* neemeeshŭm, tŭchŭnŭm, நிமிஷம், தற்சணம்

Instantly, *a.* tŭchŭnŭtteel, tŭchŭnŭmey, தற்சணத்தில், தற்சணமே

Instead, *a.* bŭdeelākăh, பதிலாக

Instigate, *v.* moottookiradoo, yevvee voodookiradoo, மூட்டுகிறது, ஏவிவிடுகிறது

Instigator, *s.* moottoovon, toondookol, yevvee voodookiravŭn, மூட்டுவோன், தூண்டுகோல்

Instil, (wisdom,) *v.* boottee oottookiradoo, புத்தியூட்டுகிறது

Instinct, *s.* eeyŭlpoo, இயல்பு

Institute, *v.* yeyrpŭdoottookiradoo, ஏற்படுத்துகிறது

Institution, *s.* yeyrpādoo, ஏற்பாடு

Institutor, *s.* yeyrpŭdoottookirăvŭn, ஏற்படுத்துகிறவன்

Instruct, *v.* pŭdeepeekiradoo, படிப்பிக்கிறது

Instruction, *s.* kŭrpŭney, pŭdeepoo, kŭlvee, படிப்பு, கல்வி, கற்பனை

Instructor, *s.* pudeepeekirăvŭn, kŭrpeekiravŭn, கற்பிக்கிறவன்

Instrument, *s.* tŭlavādŭm, āyoodŭm, தளவாடம், ஆயுதம்
Insufferable, *a.* sāyeek ăpŭdādăh, சகிக்கப்படாத
Insufficiency, *s.* korāyvoo, korāychŭl, குறைவு, குறைச்சல்
Insufficient, *a.* korāyvoollăh, korāychŭlānăh, குறைவுள்ள குறைச்சலான
Insular, *a.* neer shoorŭndăh, kŭdŭlŭdoottăh, நீர்சூழ்ந்த, கடலடுத்த
Insult, *s.* ănāsārŭm, ănātchārŭm, அனுசாரம்
Insult, *v.* ăvŭmāneekiradoo, அவமானிக்கிறது
Insuperable, *a.* shoomŭkkă koodādăh, சுமக்கக்கூடாத
Insurance, *s.* oottură̆vādă kāvŭl, உத்தரவாதக்காவல்
Insurgent, *s.* oorkŭlŭkăkārŭn, ஊர்கலகக்காரன்
Insurrection, *s.* oorkŭlăkŭm, ஊர்க்கலக்கம்
Integrity, *s.* nānăyŭm, நாணயம்
Intellect, *s.* ăreevoo, boottee, அறிவு, புத்தி
Intellectual, *a.* boottee kŭdoottah, areevookŭdoottăh, புத்திக்கடுத்த, அறிவுக்கடுத்த
Intelligence, *s.* boottee, புத்தி
Intelligent, *a.* bootteeyoollăh, புத்தியுள்ள
Intelligible, *a.* teyleevānăh, தெளிவான
Intemperance, *s.* veyree, miggoodee, வெறி, மிகுதி
Intemperate, *a.* veyreeyānăh, miggoodeeyānăh, வெறியான, மிகுதியான
Intend, *v.* mŭnăsāyirookiradoo, yennookiradoo, மனசாயிருக்கிறது, எண்ணுகிறது
Intendant, *s.* meyl visshāreepookārŭn, மேல்விசாரிப்புக்காரன்
Intense, *a.* ăghorŭmānăh, அகோரமான
Intensity, *s.* irrookum, aghorŭm, இறுக்கம், அகோரம்
Intent, *s.* mŭnăsoo, yennŭm, மனசு, எண்ணம்
Intention, *s.* kŭroottoo, yennŭm, கருத்து, எண்ணம்
Intentionally, *a.* vŭrnoomyenroo,* வேணுமென்று
Inter, *v.* pŏdaykiradoo, புதைக்கிறது
Intercede, *v.* mŭtteeyŭstŭm sheyloottookiradoo, மத்தியஸ்தம் செலுத்துகிறது
Intercept, *v.* mŭreekiradoo, மறிக்கிறது
Intercession, *s.* mŭdeeyŭstum, மத்தியஸ்தம்
Intercessor, *s.* mŭdeeyŭstŭn, மத்தியஸ்தன்
Intercourse, *s.* oodāttŭm, ஊடாட்டம்
Interest, *s.* pŭdshŭm, pirreeyŭm, பட்சம், பிரியம்
Interest, (of money,) *s.* vŭttee, வட்டி
Interest, *v.* tāvookiradoo, தாவுகிறது
Interesting, (converse,) *a.* inneepānăpeyshoo, இனிப்பானபேச்சு
Interfere, *v.* koorookoo shollookiradoo, குருக்குசொல்லுகிறது
Interjection, *s.* oolkooree yeddāytcholl, உள்க்குறியிடைச்சொல்
Interim, *s.* sŭmăyŭm, சமயம்

* The r is inserted here only to induce the proper pronunciation of the u, but it should in fact not be sounded.

Interior, *a.* ool,oollānah, oolpŭkkŭmānăh, உள், உள்ளான, உட்பக்கமான

Interline, *v.* vŭreekoodă yeyrhoodookiradoo, வரிக்கூடயெழுதுகிறது

Intermeddle, *v.* tuleypottookollookiradoo, தலைப்போட்டுக்கொள்ளுகிறது

Intermediate, *a.* nŭdoovānăh, நடுவான

Interment, *s.* podaypoo, புதைப்பு

Interminable, *a.* toleyādăh, தொலையாத

Intermission, *s.* viddoodee, worheevoo, விடுதி, ஒழிவு

Intermit, *v.* nirroottee vaïkkiradoo, நிறுத்திவைக்கிறது

Internal, *a.* oollānăh, உள்ளான

Interpolate, *v.* sheyrkiradoo, சேர்க்கிறது

Interpose, *v.* sheyrookiradoo, mŭdeeyŭstŭm sheykiradoo, சேருகிறதுமத்தியஸ்தம்செய்கிறது

Interpret, *v.* doobāsheetŭnŭmpunnookiradoo, துபாசித்தனம்பண்ணுகிற

Interpreter, *s.* doobāsheetŭnăkārŭn, துபாசித்தனக்காரன்

Interrogate, *v.* visshāreekiradoo, veenākŭrdkiradoo, வினாக்கேழ்க்கிறது, விசாரிக்கிறது

Interrogation, *s.* kerlvee, veenā, கேள்வி, வினா

Interrogative, *a.* kerlveeyānăh, கேழ்வியான

Interrupt, *v.* koorookoo shollookiradoo, tŭveerkiradoo, குறுக்குசொல்லுகிறது, தவிர்க்கிறது

Interruption, *s.* koorookoo, tŭdoopoo, குறுக்கு, தடுப்பு

Intersect, *v.* veyttookiradoo, வெட்டுகிறது

Intersperse, *v.* yedāy yiddookiradoo, இடையிடுகிறது

Interstice, *s.* toovārŭm, tolley, துவாரம், தொளை

Interval, *s.* iddayăvāndirrŭm, ăndărŭm, அந்தரம், இடையவாந்திரம்

Intervene, *v.* koorookey vŭrookiradoo, ăndŭrŭmay irrookiradoo, அந்தரமாயிருக்கிறது குருக்கேவருகிறது

Intervention, *s.* koorookoo, yeday, குருக்கு, இடை

Interview, *s.* shŭndeepoo, kānookăy, சந்திப்பு, காணுகை

Interweave, *v.* pinnookiradoo, neykiradoo, பின்னுகிறது, நெய்கிறது

Intestate, *v.* mŭrănă shādŭnŭtteel shollādăh, மரணசாதனத்திற்சொல்லாத

Intestine, *a.* oollānăh, உள்ளான

Intestines, *s.* mŭneekoodŭl, koodŭl, குடல், மணிக்குடல்

Inthral, *s.* ădeemey pŭdoottookiradoo, அடிமைப்படுத்துகிறது

Intimacy, *s.* oodattŭm, sinneykiddŭm, ஊடாட்டம், சிநேகிதம்

Intimate, *v.* kooreepoo kāttookiradoo, kooreepoo kānookiradoo, குறிப்புக்காட்டுகிறது

Intimate, *a.* pŭrghăgeeyăh, vŭngkŭnŭmānăh, பழகிய, வங்கணமான

Intimately, *a.* pŭghrŭkkŭmāy, oodāttŭmāy, பழக்கமாய்

Intimation, *s.* kooreepoo, kooree, குறிப்பு, குறி

Intimidate, *v.* băyăpŭdoottookiradoo, பயப்படுத்துகிறது

Into, *p.* eel, ool, ākăh, koo, இல், உள், ஆக, கு

Intolerable, *a.* sŭgeekăpŭdādăh, சகிக்கப்படாத

Intoxicate, *v.* veyreekă sheykiradoo, வெறிக்கச்செய்கிறது

Intoxicated, (to become,) *v.* veyree yeddookiradoo, வெறியெடுக்கிறது

Intoxicating, *a.* veyreeyoollăh, வெறியுள்ள

Intoxication, *s.* veyree, koodeepoo, வெறி, குடிப்பு

Intractable, *a.* moorŭndānăh, முரண்டான

Intreaty, *s.* prāttŭney, koreekay, பிரார்த்தனை, கோரிக்கை

Intrench, *v.* ăkŭl veyttookiradoo, அகழ்வெட்டுகிற

Intrenchment, *s.* ăkŭl, அகழ்

Intrepidity, *s.* ănjshāmey, ānmey, அஞ்சாமை, ஆண்மை

Intricate, *a.* sikkānăh, சிக்கான

Intrigue, *s.* ăbāyŭm, tŭndirrŭm, அபாயம், தந்திரம்

Intrinsic, *a.* sooyŭmānăh, சுயமான

Introduce, *v.* oolpŭdoottookiradoo, உள்ப்படுத்துகிறது

Introduction, (beginning,) *s.* ārŭmbŭm, ஆரம்பம்

Introductory, *a.* ārŭmbŭmānăh, ஆரம்பமான

Intrude, *v.* bŭlăbŭndŭmāy shellookiradoo, பலபந்தமாய்செல்லுகிறது

Intruder, *s.* bŭlăbŭndŭmānăvŭn, பலபந்தமானவன்

Intrust, *v.* oppeeveekiradoo, ஒப்பிவிக்கிறது

Intuition, *s.* sooyă ăreevoo, சுயவறிவு

Intwine, *v.* tirreekiradoo, moorookookiradoo, திரிக்கிறது, முறுக்குகிறது

Invade, *v.* meyl virrghookiradoo, மேல்விழுகிறது

Invalid, *s.* pinneeyālee, novālee, பிணியாளி, நோவாளி

Invalid, (informal,) *a.* oroodeeyŭttăh, உறுதியற்ற

Invalidate, *v.* worŭngkŭrdookiradoo, உறங்கெடுக்கிறது

Invaluable, *a.* villey mŭdeekŭkoodādăh, விலைமதிக்கக்கூடாத

Invariably, *a.* viggārŭminnree, tŭppeedŭminnree, தப்பிதமின்றி, விகாரமின்றி

Invasion, *s.* nāttookool pŭkhayvŭr sheylavoo, நாட்டுக்குட்புகைவர்செலவு

Invective, *s.* dooshŭnŭm, veerodŭm, தூஷணம், விரோதம்

Inveigh, *v.* veerodŭmāy peyshookiradoo, விரோதமாய்பேசுகிறது

Inveigle, *v.* āsāy kattookiradoo, ஆசைகாட்டுகிறது

Invent, *v.* kuroottoo kattookiradoo, soostŭrŭmsheykiradoo, கருத்துகாட்டுகிறது, சூஸ்திரம்செய்கிறது

Invention, *s.* kŭroottoo, soostŭrum, shoorghtchee, கருத்து, சூஸ்திரம், சூழ்ச்சி

Inventory, *s.* sāmān peyr vŭhreedāppoo, சாமான்பெயர்வழிடாப்பு

Inverse, *a.* koorookānăh, குறுக்கான

Invert, *v.* tirroopookiradoo, poorŭttookiradoo, திருப்புகிறது, புரட்டுகிறது

Invest, (money,) *v.* āsteepŭdoottookiradoo, ஆஸ்திப்படுத்துகிறது

Investigate, *v.* shodeekiradoo, ārāykiradoo, visshāreekiradoo, சோதிக்கிறது, விசாரிக்கிறது

Investigation, *s.* shodŭney, visshāreepoo, சோதனை, விசாரிப்பு

Inveterate, *a.* kŭdoomeyoollăh, கடுமையுள்ள

Invidious, *a.* vŭrmŭmoollah, yeyreechŭlōollăh, வர்மமுள்ள, எரிச்சலுள்ள

Invigorate, *v.* bŭlapudoottookiradoo, oorăsākapŭdoottookiradoo, உர்ச்சாகப்படுத்துகிறது, பலப்படுத்துகிறது

Invigorating, *a.* oorăsāyŭmānăh, உர்ச்சாயமான

Invigoration, *s.* oorăsākhŭm, உர்ச்சாகம்

Invincible, *a.* vellăhkoodādăh, வெல்லக்கூடாத

Inviolable, *a.* meerŭkkăkoodādăh, மீறக்கூடாத

Inviolate, *a.* meerăpŭdādăh, மீறப்படாத

Invisible, *a.* aroobŭmānăh, அருபமான

Invite, *v.* yeydeer kond ărhaykiradoo, எதிர்கொண்டழைக்கிறது

Invitation, *s.* yeydeerărghāykāy, எதிரழைக்கை

Inundation, *s.* tănneer perookŭm, தண்ணீர்பெருக்கம்

Invocate, *v.* mŭnrādookiradoo, மன்றாடுகிறது

Invoice, *s.* sāmān ŭttăvŭney, சாமான அட்டவணை

Invoke, *v.* jheybeekiradoo, ஜெபிக்கிறது

Involve, *v.* kŭlŭkookiradoo, korghŭppookiradoo, கலக்குகிறது, குழப்புகிறது

Involved, (to become,) *v.* ămeerhndoo pokiradoo, அமிழ்ந்து போகிறது

Involuntarily, *a.* mŭnă peereeyum illamul, மனப்பிரியமில்லாமல்

Inuendo, *s.* jāday, சாடை

Invulnerable, *a.* gāyă pŭdoottăkoodādăh, காயப்படுத்துகிறது

Inure, *v.* pŭrghŭkkookiradoo, sādeekiradoo, பழக்குகிறது, சாதிக்கிறது

Inward, *a.* oolley, oollookoo, oollanah, உள்ளே, உளளுக்கு, உள்ளான

Inwrought, *a.* shitteerŭm ŭrghay ŭttăh, சித்திரமிழைத்த

Ipecacuanha, *s.* oroo vāndee mŭrŭndoo, ஒருவாந்திமருந்து

Irascible, *a.* kobŭmoollăh tukkăh, கோபமுளத்தக்க

Ire, *s.* kobŭm, sŭlŭm, கோபம், சலம்

Iris, (rainbow,) *s.* vānăveel, வானவில்

Irksome, *a.* tondŭrăvānăh, தொந்திரவான

Iron, *s.* eeroomboo, இரும்பு

Irons, shengeelee, சங்கிலி

Irony, *s.* peerŭdee porool vŭlayvŭnee, பிறிதுபொருள் விளைவன்றி

Irradiate, *v.* peerăkāsheekiradoo, பிரகாசிக்கிறது

Irrational, *a.* bootteeyuttăh, புத்தியற்ற

Irreclaimable, *a.* tirroondāmāyānăh, oppŭrăvākă koodādăh, திருந்தாமையான, ஒப்புரவாகக்கூடாத

Irrefragable, *a.* nitcheeyŭmoollăh, நிச்சயமுள்ள

Irregular, *a.* orhoongkŭttăh, ஒழுங்கற்ற

Irregularity, *s*. orhoongkeenŭm, ஒழுங்கீனம்
Irrelevant, *a*. kāreeyŭttookoodăvādăh, காரியத்துக்குதவாத
Irreligion, *s*. ăvăbŭttee, அவபத்தி
Irreligious, *a*. ăvăbŭtteeyānăh, அவபத்தியான
Irremediable, *a*. māttăkoodādă, மாற்றக்கூடாத
Irreparable, *v*. vŭsăpŭdoottookoodādăh, வசப்படுத்தக்கூடாத
Irresistible, *a*. yedayoorookŭdookătŭkkăh, yedāyoorānăh, இடையூருக்கடுக்கதக்க
Irresolute, *a*. irroomŭnŭmănăh, இருமனமான
Irreverence, *s*. ăbăsārŭm, அபசாரம்
Irrevocable, *a*. kāy kŭdŭndăh, teeroopo koodādăh, கைக்கடந்த, திரும்பக்கூடாத
Irritable, *a*. kobeekira, கோபிக்கிற
Irritate, *v*. kobă moottookiradoo, kobă pŭdoottookiradoo, கோபமூட்டுகிறது, கோபப்படுத்துகிறது
Irruption, *s*. oodaypoo, veydeepoo, உடைப்பு, வெடிப்பு
Island, *s*. tittoo, deevāndirrŭm, திட்டு, தீவாந்திரம்
Isolated, *a*. tŭneemeyānăh, தனிமையான
Issue, *s*. (progeny,) poolley, sŭndānŭm, பிள்ளை, சந்தானம்
Issue, *s*. shellavoo, poorăpādoo, செலவு, புறப்பாடு
Issue, (forth,) *v*. veylee vŭrookiradoo, poorăpŭdookiradoo, வெளிவருகிறது, புறப்படுகிறது
Issue, *v*. kodookiradoo, yedookiradoo, இடுகிறது, கொடுக்கிறது
Issue, (of an affair,) *s*. moodeevoo, teerpoo, முடிவு, தீர்ப்பு
Isthmus, *s*. ooreedeykŭloottoo, ஊரிடைக்கழுத்து
It, *p*. iddoo, ădoo, iddēy, ădey, இது, அது, இதை, அதை
Itch, *s*. nŭmeechŭl, tinnăvoo, நமிச்சல், தினவு
Itch, *v*. tinăveydookiradoo, தினவெடுக்கிறது
Item, *s*. kāreeyŭm, kooreepoo, காரியம், குறிப்பு
Itinerant, *s*. pŭlădeyshŭnsjhāree, பலதேசசஞ்சாரி
Itinerate, *v*. prăyānŭmpŭnnookiradoo, பிரயாணம்பண்ணுகிறது
Itself, *p*. ădoo dāney, ădoo dān, அதுதானே
Ivory, *s*. āney tŭndŭm, āney komboo, ஆனைத்தந்தம், ஆனைகொம்பு

J

Jacinth, *s*. sheyvăvŭndee, செவ்வந்தி
Jackal, *s*. nerree, oree, நரி, ஓரி
Jacket, *s*. shookkāy, shŭttey, சொக்காய், சட்டை
Jackfruit, *s*. pŭlā pŭrhŭm, பலாப்பழம்
Jail, *s*. kāvŭlkoodŭm, காவற்கூடம்
Jailer, *s*. kāvŭlkoodăkārŭn, sirreysāleykārŭn, சிறைச்சாலைக்காரன்
Jalap, *s*. beydee mŭroondăh, பேதிமருந்து
Jam, *v*. amŭrttookiradoo, அமர்த்துகிறது

January, *s.* tāy mādŭm, tāy māshŭm, தைமாசம்
Jangle, *v.* shŭndey pŭdookiradoo, சண்டைப்படுகிறது
Jar, *s.* jādee, சாடி
Jasmine, *s.* mŭlleekāy, மல்லிகை
Jasper, *s.* irrăvăkŭl, இரவாக்கல்
Javelin, *s.* eettee, ஈட்டி
Jaundice, *s.* kāmāley, காமாலை
Jaunt, *v.* tirreekiradoo, திரிகிறது
Jaw, *s.* ŭlăghoo, அலகு
Jealous, *a.* yeyreechŭl oollăh, எரிச்சலுள்ள
Jealousy, *s.* yeyreechŭl, எரிச்சல்
Jeer, *v.* gaylee pŭnnookiradoo, கேலிபண்ணுகிறது
Jeer, *s.* gaylee, sŭrăsŭm, கேலி, சரசம்
Jeerer, *s.* gayleekārŭn, கேலிக்காரன்
Jelly, *s.* koorhŭmboo, pākoo, குழம்பு, பாகு
Jeopardy, *s.* ăbāyŭm, mosŭm, அபாயம், மோசம்
Jerk, *v.* teyreekiradoo, தெறிக்கிறது
Jest, *v.* gaylee, (or,) sŭrăsŭmpŭnnookiradoo, சரசம்பண்ணுகிறது
Jesus, eeyeysoo keereestoo, இயேசுகிறிஸ்து
Jet, *v.* neer pāykiradoo, நீர்ப்பாய்கிறது
Jew, *s.* yoodŭn, யூதன்
Jewsharp, *s.* morshŭngoo, மோர்சங்கு
Jewel, *s.* nŭgāy, oodŭmey, நகை, உடமை
Jeweller, *s.* nŭgaysheyvon, நகைசெய்வோன்
Jingle, *s.* sŭlŭngkay shŭttŭm, சலங்கைசத்தம்

Job, (stab,) *v.* koottookiradoo, குத்துகிறது
Jocund, *a.* toolāttŭmānăh, துள்ளாட்டமான
Jog, *s.* tŭlloo, tŭttoo, தள்ளு, தட்டு
Join, *v.* sheyrkiradoo, koottookiradoo, சேர்க்கிறது, கூட்டுகிறது
Joined, *p.* sheyrttăh, சேர்த்த
Joint, (of the limbs,) *s.* kŭnăvoo, keel, கணவு, கீல்
Joint, (carpentry,) *s.* yenaypoo, sheyrpoo, இணைப்பு, சேர்ப்பு
Joint, *v.* yenaykiradoo, sheyrkiradoo, இணைக்கிறது, சேர்க்கிறது
Jointure, *s.* sheer, vŭreesey, சீர், வரிசை
Joke, *v.* gaylee pŭnnookiradoo, கேலிபண்ணுகிறது
Jollity, *s.* toollāttŭm, துள்ளாட்டம்
Jolly, *a.* toollāttŭmānăh, துள்ளாட்டமான
Jolt, *s.* koolookoo, toolookoo, குலுக்கு, துலுக்கு
Jolt, *v.* ashaykiradoo, koolookookiradoo, அசைகிறது, குலுக்குகிறது
Jot, (dot,) *s.* poollee, koottoo, புள்ளி, குத்து
Joviality, *s.* kondāttŭm, toollāttŭm, கொண்டாட்டம்
Journal, *s.* dinăvŭrtŭmānŭm, தினவர்த்தமானம்
Journey, *s.* pirăyānŭm, bayănŭm, yattŭrey, பிரயாணம், பயணம், யாத்திரை
Joy, *s.* mŭgootchee, sŭndoshŭm, மகிழ்ச்சி, சந்தோஷம்
Joyful, *a.* sŭndoshŭmoollăh, mŭgootcheeoollăh, சந்தோஷமுள்ள, மகிழ்ச்சியுள்ள

Joyfully, *a.* sŭndoshŭmāy, சந்தோஷமாய்

Joyless, *a.* sŭndoshum illāmay, சந்தோஷமில்லாமை

Judge, *s.* neeyāyādăbŭdee, நியாயாதிபதி

Judge, *v.* teermāneekiradoo, neeyayum teerkiradoo, தீர்மானிக்கிறது, நியாயந்தீர்க்கிறது

Judgement, *s.* neeyāyă teerpoo, teermānŭm, நியாயத்தீர்ப்பு, தீர்மானம்

Judicature, *s.* neeyāyă sŭbāy, நியாயசபை

Judicial, *a.* neeyāyustŭluttookŭdootăh, நியாயஸ்தலத்துக்கடுத்த

Judicious, *a.* bootteeyoollăh, புத்தியுள்ள

Juggler, *s.* gāroodŭn, gāroodăvitteykārŭn, காருடன, காருடவித்தைக்காரன்

Juice, *v.* shāroo, shārŭm, rŭsŭm, சாறு, சாரம், ரசம்

Juicy, *s.* shārŭmoollăh, rŭsŭmoollah, சாரமுள்ள, ரசமுள்ள

Jumble, *s.* tāroomāroo, தாறுமாறு

Jump, *v.* koodeekiradoo, toollookiradoo, குதிக்கிறது, துள்ளுகிறது

Junction, *s.* sheyrvay, issaypoo, eesayvoo, இசைப்பு, இசைவு

Juncture, *s.* sŭmăyŭm, சமயம்

Jungle, *s.* kādoo, soley, vŭnŭm, காடு-சோலை-வனம்

Junior, *s.* eelayăvŭn, yedaytchŭn, இளையவன் இடைச்சன

Juniper, *s.* shoorey sheydee, சூரைச்செடி

Jurisdiction, *s.* neeyāyādeekŭm, நியாயாதிக்கம்

Jury, *s.* mŭtteeyŭstur, மத்தியஸ்தர்

Just, *adv.* shŭttey, oodăney, சத்தே, உடனே

Just, *a.* neeyāyŭmoollăh, worghoongānăh, நியாயமுள்ள ஒழுங்கான

Justice, *s.* needee, nŭdooneeyāyŭm, நீதி-நடுநியாயம்

Justifiable, *a.* needeeyoollăh, săreeyānăh, நீதியுள்ள-சரியான

Justification, *s.* needeeyākookāy, needee yenroo teertŭl, நியாயாக்குகை நீதியென்றுதீர்த்தல்

Justify, *v.* needee yenroo teerkiradoo, நீதியென்றுதீர்க்கிறது

Justly, *a.* needeeyāy, neeyāyŭmāy, worghoongāy, நீதியாய, நியாயமாய், ஒழுங்காய்

Justness, *s.* neeyāyŭm, needee, worghŭngoo, நியாயம், நீதி, ஒழுங்கு

Juvenile, *a.* yelămeyānăh, இளமையான

Juxtaposition, *s.* todey nilley, தொடைநிலை

K

Kalendar, *s.* pŭnjshāngŭm, பஞ்சாங்கம்

Kaw, *v.* kākā kŭttookiradoo, kākā koovookiradoo, காககாகூப்பிடுகிறது, காககாகத்துகிறது

Keel, *s.* kŭppŭleen tŭley mŭrŭm, wodăkŭttey, கப்பலின்றலைமரம் ஒடக்கட்டை

Keen, *a.* koormeyoollăh, கூர்மையுள்ள

Keenness, *s.* koormey, கூர்மை

Keep, *v.* vaikkiradoo, வைக்கிற து

Keeper, *s.* kāvŭlŭn, காவலன்

Keepsake, *s.* ngāpăgăporool, ஞாபகப்பொருள்

Kennel, *s.* nāy mooduleeyăvŭtteenă voodoo, nāy woodoo, நாயமுதவியவறறினவீடு

Kernel, *s.* kottey, pŭroopoo, கொட்டை, பருப்பு

Kettle, *s.* koppŭrey, kittŭl, கொப்பரை

Kettledrum, *s.* meylŭm, peyreekay, மேளம், பேரிகை

Key, *s.* shavee, tŭravoo kol, சாவி, திறவுகோல்

Kick, *v.* wodāykiradoo, உதைக்கிறது

Kid, *s.* vellāttoo koottee, வெள்ளாட்டுக்குட்டி

Kidnap, *v.* mŭnoovāy teeroodookiradoo, munookŭlāveydookiradoo, மனுககளவெடுககிற து, மனுவைத்திருடுகிறது

Kidney, *s.* goondeekay, குண்டிக்காய்

Kill, *v.* kollookiradoo, ădeekiradoo, veyttookiradoo, அடிககிறது, கொலலுகிறது, வெட்டுகிறது

Kiln, *s.* kālăvāy, shooley, காளவாய், சூளை

Kin, *s.* oorăvoo, yenŭm, உறவு, இனம்

Kind, *a.* dăyăvoollăh, nŭllă goonŭmānăh dātehenneyoollah, தயவுள்ள-தாட்சிணையுள்ள

Kind, *s.* māderee, viddŭm, மாதிரி-விதம்

Kindle, *v.* pŭttookiradoo, yeyreekiradoo, kolloottookiradoo, பற்றுகிறது, எரிகிறது, கொளுத்துகிறது

Kindly, *a.* pŭtshŭmāy, dăyăvāy, பட்சமாய், தயவாய்

Kindness, *s.* dăyăvoo, pŭtshŭm, தயவு, பட்சம்

Kindred, *s.* oorăvoo, yenŭm, உறவு, இனம்

Kindred, *a.* oorăvānăh, உறவான

King, *s.* rājshā, இராசா

Kingdom, *s.* rājsheeyŭm, oolăgŭm, இராசசியம், உலகம்

Kingfisher, *s.* meenkootteepoo, மீன்குத்திப்புள்

Kinsman, *s.* oorăvŭn, உறவன்

Kiss, *v.* moottŭm yidookiradoo, moottee kodookiradoo, முத்தமிடுகிறது

Kiss, *s.* moottŭm, moottee, முத்தம்

Kitchen, *s.* sŭmăyŭl voodoo, kooshinnee, சமயல்வீடு-குசினி

Kitchengarden, *s.* tŭrkāree tottŭm, தற்ககாரிதோட்டம்

Kite, *s.* rāshālee, pŭroondoo, இராசாளி, பருந்து

Kitten, *s.* pooney koottee, பூனைக்குட்டி

Knack, *s.* sāmārtteeyŭm, சாமார்த்தியம், சாதுரியம்

Knapsack, *s.* nāksāppoo, nāpsāpāy, நாக்சாப்பு, நாப்சாபை

Knave, *s.* vŭnjshăgŭn, kowvoodŭn, வஞ்சகன், கவுடன்

Knavery, *s.* vŭnjshăgŭm, vŭnjŭney, வஞ்சகம், வஞ்சனை

Knavish, *a.* vunjshŭneyoollah, வஞ்சனையுள்ள

Knead, *v.* pishaindoo podookiradoo, பிசைந்துபோடுகிறது

Kneadingtrough, *s.* pishaindoo tottee, பிசைந்துதொட்டி

Knee, *s.* moorŭngkāl, முழங்கால்

Kneel, *v.* moorŭngkāleen neerkiradoo, முழங்காலினிற்கிறது

Knife, *s.* kŭttee, shooree, கத்தி, சூரி

Knit, *v.* pinnookiradoo, neysheekiradoo, பின்னுகிறது, நெசிகிறது

Knittingneedle, *s.* peennŭl oochee, பின்னலூசி

Knob, *s.* koomeerghee, குமிழி

Knock, *v.* ŭdeekiradoo, kottookiradoo, tŭttookiradoo, அடிக்கிறது, கொட்டுகிறது, தட்டுகிறது

Knot, *s.* moodeechoo, kŭttoo, முடிச்சு, கட்டு

Knotty, *a.* moodeechoollăh, முடிச்சுள்ள

Know, *v.* ăreekiradoo, teyreekiradoo, அறிகிறது, தெரிகிறது

Knowing, *p.* ăreekirăh, teyreekirăh, அறிகிற, தெரிகிற

Knowing, *a.* ăreevoollăh, அறிவுள்ள

Knowingly, *a.* ăreevodey, vŭrnŭmyenroo, அறிவோடே, வேணுமென்று

Knowledge, *s.* ăreevoo, boottee, அறிவு, புத்தி

Known, *p.* ăreendăh, teyreendăh, அறிந்த, தெரிந்த

Knuckle, *s.* virŭlmoollee, விரல்முளி

L

Label, *s.* peyr ŭttăvŭney, பெயரட்டவணை

Laboratory, *s.* rŭsăvādă sāley, இரசவாதச்சாலை.

Labor, *v.* veyley sheykiradoo, pirăyāsă pŭdookiradoo, வேலை செய்கிறது பிரயாசப்படுகிறது

Laborious, *a.* pirăyāsŭmānăh, kŭshtŭmānăh, பிரயாசமான கஷ்டமான

Laborer, *s.* kooleekārŭn, veyleyāl, வேலையாள் கூலிக்காரன்

Labyrinth, *s.* shoottoovāreemŭndăpŭm, சுற்றுவாரிமண்டபம்

Lac, *s.* lŭtchŭm, லட்சம

Lace, *s.* shŭreekay, சரிகை

Laceman, *s.* shŭreekāykārŭn, சரிகைக்காரன்

Lacerate, *v.* keergheekiradoo, கிழிக்கிறது

Lack, *s.* koorāyvoo, korāychŭl, குறைவு

Lack, *v.* teyveyāy irrookiradoo, vurndookiradoo, korāynd irrookiradoo, தேவையாயிருக்கிறது வேண்டுகிறது குறைந்திருக்கிறது

Lacker, *s.* kŭseedŭm, கசிதம்

Laconic, *a.* shoolookānăh, leysānăh, சுருக்கான-லேசான

Lad, *s.* sirroovŭn, pāyŭn, சிறுவன்-பையன்

Ladder, *s.* yeynee, ஏணி

Lade, (liquids,) *v.* mōllookiradoo, மொள்ளுகிறது

Lade, (grain, &c.) *v.* ăllookiradoo, அள்ளுகிறது

Laden, *a.* bārŭm yettăpŭttăh, bārŭmoollăh, பாரமேற்றப்பட்ட, பாரமுள்ள

Lading, *s.* yettoo, sāmān, ஏற்று சாமான்

Ladle, *s.* ăkhăpāy, āppāy, அகப்பை ஆப்பை

Lady, *s.* dooreysānee, dooreymŭkhŭl, துரைமகள்-துரைசானி

Lag, *v.* tāmăshŭmay vŭrookiradoo, or pokiradoo, தாமஷமாய்வருகிறது-போகிறது

Lake, *s.* yeyree, ஏரி

Lamb, s. āttoo koottee, ஆட்டுக்குட்டி

Lambent, a. toollookiră, துள்ளுகிற

Lame, a. nŏndeeyānăh, நொண்டியான

Lament, v. poolŭmbookiradoo, dookă pŭdookiradoo, புலம்புகிறது, துக்கப்படுகிறது

Lamentable, a. poolŭmbă pŭdătŭkkăh, புலம்பப்படத்தக்க

Lamentation, s. poolŭmboo, புலம்பு

Lamp, s. vŭlŭkkoo, deebŭm, விளக்கு-தீபம்

Lampblack, s. ottŭdāy, ஒட்டடை

Lance, s. eettee, ஈட்டி

Lance, v. keerookiradoo, koottookiradoo, கீறுகிறது, குத்துகிறது

Lancet, s. sŭttirrŭm, சத்திரம்

Land, s. nellŭm, kānee, boomee, நிலம், காணி, பூமி

Land, v. yeyrŭngookiradoo, kŭreyeyrookiradoo, இறங்குகிறது, கரையேறுகிறது

Landholder, s. nellĕymeykārŭn, kāneekārŭn, நிலமைக்காரன் காணிக்காரன்

Landscape, s. deysătottŭm, தேசத்தோற்றம்

Land tax, s. nellă vŭree, kŭndāyŭm, நிலவரி, கந்தாயம்

Languor, s. tŭlŭrchee, shorvoo, தளர்ச்சி, சோர்வு

Language, s. pāshay, பாஷை

Languid, a. tŭlŭrcheeoollăh, shorvoollăh, தளர்ச்சியுள்ள, சோர்வுள்ள

Languish, v. shorkiradoo, சோர்கிறது

Lantern, s. vŭlŭkkookoodoo, lāndŭr, விளக்குக்கூடு, லாந்தர்

Lap, s. mŭdee, மடி

Lap, v. nŭkkeekiradoo, நக்குகிறது

Lapidary, s. rŭtteenŭ veeyābāree, இரத்தினவியாபாரி

Lapse, s. irrŭppoo, sheylăvoo, இறப்பு, செலவு

Larceny, s. tirroodoo, kŭlavoo, shorŭm, திருடு, களவு, சோரம்

Lard, s. pŭnnee korhoopoo, பன்றிகொழுப்பு

Large, a. peyreeyăh, mŭkhā, meegăh, பெரிய-மகா-மிக

Largely, a. peyreeyădāy, meegoodeeyāy, பெரியதாய்-மிகுதியாய்

Lark, s. vānŭmpādee, வானம்பாடி

Lascivious, a. mokŭmānăh, மோகமான

Lash, v. săvookāl ŭdeekiradoo, kŭcheyāl ŭdeekiradoo, சவுக்காலடிக்கிறது கசையாலடிக்கிறது

Lash, (tie,) v. irrookee kŭttookiradoo, இறுக்கிக்கட்டுகிறது

Lass, s. koomŭree, seerŭkee, குமரி-சிறுகி

Lassitude, s. āyāsŭm, shorvoo, ஆயாசம்-சோர்வு

Last, a. kŭdaseeyānăh, கடைசியான

Last, v. needeekiradoo, நீடிக்கிறது

Lasting, a. needeekiră, நீடிக்கிற

Lastly, a. kŭdăseeyiley, modeeveeley, கடைசியிலே, முடிவிலே

Latch, s. tārghpāl, தாழ்ப்பாள்

Late, a. (deceased or gone,) pōnăh, shenrăh, போன, சென்ற

Late, a. neyrŭmay, நேரமாய்

Lately, a. shillă nāl ānah, shillănāley kee mooney, சிலநாளான, சிலநாளைக்குமுன்னே

Lateness, *s.* tāmăshŭm, tŭdey, தாமசம், தடை
Latent, *a.* poodayŭlānăh, புதையலான
Later, *a.* ădeegă neyrŭmay, அதிகநேரமாய்
Lateral, *a.* pŭkkŭmānăh, பக்கமான
Lath, *s.* reepŭr, reepur puttey, வரிச்சல், ரீப்பர்பட்டை
Lather, *s.* shŭvŭrkārănoray, சவர்க்காரனுரை
Latin, *s.* lāttinoopāshāy, லத்தினுபாஷை
Latter, *a.* pindeenăh, பிந்தின
Lattice, *a.* pŭlŭghuneeyoollăh, பலகணியுள்ள
Laudable, *a.* poogŭrhtŭkkăh, புகழத்தக்க
Laugh, *v.* sheereekiradoo, nŭkhāykiradoo, சிரிக்கிறது நகைக்கிறது
Laughingstock, *s.* seereekă pŭdoovon, சிரிக்கப்படுவோன
Laughter, *s.* seereepoo, nŭkhāy, சிரிப்பு, நகை
Lavish, *v.* veen shellavoo sheykiradoo, வீண்செலவுசெய்கிறது, இறைக்கிறது
Lavish, *a.* meegooshellăvoollăh, veenshellavoollah, மிகுசெலவுள்ள, வீண்செலவுள்ள
Launch, *v.* kŭpŭley kŭdŭleel yerŭkkookiradoo, கப்பலைகடலிலிறக்குகிறது
Law, *s.* neeyāya pirămānŭm, நியாயப்பிரமாணம்
Lawful, *a.* neeyāyŭmānăh, நியாயமான
Lawless, *a.* ăvă neeyāyŭmānăh, அவநியாயமான
Lawsuit, *s.* veeyātcheeŭm, வியாச்சியம்
Lawyer, *s.* neeyāyăvān, நியாயவான்
Lax, *a.* yellăkārŭmānăh, இளக்காரமான
Laxative, *s.* sŭgăbeydeemŭrŭndoo, சுகபேதிமருந்து
Lay, (eggs,) *v.* mootteyeedookiradoo, முட்டையிடுகிறது
Lay, *v.* vāykiradoo, podookiradoo, வைக்கிறது போடுகிறது
Layer, *s.* pŭdey, pār, ădookkoo, படை, பார், அடுக்கு
Laziness, *s.* shombŭl, sombŭl, சோம்பல்
Lazy, *a.* shombŭlānăh, சோம்பலான
Lead, *v.* vŭghree, or vŭlee kāttookiradoo, koottee pokookiradoo, kondoopokiradoo, moonpokiradoo, வழிகாட்டுகிறது, கூட்டிபோகுகிறது, கொண்டுபோகிறது, முன்போகிறது
Lead, *s.* eeyŭm, vŭngŭm, ஈயம் வங்கம்
Leader, *s.* moodŭlālee, tŭleyvŭn, முதலாளி-தலைவன்
Leaf, (small,) tŭrghey, தழை
Leaf, (large,) yelley, இலை
League, *s.* kŭttoopādoo, கட்டுப்பாடு
Leak, *v.* orghookookiradoo, olookookiradoo, ஒழுகுகிறது
Lean, *v.* sāykiradoo, சாய்க்கிறது
Lean, *a.* meylinjshoo, melleendăh, yeleyttăh, மெலிந்த இளைத்த
Leap, *v.* koodeekiradoo, toollookiradoo, குதிக்கிறது, துள்ளுகிறது
Learn, *v.* vāsheekiradoo, pŭdeekiradoo, வாசிக்கிறது படிக்கிறது
Learned, *a.* vāsheettăh, pŭdeettăh, வாசித்த-படித்த

Lease, *s.* vādăkay, goottăkay வாடகை, குத்தகை

Least, *a.* ădeegă sirreeyăh, ădeegă konjshăh, அதிகசிறிய அதிக கொஞ்ச

Leather, *s.* töl, தோல

Leave, *s.* oottŭrăvoo, selăvoo, உத்திரவு, செலவு

Leaven, *v.* pooleekă sheykiradoo, புளிக்கச்செய்கிறது

Lecture, *s.* prŭsŭngŭm, பிரசங்கம்

Lecturer, *s.* prŭsŭngee, பிரசங்கி

Leech, *s.* ŭttey, அட்டை

Left, *a.* (as hand or leg,) peechăkay, yeddŭmānăh, yeddah, பிச்சக்கை-இடமான, இட

Left, *p.* viddăpŭttăh, kāy veedăpŭttăh, விடப்பட்ட, கைவிடப்பட்ட

Leg, *s.* kāl, கால்

Legacy, *s.* mŭrŭnă sādŭnăporool, மரணசாதனபொருள்

Legal, *a.* needeeyānăh, நீதியான

Legible, *a.* vāsheekă tŭkkăh, pŭdeekătŭkkăh, வாசிக்கத்தக்க, படிக்கத்தக்க

Legislate, *v.* pirămānŭm veedeekiradoo, பிரமாணம்விதிக்கிறது

Legitimate, (child,) koleyvānăpoolley, குலவானபிள்ளை

Leisure, *s.* săvăgāsŭm, சாவகாசம்

Lemon, *s.* yeloomeechŭm pŭrhŭm, எலுமிச்சம்பழம்

Lemonade, *s.* yeloomeshey peerheendă neer, எலுமிச்சைபிழிந்தநீர்

Lend, *v.* kŭdŭnay kodookiradoo, கடனாய்கொடுக்கிறது

Length, *s.* niggălŭm, nillŭm, நிகளம், நீளம்

Lengthen, *v.* niggălookiradoo, ădeegă niggălŭmay sheykiradoo, நிகளுகிறது அதிகநிகளுகிறது

Lenient, *a.* lŭghoovānăh, இலகுவான

Leopard, *s.* pillee, poollee, vengkāy, பிலி, புலி, வேங்கை

Less, *a.* korāyndăh, koraychŭllānăh, குறைந்த, குறைச்சலான

Lessen, *v.* korāykiradoo, குறைகிறது

Lesson, *s.* pādŭm, பாடம்

Let, *v.* voodookiradoo, wottookiradoo, விடுகிறது, ஒட்டுகிறது

Letter, (alphabetic,) *s.* ŭtchŭrum, yerghoottoo, அட்சரம், எழுத்து

Letter, (epistolary,) *s.* kāyeedŭm, chittoo, yerghoodeenăkāyeedŭm, காயிதம், சீட்டு, எழுதினகாயிதம்

Level, *s.* mŭttŭm, மட்டம்

Level, *a.* sŭmŭmānăh, சமமான

Lever, *s.* oolookoomŭrŭm, உலுக்குமரம

Levity, *s.* leysoo, lŭghoo, லேசு, லகு

Liable, *a.* yeddoovānăh, எதுவான

Liar, *s.* poyyŭn, poy tchollookirăvŭn, பொய்யன், பொய்ச்சொல்லுகிறவன்

Liberal, *a.* dārālŭmānăh, தாராளமான

Liberator, *s.* voottoovoodookirăvŭn, eestŭmākkoovon, விடுவிக்கிறவன், இஷ்டமாககுவோன

Liberty, *s.* voodootŭlley, oottŭrăvoo, விடுதலை, உத்தரவு

Libidinous, *a.* mokhŭmānăh, மோகமான
Library, *s.* poostăgă koodum, poostăgă sālay, புத்தககூடம் புத்தகசாலை
Lice, *s.* peyngŭl, பேன்கள்
Licence, *s.* oottŭrăvoo, உத்தரவு
Lick, *v.* nŭkkookiradoo, நக்குகிறது
Lid, *s.* moodee, மூடி
Lie, *s.* poy, பொய்
Lie, *v.* poyshollookiradoo, பொய்சொல்லுகிறது
Lie, (down,) *v.* pŭdookiradoo, படுக்கிறது
Life, *s.* jeevŭn, wheeŭr, prānŭn, சீவன், உயிர், பிருணன்
Lifeless, *a.* jeevŭnŭttăh, jeevŭnillāmŭl, சீவனற்ற,சீவனில்லாத
Lift, *v.* tookkookiradoo, yeddookiradoo, தூக்குகிறது, எடுக்கிறது
Light, (kindle,) *v.* pŭttookiradoo, kolŭttookiradoo, yettookiradoo, பத்துகிறது, கொளுத்துகிறது, எத்துகிறது
Light, (as a burden,) *a.* shooloovānăh, bārŭmillādăh, gŭnŭmillādăh, சுளுவான, பாரமில்லாத, கனமில்லாத
Light, (day,) *s.* pŭgŭl veyleetchŭm, பகல்வெளிச்சம்
Light, (as a candle,) *s.* vŭlŭkkoo, வெளக்கு
Lighten, (a load,) *v.* bārŭm koraychŭl sheykiradoo, innŭmshooloovoo sheykiradoo, பாரம்குறைச்சல்செய்கிறது, இனஞ்சுளுவுசெய்கிறது
Lighthouse, *v.* vŭlŭkkoo goondoo, விளக்கு கூண்டு
Lighten, (lightning,) *v.* minnookiradoo, மின்னுகிறது
Lightning, *s.* minnŭl, மின்னல்
Lights, (intestinal,) *s.* noreyeerŭl, நுரையீரல்
Like, *v.* mŭnŭm eestŭmay irrookiradoo, மனமிஷ்டமாயிருக்கிறது
Like, (resembling,) *a.* pole, poley, oppānăh, neegŭrānăh, போல், போலே, ஒப்பான, நிகரான
Likely, *a.* orooveyley, ஒருவேளை
Likeness, *s.* sāyŭl, oppoo, neegŭr, சாயல், ஒப்பு, நிகர்
Likewise, *a.* oom, appŭdeeyey, உம்-அப்படியே
Limb, (of the body,) *s.* ŭngŭm, அங்கம்
Limb, (of a tree,) *s.* koppoo, komboo, கொப்பு-கொம்பு
Lime, (the fruit,) *s.* yelloomichŭm pŭrghum, எலுமிச்சம்பழம்
Lime, (for mortar,) *s.* shoonāmboo, சுண்ணம்பு
Limekiln, *s.* shoonamboo shooley, சுண்ணம்புசூளை
Limit, *s.* yelley, peerŭmānŭm, எல்லை-பிரமாணம்
Limpid, *a.* teyleevoollăh, தெளிவுள்ள
Limp, *v.* nondoo nŭdŭkiradoo, நொண்டிநடக்கிறது
Line, *s.* vŭree, வரி,
Lines, (of the hand,) *s.* reygey, இரேகை
Lines, (of Sepoys,) *s.* seepaykhŭl irrookira laynsoo, சிப்பாய்கள் இருக்கிற-லயின்சு
Linger, *v.* tāmădeekiradoo, tāmasheekiradoo, தாமதிக்கிறது தாமஷிக்கிறது

Liniment, *s.* tailŭm, தைலம்
Lining, *s.* ool taikira toonee, உள் தைக்கிறதுணி
Lint, *s.* shookeerndŭ pŭnjee, சுகிர்ந்தபஞ்சு
Lion, *s.* singŭm, சிங்கம்
Lip, *s.* wodŭdoo, eedŭr, உதடு, இதழ்
Liquid, *s.* tŭnneer pŭdărttŭm, தண்ணீர்பதார்த்தம்
Liquid, *a.* tănneer akhoom tŭnmeyay, தண்ணீராகும்தன்மை
Liquor, *s.* drāvăgŭm, திராவகம்
Listen, *v.* oottookŭrlkiradoo, உற்றுக்கேள்க்கிறது
Listener, *s.* oottookŭrlpon, உற்றுக்கேள்பபோன்
Literal, *a.* shollookoo tchollnijshŭmānăh, shollodoo todurpānăh, சொலலுக்குச்சொல்நிசமான, சொலலோடுதொடர்பபான
Literature, *s.* pŭdeepoo, yeyrhottoo, படிப்பு, எழுத்து
Litter, (mess,) *s.* ăssingŭm, அசிங்கம்
Litter, (or carrying,) *s.* tŭndeekhāy, தண்டிகை
Litter, (young,) *v.* koottee podookiradoo, குட்டிபோடுகிறது
Little, (quantity,) *s.* konjshŭm, கொஞ்சம்
Little, (time,) *a.* shetteh, சற்றெ
Little, (size,) *a.* shinnăh, siroo, சின்ன, சிறு
Live, *v.* irrookiradoo, இருக்கிறது
Live, (reside,) *v.* koodee irrookiradoo, vāshŭm punnookiradoo, குடியிருக்கிறது வாசம்பண்ணுகிறது
Livelihood, *s.* nitteya jeevŭnŭm, நித்தியசீவனம்
Lively, *a.* shooroosshooroopoollăh, mooyŭrcheeyānăh, முயற்சியான, சுறுசுறுப்புள்ள
Liver, *s.* eerŭl, ஈரல்
Living, *s.* jeevŭnŭm, pirrheypoo, சீவனம், பிழைப்பு
Lizard, *s.* wonān, wondee, pŭllee, ஓணான், ஓந்தி, பல்லி
Load, *s.* bārŭm, shemmey, பாரம், சுமை
Loaf, *s.* rottee, ăppŭm, அப்பம், ரொட்டி
Loafsugar, *s.* vellĕy shŭkkŭrey, வெள்ளைசக்கரை வெண்சக்கரைகட்டி
Loan, *s.* kŭdŭn, yerăvŭl, கடன், இரவல்
Loathsome, *a.* veyroopānăh, வெறுப்பான
Lobster, *s.* nŭndoo, நண்டு
Location, *s.* nelley, yeddŭm, நிலை, இடம்
Lock, *s.* poottoo, ădaipoo, பூட்டு, அடைப்பு
Lock, *v.* poottookiradoo, poottoo podookiradoo, பூட்டுகிறது பூட்டுபோடுகிறது
Locust, *s.* veyttookillee, வெட்டுக்கிளி
Lodge, *v.* vāshŭm pŭnnookiradoo, வாசம்பண்ணுகிறது
Lodging, *s.* eeroopoo yeddŭm, இருப்பிடம்
Lofty, *a.* whyrvānăh, உயர்வான
Log, *s.* kŭttey, koottee, கட்டை, குற்றி
Logwood, *s.* oroo săyă mŭrŭm, ஓர்சாயமரம்
Loiterer, *s.* shombeyree, shombānăvŭn, சோம்பேரி சோம்பானவன்

Lonely, *a*. tŭneettăh, தனித்த
Long, *a*. niggŭlŭmānăh, நீகளமான
Long, (for,) *v*. āsāy pŭdookiradoo, ஆசைப்படுகிறது
Look, *v*. pārkiradoo, பார்க்கிறது
Looking-glass, *s*. kŭnnādee, moogă kŭnnādee, கண்ணடி முகக்கண்ணடி
Loop, *s*. kŭnnee, tŭdŭm, கண்ணி, தடம்
Loose, *a*. tŭlŭrcheeyānăh, தளர்ச்சியான
Loose, (to become,) *v*. aveerghkiradoo, அவிழ்க்கிறது
Loosen, *v*. kŭrghŭttookiradoo, kŭlŭttookiradoo, கழற்றுகிறது
Lose, (by misplacing,) *v*. pokhŭdeekiradoo, போகடிக்கிறது
Lose, (by gaming,) *v*. tottoovoodookiradoo, தோற்றுவிடுகிறது
Lose, (goods or money,) *v*. nŭshtă pŭdookiradoo, sheydă-pŭdookiradoo, நஷ்டப்படுகிறது, சேதப்படுகிறது
Loser, *s*. pokhŭdeekirăvŭn, போகடிக்கிறவன
Loss, *s*. pokhŭdeetchee ponădoo, nŭshtŭm, sheydŭm, torvay, போகடிச்சிப்போனது, நஷ்டம்-சேதம்-தோர்வை
Lost, *a*. pokhŭdeetchăh, போகடிச்ச
Lot, *s*. pŭngkoo, mōttŭm, பங்கு, மொத்தம்
Lotion, *s*. kŭrhoovookāy, tŭdăvookay, கழுவுகை, தடவுகை
Lottery, *s*. pŭndăyŭm, pŭnnăchittoo, பந்தயம், பணச்சீட்டு
Loud, (speech,) *s*. worŭkă peyshoo, உரககபேசு
Lounge, *v*. porhoodoo pokookiradoo, shōmbāypokiradoo, பொழுதுபோகுகிறது
Love, *v*. ănboo vaikiradoo, virroombookiradoo, அன்புவைக்கிறது, விரும்புகிறது
Love, *s*. ănboo, seeneykum, āsay, ishtum, அன்பு, சிநேகம், ஆசை, இஷ்டம்
Lovely, *a*. árghăkhoollăh, ărghŭkānăh, அழகுள்ள அழகான விருமபப்படத்தக்க
Lover, *s*. virrŭmboovon, ănbŭn, விருமபுவோன், அன்பன்
Low, *v*. alookiradoo, poolŭmbookiradoo, அழுகிறது புலமபுகிறது
Low, *a*. keeley, keerghey, tārhndă, கீழே, கீழ், தாழ்ந்த
Lower, *v*. tārhttookiradoo, தாழ்த்துகிறது
Lowly, *a*. keerghmeyānăh, tārghmeyānăh, கீழ்மையான, தாழமையான
Loyal, *a* rāshākookeerghpŭdeevoollăh, அரசருககுகீழ்படிவுள்ள
Lubricate, *v*. tŭdoovookiradoo, தடவுகிறது
Lucid, *a*. teyleevānăh, தெளிவான
Luck, *s*. ădŭstŭm, bākeeŭm, அதிஷ்டம் பாக்கியம்
Lucky, *a*. ădustŭmoollăh, bākeeyŭmoollah, அதிஷ்டமுளள
Lu'ggage, *s*. sāmān, tŭttoomoottoo, தட்டு-முட்டு சாமான்
Lukewarm, *a*. konjshă shoodoollăh, கொஞ்சசுடுள்ள
Lull, (a child,) *v*. tālāttookiradoo, தாலாட்டுகிறது
Lumber, *v*. sāmānkŭley, koor-

ghăpŭmāy, podookiradoo, சாமான்களைகுழப்பமாய போடுகிறது

Lumber-room, *s.* sāmānkŭley vāykoom ărey, சாமான்களை வைக்குமறை

Luminate, *v.* veyleechŭm ākookiradoo, வெளிச்சமாகுகிறது

Lump, *s.* kŭttee toondoo, mōttŭm, துண்டு, கட்டி, மொத்தம்

Lunar, *a.* shŭndeerănookŭdoottăh, சந்திரனுக்கடுத்த

Lunatic, *s.* shŭndeerărokee, pāyteeyăkārŭn, சந்திரரோகி, பைத்தியக்காரன

Lust, *v.* āsheekiradoo, itcheekiradoo, ஆசிக்கிறது-இச்சிக்கிறது

Luxury, *s.* soogăvārghvoo, peyroovālvoo, சுகவாழவு பெருவாழ்வு

Luxuriance, (vegetation,) *s.* kohroopoo, mŭdŭrpoo, கொழுப்பு, மதர்ப்பு

Lye, *s.* sāmbŭl neer, kāră neer, சாம்பனீர்-காரநீர்

Lying, (down,) *p.* keelpŭdoottoo, கீழ்படுத்து

Lying, (falsely,) *p.* poyshollootŭl, பொய்சொல்லுதல்

Lynx, *s.* seeveengkoo, சிவிங்கு

M

Mace, *s.* jhādeebŭtteeree, சாதிபத்திரி-சாதிப்பூ

Macerate, *v.* oorăvaikkiradoo, ஊறவைக்கிறது

Machinery, *s.* shŭkkărŭm, shoostteerŭm, சக்கரம, சூத்திரம்

Mad, *a.* pāyteeyŭmānăh, பைத்தியமான

Madden, *v.* pāyteeyŭmākookiradoo, பைத்தியமாகுகிறது

Madhouse, *s.* pāyteeyŭr sāley, பைத்தியர்சாலை

Madman, *s.* pāyteeyăkārŭn, பைத்தியகாரன்

Made, *p.* oondākăpŭttāh, sheyăpŭttăh, உண்டாககபபட்ட, செயயபபட்ட

Magazine, *s.* pŭndăkă sāley, பண்டகசாலை

Maggot, *s.* poorghoo, kirreemee, புழு-கிரிமி

Magic, *s.* māndereeyŭm, tāndeereeyŭm, மாந்திரியம தாந்திரியம்

Magistrate, *s.* needee visshārŭney doorey, நீதிவிசாரணை துரை

Magnanimous, *a.* abeemānŭmānăh, அபிமானமான

Magnify, *v.* whyrttookiradoo, உயர்த்துகிறது

Magnificence, *s.* sirăpoo, mŭkheemey, சிறப்பு, மகிமை

Mahometan, *s.* mŭghgŭmădoomārkătān, மகம்மதுமார்க்கத்தான்

Maiden, *s.* siroopĕn, koomŭree, சிறுபெண், குமரி

Maid-servant, *s.* veyleykāree, வேலைக்காரன

Mail, *s.* tappāl, ŭnjshŭl, தபால், அஞசல்

Maim, *v.* koottoo veyttookiradoo, குற்றுவெட்டுகிறது

Main, *a.* mookeeyŭmānăh, pirădānăh, முக்கியமான, பிரதான

Mainly, *a.* mookeeyŭmay, pirădānŭmay, முககியமாய், பிரதானமாய

Maintain, *v.* ādŭreekiradoo, ஆதரிக்கிறது

Majesty, *s.* mŭkheemey, mŭkhătoovŭm, மகிமை.மகத்துவம்
Majority, *s.* miggoodee, மிகுதி
Make, *v.* pŭnnookiradoo, sheykiradoo, oondākookiradoo, பண்ணுகிறது, செய்கிறது, உண்டாகுகிறது
Maker, *s.* sheydăvŭn, செய்தவன்
Malady, *s.* veeyādee, novoo, rokhŭm, punnee, வியாதி-ரோகம்-பிணி
Malcontent, *s.* irāsheeya veerodee, இராசவிரோதி
Malediction, *s.* sābŭm, சாபம்
Malefactor, *s.* koottăvālee, doorokhee, குற்றவாளி துரோகி
Malevolent, *a.* dooshttătŭnŭmānăh, துட்டத்தனமான
Malice, *s.* virrodŭm, yerreechŭl, விரோதம், எரிச்சல்
Malicious, *a.* yereechŭloollăh, எரிச்சலுள்ள
Malignant, *a.* pŭgeyoollăh, பகையுள்ள
Maltreatment, *s.* ninndeepoo, நிந்திப்பு
Mamma, *s.* ŭmmā, tay, mādā, அம்மா, தாய், மாதா
Manacle, *s.* kay shengeelee, kayvilŭngoo, கைசங்கிலி கைவிலங்கு
Man, *s.* mŭnŭshŭn, mŭneedŭn, மனுசன், மனிதன்
Manage, *v.* nŭdăpeekiradoo, sheyveekiradoo, நடப்பிக்கிறது, செய்விக்கிறது
Manageable, *a.* nŭdăpeekă koodeeyăh, நடப்பிக்ககூடிய
Manager, *s.* nŭdŭttookirăvŭn, நடத்துகிறவன்
Mancipate, *v.* ădeemey ākookiradoo, அடிமையாக்குகிறது
Mandate, *s.* kŭttŭley, pŭtteerŭm, கட்டளை, பத்திரம், ஆணை
Mane, *s.* ăyāl māyeer, அயால்மயிர்
Manful, *a.* dāyreeyŭmānăh, ānmeyānăh, தைரியமான, ஆண்மையான
Mangle, *v.* kottookiradoo, toondeekiradoo, கொத்துகிறது, துண்டிக்கிறது
Mango, *s.* (fruit,) māngkāy, மாங்காய்
Mango, *s.* (tree,) māmŭrrŭm, மாமரம்
Maniac, *s.* pāyteeyăkārŭn, பைத்தியகாரன்
Manifest, *a.* teyleevānăh, veyleepŭdeyānăh, தெளிவான, வெளிப்படையான
Manifold, *a.* pŭlăh, pŭlpŭllăh, பல பற்பல
Mankind, *s.* mŭnoosă jādee, munoosă pirrăpoo, மனுசசாதி, மனுசபிறப்பு
Manliness, *s.* dāyreeyŭm, ānmey, தைரியம், ஆண்மை
Manly, *a.* dāyreeyŭmoollah, ānmayoollah, ஆண்மையுள்ள
Manner, *s.* viddŭm, mādirree oobāsārŭm, pirăkārŭm, விதம் மாதிரி
Manners, *s.* nŭdey, pŭghrăkŭm, āsārŭm, பிரகாரம, உபசாரம் ஆசாரம், நடை, பழக்கம்
Manœuvre, *s.* oobāyŭm, உபாயம்
Mansion, *s.* voodoo, tŭngoomyedŭm, வீடு, தங்குமிடம், இரகம்
Manslaughter, *s.* mŭneetă kolley, மனிதகொள்ளை
Mantle, *v.* moodookiradoo, mŭrreykiradoo, மூடுகிறது, மறைக்கிறது
Manual, *a.* kāy veyley kŭdoottăh, கைவேலைக்கடுத்த

Manufactory, *s.* āley, ஆலை
Manufacture, *v.* pŭnnookiradoo, oondākookiradoo, உண்டாககுகிறது, பண்ணுகிறது
Manure, *s.* yeyroo, shānee, சாணி எரு
Manuscript, *s.* kāy yehroottoo priddee, கையெழுத்துப்பிரிதி
Many, *a.* ăneykăh, pŭlăh, அனேக, பல
Map, *s.* pŭdŭm, shitteeră pŭdŭm, படம் சித்திரப்படம்
Mar, *v.* kŭrhdookirădoo, pŭrhoodākookiradoo, கெடுக்கிறது, பழுதாககுகிறது
Marble, *s.* velley shoonāmbookŭl, வெள்ளைசுண்ணாம்புகல்
March, *v.* pŭdāyedoottoo pokiradoo, nŭdŭkiradoo, படையெடுத்துபோகிறது நடக்கிறது
Marcher, *s.* deyshāndirrŭn, தேசாந்திரன்
Mare, *s.* penn koodeerey, peyttey koodeerey, பெண்குதிரை பெட்டைகுதிரை கோளிகை
Margin, *s.* orŭm, pŭkkŭm, ஓரம், பககம்
Marine, *a.* kŭppŭl kāreeya shondăh, கபபற்கக்ாரியசெர்ந்த
Mariner, *s.* kŭppŭlkārŭn, கபபற்காரன்
Mark, *s.* ădāyālŭm, kooree, அடையாளம், குறி
Market, *s.* kŭdey, shŭndey, கடை, சநதை
Marksman, *s.* kooreepookārŭn, குறிப்புகாரன்
Marriage, *s.* kŭleeyānŭm, veevākhŭm, கலியாணம், விவாகம்
Marriageable, *a.* bootteeyareendă, roodoovānah, புததியறிந்த, இருதுவான
Marry, *v.* kŭleeyānŭm pŭnnookiradoo, கலியாணமபண்ணுகிறது
Mars, *s.* shevvāy, oodeerŭn, செவ்வாய், உதிரன
Marsh, *s.* sheyroo nillŭm, sŭdăpoo nillŭm, சேறுநிலம், சதுப்பு நிலம்
Marshal, *v.* oroongkoo pŭdoottookiradoo, ஒழுஙகுபடுத்துகிறது
Martial, *a.* yoottă goonŭmoollăh, யுத்தகுணமுள்ள
Marvel, *v.* ădeeshyă pŭdookiradoo, அதிசயப்படுகிறது
Marvellous, *a.* ădeeshyŭmānăh, அதிசயமான
Masculine, ānvŭmoollăb, ஆண்வமுள்ள
Mash, *v.* pissaykiradoo, koorghāykiradoo, பிசைகிறது, குழைகிறது
Mask, *s.* poykolŭm, veyshŭm, பொயககோலம், வேஷம்
Mason, *s.* kŭltŭchŭn, kŭlkottŭn, கல்தசசன், கல்கொதநன்
Masquerade, *s.* veyshăkoottoo, வேஷககூத்து
Mass, (quantity,) *s.* kŭttee, pālŭm, கட்டி, பாளம்
Massacre, *s.* vŭggoo jennă sŭngārŭm, வெகுசனசஙகாரம்
Massive, *a.* bārŭmānăh, gŭnŭmānăh, பாரமான, கனமான, மிகுதியான
Master, *s.* doorey, yejŭmān, adeegārun, துரை, எசமான், அதிகாரன்
Masticate, *v.* mellookiradoo, மெலலுகிறது
Mat, *v.* pāy pinnookiradoo, பாய் பினனுகிறது

Mat, *s*. pāy, பாய்
Match, (equal,) *s*. poroottŭm, yennăkŭm, பொருத்தம,இணக்கம
Mate, *s*. koottālee, jodoo, yeney, கூட்டாளி, சோடு, இணை
Materials, *s*. sāmāngŭl, porool, சாமான்கள்,பொருள்,வருத்து
Materially, *a*. kŭndeepāy, peerădānŭmay, கண்டிப்பாய், பிரதானமாய்
Maternal, *a*. dāyeekee sŭmānŭmānăh, தாயிக்கிசமானமான
Mathematical, *a*. yennoom shāstteerŭttookŭdoottăh, எண்ணும் சாத்திரத்துக்கடுத்த
Mathematician, *s*. kŭneettăshāsteeree, கணிதசாஷ்திரி, யெண்ணும சாத்திரி
Matins, *s*. shŭndeeyă vŭndŭnŭm, சந்தியவந்தனம்
Matrimonial, *a*. kŭleeyānăttookŭdoottăh, கலியாணத்துக்கடுத்த
Matrimony, *s*. kŭleeyānŭm, veevākhŭm, கலியாணம்,விவாகம்
Matter, *s*. (pus,) sherghoo, சீழ
Matter, *s*. kāreeyŭm, sŭngădee, காரியம், சங்கதி
Matting, *s*. pinnŭlpāy, pinnŭlpay veylley, பின்னல்பாய,பின்னல்பாய்வேலை
Mattrass, *s*. meddey, āmŭlee, மெத்தை, அமளி
Mature, *a*. pŭkoovŭmānăh, pŭrghŭmānăh, பக்குவமான, பழமான
Maturity, *s*. pŭkoovŭm, pŭrghŭmāy, பக்குவம பழமை
Maxim, *s*. pŭrghămohree, பழமொழி
May, *s*. vāykāshee māshŭm, வைகாசிமாதம்

Maze, *v*. ātchŭreeyă pŭdoottookiradoo, ஆச்சரியப்படுத்துகிறது
Me, *p*. yŭnney, என்னை
Meagre, *a*. meylindăh, yelayttăh, மெலிந்த, இளைத்த
Meal, *s*. noy, kooroonŭl, நொய், குறுநல்
Mealy, *a*. medoovānăh, noyyānăh, மெதுவான
Mean, *a*. keerahmeyānăh, yelleeăh, கீழ்மையான, எளிய
Means, *s*. oobāyŭm, உபாயம்
Mean, *v*. ăroottum pudoottookiradoo, அருத்தம்படுத்துகிறது
Meaning, *s* aroottŭm, porŭl, அருத்தம், பொருள்
Meanly, *a*. keerhmeyāy, கீழ்மையாய்
Meanness, *s*. keerhmey, keerlmey, கீழ்மை
Measles, *s*. shinnămmey, சின்னமை
Measurable, *a*. ŭlŭkătŭkkăh, அளக்கத்தக்க
Measure, *s*. ŭlăvoo, dittŭm, அளவு திட்டம்
Measure, *v*. ŭlŭkkiradoo, அளக்கிறது
Measurement, *s*. ŭlăvoo, ŭlăveedoo, அளவு, அளவீடு
Meat, *s*. kŭrree, yerătchee, sŭdey, கறி, சதை இரசசி
Mechanic, *s*. kŭmmālŭn, கம்மாளன
Medal, *s*. eenāmbilley, sāsŭnămootteerey, யெனும்பில்லை, சாசனமுத்திரை
Meddle, *v*. kāy iddookiradoo, tŭley vāykiradoo, கையிடுகிறது, தலைவைக்கிறது

Meddler, *s.* tŭley vāykiravun, தலைவைக்கிறன்

Meddlesome, *a.* kay iddookiră, tŭley vāykiră, கையிடுகிற, தலைவைக்கிற

Mediator, *s.* nŭdoovŭn, mŭdeeyŭstun, நடுவன், மத்தியஸ்தன்

Mediate, *v.* nŭdoo pokookiradoo, pŭrindoo peyshookiradoo, நடுப்போகிறது, பரிந்துபேசுகிறது

Medical, (man,) *s.* vāydeeyŭn, pŭreekāree, வைத்தியன், பரிகாரி

Medicinal, *a.* mŭroondoo kŭdoottăh, மருந்துக்கடுத்த

Medicine, *s.* mŭroondoo, aveerhdŭm, மருந்து, அவிழ்தம்

Mediocrity, *s.* nŭdootŭrŭm, sŭmŭm, நடுத்தரம், சமம்

Meditate, *v.* ninneykiradoo, deeyānŭm punnookiradoo, நினைக்கிறது, தியானம்பண்ணுகிறது

Medium, *s.* mŭtteemŭm, nŭdootirrŭm, மத்திமம், நடுத்திரம்

Medley, *s.* kŭlŭkoo, koottoo, sheyrvoo, கலக்கு, கூட்டு, சேர்வு

Meek, *a.* poroomeyoollăh, shāndŭmoollăh, பொறுமையுள்ள, சாந்தமுள்ள

Meekness, *s.* poroomey, shāndŭm, shādoo, பொறுமை, சாந்தம், சாது

Meet, *v.* yeydeer pŭdootookiradoo, kānookiradoo, sŭndeekiradoo, எதிர்ப்படுத்துகிறது, காணுகிறது, சந்திக்கிறது

Meeting, *s.* yeddeer, sŭndeepoo, எதிர், சந்திப்பு

Meeting, (assembly,) *s.* sŭbāy, koottŭm, sŭngŭm, சபை, கூட்டம், சங்கம்

Meeting-house, *s.* sŭbaysāley, sŭbayvoodoo, சபைசாலை, சபைவீடு

Melancholy, *s.* kŭvŭley, dookŭm, shorvoo, கவலை, துக்கம், சோர்வு

Melancholy, *a.* dookŭmānah, shorvoollah, துக்கமான, சோர்வுள்ள

Meliorate, *v.* teyră pŭnnookiradoo, தேறப்பண்ணுகிறது

Mellow, *a.* meydoovānăh, மெதுவான

Melodious, *a.* sāreerŭmānăh, rākhŭmānăh, சாரீரமான, ராகமான

Melody, *s.* sāreerŭm, rākhŭm, சாரீரம், ராகம், இசைப்பாட்டு

Melon, *s.* tŭrboojee, tŭrboojoo, தர்பூசி

Melt, *v.* oorookookiradoo, kŭreykiradoo, உருக்குகிறது, கரைகிறது

Melting, *a.* oorookeenăh, kŭrayttăh, உருகின, கரைத்த

Member, (assembly,) *s.* koottătān, கூட்டத்தான்

Memento, *s.* ninneypoo, ngābăgŭm, நினைப்பு, ஞாபகம்

Memoir, *s.* sŭreetirrŭm, சரித்திரம்

Memorable, *a.* ngābăgă pŭdătŭkkăh, ninnāykă pŭdătŭkkăh, ஞாபகப்படத்தக்க, நினைக்கப்படத்தக்க

Memorandum, *s.* ngāpăgă kooreepoo, yādāsttoo, ஞாபகக்குறிப்பு, யாதாஸ்த்து

Memorial, *s.* ninneyvoo, நினைவு

Memorial, (petition,) *s.* vinnăpŭm, விண்ணப்பம்

Memory, *s.* ngābăgum, ninney-

voo, ninneypoo, ஞாபகம, நினைவு, நினைபபு
Men, *s.* mŭneedŭr, mŭnooshŭr, jenŭngkŭl, ālkŭl, மனிதர், ஆட்கள், மனுஷர், சனங்கள
Menace, *v.* ădŭttookiradoo, அதட்டுகிறது
Mend, *v.* taikkiradoo, sheevookiradoo, தைக்கிறது, சீவுகிறது
Mendacious, *a.* poyānăh, poymeyānăh, பொயயான, பொய்மையான
Mendicant, *s.* peecheykārŭn, yeyrăkirăvŭn, பிச்சைக்காரன், எரக்கிறவன்
Menial, *a.* pŭnevŭdaykŭdoottah, பணிவிடைககடுதத
Menses, *s.* teettoo, doorŭm, shoodăghŭm, தீட்டு, தூரம, சூதகம்
Mensuration, *s.* ŭlăvoo shāsterŭm, அளவுசாததிரம
Mental, *a.* mŭnădoo kŭdoottăh, மனதுககடுதத
Mention, *v.* shollookiradoo, ăreeveekiradoo, சொலலுகிறது, அறிவிககிறது
Mercantile, *a.* veeyābārŭttookŭdoottăh, வியாபாரத்துக்கடுத்த
Mercenary, *a.* poroolăsāyoollăh, பொருளாசையுள்ள
Merchandise, *s.* veeyābārŭm, vŭrtăgŭm, வியாபாரம, வர்த்தகம்
Merchant, *s.* vŭrtăgŭn, veeyābāree, வர்த்தகன், வியாபாரி
Merciful, *a.* kroobāyoollăh, yerŭkŭmoollăh, கிருபையுள்ள, இரககமுள்ள
Merciless, *a.* yerăkkŭm illādăh, இரககமிலலாத
Mercury, *s.* rŭssŭm, இரசம
Mercy, *s.* kroobay, yerăkkŭm, கிருபை, இரககம
Mere, *a.* shoottăh, சுத்த
Merely, *a.* mātteerŭm, shoottŭmay, மாத்திரம, சுத்தமாய்
Meridian, *s.* nŭdoomāyŭm, oochee, நடுமையம, உச்சி
Merit, *s.* peyroo, goonŭm, பேரு, குணம்
Meritorious, *a.* peyrānăh, tŭghoodeeyānăh, oosheedŭmānăh, தகுதியான, உசிதமான
Merrily, *a.* kŭleepāy, mŭgŭrcheeyāy, களிபபாய், மகிழ்ச்சியாய்
Merriment, *s.* mŭgŭrchee, kŭleepoo, மகிழ்ச்சி, களிபபு
Merry, *a.* kŭleepānăh, mŭgŭrcheeyānăh, களிபபான, மகிழ்ச்சியான
Mesh, *s.* veedăvoo, kŭn, vidayvoo, விடவு, கண், விடைவு
Mess, *s.* ăseengŭm, அசிஙகம
Message, *s.* sheydee, shŭmātchārŭm, செய்தி, சமாசாரம்
Messenger, *s.* toodŭn, toodāl, தூதன, தூதாள
Messmate, *s.* koodă tinnookirăvun, கூடத்தின்னுகிறவன்
Metal, *s.* lokhŭm, pŭnjalokhŭm, லோகம, பஞ்சலோகம
Metallic, *a.* lokhŭmay, pŭnjalokhŭmay, லோகமாய, பஞ்சலோகமாய்
Metamorphose, *v.* ooroo mãttookiradoo, உருமாற்றுகிறது
Mete, *v.* ŭlŭkiradoo, neymeekiradoo, நியமிககிறது, அளககிறது
Methinks, *v.* ninneykireyn, நினைககிறேன
Method, *s.* orhoongkoo, vŭkhāy, ஒழுங்கு, வகை

Metropolis, *s.* rājshă pŭttŭnŭm, rājshă sumāsdānŭm, இராசசமஸ்தானம

Mettle, *s.* dāyreeŭm, worŭm, தைரியம, உரம

Mew, *v.* meeyămeeyă yenkiradoo, மியாமியாவென்கிறது

Microscope, *s.* poodă kŭnnādee, பூதகண்ணடி

Midday, *s.* mŭddeeyānŭm, oochee, nŭdoopŭgŭl, நடுபகல், மததியானம, உசசி

Middle, *a.* māyŭmānăh, nŭdoovānăh, மையமான, நடுவான

Midnight, *s.* nŭdoo rātteeree, pādee rātteeree, பாதிராத்திரி, நடுராத்திரி

Midst, *s.* nŭdoomāyŭm, நடுமையம

Midwife, *s.* mŭroottoo veechee, மருததுவசசி

Mien, *s.* mookhă pārvay, mookhă roobŭm, முகபபார்வை, முகரூபம்

Might, *s.* bellŭm, bellŭn, பெலம பெலன்

Mightily, *a.* bellŭmay, bellŭnay, பெலமாய், பெலனாய்

Mighty, *a.* bellŭmānăh, bellŭnānăh, பெலமான, பெலனான

Migrate, *v.* prŭdeyshŭm pokookiradoo, பிறதேசமபோகிறது, குடியெழும்புகிறது

Milch-cow, *s.* pāl pŭshoovoo, kŭrăvāy pŭshoovoo, பால்பசு, கறவைபசு

Mild, *a.* niddānŭmoollah, sāndŭmoollăh, நிதானமுள்ள, சாந்தமுள்ள

Mildewed, (to be,) *v.* pooshŭnŭmpoodeettoo pokiradoo, பூஷணம்பிடித்துபபோகிறது

Mildly, *a.* pŭdoomeyay, meydoovay, பதுமையாய், மெதுவாய்

Mile, *s.* oroo nărghee vŭrghee, oroo nărghee doorum, ஒருநாழிவழி, ஒருநாழிதூரம்

Military, *a.* kŭtteekŭttee, yoottŭttoo kŭdoottăh, கத்திக்கட்டி, யுத்தத்துக்கடுத்த

Milk, *s.* pāl, பால்

Milk-man, *s.* pālkārŭn, pālveeyābāree, பால்க்காரன் பால்வியாபாரி

Milky, *a.* pāloollăh, பாலுள்ள

Mill, *s.* yeyndŭrŭm, tirrookay, இயந்திரம், திருகை

Millinery, *s.* penn oodoopoo, பெண்ணுடுப்பு

Million, *s.* pŭttoo lŭdshŭm, பத்துலட்சம்

Mimic, *s.* geyleekārŭn, pŭreekāsăkārŭn, கேலிககாரன் பரிகாசககாரன்

Mince, *v.* kottookiradoo, nŭrookiradoo, நறுககிறது, கொத்துகிறது

Mind, *s.* mŭnŭm, mŭnasoo, மனம், மனசு

Mind, *v.* ninneytoo pārkiradoo, bŭdŭrŭmay irookiradoo, nineypay irookiradoo, நினைததுபபார்க்கிறது, பததிரமாயிருககிறது

Mindful, *a.* nineypoollăh, gŭvŭnŭmvoollăh, நினைபபுள்ள கவனமுள்ள

Mine, *p.* yennoodāyăh, yenn, yennădoo, என்னுடைய, என், எனது

Mine, *v.* tondookiradoo, shoorŭngŭm ārookiradoo, தோண்டுகிறது, சுரங்கமறுககிறது

Miners, (and sappers,) *s.* shoorŭngkăkārŭr, shoorŭngŭm

ăroopăvŭrkŭl, சுராங்கக்காரர், சுராங்கமறுபபவர்கள்

Minerals, *s*. loghŭmoollăhkŭl, உலோகமுள்ளகல்

Mingle, *v*. kŭlŭkkiradoo, கலக்கிறது

Minister, *s*. kāreeyăkārŭn, mŭndeeree, காரியக்காரன், மந்திரி

Ministry, *s*. āshārŭm, vŭleepādoo, ஆசாரம, வழிபபாடு

Minor, *a*. kōreyvānăh, koraychŭlānăh, குறைவான, குறைச்சலான

Minority, *s*. seerooprāyŭm, seeroovayădoo, சிறுபிராயம், சிறுவயது

Minstrel, *s*. kŭnārăkārŭn, கிணாரக்காரன்

Mint, *s*. tŭngkăsāley, தஙகசாலை

Minute, *s*. nimmeeshŭm, நிமிஷம்

Minute, (small,) *a*. shorpŭmānăh, சொற்பமான

Minutely, *a*. shorpumay, சொற்பமாய

Miracle, *s*. ărpoodŭm, poodoomey, புதுமை, அற்புதம்

Miraculous, *a*. arpŭdŭmānăh, poodoomeyānăh, புதுமையான, அற்புதமான

Mire, *s*. sheyroo, sŭgădee, சேறு, சகதி

Mirror, *s*. pārkiră kŭnādee, pŭlingoo, பார்க்கிறகண்ணாடி, பளிங்கு

Mirthful, *a*. mughoorcheeyānăh, kuleepānăh, மகிழ்ச்சியான, களிப்பான

Misadventure, *s*. mosŭm, nŭstŭm, மோசம் நஷ்டம்

Misadvised, *p*. kerdoobootteekŭrttăh, கெடுபுத்திகேட்ட

Misapplication, *s*. tŭppānă sheykay, tŭppānă teyreeveekay, தபபானசெய்கை, தபபானதெரிவிக்கை

Misapprehend, *v*. tŭppeedŭmāyterinshirookiradoo, தப்பிதமாய்தெரிஞ்சிருக்கிறது

Misbecome, *v*. poroondāmŭl pokhookiradoo, பொருந்தாமல் போகிறது

Misbehave, *v*. tŭppeedŭmay nŭdŭkiradoo, தபபிதமாய்நடக்கிறது

Misbehaviour, *s*. tŭppeedŭmānă nŭdŭttey, kŭttă nŭdŭttey, தபபிதமானநடத்தை, கெட்டநடத்தை

Miscalculate, *v*. tŭppāy yennookiradoo, தபபாய்எண்ணுகிறது

Miscarriage, *s*. pindasheydŭm, kuroovurgheevoo, பிண்டசேதம், கருவழிவு, அழிகுட்டி

Miscarry, *v*. kŭroovŭrgheekiradoo, கருவழிகிறது

Miscellaneous, *a*. pŭlăveedŭmānăh, nānāveedŭmānăh, பலவிதமான, நானாவிதமான

Mischief, *s*. kŭrdoo, teengoo, தீஙகு, கேடு

Mischievous, *a*. toodeepānăh, துடிப்பான

Misconduct, *s*. kŭrttă nŭdŭttay, doonnŭdŭttey, துன்னடத்தை, கெட்டநடத்தை

Miscount, *s*. kŭnŭkoo mosŭm, yenmosŭm, எணமோசம், கணக்குமோசம்

Misdemeanour, *s*. koottŭm, குற்றம்

Miser, *s*. lobee, loottŭn, உலோபி, உலுத்தன்

Miserable, *a*. kŭrdānăh, peede-

yoollăh, toonbŭmānăh, கேடான, பீடையுள்ள, துன்பமான
Misery, s. toonbŭm, துன்பம்
Misfortune, s. neerbākeeŭm, ăbāyŭm, நிற்பாக்கியம், அபாயம்
Misgiving, s. sŭmoosheeŭm, shŭndeykhŭm, சமுசியம், சந்தேகம்
Misgovern, v. ăneedŭmay allookiradoo, அநீதமாயாளுகிறது
Mishap, s. tŭppoo, tŭvŭroo, kāreeyatārtchee, தப்பு, தவறு, காரியதாழ்ச்சி
Misinterpret, v. tŭppoo doobāsheetŭnŭm pŭnnookiradoo, தப்பு துபாசித்தனம்பண்ணுகிறது
Misjudge, v. tŭppāy needāneekiradoo, தப்பாய்நிதானிக்கிறது
Mislaid, p. tŭppāyvaittăh, தப்பாய் வைத்த
Mislead, v. tŭppeedŭmay nuduttookiradoo, தப்பிதமாய் நடத்துகிறது
Mismanage, v. tŭppeedumaynŭdŭttookiradoo, தப்பிதமாய்நடத்துகிறது
Mispronounce, v. tŭppeedŭmaysubdeekiradoo, தப்பிதமாய் சப்திக்கிறது
Misrepresent, v. tŭppeedŭmayshollookiradoo, தப்பிதமாய் சொல்லுகிறது
Misrepresentation, s. tŭppeedŭmānăh vibbărŭm, தப்பிதமான விபரம், தப்புப்பேசசு
Miss, s. tŭppoo, koottŭm, mosŭm, tŭvaroo, தப்பு, குற்றம், பிழை, தவறு, மோசம்
Missing, a. tŭvŭrānăh, தவறான
Mission, s. neymeepoodānābŭt teeŭm, நியமிப்புதானுபந்தியம்
Missionary, s. veydăpodăgŭn, வேதபோதகன
Mist, s. mobboo, mŭnjoo, மப்பு, மஞ்சு
Mistake, s. tŭppoo, pŭrghay, தப்பு, பிழை
Mistaken, p. tŭppayvŭlŭngkeenăh, தப்பாய்விளங்கின
Mistranslate, v. tŭppay morgheepeyrkiradoo, tŭppeedŭmaytŭrjeemă sheykiradoo, தப்பிதமாய்தர்ச்மாசெய்கிறது, தப்பாய்மொழிபெயர்க்கிறது
Mistress, s. doreysānee, ŭmmăh, துரைசானி, அம்மாள், எசமாட்டி
Mistrust, v. avănŭmbeekhay pŭdookiradoo, sŭndeykhăpŭdookiradoo, அவநம்பிக்கைபடுகிறது, சந்தேகப்படுகிறது
Misty, a. mobbānăh, mŭndārŭmānăh, மப்பான, மந்தாரமான
Misunderstand, v. tŭppāyvŭlŭngkookiradoo, தப்பாய்விளங்குகிறது
Misuse, s. tooppookŭrdoo, ănāsārŭm, தப்புக்கேடு, அனாசாரம்
Mite, s. seeroopoochee, poorghoo, சிறுபூச்சி, புழு
Mix, v. kŭlŭkkookiradoo, sheyrkiradoo, koottookiradoo, கலக்குகிறது, சேர்க்கிறது, கூட்டுகிறது
Mixture, s. kŭlŭppoo, koottoo, கலப்பு, கூட்டு
Moan, s. ārghookay, poolumboo, அழுகை, புலம்பு
Mob, s. shŭndădeekārŭr, சந்தடிகாரர்

Mock, *v.* pŭreekāsŭm pŭnnookiradoo, பரிகாசம பண்ணுகிற து

Mockery, *s.* pŭreekāsŭm, sŭrăsŭm, பரிகாசம், சரசம்

Mode, *s.* mādeeree, viddŭm, மாதிரி, விதம்

Model, *v.* māālpŭnnookiradoo, மால்பண்ணுகிறது

Moderate, *v.* tŭneekiradoo, த ணிகிறது

Moderation, *s.* sāndŭm, sādoo, சாந்தம், சாது

Modern, *a.* ăbooroovŭmānăh, poodeeyăh, poodoo, அபூருவ மான, புதிய, புது

Modest, *a.* ŭdakŭmoollăh, அட க்கமுள்ள

Modesty, *s.* nānŭm, kŭrpoo, நாணம், கற்பு

Modulate, *v.* pŭdăpŭdoottookiradoo, பதப்படுத்துகிறது

Moist, *a.* nannāyndăh, eerŭmānăh, நனைநத, ஈரமான

Moisten, *v.* nannāykiradoo, tovaykiradoo, நனைக்கிறது, து வைககிறது

Moisture, *s.* eerŭm, eereepoo, oorŭl, ஈரம், ஊறல், ஈரிப்பு

Mole, *s.* moonjŭl, shoondyellee, மூஞ்சல், சுண்டெலி

Molest, *v.* āleychŭll pŭnnookiradoo, அலைச்சலபண்ணுகிறது

Molten, *a.* wooreekăvārttăh, vārpānăh, உரிககிவார்தத, வா ர்பபான

Moment, *s.* nodee, நொடி

Momentary, *a.* nodeekoollăh, நொடிக்குள்ள

Monarch, *s.* rājshā, ărăsŭn, இ ராசா, அரசன.இறைவன

Monarchy, *s.* rājcheeŭm, இரா சாங்கம், இராசரியம்

Monday, *s.* tingkŭl kŭrghămey, திங்கள் கிழமை

Money, *s.* pŭnnŭm, kāssoo, porool, பணம், காசு, பொருள

Monkey, *s.* koorŭngkoo, vānărŭm, குரஙகு, வானரம்

Monosyllable, *s.* orŭssāytcholl, ஒரசைச்சொல்

Monotonous, *a.* sŭmmŭnoseyānăh, சமனோசையான

Monsoon, *s.* kodeykālŭm, கோ டைகாலம்

Monster, *s.* ăndăkŭrdānădoo, அநதக்கேடானது

Month, *s.* māshŭm, mādŭm, மா சம், மாதம், திஙகள்

Monthly, *a.* māshŭmdoroom, māshum-māshum, மாசநதோறும்

Monument, *s.* ngāpākă kooreepoo, ஞாபககுறியபு, ஞாபகநி மித்தம்

Mood, *s.* goonŭm, goonāgoonŭm, குணம், குணகுணம்

Moon, *s.* tchŭnderŭn, mŭdee, pŭnnee, சநதிரன், பணி, மதி

Moon, (new,) *s.* amāshey, amāvāshee, அமாசை, அமாவாசி

Moon, (full,) *s.* powrney, poorŭneytchŭnderŭn, பூரணைசந திரன்

Moonlight, *s.* nellā, nellavoo, நி லா, நிலவு

Moor, *s.* māydānŭm, sŭdoopoo nillum, மைதானம், சதுப பு நிலம்

Moorman, *s.* toolookŭn, துலுக் கன்

Mope, *v.* shōmbookiradoo, toongookiradoo, சோம்புகிறது, தூ ஙகுகிறது

Moral, *a.* needeeoollah, sŭnmārkŭmānăh, நீதியுள்ள, சன்மார் க்கமான

Morals, *s.* needeemōrghee, moray, நீதிமொழி, மொறை
Morality, *s.* wolăkă needee, sŭnmārkŭm, உலகநீதி சன்மார்க்கம்
Morass, *s.* sŭdoopoo nillŭm, சதுப்புநிலம்
Morbid, *a.* pinneeyoollah, noyoollăh, பிணியுள்ள, நோயுள்ள
More, *a.* miggoondăh, ădeegŭmānăh, மிகுந்த அதிகமான
More, *ad.* innŭm, adeegŭmāy, இன்னும், அதிகமாய்
Moreover, *a.* meyloom, ŭllāmŭloom, innŭmoom, மேலும், அல்லாமலும், இன்னமும்
Morn, *s.* ădeekālŭm, viddeeyŭlkālŭm, அதிகாலம், விடியல்காலம்
Morning, *s.* kālŭmey, kāley, viddeeyŭl, காலே, விடியல்
Morocco, *s.* pŭttŭneettă melleeyă tōl, பதனிட்ட மெல்லியதோல்
Morose, *a.* yeyreechŭloollăh, kŭdookŭdoopoollăh, எரிச்சலுள்ள, கடுகடுப்புள்ள
Morrow, *s.* nāley, pinneynāl, நாளே, பின்னேநாள்
Morsel, *s.* toondoo, toonookāy, துண்டு, துணுக்கை
Mortal, *a.* mŭnooshŭgŭmānăh, shāvookooreeyăh, மனுஷகமான, சாவுக்குரிய
Mortality, *s.* mŭnooshŭgŭm, shāvookeedŭm, சாவுக்கிடம், மனுஷகம
Mortar, (cement,) *s.* sāndoo, shoonāmboo, சாந்து, சுண்ணும்பு
Mortar, (pounding,) *s.* worŭl, உரல்
Mortgage, *s.* eedoo, kodoovāy, ஈடு, கொதவை, அடவு

Mortification, *s.* vushŭnŭm, oroopoo, வசனம், ஒறுப்பு
Mortify, *v.* tārhttookiradoo, தாழ்த்துகிறது
Mosque, *s.* pŭlleevāsŭl, mŭshjeedoo, பள்ளிவாசல், மசீது
Moss, *s.* pāsee, mŭrăpāsee, பாசி, மரப்பாசி
Most, *a.* ădeegŭmānăh, mighoondăh, அதிகமான, மிகுந்த
Moth, *s.* poochee, pottoo, பூச்சி, பொட்டு
Motheaten, *a.* poocheeteenrăh, பூச்சிதின்ற, புழுவரித்த
Mother, *s.* tāy, ămmāl, mādā, தாய், அம்மாள், மாதா
Mother-in-law, *s.* uttey, māmee, penn kodoottă māmee, அத்தை, மாமி, பெண்கொடுத்த மாமி
Motherless, *a.* tāyillādăh, தாயில்லாத
Motherly, *a.* tāyvŭdeyvānăh, தாயவுடைவான
Motion, *s.* ălāyvoo, ashayvoo, āttŭm, அலைவு, அசைவு, ஆட்டம்
Motive, *a.* nokŭm, kŭroottoo, நோக்கம், கருத்து
Motto, *s.* meylveelāshŭm, மேல்விலாசம்
Mould, (for casting,) ŭttchoo, அச்சு
Mould, *s.* poosŭnŭm, pāndŭl, pāsee, பூசணம், பாண்டல், பாசி
Mould, (soil,) *s.* mŭn, மண்
Mouldy, *a.* poosŭnŭmpiddeettăh, பூசணம்பிடித்த
Mound, *s.* modoo, kotŭllŭm, மேடு, கொத்தளம்
Mount, *v.* yeyrookiradoo, whyrttookiradoo, ஏறுகிறது, ஒயர்த்துகிறது

Mountain, *s.* mŭley, pŭrăvŭdŭm, geeree, மலை, பறவதம, கிரி

Mountain, (very high,) *s.* geeree, கிரி

Mountaineer, *s.* mŭleyŭn, kooroombŭn, மலையன், குறும்பன்

Mountainous, *a.* mŭleytchārŭloollăh, மலைச்சாரியுள்ள

Mourn, *v.* dookăpŭdookiradoo, poolŭmbookiradoo, துக்கப்படுகிறது, புலம்புகிறது

Mourner, *s.* dookăkārŭn, poolŭmboovōn, துக்கக்காரன், புலம்புவோன்

Mournful, *a.* dookŭmānăh, poolŭmboolānăh, துககமான, புலமபலான

Mourning, *s.* dookŭm, poolŭmbŭl, துக்கம் புலம்பல்

Mouse, *s.* soondyellee, moonjshŭl, சுண்டெலி மூஞ்சல்

Mouth, *s.* vāy, toovārŭm, வாய், துவாரம்

Mouthful, *s.* vāy nirrāyndăh, வாய்நிறைநத

Moveable, *a.* yetteekollătŭkkăh, peyrkătŭkkăh, asheykătŭkkăh, எட்டிககொளளத்தக்க, பெயர்ககத்தகக, அசைககத்தகக

Move, *v.* ăsheykiradoo, peyrkiradoo, அசைக்கிறது, பெயர்க்கிறது

Movement, *s.* nŭdey, nŭdŭttey, நடை, நடத்தை

Moving, *a.* ăshāyoollah, அசைவுளள

Mow, *v.* pilloo veyttookiradoo, புல்லுவெட்டுகிறது

Mower, *s.* pilloo veyttee, புல்லுவெட்டி

Much, *a.* rombō, adeegŭmay, meechŭmay, miggăvoom, mettăh, ரொம்ப, அதிகமாய், மிசசமாய் மிகவும் மெத்த

Mucus, *s.* shirghoo, சிழு

Mud, *s.* sheyr, sheyroo, சேறு

Muddy, *a.* sheyrānăb, சேறான

Muffin, *s.* oroovŭgay rottee, ஒருவகைரொட்டி

Mug, *s.* pānăpātteerŭm, பானபாத்திரம்

Mulberry, (tree,) *s.* pŭttoo poochee sheydee, பட்டுப்பூச்சிசெடி

Mulct, *v.* ăburādŭmeedookiradoo, dŭndŭmpodookiradoo, அபராதமிடுகிறது, தண்டம்போடுகிறது

Mule, *s.* koveyroo kŭrhŭdey, veysŭree, கோவேறுகழுதை, வேசரி

Multiplication, *s.* perookăkŭnăkoo, பெருக்கக்கணககு

Multiplication table, yenshovŭdee, எண்சுவடி

Multiply, *v.* peyrookiradoo, பெருக்கிறது

Multitude, *s.* koottŭm, கூட்டம்

Mumble, *v.* khŭlăkhŭlăkiradoo, கலகலக்கிறது

Mumps, *s.* ponnookooveengkee, பொனனுக்குவீஙகி

Municipal, *a.* pŭttŭnŭttoo kŭdoottah, பட்டணததுககடுத்த

Munificence, *s.* dārālŭm, deyākhă tŭttoovŭm, தாராளம், தியாகதத்துவம

Murder, *s.* kolley, kolleypādăgŭm, கொலை, கொலைபாதகம்

Murderer, *s.* kolleykārŭn, கொலைகாரன்

Murderess, *s.* kolleykāree, கொலைபாதகி, கொலைகாரி

Murderous, *a.* koleysheykira, கொலைசெய்கிற
Murmur, *s.* mooroomooroopoo, முறுமுறுப்பு
Murmur, *v.* mooroomoorookiradoo, முறுமுறுக்கிறது
Muscle, *s.* nŭrŭmboo, நரம்பு
Muscular, *a.* nŭrŭmboo, bellŭnāнăh, நரம்பு, பெலனான
Mushroom, *s.* kālăn, காளான்
Music, *s.* vāddeeŭm, வாத்தியம்
Musical, *a.* vāddeeumoollăh, வாத்தியமுள்ள
Musician, *s.* vāddeeyăkārŭn, sengeedŭn, nŭttoovŭn, வாத்தியக்காரன், நட்டுவன், சங்கீதன்
Musk, *s.* kŭstooree, கஸ்தூரி
Musket, (flint,) *s.* kŭlloo doopākkee, கல்லுதுப்பாக்கி
Musket, (percussion,) *s.* keyppoodoopākkee, கேப்புதுப்பாக்கி
Musqueto, *s.* kossoo, kossoogoo, kossoovoo, கொசு, கொசுகு, கொசுவு
Muskrat, *s.* moonsjooroo, மூஞ்சூரு
Musky, *a.* kŭstooreevāsŭneyoollāh, கஸ்தூரிவாசனையுள்ள
Muslin, *s.* sŭllā, kŭvŭnee, சல்லா, கவணி
Mussulman, *s.* toolookŭn, துலுக்கன், மகம்மதுகாரன்
Must, ăgŭtteeŭmay, அகத்தியமாய்
Mustaches, *s.* meesey, meynmeesey, மீசை, மேன்மீசை
Mustard, *s.* kŭdoogoo, கடுகு
Muster, *s.* mādirree, மாதிரி
Muster, (men,) *s.* koottŭm, கூட்டம்
Musty, *a.* pāndŭlkŭtteenah, பாண்டல்கட்டின
Must, (as camels, &c.) *a.* mŭstoo, mŭdŭm, மஸ்து, மதம்
Mute, *a.* peyshādăh, oomeyānăh, பேசாத, ஊமையான
Mutineer, *s.* poorŭleekārŭn, ădŭngkādăvŭn, புரளிக்காரன், அடங்காதவன்
Mutinous, *a.* poorŭleeoollăh, kŭlŭkŭmoollăh, புரளியுள்ள, கலகமுள்ள
Mutiny, *s.* poorŭlee, kŭlŭkhŭm, புரளி, கலகம்
Mutter, *v.* mooroomoorookiradoo, ănŭngookiradoo, முறுமுறுக்கிறது, அணுங்குகிறது
Muttering, *s.* koorookooroopoo, pŭsăpŭsăpoo, குறுகுறுப்பு, பசபசப்பு
Mutton, *s.* ăttookŭree, ătteereychee, ஆட்டுக்கறி, ஆட்டிறைச்சி
Mutual, *a.* ŭnneeyoneeyŭmānăh, அன்னியோன்னியமான
Mutually, *a.* ŭnneeyoneeyŭmāy, அன்னியொன்னியமாய்
Muzzle, *s.* doopākeeyeen vāy, துப்பாக்கியின்வாய்
My, *p.* yen, yennoodāyăh, என், என்னுடைய
Myriad, *s.* miggoodee, ăneykăh, ăneykhŭm, மிகுதி, அனேகம்
Myself, *p.* nāndān, நான்தான்
Mysterious, *a.* ădeeseeyŭmānăh, அதிசயமான
Mysteriously, *a.* olleepāy, mŭreyvāy, ஒளிப்பாய், மறைவாய்
Mystery, *s.* mŭreyvoo, rŭgoosheeyŭm, மறைவு, இரகசியம்
Mystic, *a.* rŭgoosheeyŭmānăh, இரகசியமான

N

Nabob, *s.* nŭbāboo, prŭboo, நபாப்பு, பிரபு
Nail, *s.* ānee, ஆணி
Nail, *v. a.* ānee taykiradoo, ஆணி தைக்கிறது
Naked, *a.* nirroovānŭmānăh, நிருவாணமான
Nakedness, *s.* nirroovānŭm, நிருவாணம்
Name, *s.* peyr, nāmŭm, பெயர், நாமம்
Name, *v.* peyr iddookiradoo, பெயரிடுகிறது
Nameless, *a.* peyrillādăh, பெயரில்லாத
Namely, *a.* ădāvădoo, vibbŭrŭm, அதாவது, விபரம்
Nap, *s.* sirroo toongoo, சிறுதூங்கு
Nape, *s.* pŭdŭree, pŭdŭr, neemŭm, பிடரி, பிடர், நிமம்
Napkin, *s.* kāygoottey, ărhoottăgoottey, கைக்குட்டை, அழுத்தக்குட்டை
Narcotic, *a.* măyăkătŭkkăh, மயக்கத்தக்க
Narrate, *v.* vibbŭrŭmāy shollookiradoo, kŭdeyshollookiradoo, விபரமாய் சொல்லுகிறது, கதைசொல்லுகிறது
Narration, *s.* kŭdey, கதை
Narrowness, *s.* neyrookŭm, iddookŭm, odookŭm, இடுக்கம், நெருக்கம், ஒடுக்கம்
Narrow, *a.* odookŭmānāh, ŭgŭlămŭttah, ஒடுக்கமான, அகலமற்ற
Narrowly, *a.* prāyāsŭmāy, koormeyāy, பிரயாசமாய், கூர்மையாய்
Nasal, *a.* mooggookoo kooreeyăh, மூக்குக்குரிய
Nastily, *a.* ărghookāy, nāttumay, அழுக்காய் நாற்றமாய்
Nastiness, *s.* nāttŭm, ărghookoo, நாற்றம், அழுக்கு
Nasty, *a.* nāttŭmoollăh, ărghookoollăh, நாற்றமுள்ள அழுக்குள்ள
Nation, *s.* rājsheum, இராச்சியம்
National, *a.* rajsheeŭttookŭdoottăh, இராச்சியத்துக்கடுத்த
Native, *s.* oor pŭrŭndăvŭn, ஊரிற்பிறந்தவன்
Native, *a.* prāveekŭdoottăh, shondăh, பிரவிக்கடுத்த, சொந்த
Natural, *a.* soobāvŭmānăh, சுபாவமான
Naturally, *a.* soobāvŭmāy, சுபாவமாய்
Nature, *s.* soobāvŭm, சுபாவம்
Naught, *s.* inmey, இன்மை
Naughtily, *a.* kooroombāy, குறும்பாய்
Naughtiness, *s.* kooroomboo tŭnnŭm, kurtah tŭnnŭm, குறும்புத்தனம், கெட்டத்தனம்
Naughty, *a.* kooroombānăh, kurttăh, குறும்பான, கெட்ட
Nauseate, *v.* ăroovŭrookirădoo, அருவருக்கிறது
Nauseous, *a.* aroovuroopānăh, அருவருப்பான
Nautical, (naval,) *a.* kŭppŭlookŭdoottah, கப்பலுக்கடுத்த
Nave, *s.* koveelmŭttee, கோவில்மத்தி
Navel, *s.* toppool, nābee, தொப்பூள், நாபி
Navel-string, *s.* toppoolkodee, தொப்பூள்கொடி

Navigable, *a.* kŭppŭl ottăhtŭkkăh, கப்பலோட்டத்தக்க
Navigate, *v.* kŭppŭl ottookiradoo, கப்பலோட்டுகிறது
Navigation, *s.* kŭppŭl ottoomvittey, கப்பலோட்டும்வித்தை
Navigator, *s.* kŭppŭl ottee, கப்பலோட்டி
Navy, *s.* por kŭppŭl, por kuppuljenney, போர்க்கப்பல், போர்கப்பல்சேனை
Nay, *a.* illey, ŭllăh, இல்லை அல்ல
Near, *v.* kittey vŭrookiradoo, kittookiradoo, கிட்டுகிறது, கிட்டே வருகிறது
Near, *a.* kittŭh, kittey, கிட்டே
Nearly, *a.* yeyrăkoorāyŭh, kittŭhtŭttŭh, ஏறக்குறைய, கிட்டத்தட்ட
Nearness, *s.* neyrookŭm, kittoomānŭm, நெருக்கம் கிட்டுமானம்
Neat, *a.* neytteeyānŭh, neyrtteeyānăh, நேர்த்தியான
Neatly, *a.* neytteeyāy, neyrtteeyāy, நேர்த்தியாய்
Neatness, *s.* neyttee, neyrtee, நேர்த்தி
Neb, *s.* mooggoo, ŭlagoo, அலகு, மூக்கு
Necessarily, *a.* ăvŭsŭrŭmāy, vŭrnoomyenroo, அவசரமாய் வேண்டுமென்று
Necessary, *a.* ăvŭsŭrŭmānăh, teyveyoollăh, அவசரமான, தேவையுள்ள
Necessitate, *v.* neyrookă pŭdoottookiradoo, நெருக்கப்படுத்துகிறது
Necessitous, *a.* ādŭrvŭttăh, ஆதரவத்த
Necessity, *s.* ăvŭsŭrŭm, அவசரம்
Neck, *s.* kŭloottoo, kŭrghoottoo, கழுத்து
Necklace, *s.* tărhvŭdŭm, ăneesŭrŭm, தாழ்வடம், அணிசரம்
Need, *s.* teyvey, vurndeeyădoo, ăvăsărŭm, வேண்டியது, தேவை, அவசரம்
Need, *v.* virroombookiradoo, vurndookiradoo, விரும்புகிறது, வேண்டுகிறது
Needful, *a.* teyveyoollăh, moottoollăh, avashurŭmānŭh, தேவையுள்ள, முட்டுள்ள, அவசரமான
Needily, *a.* kooraychŭlay, moottāy, குறைச்சலாய் முட்டாய்
Needle, *s.* ooshee, shooshee, ஊசி, சூசி
Needle, (eye,) *s.* ooshee kŭn, ஊசிகண்
Needle, (point,) *s.* ooshee monney, ஊசிமுனை
Needless, *a.* teyveyillādŭh, vŭrndeeyādilley, vānām, தேவையில்லாத, வேண்டியதில்லை, வேண்டாம்
Needlessly, *a.* teyveyinnree, vānāmŭl, தேவையின்றி, வேண்டாமல்
Needy, *a.* yelleeyŭh, teveyānŭh, moottoopŭttăh, தேவையான, முட்டுப்பட்ட
Nefarious, *a.* drokhumānăh, துரோகமான
Nefariously, *a.* drokhŭmāy, துரோகமாய்
Negation, *s.* illāmay, yeddeermŭrey, இல்லாமை, எதிர்மறை
Negative, *a.* innmāyānăh, இன்மையான
Negatively, *a.* innmāyāy, இன்மையாய்

Neglect, *s.* ăshŭttey, pārāmookŭm, அசட்டை, பாராமுக்கம்

Neglect, *v. a.* āshŭttey pŭnnookiradoo, அசட்டைபண்ணுகிறது

Neglected, *p.* ăshŭttey pŭnnoopŭttŭh, அசட்டைபண்ணப்பட்ட

Neglectful, *a.* ăshutteyānăh, gŭvŭnŭmillādŭh, அசட்டையான, கவனமில்லாத

Neglectfully, *a.* ăshŭtteyay, gŭvŭnŭmillāmŭl, அசட்டையாய், கவனமில்லாமல்

Negligence, *s.* ăshŭttey, gŭvŭnŭmillāmăy, அசட்டை, கவனமில்லாமை

Negligent, *a.* ăshŭtteyānăh, gŭvŭnŭmillāmŭl, அசட்டையான, கவனமில்லாத

Negligently, *a.* ăshŭtteyāy, gŭvŭnŭmillāmŭl, அசட்டையாய் கவனமில்லாமல்

Negotiable, *a.* shellăveedătŭkkăh, செலவிடத்தக்க

Negotiate, *v.* kŭchăvŭdŭm pŭnnookiradoo, கச்சவடம் பண்ணுகிறது

Negotiation, *s.* oodŭnpŭdeekāy, உடன்படிக்கை

Neigh, (horse,) *v.* kŭneykirādoo, கனைக்கிறது

Neighbour, *s.* ădoottăvŭn, ăsŭlŭn, அடுத்தவன், அசலன்

Neighbourhood, *s.* adoottăh, ăndāy, அடுத்த, அண்டை

Neither, *a.* irrŭndoomillādŭh, இரண்டுமில்லாத

Nem-con, *a.* yekkăvārttăyāy, ஏகவார்த்தையாய்

Nephew, *s.* shŭkotŭrŭn mŭkhŭn, சகோதரன்மகன்

Nerve, *s.* nădee, nāmboo, dādoo, நாடி, நரம்பு, தாது

Nerveless, *a.* bŭllŭmŭttŭh, nŭrŭmbillādăh, பலமற்ற, நரம்பில்லாத

Nervous, *a.* pŭdŭrookira, pŭdăpŭdăpookira, பதருகிற, பதபதப்புகிற

Nervously, *a.* pŭdŭpŭdapay, பதபதப்பாய்

Nervousness, *s.* pŭdăpŭdăpoo, பதபதப்பு

Nest, *s.* goodoo, goondoo, கூடு, கூண்டு

Nest, *v.* goodoo kŭtteey irrookiradoo, கூடுகட்டியிருக்கிறது

Nestle, *v.* gootteel ădaykiradoo, கூட்டிலடைக்கிறது

Nestling, *s.* koonjshoo, குஞ்சு

Net, *v.* pinnookiradoo, பின்னுகிறது

Net, *s.* vŭley, kŭnnee, வலை, கண்ணி

Nether, *a.* keerghānăh, keelănăh, bādālăh, கீழான, பாதாள

Nethermost, *a.* miggă keerghānăh, மிக்க கீழான

Netting, *s.* pinnul veyley, பின்னல் வேலை

Nettle, *v.* yeyreechŭl ākookiradoo, kobŭhpudoottookiradoo, எரிச்சலாக்குகிறது, கோபப்படுத்துகிறது

Nettle, *s.* kăngshoree, காஞ்சொறி

Network, *s.* vŭlley, pinnŭl, வலை, பின்னல்

Neuter, (in conduct,) *a.* tŭdŭstŭmānăh, தடஸ்தமான

Neuter, (in gender,) *a.* tŭneettă pāl, தனித்தப்பால்

Neutral, *a.* tŭdŭstŭmay, தடஸ்தமாய்

Neutrality, *s.* tŭdŭstŭm, நடஸ்த்தம்

Neutralize, *v.* tŭdŭstŭm sheykiradoo, நடஸ்த்தஞ்செய்கிறது

Neutrally, *a.* tŭdŭstŭmay, நடஸ்த்தமாய்

Never, *a.* oroopodoom illey, illey, yeppodoomilley, இல்லை, ஒருபோதுமில்லை, எப்போதுமில்லை

Nevertheless, *a.* ākheeloom, ānāloom, ஆகிலும், ஆனாலும்

New, *a.* poodoosoo, poodeeyŭh, poodeenŭmānăh, புதிய, புதினமான, புதுசு

Newly, *a.* poodoosāy, poodeeday, nŭvŭmāy, புதிதாய், நவமாய்

Newness, *s.* poodoomey, nŭvŭm, புதுமை, நவம்

News, *s.* sŭmātchārŭm, sheydee, சமாசாரம்

Next, *a.* ădoottăh, pŭkkăh, vŭrookirăh, அடுத்த, பக்க

Nib, *s.* noonee, koor, நுனி, கூர்

Nibble, *v.* ăreekirădoo, அரிக்கிறது

Nibbling, *s.* ăreepoo, kŭtteereepoo, அரிப்பு, கத்தரிப்பு

Nice, *a.* neyrtteeyānŭh, nŭllāh, நேர்த்தியான, நல்ல

Nicely, *a.* neyrtteeyāy, nŭnrāy, நேர்த்தியாய், நன்றாய்

Niceness, *s.* neyrttee, neyrmey, நேர்த்தி, நேர்மை

Nicety, *s.* dirrŭm, noymey, திறம், நோய்மை

Niece, *s.* sŭgodŭrŭn mŭkhŭl, சகோதரன்மகள்

Niggard, *s.* lobee, pissoonŭn, உலோபி, பிசுனன்

Niggardly, *s.* lobŭmāy, உலோபமாய்

Nigh, *a.* kittăh, sŭmeebŭmānŭh, adoottăh, கிட்ட, சமீபமான அடுத்த

Nighly, *a.* sŭmeebŭmay, சமீபமாய்

Night, *s.* rătteeree, rāvoo, இராத்திரி இரவு

Nightly, *a.* ratteereekee ratteeree, இராத்திரிக்கிராத்திரி

Nimble, *a.* shoorookānŭh, shoorooshooroopoollah, சுறுசுறுப்புள்ள

Nimbleness, *s.* shoorooshooroopoo, சுறுசுறுப்பு

Nimbly, *a.* shoorookay, shoorooshooroopāy, சுறுசுறுப்பாய்

Nine, *n.* onbŭdoo, ஒன்பது

Nineteen, *n.* pŭtt onbŭdoo, பத்தொன்பது

Ninety, *n.* tonnooroo, தொண்ணூறு

Ninny, *s.* moodŭn, păyteyăkārŭn, mŭdāyŭn, மூடன், மடையன்

Ninth, *a.* onbŭdām, ஒன்பதாம்

Nip, *v.* kŭttŭreekiradoo, கத்தரிக்கிறது

Nippers, *s.* kŭtteereekol, iddookee, இடுக்கி, கத்தரிக்கோல்

Nipple, *s.* moleykŭn, moleykāmboo, முலைகண், முலைகாம்பு

No, *a.* illey, ŭllŭh, இல்லை, அல்ல

Noble, *a.* meynmeyānŭh, oottŭmŭmānŭh, மேன்மையான, உத்தமமான

Nobleness, *s.* ăbeemānŭm, mŭkhootoovŭm, அபிமானம், மகுத்துவம்

Nobly, *a.* ăbeemānŭmay, அபிமானமாய்

Nobody, *s.* orootŭn illey, oroovŭroom illey, ஒருவருமில்லை
Nocturnal, *a.* rātteereeyeel, இராத்திரியில்
Nod, *s.* saykay, tŭley āttoo, சைகை தலையாட்டு
Nodding, *s.* tuley āttoo, tookkŭm, தூக்கம்
Noise, *s.* shŭndădee, sŭbdŭm, சந்தடி, சப்தம் கூச்சல்
Noise, *v.* prāsheetă pŭdoottookiradoo, பிரசித்தப்படுத்துகிறது
Noiseless, *a.* shŭndădeeyillādăh, சந்தடியில்லாத
Noisily, *a.* shŭndădeeyāy, kooshŭlay, சந்தடியாய், கூச்சலாய்
Noisome, *a.* nāttŭmoollŭh, நாற்றமுள்ள
Noisy, *a.* shŭndŭdeeyānŭh, சந்தடியான
Nominate, *v.* peyriddookiradoo, பெயரிடுகிறது
Nomination, *s.* peyrkooreepoo, பெயர்குறிப்பு
Nominative, peyr, பெயர்
Non-appearance, *s.* veyleepŭdāmay, வெளிப்படாமை
Non-attendance, (to be,) *v.* vŭrāmŭl voodookiradoo, வராமல் விடுகிறது
Non-attention, *s.* găvŭnŭm inmey, கவனமின்மை
Non-compliance, *s.* tŭkădee, pinnăbeydŭm, தக்கடி, பின்னபேதம்
Nondescript, *a.* kooreeyādăh, shollapŭdādŭh, குறியாத, சொல்லப்படாத
None, *a.* onnoomilley, onroomilādŭh, ஒன்றுமில்லாத
Non-existence, *s.* ŭbāvŭm, sooneeyŭm, அபாவம், சூனியம்
Non-observance, *s.* kāykollāmay, கைக்கொள்ளாமை
Non-performance, *s.* sheyyāmey, செய்யாமை
Nonplus, *v.* seekoopŭnnoo kiradoo, சிக்குபண்ணுகிறது
Non-resemblance, *s.* vovāmey, வொவ்வாமை
Non-resident, *s.* pŭrŭhdeysee, nādodee, பரதேசி, நாடோடி
Nonsense, *s.* pāytteeyŭm, bootteeyeenŭm, பைத்தியம் புத்தியீனம்
Nonsensical, *a.* pāytteeyŭmānŭh, பைத்தியமான புத்தியீனமான
Nonsensically, *a.* pāytteeyŭmāy, பைத்தியமாய், புத்தியீனமாய்
Nonsuit, *v.* vŭrghŭkāytŭllookiradoo, வழக்கைதள்ளுகிறது
Noodle, *s.* moottāl, moodŭn, beyday, முட்டாள், மூடன், பேதை
Nook, *s.* mooley, yedookoo, மூலை, இடுக்கு
Noon, *s.* mutteeyānŭm, nŭdoopŭghŭl, மத்தியானம், நடுப்பகல்
Noose, *s.* shoorookoo, kŭnnee, சுருக்கு, கண்ணி
Nor, *c.* ŭllŭh, illey, அல்ல, இல்லை
North, *a.* vŭdŭh, வட
North, *s.* vŭdŭkoo, vŭdădissey, வடக்கு, வடதிசை
North-east, vŭdă kirrghŭkoo, வடகிழக்கு
North-west, vŭdă meyrkoo, வடமேற்கு
Northerly, *a.* vŭdŭh, vŭdŭhkay, வட, வடக்காய்
Northern, *a.* vŭdŭh, wootteerŭm, வட, உத்திரம்

Northward, *a.* vŭdŭh pŭkŭm, வடபக்கம்

Nose, *s.* mookkoo, nāsee, மூக்கு, நாசி

Nose-bleed, *s.* rŭttŭh peeneesŭm, இரத்தபீனிசம்

Nose-gay, *s.* poonshendoo, shendoo, பூஞ்செண்டு, செண்டு

Nostril, *s.* nāsee ttoovārŭm, நாசித்துவாரம்

Not, *a.* illey, ŭllŭh, இல்லை அல்ல

Notable, *a.* sirrŭppoollŭh, சிறப்புள்ள

Notably, *a.* sirrŭppāy, சிறப்பாய்

Notch, *s.* keettoo, veyttoo, கீற்று, வெட்டு

Notch, *v,* keerookiradoo, veyttookiradoo, கீறுகிறது, வெட்டுகிறது

Note, *s.* kooree, ădeyālŭm, குறி, அடையாளம்

Note, (letter,) *s.* sheettoo, சீட்டு

Note, *v.* kooreekiradoo, yeyroodee vaikiradoo, குறிக்கிறது, எழுதிவைக்கிறது

Noted, *p.* kooreettŭh, kooreekăpŭttŭh, குறிக்கப்பட்ட

Nothing, *s.* onnoomilley, onroomilley, ஒன்றுமில்லை

Nothingness, *s.* onroomillāmay, inmey, ஒன்றுமில்லாமை, இன்மை

Notice, *s.* yeychŭreekāy, ăreekāy, எச்சரிக்கை, அறிக்கை

Notice, *v.* kŭndirookiradoo, கண்டிருக்கிறது

Notify, *v.* ăreeveekiradoo, அறிவிக்கிறது

Notion, *s.* nineypoo, needānŭm, yennŭm, நினைப்பு, நிதானம், எண்ணம்

Notoriety, *s.* keerttee, pookhŭr, prŭbleŭm, கீர்த்தி, புகழ், பிரபலியம்

Notorious, *a.* keertteeyānŭh, peyrponŭh, கீர்த்தியான, பெயர்போன

Notoriously, *a.* keertteyāy, prŭbleŭmay, கீர்த்தியாய், பிரபலியமாய்

Notwithstanding, *c.* ākheeloom, ădoovoom illāmŭl, ஆகிலும், அதுவுமல்லாமல்

Noun, *s.* peyrchol, பெயர்ச்சொல்

Nourish, *v.* āgārŭm kodookiradoo, ădŭreekiradoo, ஆகாரம் கொடுக்கிறது, ஆதரிக்கிறது

Nourishment, *s.* āgārŭm, ādŭrvoo, ஆகாரம், ஆதரவு

Novel, *a.* poodoo, poodeeyŭh, புது, புதிய

Novelty, *s.* poodoomey, noodŭnŭm, புதுமை, நூதனம்

November, *s.* kārteekey māshŭm, or mādŭm, கார்த்திகை மாதம்

Novice, *s.* poodeeyăvŭn, புதியவன்

Now, *a.* ippodoo, ippo, ipporhoodoo, inneyrŭm, இப்பொழுது, இனனேரம்

Now a days, *a.* innālkŭleel, இன்னாட்களில்

Nowhere, *a.* yeyngoom illey, or edŭtteeloom illey, ஒரிடத்திலுமில்லை

Noxious, *a.* kŭrttŭh, teengkāy, கெட்ட, தீங்கான

Noxiously, *a.* kŭrdāy, teengkāy, கேடாய், தீங்காய்

Nudity, *s.* nirroovānŭm, ŭmmŭnŭm, நிருவாணம், அம்மணம

Nugatory, *a.* veenānŭh, veeroodāvānăh, விரூன, விருதா வான

Nuisance, *s.* tondŭrăvoo, kurttă-doo, தொந்திரவு

Null, *a.* bellŭnŭttŭh, sŭtteeyillă-dăh, பெலனற்ற, சத்தியில்லாத

Nullify, *v.* bellŭnkōraykiradoo, பெலன்குறைக்கிறது

Nullity, *s.* inmey, bellŭnkoray-voo, பெலன்குறைவு

Number, *s.* tŭkkŭm, kŭnŭkoo, yen, கணக்கு, இலக்கம், எண்

Number, *v.* yennookiradoo, kŭ-nookoopārkiradoo, எண்ணுகிறது, கணக்குப்பார்க்கிறது

Numberless, *a.* kŭnŭkillādăh, கணக்கில்லாத

Numbness, *s.* timmeerpoo, திமிர்ப்பு

Numeral, *a.* yennookŭdoottŭh, எண்ணுக்கடுத்த

Numerically, *a.* yenneenăpŭdee, எண்ணினபடி

Numerical, *a.* yennoollăh, yen-nookŭdoottăh, எண்ணுக்கடுத்த

Numerous, *a.* ăneykăh, miggăh, vĕyghoo, அனேக, வெகு, மிக

Numerously, *a.* ăneykŭmāy, miggoodeeyay, அனேகமாய் மிகுதியாய்

Numskull, *s.* moodŭn, moottāl, மூடன், மடையன், முட்டாள

Nuptial, *a.* kŭleeyānăh, kŭlee-yānuttookŭdoottăh, கலியாண, கலியாணத்துக்கடுத்த

Nuptials, *s.* kŭleeyānŭm, vivvā-khŭm, கலியாணம், விவாகம்

Nurse, *s.* tădee, kāyttāy, தாதி, கைத்தாய்

Nurse, *v.* kāpāttookiradoo, mo-ley kodookiradoo, காப்பாத்துகிறது, முலைகொடுக்கிறது

Nursery, (garden,) *s.* nāttoo-tottŭm, நாற்றுத்தோட்டம்

Nursing, pālkodookiră, பால்கொடுக்கிற

Nursling, *s.* koolŭndey, poolley, பிள்ளை, குழந்தை

Nurture, *s.* vŭllŭrpoo, வளர்ப்பு

Nurture, *v.* vŭllŭrkiradoo, kāpāt-tookiradoo, வளர்க்கிறது, காப்பாத்துகிறது

Nut, *s.* kottāy, pākkoo, veettoo, கொட்டை, பாக்கு, வித்து

Nutgall, *s.* kŭdookāy, கடுக்காய்

Nutmeg, *s.* jādeekāy, சாதிக்காய்

Nutriment, *s.* āgārŭm, boshŭ-nŭm, ஆகாரம், போசனம்

Nutrition, *s.* vŭllŭrpoo, āgārŭm, வளர்ப்பு, ஆகாரம்

Nutritious, *a.* vŭllŭrkiră, வளர்க்கிற

Nutshell, *s.* kottāngkŭtchee, sirroottay, கொட்டாங்கச்சி, சிரட்டை

O

O, i, oh, okho, ஓ, ஓகோ

Oaf, *s.* pāyteeyăkārŭn, moottāl, பைத்தியகாரன், முட்டாள்

Oar, *s.* tŭndoo, mŭttey, toodoo-poo, தண்டு, மட்டை, துடுப்பு

Oath, *s.* sŭtteeyŭm, āney, ஆணை, சத்தியம்

Oath-breaking, *s.* āneytŭvaroo, ஆணைதவறு

Obduracy, *s.* kŭdeenŭm, worŭm, கடினம், உரம்

Obdurate, *a.* kŭdeenŭmānăh, கடினமான

Obdurately, *a.* kŭdeenŭmāy, கடினமாய்

Obedience, *s.* keelpŭdeevoo, keelmeyvoo, கீழ்ப்படிவு

Obedient, *a.* keelmeyoollăh, கீழ்மையுள்ள
Obediently, *a.* keelmeyāy, கீழ்மையாய்
Obeisance, *s.* āsārŭm, vŭnŭkŭm, ஆசாரம், வணக்கம்
Obelisk, *s.* oroo toon, ஒருதூண்
Obesity, *s.* kohroopoo, neenŭm, கொழுப்பு, நிணம்
Obey, *v.* keerghpŭdeekiradoo, கீழ்ப்படிகிறது
Obit, *s.* mŭrŭnŭm, மரணம்
Obituary, *s.* mŭrŭnăsŭngŭdee, mŭrŭnăshādŭnŭm, மரணசங்கதி, மரணசாதனம்
Object, *s.* yennŭm, nokkŭm, எண்ணம், நோக்கம்
Object, *v.* yedeertoo peyshookiradoo, tŭdey shollookiradoo, priddeevādeekiradoo, எதிர்த்துப்பேசுகிறது, தடைசொல்லுகிறது, பிரதிவாதிக்கிறது
Objection, *s.* tŭdey, veerodŭm, தடை, விரோதம்
Objectionable, *a.* tŭdŭngkŭlănăh, தடங்கலான
Obligation, *s.* oottŭrăvādŭm, pinney, உத்தரவாதம், பிணை
Oblige, *v.* pirreeyă pudoottookiradoo, dayvoo sheykiradoo, பிரியப்படுத்துகிறது, தயவுசெய்கிறது
Obliging, *a.* oobăsārŭneyānăh, dayvoollăh, உபசாரணையான, தயவுள்ள
Oblique, *a.* konŭlănăh, vŭlāyndăh, shāyndăh, வளைந்த, கோணலான, சாய்ந்த
Obliquely, *a.* konŭlāy, vŭleyvāy, கோணலாய், வளைவாய்
Obliquity, *s.* konŭl, vŭleyvoo, கோணல், வளைவு
Obliterate, *s.* teykiradoo, ărheekiradoo, தேய்க்கிறது, அழிக்கிறது
Obliteration, *s.* teyvoo, arheevoo, தேய்வு, அழிவு
Oblivion, *s.* mŭrŭdee, mŭrŭpoo, மறதி, மறப்பு
Oblivious, *a.* mŭrŭdeeyānăh, mŭrŭppānăh, மறதியான, மறப்பான
Oblong, *a.* neendăh, teergăh, நீண்ட, நீர்க்க
Obloquy, *s.* eergheevoopeytchoo, இழிவுபேச்சு
Obnoxious, *a.* dooshttăh, vishŭmoollăh, துட்ட, விஷமுள்ள
Obscene, *a.* vŭmbānăh, oodāshŭnŭmānăh, வம்பான, உதாசனமான
Obscenely, *a.* vŭmbāy, oodāshŭnŭmāy, வம்பாய், உதாசனமாய்
Obscenity, *s.* vŭmboo, oodāshŭnŭm, உதாசனம், வம்பு
Obscure, *a.* kŭrookŭlānăh, mŭngŭlānăh, கருகலான, மங்கலான
Obscure, *v.* kŭrookŭl ākookiradoo, mŭngul ākookiradoo, கருகலாகுகிறது, மங்கலாகுகிறது
Obscure, (meaning,) *a.* podeyporool, புதை, பொருள்
Obscurely, *a.* kŭrookŭlāy, mŭngŭlāy, podeyporoolay, கருகலாய், மங்கலாய், புதைபொருளாய்
Obscurity, *s.* kŭrookŭl, mŭngŭl, podeyporool, கருகல் மங்கல் புதைபொருள்
Obsequies, *s.* shāvooshŭdŭngkoo, சாவுச்சடங்கு
Obsequious, *a.* oobăsārŭmoollăh, mŭrẹeyādeyoollăh, உபசாரமுள்ள, மரியாதையுள்ள

Obsequiously, *a.* oobăsārŭmay, mŭreeyādēyāy, உபசாரமாய், மரியாதையாய்

Obsequiousness, *s.* keelpŭdeevoo, mŭreeyādāy, கீழ்ப்படிவு, மரியாதை

Observance, *s.* gŭvŭneepoo, கவனிப்பு

Observant, *a.* gŭvŭnŭmoollăh, கவனமுள்ள

Observation, *s.* gŭvŭneepoo, gŭvunum, கவனிப்பு, கவனம்

Observatory, *s.* doorădisteemŭndăbŭm, nŭttchettrŭmpārkiră mŭndăbŭm, நட்சேத்திர மண்டபம், தூரதிஸ்டிமண்டபம்

Observe, *v.* pārkiradoo, kooreekiradoo, gŭvuneekiradoo, பார்க்கிறது, குறிக்கிறது

Observer, *s.* gŭvŭneekiravŭn, pārvāykārŭn, கவனிக்கிறவன் பார்வைக்காரன்

Observingly, *a.* gŭvŭnŭmay, pārvayyay, கவனமாய், பார்வையாய்

Obsolete, pŭrgheeyăh, ikkālŭteel vŭghrŭngkādăh, பழய, இக்காலத்தில்வழங்காத

Obstacle, *s.* tŭdey, koondăkŭm, vigginnŭm, தடை, குந்தகம், விக்கினம்

Obstinacy, *s.* moorŭndoo tŭnŭm, moorŭttoo goonŭm, முரண்டுத்தனம், முரட்டுக்குணம்

Obstinate, *a.* moorădānăh, ădŭngkādăh, முரட்டான, அடங்காத

Obstinately, *a.* mooraday, ădŭngkāmeyāy, முரடாய், அடங்காமையாய்

Obstreperous, *a.* tāroomārānăh, தாறுமாறான

Obstreperously, *a.* tāroomāray, goonăkurdāy, குணக்கேடாய், தாறுமாறாய்

Obstruct, *v.* mŭreekiradoo, koorookey tŭdookiradoo, மறிக்கிறது, குறுக்கேதடுக்கிறது

Obstruction, *s.* mŭreepoo, ădaypoo, tŭdoopoo, மறிப்பு, அடைப்பு, தடுப்பு

Obtain, *v.* vāngookiradoo, tŭleypŭdookiradoo, shŭmbātteekiradoo, வாங்குகிறது, சம்பாத்திக்கிறது, தலைப்படுகிறது

Obtrude, *v.* ămookookiradoo, dinneekiradoo, அமுக்குகிறது, திணிக்கிறது

Obtrusion, *s.* dinneepoo, bŭlăbŭndŭm, திணிப்பு, பலபந்தம்

Obtrusive, *a.* dinneekătŭkkăh, திணிக்கத்தக்க

Obtuse, *a.* mŭndŭmānăh, mŭrghoongkeeyăh, மழுங்கிய, மந்தமான

Obtusely, *a.* mŭndŭmāy, mŭrghoongkŭlāy, மழுங்கலாய், மந்தமாய்

Obtuseness, *s.* mŭndŭm, mŭrghookŭm, மந்தம், மழுக்கம்

Obviate, *v.* neekookiradoo, vellŭkookiradoo, நீக்குகிறது, விலக்குகிறது

Obvious, *a.* teyleevānăh, veyleeyāngŭmānăh, தெளிவான, வெளியரங்கமான

Obviously, *a.* teyleevay, veyleerŭngŭmāy, தெளிவாய்

Occasion, *s.* nimmeetŭm, sŭmayŭm, நிமித்தம், சமயம்

Occasion, *v.* oondākookiradoo, உண்டாக்குகிறது

Occasional, *a.* silāveyley sŭmbăveekirāh, சிலவேளை சம்பவிக்கிறது

Occasionally, *a.* sillăveyley, சில வேளை
Occult, *a.* mŭreyvānăh, rŭgoosheeyŭmānăh, மறைவான, இரகுஷியமான
Occultation, *s.* mŭreyvoo, rŭgoosheeyŭm, மறைவு, இரகுஷியம்
Occupancy, *s.* irroopoo, ādshee, இருப்பு, ஆட்சி
Occupants, *s.* irroopookārŭn, ădsheekārŭn, இருப்புக்காரன், ஆட்சிக்காரன்
Occupation, ăloovul, veyley, ootteeyokŭm, அலுவல், வேலை, உத்தியோகம்
Occupy, (dwell,) *v.* koodeeirrookiradoo, குடியிருக்கிறது
Occur, *v.* ākiradoo, neyriddookiradoo, shumbăveekiradoo, நேரிடுகிறது சம்பவிக்கிறது
Occurrence, *s.* kāreeyŭm, sŭngădee, sheydee, sŭmāshārŭm, காரியம், செய்தி, சமாசாரம்
Ocean, *s.* kŭdŭl, sŭmoottirrŭm, sŭmeettirrŭm, கடல், சமுத்திரம்
Octagon, *s.* yettoogōnŭm, yengonŭm, எண்கோணம், எட்டுகோணம்
Octagonal, *a.* yettoogōnŭmoollăh, எண்கோணமுள்ள
October, *s.* āybŭsee mādŭm, or māsŭm, ŭrpissee māsŭm, ஐப்பசிமாதம
Ocular, *a.* kŭnnālkŭndăh, கண்ணாற்கண்ட
Oculist, *s.* neytteerăvāytteeyŭn, kŭnvaideeyŭn, நேத்திரவைத்தியன்
Odd, *a.* ădeesheeyŭmānăh, noodŭnŭmānăh, sirreekātŭkkăh, அதிசெயமான, நூதனமான, சிரிக்கத்தக்க
Oddity, *s.* ădeesheeyŭmānă mādeeree, noodŭnŭmānă mādeeree, நூதனமானமாதிரி, அதிசெயமானமாதிரி
Oddly, *a.* ădeesheeyŭmay, noodŭnŭmāy, நூதனமாய் அதிசயமாய்
Ode, *s.* pāttoo, shindoo, பாட்டு, சிந்து
Odious, *a.* pŭgaykă pŭdătŭkkăh, பகைக்கபடத்தக்க
Odiously, *a.* pŭgay kiddŭmāy, பகைக்கிடமாய்
Odiousness, *s.* pŭgay pŭdoomtŭnmey, பகைப்படுந்தன்மை
Odour, *s.* vāsŭney, வாசனை
Odour, (bad,) *s.* nāttŭm, நாற்றம்
Odoriferous, *a.* vāsŭneyānăh, வாசனையான
Odorous, *a.* vāsŭneyoollăh, வாசனையுள்ள
Of, *p.* een, oodāyăh, eel, உடைய, இல்
Off, *a.* appāl, doorăh, tŭllee, அப்பால், தூர, தள்ளி
Off, (a horse,) koderey een peyriley, or meyley, குதிரையின் பேரிலே or, மேலே
Offence, *s.* koottŭm, meeroodŭl, குற்றம், மீறுதல்
Offend, *v.* pirreeyăveenă pŭdoottookiradoo, பிரியவீனப்படுத்துகிறது
Offender, *s.* koottăvālee, meeroovon, குற்றவாளி, மீறுவோன்
Offensive, (smell,) *a.* nāttŭmānăh, நாற்றமான
Offensive, *a.* abăkārŭmānăh, ăbăkŭrteeyānăh, அபகாரமான, அபகீர்த்தியான
Offensively, *a.* abākārŭmāy, ăbăkŭrteeyāy, அபகாரமாய் அபகீர்த்தியாய்

Offer, *s.* kerlvee, peyssoo, கேள்வி, பேசசு
Offer, *v. a.* kerlkiradoo, yiddoo-kiradoo, கேள்க்கிறது, இடுகிறது
Offer, *v. n.* (as opportunity,) tot-tookiradoo, vŭghreekānooki-răđoo, வழிகாணுகிறது
Offering, *s.* kāneekay, காணிக்கை
Office, *s.* ooteeyokŭm, veyley, உத்தியோகம், வேலை
Officer, *s.* ootteeyokŭstŭn, āpee-sur, ஆபீசர், உத்தியோகஸ்தன்
Official, *s.* sŭbāy ŭdeebŭdee, சபையதிபதி
Official, *a.* ooteeyokŭsttoo kŭdoo-tăh, உத்தியோகத்துககடுத்த
Officially, *a.* ooteeyokă tŭtoo-vŭmkondoo, உத்தியோகதத்துவங்கொண்டு, உத்தியோகதது வங்கொண்டு
Officiate, *v.* veyley nŭdŭpeekira-doo, வேலைநடடபபிக்கிறது
Officious, *a.* tondeepānăh, தொந்திப்பான்
Officiously, *a.* tondeepay, தொந்திப்பாய
Officiousness, *s.* tondeepoo, தொந்திப்பு
Offspring, *s.* shŭndānŭm, boot-teerulābŭm, சந்தானம், புத்திரலாபம்
Often, *a.* ŭdeekŭdee, ăneykă-derrŭm, அடிக்கடி, அனேகதரம்
Ogle, *v.* kŭday kŭneekiradoo, கடைக்கணிக்கிறது
Ogling, *s.* keelkŭn, கீழ்க்கண்
Oh, *in.* āh, ayyoh, āppāh, ஆ, ஐயோ, அப்பா
Oil, *s.* yenney, எண்ணை

Oil, *v.* yenney poosookiradoo, எண்ணைபூசுகிறது
Oil-cake, *s.* pinnākoo, பிண்ணாக்கு
Oiliness, *s.* yenney pŭttoo, எண்ணைபபற்று
Oilpress, *s.* shekkoo, āley, செக்கு, ஆலை
Oily, *a.* yenney pŭttoollăh, எண்ணைபற்றுள்ள
Ointment, *s.* tāylŭm, தைலம்
Old, *a.* pŭrghăyăh, pŭrghăsā-năh, பழய, பழசான
Oldness, *s.* pŭrghămey, poor-vŭm, பழமை, பூர்வம்
Oldsaying, *s.* pŭrghăyăh shol, pŭrghăyăh morhee, பழமொழி, பழச்சொல்
Olfactory, *a.* mŭnŭmoollăh, மணமுள்ள
Omen, *s.* sŭgoonŭm, kooree, nimmeetŭm, குறி, நிமித்தம், சகுனம்
Ominous, *a.* sŭgoonŭmānăh, சகுனமான
Ominously, *a.* sŭgoonŭmāy, சகுனமாய்
Omission, *s.* tŭppoo, tŭveerpoo, தப்பு, தவிர்ப்பு
Omit, *v.* tŭveerkiradoo, mŭrŭn-doo voodookiradoo, தவிர்கிறது
Omnipotence, *s.* sŭrvăvŭlāmey, சருவவல்லமை, சருவதத்துவம்
Omnipotent, *a.* sŭrvăvŭllăh, சருவவல்ல
Omnipresent, *a.* sŭrvăveeyăpă-gŭmoollăh, சருவவியாபகமுள்ள
Omniscience, *s.* sŭrvăngānŭm, சருவஞானம்
Omniscient, *a.* sŭrvăngānŭmool-lăh, சருவஞானமுள்ள

On, *p.* meyl, meyley, ăppoorŭm, whyrăh, மேலே, உயர, அப்புறம்

Once, *a.* orooderrŭm, oroovisshey, orookāl, ஒருதரம், ஒருக்கால், ஒருவிசை

One, *s.* onnoo, onroo, ஒண்ணு, ஒன்று

One, *a.* oroo, yekhă, ஒரு, ஏக

Onerous, *a.* bārŭmānăh, shemeyānăh, பாரமான, சுமையான

Onion, *s.* vengāyŭm, eerăvengāyŭm, வெங்காயம், ஈரவெங்காயம்

Only, *a.* mātteerŭm, worey, மாத்திரம், ஒரே

Onset, *s.* yoottŭm, pōr, யுத்தம் போர்

Onward, *a.* moonney, minney, moondee, moonnākăh, ăppoorŭm, முன்னே முந்தி முன்னாக அப்புறம்

Ooze, *v. n.* poorăpŭdookiradoo, woottoowoorookiradoo, புறப்படுகிறது.

Oozing, *s.* woorŭl, ஊரல்

Opacity, *s.* mŭngŭl, kooroodoo, eerool, குருடு, மங்கல், இருள்

Open, *v. a.* tŭrŭkkiradoo, virreekirădoo, திறக்கிறது, விரிக்கிறது

Open, *v. n.* veydeekiradoo, tŭrŭndoo pokiradoo, வெடிக்கிறது, மலருகிறது

Open, *a.* veyleeyānăh, tŭrŭndirookiră, வெளியான, திறந்திருக்கிற, திறந்துப்போகிற

Opening, *s.* toovārŭm, pokkoo, veydeepoo, துவாரம், வெடிப்பு, போக்கு

Openly, *a.* teyleevay, தெளிவாய்

Openness, *s.* teyleevoo, dārālŭm, தெளிவு, தாராளம்

Operate, *v.* kāreeyă pŭdookiradoo, காரியப்படுகிறது

Operate, (medicine,) *v.* beydeekiradoo, piddeekiradoo, பேதிக்கிறது, பிடிக்கிறது

Operation, *s.* sheykay, kāreeyŭm, nŭdey, dorheel, செய்கை, காரியம், நடை, தொழில்

Operation, (surgical,) *s.* rŭnăvaitteeyŭm, இரணவயித்தியம்

Operator, *s.* rŭnăvāydeeyun, இரணவயித்தியன்

Ophthalmia, *s.* kŭn novoo, கண்ணோய்

Opiate, *s.* neetteerey oondākoomŭrŭndoo, நித்திரைஉண்டாகுமருந்து

Opine, *v.* nineykiradoo, yennookiradoo, நினைக்கிறது எண்ணுகிறது

Opiniated, *a.* piddeevādŭmānăh, ădŭmoollăh, பிடிவாதமான, அடமுள்ள

Opiniative, *a.* piddeevādŭmoollah, பிடிவாதமுள்ள

Opinion, *s.* ninneyvoo, yennŭm, நினைவு, எண்ணம்

Opium, *s.* ŭffeem, ŭbeem, அபின்

Opponent, *s.* virrodee, yeddeerālee, விரோதி, எதிராளி

Opportune, *a.* nŭllă sŭmayŭmānăh, நல்சமயமான

Opportunely, *a.* nŭllă sŭmayŭmay săvăkāsŭmāy, நலசமயமாய், சாவகாசமாய்

Opportunity, *s.* sŭmăyŭm, veyley, săvăkāsŭm, சமயம், வேளை, சாவகாசம்

Oppose, *v.* neyriddookiradoo, yeddeerkiradoo, virrodŭmpŭnnookiradoo, விரோதம்பண்ணுகிறது, நேரிடுகிறது, எதிர்கிறது

Opposer, *s.* virrodee, pŭgaivŭn, yeddeerālee, விரோதி, பகைவன், எதிராளி

Opposite, *a.* yeddeerpŭkkŭmānah, yeddeeranăh, எதிர்பக்கமான, எதிரான

Opposition, *s.* māroopādoo, yeddeerpoo, yedŭkoo, மாறுபாடு, எதிர்ப்பு, இடக்கு

Oppress, *v.* odookookiradoo, kodoomeysheykiradoo, ஒடுக்குகிறது, கொடுமைசெய்கிறது, நெருக்கிறது

Oppressed, *a.* neyrookăpŭttăh, odookkapŭttăh, ஒடுக்கப்பட்ட, நெருக்கப்பட்ட

Oppression, *s.* odookum, neyrookŭm, kodoomey, நெருக்கம், ஒடுக்கம், கொடுமை

Oppressive, *a.* odookŭmānăh, kodoomeyānăh, நெருக்கமான, ஒடுக்கமான, கொடுமையான

Oppressively. *a.* neyrookumāy, odookŭmāy, kodoomeyay, நெருக்கமாய், ஒடுக்கமாய், சொடுமையாய்

Oppressor, *s.* kooroorŭn, yedŭkŭn, குரூரன், இடக்கன்

Opprobrious, *a.* nindeyānăh, நிந்தையான

Opprobriously, *a.* nindeyāy, நிந்தையாய்

Opprobrium, *s.* nindey, நிந்தை

Optical, *a.* nyānăshāsterŭttoo kŭdoottăh, ஞானசாத்திரத்துக்கடுத்த

Optics, *s.* nyānăshasterŭm, ஞானசாத்திரம்

Option, *s.* eeshtŭm, pirreeyŭm, virroopŭm, விருப்பம், இஷ்டம், பிரியம்

Optional, *a.* eeshtăpŭdeekee, virroopŭmoollăh, இஷ்டப்படிக்கு, விருப்பமுள்ள

Opulence, *s.* dirrăveeyŭm, selvŭm, āspirreeyŭm, dŭnŭm, திரவியம், ஐசுவரியம், தனம், செல்வம்

Opulent, *a.* dirrăveeyŭmānăh, shelvŭmānăh, āspirreeyŭmānăh, திரவியமான, செல்வமான, ஐசுவரியமான

Opulently, *a.* āspirreeyŭmāy, dirrăveeyŭmāy, selvŭmay, ஐசுவரியமாய், திரவியமாய், செல்வமாய்

Or, *c.* ŭllădoo, yengeeloom, அல்லது, என்கிலும்

Oracle, *s.* deyvăviddey, தேவவிடை

Oracular, *a.* shāsterŭm sholloo-kiră, சாத்திரம் சொல்லுகிற

Oracularly, *a.* shāsterŭmay, சாத்திரம்

Oral, *a.* vāymoghreeyānah, vāykerveeyanăh, வாய்மொழியான, வாய்கேழ்வியான

Orally, *a.* kudkătŭkkăhdāy, vāymoghreeyāy, கேட்கதக்கதாய், வாய்மொழியாய்

Orange, *s.* keecheeleepŭrghum, kohrŭnjee, கிச்சிலிபழம், கொழிஞ்சி

Orange-peel, *s.* keecheeleepŭghră tōl, கிச்சிலிபழத்தோல்

Orang-outang, *s.* mŭndee, koorŭngkoo, vānŭrŭm, மந்தி, குரங்கு, வானரம்

Oration, *s.* prŭsŭngŭm, பிரசங்கம்

Orb, *s.* oonday, shŭkkărŭm, உண்டை சக்கிரம்

Orbit, *s.* kŭdăkhŭm, கடகம்

Ordain, *v.* neymeekiradoo, dittŭmpunnookiradoo, நியமிக்கிறது திட்டம்பண்ணுகிறது

Ordainer, *s.* neymeekirăvŭn, dittapŭdoottookirăvŭn, நியமிக்கிறவன், திட்டப்படுத்துகிறவன்

Ordeal, *s.* kādākeeney, காடாக்கினை

Order, *s.* oottirrăvoo, tākeed, kŭrpŭney, kŭttŭley, உத்திரவு, தாக்கிதை, கற்பனை, கட்டளை

Order, (regularity,) *s.* orghoongoo, ஒழுங்கு

Order, *v.* ootŭrăvoo voodookiradoo, kŭttŭley iddookiradoo, உத்திரவுவிடுகிறது, கட்டளையிடுகிறது

Ordering, (regulating,) *p.* orghoongoo pŭdoottookiră, ஒழுங்குபடுத்துகிற

Orderly, *a.* kirrŭmŭmānăh, seerānăh, கிறமமான சீரான

Ordinance, *s.* kŭrpŭney, neymŭm, கற்பனை, நியமம்

Ordinarily, *a.* vŭrghŭkŭmāy, vŭrghŭkăpŭdee, வழக்கமாய், வழக்கப்படி

Ordinary, (usual,) *a.* vŭrghŭkŭmānăh, வழக்கமான

Ordinary, (regular,) *a.* orghoongānăh, moreyānăh, ஒழுங்கான, முறையான

Ordinary, (inferior,) *a.* pŭroombŭdeeyānăh, பரும்படியான

Ordination, *s.* abeesheyghŭm, pŭttābeesheyghŭm, அபிஷேகம், பட்டாபிஷேகம்

Ordnance, *s.* beeringee, பீரங்கி

Ordure, *s.* pee, mŭlŭm, kŭsstŭm, மலம், கஷ்டம்

Ore, *s.* kŭlimboollăhloghŭm, களிம்புள்ளலோகம்

Organ, *s.* koveel kŭnārăpoottee, கோவில்கின்னாரப்பெட்டி

Organic, *a.* ŭngŭmoollăh, அங்கமுள்ள

Organization, *s.* ŭngŭbŭndŭm, அங்கபந்தம்

Organize, *v.* orghoongoo pŭdoottookiradoo, ஒழுங்குப்படுத்துகிறது

Organized, *p.* orghoongoopŭdoottăpŭttăh, ஒழுங்குப்படுத்தப்பட்ட

Orgies, *s.* sŭtteepoosāy, mŭdoobānāvirroondoo, சத்திபூசை, மதுபானவிருந்து

Orient, *s.* keerghăkoo, woodāyămānadissey, கிழக்கு, உதையமானதிசை

Oriental, *s.* keerghŭkeeley oollăvŭn, கிழக்கிலேயுள்ளவன்

Oriental, *a.* keerghŭkānăh, கிழக்கான

Orientalism, *s.* keerghŭkoopeyshoo, கிழக்குபேச்சு

Orifice, *s.* toovārŭm, vāy, kŭn, துவாரம், வாய், கண்

Origin, *s.* ādee, toovakŭm, kārănŭm, ஆதி, துவக்கம், காரணம்

Original, *s.* moodŭlpriddee, முதல்பிரதி

Original, *a.* shoorhŭmānăh, ādeeyānăh, சுழமான, ஆதியான

Originality, *s.* moodŭnmey, முதன்மை

Originally, *a.* moodŭlmoodŭl, toovŭkŭtteel, முதலமுதல், துவக்கத்தில்

Originate, *v.* prŭppeekiradoo, oondākiradoo, பிறப்பிக்கிறது, உண்டாக்கிறது

Ornament, *s.* ŭnee, singārŭm, அணி, சிங்காரம்

Ornament, *v.* singāreekiradoo, சிங்காரிக்கிறது

Ornamental, *a.* seerăpānăh, singārŭmānăh, சிறப்பான, சிங்காரமான

Ornamentally, *a.* singārŭmāy, seerăppāy, சிங்காரமாய், சிறப்பாய்

Orphan, *s.* tāy tŭkăpŭn illādă poolley, தாய்தகப்பனில்லாத பிள்ளை

Orphan, *a.* pettārillādăh, பெற்றாரில்லாத

Orpiment, *s.* ăreedārŭm, ponăreedārŭm, அரிதாரம், பொன்னரிதாரம்

Orthodox, *a.* vāydeeyŭmānăh, soobŭdshumānăh, வைதீகமான, சுபட்சமான

Oscillate, *v.* ādookiradoo, asaykiradoo, ஆடுகிறது, அசைகிறது

Oscillation, *s.* āttŭm, asayvoo, ஆட்டம், அசைவு

Ossification, *s.* yelloombādŭl, எலும்பாதல்

Ossify, *v. n.* yeloombākirădoo, எலும்பாகிறது

Ostensible, *a.* veyleeveyshŭmānăh, வெளிவேஷமான

Ostensibly, *a.* veyleeveyshŭmāy, வெளிவேஷமாய்

Ostentation, *s.* ādŭmpŭrŭm, oolāsŭm, ஆடம்பரம்

Ostentatious, *a.* ādŭmpŭrŭmānăh, oolāsŭmānăh, ஆடம்பரமான, உலாசமான

Ostentatiously, *a.* ādŭmpŭrŭmāy, veembay, ஆடம்பரமாய், வீம்பாய்

Osteology, *s.* yelloombooshāstteerŭm, எலும்புச்சாத்திரம்

Otherwise, *a.* illāvittāl, ŭllāvennrāl, இல்லாவிட்டால், அல்லவென்றால்

Ought, vuṙndeeyădoo, vuṙnoom, வேண்டியது, வேணும்

Our, *p.* nŭmmoo, nŭmmŭdoo, nŭmmoodayăh, yengŭl, நமது, நம்முடைய

Ourselves, *p.* nāmdāmey, nāngŭldāmey, நாம்தாமே, நாங்ளதாமே, எங்கள்

Oust, *v.* yeduttoo podookiradoo, tŭllookiradoo, எடுத்துப்போடுகிறது, தள்ளுகிறது

Out, *a.* veyleeyey, வெளியே

Outbreak, *s.* pŭlăpoo, veydeepoo, பிளப்பு, வெடிப்பு

Outbid, *v.* villeyettookiradoo, விலையேற்றுகிறது

Outcast, *s.* tŭlloondăjādeeyānăh, தள்ளுண்டசாதியான

Outcry, *s.* kookoorŭl, kŭlăkŭm, கூக்குரல், கலக்கம்

Outdo, *v.* torpeekiradoo, தோற்பிக்கிறது

Outer, *a.* veyleeyānăh, வெளியான

Outermost, *a.* keerġhkŭdeyānăh, கீழ்கடையான

Outfit, *s.* moosteepoo, moosteedoo, முஸ்திப்பு, முஸ்தீது

Outgrow, *v.* ădeegŭmay vŭlŭrkiradoo, அதிகமாய்வளர்கிறது

Outlandish, *a.* nāttoopongānăh, நாட்டுபோங்கான

Outlay, *s.* shellăvoo, செலவு

Outlet, *s.* toovārŭm, துவாரம்

Outlive, *v.* nālpŭda irrookiradoo, நாள்படயிருக்கிறது

Outrage, *v.* kŭlăkŭm pŭnnookiradoo, moomoorŭmkăttookiradoo, கலகம்பண்ணுகிறது, மூமூரமகாட்டுகிறது

Outrage, *s.* kŭlăkŭm, moomoorŭm, kohrăpŭm, கலகம், மூமூரம், குழப்பம்

Outrageous, *a.* kŭlăkŭmoollăh, moomoorŭmoollŭh, கலக்கமுள்ள, மூமூரமுள்ள

Outrageously, *a.* kŭlăkŭmāy, moomoorŭmāy, dooshttătŭnŭmay, கலகமாய், மூமூரமாய, துட்டத்தனமாய்

Outright, *a.* tāmăshŭmănree, teyleevay, தாமதமன்றி, தெளிவாய்.

Outrun, *v.* moondee odookiradoo, முந்தியோடுகிறது

Outside, *s.* veyleepoorŭm, veyleepŭkkŭm, வெளிப்புறம், வெளிப்பக்கம்

Outstretch, *v.* ädeegă neettookiradoo, அதிகநீட்டுகிறது

Outstrip, *v.* moondee pokiradoo, முந்திபோகிறது

Outvie, *v.* vellookiradoo, வெல்லுகிறது

Outward, *a.* veyleeyānăh, வெளியான

Outwardly, *a.* veyleeyāy, வெளியாய்

Oval, *s.* moottey vŭdeevoo, முட்டைவடிவு

Oval, *a.* moottey vŭdeevānăh, முட்டைவடிவான

Ovarious, *a.* moottey iddookiră, முட்டையிடுகிற

Oven, *s.* ădoopoo, அடுப்பு

Over, *p.* meyley, ăboorŭm, meedoo, மேலே, அப்புறம், மீது

Over, *a.* ădeegŭmāy, minjshŭm, அதிகமாய், மிஞ்சம்

Overbalance, *v.* tărghttookiradoo, தாழ்த்துகிறது

Overbear, *v.* keelpudoottookiradoo, amookookiradoo, கீழ்ப்படுத்துகிறது, அமுக்குகிறது

Overbearing, (arrogant,) *a.* shŭlookānăh, bŭdāyānăh, veembānăh, சளுக்கான, படாயான, வீம்பான

Overboiled, *a.* rombo veyveechăh, rombo veyveendăh, இரொம்பவேவிச்ச, இரொம்பவேவிந்த

Overcast, *a.* modŭmāy, மோடமாய்

Overcharge, *v.* ădeegăvilleypodookiradoo, அதிகவிலைபோடுகிறது

Overcome, *v.* meyl kollookiradoo, மேற்கொள்ளுகிறது

Overflow, *v.* peyrookookiradoo, preleyŭmākiradoo, பெருகுகிறது

Overgrow, *v.* meyl vŭlŭrookiradoo, மேல்வளருகிறது

Overhang, *v.* meyl tongookiradoo, மேலேதொங்குகிறது

Overhear, *v.* ottookerghkiradoo, ஒற்றுக்கேழ்க்கிறது

Overload, *v.* miggoodeeyay bārŭm yettookiradoo, மிகுதியாய் பாரமேற்றுகிறது

Overlook, *v.* kŭnkāneekiradoo, கண்காணிக்கிறது

Overmuch, *a.* ădeegŭmānăh, meylmeechŭmānăh, அதிகமான, மேல்மிச்சமான

Overpower, *v.* vŭleemeyayvellookiradoo, வலிமையாய்வெல்லுகிறது

Overrate, *v.* adeekrāyum podookiradoo, meeghămŭdeekiradoo, அதிகிரயம்போடுகிறது, மிகமதிக்கிறது

Overripe, (fruit,) *a.* ărghookŭlānăh, ărgheendăh, அழுகலான, அழிந்த

Overrule, *v.* meylveeshărŭneyăy nŭdăkiradoo, மேல்விசாரணையாய்நடக்கிறது

Oversee, *v.* kāroomāroo pŭnnookiradoo, meylveeshāreekiradoo, காருமாறுபண்ணுகிறது, மேல்விசாரிக்கிறது

Overseer, *s.* meylveeshārŭneykārŭn, மேல்விசாரணைக்காரன்

Overshadow, *v.* nŭrghŭl iddookiradoo, நிழலிடுகிறது

Overshoot, *v.* lŭkkootŭppee shoodookiradoo, இலக்குதப்பிசுடுகிறது

Overset, *v.* kodey kăvŭrkiradoo, கொடைகவிழ்கிறது

Oversight, *s.* tŭppoo, தப்பு

Overspread, *v.* moodookiradoo, pŭdărookiradoo, படருகிறது, மூடுகிறது

Overstock, *v.* miggoodeeyaysheyrkiradoo, மிகுதியாய்சேர்க்கிறது.

Overstrain, *v.* miggă neettookiradoo, மிகநீட்டுகிறது

Overt, *a.* veyleeyānăh, prŭsseettŭmānăh, வெளியான, பிரசித்தமான

Overtake, *v.* odee poodeekiradoo, ஓடிப்பிடிக்கிறது

Overthrow, *v.* poorŭttookiradoo, புரட்டுகிறது

Overtly, *a.* veyleeyay, prăsseettŭmāy, வெளியாய், பிரசித்தமாய்

Overture, *s.* oottirrăvoo, yeyrpādoo, உத்திரவு, ஏற்பாடு

Overturn, *s.* poorŭttoo, peyrpoo, புரட்டு, பெயர்ப்பு

Overwhelm, *v.* ămeerndookiradoo, அமிழ்ந்துகிறது

Owe, *v.* kodookă vŭrndee yirrookiradoo, kŭdŭnpŭttirookiradoo, கொடுக்கவேண்டியிருக்கிறது, கடன்பட்டிருக்கிறது

Owl, *s.* āndey, kookāy, ஆந்தை, கூகை

Own, *v.* sheyrttoo kollookiradoo, சேர்த்துக்கொள்ளுகிறது

Own, *a.* shondăh, shoodŭnderŭmānăh, சொந்த, சுதந்திரமான

Owner, *s.* shondăkārŭn, wodāyăvŭn, சொந்தக்காரன், உடையவன்

Ox, *s.* yeyroodoo mādoo, yeroodoo, எருதுமாடு, எருது

Oyster, *s.* ālee, shippee, ippee, ஆளி, சிப்பி, இப்பி

Oyster shell, *s.* ālee odoo, shippee odoo, ஆளியோடு, சிப்பியோடு

P

Pace, *s.* kŭvadoo, tāndoo, கவடு, தாண்டு

Pace, *v. n.* kŭvadooväyt ŭlŭkiradoo, கவடுவைத்தளக்கிறது

Pacific, *a.* shāndumānăh, shŭmādānăh, சாந்தமான, சமாதான

Pacification, *s.* tŭneevoo, shŭmădānŭmākookāy, தணிவு, சமாதானமாக்குகை

Pacify, *v.* shŭmādānŭm pŭdoottookiradoo, சமாதானப்படுத்துகிறது

Pack, *v.* irookeekŭttookiradoo, இறுக்கிக்கட்டுகிறது

Pack, *s.* kŭttoo, moottey, shemmey, கட்டு, மூட்டை, சுமை

Package, *s.* kŭttoo, moottey, shemey, கட்டு, மூட்டை, சுமை

Packbeast, *s.* podeemirroogŭm, பொதிமிருகம்

Packbullock, *s.* podeemādoo, பொதிமாடு

Packet, *s.* kŭttoo, moottāy, கட்டு, மூட்டை

Packhorse, *s.* podeekoodeerey, பொதிக்குதிரை

Packsaddle, *s.* veeree, podeeyoorāy, விரி, பொதியுரை

Packthread, *s.* kŭttoonool, கட்டுநூல்

Pad, (for a man's head) *s.* shoomādoo, சும்மாடு

Pad, (for bullocks,) *v.* veeree, விரி

Paddle, *v.* tŭndoovŭleekiradoo, தண்டுவலிக்கிறது

Paddy, *s.* nel, nelloo, நெல், நெல்லு

Padlock, *s.* poottoo, āmaypoottoo, பூட்டு, ஆமைப்பூட்டு

Pagan, *a.* ŭngneeyānăh, ŭngnyānăh, ăgeeyānăh, அஞ்ஞான, அக்கியான

Page, *s.* pŭkkŭm, poorŭm, பக்கம், புறம்

Pageant, *s.*, Pageantry, } ādŭmbŭrŭm, ălŭngkārŭm, singārŭm, veydeekay, ஆடம்பரம், அலங்காரம், சிங்காரம், வேடிக்கை

Pagoda, *s.* koveel, koyil, viggeerăkŭm, கோவில், கோயில், விக்கிரகம்

Pail, *s.* tottee, தோட்டி

Pain, *s.* no, novoo, vŭroottŭm, நோ, நோவு, வருத்தம்

Pain, (to suffer,) *v.* novoo pŭdokiradoo, vŭroottă pŭdookiradoo, நோவுபடுகிறது, வருத்தப்படுகிறது

Pains, *s.* vŭroottŭm, ăbāyŭm, வருத்தம், அபாயம்

Pains, (to take,) *v.* pirăyāsa pŭdookiradoo, பிரயாசப்படுகிறது

Paint, *s.* vŭrŭnŭm, vŭnnŭm, sāyŭm, வர்ணம், வன்னம், சாயம்

Paint, *v.* vŭrŭnŭm poosookiradoo, vŭrŭnŭm ŭdeekiradoo, வர்ணம்பூசுகிறது, வர்ணமடிக்கிறது

Painter, *s.* vŭrŭnăkārŭn, வர்ணக்காரன்

Painting, *s.* pŭdŭm, shitteerŭm, சித்திரம், படம்

Pair, *v.* yeneykradoo, sheyrkiradoo, jodoo kŭttookiradoo, இணைக்கிறது, சேர்க்கிறது, சோடுகட்டுகிறது

Pair, *s.* jodoo, சோடு

Palace, *s.* ărŭnmŭney, அரண்மனை

Palankeen, *s.* pālkee, pālākoo, பல்லாக்கு

Palatable, *a.* roosheeyānăh, rŭsŭmānăh, உருசியான, இரசமான

Palate, *s.* oonnākoo, உண்ணாக்கு

Pale, *a.* mŭngŭlānăh, மங்கலான

Paleness, *s.* mŭngŭl, velloovelloopoo, மங்கல், வெளுவெளுப்பு

Paling, *s.* veylee, krādee, வேலி, கிராதி

Palliate, *v.* koottŭm tŭneekiradoo, குற்றந்தணிக்கிறது

Palliation, *s.* koottŭm tŭneetŭl, குற்றந்தணித்தல்

Pallid, *a.* mŭngŭlānăh, nerrŭmilădăh, மங்கலான, நிறமில்லாத

Palm, (hand,) *s.* oollŭngkāy, உள்ளங்கை

Palmyra, (tree,) *s.* pŭneymŭrŭm, pŭney, பனைமரம், பனை

Palmyra, (fruit,) *s.* pŭnŭngkāy, pŭnŭmpŭrghŭm, பனங்காய், பனம்பழம்

Palpable, *a* kŭndeepānăh, கண்டிப்பான

Palpitate, *v.* nenjeedeekiradoo, நெஞ்சிடிக்கிறது

Palpitation, *s.* nenjeedee, pŭdeypoo, நெஞ்சிடி, பதைப்பு

Palsy, *s.* timmeer, timmeervādŭm, திமிர், திமிர்வாதம்

Paltry, *a.* ărpŭmānăh, siroomeyānăh, lobŭmānăh, அற்பமான, சிறுமையான, உலோபமான

Pamper, *v.* posheekiradoo, korghoo kă veedookiradoo, போஷிக்கிறது, கொழுக்கவிடுகிறது

Pamphlet, *s.* pŭttirrŭm, sirroopoostăgŭm, பத்திரம், சிறுபுத்தகம்

Pan, *s.* chăttee, pāttirrŭm, சட்டி, பாத்திரம்

Pancake, *s.* pŭnneekārŭm, pulakhărŭm, பண்ணிகாரம், பலகாரம்

Pandal, *s.* pŭndŭl, pŭndŭr, பந்தல், பந்தர்

Pander, *s.* sŭngŭmvāngee, vŭdoova, சங்கம்வாங்கி, வடுவா

Pane, *s.* kŭnnadeetŭttoo, கண்ணடிதட்டு

Panegyric, *s.* poogŭrghtchee, புகழ்ச்சி

Pang, *s.* nokādoo, veeyākoolŭm, நோக்காடு, வியாகுலம்

Panic, *s.* yekkŭm, ஏக்கம்

Pannel, *s.* virree, விரி

Pant, *v.* neydoomooch yereekiradoo, நெடுமூச்செறிகிறது

Panther, *s.* pillee, vengkāy, புலி, வேங்கை

Panting, *s.* neydoomoochoo, நெடுமூச்சு

Pantry, *s.* teenvoodoo, teenărāy, தீன்வீடு

Pap, *s.* moley kŭn, முலைக்கண்

Papa, *s.* ăppā, அப்பா

Paper, *s.* kŭdoodashee, kāyeedŭm, கடுதாசி, காகிதம்

Parade, *v.* por veydeekāy kāttookiradoo, போர்வேடிக்கைகாட்டுகிறது

Paradise, *s.* mōdshŭm, moottee, மோட்சம், முத்தி

Paragraph, *s.* vākkeeyăpŭgoodee, வாக்கியப்பகுதி

Parallel, *s.* yenay, opŭnney, săree, shăree, இணை, ஒப்பனை, சரி

Parallelogram, *s.* neendă shŭdoorŭm, நீண்டசதுரம்

Paralysis, *s.* shŭnnee, timmeer, vādŭm, சன்னி, திமிர், வாதம்

Paralytic, *a.* timmeerānăh, திமிரான

Paralyze, *v.* timmeerpŭdootookiradoo, திமிர்ப்படுத்துகிறது

Paramount, *a.* mookeeyŭmānăh, prădānŭmānăh, முக்கியமான, பிரதானமான

Paramour, *s.* kŭllăpoorooshŭn, pŭrăpoorooshŭn, கள்ளப்புருடன், பரபுருடன்

Parapet, *s.* sirrooshoovŭr, kāypoodeeshoovŭr சிறுசுவர், கைப்பிடிசுவர்

Parasite, *s.* pooshăree, பூசாரி

Parasol, *s.* sirrookodey, sŭtteerŭm, சிறுகுடை, சத்திரம்

Parboil, *v.* pādee veyveekiradoo, pādee aveekiradoo, பாதி அவிக்கிறது, பாதிவேவிக்கிறது

Parcel, *s.* kŭttoo, seepŭm, koottŭm, கட்டு, சிப்பம், கூட்டம்

Parcel, *v.* pŭngeedookiradoo, kŭttookiradoo, பங்கிடுகிறது, கட்டுகிறது

Parch, *v.* vŭrăkiradoo, kŭrookiradoo, கருக்கிறது,வறுக்கிறது
Parchment, *s.* tolkŭdoodăshee, tolpŭdŭm, தோல்படம், தோல் கடுதாசி
Pardon, *s.* mŭnneepoo, poroodee, மன்னிப்பு, பொறுதி
Pardon, *v.* mŭnneekiradoo, மன்னிக்கிறது
Pardonable, *a.* mŭnneekăpŭdătŭkkăh, மன்னிக்கப்படத்தக்க
Pare, *v.* vŭrheekiradoo, sheevookiradoo, வழிக்கிறது, சீவுகிறது
Parent, *s.* (male,) tŭkhapun, (female,) tāy, தகப்பன், தாய்
Parents, *s.* tāy tŭkhăpŭn mār, தாய்தகப்பன்மார்
Parentage, *s.* vŭmeeshŭm, pirrŭpoo, வமிஷம், பிறப்பு
Parental, *a.* pirrŭppookŭdoottăh, பிறப்புக்கடுத்த
Paring, *s.* sheevŭl, சீவல்
Parity, *s.* sharee, sŭmŭm, oppŭney, சரி, சமம், ஒப்பனை
Parlance, *s.* peychoo, sŭmbăshuney, பேச்சு, சம்பாஷணை
Parley, *s.* peycheekollookāy, பேசிக்கொள்ளுகை
Parley, *v.* peycheekollookiradoo, பேசிக்கொள்ளுகிறது
Parole, *s.* vārttāy, vāy peychoo, வார்த்தை, வாய்பேச்சு
Parricidal, *a.* tŭkhăpŭn koleyānăh, தகப்பன் கொலையான
Parricide, *s.* tŭkhăpŭnkoleyānăvŭn, தகப்பன் கொலையானவன்
Parrot, *s.* killee, killeepoolley, கிளி, கிளிப்பிள்ளை
Parry, *v.* silŭmbŭm adookiradoo, kădeey adookiradoo, சிலம்பமாடுகிறது, காடியாடுகிறது
Parsimonious, *a.* lobeeyānăh, pissŭnŭmānăh, இலோபியான, பிசனமான
Parsimony, *s.* lobeeyŭm, pissŭnŭm, இலோபியம், பிசனம
Parsing, *s.* pŭdăsheydŭm, பதச்சேதம
Parson, *s.* pādree, bodăkun, பாதிரி, போதகன்
Part, *s.* pŭngkee, pŭgoodee, பங்கு, பகுதி
Part, *v.* pŭng iddookiradoo, பங்கிடுகிறது
Partake, *v.* pŭngoo koodeekollookiradoo, பங்குகூடிக்கொள்ளுகிறது
Partial, *a.* pŭdshăpādăgŭmānăh, பட்சபாதகமான
Partiality, *s.* pŭdshăpādăgŭm, பட்சபாதகம
Partially, *a.* oroopŭdee, ஒருபடி
Participate, *v.* pŭkeerndoo kollookiradoo, பகிர்ந்துகொள்ளுகிறது
Participation, *s.* oodŭndey, oodŭnpŭngoo, உடந்தை,உடன்பங்கு
Particle, *s.* ănoovŭtteenee, kinjshŭm, அணுவத்தினி, கிஞ்சம
Particulars, *s.* vibbărŭm, vŭroottŭmānŭm, விபரம, வருத்தமானம
Particular, *a.* mookeeŭmānăh, pirrădānŭmānăh, முகஇயமான, பிரதானமான
Particularize, *v.* kŭndeettoo shollookiradoo, கண்டித்துசொல்லுகிறது
Particularly, *a.* mookeeŭmākăh, pirrădānŭmākah, முக்கியமாக, பிரதானமாக
Parting, *s.* pirreevoo, பிரிவு
Parting, *p.* pirreekira, பிரிகிற

Partisan, *s.* ădoottävŭn, அடுத்தவன்

Partition, *s.* pirreevoo, pŭngkoo, பிரிவு, பங்கு

Partition, (wall,) *s.* koorookooshoovur, குறுக்குசுவர்

Partly, *a.* oroopŭngkăy, ஒருபங்காய்

Partner, *s.* koottălee, pŭngkălee, கூட்டாளி, பங்காளி

Partnership, *s.* koottŭm, pŭngkoo, கூட்டம், பங்கு

Partridge, *s.* kŭvoodăree, கவுதாரி

Parturition, *s.* prŭsăvŭm, பிரசவம்

Party, *s.* koottădăr, kŭdsheeyăr, கூட்டத்தார், கட்சியார்

Pass, *s.* kănvăy vŭrghee, கணவாய்வழி

Pass, (permit,) *s.* ottŭravooshittoo, உத்தரவு சீட்டு

Pass, *v.* shellookiradoo, pokiradoo, nŭdŭkiradoo, செல்லுகிறது, போகிறது, நடக்கிறது

Passable, *a.* tăndăkoodeeyăh, தாண்டக்கூடிய

Passably, *a.* oroopŭdee, ஒருபடி

Passage, *s.* uŭdey, vŭghreepădey, நடை, வழிபாதை

Passenger, *s.* vŭghreepokŭn, வழிபோக்கன்

Passing, *p.* shellookiră, செல்லுகிற

Passion, (anger,) *s.* kobum, ăngkărŭm, கோபம், அங்காரம்

Passion, (desire,) *s.* mokŭm, ăsay, மோகம், ஆசை

Passionate, *a.* kobŭmoollăh, mokŭmoollah, கோபமுள்ள, மோகமுள்ள

Passionless, *a.* sădoovănăh, mokŭmillădăh, சாதுவான, மோகமில்லாத

Passive, *a.* sŭgeechoo, சகிச்சு

Passively, *a.* sŭgeepay, சகிப்பாய்

Passiveness, *s.* sŭgeepoo, சகிப்பு

Past, *p.* sheynrăh, pōnăh, சென்ற, போன

Paste, *s.* pŭchey, பசை

Paste, *v.* pŭcheyottookiradoo, பசையொட்டுகிறது

Pasteboard, kŭdoodăshee pălăkey, கடுதாசி பலகை

Pastime, *s.* prăkkoo, leeley, greedee, பராக்கு, லீலை, கிரீடி

Pastor, *s.* bodăkŭn, gooroo, போதகன், குரு

Pastry, *s.* pŭlăkărŭm, பலகாரம்

Pasturage, *s.* meykiră boomee, மேய்க்கிறபூமி

Pasture, *v.* meychŭl kăttookiradoo, meychul kănbeekiradoo, மேச்சல்காட்டுகிறது, மேய்ச்சல்காண்பிக்கிறது

Pasty, *a.* peechoopeechoottăh, பிசுபிசுத்த

Pat, *s.* tŭttoo, தள்ளு

Pat, *v.* tŭttookiradoo, tŭppookiradoo, தள்ளுகிறது, தப்புகிறது

Patch, *s.* ottoo, ஒட்டு

Patch, *v.* ottoopōttoo taikiradoo, ஒட்டுப்போட்டுதைக்கிறது

Pate, *s.* tŭleyooshee, தலையுச்சி

Patent, *s.* sădŭnŭm, சாதனம்

Patent, *a.* bŭgheerŭngŭmănăh, பகிரங்கமான

Paternal, *a.* tŭkhăpunookooreeyăh, தகப்பனுக்குரிய

Path, *s.* pădey, பாதை

Pathetic, *a.* yerrŭkŭmănăh, இரக்கமான

Pathetically, *a*. yerrăkŭmāy, இரக்கமாய்
Pathway, *s*. pādey, பாதை
Patience, *s*. poroomey, பொறுமை
Patient, *s*. novālee, நோவாளி
Patient, *a*. poroomeyānăh, பொறுமையான
Patiently, *a*. pōroomeyāy, பொறுமையாய்
Patricide, *s*. tŭkhăpŭnkollee, தகப்பன்கொல்லி
Patrimonial, *a*. tŭkhăpŭnookooreeyăh, தகப்பனுக்குரிய
Patrimony, *s*. tŭkhăpŭnrādshŭney, தகப்பன்ராட்சணை
Patriots, *s*. swāyădeysh āsāykārŭn, சுயதேச ஆசைக்காரன்
Patriotic, *a*. swāyadeysh āsāyyānăh, சுயதேசயாசையான
Patriotism, *s*. swāyadeysh āsāy, சுயதேசயாசை
Patrol, *s*. shāmăshodinneykārŭr, சாமசோதினைகாரர்
Patron, *s*. ādŭreepăvŭn, ஆதரிப்பவன்
Patronage, *s*. ādŭrvoo, ஆதரவு
Patroness, *s*. ādŭreepăvŭl, ஆதரிப்பவள்
Patronize, *v*. ādŭreekiradoo, ஆதரிக்கிறது
Patronymic, *s*. pŭrăvŭnpeyr, பரவணிபெயர்
Pattern, *s*. mādirree, மாதிரி
Paucity, *s*. koraychŭl, konjshŭm, குறைச்சல், கொஞ்சம்
Paunch, *s*. yeyrey koodŭr, இரைக்குடர்
Pauper, *s*. peechey kārŭn, பிச்சைக்காரன்
Pauperism, *s*. yeyleemey, tŭreetirrŭm, எளிமை, தரித்திரம்
Pause, *v*. tāmădee, or, tāmăsheekiradoo, தாமிஷிக்கிறது
Pave, *v*. kŭl tŭlăvŭreeshey sheykiradoo, கல்த்தளவரிசைசெய்கிறது
Pavement, *s*. kŭltŭlăvŭreeshey, கல்த்தளவரிசை
Pavilion, *s*. pŭdŭmvoodoo, goodărŭm, படம்வீடு, கூடாரம
Paw, *s*. mirroogătteenăkŭm, மிருகத்தினகம்
Paw, *v*. poorŭndookiradoo, புறண்டுகிறது
Pawn, *s*. ădayvoo, kodoovay, அடைவு, கொதுவை
Pawn, *v*. ădayvoo vaikiradoo, அடைவுவைக்கிறது, கொதுவைவைக்கிறது
Pay, *s*. shŭmbălŭm, koolee, சம்பளம், கூலி
Pay, *v*. shŭmbălŭm kodookiradoo, koolee kodookiradoo, pŭnŭm kodookiradoo, சம்பளம்கொடுக்கிறது, கூலிக்கொடுக்கிறது, பணம்கொடுக்கிறது
Payable, *a*. kodookăh vurndeyăh, கொடுக்கவேண்டிய
Payday, *s*. shŭmbŭlă nāl, சம்பளநாள்
Paymaster, *s*. shŭmbŭlă kodookirăvŭr, சம்பளம்கொடுக்கிறவர்
Payment, *s*. kŭdŭnteerpoo, கடன்தீர்ப்பு
Pea, *s*. payroo, பயறு
Peace, *s*. sŭmādānŭm, சமாதானம்
Peaceable, *a*. sŭmādānŭmānăh, சமாதானமான
Peaceably, *a*. mavŭnŭmāy, மௌனமாய்
Peaceful, *a*. mavŭnŭmoollăh, மௌனமுள்ள

Peacefully, *a.* sŭmādānŭmāy, mavŭnŭmāy, சமாதானமாய், மௌனமாய்

Peacemaker, *s.* sŭmādānăpŭdoottookirăvŭn, sŭmādāneekirăvŭn, சமாதானப்படுத்துகிறவன், சமாதானிக்கிறவன்

Peaceoffering, *s.* sŭmādānăkāneekāy, சமாதானகாணிக்கை

Peacock, *s.* māyle, மயில்

Peahen, *s.* pen māyle, பெண்மயில்

Peak, *s.* kodoomoodee, noonee, modoo, கொடுமுடி, நுனி, மேடு

Peal, *s.* pereeyä shŭttŭm, பெரிய சத்தம்

Peal, *v.* moorŭngkookiradoo, முழுங்குகிறது

Pearl, *s.* moottoo, முத்து

Pearly, *a.* moottoollăh, முத்துள்ள

Peasant, *s.* nāttăvŭn, நாட்டவன்

Peasantry, *s.* oorjennŭm, ஊர்ச்சனம்

Pebble, *s.* kolāngkŭl, sirrookŭl, கோளாங்கல், சிறுகல்

Pebbly, *a.* kolāngkŭloollăh, கோளாங்கல்லுள்ள

Peck, *v.* kottookiradoo, கொத்துகிறது

Pecking, *s.* kottoo, கொத்து

Pectoral, *a.* nenjshiloollăh, நெஞ்சிலுள்ள

Peculate, *v.* kŭlăvoo pŭnnookiradoo, களவுபண்ணுகிறது

Peculation, *s.* doorokŭm, kŭlăvoo, துரோகம், களவு

Peculator, *s.* doorokee, துரோகி

Peculiar, *a.* vissheyshŭmānăh, விசேஷமான

Peculiarity, *s.* tŭneemey, vissheyshŭm, தனிமை, விசேஷம்

Pecuniary, *a.* pŭnŭttookŭdoottăh, பணத்துக்கடுத்த

Pedagogue, *s.* oobātteeyār, உபாத்தியார்

Pedantic, *a.* kŭlveepeyroomeyoollăh, கல்விப்பெருமையுள்ள

Pedantry, *s.* kŭlveepeyroomey, கல்விப்பெருமை

Peddle, *v.* pohroodoopokookiradoo, பொருதுபோகிறது

Pedestal, *s.* ŭdee, அடி

Pedestrian, *s.* nŭdey kārŭn, நடைகாரன்

Pedigree, *s.* vŭmmeshŭm, வம்மிஷம்

Peel, *s.* ooree, tōl, உரி, தோல்

Peel, *v.* ooreekiradoo, tōlooreekiradoo, உரிக்கிறது, தோலுரிக்கிறது

Peep, *s.* ottoopārvāy, ஒட்டியபார்வை

Peep, *v.* otteepārkiradoo, ஒட்டிப்பார்க்கிறது

Peevish, *a.* veddooveddoopānăh, வெடுவெடுப்பான

Peevishly, *s.* veddooveddoopay, வெடுவெடுப்பாய்

Peg, *s.* molāy, முளை

Pelt, *v.* yeyreekiradoo, எறிகிறது

Pelting, *s.* yeyree, எறி

Pelvis, *s.* āsŭnătŭtteyloomboo, அசனதத்தட்டெலும்பு

Pen, *s.* pennăh, yerăkhoo, பேனா, இறகு

Pen, *v.* yeyrhoodookiradoo, எழுதுகிறது

Pen, *v.* (shut up,) ădaykiradoo, அடைக்கிறது

Penal, *a.* tŭndŭneyānăh, தண்டனையான

Penalty, *s.* tŭndŭm, ăbărādum, தண்டம்
Penance, *s.* tŭvăsoo, தவசு
Pencil, *s.* peyncŭl, shitterăley-khŭnee, பென்சில், சித்திரலேகனி
Pendant, *a.* tookŭmānăh, தூக்கமான
Pendulous, *s.* toongkookirăh, தூங்குகிற
Pendulum, *s.* tookoonool, தூக்குநூல்
Penetrable, *a.* shĕllăkoodeeyăh, செல்லக்கூடிய
Penetrate, *v.* paychookiradoo, shelloottookiradoo, பாய்ச்சுகிறது, செலுத்துகிறது
Penetration, *s.* oorooveepodŭl, oolshellavoo, உருவிபோடல், உட்செலவு
Penis, *s.* shoonee, prŭsābŭdee, ānkooree, āsānŭm, wheernelley, சுண்ணி, பிரசாபதி, ஆண்குறி, ஆசனம், உயிர்நிலே
Penitence, *s.* mŭnŭstābŭm, மனஸ்தாபம்
Penitential, *a.* mŭnŭstābŭmānăh, மனஸ்தாபமான
Penknife, *s.* penākŭttee, பேனுக்கத்தி
Penman, *s.* yeyrhoodookārŭn, எழுத்துக்காரன்
Penmanship, *s.* ādshŭrāpeeyāsŭm, அட்சராப்பியாசம்
Pension, *s.* pinjsheeneer shŭmbălŭm, பிஞ்சினீர்சம்பளம்
Pensioner, *s.* pinjsheeneer shŭmbŭlăkārŭn, பிஞ்சினீர்சம்பளக்காரன்
Pensive, *a.* vissŭnŭmānăh, விசனமான
Pensively, *a.* vissŭnŭmāy, விசனமாய்
Penumbra, *s.* shāyāvimbŭm, சாயாவிம்பம்
Penurious, *a.* lobŭmoollăh, pissoonŭmānăh, உலோபமுள்ள, பிசுனமான
Penuriously, *a.* lobŭmāy, உலோபமாய்
Penury, *s.* tŭreetirrŭm, yelleemey, தரித்திரம், எளிமை
Peon, *s.* sheyvăkŭn, சேவுகன்
People, *s.* jenŭngkŭl, jenŭm, சனங்கள், சனம்
People, *v.* koodeeyettookiradoo, குடியேற்றுகிறது
Pepper, *s.* mŭlăgoo, மிளகு
Pepper, *v.* mŭlagoo toovookiradoo, மிளகுதூவுகிறது
Pepper, (caster,) *s.* mŭloogoo toolkooppee, மிளகுதூள்குப்பி
Peradventure, *a.* orooveylley, ஒருவேளை
Perambulate, *v.* shoottee tirreekiradoo, சுத்தித்திரிகிறது
Perambulator, *s.* nargheeyŭllakoom shŭkkărŭm நாழியளக்கும்சக்கரம்
Perceivable, *a.* teyreeyātukkăh, தெரியத்தக்க
Perceive, *v.* teyreekiradoo, தெரிகிறது
Perceptible, *a.* kānăkoodeyă, காணக்கூடிய
Perceptibly, *a.* teyleevay, teyreeyātŭkăday, தெளிவாய், தெரியத்தக்கதாய்
Perception, *s.* areevoo, oonurchee, அறிவு, உணர்ச்சி
Perch, *s.* kōl, கோல்
Perch, *v.* oodkāndoo kondirookiradoo, உட்கார்ந்துக்கொண்டிருக்கிறது
Perchance, *a.* orooveyley, ஒருவேளை

Percolate, *v.* oottoovoorookiradoo, ஊத்துவூறுகிறது
Percussion, *s.* mottoo, adee, மொத்து, அடி
Per diem, nāl onnookkoo, nāl onnrookoo, நாளொன்றுக்கு, நாளொன்றுக்கு
Perdition, *s.* arheevoo, kudroo, அழிவு, கேடு
Peremptorily, *a.* teerpāy, kŭttŭleyāy, தீர்ப்பாய், கட்டளையாய்
Peremptory, *a.* teerpānăh, dittumānăh, teermānŭmānăh, தீர்ப்பான, திட்டமான, தீர்மானமான
Perennial, *a.* vurooshumdōroom, வருடந்தோறும்
Perfect, *v. a.* poorŭnŭm sheykiradoo, பூரணஞ்செய்கிறது
Perfect, *v. n.* poorunumakookiradoo, பூரணமாக்குகிறது
Perfection, *s.* poorŭnnŭm, poortee, பூரணம், பூர்த்தி
Perfectly, *a.* poorŭnŭmāy, பூரணமாய்
Perfidious, *a.* drokhŭmoollah, eerŭndăkŭmoollăh, துரோகமுள்ள, இரண்டகமுள்ள
Perfidy, *s.* drokhŭm, துரோகம்
Perforate, *v.* toley sheykiradoo, ooroovookiradoo, tamur iddookiradoo, துளைக்கிறது, உருவுகிறது, தமிரிடுகிறது
Perforation, *s.* toley, tamŭr, toovārŭm, துளை, தமிர், துவாரம்
Perforce, *a.* bŭlăvŭndŭmāy, பலவந்தமாய்
Perform, *v.* sheykiradoo, nŭdăpeekiradoo, செய்கிறது, நடப்பிக்கிறது
Performance, *s.* sheykāy, nŭdăpeekay, செய்கை, நடப்பிக்கை
Performer, *s.* sheykirăvŭn, nudapĕekirăvun, செய்கிறவன், நடப்பிக்கிறவன்
Perfume, (smell,) *s.* vāsŭnēy, வாசனை
Perfume, *v. a.* vāsŭney teyleekiradoo, வாசனைதெளிக்கிறது
Perfumery, *s.* pŭreemŭlă vāsŭneykŭl, பரிமளவாசனைகள்
Perhaps, *a.* orooveyley, irrookoom, ākkoom, ஒருவேளை
Peril, *s.* mosum, ăbbāyŭm, மோசம், அபத்து
Perilous, *a.* mosŭmānăh, மோசமான
Periodical, *a.* kālŭmdoroomoollăh, காலந்தோறுமுள்ள
Periphery, *s.* shoottŭlăvoo, shŭkărŭm, சுற்றளவு, சக்கரம்
Perish, *v.* ărheendoopokiradoo, kŭrttoopokiradoo, அழிகிறது, கெட்டுப்போகிறது
Perishable, *a.* argheeyăkoodeeyăh, அழியக்கூடிய
Perjure, *v.* poyshŭtteŭm pŭnnookiradoo, poyāney iddookiradoo, பொய்சத்தியம்பண்ணுகிறது, பொய்யாணையிடுகிறது
Perjurer, *s.* poyshŭtteeum punnookirăvŭn, பொய்சத்தியம்பண்ணுகிறவன்
Perjury, *s.* poyshŭtteŭm, kŭllahshādshee, பொய்சத்தியம், கள்ளசாட்சி
Permanence, *s.* nillāmey, நிலைமை
Permanent, *a.* kāyānăh, nilleyānăh, காயமான, நிலையான
Permanently, *a.* kāymāy, nilleyay, காயமாய், நிலையாய்
Permission, *s.* oottŭrăvoo, sheyllavoo, உத்திரவு, செலவு
Permit, *s.* oottŭrăvoo shittoo, உத்தரவுசீட்டு

Permit, *v.* oottŭrăvoo kodookiradoo, sheylăvoo kodookiradoo, உத்திரவுகொடுக்கிறது, செலவுகொடுக்கிறது

Pernicious, *a.* dooshttăh, kŭrttăh, துஷ்ட, கெட்ட

Perniciously, *a.* dooshtŭmāy, துஷ்டமாய்

Perpendicular, *a.* sheyngoottānăh, செங்குத்தான

Perpendicularity, *s.* sheyngoottoo, செங்குத்து

Perpendicularly, *a.* sheyngoottay, செங்குற்றாய்

Perpetrate, *v.* koottŭmsheykiradoo, குத்தஞ்செய்கிறது

Perpetration, *s.* sheykay, செய்கை

Perpetual, *a.* yedăvoodādăh, இடைவிடாத

Perpetually, *a.* nitteeyŭmoom, நித்தியமும்

Perpetuate, *v.* nilleynirkiradoo, நிலைநிற்கிறது

Perpetuation, *s.* nilley vŭrŭm, நிலைவரம்

Perpetuity, *s.* nitteeyŭm, நித்தியம்

Perplex, *v. a.* mŭleykă sheykiradoo, மலைக்கச்செய்கிறது

Perplexed, *v. n.* yennŭmkolaynd irrookiradoo, எண்ணங்குலைந்திருக்கிறது

Perplexity, *s.* mŭleypoo, korghăpŭm, tŭdoomāttŭm, மலைப்பு, குழப்பம், தடுமாட்டம்

Perquisite, *s.* meylvŭrăvoo, tŭravoo, மேல்வரவு, தரவு

Persecute, *v.* yedaynshŭlpŭdoottookiradoo, toonbăpŭdookiradoo, இடஞ்சல்படுத்துகிறது, துன்பப்படுத்துகிறது

Persecution, *s.* yedaynshŭl, toonbŭm, இடஞ்சல், துன்பம்

Persecutor, *s.* toonbooroottoovon, துன்புறுத்துவோன்

Perseverance, *s.* veedāttodŭrchee, விடாதொடர்ச்சி

Persevere, *v.* todŭrchee sheykiradoo, தொடர்ச்சிசெய்கிறது

Perseveringly, *a.* veedāttodŭrcheeyāy, விடாதொடர்ச்சியாய்

Persist, *v.* shādeechoo shollookiradoo, சாதிச்சுசொல்லுகிறது

Persistency, *s.* shādŭney, shādeepoo, சாதனை, சாதிப்பு

Person, *s.* āl, ஆள்

Personal, *a.* tŭnmeyānăh, தன்மையான

Personality, *s.* tŭnmey, soobāvŭm, தன்மை, சுபாவம்

Personally, *a.* tānākăh, moogămoogŭmāy, தானாக, முகமுகமாய்

Personate, *v.* shāyŭlkāttookiradoo, சாயல்காட்டுகிறது

Personify, *v.* shāyŭlkāttookiradoo, சாயல்காட்டுகிறது

Perspective, *a.* pārvaykŭdoottăh, பார்வைக்கடுத்த

Perspicuity, *s.* teyleevoo, தெளிவு

Perspicuous, *a.* teyleevānăh, தெளிவான

Perspiration, *s.* veyrvāy, வேர்வை

Perspire, *v.* veyrkiradoo, வேர்க்கிறது

Persuadable, *a.* yeddoopŭdātŭkkăh, எடுபடத்தக்க

Persuade, *v.* yeddoopŭdoottookiradoo, yennŭkkookiradoo, எடுபடுத்துகிறது, இணக்குகிறது

Persuasion, *s.* bodŭney, போதனை

Persuasive, *a*. mooyŭrcheeyoollăh, முயர்ச்சியுள்ள
Persuasively, *a*. mooyŭrcheeyāy, முயர்ச்சியாய்
Persuasiveness, *s*. mooyŭrchee, bodŭney, முயர்ச்சி, போதினை
Pert, *a*. kooroomboollăh, குரும்புள்ள
Pertain, *v*. oodayttāy irookiradoo, உடைத்தாயிருக்கிறது
Pertinacious, *a*. piddeemānumănăh, பிடிமானமான
Pertinaciously, *a*. piddeemānŭmay, பிடிமானமாய்
Pertinacity, *s*. piddeemānŭm, பிடிமானம்
Pertinent, *a*. shăreeyānăh, சரியான
Pertinently, *a*. tŭkhădāy, shăreeyāy, தக்கதாய், சரியாய்
Pertly, *a*. kooroombāy, குறும்பாய்
Pertness, *s*. kooroomboo, குறும்பு
Perturb, *v*. mŭna kŭlăkoo kiradoo, மனக்கலக்குகிறது
Perturbation, *s*. mŭnă kŭlăkŭm, மனக்கலக்கம்
Peruke, *s*. poy mayeer, பொய்மயிர்
Perusal, *s*. vāsheetul, வாசித்தல்
Peruse, *v*. pudittoo pārkiradoo, vasheettoopārkiradoo, படித்துப்பார்க்கிறது, வாசித்துப்பார்க்கிறது
Pervade, *v*. pŭrŭpookiradoo, பரப்புகிறது
Perverse, *a*. yeydākoodŭmānăh, koorookoosheykāyānăh, ஏடாகூடமான, குருக்குச்செய்கையான
Perversely, *a*. koorookoosheykāyāy, குருக்குச்செய்கையாய்
Perverseness, *s*. koorookoosheykāy, குருக்குச்செய்கை
Perversion, *s*. munăpoorŭttoo, மனப்புரட்டு
Perversity, *s*. koorookoosheykāy, māroopādoo, குருக்குச்செய்கை, மாறுபாடு
Pervert, *v*. mŭnăpoorŭttookiradoo, மனப்புரட்டுகிறது
Perverted, *p*. mŭnăpoorŭttānăh, மனப்புரட்டான
Pervious, *a*. oolkoodeeyăh, உள்க்கூடிய
Pest, (plague,) *s*. tōttoo veeyādee, தொத்துவியாதி
Pester, *v*. ălŭttookiradoo, அலட்டுகிறது
Pestering, *a*. ălŭttānăh, அலட்டான
Pestiferous, *a*. tōttānăh, தொத்தான
Pesthouse, *s*. tōttoo novookārŭrvoodoo, தொத்துநோய்க்காரர்வீடு
Pestilence, *s*. kolley novoo, tōttoo veeyādee, கொள்ளைநோய், தொத்துவியாதி
Pestilent, *a*. tottoo veeyādeeyānăh, தொத்துவியாதியான
Pestilential, *a*. tōttoo veeyadeeyoollăh, தொத்துவியாதியுள்ள
Pestilently, *a*. tottoo veeyādee yāy, தொத்துவியாதியாய்
Pestle, *s*. wolăkāy, உலக்கை
Pet, *v*. seerāttookiradoo, சீராட்டுகிறது
Pet, (anger,) *s*. moonkòbum, முற்கோபம்
Pet, *s*.(favorite,)selvŭn, செல்வன்
Petition, *s*. vinnăpăpŭtteerŭm, kurlvee, விண்ணப்பபத்திரம், கேள்வி

Petition, *v.* vinnăpŭm pŭnnookiradoo, prădeekiradoo, விண்ணப்பம்பண்ணுகிறது, பிராத்திக்கிறது

Petitioner, *s.* vinnăpăkărŭn, kurlveekărŭn, விண்ணப்பக்காரன், கேள்விக்காரன்

Petrifaction, *s.* kŭl ăkookay, கல்லாக்குகை

Petrify, *v.* kŭl ăkiradoo, கல்லாக்கிறது

Pettiness, *s.* keerghmey, கீழ்மை

Pettish, *a.* moonkobŭmoollăh, முற்கோபமுள்ள

Pettishness, *s.* moonkobŭm, முற்கோபம்

Petty, *a.* keerghănăh, shinnăh, கீழான, சின்ன

Petulance, *s.* kobăgoonŭm, கோபக்குணம்

Petulant, *a.* veydooveydoopănăh, kobăgoonŭmoollah, வெடுவெடுப்பான, கோபக்குணமுள்ள

Petulantly, *a.* veydooveydoopay, வெடுவெடுப்பாய்

Pewter, *s.* velleeyŭm, வெள்ளீயம்

Phantom, *s.* tŏttŭm, தோற்றம்

Pharmacy, *s.* văytteeyă shăstirrŭm, வைத்தியசாஸ்திரம்

Philanthropist, *s.* shŭnobăkărŭn, சனேபகாரன்

Philosopher, *s.* shăstirree, சாஸ்திரி

Philosophical, *a.* shăstirrŭmoollăh, சாஸ்திரமுள்ள

Philosophy, *s.* shăstirrŭm, சாஸ்திரம்

Phlegm, *s.* gŭbŭm, kohrey, கபம், கோழை

Phlegmatic, *a.* mŭndŭmănăh, kooleerănăh, மந்தமான, குளிரான

Phosphorescent, *a.* mŭngŭlveyleechŭmoollăh, மங்கல்வெளிச்சமுள்ள

Phrase, *s.* vŭsŭnŭm, văsăgŭm, வசனம், வாசகம்

Physic, *s.* mŭrundoo, văytteeyum, மருந்து, வைத்தியம்

Physic, *v.* mŭrundoo kodookiradoo, beydeekă sheykiradoo, மருந்துகொடுக்கிறது, பேதிக்கச்செய்கிறது

Physical, *a.* dirreykŭmănăh, திரேகமான

Physician, *s.* vaytteeyŭn, pŭreekăree, வைத்தியன், பரிகாரி

Physiognomy, *s.* moogŭm, părvăy, முகம், பார்வை

Pianoforte, *s.* kinnărăpoottee, vădeeyăpoottee, கின்னரப்பெட்டி, வாத்தியப்பெட்டி

Pice, *s.* doottoo, துட்டு

Pick, *v.* poodingeekiradoo, pureekiradoo, புடுங்குகிறது, பறிக்கிறது

Pickaxe, *s.* pickăssoo, பிக்காசு

Picked, *a.* teyreendăh, தெரிந்த

Picket, *s.* molley, முளை

Picking, *s.* teyreevoo, piddingee, தெரிவு, பிடுங்கு

Pickle, *s.* oorgay, ஊறுகாய்

Pickle, *v.* oorăvaikiradoo, ஊறவைக்கிறது

Picture, *s.* pŭdŭm, shittirrăpŭdŭm, படம், சித்திரபடம்

Picture, *v.* pŭdŭm, or shittirrum yerghoodookiradoo, படம்யெழுதுகிறது, சித்திரம்யெழுதுகிறது

Piddle, (trifle,) *v.* veenăkă sheykiradoo, வீணாகச்செய்கிறது

Piece, *s.* toondoo, kŭndŭm, துண்டு, கண்டம்

Piece, *v.* toondoo podookiradoo, taikkiradoo, துண்டுபோடுகிறது, தைக்கிறது

Piecemeal, *a.* kŭndătoondŭmănăh, toondootoondănăh, கண்டதுண்டமான, துண்டுதுண்டான

Piecemeal, *a.* toondootoondăy, kŭndătoondăy, கண்டதுண்டாய், துண்டுதுண்டாய்

Pierce, *v. a.* pāychookiradoo, iddeekiradoo, oodooroovookiradoo, பாய்ச்சுகிறது, இடிக்கிறது, ஊடுருவுகிறது

Piercing, *p.* koottookiră, குத்துகிற

Piety, *s.* deyvăbŭttee, தேவபத்தி

Pig, *s.* pŭnnee, பண்ணி, பன்றி

Pig, *v.* pŭnnee koottee podookiradoo, பண்ணிகுட்டிபோடுகிது

Pigeon, *s.* poorā, புறா

Pike, *s.* ittee, ஈட்டி

Pikestaff, *s.* itteepoodee, ஈட்டிப்பிடி

Pile, *s.* kooveeyŭl, குவியல்

Pile, *v.* kooveettoo vāykiradoo, குவித்துவைக்கிறது

Piles, *s.* krāneeveeyadee, moolăveeyādee, கிராணிவியாதி, மூலவியாதி

Pilfer, *v.* tirroodookiradoo, shorŭm sheykiradoo, திருடுகிறது, சோரஞ்செய்கிறது

Pilferer, *s.* tirroodŭn, shorŭn, kŭlvŭn, திருடன், சோரன், கள்ளன்

Pilgrim, *s.* teerttyāteereykārŭn, தீர்த்தயாத்திரைகாரன்

Pill, *s.* mātteerey, gooleekāy, oondāy, மாத்திரை

Pillage, *s.* kōlley, pŭreepoo, கொள்ளை, பறிப்பு

Pillage, *v.* kolley iddookiradoo, கொள்ளையிடுகிறது

Pillager, *s.* kŭllŭn, kolleykārŭn, கள்ளன், கொள்ளைக்காரன்

Pillar, (masonry,) *s.* toon, தூண்

Pillar, (timber,) *s.* kŭmbŭm, கம்பம்

Pillow, *s.* tŭleykānee, தலைகாணி

Pillow, *v.* tŭleykānee meyl vāykiradoo, தலைகாணிமேல்வைகிறது

Pillowcase, *s.* tŭleykāneeworey, தலைகாணியுறை

Pilot, *s.* kŭppŭl ottookirāvŭn, māloomee, கப்பலோட்டுகிறவன், மாலுமி

Pilot, *v.* kŭppŭlottookiradoo, கப்பலோட்டுகிறது

Pilotage, *s.* māloomee shŭmbălŭm, மாலுமிச்சம்பளம்

Pimento, *s.* molāgoo, மிளகு

Pimp, *s.* sŭngŭmvāngee, சங்கம்வாங்கி

Pimp, *v.* koottee voodookiradoo, koottee kodookiradoo, கூட்டிவிடுகிறது, கூட்டிக்கொடுக்கிறது

Pimple, *s.* moghăpŭroo, pooroo, முகப்பரு, பரு

Pin, *s.* ulăpŭnnăttee, அலப்பனத்தி

Pin, *v.* ŭlăpŭnnăttee koottookiradoo, அலப்பனத்திகுத்துகிறது

Pincers, *s.* koroodoo, iddeekee, குறடு, இடுக்கி

Pinch, *s.* poodee, toolloo, பொடி, தூளு

Pinch, *v.* kullookiradoo, கிள்ளுகிறது

Pine, *v.* shorkiradoo, yeleykiradoo, சோர்கிறது, இளைக்கிறது
Pine, *s.* oroo mŭrŭm, ஒருமரம்
Pineapple, *s.* annāsheepŭrghŭm, அன்னாசிபழம்
Pinion, *s.* yeyrăgoo, இறகு
Pink, (colour,) *a.* pŭrhăpoo vŭrŭnŭm, பழுப்புவர்ணம்
Pinnacle, *s.* kodoomoodee, noonee, கொடுமுடி, நுனி
Pious, *a.* deyvăbootteeyoollăh, தேவபத்தியுள்ள
Piously, *a.* bāyăbootteeyay, deyvăbootteeyāy, பயபத்தியாய், தேவபத்தியாய்
Pipe, (for water, &c.,) *s.* isheykoorghŭl, இசைக்குழல்
Pipe, (for music,) *s.* koorghāy, குழாய்
Piquant, *a.* kārŭmānăh, oorаypānăh, காரமான, உறைப்பான
Piquantly, *a.* kārŭmāy, oorаypāy, காரமாய், உறைப்பாய்
Pique, *s.* kobŭm, mŭnăkorāy, கோபம், மனக்குறை
Pique, *v.* kobămoottookiradoo, கோபமூட்டுகிறது
Piracy, *s.* kŭdŭlkŭlăvoo, kŭppŭlkolley, கடல்க்களவு, கப்பல்க்களவு
Pirate, *s.* kŭdŭlkŭlŭn, கடல்க்கள்ளன்
Pish, *i.* tchee, tcheetchee, tchey, ட்சி, ட்சிச்சி, ட்சே
Pismire, *s.* yeyroomboo, எறும்பு
Piss, *s.* moottirrŭm, sirroon eer, மூத்திரம், சிறுநீர்
Piss, *v.* moottirrŭm peykiradoo, sirrooneer voodookiradoo, மூத்திரம்பேய்கிறது, சிறுநீர் விடுகிறது
Pistol, *s.* kāy doopākkee, siroodoopākkee, கைத்துப்பாக்கி, சிறுதுப்பாக்கி
Pit, *s.* koorghee, koolee, pŭllŭm, குழி, குளி, பள்ளம்
Pitch, *v.* (a tent,) deyră, or goodārŭm ŭdeekiradoo, டேரா, or கூடாரமடிக்கிறது
Pitch, *s.* keel, கீல்
Piteous, *a.* pŭreetābăpŭdătŭkkăh, visshŭnăpŭdătŭkkăh, பரிதாபப்படத்தக்க, விசனப்படத்தக்க
Piteously, *a.* pŭreetābŭmay, visshŭnŭmay, பரிதாபமாய், விசனமாய்
Pitfall, *s.* pŭdookoolee, koppŭm, படுகுளி, கொப்பம்
Pith, *s.* shŭttoo, choroo, சத்து, சோறு
Pithily, *a.* shŭmŭrtteeyŭmay, சாமார்த்தியமாய்
Pithy, *a.* shŭttoollăh, சத்துள்ள
Pithy, (clever,) *a.* shŭmŭrtteeyŭmānăh, சாமார்த்தியமான
Pitiable, *a.* pŭreetābŭmānăh, பரிதாபமான
Pitiful, *a.* yeyleeyăh, எளிய
Pitifully, *a.* pŭreetābŭmāy, பரிதாபமாய்
Pitiless, *a.* kodoomeyānăh, கொடுமையான
Pittance, *s.* sirroo pŭngkoo, சிறுபங்கு
Pity, *s.* yerrăkŭm, pŭreedāpŭm, இரக்கம், பரிதாபம்
Pity, *v.* pŭreedāpă pŭdookiradoo, பரிதாபப்படுகிறது
Pivot, *s.* worŭl, koodoomee, உரல், குடுமி
Place, *s.* yeddŭm, nilley, இடம் நிலை
Place, *v.* vaikirădoo, podookiradoo, வைக்கிறது, போடுகிறது

Placid, *a*. shādoollăh, shāndŭmoollăh, சாதுள்ள, சாந்தமுள்ள

Placidity, *s*. shādoovŭm, shāndŭm, சாதுவம், சாந்தம்

Placidly, *a*. shāndumay, சாந்தமாய்

Plague, *s*. tottoo veyādee, peyroovāree kāchŭl, தொத்துவியாதி, பெருவாரிக்காய்ச்சல்

Plague, *v*. vŭroottăpŭdookiradoo, alaykŭrheekiradoo, வருத்தப்படுகிறது, அலைக்கழிக்கிறது

Plain, *s*. māydānŭm, sŭmmăboomee, மைதானம், சமபூமி

Plain, *v*. māydānŭm sheyveekiradoo, oppŭmsheykiradoo, மைதானம்செய்விக்கிறது, ஒப்பம்செய்கிறது

Plain, *a*. teyleevānăh, oppoorāvānăh, shŭmănānăh, தெளிவான, ஒப்புரவான, சமனான

Plain, *a*. teyleevay, தெளிவாய்

Plainly, *a*. teyleevākăh, teyleeyăh, deergŭmay, தெளிவாக, தெளிய, தீர்க்கமாய்

Plaintiff, *s*. prādeekārŭn, பிராதிகாரன், வாதி

Plaintive, *a*. veeshŭnŭmoollăh, விசனமுள்ள

Plaintively, *a*. tookkŭmāy, oppāreeyāy, துக்கமாய், ஒப்பாரியாய்

Plait, *s*. pinnŭl, பின்னல்

Plait, *v*. pinnulsheykiradoo, பின்னல்செய்கிறது

Plan, *s*. pŭdŭm, படம்

Plan, *v*. yoshŭneysheykiradoo, யோசனைசெய்கிறது

Plane, *s*.(carpenter's,) yerghăppoolee, எழைப்புளி

Plane. *s*. (surface,) sŭmŭm, சமம்

Plane, *v*. yergheykiradoo, or yelleykiradoo. எழைக்கிறது

Plank, *s*. pŭlăkey, பலகை

Plank, *v*. pŭlăkey pŭrăvookiradoo, பலகைபரவுகிறது

Plant, *s*. nāttoo, நாத்து

Plant, *v*. nŭdookiradoo, நடுகிறது

Plantain, *s*. vārghăpŭrghum, vālăpŭrghŭm, வாழைப்பழம், வாளைப்பழம்

Plantation, *s*. tottŭm, tōppoo, தோட்டம், தோப்பு

Plash, *v*. sŭlăsŭlăkiradoo, சலசலக்கிறது

Plaster, (cement,) *s*. sāndoo, சாந்து

Plaster, *v*. sāndoopoochookiradoo, சாந்துபூசுகிறது

Plastering, *s*. poochoo, poossoo, பூச்சு

Plate, *s*. peengkān, பிங்கான்

Plate, *v*. moolām poochookiradoo, முலாம்பூசுகிறது

Platform, *s*. meydey, pŭrăney, மேடை, பரணை

Platting, *s*. pinnŭl veyley, பின்னல்வேலை

Plaudit, *s*. meypoo, மெய்ப்பு

Plausibility, *s*. poleetŭnŭm, beydeeshum, போலித்தனம், பேடிசம

Plausible, *a*. beydeetŭnŭmānăh, pōleetŭnŭmānăh, பேடித்தனமான, போலித்தனமான

Plausibly, *a*. beydeetŭnŭmāy, பேடித்தனமாய்

Play, *v*. (band,) vādeeŭm sheykiradoo, வாத்தியஞ்செய்கிறது

Play, *v*.(as children,) villeyādookiradoo, விளையாடுகிறது

Play, (stage,) *v*. koottādookiradoo, கூத்தாடுகிறது

Playday, *s*. villeyattoo nāl, விளையாட்டுநாள்

Player, *s.* koottättookirăvŭn, கூத்தாடுகிறவன்

Playful, *a.* villeyāttānăh, விளையாட்டான

Playfulness, *s.* villeyāttoo tŭnŭm, விளையாட்டுத்தனம

Playthings, *s.* villeyāttoo sāmān, விளையாட்டுசாமான்

Plea, *s.* neeyāyŭm, நியாயம்

Plead, *v.* neeyāyŭm shollookiradoo, neeyāyŭm kodookiradoo, நியாயம்சொல்லுகிறது, நியாயம்கொடுக்கிறது

Pleader, *s.* neeyāvādee, vŭkkeel, நியாயவாதி, வக்கீல்

Pleading, (in law,) nŭdooneeyāyŭm, நடுநியாயம்

Pleading, (entreaty,) vurnoomey, kenjshoo, வேண்டுமை, கெஞ்சு

Pleasant, *a.* sŭveekeeyŭmoollah, inbŭmoollah, nŭllăh, shellăkeeyŭmoollăh, shŭndoshumoollah, சவுக்கியமுள்ள, இன்பமுள்ள, நல்ல, சிலாக்கியமுள்ள, சந்தோஷமுள்ள

Pleasant, (discourse,) *a.* mŭdoorŭmānăh, மதுரமான

Pleasantly, *a.* sŭveekeeyŭmoollah, mŭdoorŭmay, சவுக்கியமாய், மதுரமாய்

Pleasantry, *s.* gaylee, கேலி

Please, *v. a.* inbă pŭdoottookiradoo, shŭndoshă pŭdoottookiradoo, இனப்படுத்துகிறது, சந்தோஷப்படுத்துகிறது

Pleased, (to be,) *v. n.* inbă pŭdookiradoo, shŭndoshă pŭdookiradoo, pirreeyă pŭdookiradoo, இனப்படுகிறது, சந்தோஷப்படுகிறது, பிரியப்படுகிறது

Pleasing, *a.* inbŭmānăh, இன்பமான

Pleasurable, *a.* inbŭmkodookătukăh, இன்பம்கொடுக்கிறது

Pleasurably, *a.* inbŭmay, shŭndoshŭmāy, இன்பமாய், சந்தோஷமாய்

Pleasure, *s.* inbŭm, shŭndoshŭm, shellākeeyŭm, இன்பம், சந்தோஷம், சலாக்கியம்

Plebeian, *s.* keerghănăvŭn, கீழானவன்

Pledge, *s.* ŭdăvoo, kodoovey, அடைவு, குதுவை

Pledge, *v.* ŭdăvoovaikiradoo, அடைவுவைக்கிறது

Pledger, *s.* ŭdăvookārŭn, அடைவுகாரன்

Plenary, *a.* nirreyvoollăh, நிறைவுள்ள

Plenitude, *s.* dārālŭm, miggoodee, poorŭnŭm, pŭreepoorŭnŭm, தாராளம், மிகுதி, பூரணம், பரிபூரணம

Plenteous, *a.* dāralumānăh, miggoodeeyānah, தாராளமான, மிகுதியான

Plenteously, *a.* dārālŭmāy, poorŭnŭmāy, தாராளமாய், மிகுதியாய், பூரணமாய

Plentiful, *a.* dārālŭmānăh, தாராளமான

Plenty, *s.* dārālŭm, miggoodee, poorŭnŭm, தாராளம, மிகுதி, பூரணம்

Pliability, *s.* vŭleyātŭkădoo, வளையத்தக்கது

Pliable, *a.* vŭleyātŭkkăh, sāyătŭkkăh, வளையத்தக்க, சாயத்தக்க

Pliableness, *s.* vŭlyŭm tŭnmey, sāyoom tŭnmey, வளையுந்தன்மை, சாயுந்தன்மை

Pliancy, (mental,) *s.* mŭnăsāyvoo, மனச்சாய்வு

Pliant, *a.* vŭleyătŭkkăh, வளையத்தக்க
Plight, *s.* sikkoo, சிக்கு
Plight, *v.* vākoo shollookiradoo, வாக்குசொல்லுகிறது
Plod, *v.* pirrăyāsăypŭdookiradoo, பிரயாசைப்படுகிறது
Plodder, *s.* oorhāypālee, peerăyāsee, உழைப்பாளி, பிரையாசி
Plodding, *s.* peerăyāsŭm, பிரையாசம்
Plot, *s.* oobāyŭm, tŭndeerŭm, உபாயம், தந்திரம்
Plot, *v.* oobāyŭm sheykiradoo, shŭndirrŭm sheykiradoo, உபாயஞ்செய்கிறது, தந்திரஞ்செய்கிறது
Plotter, *s.* oobāyŭm sheykirăvŭn, உபாயஞ்செய்கிறவன்
Plough, *s.* kŭlpāy, yeyr, கலப்பை, ஏர்
Plough, *v.* oorghookiradoo, oorghavoo sheykiradoo, உழுகிறது, உழவுசெய்கிறது
Pluck, *v.* pŭreekiradoo, poodingeekiradoo, பறிக்கிறது, பிடுங்குகிறது
Pluck, *s.* dāyreeyŭm, தைரியம்
Plucking, *s.* pŭreepoo, poodingkoo, பறிப்பு, பிடுங்கு
Plug, *s.* ădaypookoochoo, அடைப்புகுச்சு
Plug, *v.* ădaykiradoo, அடைக்கிறது
Plum, *s.* tratchee pŭrghŭm, tyāgădātchee pŭrghŭm, திராட்சிபழம், தியாகதாட்சிப்பழம்
Plumage, *s.* yerăgoo, sirrăgoo, இறகு, சிறகு
Plumb, *s.* eeyăgoondoo, ஈயக்குண்டு
Plumb, *v.* ālŭm pārkiradoo, ārghŭm pārkiradoo, ஆளம்பார்க்கிறது, ஆழம்பார்க்கிறது
Plumbago, *s.* kāreŭm, காரீயம்
Plumber, *s.* eeyăveyleykārŭn, ஈயவேலைக்காரன்
Plumbline, *s.* tookoonool, தூக்குநூல்
Plume, *s.* yerăgookōttoo, இறகுகொத்து
Plummet, *s.* tookoo goondoo, tookoonool goondoo, தூக்குகுண்டு, தூக்குநூல்குண்டு
Plump, *a.* korghŭpānăh, கொழுப்பான
Plumpness, *s.* korghŭppoo, கொழுப்பு
Plunder, *s.* kolley, kŭlăvoo, tirroottoo, கொள்ளை, களவு, திருட்டு
Plunder, *v.* kolley yeydookiradoo, கொள்ளையெடுக்கிறது
Plunderer, *s.* tirroodŭn, kŭlvŭn, kolleykārŭn, திருடன், கள்ளன், கொள்ளைக்காரன்
Plunge, *s.* podeyvoo, pāychoo, பதைவு, பாய்ச்சு
Plunge, *v.* ămeerhttookiradoo, அமிழ்த்துகிறது
Plunge, (thrust,) *v.* pāychookiradoo, பாய்ச்சுகிறது
Plural, *a.* pŭlăh, pŭnmey, பல, பன்மை
Pock, *s.* koppoolŭm, கொப்புளம்
Pockmarks, *s.* tŭrghoomboo, தழும்பு
Pocket, *s.* shŭttey, shoboo, sākkoo, சட்டை, சேபு, சாக்கு
Pod, *s.* pŭroopoo, veddey, பருப்பு, வெதை
Poem, *s.* pāttoo, kŭvee, பாட்டு, கவி
Poet, *s.* vittoovān, வித்துவான்
Poetical, *a.* kŭveekŭdoottăh,

pāttookŭdoottăh, கவிக்கடுத்த, பாட்டுக்கடுத்த
Poetry, *s.* pāttoo, kŭvee, பாட்டு, கவி
Poignant, *a.* koormeyānăh, கூர்மையான
Poignantly, *a.* koormeyāy, கூர்மையாய்
Point, *v.* monney sheykiradoo, koor ākookiradoo, முனைசெய்கிறது, கூராக்குகிறது
Point out, *v.* teyreeveekiradoo, தெரிவிக்கிறது
Point, *s.* monney, noonee, koor, முனை, நுனி, கூர்
Pointed, *a.* koorānăh, monneyoollăh, கூரான, முனையான
Pointedly, *a.* kŭndeepākăh, கண்டிப்பாக
Poise, *v.* shŭmăpŭdoottookiradoo, சமப்படுத்துகிறது
Poison, *s.* nŭnjshoo, bāshănŭm, vŭshŭnāvee, நஞ்சு, பாஷாணம், வசனாவி
Poison, *v.* nŭnjshoopodookiradoo, visshŭmteendirookiradoo, நஞ்சுபோடுகிறது, விஷந்தீண்டுகிறது
Poisonous, *a.* nŭnjshoollăh, visshŭmoollah, nŭllăh, நஞ்சுள்ள, விஷமுள்ள
Poke, *v.* tŭllookiradoo, தள்ளுகிறது
Poker, (smith's,) *s.* woleyāneekol, உலையாணிக்கோல்
Polar, *a.* monneykŭdoottăh, முனைக்கடுத்த
Polestar, *s.* vŭdă nŭdtchettrŭm, வடநட்சேத்திரம்
Pole, *s.* dooroovŭm, துருவம்
Polecat, *s.* mŭră nāy, மரநாய்
Police, *s.* tŭleyāreekŭl, oorkāvŭl, தலையாரிகள், ஊர்க்காவல்
Police-officer, *s.* oorkāvulkārŭn, tŭleyāree, ஊர்க்காவல்க்காரன், தலையாரி
Policy, *s.* boottee, oobayum, mŭndeeralojshuney, புத்தி, உபாயம், மந்திராலோசனை
Polish, *s.* tollăkŭm, tollăkoo, துலக்கம், தளுக்கு
Polish, *v.* tollŭkkookiradoo, துலக்குகிறது
Polished, *a.* tollukkŭmānah, துலக்கமான
Polished, (manners,) oobăsārăm, yoggeeŭm, உபசாரம், யோக்கியம்
Polite, *a.* mŭreeyādayoollăh, oobăshārŭmoollăh, மரியாதையுள்ள, உபசாரமுள்ள
Politely, *a.* mŭreeyādāyāy, மரியாதையாய்
Politic, *a.* bootteeyoollăh, oobāyŭmānăh, புத்தியுள்ள, உபாயமான
Political, *a.* rājshāngŭttookŭdoottăh, ராசாங்கத்துக்கடுத்த
Politician, *s.* rajshaneeyāyashāstirree, ராசநியாயசாஸ்த்திரி
Politics, *s.* rajshā kāreeŭm, ராசகாரியம்
Poll, *s.* tŭlley, தலை
Poll-tax, *s.* tŭlley teervey, tŭlleyvureepŭnŭm, தலைத்தீர்வை, தலைவரிப்பணம்
Pollute, *v.* teendeekŭrdookiradoo, தீண்டிகெடுக்கிறது
Polluter, *s.* teendeekŭrdookirāvŭn, தீண்டிகெடுக்கிறவன்
Pollution, *s.* teendeekŭrdoo, தீண்டிகெடு
Poltroon, *s.* yelănenjshŭn, pennŭn, இளநெஞ்சன், பெண்ணன்

Pomegranate, *s.* mādŭlum pŭrghŭm, மாதளம்பழம்
Pommel, *v.* ădeekiradoo, அடிக்கிறது
Pomp, *s.* ādŭmbŭrŭm, sŭmbărŭmŭm, ஆடம்பரம், சம்பரமம்
Pomposity, *s.* ādŭmbŭrŭmănăh nŭdey, ஆடம்பரமானநடை
Pompous, *a.* ādŭmbŭrŭmănăh, ஆடம்பரமான
Pompously, *a.* ādŭmbŭrŭmāy, ஆடம்பரமாய்
Pond, *s.* koolŭm, yeyree, koottey, குளம், ஏரி, குட்டை
Ponder, *v.* ālosheekiradoo, ninneykiradoo, ஆலோசிக்கிறது, நினைக்கிறது
Ponderingly, *a.* yoshŭneyāy, யோசினை
Ponderous, *a.* gŭnŭmănăh, bārŭmănăh, கனமான
Poniard, *s.* koottoovāl, kŭttāree, குத்துவாள், கட்டாரி
Pony, *s.* sirrookoodirrey, mŭttăkoodirrey, சிறுகுதிரை, மட்டக்குதிரை
Pool, *s.* mŭdoovoo, koolŭm, மடு வு, குளம்
Poor, *s.* yeleeŭr, எளியர்
Poor, *a.* yeleeyŭh, எளிய
Poorly, *a.* ăsăveekeŭmāy, அசவிக்கியமாய்
Poorly, *a.* yeleemeyāy, எளிமையாய்
Poorness, *s.* yeleemey, எளிமை
Poppy, *s.* kŭssăkŭssā, கசகசா
Poppy, (seed,) *s.* kŭssăkŭssāveddey, or verrey, கசக்சாவிதை or விரை
Popular, *a.* keerteeyānăh, peyroollăh, கீர்த்தியான, பேருள்ள
Popularity, *s.* keertee, peyr, கீர்த்தி, பெயர்
Population, *s.* koodee jennŭm, குடிஜனம்
Populous, *a.* jenăveerootteeyānăh, ஜனவிருத்தியான
Porch, *s.* mŭndăpŭm, vāsŭlmŭndăpŭm, மண்டபம், வசல்மண்டபம்
Porcupine, *s.* moolŭm pŭnnee, முள்ளம்பன்றி, முள்ளம்பன்னி
Pore, *s.* romătoowārŭm, உரோமத்துவாரம்
Pork, *s.* pŭnnee yereychee, பன்றியிறச்சி
Porous, *a.* romŭttoovārŭmoollăh, உரோமத்துவாரமுள்ள
Porpoise, *s.* kŭdŭl pŭnnee, கடற்பன்றி
Port, *s.* koodākŭdŭl, குடாக்குடல்
Portable, *a.* kondoopokăkoodeeyăh, tāngkăkoodeeyăh, கொண்டுபோகக்கூடிய, தாங்கக்கூடிய
Portal, *s.* kădăvoo, vāsŭl, கதவு, வாசல்
Portcharges, *s.* toreyteervey, துறைதீர்வை
Portclearance, *s.* kŭppŭl bayŭnă chittoo, கப்பற்பயணச்சீட்டு
Portend, *v.* shŭgănŭm kattookiradoo, சகனங்காட்டுகிறது
Portent, *s.* shŭgănŭm, சகனம்
Portentous, *a.* shŭgănŭmoollăh, சகனமுள்ள
Porter, (carrier,) *s.* shemmeykārŭn, mootteykārun, சுமைக்காரன், மூட்டைக்காரன்
Porterage, *s.* yeddookoolee, shemmeykoolee, எடுகூலி, சுமைகூலி
Portico, *s.* tŭlley vāsŭl, mŭndăpŭm, தலைவாசல், மண்டபம்

Portion, *s.* pŭngkoo, pŭgoodee, பங்கு, பகுதி
Portion, *v.* pŭngiddookiradoo, pirreekiradoo, பங்கிடுகிறது, பிரிக்கிறது
Portliness, *s.* mŭgootoovŭm, pooshtee, மகுத்துவம், புஷ்டீ
Portly, *a.* mŭgootoovŭmānăh, korghoopānăh, மகுத்துவமான, கொழுப்பான
Portrait, *s.* shitteerăshooroobŭm, சித்திரசுரூபம்
Portray, *v.* pŭdum yerghoodookiradoo, shitteerŭm yerghoodookiradoo, படமெழுதுகிறது, சித்திரமெழுதுகிறது
Position, *s.* yeddŭm, tŭlŭm, nelley, இடம், தலம், நிலே
Position, (attitude,) *s.* ooroovŭm, உருவம்
Positive, *a.* oroodeeyānăh, deergŭmānăh, உறுதியான, தீர்க்கமான
Positively, *a.* ooreedeeyāy, deerkŭmay, உறுதியாய், தீர்க்கமாய்
Positiveness, *s.* ooreedee, deerkŭm, உறுதி, தீர்க்கம்
Possess, *v.* ālookiradoo, kollookiradoo, ஆளுகிறது, கொள்ளுகிறது
Possession, *s.* oodaymay, āttchee, உடைமை, ஆட்சி
Possibility, *s.* koodookoomtŭnmey, கொடுக்கும்தன்மை
Possible, *a.* koodeeyăh, கூடிய
Possibly, *a.* orooveyley, koodoomākeel, ஒருவேளே, கூடுமாகில்
Post, *s.* kŭmbŭm, kal, komboo, கம்பம், கால், கொம்பு
Post, (mail,) *s.* tăpāl, தபால்
Post, (office,) *s.* ootteeyokum, உத்தியோகம்
Post, *v.* neerootteevaikkiradoo, நிறுத்திவைக்கிறது
Postage, *s.* tăpāl koolee, tăpālpŭnnŭm, தபால் கூலி, தபால் பணம்
Posterior, *a.* pindeenăh, பிந்தின
Posteriors, *s.* pinbāreeshŭm, பின்பாரிசம்
Posterity, *s.* pinney vŭrookirajenŭngkŭl, பின்வேருகிறசனங்கள்
Postern, *s.* sirrookădăvoo, சிறுகதவு
Posthaste, *a.* ŭnjshŭlookoo jŭldeeyay, அஞ்சலுக்குசலுதியாய்
Posthorse, *s.* tăpāl koodirrey, தபால்குதிரை
Posthouse, *s.* tăpāl voodoo, or woodoo, தபால்வீடு
Postman, *s.* tăpālkārŭn, தபால்க்காரன்
Postmark, *s.* tăpāl mootteerey, தபால்முத்திரை
Postmaster, *s.* tăpāl doorey, தபால்துரை
Postoffice, *s.* tăpāl kŭcheyree, தபால்கச்சேரி
Postpaid, *a.* tăpāl koolee koodoottăh, தபால்கூலிகொடுத்த
Postpone, *v.* tāmăshŭm sheykiradoo, தாமிஷம்செய்கிறது
Postponement, *s.* tāmăshum, தாமிஷம்
Postscript, *s.* pinnyerghoodoo, பின்னெழுத்து
Posttown, *s.* tăpāl pŭttŭnŭm, தபால்பட்டணம்
Posture, *s.* nelleykolŭm, நிலேகோலம்
Posy, *s.* poonsheudoo, பூஞ்செண்டு

Pot, *s.* chăttee, pāney, mŭdā, சட்டி, பானை, முடா
Pot, *v.* chătteekool vaikiradoo, சட்டிக்குள்வைக்கிறது
Potable, *a.* koodeekătŭkkăh, குடிக்கத்தக்க
Pottage, *s.* ānŭm, korghŭmboo, ஆணம், கொழும்பு
Potation, *s.* koodeepoo, குடிப்பு
Potatoe, *s.* oorooluh koorŭngoo, உருளைக்கிழங்கு
Potency, *s.* bellŭn, bŭlŭm, பெலன், பலம்
Potent, *a.* bellŭnoollăh, பெலனுள்ள
Potentate, *s.* ădeebŭdee, swayādeebŭdee, அதிபதி, சுயாதிபதி
Potential, (mood,) *s.* vŭleetodŭrvinney, வலிதொடர்வினை
Potherb, *s.* keerey, mooley keerey, கீரை, முளைக்கீரை
Potion, *s.* pānŭm, பானம்
Potlid, *s.* pāney moodee, பானைமுடி
Potsherd, *s.* odoo, ottoopālŭm, ஓடு, ஓட்டுபாளம்
Potter, *s.* koshăvŭn, கொசவன்
Pouch, *s.* pay, săkkoo, shoboo, பை, சாக்கு, சோபு
Poultice, *s.* poltŭss, போல்டீஸ்
Poultice, *v.* poltŭss podookiradoo, போல்டீஸ் போடுகிறது
Poultry, *s.* wootteel vŭlŭrkoompārvāy, வீட்டில்வளர்க்கும்பரவை
Pounce, *v.* veerghundoo poodeekiradoo, விழுந்துபிடிக்கிறது
Pound, *v.* iddeekiradoo, இடிக்கிறது
Pound, *s.* (weight,) pāvŭn nirrey, பவுன்நிறை
Pounder, *s.* wolăkay, உலக்கை
Pour, *v.* vārkiradoo, வார்க்கிறது
Pout, *v.* moonjshayyay kăttookiradoo, மூஞ்சையைக்காட்டுகிறது
Poverty, *s.* yelleemey, tŭreetirrŭm, எளிமை, தரித்திரம்
Powder, *s.* (gun,) doopâkee mŭroondoo, துப்பாக்கிமருந்து
Powder, *v.* tool ākookiradoo, தூளாக்குகிறது
Powdery, *a.* toolānăh, தூளான
Power, *s.* ădeekārŭm, vŭllŭmey, அதிகாரம், வல்லமை
Powerful, *a.* bŭllŭmānăh, ădeekārŭmānăh, பலமான, அதிகாரமான
Powerfully, *a.* bŭlŭmāy, ădeekārŭmāy, அலமாய், அதிகாரமாய்
Powerless, *a.* bŭlŭmillādăh, adeekārumillādăh, பலமில்லாத, அதிகாரமில்லாத
Pox, *s.* krŭndeeveeyadee, கிரந்திவியாதி
Pox, (small,) *s.* perreeyŭmmey, பெரியம்மை
Pox, (chicken,) *s.* shinnŭmmey, சின்னம்மை
Pox, (cow,) *s.* pŭshăvummey, பசுவம்மை
Practicable, *a.* sheyăkoodeeyăh, செய்யக்கூடிய
Practical, *a.* pŭrghŭkăkoodeeyăh, sheyătokeykŭndăh, பழக்கக்கூடிய, செய்துகைகண்ட
Practice, *s.* pŭrghŭkŭm, ăbeeyāsŭm, பழக்கம், அப்பியாசம்
Practice, *v.* pŭrghŭkookiradoo, பழக்குகிறது
Practitioner, *s.* vāyteeyŭn, pŭreekāree, வைத்தியன், பரிகாரி
Pragmatic, *a.* tŭleyidookira, தலையிடுகிற
Pragmatically, *a.* tŭleyiddookirăday, தலையிடுகிறதாய்

Praise, *s.* poogŭrghtchee, vārghtoo, புகழ்ச்சி, வாழ்த்து
Praise, *v.* poogŭrghookiradoo, vārghtookiradoo, புகழுகிறது, வாழ்த்துகிறது
Praiseworthy, *a.* pŭghrtŭkkăh, vārghtatukkah, புகழத்தக்க, வாழ்த்தக்க
Prance, *v.* toollookiradoo, துள்ளுகிறது
Prancing, *s.* toolloo, துள்ளு
Prank, *s.* shesdey, சேஷ்டை
Prate, *v.* vāyādookiradoo, வாயாடுகிறது
Prating, *p.* vāyādookira, வாயாடுகிற
Prattle, *v.* mŭdŭleyvārttāy peyshookiradoo, மதலைவார்த்தை பேசுகிறது
Prattler, *s.* mŭdŭleyvārttāy peyshookirapoolley, மதலைவார்த்தைபேசுகிறபிள்ளை
Prawn, *s.* eerā, shennākoonee, இறு, சென்னாக்குன்னி
Pray, *v.* prādeekiradoo, prādŭney pŭnnookiradoo, பிராத்திக்கிறது, பிராத்தனைபண்ணுகிறது
Prayer, *s.* prādŭney, பிராத்தனை
Preach, *v.* prŭsŭngeekiradoo, bŏdăgŭm pŭnnookiradoo, பிரசங்கிக்கிறது, போதகம்பண்ணுகிறது
Preacher, *s.* prŭsŭngee, bodakun, பிரசங்கி, போதகன்
Preamble, *s.* moogăvoorey, முகவுரை
Precarious, *a.* neejsheeyămŭttăh, sŭmooseeyŭmoollăh, நிச்சயமற்ற, சமுசயமுள்ள
Precariously, *a.* sŭmooseeyŭmāy, சமுசயமாய்
Precaution, *s.* yechŭreekāy, எச்சரிக்கை
Precaution, (to use,) *v.* yechŭreekiradoo, எச்சரிக்கிறது
Precautionary, *a.* yechŭreepānăh, எச்சரிப்பான
Precede, *v.* moondeekiradoo, முந்திகிறது
Precedence, *s.* moondeetŭl, முந்திதல்
Precedent, *s.* moonmāderee, முன்மாதிரி
Precept, *s.* oobădeysŭm, உபதேசம்
Preceptor, *s.* āsān, ஆசான்
Precinct, *s.* yelley, yelleymānŭm, எல்லை, எல்லைமானம்
Precious, *a.* ăroomeyānăh, ădeegă villeyoollăh, pirreeyŭmānah, அருமையான, அதிகவிலையுள்ள, பிரியமான
Precipice, *s.* shengoottoo, செங்குத்து
Precipitancy, *s.* ăvăshŭrŭm, seekirrŭm, அவசரம், சீக்கிரம்
Precipitate, *s.* bŭsbŭm, பஸ்பம்
Precipitate, *v.* tŭllookiradoo, தள்ளுகிறது
Precipitate, (to be,) *v.* ăvăsŭrŭmāy irookiradoo, அவசரமாயிருக்கிறது
Precipitately, *a.* ăvăsŭrŭmāy, அவசரமான
Precipitous, *a.* shengoottānăh, செங்குத்தான
Precise, *a.* neyrānăh, shāreeyānăh, நேரான, சரியான
Precisely, *a.* neyrāy, shāreeyāy, நேராய், சரியாய்
Preciseness, *s.* kŭndeetŭm, kŭlkŭsŭm, கண்டிதம், கற்கசம்
Preclude, *v.* tŭdookiradoo, தடுக்கிறது

Preclusively, *a.* tŭdeyāy, தடையாய்
Precocious, *a.* kŭlleeyānăh, கல்லியான
Precocity, *s.* kŭllee, கல்லி
Preconcert, *v.* moonkoodeeyālojsheekiradoo, முன்கூடியாலோசிக்கிறது
Precursory, *a.* moon odookiră, முன்னோடுகிற
Predatory, *a.* kolleyādookiră, kulăvoollăh, கொள்ளையாடுகிற, களவுள்ள
Predecessor, *s.* moondinnăvŭn, முந்தினவன்
Predestinarian, *s.* deyvăviddeepŭdee ninneykirăvŭn, தேவவிதிப்படி நினைக்கிறவன்
Predestination, *s.* deyvăviddeepŭdee ninneypoo, தேவவிதிப்படிநினைப்பு
Predestine, *v.* deyvăviddeepŭdee ninneykiradoo, தேவவிதிப்படிநினைக்கிறது
Predicament, *s.* nirroovāgŭm, நிருவாகம்
Predict, *v.* deerkătŭrshŭnŭmshollookiradoo, தீர்க்கதரிசனம்சொல்லுகிறது
Prediction, *s.* deerkătŭrshŭnŭm, தீர்க்கதரிசனம்
Predilection, *s.* pārāpudshum, பாராபட்சம்
Predispose, *v.* pārāpudshumaypeysăveekiradoo, பாராபட்சமாய்பேசவிக்கிறது
Predisposition, *s.* mŭnăshāyvoo, மனச்சாய்வு
Predominance, *s.* pirrădānŭm, பிரதானம்
Predominant, *a.* ădeegārŭmoollăh, pirădānŭmānăh, அதிகாரமுள்ள, பிரதானமான
Pre-election, *s.* moonneeyŭmeepoo, முன்னியமிப்பு
Pre-eminence, *s.* ădeeghŭm, adeeghureepoo, tulămey, அதிகம், அதிகரிப்பு, தலைமை
Pre-eminent, *a.* adeeghureepānăh, tŭleymeyānăh, அதிகரிப்பான, தலைமையான
Pre-eminently, *a.* adeeghureepay, tuleymeyāy, அதிகரிப்பாய், தலைமையாய்
Pre-engagement, *s.* moodŭlkŭdămey, முதல்கடமை
Pre-examine, *v.* moonshodŭneysheykirădoo, முன்சோதினைசெய்கிறது
Pre-exist, *v.* moon oondākiradoo, முன்னுண்டாக்கிறது
Pre-existence, *s.* moon oondāpoo, முன்னுண்டாப்பு
Preface, *s.* moogăvoorey, முகவுரை
Prefer, *v.* nŭllădenroo yeddookiradoo, āyŭndyeddookiradoo, நல்லதென்றெடுக்கிறது, ஆய்ந்தெடுக்கிறது
Preferable, *a.* āyŭndyeddookătŭkădānăh, ஆயந்தெடுக்கதக்கதான
Preference, *s.* mŭnăshāyvoo, மனசாய்வு
Preferment, *s.* whyrpoo, உயர்ப்பு
Prefix, *v.* moonvaikiradoo, முன்வைக்கிறது
Pregnable, *a.* poodeekătŭkăh, புடிக்கத்தக்க
Pregnancy, *s.* kŭrbŭm, shenney, கர்ப்பம், சினை
Pregnant, to be, (as woman,) *v.* kŭrbŭmoondākiradoo, கர்ப்பமுண்டாகிறது
Pregnant, to be, (as animals,) *v.*

shenney oondakiradoo, செனையுண்டாகிறது

Prejudge, *v.* moondeerkiradoo, முன்றீர்க்கிறது

Prejudice, *s.* tŭppyennŭm, mŭnăshāyvoo, தப்பெண்ணம், மனச்சாய்வு

Prejudice, *v.* mŭnŭm shāykiradoo, மனஞ்சாய்க்கிறது

Prejudicial, *a.* nushtŭmoollăh, mosŭmānăh, நஷ்டமுள்ள, மோசமான

Preliminary, *a.* moogăvooreyānăh, முகவுரையான

Preliminary, *s.* moogăvoorey, முகவுரை

Premature, *a.* pŭroovŭttookoo moondee pŭrghoottăh, pŭroovŭttookoo moonpŭrŭndăh, பருவத்துக்குமுந்திப்பழுத்த, பருவத்துக்குமுன்பிறந்த

Prematurely, *a.* pŭkoovŭttookoomoon, பக்குவத்துக்குமுன்

Premeditate, *v.* moon ninneykiradoo, முன்னினைக்கிறது

Premeditately, *a.* moon ninney poodăney, முன்னினைப்புடனே

Premeditation, *s.* moon ninneypoo, முன்னினைப்பு

Premise, *v.* moogăvooreyay shollookiradoo, முகவுரையாய்சொல்லுகிறது

Premises, *s.* nimmeettŭm, நிமித்தம்

Premium, *s.* vegoomānŭm, வெகுமானம்

Premonish, *v.* moonboottee shollookiradoo, முன்புத்திசொல்லுகிறது

Premonitory, *a.* moonboottee shollookiră, முன்புத்திசொல்லுகிற

Pre-occupation, *s.* moondeetŭl, முந்துதல்

Pre-occupy, *v.* moondookiradoo, முந்துகிறது

Preparation, *s.* sheygŭrŭm, சேகரம்

Preparatory, *a.* sheygŭrŭmānăh, சேகரமான

Prepare, *v.* sheygŭreekiradoo, சேகரிக்கிறது

Preponderance, *s.* yettŭm, ஏற்றம்

Preponderate, *v.* yettŭmāyirookiradoo, ஏற்றமாயிருக்கிறது

Preposition, *s.* yedaychol, இடைச்சொல்

Prepossess, *v.* moonshāykiradoo, முன்சாய்க்கிறது

Prepossession, *s.* moonshāyvoo, முன்சாய்வு

Preposterous, *a.* māroopādānah, மாறுபாடான

Preposterously, *a.* māroopāday, மாறுபாடாய்

Prepuce, *s.* shooneetōl, சுண்ணித்தோல்

Prerogative, *s.* jŭlăkŭrŭney, சலக்கருணை

Presage, *s.* deyveedeepeedee, moonăreevoo, தேவவிதிப்படி, முன்னறிவு

Presage, *v.* deyveedeepeedee ninneykiradoo, தேவவிதிப்படி நினைக்கிறது

Prescience, *s.* moonăreevoo, முன்னறிவு

Prescribe, *v.* mŭroondoo kāyeedŭm yerghoodookiradoo, மருந்துகாகிதம்யெழுதுகிறது

Prescription, *s.* mŭroondoo kāyeedŭm, மருந்துகாகிதம்

Presence, *s.* shŭmoogŭm, சமுகம்

Present, *s.* eenăm, oobăkărŭm, இனும், உபகாரம்
Present, *v.* kodookiradoo, ŏpŭdaykiradoo, கொடுக்கிறது, ஒப்படைக்கிறது
Present, *a.* sŭmeebŭmănăh, irookiră, சமீபமான, இருக்கிற
Presentiment, *s.* moon yennŭm, முன்னெண்ணம்
Presently, *a.* oodăney, pinnăley, உடனே, பின்னுலே
Preservation, *s.* pŭreebălŭnŭm, பரிபாலனம்
Preservative, *s.* kăppăttoo, காப்பாத்து
Preserve, *s.* titteepoo-oorkăy, தித்திப்புயூர்காய்
Preserve, (life,) *v.* pŭreebălŭnŭm sheykiradoo, பரிபாலனம் செய்கிறது
Preserve, (fruits,) *v.* titteepoo-oorkay sheykiradoo, தித்திப்புர்காய்செய்கிறது
Preside, *v.* tŭleymeyay irookiradoo, தலைமையாயிருக்கிறது
Press, *s.* sekkoo, செக்கு
Press, *v.* ămookkookiradoo, sekkadookiradoo, செக்காடுகிறது, அமுக்குகிறது
Pressure, *s.* ămookŭm, neyrookŭm, அமுக்கம், நெருக்கம்
Presto, *a.* soorookay, சுறுக்காய்
Presume, *v.* yennookiradoo, எண்ணுகிறது
Presumption, *s.* yennŭm, tooneekŭrŭm, எண்ணம், துணிகரம்
Presumptive, *a.* ninnăyttoovaittăh, நினைத்துவைத்த
Presumptuous, *a.* tooneekŭrŭmănăh, துணிகரமான
Presuppose, *v.* moon yennookiradoo, முன்னெண்ணுகிறது
Pretence, *s.* kŭllăveyshŭm, கள்ளவேஷம்
Pretend, *v.* kŭllăveyshŭm pŭnnookiradoo, கள்ளவேஷம்பண்ணுகிறது
Pretender, *s.* kŭllăveyshŭn, கள்ளவேஷன்
Pretension, *s.* tŭnney pooghŭrghkăy, தன்னைப்புகழ்கை
Preternatural, *a.* eeyŭlpookooveerodŭmănăh, இயல்புக்குவிரோதமான
Pretext, *s.* shăkkoo, சாக்கு
Prettily, *a.* neytteeyay, sŭrŭppay, நேர்த்தியாய், சிறப்பாய்
Prettiness, *s.* ărghagoo, அழகு
Pretty, *a.* neytteeyănăh, ărghŭgoollăh, ălŭngkărŭmănăh, நேர்த்தியான, அழகுள்ள, அலங்காரமான
Prevail, *v.* meylkollookiradoo, மேல்க்கொள்ளுகிறது
Prevailing, *p.* meylkollookiră, மேல்க்கொள்ளுகிற
Prevalence, *s.* nŭdŭmăttŭm, நடமாட்டம்
Prevalent, *a.* nŭdŭmăttŭmănăh, நடமாட்டமான
Prevaricate, *v.* tŭdŭmădookiradoo, தடமாடுகிறது
Prevarication, *s.* vŭnjshŭney, tŭdŭm, வஞ்சனை
Prevaricator, *s.* tŭdŭmădookirăvŭn, தடுமாடுகிறவன்
Prevent, *v.* tŭdookiradoo, mŭreekiradoo, தடுக்கிறது, மறிக்கிறது
Preventor, *s.* tŭdookirăvŭn, தடுக்கிறவன்
Prevention, *s.* tŭdoopoo, தடுப்பு
Previous, *a.* moondinnăh, moonpanăh, முந்தின, முன்பான

Previously, *a.* moonney, முன்னே
Prevision, *s.* moonăreevoo, முன்னறிவு
Prey, *s.* yerrey, இரை
Prey, *v.* yerrey yeddookiradoo, இரையெடுக்கிறது
Price, *s.* villey, krāyŭm, விலை, கிரையம்
Price, (low,) nayunda villey, நயந்தவிலை
Price, (high,) pirreeyumānah villey, பிரியமானவிலை
Priceless, *a.* villey mŭdeeka koodādăh, விலைமதிக்கக்கூடாத
Prick, *s.* koottoo, குற்று
Prick, *v.* koottookiradoo, குற்றுகிறது
Pricking, *p.* koottookiră, குற்றுகிற
Prickle, *s.* moolloo, முள்ளு
Prickly, *a.* moollānăh, முள்ளான
Pride, *s.* peyroomey, ānvŭm, veemboo, பெருமை, ஆணவம், வீம்பு
Pride, (self,) *v.* tŭnney pookŭrghkiradoo, தன்னைப்புகழ்கிறது
Priest, *s.* gooroo, āshān, குரு, ஆசான்
Prig, *s.* ŭlbŭn, அற்பன்
Prig, *v.* tirroodookiradoo, shorŭm pŭnnookiradoo, திருடுகிறது, சோரம்பண்ணுகிறது
Priggish, *a.* ŭlbānăh, அற்பமான
Prim, *a.* pillookānăh, பிலுக்கான
Primarily, *a.* moodŭlmoodŭl, முதன்முதல்
Primary, *a.* pirrădānŭmānăh, பிரதானமான
Prime, *s.* vāleeyŭm, வாலிபம
Prime, *v.* tirreevaykoo mŭroondoo podookiradoo, திரிவாயிக்குமருந்துபோடுகிறது
Prime, *a.* menmeyānăh, மேன்மையான
Primer, *s.* pālăpodăpoostăgŭm, பாலபோதபுஸ்தகம
Primeval, *a.* moolŭmānăh, மூலமான
Primitive, *a.* moodŭlānăh, முதலான
Primitiveness, *s.* moolŭm, மூலம்
Primogenitor, *s.* ādeepeetā, ஆதிபிதா
Primogeniture, *s.* moodŭljennŭm, முதல்சனனம்
Prince, *s.* rājāhkoomârŭn, இராசகுமாரன்
Princely, *a.* pirrŭboo tŭnŭmānăh, பிரபுத்தனமான
Princess, *s.* rājāhkoomărttee, இராசகுமாரத்தி
Principal, *s.* ădeebŭdee, tŭleyvŭn, அதிபதி, தலைவன்
Principal, (as loan,) *s.* moodŭlkŭdŭn, முதற்கடன்
Principal, *a.* mookeeyăh, tŭleymeyānăh, முக்கிய, தலைமையான
Principally, *a.* mookeeyumāy, pirrădānŭmay, முக்கியமாய், பிரதானமாய்
Principle, *s.* neeyāyŭm, நியாயம்
Print, *s.* ŭchoo, ŭcheyrghoodoo, அச்சு, அச்செழுத்து
Print, *v.* ŭchŭdeekiradoo, ŭchoopŭdeepeekiradoo, அச்சடிக்கிறது, அச்சுபதிப்பிக்கிறது
Printer, *s.* ŭchŭdeekirăvŭn, அச்சடிக்கிறவன்
Printing, *s.* ŭchŭdeepoo, ŭchoo-

pudeepoo, uch yerghoottoo, அச்சடிப்பு, அச்சுபதிப்பு, அச்செழுத்து
Prior, *a.* moondeenăh, moodŭlānăh, முந்தின, முதலான
Priority, *s.* mootŭnmey, moodul, tŭleymey, முதன்மை, முதல், தலைமை
Prison, *s.* kāvŭlkoodŭm, kāvŭlsāley, sirreykoodŭm, காவற்கூடம், காவற்சாலை, சிறைக்கூடம்
Prisoner, *s.* kāvŭleel irookiravŭn, காவலிலிருக்கிறவன்
Prisoner, (captive,) *s.* sirrey, ădeemey, சிறை, அடிமை
Prison-house, *s.* kāvŭlkoodŭm, காவற்கூடம்
Prisonment, *s.* kāvŭl, காவல்
Pristine, *a.* ādeeyānăh, moodŭlānăh, ஆதியான, முதலான
Privacy, *s.* raggoosheeŭm, ăndărŭngŭm, இறகுஷியம், அந்தரங்கம்
Private, *a.* raggoosheeŭmānăh, இறகுஷியமான
Privately, *a.* raggoosheeŭmāy, ăndărŭngŭmay, இறகுஷியமாய், அந்தரங்கமாய்
Private parts, (male,) *s.* yonee, lingŭm, யோனி, இலிங்கம்
Private parts, (female,) *s.* yonee, oobŭstŭm, யோனி, உபஸ்தம்
Privation, *s.* koraychŭl, illāmey, குறைச்சல், இல்லாமை
Privilege, *s.* shootŭnderŭm, sŭlŭkŭrney, சுதந்திரம், சலக்கருணை
Privilege, *v.* shootŭnderŭm kodookiradoo, சுதந்திரங்கொடுக்கிறது
Privily, *a.* ragoosheŭmāy, ăndărŭngŭmay, இறகுஷியமாய், அந்தரங்கமாய்
Privity, *s.* ragoosheŭm, ăndărŭngŭm, இறகுஷியம், அந்தரங்கம்
Privy, *a.* ragoosheŭmānăh, இறகுஷியமான
Prize, *s.* bŭndăyŭm, kolleyporool, பந்தயம், கொள்ளைப்பொருள்
Prize, *v.* mookeeŭm yenroo yennookiradoo, villeymŭdeekiradoo, முக்கியமென்றெண்ணுகிறது, விலைமதிக்கிறது
Probability, *s.* ăshătteeŭm, அசாத்தியம்
Probable, *a.* irookăkoodeeyăh, sŭmbăveekăkoodeeyăh, இருக்கக்கூடிய, சம்பவிக்கக்கூடிய
Probably, *a.* poley, orooveyley, போலே, ஒருவேளை
Probate, *s.* ătādsheepŭdootokey, அத்தாட்சிபடுத்துகை
Probation, *s.* pŭreedshay, shodŭney, பரிட்சை, சோதினை
Probe, *s.* orvŭkey oochee, ஒர்வகையூசி
Probity, *s.* oonmey, dittŭm, nānăyŭm, உண்மை, திட்டம், நாணயம்
Problem, *s.* dishtānderŭm, திஷ்டாந்திரம்
Proboscis, *s.* todeekay, toombeekay, துதிகை, தும்பிகை
Procedure, *s.* shelvoo, nŭdey, செலவு, நடை
Proceed, *v.* nŭdŭkiradoo, shellookiradoo, pokiradoo, நடக்கிறது, செல்லுகிறது, போகிறது
Proceeds, *s.* pŭlŭnkŭl, vŭroomāngkŭl, villeyvookŭl, பலன்கள், வருமானங்கள், விளைவுகள்
Proceeding, *s.* kāreeyŭm, nŭdŭt-

tey, nüdey, காரியம், நடை, நடத்தை

Process, *s.* shelvoo, pokkoo, செலவு, போக்கு

Procession, *s.* tŭlŭm, pŭreevārŭm, தளம், பரிவாரம்

Proclaim, *v.* pŭreeshittŭm pŭnnookiradoo, teyreeveekiradoo, areeveekiradoo, பிரசித்தம்பண்ணுகிறது, தெரிவிக்கிறது, அறிவிக்கிறது

Proclamation, *s.* pŭreeshittŭm, பிரசித்தம்

Procrastinate, *v.* tŭdŭngkŭl sheykiradoo, தடங்கல்செய்கிறது

Procrastination, *s.* tŭdŭngkŭl, tāmăshŭm, தடங்கல், தாமதம்

Procreate, *v.* shenneepeekiradoo, சனிப்பிக்கிறது

Procreation, *s.* shenneepoo, சனிப்பு

Procurable, *a.* teydăkoodeeyăh, shŭmbādeekăkoodeeyăh, தேடக்கூடிய, சம்பாதிக்கக்கூடிய

Procuration, *s.* shŭmbādeepoo, சம்பாதிப்பு

Procure, *v.* shŭmbādeekiradoo, sheykŭreekiradoo, சம்பாதிக்கிறது, சேகரிக்கிறது

Procurer, *s.* sŭngŭmvāngkee, சங்கம்வாங்கி

Procuress, *s.* sŭngŭmvāngeeyŭl, சங்கம்வாங்கியள்

Prodigal, *a.* ărgheepoollah, shellăvoollăh, அழிப்புள்ள, செலவுள்ள

Prodigal, *s.* ărgheepālee, shellăvālee, அழிப்பாளி, செலவாளி

Prodigality, *s.* ărgheepoo, shellăvoo, அழிப்பு, செலவு

Prodigious, *a.* mŭkhāpereeyăh, மகாபெரிய

Prodigiously, *a.* meegoodeeyay, மிகுதியாய்

Prodigy, *s.* ădeeseeyŭm, veendey, அதிசியம், விந்தை

Produce, *s.* vŭleyvoo, pŭlŭn, pirrăyoshŭnŭm, விளைவு, பலம், பிரையோசனம்

Produce, *v.* vŭleyveekiradoo, oondākookiradoo, விளைவிக்கிறது, உண்டாக்குகிறது

Product, *s.* vŭleyvoo, pŭlŭn, tokey, விளைவு, பலன், தொகை

Production, *s.* oondānădoo, oorbŭttee, உண்டானது, உற்பத்தி

Productive, *a.* korghoopānăh, கொழுப்பான

Productiveness, *s.* sheyrgheepoo, korghoopoo, செழிப்பு, கொழுப்பு

Profanation, *s.* bŭngŭm, பங்கம்

Profane, *v.* bŭngăpŭdoottookiradoo, பங்கப்படுத்துகிறது

Profane, *a.* bŭngŭmānăh, ăvăshoottŭmānăh, பங்கமான, அவசுத்தமான

Profanely, *a.* ăvăshoottŭmāy, bŭngŭmāy, அவசுத்தமாய், பங்கமாய்

Profaneness, *s.* bŭngŭm, பங்கம்

Profess, *v.* shollookiradoo, areekay iddookiradoo, சொல்லுகிறது, அறிக்கையிடுகிறது

Professedly, *a.* vellerŭngŭmāy, வெளியரங்கமாய்

Profession, *s.* dorgheel, veyley, ootteeyokŭm, தொழில், வேலை, உத்தியோகம்

Professional, *a.* veyleykŭdoottăh, வேலைக்கடுத்த

Professor, *s.* veetteeyāpārăkŭn, வித்தியாபாரகன்

Proffer, *s.* kerlvee, கேழ்வி
Proffer, *v.* kedkiradoo, கேட்கிறது
Proficiency, *s.* ădeekureepoo, gurttee, năyŭm, அதிகரிப்பு, கெட்டி, நயம்
Proficient, *a.* adeekŭreepoollăh, gurtteeyânăh, அதிகரிப்புள்ள, கெட்டியான
Profile, *s.* moogă shāyŭl, முகச் சாயல்
Profit, *s.* ādāyŭm, lābŭm, pŭlŭn, ஆதாயம், இலாபம், பலன்
Profitable, *a.* ādāyŭmānăh, pirrăyoshŭnŭmānăh, ஆதாயமான, பிரயோசனமான
Profitably, *a.* bŭlŭnay, ādāyŭmay, பலனாய், ஆதாயமாய்
Profiting, *s.* lābŭm, ādāyŭm, லாபம், ஆதாயம்
Profitless, *a.* ādāyŭmŭttăh, bŭlŭnŭttăh, ஆதாயமற்ற, பலனற்ற
Profligacy, *s.* dooshttădinnŭm, ārŭttădinnum, துஷ்ட்டதனம் அரட்டைதனம்
Profligate, *s.* ărheepālee, oodāree, அழிப்பாளி, ஊதாரி
Profligate, *a.* dooshttădinnŭmānăh, துஷ்ட்டதனமான
Profligately, *a.* dooshttădinnŭmay, துஷ்டதனமாய்
Profound, *a.* ārghŭmānăh, ārghŭndăh, ஆழமான, ஆழந்த
Profoundly, *a.* ārghŭmāy, tārghvāy, ஆழமாய், தாழ்வாய்
Profundity, *s.* ārghŭm, tārghvoo, ஆழம், தாழ்வு
Profuse, *a.* dārālŭmānăh, shellăvoollăh, தாராளமான, செலவுள்ள
Profusely, *a.* dārālŭmāy, தாராளமாய்
Profusion, *s.* miggoodee, rombo, மிகுதி, ரொம்ப
Progenitor, *s.* moondăgăppŭn, முன்தகப்பன்
Progeny, *s.* shŭndānŭm, சந்தானம்
Prognostic, *s.* kooree, sŭgoonŭm, குறி, சகுணம்
Prognosticate, *v.* jādăgŭmyerghoodookiradoo, சாதகமெழுதுகிறது
Prognostication, *s.* moonkooree, moonăreeveepoo, முன்குறி, முன்னறிவிப்பு
Progress, *s.* nŭdey, pokkoo, நடை, போக்கு
Progress, *v.* nŭdŭndoo pokiradoo, shellookiradoo, நடந்து போகிறது, செல்லுகிறது
Progression, *s.* pokkoo, shelvoo, போக்கு, செலவு
Progressive, *a.* shellookiră, செல்லுகிற
Progressively, *a.* nŭdookăh, poodeepoodeeyāy, நடுக, படிபடியாய்
Prohibit, *v.* mŭreekiradoo, tŭdookiradoo, மறிக்கிறது, தடுக்கிறது
Prohibition, *s.* mŭreepoo, tŭdoopoo, tŭdŭngkŭl, மறிப்பு, தடுப்பு, தடங்கல்
Project, *s.* oroongoo, oobāyŭm, yennŭm, ஒழுங்கு, உபாயம், எண்ணம்
Project, *v.* oobāyŭm sheykiradoo, shŭttŭm kŭttookiradoo, oroongoo yennookiradoo, உபாயஞ்செய்கிறது, சட்டங்கட்டுகிறது, ஒழுங்கெண்ணுகிறது
Project, *v.* (plans, &c.,) pŭdŭmyerghoodookiradoo, kooreeppo yerghoodokiradoo, பட

மொழுதுகிறது, குறிப்பெழுது கிறது

Project, *v.* (throw,) yeyreekiradoo, எறிகிறது

Project, *v.* (forward, &c.,) moonshaykiradoo, முன்சாய்கிறது

Projector, *s.* oobāyümsheykirăvün, orghoongyennookirăvün, உபாயஞ்செய்கிறவன்

Prolific, *a.* prübeekăkoodeyăh, பிரபிக்கக்கூடிய

Prolix, *a.* neendăh, neddookeenăh, நீண்ட, நெடுகின

Prolixity, *s.* needshee, நீட்சி

Prolong, *v.* tāmăshă pudoottookiradoo, தாமிஷப்படுத்துகிறது

Prolongation, *s.* tāmăshüm, neettoo, தாமிஷம், நீட்டு

Promenade, *s.* săvāree, oolāttoo, சவாரி, உலாத்து

Promenade, *v.* săvāree pokirădoo, oolāttoo pokirădoo, சவாரிபோகிறது, உலாத்தப்போகிறது

Prominence, *s.* künkoo tottüm, கண்ணுக்குதோற்றம்

Prominent, *a.* künnookoo, (or) künkee tottümānăh, கண்ணுக்குத்தோற்றமான

Prominently, *a.* künkeetottümāy, கண்ணுக்குத்தோற்றமாய்

Promiscuous, *a.* külüppānăh, khoottănăh, கலப்பான, கூட்டமான

Promiscuously, *a.* külüppāy, கலப்பாய்

Promise, *s.* oodünpüdeekay, vākootütüm, உடன்படிக்கை, வாக்குத்தத்தம்

Promise, *v.* oodünpüdeekāysheykiradoo, vākoo shollookiradoo, உடன்படிக்கைசெய்கிறது, வாக்குசொல்லுகிறது

Promissory note, *s.* oodünpüdeekāychittoo, உடன்படிக்கைசிட்டு

Promote, *v.* ădeegă püdoottookiradoo, whyrttookiradoo, அதிகப்படுத்துகிறது, உயர்த்துகிறது

Prompt, *a.* mooyürcheeoollăh, jüldeeoollăh, முயற்சியுள்ள, சல்தியுள்ள

Prompt, *v.* noondookiradoo, முந்துகிறது

Promptly, *a.* jüldee, seekeerüm, oodăney, சல்தி, சீக்கிறம், உடனே

Promptness, *s.* shoorookoo, mooyürchee, சுருக்கு, முயற்சி

Promulgate, *v.* prüsüngümpünnookiradoo, teyreeveekiradoo, பிரசங்கம்பண்ணுகிறது, தெரிவிக்கிறது

Prone, *a.* münăshāyndăh, shāyvānăh, மனசாயவான, சாய்வான

Proneness, *s.* münăshāyvoo, shāyvoo, மனசாய்வு, சாய்வு

Pronoun, *s.* priddeepeyr, பிறிதிபெயர்

Pronounce, *v.* sübdeekiradoo, சப்திக்கிறது

Pronunciation, *s.* mohreeyosey, ădshürrashooddee, மொழியோசை, அட்சரசுத்தி

Proof, *s.* drooshtănderüm, ătādshee, திருஷ்ட்டாந்திரம், அத்தாட்சி

Proofless, *a.* drooshtănderümillādăh, திருஷ்ட்டாந்திரமில்லாத

Prop, *s.* wodeykāl, wodeyshoovür, aneyshoovur, tāngkee, உதைகால், உதைசுவர், அணைசுவர், தாங்கி

Prop, *v.* āneykodookiradoo, moottookodookiradoo, அணைகொடுக்கிறது, முட்டுகொடுக்கிறது

Propagate, *v.* preppeekiradoo, shenneepeekiradoo, பிரப்பிக்கிறது, சனிப்பிக்கிறது

Propagation, *s.* preeppeekāy, பிரப்பிக்கை

Propel, *v.* tŭllookiradoo, ottookiradoo, தள்ளுகிறது, ஒத்துகிறது

Propensity, *s.* mŭnăshāyvoo, goonŭm, மனசாய்வு, குணம்

Proper, *a.* shareeyânăh, tŭgoomānăh, dittŭmānăh, சரியான, தகுமான, திட்டமான

Properly, *a.* tŭgoodeeyāy, shăreeyāy, தகுதியாய், சரியாய்

Property, *s.* āstee, porool, oodeymey, dŭnŭm, pŭdārttŭm, ஆஸ்த்தி, பொருள், ஒடமை, தனம், பதார்த்தம்

Prophecy, *s.* teerkă tŭrchŭnŭm, தீர்க்கதரிசினம்

Prophet, *s.* teerkătŭrchee, தீர்க்கதரிசி

Prophetess, *s.* teerkăturchee, தீர்க்கதரிசி

Prophetic, *a.* teerkătŭrchŭnŭttoo kŭdoottăh, தீர்க்கதரிசனத்துக்கடுத்த

Propinquity, *s.* dittum, sŭmeebŭm, திட்டம், சமீபமாய்

Propitiate, *v.* pirreeyăpŭdoottookiradoo, பிரியப்படுத்துகிறது

Propitious, *a.* mŭngŭlŭmānăh, sobŭnŭmānăh, மங்களமான, சோபனமான

Propitiously, *a.* mŭngŭlŭmāy, sobŭnŭmāy, மங்களமாய், சோபனமாய்

Proportion, *s.* pŭngoo, ŭlăvoo, pirămānŭm, பங்கு, அளவு, பிரமாணம்

Proportion, *v.* pirămānŭm pŭdookiradoo, ŭlăvoo sheykiradoo, பிரமாணப்படுகிறது, அளவுசெய்கிறது

Proportional, *a.* pirămānumānăh, ŭlăvānăh, பிரமாணமான, அளவான

Proposal, *s.* oppookay, kŭrlvee, ஒப்புகை, கேள்வி

Propose, *v.* oppeeveekiradoo, ஒப்பிவிக்கிறது

Propound, *v.* vibŭrŭmāy shollookiradoo, விபரமாய்சொல்லுகிறது

Proprietor, *s.* shondăkārŭn, சொந்தக்காரன்

Proprietorship, *s.* shondŭm, ādeenŭm, சொந்தம், ஆதீனம்

Proprietress, *s.* shondăkāree, சொந்தக்காரி

Propriety, *s.* shemmey, kirmŭm, tŭgoodee, dittŭm, செம்மை, கிரமம், தகுதி, திட்டம்

Proscribe, *v.* tŭlleeveodookiradoo, teerpāytŭllookiradoo, தள்ளிவிடுகிறது, தீர்ப்பாய்தள்ளுகிறது

Proscription, *s.* tŭlleevoodookāy, தள்ளிவிடுகை

Prosecute, *v.* todŭrkiradoo, vŭrghŭkoo todŭrkiradoo, தொடர்கிறது, வழக்குதொடர்கிறது

Prosecution, *s.* todŭrchee, vŭrghŭkoo todŭrvoo, தொடர்ச்சி

Prosecutor, *s.* priddeevādee, பிரதிவாதி

Proselyte, *s.* poodoomŭdŭtteelsherndăvŭn, புதுமதத்தில்சேர்ந்தவன்

Proser, *s.* mŭndŭn, மந்தன்

Prospect, *s.* tottŭm, nokkŭm, தோற்றம், நோக்கம்

Prospective, *a.* yedeerkālŭmnokānăh, எதிர்காலம்நோக்கான

Prospectus, *s.* mŭdeepoo, vellŭmbŭrŭm, மதிப்பு, வெளம்பரம்

Prosper, *v.* sitteeyākiradoo, kāykoodookiradoo, ănoogoolŭmakookiradoo, சித்தியாகிறது, கைக்கூடுகிறது, அநுகூலமாகிறது

Prosperity, *s.* vārghvoo, peyrookŭm, வாழ்வு, பெருக்கம்

Prosperous, *a* shoogăvārghvoollăh, ănoogoolŭmānăh, shitteeyānăh, சுகவாழ்வுள்ள, அநுகூலமுள்ள, சித்தியான

Prosperously, *a.* ănoogoolŭmāy, soogăvārghvāy, அநுகூலமாய், சுகவாழ்வாய்

Prostitute, *s.* deyvŭdeeyāl, dāchee, தேவடியாள், தாசி

Prostitute, *v.* deyvŭdeeyālākăsheykiradoo, தேவடியாளாக செய்கிறது

Prostitution, *s.* deyvŭdeeyāltŭnŭm, dācheetŭnŭm, தேவடியாள்தனம, தாசிதனம்

Prostrate, *v.* koombŭdookiradoo, shāstāngŭm pŭnnookiradoo, கும்பிடுகிறது, சாஷ்ட்டாங்கம்பண்ணுகிறது

Prostrate, *a.* koombŭdookiră, கும்பிடுகிற, சாஷ்ட்டாங்கம் பண்ணுகிற

Prostration, *s.* koombŭdookāy, கும்பிடுகை

Protect, *v.* kāppāttookiradoo, ādŭreekiradoo, tāngkookiradoo, கார்ப்பாத்துகிறது, ஆதரிக்கிறது, தாங்குகிறது

Protection, *s.* oodăvee, ādŭrvoo, tooney, oobăkārŭm, உதவி, ஆதரவு, துணை, உபகாரம்

Protector, *s.* kāppāttookirăvŭn, ādŭreekirăvŭn, காப்பாத்துகிறவன், ஆதரிக்கிறவன்

Protectress, *s.* kāppāttookirăvŭl, ādŭreekirăvŭl, கார்ப்பாத்துகிறவள், ஆதரிக்கிறவள்

Protest, *s.* yedeercholl, எதிர்ச்சொல்

Protest, *v.* yedeershollookiradoo, எதிர்ச்சொல்லுகிறது

Protestation, *s.* velleerŭngŭmāyshollookāy, வெளியரங்கமாய் சொல்லுகை

Prototype, *s.* adeymādeeree, அதேமாதிரி

Protract, *v.* neydookăvoodookiradoo, tāmăshăpŭdookiradoo, நெடுகவிடுகிறது, தாமிஷப்படுகிறது

Protracted, *p.* nŭdookeeyăh, tāmăshăkăpŭttăh, நெடுகிய, தாமிஷிக்கப்பட்ட

Protrude, *v.* neettookiradoo, piddookookiradoo, நீட்டுகிறது, பிதுக்குகிறது

Protrusion, *s.* piddookŭm, pŭrăpādoo, பிதுக்கம், புறப்பாடு

Protrusive, *a.* piddookookiră, neettookiră, பிதுக்குகிற, நீட்டுகிற

Protuberance, *s.* piddookŭm, veekkŭm, poodeypoo, பிதுக்கம், வீக்கம், புடைப்பு

Protuberant, *a.* veekkŭmānăh, poodaypānăh, வீக்கமான, புடைப்பான

Proud, *a.* bŭdāyānăh, peyroomeyānăh, படாயான், பெருமையான

Proudly, *a.* bŭdāyay, peroomeyay, படாயாய், பெருமையாய்

Prove, *v.* drooshtanderăpŭdoottookiradoo, ooroobeekiradoo, திருஷ்டாந்தரப்படுத்துகிறது, உரூபிக்கிறது

Provender, *s.* āgārŭm, ஆகாரம்

Proverb, *s.* pŭrghăvārtāy, pŭrghămorghee, பழவார்த்தை, பழமொழி

Proverbial, *a.* pŭrghăvarttayānah, pŭrghămorgheeyānăh, பழவார்த்தையான, பழமொழியான

Proverbially, *a.* pŭrghăvārttayay, pŭrghămorgheeyay, பழவார்த்தையாய், பழமொழியாய்

Provide, *v.* sŭmbāteekiradoo, sheykŭreekiradoo, dittŭmpŭnnookiradoo, சம்பாதிக்கிறது, சேகரிக்கிறது, திட்டம்பண்ணுகிறது

Providence, *s.* deyvăsheyŭl, தெய்வச்செயல்

Provident, *a.* kŭttoopādoollăh, beyn, கட்டுப்பாடுள்ள

Providential, *a.* deyvă cheyŭllānăh, deyvăttŭnŭmānăh, தேவசெயலான, தேவத்தனமான

Providentially, *a.* deyvătcheyŭlāy, deyvăttŭnŭmāy, தேவச்செயலாய், தேவத்தனமாய்

Providently, *a.* gŭvŭnŭmay, beynŭmāy, கவனமாய்

Provider, *s.* sŭmbāteekirăvŭn, சம்பாதிக்கிறவன்

Province, *s.* nādoo, நாடு

Provision, *s.* seykŭrŭm, seykŭreepoo, moosteepoo, சேகரம், சேகரிப்பு, முஸ்தீப்பு

Provisional, *a.* ănnitteeyŭm, sŭmayŭttookŭdoottăh, அநித்தியம், சமயத்துக்கடுத்த

Provisionally, *a.* ănnitteeyŭmāy, அநித்தியமாய்

Provisions, (food,) *s.* āgārŭm, shāppādoo, poshŭnŭm, ஆகாரம், சாப்பாடு, போசனம்

Proviso, *s.* tŭveerpoo, orgheevoo, தவிர்ப்பு, ஒழிவு

Provocation, *s.* kobămoottoo, கோபமூட்டு

Provoke, *v.* kobamoottookiradoo, kobumyeyrghookiradoo, கோபமூட்டுகிறது, கோபமெழுப்புகிறது

Provokingly, *a.* kobŭmmoottoovŭdāy, கோபமூட்டுவதாய்

Prowess, *s.* shŭgtee, vŭllŭmey, sŭmŭrtoo, சக்தி, வல்லமை, சமர்த்து

Prowl, *v.* yerreytteydookiradoo, இரைதேடுகிறது

Prowler, *s.* kolleyiddŭttirreekirăvŭn, கொள்ளையிடத்திரிகிறவன்

Proximate, *a.* kittăh, ădoottăh, கிட்ட, அடுத்த

Proximity, *s.* kittoomānŭm, anday, sŭmeebŭm, கிட்டுமானம், அண்டை, சமீபம்

Proxy, *s.* bŭdeelālee, bŭdeelsheykirăvŭn, பதிலாளி, பதில்செய்கிறவன்

Prude, *s.* kooshŭmoollăvŭl, nānăkāree, pāsāngookāree, கூச்சமுள்ளவள், நாணக்காரி, பாசாங்குக்காரி

Prudence, *s.* boottee, yoshŭney, vivveykŭm, புத்தி, யோசனை, விவேகம்

Prudent, *a.* moonyoshŭneyoollăh, vivveykŭmānăh, முன்யோசனையுள்ள, விவேகமுள்ள

Prudently, *a.* bootteeyāy, yoyshŭneyāy, புத்தியாய், யோசனையாய்

Prudery, *s.* pāsāngŭm, பாசாங்கம்

Prudish, *a.* pāsāngŭmoollăh, பாசாங்குமுள்ள

Prune, *v.* killey nŭrookookiradoo, kŭrgheekiradoo, கிளைநறுக்குகிறது, கழிக்கிறது

Prurient, *a.* virroombookiradoo, shoreekiradoo, சொறிகிறது, விரும்புகிறது

Pry, *v.* ottoopārkirădoo, ஒத்துப்பார்க்கிறது

Prying, *s.* ottoopārkay, ஒத்துப்பார்க்கை

Pryingly, *a.* ottoopārvāyāy, ஒத்துப்பார்வையாய்

Pseudo, *a.* poyānăh, shoodānăh, பொய்யான, சூதான

Pshaw, *i.* cheechee, obo, சீச்சீ, ஷோ

Puberty, *s.* pŭkoovŭm, pŭkoovăkālŭm, பக்குவம், பக்குவகாலம்

Pubes, (male,) *s.* ăroopŭm, அருப்பம்

Pubes, (female,) *s.* shoonay, சுனை

Pubescent, *a.* pŭkoovŭmānăh, aroopŭmoollăh, pŭroovŭmānăh, பக்குவமான, அருப்புமுள்ள, பருவமான

Public, *s.* prŭsey, deyshŭttār, பிரசை, தேசத்தார்

Public, *a.* velleerŭngŭmānăh, prŭseettŭmānăh, வெளியரங்கமான, பிரசித்தமான

Publication, *s.* prŭsŭngŭm, prŭsittŭm, பிரசங்கம், பிரசித்தம்

Publicity, *s.* velleerŭngŭm, prŭsittŭm, வெளியரங்கம், பிரசித்தம்

Publish, *v.* prŭsŭngŭm pŭnnookiradoo, prŭsittŭm pŭnnookiradoo, பிரசித்தம்பண்ணுகிறது, பிரசங்கம்பண்ணுகிறது

Pucker, *v.* kosăvookiradoo, shoreekee pudeekiradoo, கொசுவுகிறது, சுரிக்கிப்பிடிக்கிறது

Pudding, *s.* kŭlee, களி

Pudenda, *s.* yoneevāy, koodee, oobustŭm, niddŭmbŭm, யோனி, குடி, உபஸ்தம், நிடம்பம்

Puerile, *a.* koolŭndey kŭdootăh, poolley tŭnmeyānăh, குழந்தைத்தடுத்த, பிள்ளைக்கடுத்த

Puerility, *s.* poolleymey, poolley tŭnmey, பிள்ளைமை, பிள்ளைத்தனமை

Puff, *s.* toovoŏkoochoo, தூவுகுச்சு

Puff, *v.* oodookiradoo, ஊதுகிறது

Puffed, (swollen,) *a.* veengeenăh, vimloollăh, வீங்கின, விம்முள்ள

Puffed, (up,) *a.* ădāypoollăh, அதம்புள்ள

Pugh, *i.* chee, cheechee, po, sho, சீ, சீசீ, ஷோ

Pugnacious, *a.* tooneekŭrŭmoollăh, துணிகரமுள்ள

Pugnacity, *s.* tŭneekŭrŭm, துணிகரம்

Puissant, *a.* ădeegārŭmoollăh, அதிகாரமுள்ள

Puke, *v.* vāndee sheykiradoo, vokāleekiradoo, வாந்திசெய்கிறது, ஒக்காளிக்கிறது

Puling, *a.* shinnookŭmānăh, சிணுக்கமான

Pull, *s.* yeylăppoo, yeyrghoopoo, இளப்பு, இழுப்பு

Pull, *v.* yellookiradoo, yeyrghookiradoo, இளுக்கிறது, இழுக்கிறது

Pullet, *s.* kŭnneekohree, viddāykohree, கன்னிக்கோழி, விடைக்கோழி

Pulley, *s.* kŭppee, கப்பி
Pulling, *p.* yeylăppoo, yeyrghoopoo, இழுப்பு, இழுப்பு
Pulp, *s.* shoolāy, சுளை
Pulpy, *a.* shoolāyoollăh. சுளையுள்ள
Pulsate, *v.* nādee odookiradoo, நாடியோடுகிறது
Pulsation, *s.* nādee ottŭm, நாடியோட்டம்
Pulse, *s.* nadee, tādoo, நாடி, தாது
Pulverize, *v.* iddeekiradoo, toolākookiradoo, இடிக்கிறது, தூளாகுகிறது
Pumice stone, *s.* kittăkŭl, கிட்டக்கல்
Pumpkin, *s.* booseenikkāy, pŭrŭngeekāy, பூசினிக்காய், பரங்கிக்காய்
Pun, *s.* shitteeră peyshoo, சித்திரப்பேச்சு
Pun, *v.* shitteerŭm peyshookiradoo, சித்திரம்பேசுகிறது
Punch, *s.* toley oochee, துளையூசி
Punch, *v.* toley ŭdeekiradoo, koottookiradoo, துளையடிக்கிறது, குத்துகிறது
Punctual, *a.* kŭndeepoollăh, nānăyŭmānăh, கண்டிப்புள்ள, நாணயமான
Punctuality, *s.* kŭndeepoo, nānăyŭm, கண்டிப்பு, நாணயம்
Punctually, *a.* kŭndeepāy, nānăyŭmāy, கண்டிப்பாய், நாணயமாய்
Punctuate, *v.* vāsăgŭtteel kooreeiddookiradoo, வாசகத்திற் குறியிடுகிறது
Punctuation, *s.* kooreeyiddoo, குறியிடு
Puncture, *s.* koottoo, குத்து
Puncture, *v.* koottookiradoo, குத்துகிறது

Pundit, *s.* pŭndittŭn, gooroo, vāttee. பண்டிதன், குரு, வாத்தி
Pungency, *s.* oorāypoo, kārŭm, oogrŭm, உறைப்பு, காரம், உக்கிரம்
Pungent, *a.* ooraypānăh, yeyreevoollăh, உறைப்பான, எரிவுள்ள
Punish, (a child,) *v.* ākeeneysheykiradoo, dŭndŭm pŭnnookiradoo, shittsheykiradoo, ஆக்கினைசெய்கிறது, தண்டம்பண்ணுகிறது, சிட்சிக்கிறது
Punishment, *s.* ākkeeney, dŭndŭney, kŭndeetŭm, shittshey, ஆக்கினை, தண்டனை, கண்டிதம், சிட்சை
Punster, *s.* shitteerŭm peyshookiravŭn, சித்திரம்பேசுகிறவன்
Puny, *a.* sirreeyăh, bŭlăveenăh, சிறிய, பலவீன
Pup, *s.* nāy koottee, நாய்குட்டி
Pup, *v.* nay kootteepodookiradoo, நாய் குட்டிபோடுகிறது
Pupil, *s.* sheeshŭn, pŭdeepon, சிஷன், படிப்போன
Puppet, *s.* pāvey, பாவை
Puppy, *s.* nāy kootee, நாய்குட்டி
Pur, *v.* ooroomookiradoo, mooroogookiradoo, உறுமுகிறது, முறுகுகிறது
Purchase, *v.* villeekee vāngkookiradoo, villeekee kollookiradoo, விலைக்குவாங்குகிறது, விலைக்குகொள்ளுகிறது
Purchased, *p.* kolvilleyānăh, கொள்விலையான
Purchaser, *s.* kolvon, கொள்வோன்
Pure, *a.* swyŭmānăh, tooyăh, shoottumoollah, சுயமான, தூய, சுத்தமுள்ள

Purely, *a.* shoottŭmāy, tooyăhmeyay, சுத்தமாய், தூய்யமையாய்
Purgative, *s.* beydee, soogăbeydee, பேதி, சுகபேதி
Purge, *v.* shoottee sheykiradoo, beydee pŭnnookiradoo, சுத்திசெய்கிறது, பேதிபண்ணுகிறது
Purging, *s.* beydee, beydeepoo, பேதி, பேதிப்பு
Purify, *v.* shoottă pŭdoottookiradoo, shoottee sheykiradoo, சுத்தப்படுத்துகிறது, சுத்திசெய்கிறது
Purity, *s.* shoottŭm, tooyămey, shootteekŭrŭm, shoodee, சுத்தம், தூய்மை, சுசிகரம், சுத்தி
Purloin, *v.* tirroodookiradoo, kŭlăvoo sheykiradoo, திருடுகிறது, களவுசெய்கிறது
Purloiner, *s.* tirroodŭn, shorŭn, திருடன், சோரன்
Purloining, *s.* tirroottoo, kŭlăvoo, shorŭm, திருட்டு, களவு, சோரம்
Purple, shŭkăpooyoodură vurunum, செகப்புயுதர வரணம
Purport, *s.* porool, ăroottŭm, kāreeyŭm, பொருள், அருத்தம், காரியம்
Purport, *v.* yennookiradoo, ărootŭm kollookiradoo, என்னுகிறது, அருத்தம்கொள்ளுகிறது
Purpose, *s.* nimmitteeŭm, kārănŭm, நிமித்தியம், காரணம்
Purpose, *v.* nimmitteeŭm pŭnnookiradoo, நிமித்தியம்பண்ணுகிறது
Purposely, *a.* vŭrnoom yenroo, mŭnădārăh, வேண்டுமென்று, மனதார
Purr, *v.* ooroomookiradoo, உறுமுகிறது

Purse, *s.* pŭnnăpāy, pŭnnăsākkoo, பணப்பை, பணச்சாக்கு
Pursuance, of, pŭrăkhārŭm, pŭdee, பிரகாரம், படி
Pursue, *v.* pinntodŭrkiradoo, pinnshellookiradoo, பின்தொடருகிறது, பின்செல்லுகிறது
Pursuer, *s.* pinntodŭrkirăvŭn, பின்தொடருகிறவன்
Pursuit, *s.* pinntodŭrvoo, pinnshellookāy, பின்தொடர்வு, பின்செல்லுகை
Purvey, *v.* sheykŭrŭmpŭnnookiradoo, சேகரம்பண்ணுகிறது
Purveyor, *s.* sheykŭreekirăvŭn, சேகரிக்கிறவன்
Pus, *s.* sheergh, சீழ
Push, *s.* tŭlloo, iddee, தள்ளு, இடி
Push, *v.* tŭllookiradoo, iddeekiradoo, தள்ளுகிறது, இடிக்கிறது
Pusillanimity, *s.* pentŭnmey, ānmāyeenŭm, பெண்தன்மை, ஆண்மையினம்
Pusillanimous, *a.* peyntŭnmeyoollah, பெண்தன்மையுள்ள
Puss, *s.* pooney, பூனை
Pustule, *s.* kopŭlŭm, pŭroo, selŭndee, கொப்பளம், பரு, சிலந்தி
Put, *v.* vāikkiradoo, podookiradoo, iddookiradoo, வைக்கிறது, போடுகிறது, இடுகிறது
Put, (clothes on,) *v.* oodookirădoo, உடுக்கிறது
Put, (in mind of,) *v.* mŭnŭsileypodookiradoo, மனசில்போடுகிறது
Putrefaction, *s.* nārvoo, ărgheevoo, நாறவு, அழிவு
Putrefy, *v. n.* nāreepōkiradoo, arghoogeepokiradoo, நாறிப்போகிறது, அழுகிப்போகிறது

Putrid, *a.* nārŭlānăh, ărghoogŭlānăh, நாறலான, அழுகலான
Putty, *s.* lŭppŭm, லப்பம்
Puzzle, *s.* korghăpŭm, குழப்பம்
Puzzle, *v.* korghăpă pŭdoottookiradoo, tŭdoomāroo pŭdoottookiradoo, குழப்பப்படுத்துகிறது, தடுமாறிப்போகிறது
Pygmy, *s.* koollŭn, shittāl, குள்ளன், சிற்றாள்
Pyramid, *s.* koboorŭm, கோபுரம்
Pyramidal, *a.* koboorŭmānăh, கோபுரமான
Pyrotechnics, *s.* banăvittāy, vānăvittāy, பாணவித்தை, வாணவித்தை

Q

Quack, *s.* moodăvāytteeŭn, மூடவைத்தியன்
Quack, *v.* (as ducks,) yeyreekiradoo, யெரைகிறது
Quadrangle, *s.* shŭttoorăkonŭm, nālkonŭm, சதுரகோணம், நாற்கோணம்
Quadrangular, *a.* shŭttoorăkonŭmānăh, nālkonŭmānăh, சதுரகோணமான, நாற்கோணமான
Quadruped, *s.* nālkālmirroogŭm, nālkāljeevŭn, நால்கால்மிருகம், நால்கால்சீவன்
Quadruple, *a.* nālmŭdŭngkānah, nālŭttŭneyoollah, நான்மடங்கான, நாலத்தனையுள்ள
Quaff, *v.* koodeekiradoo, குடிக்கிறது
Quagmire, *s.* kŭdăpoo, sudăpoo, சதப்பு
Quail, *s.* kādey, காடை
Quail, *v.* pŭdoongkookiradoo, woleekiradoo, பதுங்குகிறது, ஒளிகிறது
Quaint, *a.* teerootŭmānăh, gurtteeyānăh, திருத்தமான, கெட்டியான
Quaintly, *a.* teerootŭmay, gurtteeyāy, திருத்தமாய், கெட்டியாய்
Quake, *v.* nudoongkookiradoo, நடுங்குகிறது
Qualification, *s.* tŭgoodee, sāmartteeŭm, தகுதி, சாமர்த்தியம்
Qualify, *v.* tŭgoodeeyākookiradoo, தகுதியாகுகிறது
Quality, *s.* tŭrŭm, tŭnmey, goonum, தரம், தன்மை, குணம்
Qualm, (mental,) *s.* mŭnăkŭseevoo, மனக்கசிவு
Qualm, (bodily,) *s.* wokālŭm, ஒக்காளம்
Qualmish, *a.* mŭnăkŭseevānăh, wokālŭmānăh, மனக்கசிவான, ஒக்காளமான
Quantity, *s.* prămānŭm, ălăvoo, tokhāy, பிரமாணம், அளவு, தொகை
Quarrel, *s.* shŭndey, kŭlăkŭm, சண்டை, கலகம்
Quarrel, *v.* shŭndey sheykiradoo, kŭlăkŭmsheykiradoo, சண்டைசெய்கிறது, கலகம்செய்கிறது
Quarrelsome, *a.* shŭndădee pŭnnookiră, kŭlăkŭm pŭnnookiră, சத்தடிபண்ணுகிறது, கலகம்பண்ணுகிறது
Quarried, *a.* kindăpŭttăh, tondeeyedoottăh, கிண்டப்பட்ட, தோண்டியெடுத்த
Quarry, (stone,) *s.* kindeeyeydoottăyeddŭm, கிண்டியெடுத்தவிடம்

Quarry, (prey,) *s.* yerrey, இரை

Quarter, *s.* kāl, kālvāshee, கால், கால்வாசி

Quarter, (moon,) *s.* poreytchŭndrŭn, kŭleytchŭndrŭn, பிறைச்சந்திரன், கலைச்சந்திரன்

Quarter, (in battle,) *s.* poroomey, dayăvoo, பொறுமை, தயவு

Quarter, *v.* (divide,) kālăkhăpŭngiddookiradoo, காலாகபங்கிடுகிறது

Quarter, *v.* (reside,) voodoovoodookiradoo, வீடுவிடுகிறது

Quarterly, *a.* kālpŭngoollăh, கால்பங்குள்ள

Quarterly, (three months,) *a.* moonoo māshŭtteel oroomooray, மூனு மாசத்தி லொருமுறை

Quash, *v.* nŭrookookiradoo, நருக்குகிறது

Quaver, *v.* asāykiradoo, nŭdoongkookiradoo, அசைக்கிறது, நடுங்குகிறது

Queen, *s.* rajshāhstree, rānee, இராசஸ்த்திரி, இராணி

Queer, *a.* oroomādirree, ஒருமாதிரி

Queerly, *a.* oroomādirreeyānăh, ஒருமாதிரியான

Quell, *v.* ŭdŭkkookiradoo, taneekiradoo, அடக்குகிறது, தணிக்கிறது

Quench, (thirst,) *v.* dākŭmteerkiradoo, தாகந்தீர்க்கிறது

Quench, (fire,) *v.* aveekiradoo, அவிக்கிறது

Quenchless, *a.* dākŭmteerkăkoodādăh, தாகந்தீர்க்கக்கூடாத

Querulous, *a.* ălŭttookira, அலட்டுகிற

Query, *s.* veenā, kŭrlvee, வினு, கேள்வி

Query, *v.* veenākerdkiradoo, வினுக்கேழ்க்கிறது

Quest, *s.* teerdŭl, visshārŭney, தேற்தல், விசாரனே

Question, *s.* veenā, kŭrlvee, வினு, கேள்வி

Question, *v.* kŭrlkiradoo, veenākŭrlkiradoo, கேழ்க்கிறது, வினுக்கேழ்க்கிறது

Questionable, *a.* sŭndeykŭmānăh, sŭmoosseeyŭmānăh, சந்தேகமான, சமுசயமான

Quibble, *s.* sheystāy, சேஷ்ட்டை

Quibble, *v.* sheystaypŭnnookiradoo, சேஷ்ட்டைபண்ணுகிறது

Quibbler, *s.* shestaykārŭn, சேஷ்ட்டைக்காரன்

Quick, *a.* jŭldeeoollah, seekŭrŭmoollăh, சல்தியுள்ள, சீக்கிறமுள்ள

Quick, (living,) *a.* wheeroollăh, jeevŭnoollăh, வுயிருள்ள, சீவனுள்ள

Quicken, (in pregnancy,) *v.* gŭrbŭmtŭreekiradoo, கெர்ப்பந்தரிக்கிறது

Quicken, *v.* seekŭrăpŭdoottookiradoo, சீக்கிறப்படுத்துகிறது

Quick-eyed, *a.* kŭnkoormeyoollăh, கண்கூர்மையுள்ள

Quickness, *s.* seekărŭm, jŭldee, சீக்கிறம், சல்தி

Quickness, (cleverness,) *s.* sămārtteeŭm, சாமார்த்தியம்

Quicklime, *s.* shoodooshoonāmboo, சுடுசுண்ணாம்பு

Quickly, *a.* jŭldeeyay, shoorookay, சல்தியாய், சுருக்காய்

Quicksand, *s.* podeymŭnŭl, பொதைமணல்

Quickscented, *a.* moghoondoopoodeekătŭkkăh, முகந்துப்புடிக்கிறது

Quicksilver, *s.* rŭsŭm, ரசம்

Quiescence, *s.* ăroodŭl, ăsăyămey, ஆறுதல், அசையாமை

Quiescent, *a.* ăroodŭlănăh, ஆறுதலான

Quiet, (quietness,) *s.* ămŭrdul, săndŭm, அமர்தல், சாந்தம்

Quiet, (pacify,) *v.* sŭmădănŭmpŭnnokiradoo, சமாதானம்பண்ணுகிறது

Quiet, *a.* săndŭmănăh, சாந்தமான

Quietly, *a.* săndŭmăy, ămaydeeyay, சாந்தமாய், அமைதியாய்

Quill, *s.* yerăghoo, இறகு

Quilt, *s.* bondey, பொந்தை

Quire, *s.* oroodŭstă, ஒருதஸ்தா

Quit, *v.* vŭrdoovoodookiradoo, neengeepokiradoo, kodeepokiradoo, விடுவிடுகிறது, நீங்கிப்போகிறது, குடிப்போகிறது

Quite, *a.* ărăh, moottăy, அற, முற்றும்

Quit-rent, *s.* yeyreevŭree, இறைவரி

Quittance, *s.* voodootŭlley, விடுதலை

Quiver, *v.* toodeetoodeekiradoo, ăsaykiradoo, துடிதுடிக்கிறது, அசைக்கிறது

Quivering, *s.* toodeetoodeepoo, ăsayvoo, துடிதுடிப்பு, அசைவு

Quiz, *v.* pŭrgheekiradoo, பழிக்கிறது

Quota, *s.* pŭgoodee, pŭngkoo, பகுதி, பங்கு

Quotation, *s.* oodărŭnŭm, păyŭn, உதாரணம், பயன்

Quote, *v.* oodărŭnŭm kăttookiradoo, உதாரணங்காட்டுகிறது

Quotidian, *a.* nălveedŭmănăh, நாள்வீதமான

Quotient, *s.* eevoo, ஈவு

R

Rabbit, *s.* sheemey moosŭl, சீமைமுசல்

Rabble, *s.* kŭlădăkărŭr, கலாதிக்காரர்

Rabid, *a.* paytteeŭmănăh, பைத்தியமான

Rabidness, *s.* paytteeŭm, பைத்தியம்

Race-horse, *s.* pŭndeeyăkoodeerey, பந்தயக்குதிரை

Race, (descent,) *s.* kŭlay, kottirrŭm, vŭmăshŭm, கொலை, கோத்திரம், வம்சம்

Race, (horses, &c.) *s.* pŭndeeyăvottŭm, பந்தயவோட்டம்

Race, *v.* pŭndeeŭm voodookiradoo, kŭdeeyay odookiradoo, பந்தயம்விடுகிறது, கதியாயோடுகிறது

Rack, *s.* (torture,) shittŭrăvădeyshoostŭrŭm, சித்திரவதைசூஸ்த்திரம்

Racket, (noise,) *s.* kookoorŭl, கூக்குரல்

Racking, (pain,) *a.* oobădeepoollăh, உபாதிப்புள்ள

Racy, *a.* rooseeyănăh, ருசியான

Radiance, *s.* pirrăkăsŭm, toolăkŭm, பிரகாசம், துலக்கம்

Radiant, *a.* pirrăkăsŭmănăh, பிரகாசமான

Radiantly, *a.* pirrăkăsŭmay, too-

lăkŭmay, பிரகாசமாய், துல க்கமாய்
Radical, a. veyroollăh, moolŭ-mānăh, வேருள்ள, மூலமான
Radish, s. oroo kŭlŭngkoo, ஒரு கெளங்கு
Radius, s. ārey vittŭlăvoo, அரை வீ த்தளவு
Radix, s. veyr, வேர்
Raffle, v. tirroovŭllee cheettoo podookiradoo, திருவிளச்சீட்டு போடுகிறது
Raft, s. wodŭm, dhonee, tep-pŭm, ஒடம், தோணி, தெப்பம்
Rafter, s. kaymurum, கைமரம்
Rag, s. kŭndey, கந்தை
Rage, s. kobŭm, oogrŭm, கோ பம, உக்கிரம்
Rage, (fire,) v. ākhoreekiradoo, அகோரிக்கிறது
Raging, p. kobŭmoollă, moor-ghŭmoollăh, கோபமுள்ள, மூ ர்க்கமுள்ள
Ragged, a. kirreendă, kŭndey-ānă, கிழிந்த, கந்தையான
Raggedness, s. kirreevoo, kŭn-dey, கிழிவு, கந்தை
Rail, s. sŭlākhāy, சலாகை
Rail, v. dooshtădŭnŭm punnoo-kiradoo, துஷ்டதனம்பண் ணுகிறது
Railing, (fence,) s. vellee, sŭlā-kāy vellee, வெள்ளி
Raillery, s. nāyāndee, pŭreekā-sŭm, நய்யாண்டி, பரிகாசம்
Raiment, s. oodoopoo, oodāy, vŭstirrŭm, உடுப்பு, உடை, வ ஸ்த்திரம்
Rain, s. mŭghrey, mŭlley, ம ழை, மலை
Rain, v. mŭghrey peykirădoo, (or mŭlley,) மழைபேய்கிறது
Rainbow, s. vānă-il, வானவில்
Rainy, a. mŭghreyoollă, மழை யுள்ள
Raise, v. yettookirădoo, ye-dookiradoo, tookkookiradoo, whyrtookiradoo, எற்றுகிறது, எடுக்கிறது, தூக்குகிறது, உச த்துகிறது
Raise, (as a wall in building,) v. yerrghoopookiradoo, எழுப் புகிறது
Raisin, s. kāyndă moonderee-pŭrghŭm, கொடிமுந்திரிகைப் பழம்
Rajah, s. rājshāh, இராசா
Rake, (garden,) s. vārookol, வா ருகோல்
Rake, s. tŭppŭreykarŭn, dŭp-pillee, தப்பரைக்காரன், தப் பிலி
Rake, (garden,) v. pŭrŭmpŭdee-kirădoo, பரமபடிக்கிறது
Rakishness, s. dŭpilleetŭnŭm, தப்பிலித்தனம்
Rally, v. kŭlŭndăsheyneytirŭt-tookiradoo, koottookiradoo, கலைந்தசேனைதிரட்டுகிறது, கூ ட்டுகிறது
Ram, s. shembeleekŭdā, kŭdā, செம்பலிக்கடாய்
Ram, v. eedeekiradoo, moottoo-kiradoo, இடிக்கிறது, முட்டுகி றது
Ramble, s. nŭdey, oolā, săvāree, நடை, உலா, சவாரி
Ramble, v. oolāvookiradoo, oolāttoopokiradoo, உலாவுகிற து, உலாத்துகிறது
Rambler, s. ŭlāttoopokirăvŭn, உலாத்தப்போகிறவன்
Rambling, s. ŭlattoo, tirreevoo, உலாத்து, திரிவு
Ramify, v. killeyeedookiradoo, killeykiradoo, tŭrghaykira-

doo, கிளைவிடுகிறது, கிளைக்கிறது, தழைக்கிறது

Ramrod, *s.* toopākeegejshŭm, துப்பாக்கிகெசம்

Rampart, *s.* kortŭllŭm, கொத்தளம்

Rancid, *a.* nāttŭmānăh, நாற்றமான

Rancidity, *s.* nārŭl, நாறல்

Rancor, *s.* pŭkhāy, krodŭm, பகை, குரோதம்

Rancorous, *a.* pŭkhāyoollăh, krodŭmānăh, பகையுள்ள, குரோதமுள்ள

Random, (at,) vŭndăpŭdee, yedoottăpŭdee, வந்தபடி, எடுத்தபடி

Range, (gun,) *s.* nerrey, ŭlăvoo, நிறை அளவு

Range, *v.* nerreykiradoo, நிரைக்கிறது

Ranging, *p.* nerreykiră, ŭlaykiră, நிரைக்கிற, அலைக்கிற

Rank, *s.* oodeeyokŭm, pŭddee, vŭkhoopoo, mŭgŭttoovŭm, படி, வகுப்பு, மகுத்துவம், உத்தியோகம்

Rankle, *v.* kodeekiradoo, கொதிக்கிறது

Rankly, *a.* sheyrgheepāy, செழிப்பாய்

Rankness, *s.* sheyrgheepoo, pooshtee, செழிப்பு, புஷ்டி

Ransack, *v.* shodeekiradoo, ārāyăkiradoo, teydookiradoo, சோதிக்கிறது, ஆராய்கிறது, தேடுகிறது

Ransom, *s.* sherāymidpoo, சிறைமீட்பு

Ransom, *v.* sherāymeelookiradoo, சிறைமீளுகிறது

Rant, *s.* vimboo, ătŭttoo, வீம்பு, அதட்டு

Rant, *v.* koolărookiradoo, குளறுகிறது

Rap, *s.* tŭttoo, kottoo, தட்டு, கொட்டு

Rap, *v.* kottookiradoo, tŭttookiradoo, கொட்டுகிறது, தட்டுகிறது

Rapacious, *a.* kolleygoonŭmoollăh, pŭreekirăgoonŭmoollăh, கொள்ளைகுணமுள்ள, பறிக்கிறகுணமுள்ள

Rapaciously, *a.* kolleyāy, கொள்ளையாய்

Rapacity, *s.* kolleygoonŭm, pŭreepoo, கொள்ளைகுணம், பறிப்பு

Rape, *s.* streesorŭm, kŭlpŭrgheepoo, ஸ்திரீசோரம், கற்பழிப்பு

Rapid, *a.* seekirrŭmānăh, veykŭmānăh, சீக்கிறமான, வேகமான

Rapidity, *s.* seekirrŭm, veykŭm, சீக்கிறம், வேகம்

Rapidly, *a.* seekirrŭmāy, shoorookāy, சீக்கிறமாய், சுறுக்காய்

Rapids, *s.* neerottŭm, நீரோட்டம்

Rapine, *s.* kolley, கொள்ளை

Rapture, *s.* ānŭndŭm, miggăkŭleepoo, shŭndōshŭm, ஆனந்தம், மிககளிப்பு, சந்தோஷம்

Rapturous, *a.* ānŭndŭmānah, mŭkhăshŭndōshŭmānăh, ஆனந்தமான, மகாசந்தோஷமான

Rare, *a.* ăroomeyānăh, ăreedănăh, ăbooroovŭmānăh, அருமையான, அரிதான, அபுருவமான

Rarely, *a.* ăroomeyāy, ăbooroovŭmāy, அருமையாய், அபுருவமாய்

Rarity, *s.* ăroomey, ăbooroovŭm, அருமை, அபுருவம்
Rascal, *s.* kŭday kerttăvŭn, poorŭleekārŭn, கடைகெட்டவன், புரளிக்காரன்
Rascality, *s.* poorŭllee, புரளி
Rascally, *a.* poorŭlleeyāy, புரளியாய்
Rase, *v.* nāshŭmākookiradoo, நாசமாகுகிறது
Rash, *s.* kŭrŭpān, கரப்பான்
Rash, *a.* yennādăh, pāytteeŭmoollah, எண்ணாத, பைத்தியமுள்ள
Rashly, *a.* yennāmeyāy, எண்ணாமையாய்
Rashness, *s.* yennāmey, pāytteeŭm, எண்ணாமை, பைத்தியம்
Rasp, *s.* ărŭm, அரம்
Rasp, *v.* rāvookiradoo, ராவுகிறது
Rat, *s.* yellee, எலி
Ratan, *s.* perŭmboo, பிரம்பு
Rate, *s.* viddŭm, krāyŭm, விதம், கிரையம்
Rate, *v.* viddŭm, or krāyŭm pŭdoottookiradoo, கிரையம்படுத்துகிறது
Rather, *a.* shŭttăh, சத்தே
Ratification, *s.* stābeepoo, woorŭdeepādoo, ஸ்தாபிப்பு, உறுதிப்பாடு
Ratify, *v.* stabeekiradoo, woorŭdeepŭdoottookiradoo, ஸ்தாபிக்கிறது, உறுதிபடுத்துகிறது
Ratio, *s.* tŭrrŭm, viddŭm, தரம், விதம்
Ration, *s.* nāl boshŭnă pŭdee, நாள்போசனப்படி
Rational, *a.* bootteeyoollăh, ăreevoollăh, புத்தியுள்ள, அறிவுள்ள
Rationally, *adv.* bootteeyay, ăreevay, புத்தியாய், அறிவாய்
Rattle, (child's,) *s.* vellāttăwosey, விளையாட்டுபோசை
Rattle, *v.* killŭkkookiradoo, கிலுக்குகிறது
Rat-trap, *s.* yellee bone, எலிபோன்
Ravage, *v.* kolley eedookiradoo, kurdookiradoo, கொள்ளையிடுகிறது, கெடுக்கிறது
Ravage, *s.* kolley, kurdoo, கொள்ளை, கேடு
Ravager, *s.* kolleykārŭn, கொள்ளைக்காரன்
Rave, *v.* polŭmbookiradoo, புலம்புகிறது
Ravel, *v.* seekoopŭdoottookiradoo, சிக்குபடுத்துகிறது
Raven, *s.* andŭngkākāy, அண்டங்காக்காய்
Ravenous, *a.* rombo pŭsheeoollăh, இரொம்பப்பசியுள்ள
Ravenously, *adv.* rombo pŭsheeyāy, இரொம்பப்பசியாய்
Raving, *ppr.* and *a.* pāyteeumoollăh, பைத்தியமுள்ள
Raving, *s.* pāyteeyăpeysoo, பைத்தியப்பேச்சு
Raving, *adv.* payteumāy, பைத்தியமாய்
Ravish, (woman,) *v.* streeshorŭm sheykiradoo, ஸ்த்திரீசோரஞ்செய்கிறது
Ravishing, (pleasure,) *a.* māyŭkŭmānăh, āyăsŭmānăh, மயக்கமான, ஆயாசமான
Ravishment, (pleasure,) *s.* māyŭkŭm, mŭrool, āyăsŭm, மயக்கம், மருள், ஆயாசம்
Raw, *a.* pŭcheyānăh, பச்சையான
Ray, *s.* sāndee, காந்தி
Raze, *v.* tŭgŭrkiradoo, peyrki-

radoo, ărgheekiradoo, தகர்க்கிறது, பெயர்க்கிறது, அழிக்கிறது
Razor, s. shŭvŭrăkattee, சவுரக்கத்தி
Razure, s. tŭgurchee, ărgheevoo, தகர்ச்சி, அழிவு
Reach, v. yettookiradoo, எட்டுகிறது
Reaction, s. tākkoo, yedeertākkŭm, தாக்கு. எதிர்தாக்கம்
Read, v. pŭdeekiradoo, vāsheekiradoo, படிக்கிறது, வாசிக்கிறது
Readily, a. oodāney, oorsākŭmāy, soorookay, உடனே, உற்சாகமாய், சுருக்காய்
Readiness, s. oorsākŭm, moottŭm, உற்சாகம், மூட்டம்
Reading, s. pŭdeepoo, vāshŭney, vāseepoo, படிப்பு, வாசனை, வாசிப்பு
Readjust, v. seerpŭdoottookiradoo, சீர்ப்படுத்துகிறது
Ready, a. tāyāräy, oorsākŭmay, தயாராய், உற்சாகமாய்
Real, a. meyānăh, oonmeyānăh, sŭtteeyŭmānăh, மெய்யான, உண்மையான, சத்தியமான
Reality, s. oonmey, nitcheeyŭm, sŭtteeyŭm, உண்மை, நிட்சியம், சத்தியம்
Realization, s. roobeekāy, உருபிக்கை
Realize, v. roobeekiradoo, உருபிக்கிறது
Really, a. nijshŭmāy, meyyāy, oonmeyāy, sŭtteeyŭmay, நிசமாய், மெய்யாய், உண்மையாய், சத்தியமாய்
Realm, s. rājeum, rātcheeŭm, இராச்சியம், இராட்சியம்
Reanimate, v. wheerpeekiradoo, pŭlāypeekiradoo, உயிர்ப்பிக்கிறது, பிழைப்பிக்கிறது
Reanimation, s. wheerpoo, pŭrghāypoo, உயிர்ப்பு, பிழைப்பு
Reap, v. ărookiradoo, அறுக்கிறது
Reaper, s. ărookirăvŭn, அறுக்கிறவன்
Reappoint, v. măroopŭdee neymeekiradoo, மறுபடிநியமிக்கிறது
Rear, s. pinn, pinnpŭkkŭm, pinnpoorŭm, பின், பின்பக்கம், பின்புறம்
Rear, v. whyrttookiradoo, உயர்த்துகிறது
Reason, s. nyāyŭm, mokhāndirrŭm, nimmeettŭm, நியாயம், மூகாந்திரம், நிமித்தியம்
Reason, v. nyayŭm shollookiradoo, yooktee shollookiradoo, நியாயஞ்சொல்லுகிறது, யுக்திசொல்லுகிறது
Reasonable, a. nyāyŭmānăh, நியாயமான
Reasonably, a. nyāyŭmay, neeyāyăpŭdee, நியாயமாய், நியாயப்படி
Reasoner, s. nyāyŭstŭn, நியாயஸ்தன்
Reasoning, s. nyyāyŭm, நியாயம்
Reassure, v. diddăpŭdoottookiradoo, திட்டப்படுத்துகிறது
Rebel, s. kŭlŭkkārŭn, கலகக்காரன்
Rebel, v. kŭlăkŭm pŭnnookiradoo, கலகம்பண்ணுகிறது
Rebellion, s. kŭlăkŭm, koorghăpŭm, கலகம், குழப்பம்
Rebellious, a. kŭlăkŭmoollăh, கலகமுள்ள
Rebound, s. tirreepoo, yeddeertākoo, திரிப்பு எதிர்த்தாக்கு
Rebound, v. tirreekiradoo, yed-

deertākookiradoo, தீர்கிறது, எதிர்த்தாக்குகிறது
Rebuff, *s.* tŭdoopoo, tŭdey, தடுப்பு, தடை
Rebuff, *v.* tŭdookiradoo, தடுக்கிறது
Rebuild, *v.* măroopŭdeeoom kŭttookiradoo, teeroombă kŭttookiradoo, மறுபடியுங்கட்டுகிறது, திரும்பக்கட்டுகிறது
Rebuke, *s.* ădŭttoo, kŭndeedŭm, kāroobāroo, அதட்டு, கண்டிதம், காறுபாறு
Rebuke, *v.* ădŭttookiradoo, kŭndeekiradoo, kāroobāroopŭnnookiradoo, அதட்டுகிறது, கண்டிக்கிறது, காறுபாறுபண்ணுகிறது
Rebut, *v.* yeddeertākookiradoo, yeddeerkiradoo, எதிர்தாக்குகிறது, எதிர்க்கிறது
Recall, *v.* teeroombă argheykiradoo, teeroombă koopiddookiradoo, திரும்பவழைக்கிறது, திரும்பக்கூப்பிடுகிறது
Recant, *v.* teermānŭttey ărgheekiradoo, pŭreekŭreekiradoo, mŭrootŭlleekiradoo, தீர்மானத்தையழிக்கிறது, பரிகரிக்கிறது, மறுதலிக்கிறது
Recantation, *s.* pŭreekŭreepoo, mŭrootuley, பரிகரிப்பு, மறுதலிப்பு
Recapitulate, *v.* purghee kureepāyshollookiradoo, பரிகரிப்பாய்சொல்லுகிறது
Recapture, *v.* teeroombă poodeettookollookiradoo, திரும்பபிடித்துக்கொள்ளுகிறது
Recede, *v.* velăgookiradoo, wotteepokiradoo, pinvāngkiradoo, விலகுகிறது, ஒத்திப்போகிறது, பின்வாங்கிறது
Receipt, *s.* rāceedee, றசீது
Receive, *v.* vāngkookiradoo, kāykollookiradoo, வாங்குகிறது, கைக்கொள்ளுகிறது
Recent, *a.* poodoo, poodeeyăh, poodoosānăh, புது, புதிய, புதுசான
Recently, *adv.* poodoosay, poodeedāy, புதுசாய், புதிதாய்
Receptacle, *s.* koodoo, orey, koorghee, கூடு, உறை, குழி
Reception, *s.* yerkāy, ஏற்கை
Recess, *s.* odookŭddŭm, ஒதுக்கிடம்
Recipe, *s.* pŭttee, பட்டி
Recipient, *s.* kolloovŭddoo, கொள்ளுவது
Reciprocal, *a.* yennāykŭnneyānăh, bŭdilākoobŭdilānăh, இணைக்கிணையான, பதிலுக்குபதிலான
Reciprocate, *v.* bŭdilākoo bŭdilay sheykiradoo, பதிலுக்குபதிலாய்செய்கிறது
Reciprocity, *s.* bŭdilākoo bŭdilsheykāy, பதிலுக்குபதில்செய்கை
Recital, *s.* shollookāy, சொல்லுகை
Recite, *v.* vŭrtŭmānŭm shollookiradoo, வருத்தமானஞ்சொல்லுகிறது
Recklessness, *s.* ăshŭttey, yennāmey, அசட்டை, எண்ணாமை
Reckon, *v.* kŭnŭkoopārkiradoo, kŭnŭkiddookiradoo, ŭlŭviddookiradoo, கணக்குப்பார்க்கிறது, கணக்கிடுகிறது, அளவிடுகிறது
Reckoning, *s.* kŭnŭkoo, shellāvoo toghāy, yennŭm, கணக்கு, செலவுத்தொகை, எண்ணம்
Reclaim, *v.* goonăpŭdoottooki-

radoo, seerpŭdoottookiradoo, குணப்படுத்துகிறது, சீர்ப்படுத்துகிறது

Recline, *v.* shāykiradoo, pŭdookiradoo, சாய்கிறது, படுக்கிறது

Reclining, *s.* shāyvoo, pŭdookhāy, சாய்வு, படுக்கை

Recognition, *s.* wottookollookāy, āreekay, ஒத்துக்கொள்ளுகை, அறிக்கை

Recognize, *v.* ăreekiradoo, kānookiradoo, dittŭmăreekiradoo, ottookollookiradoo, அறிகிறது, காணுகிறது, திட்டமறிகிறது, ஒத்துக்கொள்ளுகிறது

Recoil, *s.* oodaypoo, yedeertākŭm, tereeppoo, உதைப்பு, எதிர்தாக்கம், தெறிப்பு

Recoil, *v.* piniddookiradoo, tereekiradoo, oodaykiradoo, பின்னிடுகிறது, தெறிக்கிறது, உதைக்கிறது

Recollect, *v.* ngyābăgŭm, or nyābăgŭm pŭnnookiradoo, yennŭm pŭnnookiradoo, ninneykiradoo, ஞாபகம்பண்ணுகிறது, எண்ணம்பண்ணுகிறது

Recollection, *s.* nyabagum, or gyābăgum, yennum, ninăyvoo, ஞாபகம், எண்ணம், நினைவு

Recommence, *v.* teeroomboo-ārŭmbeekiradoo, poodoosaytodŭngkookiradoo, திரும்பவாரம்பிக்கிறது, புதுசாய்த்துடங்குகிறது

Recommend, *v.* sippāreesoopŭnnookiradoo, torghoodopooveekiradoo, sholleevoodookiradoo, சிபாரிசுபண்ணுகிறது, தொழுதெரப்பிவிக்கிறது, சொல்லிவிடுகிறது

Recommendation, *s.* seepāreesoo, சிபாரிசு

Recompense, *s.* yeedoo, bŭdil, bŭdeeloobăkārŭm, ஈடு, பதில், பதிலுபகாரம்

Recompense, *v.* yeedooshellootookiradoo, bŭdilsheykiradoo, ஈடுசெலுத்துகிறது, பதில்செய்கிறது

Reconcile, *v.* oroomeypŭdoottookiradoo, worăvākookiradoo, sŭmādānā pŭdoottookiradoo, ஒருமைபடுத்துகிறது, உறவாக்குகிறது, சமாதானப்படுத்துகிறது

Reconciliation, *s.* worăvākookāy, உறவாக்குகை

Reconnoitre, *v.* veyvoopārkiradoo, வேவுபார்க்கிறது

Record, *v.* ngābăgāyerghoodookiradoo, yerghoodeevāykiradoo, pŭdeekiradoo, ஞாபகமெழுதுகிறது, எழுதிவைக்கிறது, பதிக்கிறது

Record, *s.* ngābăgāyerghoottoo, āttŭney, ஞாபகவெழுத்து, அட்டவணை

Recover, (from illness,) *v.* shostŭmākkookiradoo, goonŭmākkookiradoo, lŭgăvoopŭdoottookiradoo, சொஸ்தமாக்குகிறது, குணமாக்குகிறது, லகுவுபடுத்துகிறது

Recovery, *s.* shostŭm, lŭgăvoogoonŭm, soogŭm, சொஸ்தம், லகுவு, குணம், சுகம்

Recreant, *s.* eenŭn, yelănŭnjŭn, ஈனன், எளநெஞ்சன்

Recreant, *a.* eenŭmoollah, yelănŭnjoollăh, ஈனமுள்ள, எளநெஞ்சுள்ள

Recreation, *s.* oollāsŭm, kondāttŭm, porghoodoopokoo, உல்

வாசம, கொண்டாட்டம, பொழுதுபோக்கு

Recruit, *s.* poodoo seepāy, புது சிப்பாய்

Recruit, (strength,) *v.* belŭn ooroottookiradoo, பெலனுறுத்துகிறது

Rectangle, *s.* teerkăshŭdŭrŭm, நீர்க்கசதுரம்

Rectification, *s.* dittŭm, seerpŭdoottookay, திட்டம், சீர்ப்படுத்துகை

Rectify, *v.* seerpŭdoottookiradoo, 'dittŭmpŭnnookiradoo, săreekŭttookiradoo, tiroottookiradoo, சீர்ப்படுத்துகிறது, திட்டம்பண்ணுகிறது, சரிகட்டுகிறது, திரட்டுகிறது

Rectitude, *s.* neeyāyŭm, orghookŭm, nijjŭm, needānŭm, shemmey, நியாயம், ஒழுக்கம், நிசம், நிதானம், செம்மை

Rectum, *s.* pāvŭnă vāy, பவனவாய்

Recumbent, *a.* sāyndăh, pŭdoottăh, சாய்ந்த, படுத்த

Recurrence, *s.* teeroombă sheykāy, திரும்பசெய்கிறது

Red, *a.* shŭkăpoo, சிகப்பு,

Redden, *v.* shŭkăpoosheykiradoo, seevăkiradoo, சிகப்புசெய்கிறது, சிவக்கிறது

Redeem, *v.* wottoomeelookiradoo, ஒட்டுமீளுகிறது

Redeemer, *s.* rŭtchăkŭr, இரட்சகர்

Red-lead, *s.* shŭkăpoo eeŭm, shendoorŭm, செவ்வீயம், செந்தூரம்

Redness, *s.* shŭkapoo, சிகப்பு

Redolency, *s.* pŭreemŭlăgŭndŭm, vāsŭney, பரிமளகெந்தம், வாசினை

Redolent, *a.* vāsŭneyoollăh, வாசினையுள்ள

Redouble, *v.* irroomŭdee ākiradoo, rŭtteekiradoo, இருமடியாக்கிறது, இரட்டிக்கிறது

Redoubtable, *a.* băyŭngkŭrăpŭdătŭkkăh, பயங்கரப்படத்தக்க

Redress, *s.* oottŭrăvādŭm, உத்தரவாதம

Redress, *v.* oottŭrăvādăpŭdoottookiradoo, உத்தரவாதப்படுத்துகிறது

Reduce, *v.* koraykiradoo, koorookookiradoo, குறைக்கிறது, குறுக்கிறது

Reduction, *s.* koorookŭm, ădŭkkŭm, wodookŭm, soorookŭm, குறுக்கம், அடக்கம, ஒடுக்கம, சுருக்கம

Redundancy, *s.* meechŭm, rombo, miggoodee, மிச்சம, இரொம்ப, மிகுதி

Reed, *s.* nānŭl, நாணல்

Reef, *s.* kŭlpārey, கற்பாறை

Reek, *v.* pokeykiradoo, புகைகிறது

Refer, *v.* kooreettootchollookiradoo, kooreepookāttookiradoo, குறித்துச்சொல்லுகிறது, குறிப்புக்காட்டுகிறது

Reference, *s.* kooreeppoo, sāttoo, குறிப்பு, சாட்டு

Refine, *v.* podŭmvaikkiradoo, podŭmiddookiradoo, shootteesheykiradoo, புடமவைக்கிறது, புடமிடுகிறது, சுத்திசெய்கிறது

Refined, *pp.* podŭmeettăh, shoottăh, āppŭttăh, புடமிட்ட, சுத்த, அப்பட்ட

Refinement, (personal,) *s.* nārgŭreegŭm, நாகரீகம

Refit, *v.* tirroottookiradoo, poodoopeekiradoo, திருத்துகிறது, புதுப்பிக்கிறது

Reflect, (objects,) *v.* priddeevimbŭmkāttookiradoo, பிரதிவிம்பங்காட்டுகிறது

Reflect, (mentally,) *v.* ālosheekiradoo, ninneykiradoo, neeyāneekiradoo, shindeekiradoo, ஆலோசிக்கிறது, நினைக்கிறது, நியானிக்கிறது, சிந்திக்கிறது

Reflection, *s.* priddeevimbŭm, பிரதிவிம்பம்

Reflection, *s.* (thought,) āloshuney, ninneypoo, deeyānŭm, shindŭney, ஆலோசனை, நினைப்பு, தியானம், சிந்தனை

Reform, *v.* seertirroottookiradoo, vŭsăpŭdoottookiradoo, neyrpudoottookiradoo, சீர்திருத்துகிறது, வசப்படுத்துகிறது, நேர்ப்படுத்துகிறது

Refractoriness, *s.* toollāttŭm, poorŭlee, துள்ளாட்டம், புரளி

Refractory, *a.* poorŭleeyānăh, புரளியான

Refrain, *v.* ămŭrttookiradoo, ădŭkkookiradoo, அமர்த்துகிறது, அடக்குகிறது

Refresh, *v.* yelleypāttookiradoo, soogŭm pŭnnookiradoo, இளைப்பாற்றுகிறது, சுகம்பண்ணுகிறது

Refresh, *v.* (the memory,) ngābăgăpŭdoottookiradoo, ninneypoottookiradoo, ஞாபகப்படுத்துகிறது, நினைப்பூட்டுகிறது

Refreshing, *a.* kooleercheeyoollăh, soogŭmpŭnookiră, குளிர்ச்சியுள்ள, சுகம்பண்ணுகிற

Refuge, *s.* wodookoo, ădāykŭlŭm, ஒதுக்கு, அடைக்கலம்

Refulgency, *s.* pirrăkāsŭm, toolŭkkŭm, பிரகாசம், துலக்கம்

Refulgent, *a.* pirrăkāsŭmoollăh, பிரகாசமுள்ள

Refund, *v.* teeroombăkodookiradoo, திரும்பக்கொடுக்கிறது

Refusal, *s.* illeyyennŭl, yeddeermŭray, இல்லையென்னல், எதிர்மறை

Refuse, *v.* illeyyenkiradoo, mŭrootŭlleekiradoo, இல்லையென்கிறது, மறுதலிக்கிறது

Refutation, *s.* ātcheybŭm, ஆட்சேபம்

Refute, *v.* ātcheybeekiradoo, ŭnneeyāyŭmsheykiradoo, ஆட்சேபிக்கிறது, அன்னியாயம்செய்கிறது

Regain, *v.* tiroombăvāngkookiradoo, peyrookiradoo, திரும்பவாங்குகிறது, பெறுகிறது

Regal, *a.* rājsheeŭmānăh, இராட்சியமான

Regale, *v.* mŭgootcheeākiradoo, மகுட்சியாகிறது

Regard, *s.* gŭvŭneepoo, ādŭrvoo, nokkŭm, yennŭm, கவனிப்பு, ஆதரவு, நோக்கம், எண்ணம்

Regard, *v.* gŭvŭneekiradoo, yennookiradoo, ādŭreekiradoo, கவனிக்கிறது, எண்ணுகிறது, ஆதரிக்கிறது

Regarding, *ppr.* kooreettoo, nimmitteŭm, pŭttee, குறித்து, நிமித்தியம், பற்றி

Regardless, *a.* āsjākŭrŭdey, kăvŭleyŭttăh, அசாக்கிறதை, கவலையற்ற

Regimen, *s.* pŭtteeŭm, பத்தியம்

Regiment, *s.* pŭttālŭm, ăneevăgoopoo, shenney, பட்டாளம், அணிவகுப்பு, சேனை

Region, *s.* deysŭm, tikkoo, nādoo, தேசம, திக்கு, நாடு

Register, *v.* dāppoo yeyrhoodookiradoo, peyrvŭrhee yeyrhoodookiradoo, இடாப்பெழுதுகிறது, பெயர்வழியெழுதுகிறது

Registration, *s.* dāppoo yeyrhoodookāy, இடாப்பெழுதுகை

Regret, *v.* dookeekiradoo, yeyrakăpŭdookiradoo, pŭreedāpeekiradoo, துக்கிக்கிறது, இரக்கப்படுகிறது, பரிதாபிக்கிறது

Regret, *s.* dookŭm, pŭreedābŭm, துக்கம, பரிதாபம

Regular, *a.* teermānŭmoollah, shăreeyānăh, tirroottŭmānăh, ōrhoongānăh, திர்மானமுள்ள, சரியான, திருத்தமான, ஒழுங்கான

Regularity, *s.* teermānŭm, ōrhoongoo, tirroottŭm, திர்மானம, ஒழுங்கு, திருத்தம

Regularly, *a.* teermānŭmāy, tirroottŭmāy, திர்மானமாய், திருத்தமாய்

Regulate, *v.* shăree pŭdoottookiradoo, orhoongoo pŭdoottookiradoo, dittŭm pŭnnookiradoo, சரிப்படுத்துகிறது, ஒழுங்குப்படுத்துகிறது, திட்டப்படுத்துகிறது

Regulation, *s.* shŭttŭm, orhoongoo, சட்டம, ஒழுங்கு

Rehearse, *v* vibbŭreekiradoo, wotteekey parkiradoo, விபரிக்கிறது, ஒத்திகைபார்க்கிறது

Reign, *s.* ārookāy, pŭreebālănŭm, அழுகை, பரிபாலனம

Reinforce, *v* ădeegŭmāy bŭlăpŭdoottookiradoo, அதிகமாய் பலப்படுத்துகிறது

Reins, *s.* lŭghām, kŭdeevālŭm, லகாம, கடிவாளம

Reinstate, *v.* măroopŭdee sheyrtookollookiradoo, மறுபடிசேர்த்துக்கொள்ளுகிறது

Reiterate, *v.* teeroombă teeroombă shollookiradoo, திரும்பதிரும்பச்சொல்லுகிறது

Reject, *v.* tŭllookiradoo, kŭrheekiradoo, neekookiradoo, vŭlŭkookiradoo, தள்ளுகிறது, கழிகிறது, நீக்குகிறது, விலக்குகிறது

Rejection, *s.* kŭrheepoo, kŭrheevoo, tŭlloopŭdee, கழிப்பு, கழிவு, தள்ளுபடி

Rejoice, *v.* sŭndoshŭmădaykiradoo, sŭndosheekiradoo, சந்தோஷமடைகிறது, சந்தோஷிக்கிறது

Rejoin, *v.* sherndoo kollookiradoo, சேர்ந்துக்கொள்ளுகிறது

Rejoinder, *s.* prŭtteeoottārŭm, பிரத்தியுத்தரம்

Relapse, *s.* novoorŭtteepoo, நோவுரொட்டிப்பு

Relapse, *v.* novoorŭtteekiradoo, நோவுரொட்டிக்கிறது

Relate, *v.* vibbŭreekiradoo, pŭgoottooshollookiradoo, விபரிக்கிறது, பகுத்துச்சொல்லுகிறது

Relation, *s.* vibbŭreekay, விபரிக்கை

Relationship, *s.* worăvoo, ooreemey, உறவு, உரிமை

Relatives, *s.* bŭndookŭl, worăvoo, shondăvŭrkhŭl, பந்துக்கள, உறவு, சொந்தவர்கள்

Relax, *v.* pinvāngă sheykiradoo, பின்வாங்கச்செய்கிறது

Relaxation, *s.* yelăkārŭm, yelăkŭm, எளக்காரம், எளக்கம்

Release, *s.* voodootŭley, neengkŭl, meedpoo, விடுதலை, நீக்கல், மீட்பு

Release, *v.* voodootŭleyākkookiradoo, serayvoodookiradoo, serayneekkookiradoo, விடுதலையாக்குகிறது, சிறைவிடுகிறது, சிறைநீக்குகிறது

Relent, *v.* pŭreedābeekiradoo, yelăgookiradoo, yerŭngkookiradoo, பரிதாபிக்கிறது, இளகுகிறது, இரங்குகிறது

Relenting, *s.* pŭreedābŭm, yelăkŭm, tātcheeneeyŭm, பரிதாபம், இளக்கம், தாட்சிண்ணியம்

Relentless, *a.* pŭreedābŭmillădăh, yerăkŭmŭttăh, பரிதாபமில்லாத, இரக்கமற்ற

Relevant, *a.* ooreemeyānăh, ădoottăh, உரிமையான, அடுத்த

Reliance, *s.* nŭmbeekay, sārboo, நம்பிக்கை, சார்பு

Relic, *s.* ngābăgă kooreepookŭl, ஞாபகக்குறிப்புகள்

Relict, *s.* kŭmmŭnāttee, kāympen, கம்மனாட்டி, கைம்பெண்

Relief, *s.* oodăvee, sŭgāyŭm, tooneymey, உதவி, சகாயம், துணைமை

Relieve, *v.* sŭgāyŭmpŭnnookiradoo, oodăvookiradoo, சகாயம்பண்ணுகிறது, உதவுகிறது

Relieve, (guard,) *v.* kāvŭlmāttookiradoo, காவல்மாற்றுகிறது

Religious, *a.* băyăbŭtteeyānăh, bŭtteeyoollăh, பயபத்தியான, பத்தியுள்ள

Religiously, *adv.* bŭtteeyāy, băyăbŭtteeyāy, பத்தியாய், பயபத்தியாய்,

Relinquish, *v.* veettoovoodookiradoo, kāyvoodookiradoo, tŭlloovoodookiradoo, விட்டுவிடுகிறது, கைவிடுகிறது, தள்ளிவிடுகிறது

Relish, *s.* roosee, soovay, sārŭm, உருசி, சுவை, சாரம்

Relish, *v.* rooseepārkiradoo, soovāykiradoo, உருசிப்பார்க்கிறது, சுவைக்கிறது

Reluctance, *s.* verndāveyroopoo, veyroopoo, வேண்டாவெறுப்பு, வெறுப்பு

Reluctant, *a.* verndāveroopānăh, வேண்டாவெறுப்பான

Reluctantly, *adv.* veyroopāy, வெறுப்பாய்

Rely, *v.* nŭmbeekāy vaikiradoo, நம்பிக்கைவைக்கிறது

Remain, *v.* irrookiradoo, nilleykiradoo, இருக்கிறது, நிலைக்கிறது

Remain, (as a remainder,) *v.* meendirrookiradoo, bākkeeyāyirrookiradoo, மீந்திருக்கிறது, பாக்கியாயிருக்கிறது

Remains, (corpse,) *s.* poonŭm, sŭbŭm, புணம், சபம்,

Remainder, *s.* bākkee, shochŭm, mitchum, iroopoo, பாக்கி, சொச்சம், மிச்சம், இருப்பு

Remaining, *ppr.* meendirrookiră, bākkeeyāyirrookiradoo, மீந்திருக்கிற, பாக்கியாயிருக்கிற

Remark, *s.* kooreettootchol, kooreepoo, குறித்தச்சொல், குறிப்பு

Remark, *v.* kooreettootcholloo-kiradoo, குறித்துச்சொல்லுகிறது

Remarkable, *a.* vindeyānăh, ădeesheeyŭmānăh, விந்தையான, அதிசியமான

Remedial, *a.* seerpŭdoottootŭkkăh, rŭttsheekătŭkkăh, சீர்ப்படுத்தத்தக்க, இரட்சிக்கத்தக்க

Remedy, *s.* pŭreekārŭm, பரிகாரம்

Remedy, *s.* (in sickness,) māttoomŭrŭndoo, மட்டுமருந்து

Remedy, *v.* pŭreekŭreekiradoo, goonăpŭdoottookiradoo, பரிகரிக்கிறது, குணப்படுத்துகிறது

Remember, *v.* ngābăgŭmpŭnnookiradoo, ngābăgăpŭdookiradoo, ninnaykiradoo, ஞாபகம்பண்ணுகிறது, ஞாபகப்படுத்துகிறது, நினைக்கிறது

Remembrance, *s.* ngābăgum, ninneyvoo, ஞாபகம், நினைவு

Remind, *v.* ngābăgăpŭdoottookiradoo, ஞாபகப்படுத்துகிறது

Remiss, *s.* kŭvŭleyŭttăh, yennŭmkerttăh, கவலையற்ற, எண்ணங்கெட்ட

Remission, *s.* yellăkārŭm, mŭnneepoo, எளக்காரம், மன்னிப்பு

Remissness, *s.* kŭvŭleyinnmey, கவலையின்மை

Remissly, *a.* kŭvŭleyinnmeyāy, shōmbŭlāy, கவலையின்மையாய், சோம்பலாய்

Remit, (money,) *v.* pŭnŭmsheyrkiradoo, pŭnŭmadaykiradoo, பணம்சேர்க்கிறது, பணமடைக்கிறது

Remit, (fine,) *v.* mŭnneekiradoo, tanneekiradoo, மன்னிக்கிறது, தணிக்கிறது

Remnant, *s.* meechŭm, meedee, meendodoo, மிச்சம், மீதி, மீந்தது

Remittance, (of money,) *s.* pŭnŭmkŭrheevoo, orheevoo, anoopeeyăpŭnŭm, பணமகழிவு, ஒழிவு, அனுப்பியபணம்

Remonstrance, *s.* yedeerveeyājeeum, yeydeerneeyāyŭm, எதிர்வியாச்சியம், எதிர்நியாயம

Remonstrate, *v.* neeyāyŭmshollookiradoo, நியாயமசொல்லுகிறது

Remorse, *s.* mŭnăkleyshŭm, mŭnŭstābŭm, mŭnoveydŭney, மனக்கிலேஷம, மனஸ்தாபம, மனவேதினை,

Remorseless, *a.* mŭnăkleyshŭmŭttăh, மனக்கிலேஷமற்ற

Remote, *a.* doorŭmānăh, toleyānăh, தூரமான, துலையான

Remote, (meaning,) moolăkārănŭm, doorăkārŭnŭm, மூலகாரணம, தூரக்காரணம

Remotely, *a.* doorŭmay, toleyāy, தூரமாய், துலையாய்

Removal, *s.* peyrvoo, peyrtchee, பிரிவு, பெயர்ச்சி

Remove, *v.* yedoottoopodookiradoo, peyrkiradoo, எடுத்துப்போடுகிறது, பெயர்க்கிறது

Remunerate, *v.* veygoomānŭmsheykiradoo, வெகுமானமசெய்கிறது

Remuneration, *s.* veygoomānŭm, veygoomŭdee, வெகுமானம, வெகுமதி

Rencounter, *s.* pōr, shŭndey, போர், சண்டை

Rend, *v.* kirrheekiradoo, toondeekiradoo, கிழிக்கிறது, துண்டிக்கிறது

Render, (account,) *v.* kunookkoo oppookodookiradoo, கணக்கு வொப்புக்கொடுக்கிறது

Render, (thanks,) *v.* vŭndŭnŭmshelloottookiradoo, toodeeshelloottookiradoo, துதிசெலுத்துகிறது, வந்தனமசெலுத்துகிறது

Rendezvous, *s.* kānoomyeddŭm, காணுமெடம

Renew, *v.* poodoosākă sheykiradoo, teeroombă sheykiradoo, புதிசாகசெய்கிறது, திரும்பச் செய்கிறது

Renewal, *s.* poodoomey, புதுமை

Renounce, *v.* veettoovoodookiradoo, neekkookiradoo, விட்டுவிடுகிறது, நீக்குகிறது

Renovate, *v.* poodoosākă sheykiradoo, புதிசாகசெய்கிறது

Renown, *s.* keerttee, poogŭrh, poogŭrchee, கீர்த்தி, புகழ், புகழ்ச்சி

Renowned, *a.* peyrpettăh, keertteeyoollăh, peyr yeddoottăh, பெயர்பெற்ற, கீர்த்தியுள்ள, பெயரெடுத்த

Rent, (house,) *s.* bădăkay, vădăkhay, பாடகை, வாடகை

Rent, *v.* vădăkhāykee irrookiradoo, kodăkooleekee irrookiradoo, வாடகைக்கிருக்கிறது, கொடைக்கூலிக்கிருக்கிறது

Reorganize, *v.* poodoosākă seerpŭdoottookiradoo, புதிசாகசீர்படுத்துகிறது

Repair, *s.* mărāmŭttoo, மராமத்து

Repair, *v.* mărāmŭtoo sheykiradoo, sheppŭneddookiradoo, மராமத்துசெய்கிறது, செப்பநிடுகிறது

Repay, *v.* bŭdilkodookiradoo, teeroombeekodookiradoo, பதில்கொடுக்கிறது, திரும்பக்கொடுக்கிறது

Repayment, *s.* bŭdilkodookookay, பதில்கொடுக்குகை

Repeat, *v.* măroopŭdee shollookiradoo, teeroombă shollookiradoo, திரும்பச்சொல்லுகிறது, மறுபடிசொல்லுகிறது

Repeatedly, *a.* ŭdeekŭdee, ăneykhŭm dirrŭm, அடிக்கடி, அநேகந்திரம்

Repel, *v.* tŭllookiradoo, tŭdookiradoo, தள்ளுகிறது, தடுக்கிறது

Repent, *v.* mŭnăkleyshăpŭdookiradoo, mŭnŭstābăpŭdookiradoo, மனக்கிலேசப்படுகிறது, மனஸ்தாபப்படுகிறது

Repentance, *s.* mŭnŭstābum, mŭnăkleyshŭm, மனஸ்தாபம், மனக்கிலேசம்

Repentant, *a.* mŭnăkleyshŭmoollăh, mŭnŭstābŭmoollah, மனகிலேசமுள்ள, மனஸ்தாபமுள்ள

Repetition, *s.* măroopŭdeeoomshollookay, shonădāy shollookāy, மறுபடியுமசொல்லுகை, சொன்னதைசொல்லுகை

Repine, *v.* āyāsăpŭdookiradoo, vishŭnăpŭdookiradoo, ஆயாசைபபடுகிறது, விசனப்படுகிறது

Repining, *s.* āyāsăpŭdookira, vishŭnăpŭdookiră, ஆயாசைப்படுகிற, விசனப்படுகிற

Replace, *v.* bŭdil vāykiradoo, teeroombăttābeekiradoo, பதிலவைக்கிறது, திரும்பஸ்தாபிக்கிறது

Replenish, *v.* nerreykiradoo, roppookiradoo, நிறைக்கிறது, ரொப்புகிறது

Replete, *a.* nerreyvoollăh, poorŭnŭmānăh, sŭmboorŭnŭmānăh, நிறைவுள்ள, பூரணமான, சம்பூரணமான

Repletion, *s.* nerreyvoo, boorŭnŭm, நிறைவு, பூரணம்

Reply, *s.* mŭroovoottārŭm, oottārŭm, மருவுத்தாரம், உத்தாரம்

Reply, *v.* oottārŭmshollookiradoo, oottāreekiradoo, உத்தாரஞ்சொல்லுகிறது, உத்திரிக்கிறது

Report, *s.* areeveekay, அறிவிக்கை

Report, (news,) *s.* sŭmāchārŭm, sŭngŭdee, சமாச்சாரம், சங்கதி

Report, *v.* areeveekiradoo, teyreeveekiradoo, அறிவிக்கிறது, தெரிவிக்கிறது

Repose, *s.* yelāypāttee, ămāydee, இளைப்பாற்றி, அமைதி

Repose, *v.* yelāypārookiradoo, pŭdoottookollookiradoo, sāykiradoo, இளைப்பாறுகிறது, படுத்துக்கொள்ளுகிறது, சாயகிறது

Reposing, *p.* yelaypāttee, pŭdoottoo kondirookiră, இளைப்பாற்றி, படுத்துக்கொண்டிருக்கிற

Reprehend, *v.* koottŭmshāttookiradoo, kobeettookollookiradoo, குத்தஞ்சாத்துகிறது, கோபித்துக்கொள்ளுகிறது

Reprehensible, *a.* koottŭmshāttătŭkkăh, குத்தஞ்சாட்டத்தக்க

Reprehension, *s.* pŭrheeshādeepoo, koottŭmshāttookay, pŭrhee, பழிசாதிப்பு, குத்தஞ்சாட்டுகை, பழி

Represent, *v.* kooreettooshollookiradoo, kānbeekiradoo, veyleepŭdookiradoo, குறித்துச்சொல்லுகிறது, காண்பிக்கிறது, வெளிப்படுகிறது

Representation, *s.* kooreettooshollookay, velleepŭdoottookay, குறித்துச்சொல்லுகை, வெளிப்படுத்துகை

Representative, *s.* bŭdilkāreeyŭstŭn, tānābŭdee, பதிலகாரியஸ்தன், தானாபதி

Repress, *v.* ŭdŭkookiradoo, sŭmŭdeepŭdoottookiradoo, அடக்குகிறது, சமதிப்படுத்துகிறது

Repression, *s.* ŭdŭkkŭm, tŭneepoo, அடக்கம், தணிப்பு

Reprieve, *s.* voodootŭlley, விடுதலை

Reprieve, *v.* voodootŭlleyākookiradoo, விடுதலையாக்கிறது

Reprimand, *s.* pŭrheetcholl, kodeentcholl, பழிச்சொல், கொடுஞ்சொல்

Reprimand, *v.* pŭrheetchollookiradoo, koottŭmtchollookiradoo, பழிச்சொல்லுகிறது, குற்றஞ்சொல்லுகிறது

Reprint, *s.* eerŭndāmpŭdeevoo, இரண்டாம்பதிவு

Reprint, *v.* teeroombăshŭdeekiradoo, திரும்பச்சடிக்கிறது

Reproach, *s.* eegŭrchee, neendŭney, இகழ்ச்சி, நிந்தனை

Reproach, *v.* yesookiradoo, eegŭrcheeshollookiradoo, neendeekiradoo, ஏசுகிறது, இகழ்ச்சிசொல்லுகிறது, நிந்திக்கிறது

Reproachful, *a.* eegŭrcheeyānăh, nindeyānăh, இகழ்ச்சியான, நிந்தையான

Reprobate, *s.* eenŭn, dooshtŭn, ஈனன், துஷ்டன்

Reproduction, *s.* poodoo oorpŭttee, poodoopirŭpoo, புதுஉற்பத்தி, புதுபிறப்பு

Reproof, *s.* pŭrheetchooll, kodeentcholl, பழிச்சொல், கொடுஞ்சொல்

Reprove, *v.* pŭrheetchollookiradoo, koottŭmtchollookiradoo, பழிச்சொல்லுகிறது, குற்றஞ்சொல்லுகிறது

Reptile, *s.* poorhoo, poochee, oorvŭnăvoo, புழு, பூச்சி, ஊர்வனவு

Republication, *s.* eerŭndām prŭsittŭm, இரண்டாம்பிரசித்தம்

Republish, *v.* teeroombă prŭseetă pŭdoottookiradoo, திரும்பப்பிரசித்தப்படுத்துகிறது

Repudiate, *v.* orheekiradoo, kŭrheekiradoo, tŭlleevoodookiradoo, ஒழிக்கிறது, கழிக்கிறது, தள்ளிவிடுகிறது

Repudiation, *s.* tŭlloopŭdee, தள்ளுபடி

Repugnance, *s.* veyroopoo, வெறுப்பு

Repugnant, *a.* veyroopānăh, வெறுப்பான

Repulse, *s.* tŭlloo, toorŭttookay, தள்ளு, துரத்துகை

Repulse, *v.* tŭllookiradoo, toorŭttookiradoo, தள்ளுகிறது, துரத்துகிறது

Repurchase, *v.* măroopŭdeeyoom vāngkiradoo, மறுபடியும்வாங்குகிறது

Reputable, *a.* keerteeyoollah, peyrpettăh, peyroollăh, கீர்த்தியுள்ள, பேர்பெற்ற, பேருள்ள

Reputation, *s.* peyr, keerttee, poogŭrhtchee, பேர், கீர்த்தி, புகழ்ச்சி

Repute, *v.* yennookiradoo, எண்ணுகிறது

Request, *s.* prāttŭney, verndoodŭl, kerlvee, பிரார்த்தனை, வேண்டுதல், கேள்வி

Request, *v.* prātteekiradoo, vŭrndee kollookiradoo, mŭnrādookiradoo, பிரார்த்திக்கிறது, வேண்டிக்கொள்ளுகிறது, மன்றாடுகிறது

Require, *v.* vŭrndookiradoo, வேண்டுகிறது

Requirement, *s.* vŭrndoovŭdoo, வேண்டுவது

Requisite, *a.* teyveyānăh, vŭrndeeyăh, ăkhŭtteeyŭmānăh, தேவையான, வேண்டிய, அகத்தியமான

Requisition, *s.* shelvŭdoo, teyvey, செல்வது, தேவை

Requite, *v.* shāreekooshăree sheykiradoo, சரிக்குச்சரிசெய்கிறது

Rescind, *v.* ărheekiradoo, tŭllookiradoo, vŭlŭkkookiradoo, அழிக்கிறது, தள்ளுகிறது, விலக்குகிறது

Rescue, *s.* tŭppeevippoo, தப்பிவிப்பு

Rescue, *v.* tŭppeeveekiradoo, voodooveekiradoo, meedkookiradoo, kŭrayyettookiradoo, தப்பிவிடுகிறது, விடுவிக்கிறது, மீட்குகிறது, கரையேற்றுகிறது

Research, *s.* sjoduney, ārāyvoo, சோதனை, ஆராய்வு

Resemblance, *s.* sāyŭl, pāvŭney, yenney, oovŭmānŭm, sŭmānŭm, yennăkŭm, சாயல், பாவனை, இணை, உவமானம், சமானம், இணக்கம்

Resemble, *v.* pāvŭneyay irrookiradoo, பாவனையாயிருக்கிறது

Resent, *v.* vŭrmŭmkāttookiradoo, வர்மம்காட்டுகிறது

Resentful, *a.* vŭrmŭmoollăh, porāmeyoollăh, வர்மமுள்ள, பொறாமையுள்ள

Resentment, s. vŭrmŭm, porāmey, வர்மம், பொறுமை

Reservation, s. sheyshŭm, சேஷம

Reserve, s. (in manner,) ŭdăkkŭm, அடக்கம

Reserve, v. meechŭmpŭnnee vāykiradoo, மிச்சமபண்ணிவைக்கிறது

Reserved, a. ŭdŭkkŭmānăh, அடக்கமான

Reservoir, s. tŭdākhŭm, koolŭm, தடாகம, குளம

Reside, v. vāshŭmpŭnnookiradoo, koodee irrookiradoo, வாசமபண்ணுகிறது, குடியிருக்கிறது

Residence, s. vāshŭm, voodoo, irroopeddŭm, வாசம, வீடு, இருப்பிடம

Resident, s. koodeeyānăvŭn, குடியானவன்

Residue, s. bākkee, meetchŭm, shotchŭm, பாககி, மிச்சம, சொச்சம

Resign, v. rājŭnŭmā kodookiradoo, oppeeveekiradoo, ராஜிநமாகொடுக்கிறது, ஒப்பிவிக்கிறது

Resignation, s. rājŭnŭmā, ராஜிநமா

Resin, s. koongeleeyŭm, குங்கலியம

Resist, v. mŭreekiradoo, tŭddookiradoo, tŭllookiradoo, மறிக்கிறது, தடுக்கிறது, தளளுகிறது

Resistance, s. mŭreepoo, yeydeerpoo, tŭdey, மறிப்பு, எதிர்ப்பு, தடை

Resolute, a. vāyeerāgeeŭmānăh, tooneekŭrŭmoollăh, வயிராக்கியமான, துணிகரமுள்ள

Resolution, s. vāyeerāyeeŭm, tooneekŭrŭm, வயிராக்கியம, துணிகரம

Resolve, s. teermānŭm, nittcheeŭm, தீர்மானம, நிட்சயம

Resolve, v. teermāneekiradoo, nittcheekiradoo, தீர்மானிக்கிறது, நிட்சயிக்கிறது

Resort, (place of,) s. poorhŭngookirāyeddŭm, புழங்குகிறஇடம

Resort, v. poorhŭngookiradoo, shārkiradoo, adaykiradoo, புழங்குகிறது, சார்கிறது, அடைகிறது

Resound, v. gŭnnār gŭnnār yenkiradoo, moorghŭngookiradoo, adeerkiradoo, கணிர்கணிர்என்கிறது, முழங்குகிறது, அதிர்கிறது

Resource, s. tooney, ādŭrvoo, sŭgāyŭm, woodăvee, துணை, ஆதரவு, சகாயம, உதவி

Respect, v. āsārŭm pŭnnookiradoo, oobăsŭreekiradoo, ஆசாரமபண்ணுகிறது, உபசரிக்கிறது

Respect, s. āsārŭm, ănoosārŭm, ஆசாரம, அனுசாரம

Respectable, a. yogeeŭmoollăh, யோக்கியமுள்ள

Respectability, s. yogeeŭm, keerttee, யோக்கியம, கீர்த்தி

Respectful, a. āsārŭmoollăh, mŭreeyādayoollăh, oobăsārŭmoollăh, ஆசாரமுள்ள, மரியாதையுள்ள, உபசாரமுள்ள

Respectfully, a. āsārŭmāy, mŭreeyādāyāy, ஆசாரமாய், மரியாதையாய்

Respecting, p. kooreettoo, tottoo, pŭttee, குறித்து, தொட்டு, பற்றி

Respective, *a.* ăvŭn ăvŭnookkettăh, ădŭnădŭn, tŭngkŭltŭngkul, அவனவனுக்கேற்ற, அதனதன், தங்கள்தங்கள்

Respiration, *s.* mootchoo, koombăkhŭm, மூச்சு, கும்பகம்

Respire, *v.* mootchoo voodookiradoo, மூச்சுவிடுகிறது

Resplendent, *a.* pirrăkāseekiră, ŭlŭngkārŭmoollăh, பிரகாசிக்கிற, அலங்காரமுள்ள

Respond, *v.* mŭroomorghee shollookiradoo, prŭtteeyoottŭrŭmvŭlŭmbookiradoo, மறுமொழி சொல்லுகிறது, பிரத்தியுத்தாரம்விளம்புகிறது

Response, *s.* oottŭrŭm, oottŭrăvādŭm, உத்தாரம், உத்திரவாதம்

Responsibility, *s.* oottŭrăvādŭm, உத்தரவாதம்

Responsible, *a.* oottŭrăvādŭmoollăh, உத்தரவாதமுள்ள

Rest, *s.* yelleypāttee, orgheevoo, ămāydee, எல்லைப்பாத்தி, ஒழிவு

Rest, *v.* yelleypārookiradoo, toongkookiradoo, nirroottookirădoo, இளைப்பாறுகிறது, தூங்குகிறது, நிறுத்துகிறது

Restitution, *s.* yeedoo, ădaymānŭm, teeroombă kodoottŭl, ஈடு. அடைமானம, திருமபக்கொடுத்தல்

Restive, *a.* tooreedŭmānăh, துரிதமான

Restless, *a.* ămāydeeyŭttăh, அமைதியற்ற

Restlessness, *s.* toodoopoo, tooroo tooroopoo, துடிப்பு, துறுதுறுப்பு

Restoration, *s.* seerākhookāy, poodoopeepoo, சீராகுதலை, புதுப்பிப்பு

Restorative, *a.* wheertŭroomŭroondoo, உயிர்தருமருந்து

Restore, *v.* teeroombă kodookiradoo, திருமபக்கொடுக்கிறது

Restore, *v.* (renew,) poodoosākă kŭttookiradoo, seerpŭdoottookiradoo, புதுசாகக்கட்டுகிறது, சீர்படுத்துகிறது

Restrain, *v.* mŭreekiradoo, kŭttoopudoottookiradoo, tŭdookiradoo, மறிக்கிறது, கட்டுப்படுத்துகிறது, தடுக்கிறது

Restraint, *s.* ŭdākŭm, tŭdoopoo, tŭdey, wodookŭm, kŭttoo, அடக்கம, தடுப்பு, தடை, ஒடுக்கம, கட்டு

Restrict, *v.* ŭdākookiradoo, tŭdookiradoo, அடக்குகிறது, தடுக்கிறது

Restriction, *s.* kŭttoopādoo, tŭdoopoo, கட்டுப்பாடு, தடுப்பு

Result, *s.* teermānŭm, teerpoo, kŭdăysee, தீர்மானம, தீர்ப்பு, கடைசி

Resumable, *a.* mŭroopŭdee todŭngkătŭkkăh, மறுபடி தொடங்கத்தக்க

Resume, *v.* mŭroopŭdeeyoomtodŭngkookiradoo, மறுபடியுமதொடங்குகிறது

Resumption, *s.* măroopŭdeeoomtodŭngkay, மறுபடியுமதொடங்குகை

Resurrection, *s.* wheerteyrghookay, உயிர்த்தெழுகை

Resuscitate, *v.* wheerpeekiradoo, pŭrheppeekiradoo, உயிர்ப்பிக்கிறது, பிழைப்பிக்கிறது

Resuscitation, *s.* wheerpeekhāy, pŭrhŭpeekhāy, உயிர்ப்பிக்கை, பிழைப்பிக்கை

Retail, *v.* shillŭreyveeyābārŭmsheykiradoo, yedŭrveeyābārŭm sheykiradoo, இலவணவி யாபாரமபண்ணுகிறது, எதிர் வியாபாரமபண்ணுகிறது

Retain, *v.* vaittookollookiradoo, tŭreettookollookiradoo, வைத்துககொளளுகிறது, தரித்துககொள்ளுகிறது

Retake, *v.* teeroomba poodeekiradoo, திருமபப்பிடிககிறது

Retaliate, *v.* shăreekoo shăreesheykiradoo, vŭrmnŭm shelloottookiradoo, சரிககுசரிசெயகிறது, வறமமம்செலுததுகிறது

Retaliation, *s.* pŭrheekoo pŭrghee, பழிககுபபழி

Retard, *v.* tāmăshŭm pŭnnookiradoo, tŭdŭngkŭl pŭnnookiradoo, தாமிஷமபண்ணுகிறது, தடஙகல்பண்ணுகிறது

Retardation, *s.* tāmăshŭm, தாமிஷம்

Retch, *v.* wokāleekiradoo, komŭttookiradoo, ஓககாளிககிறது, குமடடுகிறது

Retention, *s.* veedāpŭdee, piddeemānŭm, sādeepoo, விடாபபுடி, பிடிமானம, சாதிபபு

Retentive, *a.* kollātŭkkăh, nyābăgŭmoollăh, கொளளாததகக, ஞாபகமுளள

Retina, *s.* kŭnmŭneejŭvvoo, கணமணிசவவு

Retinue, *s.* pŭreevārŭm, பரிவாரம

Retire, *v.* pin vāngkookiradoo, பின்வாஙகுகிறது

Retirement, *s.* orgheevoo, yekhāndă vārhvoo, ஒழிவு, ஏகாநதவாழவு

Retort, *s.* mŭroovoottārŭm, மறுவுத்தரம

Retort, *v.* mŭroovoottārŭm peyshookiradoo, yedeerttoo peyshookiradoo, மறுவுததரமபேசுகிறது, எதிர்ததுபபேசுகிறது

Retrace, *v.* vŭndāvŭrheeyāy-teeroombookiradoo, வநதவழியேதிருமபிபோகிறது

Retract, *v.* pŭreekŭreekiradoo, moonshonnăday ărheekiradoo, பரிகரிககிறது, முனசொனனதையழிககிறது

Retractation, Retraction, *s.* yennăbeydum, beydŭleepoo, எண்ணபேதம்,பேதளிபபு

Retreat, *s.* (before an enemy,) kŭddaypeyrtchee, கிடைபபிரட்சை

Retreat, *s.* odookkeddŭm, ஒதுககிடம

Retreat, (as troops,) *v.* pinvāngkookiradoo, பினவாஙகுகிறது

Retrenchment, *s.* koorookŭm, wodookŭm, shoorookŭm, குறுககம, ஒடுககம், சுருககம

Retribution, *s.* prideeābăgārŭm, பிரதியுபகாரம

Retrieve, *v.* seerākkookiradoo, சீராககுகிறது

Retrograde, *v.* teeroombookiradoo, pin eedookiradoo, திருமபுகிறது, பினனிடுகிறது

Retrogression, *s.* pin shellăvoo, pin pokkoo, பினசெலவு, பின போககு

Retrospect, *s.* shelkālāshŭm ātchără sindŭney, pinnokkoo, செல்காலசமாசசாரசிந்தனே, பினனோககு

Return, *s.* teeroombookhay, yeedoo, bŭddil, திருமபுகை, ஈடு, பதில

Return, *v.* teerooppookiradoo, teeroombă kodookiradoo, திரு

மபுகிறது, திருமபகொடுக்கிறது

Reunite, *v.* teeroombă poroottookiradoo, măroopŭdeeyoomyennŭkookiradoo, திருமபபொருநதுகிறது, மறுபடியுமயிணைக்குகிறது

Reveal, *v.* veylee pŭdoottookiradoo, teyreeyă pŭdoottookiradoo, tŭrŭndoo shollookiradoo, வெளிபபடுததுகிறது, தெரியபபடுததுகிறது, திறநதுசொலலுகிறது

Revealment, *s.* veyleepŭdoottookay, areeveekāy, வெளிப்படுத்துகை, அறிவிக்கை

Revel, *v.* kŭlleeyādookiradoo, kŭlleekiradoo, களிக்கிறது, களியாடுகிறது

Revelry, *s.* kŭlleeyāttoo, kŭlleepoo, veyreeyāttoo, களியாட்டு, களிபபு, வெறியாட்டு

Revenge, *s.* vŭrmŭm, pŭrhee, porāmāy, வற்மம், பழி, பொறாமை

Revenge, *v.* vŭrmŭm pŭdoottookiradoo, pŭrhee vāngkiradoo, porāmāy pŭdoottookiradoo, வற்மமபடுததுகிறது, பழிவாங்குகிறது, பொறாமைபடுததுகிறது

Revengeful, *a.* vŭrmŭmoollăh, pŭrheeoollăh, வற்மமுளள, பழியுளள

Revengefully, *a.* vŭrmŭmoollah, pŭrheeoollah, வற்மமுள்ள, பழியுளள

Revenue, *s.* vŭroombŭddee, வருமபடி

Reverberate, *v.* gŭneer gŭneeryenkiradoo, கணீர்கணீரென்கிறது

Reverberation, *s.* gŭneer gŭneeryenkay, ădŭrtchee, கணீர்கணீரென்கை, அதர்ச்சி

Revere, *v.* meynmey pŭdoottookiradoo, yogeeă pŭdoottookiradoo, மேனமைபடுததுகிறது, யோககியபபடுததுகிறது

Reverence, *s.* băyăbŭttee, ăsārŭm, oobăsārŭm, oobăsŭrŭney, பயபததி, ஆசாரம, உபசாரம, உபசாரணை

Reverence, *v.* băyăbŭttee sheykiradoo, oobăsŭreekiradoo, பயபததிசெயகிறது, உபசரிககிறது

Reverential, *a.* mŭdeegă pŭdătŭkkah, vŭnŭngkă pŭdătŭkkăh, மதிககபபடததகக, வணஙகபபடததகக

Reverie, *s.* veen yennŭm, வீணெண்ணம

Reversal, *s.* māttoo, peyrtchee, மாற்று, பெயர்சசி

Reverse, *s.* mārookay, beydŭm, மாறுகை, பேதம

Reverse, *v.* keel meyl ākookiradoo, māttookiradoo, கீழமேலாககுகிறது, மாற்றுகிறது

Reversely, *a.* keel meyl ākookiră, கீழமேலாககுகிற

Revert, *v.* teeroombookiradoo, திருமபுகிறது

Review, (troops,) *v.* pŭdeeyŭnneepārkiradoo, படையணிபார்ககிறது

Review, (of troops,) *s.* pŭdeeyŭneepārkāy, suloottoo, படையணிபார்க்கை, சுலுட்டு

Revigorate, *v.* teeroombă bŭllăpŭdoottookiradoo, திருமபபலப்படுததுகிறது

Revile, *v.* nindeekiradoo, tittookiradoo, vāykiradoo, நிந்திக்கிறது, திட்டுகிறது, வைகிறது

Revise, *v.* pŭrheypārkiradoo, tirroottă pārkiradoo, பிழைபார்க்கிறது, திருத்தப்பார்க்கிறது

Revision, *s.* pŭrheypārpoo, tirroottŭm, பிழைபார்ப்பு, திருத்தம்,

Revisit, *v.* măroopŭdeeoom kŭndoopārkiradoo, மறுபடியும் கண்டுபார்க்கிறது

Revive, *v.* wheerpeekiradoo, kŭlleyāttookiradoo, உயிர்ப்பிக்கிறது, களையாற்றுகிறது

Revocable, *a.* ărheekătŭkkăh, vāngkătŭkkăh, mŭkkŭleekătŭkkăh, அழிக்கத்தக்க, வாங்கத்தக்க, மக்களிக்கத்தக்க

Revoke, *v.* mâttookiradoo, pŭreekŭreekiradoo, orgheekiradoo, tŭvveerkiradoo, மாற்றுகிறது, அழிக்கிறது, தவிர்க்கிறது

Revolt, *s.* koorghăpŭm, kŭlăkhŭm, குழப்பம், கலகம

Revolt, *v.* koorghăpŭm sheykiradoo, vittoo neengookiradoo, குழப்பம்செய்கிறது, விட்டுநீங்குகிறது

Revolting, *a.* diddookāttŭmānăh, திடுக்காட்டமான

Revolution, *s.* shoottookoorghăpŭm, சுற்றுக்குழப்பம

Revolve, *v.* shoottookiradoo, ooroottookiradoo, vŭttŭm iddookiradoo, சுற்றுகிறது, உருட்டுகிறது, வட்டமிடுகிறது

Revolving, *a.* ooroottŭlānăh, shoottŭlānăh, vŭttŭm iddoodŭlānăh, உருட்டலான, சுற்றுன, வட்டமான

Revulsion, *s.* dōsă beydŭnŭm, pinvāngkookāy, தோஷபேதனம், பின்வாங்குகை

Reward, *s.* yennām, yeedoo, vŭggomānŭm, vŭggoomŭddee, இனாம், ஈடு, வெகுமானம், வெகுமதி

Reward, *v.* vŭggoomānŭm sheykiradoo, வெகுமானம் செய்கிறது

Rhetoric, *s.* vākkŭlŭngkārŭm, ŭlŭngkārŭm, வாக்கலங்காரம், அலங்காரம

Rheum, *s.* jŭllădosŭm, சலதோஷம

Rheumatic, *a.* vādŭmoollah, வாதமுள்ள

Rheumatism, *s.* vādŭm, வாதம

Rib, *s.* villāyelloomboo, விலா 'வெலும்பு

Ribaldry, *s.* geyleekŭdăy, kŭrtta peyshoo, vŭmboo peyshoo, odeeyŭm, கேலிக்கை, கெட்டபேச்சு, வம்புபேச்சு, ஒடியம

Rice, (growing,) *s.* nel, (after husking,) ăreesee, (after boiling,) shoroo, ŭnŭm, நெல் அரிசி, சோறு, அன்னம

Rich, *a.* āyshooreeŭmoollah, dŭrāveeŭmoollah, vuggoo, pŭnnumoollăh, ஐசுரியமுள்ள, திரவியமுள்ள, வெகுபணமுள்ள

Rich, (man,) *s.* rombopŭnăkārŭn, āyshooreeyăvān, dŭraveeyŭstŭn, prŭbboo, ரொம்பபணக்காரன், ஐசுரியவான், திரவியஸ்தன், பிரபு

Riches, *s.* āstee, porool, dŭraveeyŭm, sŭmbŭttăh, āyshooreeyŭm, ஆஸ்தி, பொருள், திரவியம், சம்பத்து, ஐசுரியம்

Richly, *a.* shirrŭppāy, āyshooreeyŭmay, vŭggoopŭnŭmay, சிறப்பாய், ஐசுரியமாய், வெகுபணமாய்

Ricketty, *a.* āsaykiră, அசைக்கிற

Rid, *v.* voodootŭley ākookiradoo,

neekkookiradoo, விடுதலையாக்குகிறது, நீக்குகிறது
Riddance, *s.* neekkŭm, vŭlŭkookay, நீக்கம், விலக்குகை
Riddle, *s.* voodookŭdey, விடுகதை
Ride, *s.* săvāree, vāgŭnăm yeyrookhay, koodirrey săvāree, சவாரி, வாகனமேறுகை, குதிரை சவாரி
Ride, *v.* săvāree pokiradoo, vāgunŭm yeyrookiradoo, koodirrey yeyrookiradoo, சவாரி போகிறது, வாகனமேறுகிறது, குதிரையேறுகிறது
Ridge, *s.* moghoodoo, vŭrŭmboo, முகடு, வரம்பு
Ridge-pole, *s.* mottoovŭllāy, மோட்டுவளை
Ridicule, *s.* geylee peychoo, pŭrreekāsŭm, கேலிபேச்சு, பரிகாசம்
Ridicule, *v.* geylee peychookiradoo, pŭreekāsŭm peychookiradoo, கேலிபேசுகிறது, பரிகாசம்பேசுகிறது
Ridiculous, *a.* sirreekă pŭdătŭkkăh, சிரிக்கப்படத்தக்க
Ridiculously, *a.* sirreekăpŭdătŭkkăday, சிரிக்கப்படத்தக்கதாய்
Riding, *s.* săvāree, yettŭm, சவாரி, ஏற்றம்
Rifle, *v.* kolley iddookiradoo, கொள்ளையிடுகிறது
Rigging, *s.* kŭpŭl kowrkŭl, கப்பற்கயிறுகள்
Right, *s.* morey, orhookŭm, neyr, needee, முறை, ஒழுக்கம், நேர், நீதி
Right, *a.* săreeyănăh, meyănăh, orhoongănăh, சரியான, மெய்யான, ஒழுங்கான
Right-hand, *s.* shotookāy, vŭllŭddookay, சோற்றுக்கை, வலதுகை
Righteous, *a.* neeyāyŭmoollah, săreeyănăh, needeeyănăh, நியாயமுள்ள, சரியான, நீதியான
Rightful, *a.* orhookŭmānăh, moreyānăh, neeyāyŭmānăh, ஒழுக்கமான, முறையான, நீதியான
Rigid, *a.* piddeemānŭmānăh, peedeepoollăh, பிடிமானமான, பிடிப்புள்ள
Rigidity, *s.* teermānŭm, piddeepoo, தீர்மானம், பிடிப்பு
Rigor, *s.* yerrookŭm, kŭdeenŭm, kŭndeedŭm, kŭndeepoo, kodoomey, இறுக்கம், கடினம், கண்டிதம், கண்டிப்பு
Rigorous, *a.* yerrookŭmānah, kŭdeenŭmānăh, agorŭmānăh, இறுக்கமான, கடினமான, அகோரமான
Rigorously, *a.* kŭndeedŭmay, yerrookŭmay, கண்டிதமாய், இறுக்கமாய்
Rill, *s.* shittāroo, shinn āroo, சிற்றாறு
Rim, *s.* orŭm, vŭleyŭm, ஓரம், வளையம்
Rind, *s.* pŭrhătōl, பழத்தோல்
Ring, *s.* modŭrŭm, ārhee, மோதிரம், ஆழி
Ring, (a bell,) *v.* mŭnee ŭddeekiradoo, மணியடிக்கிறது
Ringworm, *s.* teymŭl, தேமல்
Rinse, *v.* kŭrhoovookiradoo, ălŭmbookiradoo, கழுவுகிறது, அலம்புகிறது
Riot, *s.* kŭlăkŭm, koorhăpŭm, kŭlădee, கலகம், குழப்பம், கலாதி

Riot, *v.* kŭlăkŭm pŭnnookiradoo, கலகம்பண்ணுகிறது
Riotous, *a.* kŭlăkŭmoollăh, kŭlādeeyoollăh, கலகமுள்ள, கலாதியுள்ள
Riotously, *a.* kŭlādeeyay, kŭlakŭmay, koorhăpŭmay, கலாதியாய், கலகமாய், குழப்பமாய்
Rip, *v.* kirrhreekiradoo, keerookiradoo, கிழிக்கிறது, கீறுகிறது
Ripe, *a.* pŭrhoottăh, kŭneendăh, pŭkoovŭmānăh, பழுத்த, கனிந்த, பக்குவமான
Ripen, *v.* pŭkoovŭm ākkookiradoo, pŭrhoopeekiradoo, பக்குவமாக்குகிறது, பழுப்பிக்கிறது
Rise, *s.* yettŭm, modoo, medoo, ஏற்றம், மோடு, மேடு
Rise, *s.* (of sun, &c.) oodăyŭm, oodeepoo, உதையம், உதிப்பு
Rise, *v.* yeyrookiradoo, yerhoombookiradoo, yerhookiradoo, whyrkiradoo, ஏறுகிறது, எழும்புகிறது, எழுகிறது, உயர்கிறது
Rise, *v.* (as sun, &c.) oodeeyŭmakiradoo, oodeekiradoo, உதையமாகிறது, உதிக்கிறது
Rise, *v.* (as bread, &c.) poongookiradoo, பொங்குகிறது
Risibility, *s.* sirreekoomtŭnmey, nŭkeypoo, சிரிக்குந்தன்மை, நகைப்பு
Rising, *s.* yeyttŭm, yeyrhoopŭm, kŭlăpŭm, ஏற்றம், எழுப்பம், கிளப்பம்
Risk, *v.* mosŭmpŭdookiradoo, tooneeyă sheykiradoo, மோசம்படுகிறது, துணியச்செய்கிறது
Risk, *s.* mosŭm, tooneevoo, ăbāyŭm, மோசம், துணிவு, அபாயம்
Rival, *s.* yedeerālee, yedeeriddeykārŭn, எதிராளி, எதிரிடைக்காரன்
Rival, *v.* yedeerāleetŭnŭm pŭnnookiradoo, எதிராளித்தனம்பண்ணுகிறது
Rivalry, *s.* kāreeyăvirrodŭm, wottŭm, காரியவிரோதம், ஒட்டம்
Rivet, *s.* mŭdŭkānee, koloolee, மடக்காணி, கொளுவி
Rivet, *v.* mŭdākānee sheykiradoo, மடக்காணிசெய்கிறது
Rivulet, *s.* shinnă āroo, சிற்றாறு
Road, *s.* vŭrhee, vŭllee, pādey, mārghŭm, rādāreemārghŭm, வழி, வளி, பாதை, மார்க்கம, ராதாரிமார்க்கம
Roam, *v.* tirreekiradoo, ălaykiradoo, lolāyăpŭdookiradoo, திரிகிறது, அலைகிறது, லோலாயப்படுகிறது
Roar, *s.* moorhăkŭm, yerāytchŭll, ārăbārŭm, nādŭm, முழக்கம, இரைச்சல, ஆரவாரம, நாதம
Roar, *v.* koomoorookiradoo, moorhŭngookiradoo, nādŭmkollookiradoo, குமுறுகிறது, முழங்குகிறது, நாதமகொள்ளுகிறது
Roast, *v.* shoodookiradoo, poreekiradoo, vŭrookiradoo, சுடுகிறது, பொரிக்கிறது, வறுக்கிறது
Rob, *v.* tirroodookiradoo, kŭlăvoo sheykiradoo, kolley iddookiradoo, shoorāykollookiradoo, திருடுகிறது, களவுசெய்கிறது, கொள்ளையிடுக்கிறது, சூறைக்கொள்ளுகிறது

Robber, *s.* tirroodŭn, kŭllŭn, kolleykārŭn, kŭlvŭn, திருடன், கள்ளன், கொள்ளைக்காரன், களவன்

Robbery, *s.* tirroodoo, kolley, kŭlvoo, shorŭm, திருடு, கொள்ளை, களவு, சோரம்

Robe, *s.* ŭngkee, nelleyengee, pŭttŭttoo nelleyengee, அங்கி, நிலையங்கி, பட்டத்துநிலையங்கி

Robe, *v.* oodoottookiradoo, ŭngkee ŭnneekiradoo, உடுத்துகிறது, அங்கிஅணிகிறது

Robust, *a.* gŭrtteeyānăh, கெட்டியான

Rock, *s.* pāreykŭl, pār, பெரிய கல், பார்

Rock, *v.* (a cradle,) totteel tālāttookiradoo, தொட்டில்தாலாட்டுகிறது

Rocky, *a.* kŭlpāreyānăh, கல்ப்பாறையான

Rod, *s.* kol, komboo, கால், கொம்பு

Roe, *s.* penmān, பெண்மான்

Rogue, *s.* poorŭleekārŭn, tirroodŭn, புரளிக்காரன், திருடன்

Roguery, *s.* poorŭlee, tirroottoo, புரளி, திருட்டு

Roguish, *a.* toodeeyăttŭmoollăh, துடியாட்டமுள்ள

Roll, *s.* shoorool, சுருள்

Roll, *v.* shoorootteе podookiradoo, shooroottookiradoo, சுருட்டிப்போடுகிறது, சுருட்டுகிறது

Roof, (of tiles,) *s.* wohttookooray, ஓட்டுக்கூரை

Roof, (of thatch,) *s.* pillookooray, பில்லுகூரை

Roof, (flat,) *s.* tuttookooray, தட்டுகூரை

Roof, *s.* meylkooray, kooray, மேற்க்கூரை, கூரை

Roof, *v.* koorayküttookiradoo, கூரைக்கட்டுகிறது

Roofless, *a.* koorayillādăh, கூரையில்லாத

Room, *s.* ărāy, koottŭdee, voodoo, அறை, கொட்டடி

Roomy, *a.* dārālŭmānăh, veeshālŭmānăh, yedŭngkondăh, தாராளமான, விசாலமான, எடங்கொண்ட

Roost, *s.* tŭngkoom yeddŭm, தங்குமிடம்

Roost, *v.* tŭngkookiradoo, தங்குகிறது

Root, *s.* veyr, வேர்

Root, *v.* veyr poodeekiradoo, veyr kollookiradoo, வேர்பிடிக்கிறது, வேர்க்கொள்ளுகிறது

Root, *v.* (out or up,) poodingkeekiradoo, nondookiradoo, kŭleykiradoo, பிடுங்குகிறது, நோண்டுகிறது, களிக்கிறது

Rope, *s.* (small,) kowroo, (larger,) tambookowroo, (large,) vŭdăkowroo, கயறு, தம்புக்கயறு, வடக்கயறு

Ropewalk, *s.* kowroo teereekŭmyeddŭm, கயறுதிரிக்குமெடம்

Rosary, *s.* jebbămŭnee, jebbŭmāley, செபமணி, செபமாலை

Rose, *s.* rojshāpoo, moolshevvŭndee, றோசாப்பூ, முட்செவந்தி

Rosewater, *s.* poo neer, vāshŭney neer, pŭnneer, பூநீர், வாசனைநீர், பன்னீர்

Rosin, *a.* koongŭleeyŭm, குங்கலியம்

Rot, *v.* ărheegee pokirădoo, அழிகிப்போகிறது

Rotation, *s.* pārāh, māttŭm, பாரா, மாற்றம்

Rotten, (as flesh,) *a.* arhoogŭlānăh, ărhoogeenăh, pŭrhoodānăh, அழுகலான, அழுகின, பழுதான

Rotten,(as wood,)*a.*ooloottooponăh, உளுத்துப்போன

Rottenness, *s.* ărhooghŭl, அழுகல்

Rotundity, *s.* ooroondāy, oondāy, virroottŭm, உருண்டை, உண்டை, விருத்தம்

Rough, *a.* pŭroombŭdeeyānăh, shoreeyānăh, kŭrŭdoom oorădānah, பருமபடியான, சரியான, கரடுமொரடான

Rough, (person,) *s.* toodookun, toodeekhărŭn, kooroombŭn, தடுக்கன், குறும்பன்

Round, *s.* virroottŭm, vŭttŭm, விருத்தம், வட்டம்

Round, *a.* virroottŭmānăh, vŭttŭmānăh, விருத்தமான, வட்டமான

Round about, *a.* shootteeloom, சுத்திலும்

Roundness, *s.* virroottŭm, vŭttŭm, விருத்தம், வட்டம்

Rouse, *v.* yerhoopookiradoo, toondookiradoo, yevvookiradoo, எழுப்புகிறது, தூண்டுகிறது, ஏவுகிறது

Rout, *s.* wŏttŭm, nelleykoolāyvoo, வட்டம், நிலைகுலைவு

Rout, *v.* nelleykoolaykiradoo, நிலைகுலைகிறது

Route, *s.* mārgŭm, மார்க்கம்

Routine, *s.* orghoongoo, moray, ăbeeprāyŭm, ஒழுங்கு, முறை, அபிப்பிராயம்

Row, *s.* (noise,) shŭndădee, pŭdāy, சந்தடி, படை

Row, *s.* (of trees, &c.) pŭttee, vŭreesāy, பத்தி, வரிசை

Row, *v.* (a boat,) tŭndoovŭleekiradoo, tŭndoopodookiradoo, தண்டுவலிக்கிறது, தண்டுபோடுகிறது

Royal, *a.* rājsheeŭmānăh, rājāngŭmānăh, mŭgheemeyānăh, இராசரீகமான, இராசாங்கமான, மகிமையான

Royalty, *s.* rājereekŭm, rājāngŭm, இராசரீகம், இராசாங்கம்

Rub, *v. a.* todeykiradoo, teykirradoo, துடைக்கிறது, தேய்க்கிறது

Rub, (a horse,) *v.* māleece pŭnnokirădoo, teykiradoo, மாலிசு பண்ணுகிறது, தேய்க்கிறது

Rubber, (India,) *s.* rŭbbŭr, றப்பர், (horse,) kuppay, கப்பாய்

Rubbing, *s.* todeykay, teykay, துடைக்கை, தேய்க்கை

Rubbish, *s.* kooppey, sŭrăghoo, குப்பை, சருகு

Ruby, *s.* māneekŭm, மாணிக்கம்

Ruby, *a.* māneekă nerrŭmānăh, மாணிக்க நிறமான

Rudder, *s.* sookān, சுக்கான்

Ruddiness, *s.* shŭkapoo, shostŭm, சிகப்பு, சொஸ்தம்

Ruddy, *a.* shŭkŭpānăh, சிகப்பான

Rude, *a.* toodoo toodoopānăh, துடுதுடுப்பான

Rudely, *a.* toodoo toodoopay, துடுதுடுப்பாய்

Rudeness, *s.* toodoo toodookŭm, toodookŭm, yedăkŭm, துடுதுடுக்கம், துடுக்கம், இடக்கம்

Rudiment, *s.* ārŭmbŭrŭm, veyr, ஆரம்பாம், வேர்

Rudimental, *a.* ārŭmbŭrŭmānah, veyrānăh, ஆரம்பமான, வேறான

Rue, *v.* mŭnŭm kŭlŭkookiradoo, kleyshă pŭdookiradoo, மனங்கலக்குகிறது, கிலேசப்படுகிறது

Ruefully, *a.* kleyshŭmay, mŭnăkŭlŭkŭmay, கிலேசமாய், மனக்கலக்கமாய்

Ruffian, *s.* dooshtŭn, pokree, துஷ்டமான, போக்கிரி

Ruffle, *v.* soorookkookiradoo, kŭlŭkkookiradoo, சுருக்குகிறது, கலக்குகிறது

Rug, *s.* jŭmkālŭm, சமுக்காளம்

Rugged, *a.* morŭndānăh, kŭrŭdoo moorŭddānăh, முறண்டான, கரடுமுரடான

Rugged, *a.* (road,) modoom pŭllŭmānăh vŭrhee, மேடும்பள்ளமானவழி

Ruggedly, *a.* kŭrŭdoo moorŭday, கறடுமுறடாய்

Ruggedness, *s.* kŭrŭdoo mooradoo, கரடுமுரடு

Ruin, *s.* pārh, nāsŭm, ărheevoo, kerdoo, sheydŭm, பாழ், நாசம், அழிவு, கேடு, சேதம்

Ruin, (man,) *v.* sheydă pŭdoottookiradoo, ărheevoo pŭdoottookiradoo, சேதப்படுத்துகிறது, அழிவுபடுத்துகிறது

Ruin, (a house, &c.) pārh, or nāsŭm pŭdoottoo kiradoo, நாசப்படுத்துகிறது

Ruins, *s.* koottee tchoovŭr, குட்டிச்சுவர்

Ruination, *s.* nāsŭm, koleypoo, pārh, நாசம், குலைப்பு, பாழ்

Ruinous, *a.* pārhānah, nāsŭmānăh, sheydŭmānăh, பாழான, நாசமான, சேதமான

Ruinously, *a.* pārhay, nāsŭmay, sheydŭmay, பாழாய், நாசமாய், சேதமாய்

Rule, *s.* orhoongoo, shŭttŭm, ஒழுங்கு, சட்டம்

Rule, (govern,) *v.* ālookiradoo, ஆளுகிறது

Rule, (lines,) *v.* kodoo podookiradoo, roolpodookiradoo, கோடுபோடுகிறது, றூல்போடுகிறது

Ruler, (governor,) *s.* ālookiravŭn, ஆளுகிறவ

Ruler, (for lines,) *s.* rooltŭdee, றூல்தடி

Rumble, *v.* koomoorookiradoo, குமுறுகிறது

Rumbling, *s.* koomoorookay, குமுறுகை

Ruminate, *v.* aseypodookiradoo, அசைபோடுகிறது

Rumination, (thought,) *s.* deeyānŭm, shindinney, தியானம், சிந்தினை

Rummage, *v.* ārāyndoo parkiradoo, teydee teydee pārkiradoo, ஆருய்ந்துபார்க்கிறது, தேடிதேடிபார்க்கிறது

Rumour, *s.* kŭrlvee, shŭmātchārŭm, கேள்வி, சமாச்சாரம்

Rumoured, (to be,) *v.* kŭrlveepŭttirookiradoo, கேள்விப்பட்டிருக்கிறது

Rumoured, *a.* kŭrlveepŭttăh, கேள்விப்பட்ட

Rump, *s.* poottŭm, koondee, shoottoo, புட்டம், குண்டி, சூத்து

Rumple, *v.* kŭsŭkkookiradoo, soorookkookiradoo, கசக்குகிறது, சுருக்குகிறது

Run, *v.* odookiradoo, ஓடுகிறது

Runaway, *s.* odeenăvŭn, ஓடினவன்

Runner, *s.* ŭnjŭlkārŭn, tăppālkārŭn, அஞ்சலகாரன்,டபால்க்காரன்
Running, *s.* odookāy, ஓடுகை
Rupee, *s.* roopay, ரூபாய்
Rupture, (hernia,) *s.* wodum, ஓதம்
Rupture, *s.* mooreevoo, pirreevoo, முறிவு, பிரிவு
Rupture, *v.* wodeekiradoo, mooreekiradoo, ஒடிக்கிறது, முறிக்கிறது
Rural, *a.* nāttoo kŭdoottăh, நாட்டுக்கடுத்த
Ruse, *s.* oobāyŭm, tŭndirrŭm, உபாயம், தந்திரம்
Rush, *s.* korey, கோரை
Rush, *v.* pāykiradoo, moottookiradoo, பாய்கிறது, முட்டுகிறது
Rushing, *p.* pāykiră, moottookiră, பாய்கிற, முட்டுகிற
Rust, *s.* tooroopoo, kŭray, துருப்பு, கறை
Rust, *v.* tooroopoo poodeetcheepokiradoo, துருப்புப்பிடிச்சிருக்கிறது
Rustic, *s.* nāttān, நாட்டான
Rustily, *a.* tooroopay, kŭrāyāy, துருப்பாய், கறையாய்
Rustiness, *s.* tooroopoo, kŭrāy, துருப்பு, கறை
Rustling, *s.* āttookay, ஆட்டுகை
Rustle, *v.* āttookiradoo, ஆட்டுகிறது
Rusty, *a.* tooroopay, kŭrāyānăh, துருப்பாய், கறையாய்
Rut, *s.* vāndeelŭttŭdŭm, vandeepāday, வண்டிலத்திடம், வண்டிபாதை
Rut, *v.* mān sheyrookiradoo, mān poonărookiradoo, மான் சேருகிறது, மான்புணருகிறது
Ruthless, *a.* kodeeyăh, kodoomeyānăh, கொடிய, கொடுமையான
Ruthlessness, *s.* kodoomey, கொடுமை

S

Sable, *a.* kŭroopoo, கருப்பு
Sabre, *s.* pŭdeykŭttee, பிடிக்கத்தி
Sabre, *v.* kŭtteeyāl veyttookiradoo, கத்தியால்வெட்டுகிறது
Saccharine, *a.* shŭkkŭrey tŭnmeyoollah, சக்கரைத்தன்மையுள்ள
Sacerdotal, *a.* gooroo tŭnmeyoollah, குருத்தன்மையுள்ள
Sack, *s.* pāy, gonee, பை, கோணி
Sack, *v.* kolleyiddookiradoo, கொள்ளையிடுகிறது
Sacred, *a.* deyveegŭmānăh, தெய்வீகமான
Sacredly, *a.* deyveegŭmay, தெய்வீகமாய்
Sacrifice, *s.* bŭllee, bōllee, gāvoo, பலி, பொலி, காவு
Sacrifice, *v.* bollee iddookiradoo, gavoo iddookiradoo, பொலியிடுகிறது, காவிடுகிறது
Sacrilege, (to commit,) *v.* pŭreeshootŭmānă yedŭttey ărheekiradoo, பரிசுத்தமானஇடத்தையழிக்கிறது
Sad, *a.* dookŭmoollăh, visshŭnumoollăh, துக்கமுள்ள, விசனமுள்ள
Sadden, *v. a.* dookăpŭdoottookiradoo, துக்கப்படுத்துகிறது
Saddle, *s.* jeen, jeenee, jheynŭm, ஜீன், ஜீனி, சேணம்
Saddle, *v. a.* jeenee kŭttookiradoo ஜீனிகட்டுகிறது

Sadly, *a.* dookŭmay, visshŭnŭmay, துக்கமாய், விசனமாய்
Sadness, *s.* tooyărŭm, dookŭm, visshŭnŭm, துயரம், துக்கம், விசனம்
Safe, *a.* soogŭmānăh, sheymŭmānăh, சுகமான, க்ஷேமமான
Safely, *a.* soogŭmay, sheymŭmāy, சுகமாய், க்ஷேமமாய்
Safety, *s.* soogŭm, sheymŭm, சுகம், க்ஷேமம்
Saffron, *s.* mŭnjshŭl, மஞ்சள்
Sagacious, *a.* bootteeoollăh, yooghŭmoollăh, புத்தியுள்ள, யோக்கியமுள்ள
Sagacity, *s.* boottee, yooghŭm, yooktee, புத்தி, யோக்கியம், யுக்தி
Sage, *s.* nyānee, veydāndee, ஞானி, வேதாந்தி
Sagely, *a.* nyānŭmay, veydāndŭmay, ஞானமாய், வேதாந்தமாய்
Sago, *s.* sŭvvăreeshee, சவ்வரிசி
Said, *p.* shonnăh, sholleeyăh, சொன்ன, சொல்லிய
Sail, *s.* kŭppŭlpāy, கப்பல்பாய்
Sail, *v.* kŭppŭl odookiradoo, kŭppŭlpokiradoo, கப்பலோடுகிறது, கப்பல்போகிறது
Sailor, *s.* kŭppŭlkārŭn, கப்பலகாரன்
Saint, *s.* bŭktŭn, deyvăbŭktŭn, பக்தன், தேவபக்தன்
Sake, (of,) nimmitteeŭm, mokhānderŭm, moolŭm, நிமித்தம, முகாந்தரம், மூலம
Salacious, *a.* mokhŭmoollah, முக்கியமுள்ள
Salam, *s.* sălām, ஸலாம
Salammoniac, *s.* năvătchārŭm, நவட்ச்சாரம்
Salary, *s.* shŭmbălŭm, சமபளம
Sale, *s.* vikkrăyŭm, vittŭl, விக்கிரயம, விற்றல்
Saline, *a.* ooppānăh, உப்பான
Saliva, *s.* vāy neer, yettchey, வாய்நீர், எச்சை
Salivate, *v.* vāy vendoo pokirădoo, வாய்வெந்துப்போகிறது
Salivation, *s.* vāy veyvookāy, வாய்வேவுகை
Sallow, *a.* velloopoollăh, வெளுப்புள்ள
Sallowness, *s.* velloopроо, வெளுப்பு
Sally, *s.* poorăpādoo, புறப்பாடு
Sally, *v.* poorăpŭdookiradoo, pokookiradoo, புறப்படுகிறது, போகுகிறது
Saloon, *s.* mŭndăbŭm, மண்டபம
Salt, *s.* ooppoo, உப்பு
Salt, *a.* ooppoo podookiradoo, உப்புப்போடுகிறது
Saltish, *a.* ooppoollăh, உப்புள்ள
Saltness, *s.* ooppoo tŭnmey, உப்புத்தன்மை
Saltworks, *s.* ooppoo yeddookirayeddŭm, உப்புயெடுக்கிறஇடம
Saltpetre, *s.* pottle ooppoo, பொட்டிலுப்பு
Salubrious, *a.* sŭvookeeyŭmānăh, soogŭmānăh, சௌக்கியமான, சுகமான
Salubrity, *s.* sŭvookeeŭm, soogŭm, சௌக்கியம, சுகம
Salutary, *a.* sŭvookeeŭmānăh, soogŭmānăh, சௌக்கியமான, சுகமான
Salutation, *s.* sălām, vŭndŭnŭm, obăsārŭm, ஸலாம, வந்தனம, உபசாரம
Salute, *v. a.* vŭndŭnŭm sholloo-

kiradoo, வந்தனம்சொல்லுகிறது

Salvation, *s.* rŭtchŭneeyŭm, eedeyttŭm, இரட்சண்ணியம், ஈடேற்றம்

Salve, *s.* pooshoo mŭrŭndoo, பூசு மருந்து

Same, *a.* iddey, wonrey, ăndăh, săree, sŭmmăh, tŭdăh, இடை ஒன்றே, அந்த, சரி, சமத்தா

Sameness, *s.* woreytŭnmey, săreetŭnmey, ஒரேதன்மை, சரித்தன்மை

Sample, *s.* mādirree, jādey, மாதிரி, சாடை

Sanative, *a.* goonŭmākătŭkkăh, soogŭmākătŭkkăh, குணமாகத்தக்க, சுகமாகத்தக்க

Sanctification, *s.* pŭreeshoottŭmākookhăy, ăbeeseykŭm, பரிசுத்தமாக்குகை, அபிஷேகம்

Sanctify, *v.* ăbeesheygŭm pŭnnookiradoo, pŭreeshoottŭmakkookiradoo, பரிசுத்தமாக்குகிறது, அபிஷேகம்பண்ணுகிறது

Sanction, *s.* ŭngeekŭreepoo, sŭmmŭdee, ănoomŭdee, அங்கிகரிப்பு, சம்மதி, அநுமதி

Sanction, *v.* ŭngeekŭreekiradoo, nilleypŭdoottookiradoo, அங்கிகரிக்கிறது, நிலைப்படுத்துகிறது

Sanctity, *s.* pŭreeshoottŭm, பரிசுத்தம்

Sanctuary, *s.* koyeel, ālăyŭm, கோயில், ஆலயம்

Sand, *s.* mŭnnŭl, மணல்

Sandal, *s.* seyroopoo, pādtăkoorădoo, செருப்பு, பாதக்குறடு

Sandalwood, *s.* shŭndŭnăkŭttay, சந்தனக்கட்டை

Sandbank, *s.* mŭnnŭltŭdŭl, மணல்திடல்

Sandy, *a.* mŭnnŭloollăh, மணலுள்ள

Sane, *a.* shostăbootteeyoollăh, shoogăbootteeyoollăh, சொஸ்தபுத்தியுள்ள, சுகபுத்தியுள்ள

Sanely, *a.* teyleendăbootteeyay, teyleevay, தெளிந்தபுத்தியாய், தெளிவாய்

Sanguinary, *a.* kroorŭmānăh, rŭttăpirreeyumoollăh, குரூரமான, இரத்தப்பிரியமுள்ள

Sanguine, *a.* vānjeyoollah, rŭttănirrŭmānăh, வாஞ்சையுள்ள, இரத்தநிறமான

Sanity, *s.* shostăboottee, சொஸ்தபுத்தி

Sanscrit, *a.* sŭmscreddŭm, grŭndŭm, சமஸ்கிறதம், கிரந்தம்

Sap, *s.* shārŭm, சாரம்

Sap, *v.* nirroomoolŭm ākiradoo, shoorŭngŭm arookiradoo, நிருமூலமாக்குகிறது, சுரங்கமறுக்கிறது

Sapient, *a.* bootteeyoollăh, ăreevoollăh, nyānŭmoollăh, veydāndumoollăh, புத்தியுள்ள, அறிவுள்ள, ஞானமுள்ள

Sapless, *a.* wonŭndăh, sārŭmŭttăh, உணர்ந்த, சாரமற்ற

Sapling, *s.* mŭrākŭnnoo, nāttoo, மரக்கன்னு, நாத்து

Sappers, *s.* soorŭngŭm aroo por, soorŭngŭm arookira jenŭngkŭl, சுரங்கமறுப்போர், சுரங்கமறுக்கிறசனங்கள்

Sapphire, *s.* neelŭm, neelămŭnnee, நீலம், நீலமணி

Sappy, *a.* shārŭmoollăh, rŭsŭmoollăh, சாரமுள்ள, ரசமுள்ள

Sarcasm, *s.* pŭrheetchol, năkhāytchol, பழிச்சொல், நகைச்சொல்

Sarcastic, *a.* pŭrheeyay peyshookira, பழியாய்பேசுகிறது

Sash, *s.* yiddāykŭchey, இடைக்கச்சை

Satan, *s.* pissashoo, pey, boodum, பிசாசு, பேய், பூதம்

Satiated, (to become,) *v.* tŭvŭttee pokiradoo, tirroottee ākiradoo, தெவட்டிப்போகிறது, திருத்தியாகிறது

Satellite, *s.* obbăgrăkhŭm, உபக்கிரகம்

Satiety, *s.* tirroottee, tŭvŭttŭl, திருத்தி, தெவட்டல்

Satire, *s.* pŭrheetcholl, năkhāytcholl, பழிச்சொல், நகைச்சொல்

Satirical, *a.* pŭrheetcholloollăh, பழிச்சொல்லுள்ள

Satirically, *a.* pŭrheetchollay, பழிச்சொல்லாய்

Satirist, *s.* vākkootirroottoo kiravŭn, pŭrheetchollookiravun, pŭrheytirroottookiravun, வாக்குதிருத்துகிறவன், பழிச்சொல்லுகிறவன், பிழைதிருத்துகிறவன்

Satirize, *v.* pŭrheytirroottookiradoo, pŭrheechollookiradoo, பழிதிருத்துகிறது, பழிச்சொல்லுகிறது

Satisfaction, *s.* shŭndōshŭm, tirroottee, poorŭnŭm, nirreyvoo, சந்தோஷம். திருத்தி பூரணம் நிறைவு

Satisfactorily, *a.* sŭmmŭdeeyay, poorŭnŭmāy, சம்மதியாய் பூரணமாய்

Satisfactory, *a.* sŭmmŭdeeyānăh, poorŭnŭmānăh, சம்மதியான, பூரணமான

Satisfy, *v.* sŭmmŭdee pudoottookiradoo, shŭndōshŭm pŭdoottookiradoo, poorŭnŭm pŭdoottookiradoo, சம்மதிபடுத்துகிறது, சந்தோஷப்படுத்துகிறது, பூரணம்படுத்துகிறது

Saturate, *v.* toykiradoo, woorăhvaikiradoo, தோய்கிறது, ஊறவைக்கிறது

Saturation, *s.* toykāy, woorăhvaikkookāy, தோய்கை, ஊறவைக்குகை

Saturday, *s.* saynee kŭrhŭmey, சனிக்கிழமை

Saturn, *s.* saynee, grŭgărăsŭn, சனி, கிரகராசன்

Saturnine, *a.* timmeerānăh, திமிரான

Sauce, *s.* korhŭmboo, ānŭm, குழம்பு, ஆணம்

Saucer, *s.* tŭttă peengān, தட்டப்பீங்கான்

Sauciness, *s.* ădŭnaprŭssŭngum, kooroomboo, toodookoo, mŭddŭm, அதனப்பிரசங்கம், குரும்பு, துடுக்கு, மதம்

Saucy, *a.* ădŭnăprŭssŭngumŭnăh, kooroomboollăh, அதனப்பிரசங்கமான, குரும்புள்ள

Saunter, *v.* shombŭlāy pokiradoo, சோம்பலாய்போகிறது

Sauntering, *p.* shombŭlay pokiră, சோம்பலாய்போகிற

Savage, *s.* veyrdŭn, vŭnăvāshee, வேடன் வனவாசி

Savage, *a.* kurttăh, dooshtăh, kodoomeyānăh, கெட்ட, துஷ்ட, கொடுமையான

Savageness, *s.* dooshtăhdŭnŭm, kŭrttahtŭnŭm, kodoomey, துஷ்டத்தனம, கெட்டத்தனம கொடுமை

Save, *v.* kārpāttookiradoo, rŭt-

cheekiradoo, கார்ப்பாத்துகிற து, இரட்சிக்கிறது
Saving, *a.* kārpāttookiră, sheyrkiră, கார்ப்பாத்துகிற இரட்சிக்கிற
Savings-bank, *s.* pŭnŭmkāpāttookirasŭngŭm, பணமகாப்பாத்துகிறசங்கம்
Savor, *v.* vāsŭney sheyrkiradoo, வாசினைசேர்க்கிறது
Savor, *s.* vāsŭney, roosee, வாசனை உருசி
Saviour, *s.* rŭtchăgŭn, இரட்சகன்
Savory, *a.* vāsŭneyoollăh, rooseeyoollah, வாசனையுள்ள உருசியுள்ள
Saw, *s.* vāl, rŭmbŭm, வாள், ரமபம
Saw, *v.* vāl ărookiradoo, vālāl ărookiradoo, வாளறுக்கிறது, வாளாலறுக்கிறது
Sawdust, *s.* ăreepodee, ăreetool, vāltool, அரிபொடி, அரித்தூள், வாள்த்தூள்
Sawyer, *s.* vālkārŭn, வாளக்காரன்
Say, *v. a.* shollookiradoo, peyshookiradoo, சொல்லுகிறது, பேசுகிறது
Saying, *s.* sholloo, peyshoo, சொல்லு, பேசு
Scab, *s.* shoreesheddŭl, rŭnăsheddŭl, சொரிசிதள இரணசிதள
Scabbard, *s.* worāy, உறை
Scabby, *a.* shoreeshedduloollăh, சொரிதலுள்ள
Scaffold, *s.* } shārŭm, shārămŭrŭm, சாரம், சாரமரம
Scaffolding, *s.* }
Scalable, *a.* yeyrăkoodeeyăh, yeyttăkoodeeyăh, ஏறக்கூடிய, ஏற்றக்கூடிய
Scald, *s.* veyndăh poon, shoodoopoon, வெந்தபுண், சுடுபுண்
Scalded, (to be,) *v.* vendoo pokiradoo, shoottoo pokiradoo, வெந்துபோகிறது, சுட்டுப்போகிறது
Scale, *s.* trāsoo, திராசு
Scale, *v.* yeyrookiradoo, ஏறுகிறது
Scaliness, *s.* ooroottŭntŭnmey, shoreetŭnmey, உறுத்தந்தன்மை, சொரித்தன்மை
Scalp, *s.* woochŭn tŭley tol, உச்சந்தலைத்தோல்
Scalp, *v.* woochŭn tŭley tol wooreekiradoo, உச்சந்தலைதோலுரிக்கிறது
Scaly, *a.* ooroottŭntŭnmeyānăh, shoreetŭnmeyānăh, உறுத்தந்தன்மையான, சொறித்தன்மையான
Scamper, *v.* odookiradoo, teeveerttodookiradoo, ஓடுகிறது, தீவிரித்தோடுகிறது
Scan, *v.* sodeekiradoo, arāykiradoo, சோதிக்கிறது, ஆராய்கிறது
Scandal, *s.* ăvăkeerttee, ăvădooroo, அவகீர்த்தி, அவதூறு
Scandalize, *v.* ăvăkeertteeyāypeyshookiradoo, ăvădoorāypeyshookiradoo, அவதூறாய் பேசுகிறது, அவகீர்த்தியாய்பேசுகிறது
Scandalous, *a.* vŭrdkăkŭrdoo, vŭrlkăkŭrdoo, ăvŭmānŭmoollăh, வெட்கக்கேடு, அவமானமுள்ள
Scantily, *a.* koraychŭllay, sholpŭmāy, குறைச்சலாய், சொற்ப்பமாய்
Scantiness, *s.* korāychŭll, sholpŭm, குறைச்சல் சொற்ப்பம்
Scantling, *s.* mŭrŭm ŭlăvoo, mā-

dirree, viddŭm, மாமனவு, மாதிரி, விதம்
Scanty, *a.* korāychŭllānăh, sholpŭmānăh, குறைச்சலான, சொல்ப்பமான
Scar, *s.* tŭroomboo, gāyă tŭroomboo, தழும்பு காயத்தழுமபு
Scar, *v.* gāyă tŭroomboo pŭdoottookiradoo, காயத்தழுமபுபடுகிறது
Scarce, *a.* pirreeyŭmānăh, ăroomeyānăh, koraychŭlānah, பிரியமான, அருமையான, குறைச்சலான
Scarceness, *s.* korāychŭll, pirreeyŭm, ăroomey, குறைச்சல பிரியம, அருமை
Scarcely, *a.* ăbooroovŭmay, yeygădeysŭmay, அபுறுவமாய், ஏகதேசமாய்
Scare, *v. a.* băyŭm oorookiradoo, veyroottookiradoo, பயமுறுக்கிறது, வெறட்டுகிறது
Scarf, (for carpentry,) *s.* shālvay, tŭttoo, சாலவை, தட்டு
Scarification, *s.* shŭttirrŭm, சத்திரம
Scarify, *v.* shŭttirrŭm vaikiradoo, சத்திரமவைக்கிறது
Scarlet, *s.* pŭrhoopoo, shŭkăpoo, பழுப்பு, சிகப்பு
Scatter, *v.* shiddărookiradoo, teyleekiradoo, சிதறுகிறது, தெளிக்கிறது
Scattered, (to be,) *v.* shăreenjeepokiradoo, சரிஞ்சிபோகிறது
Scavenger, *s.* tottee, tŭndăkārŭn, தோட்டி, தண்டக்காரன்
Scene, *s.* veydeekāy, வேடிக்கை
Scenery, *s.* oorveydeekey, ஊர்வேடிக்கை
Scent, *s.* mŭnŭm, vāsŭney, மணம, வாசினை
Sceptic, *s.* sŭndeykee, nŭmbeekillādăvŭn, சந்தேகி, நமபிக்கையில்லாதவன்
Sceptical, *a.* sŭndeykŭmoollah, nŭmbeekeyillādăh, சந்தேகமுளள, நமபிக்கையிலலாத
Scepticism, *s.* sŭndeykhŭm, சந்தேகம
Scheme, *s.* oobăyŭm, tŭndirrŭm, shoorghtchŭm, உபாயம, தந்திரம சூட்சம
Scheme, *v.* oobāyăpŭdoottookiradoo, உபாயப்படுத்துகிறது, தந்திரப்படுத்துகிறது.
Schemer, *s.* oobāyăpŭdoottookirăvŭn, உபாயப்படுத்துகிறவன்
Scheming, *a.* oobayŭmānăh, உபாயமான
Schism, *s.* veydăprŭtchee, priddeevādŭm, வேதப்பிரிட்சை, பிரதிவாதம்
Schismatic, *s.* pŭtchăbādee, பட்சபாதி
Schismatical, *a.* veydăpoorŭttoollăh, pŭtchăbădŭmoollah, வேதபுரட்டுளள, பட்சபாதமுளள
Scholar, *s.* pŭdeekirăvŭn, sheeshŭn, படிக்கிறவன், சிஷன்
Scholastic, *a.* pŭdeekirătŭttoovŭmānăh, படிக்கிறதத்துவமான
School, *s.* pŭlleekoodŭm, பளளிக்கூடம
Schoolboy, *s.* pŭlleepoolley, pŭlleekoodŭttoopāyŭn, பளளிப்பிளளை, பளளிக்கூடத்துபய்யன்
Schooner, *s.* irŭndoo pāymŭrŭmkŭpŭl, இரண்டுபாய்மரகப்பல்
Science, *s.* shāstterŭm, nool, சாஸ்த்திரம, நூல்
Scientific, *a.* shāstterŭmoollăh, சாஸ்த்திரமுளள

Scintillation, *s.* poree, tolăkŭm, பொறி துலக்கம

Scissors, *s.* kŭttirreekol, கத்திரிக்கோல்

Scoff, *v.* pŭreekāsŭm pŭnnookiradoo, nāyāndee pŭnnookiradoo, பரிகாசமபண்ணுகிறது,நய்யாண்டிபண்ணுகிறது

Scoffer, *s.* pŭreekāsăkārŭn, nāyāndeekārŭn, பரிகாசக்காரன் நய்யாண்டிக்காரன்

Scoffingly, *a.* pŭreekāsŭmāy, nāyāndeekāy, பரிகாசமாய், நய்யாண்டியாய்

Scold, *v.* ădŭttookiradoo, அதட்டுகிறது

Scolding, *s.* ădŭttookăy, அதட்டுகை

Scoop, *s.* ăghăpāy, அகப்பை

Scoop, *v.* tondookiradoo, kindookiradoo, தோண்டுகிறது, கிண்டுகிறது

Scope, *s.* nokkŭm, kŭroottoo, நோக்கம, கருத்து

Scorch, *v.* kŭrŭkkookiradoo, kātchookiradoo, vŭrŭttookiradoo, கருக்குகிறது, காய்ச்சுகிறது, வரட்டுகிறது

Scorched, *p.* kāndeeponăh, காந்திப்போன

Score, *s.* irroovuddoo, kŭnŭkkoo, இருபது, கணக்கு

Score, *v.* yennookiradoo, kŭnŭkkoo parkiradoo, எண்ணுகிறது, கணக்குபார்க்கிறது

Scorn, *s.* eegŭrtchee, nindŭney, pŭrheepoo, இகழ்ச்சி, நிந்தினை பழிப்பு

Scorn, *v.* eegŭrhookiradoo, nindeekiradoo, pŭrheekiradoo, இகழுகுறது, நிந்திக்கிறது, பழிக்கிறது

Scorner, *s.* eegbŭrhkirăvŭn, இகழ்கிறவன்

Scornful, *a.* eeghŭrhoollăh, இகழ்குள்ள

Scorpion, *s.* teyl, தேள்

Scoundrel, *s.* kŭroomăshŭndālŭn, கருமசண்டாளன்

Scour, *v.* woreykiradoo, உரிக்கிறது

Scour, (range,) *v.* shoottee tirreekiradoo, சுத்திதிரிகிறது

Scourge, *s.* dŭndŭney, தண்டினை

Scourge, *v.* dŭndeekiradoo, தண்டிக்கிறது

Scouring, *s.* todeypoo, teypoo, துடைப்பு, தேய்ப்பு

Scout, *s.* woolăvālee, உளவாளி

Scowl, *s.* kooroompārvey, குறும்பார்வை

Scowl, *v.* koorookooroopāy pārkiradoo, vŭdoovŭdoopay pārkiradoo, குறுகுறுப்பாய்ப்பார்க்கிறது, வடுவடுப்பாய்பார்க்கிறது

Scramble, *s.* āvŭlāykŭvŭrkay, ஆவலாய்கவர்கை

Scramble, *v.* āvŭlāykŭvŭrkiradoo, pŭdăpŭdapaykŭvŭrkiradoo, ஆவலாய்கவர்கிறது, பதபதப்பாய்கவர்கிறது

Scrap, *s.* toonookāy, toondoo, துணுக்கை, துண்டு

Scrape, *v.* shorŭndookiradoo, vŭrheekiradoo, sheevookiradoo, சுரண்டுகிறது, வழிக்கிறது, சிவுகிறது

Scrape, *s.* tondŭravoo, kŭrdootŭley, தொந்திரவு, கெடுதலை

Scratch, *v.* keerookiradoo, shoreekiradoo, கீறுகிறது, சொறிகிறது

Scratch, *s.* keeroo, shoree, கீறு, சொறி

Scratching, *s.* keerookay, shoreevoo, கீறுகை, சொறிவு
Scrawl, *s.* keerookoo, கிறுக்கு
Scrawl, *v.* keerookkookiradoo, கிறுக்குகிறது
Scream, *s.* ălŭroo, kŭdŭroo, அலறு, கதறு
Scream, *v.* ălŭrookiradoo, kŭdŭrookiradoo, அலறுகிறது, கதறுகிறது
Screaming, *s.* ălŭrookay, kŭdŭrookay, அலறுகை, கதறுகை
Screen, *s.* tăttee, pŭdŭl, தட்டி, படல்
Screen, *v.* tăttee kŭttookiradoo, mŭraykiradoo, தட்டிகட்டுகிறது, மறைக்கிறது
Screw, *s.* screwānee, shooreeyānee, இஸ்கோராணி, சொரியாணி
Screw, *v. a.* shooreeyānee iddookiradoo, இஸ்கோராணியிடுகிறது
Scribbler, *s.* virreyvay yerhoodoovon, விரைவாயெழுதுகிறவன்
Scribble, *v. a.* virreyvay yerhoodookiradoo, keerookkookiradoo, விரைவாய்யெழுதுகிறது
Scripture, *s.* deyvamohree, veydăshāsterŭm, தேவமொழி, வேதசாஸ்த்திரம்
Scroll, *s.* shooroottoo, shoorool, சுருட்டு, சுருள்
Scrotum, *s.* veesŭm, āndŭm, வீசம, அண்டம
Scrub, *v.* todeykiradoo, teykiradoo, திடைக்கிறது, தேய்கிறது
Scrubbing, *s.* todeypoo, teyvoo, துடைப்பு தேய்ப்பு
Scrupulousness, *s.* niddārtŭm, நிதார்த்தம்
Scrutinize, *v. a.* shodŭney pŭnnookiradoo, shodeekiradoo, pārkiradoo, சோதனைபண்ணுகிறது, சோதிக்கிறது, பார்க்கிறது
Scrutiny, *s.* shodŭney, pŭreeshodŭney, kŭnottŭm, சோதனை, பரிசோதனை, கண்ணோட்டம
Scud, *v.* mooreendodookiradoo, முறிந்தோடுகிறது
Scuffle, *s.* kāy kŭlŭndă shăndey, கைகலந்தசண்டை
Scuffle, *v.* kāy shŭndey poodeekiradoo, mŭllookŭttookiradoo, கைசண்டைபோடுகிறது, மலுக்கட்டுகிறது
Sculk, *v.* pŭdŭngkookiradoo, பதுங்குகிறது
Sculker, *s.* pŭdŭngkirăvŭn, பதுங்குகிறவன்
Scull, *s.* tŭleyodoo, mŭndeyodoo, kŭbālŭm, தலையோடு, மண்டையோடு கபாலம்
Scum, *s.* yerdoo, mŭndŭm, ărhookoonorrey, எடு, மண்டம், அழுக்குநுரை
Scum, *v.* norreyvŭrheekiradoo, நுரைவழிக்கிறது
Scurf, *s.* shodoogoo, சொடுகு
Scurrility, *s.* dooshttăvārttăy, dooshttăpeychoo, துஷ்ட்டவார்த்தை துஷ்ட்டப்பேச்சு
Scurrilous, *a.* dooshttăvārtteyoollăh, dooshttăpeychoollăh, துஷ்ட்டவார்த்தையுள்ள, துஷ்ட்டப்பேச்சுள்ள
Scurviness, *s.* eenătŭnmey, ஈனதன்மை
Scurvy, *s.* kŭrăpān, shoreekŭrăpān, கரப்பான், சொறிகரப்பன்
Scurvy, *a.* eenŭmoollăh, ஈனமுள்ள

Sea, *s.* kŭdŭl, sŭmoodirrŭm, கடல, சமுத்திரம

Sea-breeze, *s.* kŭdŭlkāttoo, கடற்காற்று

Sea-compass, *s.* dissey ăreekirakŭroovee, kāndăpoottee, vŭdŭkkoo teyrkoo areekira poottee, திசையறிகிறகருவி, காந்தப்பெட்டி, வடக்கு தெற்கு அறிகிறபெட்டி

Sea-shore, *s.* kŭdŭlkŭrey, sŭmoodirrăkŭrey, கடற்கரை, சமுத்திரககரை

Sea-sickness, *s.* kŭdŭl novoo, கடல்நோவு

Seal, *s.* mootteerey, முத்திரை

Seal, *v.* moottirrey eedookiradoo, moottirrey pŭdeekiradoo, முத்திரை யடிக்கிறது, முத்திரைப்போடுகிறது

Sealing, *s.* moottirrey pŭdeepoo, pŭdeevoo, pŭdeepoo, முத்திரைப்பதிப்பு, பதிவு, பதிப்பு

Sealing-wax, *s.* ărăkkoo, அரககு

Seam, *s.* tāyŭl, poroottoo, தையல, பொருத்து

Seam, *v.* poroottee taikiradoo, tayŭl taikiradoo, பொருத்திதைக்கிறது, தையயல்தைககிறது

Seaman, *s.* kŭpŭlkārŭn, கபபற்காரன்

Seamster, *s.* tāyăkārŭn, தையக்காரன்

Seamstress, *s.* tāyăkāree, தையக்காரி

Seaport, *s.* kŭdŭltorey, கடற்றுறை

Sear, *v.* shoodookiradoo, kŭrookookiradoo, kātchookiradoo, சுடுகிறது, கருககுகிறது, காய்சசுகிறது

Search, *s.* ārāyvoo, shodŭney, ஆராயவு

Search, *v.* ārāykiradoo, teydookiradoo, shodeekiradoo, ஆராய்கிறது, தேடுகிறது, சோதிககிறது

Searching, *s.* shodeepoo, ārāyvoo, teyttŭm, சோதிப்பு, ஆராயவு, தேட்டம

Season, *s.* kālŭm, காலம

Season, (hot,) *s.* veneykhālŭm, வேனகாலம

Season, *v.* roosee pŭdoottookiradoo, உருசிபபடுத்துகிறது

Seasonable, *a.* pŭroovŭmănah, sŭmāyŭmānăh, pŭkoovŭmānăh, பருவமான, சமயமான, பக்குவமான

Seasonably, *a.* pŭroovŭmay, பருவமாய்

Seasoning, *s.* rooseepŭdoottoomsŭrăkoo, உருசிப்படுத்துஞ்சரக்கு

Seat, *s.* behdŭm, irrookay, monāy, பீடம, இருக்கை, மணை

Seat, *v.* oodkārookiradoo, irookiradoo, உட்காருகிறது, இருக்கிறது

Secede, *v.* pin yeddookiradoo, பினனிடுகிறது

Secession, *s.* pirreevoo, pinyeddookāy, பிரிவு, பினனிடுகை

Seclude, *v.* neekee vaikiradoo, peereettoo vaikiradoo, நீக்கிவைக்கிறது, பிரித்துவைக்கிறது

Secluded, *a.* neekeevaittăh, peereendăh, நீக்கிவைத்த, பிரிநத

Seclusion, *s.* neekeevaikookay, நீக்கிவைக்குகை

Second, *v.* wodăvee sheykiradoo, toney sheykiradoo, உதவிசெயகிறது, துணைசெயகிறது

Second, *s.* nimmeeshŭm, nodee, நிமிஷம, நொடி

Second *a.* eerŭndām, இரெண்டாம்
Secondary, *a.* eerŭndāvădānăh, இரெண்டாவதான
Secondly, *a.* eerŭndām tŭdăvāy, eerŭndām tŭrŭmāy, இரெண்டாந்தடவை இரெண்டாந்தரமாய
Secondrate, *a.* eerŭndām tŭrŭmānăh, இரெண்டாந்திரமான
Secrecy, *s.* rŭgăsheeŭm, ăndărŭngŭm, இறகுஷியம அந்தற ங்கம்
Secret, *a.* rŭgăsheeŭmānăh, ăndărŭngŭmānăh, இறகுஷியமான, அந்தறங்கமான
Secret, *s.* rŭgoosheeyŭmānah kāreeyŭm or sŭmātchārŭm, இறகுஷியமானக்காரியம் சமாச்சாரம்
Secret parts, (male,) *s.* lingŭm, prŭssābŭdee, shoonee, லிங்கம், பிரசாபதி, சுண்ணி
Secret parts, (female,) *s.* yonee, needŭmbŭm, oobŭstŭm, koodee, யோனி, நிதம்பம், உபஸ்த்தம், கூதி
Secretary, *s.* yerhoottoo kāreeŭstŭn, kāreeyŭstŭn, எழுத்துக்காரியஸ்த்தன், காரியஸ்த்தன்
Secrete, *v.* woleekiradoo, mŭreykiradoo, ஒளிக்கிறது, மறைக்கிறது
Secretion, *s.* vŭdeekhāy, வடிகை
Secretly, *a.* rŭgoosheeŭmāy, இறகுஷியமாய்
Secretness, *s.* rŭgoosheeŭm, ăndărŭngŭm, இறகுஷியம், அந்தறங்கம்
Sect, *s.* mŭdŭm, மடம்
Section, *s.* ădeegārŭm, ădeeyāyyŭm, kŭndŭm, peereevoo, அதிகாரம், அத்தியாயம், கண்டம், பிரிவு
Secure, *v.* bŭdŭră pŭdoottookiradoo, பத்திரப்படுத்துகிறது
Secure, *a.* mosŭm illădăh, மோசமில்லாத
Securely, *a.* bŭddŭrŭmāy, பத்திரமாய்
Security, *s.* jāmeen, poonnāy, oottŭrāvādŭm, சாமீன், புணை, உத்திரவாதம்
Sedate, *a.* sādoovānăh, amayvanah, சாதுவான, அமைவான
Sedateness, *s.* ămāyvoo, sāndŭm, அமைவு, சாந்தம்
Sedentary, *a.* oolookārookiră, உளுக்காருகிற
Sedge, *s.* korey, கறை
Sedgy, *a.* koreyoollăh, கறையுள்ள
Sediment, *s.* vŭndŭl, mŭndee, வண்டல், மண்டி
Sedition, *s.* rājshāhdrokhŭm, oorkŭlakŭm, koorhăpŭm, இராசதுரோகம், ஊர்க்கலகம், குழப்பம்
Seditious, *a.* drokhŭmoollăh, koorhăpŭmoollăh, துரோகமுள்ள, குழப்பமுள்ள
Seduce, *v.* kŭrdookoolpŭdoottookiradoo, கெடுக்குள்ப்படுத்துகிறது
Seduction, *s.* kŭrpŭrheekay, கற்பழிக்கை
Seducer, *s.* yeykirăvŭn, vŭnjeekirăvŭn, ஏய்க்கிறவன், வஞ்சிக்கிறவன்
Sedulous, *a.* mooyŭrcheeoollăh, veergheepoollăh, முயற்ச்சியுள்ள, வீரிப்புள்ள
Sedulously, *a.* mooyŭrcheeyay, veergheepay, முயற்ச்சியாய், வீரிப்பாய்

See, *v.* pārkiradoo, kānookiradoo, kŭndoo terreekiradoo, kŭnookoo terreendirookiradoo, பார்க்கிறது, காணுகிறது, கணக்குதெரிகிறது, கணக்கு தெரிந்திருக்கிறது

Seed, *s.* verrey, vedday, vettoo, விரை, விதை, வித்து

Seedtime, *s.* verrey kālŭm, விரைகாலம்

Seeing, *s.* pārvay, kānookay, பார்வை, காணுகை

Seek, *v.* teydookiradoo, teydeepārkiradoo, தேடுகிறது, தேடிப்பார்க்கிறது

Seeker, *s.* teydeeparkirăvŭn, தேடிப்பார்க்கிறவன்

Seeking, *a.* teydookiră, தேடுகிற

Seem, *v.* tonookiradoo, kānăpŭddookiradoo, teyreekiradoo, tottookiradoo, தோணுகிறது, காணப்படுகிறது, தெரிகிறது, தோற்றுகிறது

Seeming, *a.* kānăpŭddookiră, poley, காணப்படுகிற, போலே

Seemly, *a.* seerŭppoollăh, neytteeyānăh, சிறப்புள்ள, நேர்த்தியான

Seethe, *v.* poorhookookiradoo, ŭveekiradoo, புழுக்குகிறது, அவிக்கிறது

Segment, *s.* virroottăkŭndŭm, விருத்தகண்டம்

Seize, *v.* poodeekiradoo, poodŭngkookiradoo, பிடிக்கிறது, பிடுங்குகிறது

Seizure, *s.* poodeepoo, poodŭngkŭl, பிடிப்பு, புடுங்கல்

Seldom, *a.* ăbooroovŭmāy, ăreeday, ăroomeyay, அபூருவமாய், அரிதாய், அருமையாய்

Select, *a.* menmeyānăh, மேன்மையான

Select, *v.* tereendyedookiradoo, poreekee yedookiradoo, தெரிந்தெடுக்கிறது, பொறுக்கியெடுக்கிறது

Selection, *s.* terreevoo, terreendyedookāy, தெரிவு, தெரிந்தெடுக்கை

Self, *p.* dān, tāney, தான், தானே

Selfish, *a.* tānvārhăpārkiră, தானவாழப்பார்க்கிற

Selfishness, *s.* tānvārhăpārkoomtŭnmey, தான்வாழப்பார்க்குந்தன்மை

Sell, *v.* veerkiradoo, villeykeekodookiradoo, விற்கிறது, விலைக்குக்கொடுக்கிறது

Seller, *s.* veerkirăvŭn, விற்கிறவன்

Semblance, *s.* sāyŭl, tottŭm, polleemey, சாயல், தோற்றம், போலிமை

Semen, *s.* tādoo, indeereeŭm, vindoo, தாது, இந்திரியம், விந்து

Semi, *s.* ărāy, pādee, அரை, பாதி

Semicircle, *s.* ărāyvirroottŭm, அரைவிருத்தம்

Seminal, *a.* vindoollăh, tādoollăh, விந்துள்ள, தாதுள்ள

Seminary, *s.* shāsteerăpŭlleekoolŭm, சாஸ்திரப்பள்ளிக்கூடம்

Send, *v.* ănoopookirădoo, pokăvoodookiradoo, ărhāypeekiradoo, அனுப்புகிறது, போகவிடுகிறது

Senility, *s.* keerhvoo, keerhŭm, veeroottābeeŭm, கிழவு, கிழம், விர்தாப்பியம்

Senior, *s.* tŭleyăvŭn, tŭleychŭn, moottăvŭn, தலைவன், தலைச்சன், மூத்தவன்

Seniority, *s.* tŭleymey, modoomey, தலைமை, முதுமை
Senna, *s.* nelāvŭrey, நிலாவாரை
Sensation, *s.* oonurchee, shorŭney, உணர்ச்சி, சுரணை
Sense, *s.* boottee, ăreevoo, oonurchee, yookttee, புத்தி, அறிவு, உணர்ச்சி, யுக்தி
Senseless, *a.* bootteeyillādăh, pāytteeŭmānăh, புத்தியில்லாத, பைத்தியமான
Sensibility, *s.* shorŭney, roshŭm, oonŭrtchee, சுரணை, உரோஷம், உணர்ச்சி
Sensible, *a.* bootteeoollăh, oonŭrcheeoollăh, புத்தியுள்ள உணர்ச்சியுள்ள
Sensibly, *a.* bootteeyāy, yookteeyay, areevay, புத்தியாய், யுக்தியாய், அறிவாய்
Sensitive, *a.* shorŭneyānăh, roshŭmānah, oonŭrcheeyānăh, சுரணையான, உரோஷமான, உணர்ச்சியான
Sensual, *a.* soogăbokhŭmoollăh, kāmăveekārŭmoollăh, shitteenbŭmoollăh, சுகபோகமுள்ள, காமவிகாரமுள்ள, சித்தின்பமுள்ள
Sensuality, *s.* soogăbokhŭm, kāmăveekārŭm, சுகபோகம், காமவிகாரம்
Sensually, *a.* soogăbokhŭmay, சுகபோகமாய்
Sentence, *s.* teerpoo, teermānŭm, தீர்ப்பு, தீர்மானம்
Sentence, *v.* teerpoochollookiradoo, teerkiradoo, தீர்ப்புச்சொல்லுகிறது, தீர்க்கிறது
Sententious, *a.* nenjeendă yennŭmoollăh, நெஞ்சின்தயினை முள்ள
Sentiment, *s.* yennŭm, yoshŭney, kŭroottoo, ŭbeeprāyŭm, tārpŭreeum, எண்ணம், யோசினை, கருத்து, தாற்பரியம்
Sentimental, *a.* roshŭmoollăh, ŭbeeprāyŭmoollăh, உரோஷமுள்ள, அபிப்பிராயமுள்ள
Sentinel, *s.* kāvŭlkārŭn, kāvŭlāl, காவற்காரன், காவலாள்
Separate, *v.* pirreekiradoo, kŭrheekiradoo, neekkookiradoo, vŭgookiradoo, பிரிக்கிறது, கழிக்கிறது, வகுக்கிறது
Separate, *a.* tŭnittăh, vevveyroo, தனித்த, வெவ்வேறு
Separation, *s.* pirreevoo, neekkŭm, pirrŭmboo, பிரிவு, நீக்கம், பெயர்ப்பு
Separately, *a.* tŭneetŭneeyay, vevveyrāy, ovvonray, தனித்தனியாய், வெவ்வேறாய், ஒவ்வொன்றாய்
September, *s.* poorŭttādee māshŭm, புரட்டாதிமாசம்
Septennial, *a.* yeylhoo vŭrooshŭttookoo oroo mŭreyānăh, எழுவருஷத்துக்கொருமுறையான
Sepulchre, *s.* tolleyshimmādŭm, goree, துளசிமாடம், கோரி
Sequel, *s.* modeevoo, kŭdăsee, முடிவு, கடைசி
Sequence, *s.* todŭrchee, தொடர்ச்சி
Sequester, *v.* Sequestrate, } ātcheevellookookiradoo, ăbākŭrreekiradoo, ஆட்சிவிலக்குகிறது, அபகரிக்கிறது
Sequestration, *s.* ātcheevellookookāy, ஆட்சிவிலகுகை
Serene, *a.* sŭmādānŭmoollăh, ămāyoollăh, சமாதானமுள்ள, அமைவுள்ள

Serenely, *a.* sŭmādānŭmay, ămāyvāy, சமாதானமாய், அமைவாய்
Serenity, *s.* ămāydee, sŭmādānŭm, அமைதி, சமாதானம்
Serious, *a.* kŭvŭleyoollah, gŭvŭnŭmoollah, கவலையுள்ள, கவனமுள்ள
Seriously, *a.* kŭvŭleyay, கவலையாய்
Seriousness, *s.* kŭvŭnŭm, kŭvŭley, கவனம், கவலை
Sermon, *s.* prŭsŭngŭm, podăkŭm, பிரசங்கம், போதகம்
Serpent, *s.* pāmboo, sŭroopŭm, பாம்பு, சற்ப்பம்
Serpentine, *a.* konŭlānăh, கோணலான
Serrate, *a.* pŭlloollăh, பல்லுள்ள
Serum, *s.* oonŭm, ஊனம்
Servant, *s.* veyleykārŭn, pŭneeviddeykārŭn, oorheeŭn, வேலைக்காரன், பணிவிடைக்காரன் ஊழியன்
Serve, *v.* veyleysheykirădoo, ŭdeemeysheykiradoo, வேலைசெய்கிறது, அடிமைசெய்கிறது
Service, *s.* veyley, woorheeŭm, pŭneeviddey, torheel, வேலை, ஊழியம், பணிவிடை, தொழில்
Serviceable, *a.* wottăsheyoollăh, woodăveeyānăh, ஒத்தாசையுள்ள, உதவியான
Servile, *a.* tārhmeyānăh, keerhānăh, woorheeŭttookŭdoottăh, தாழ்மையான, கீழான, ஊழியத்துக்கடுத்த
Servilely, *a.* keerhmeyāy, tārhmeyāy, கீழ்மையாய், தாழ்மையாய்
Servility, *s.* keerhmey, ădeemeytŭnnŭm, கீழ்மை, அடிமைத்தனம்
Servitor, *s.* pŭneeviddeykārŭn, பணிவிடைக்காரன்
Servitude, *s.* ădeemey, woorheeŭm, அடிமை, ஊழியம்
Sesamun, *s.* yelloo, எள்ளு
Session, *s.* āloshŭney kālŭm, pŭnjshāyă kālŭm, ஆலோசனைகாலம், பஞ்சாயகாலம்
Set, *s.* koottŭm, கூட்டம்
Set, *v.* vāykirădoo, nirroottookiradoo, வைக்கிறது, நிறுத்துகிறது
Seton, *s.* kārtirree, காரத்திரி
Setting, (of the sun,) *s.* shooreeyă āstŭmānŭm, சூரியவஸ்தமானம்
Settle, *v.* teerkiradoo, kŭttookiradoo, தீர்க்கிறது, கட்டுகிறது
Settled, *p.* teerŭndăh, தீர்ந்த
Settlement, *s.* teerpoo, teermānŭm, தீர்ப்பு, தீர்மானம்
Settling, *s.* teerpoo, teermānŭm, தீர்ப்பு, தீர்மானம்
Settling, *p.* teerkiră, தீர்க்கிற
Seven, *ar.* yeyrhoo, yeyloo, ஏழு, ஏளு
Seven-fold, yeyloomŭdŭngoo, ஏளுமடங்கு
Seven-score, *s.* noottoo nārbŭdoo, நூற்றுநாற்பது
Seventeen, *s.* pŭdeenyeyloo, பதினேழு
Seventy, *s.* yeyrhoovŭddoo, எழுவது
Sever, *v. a.* ărookiradoo, keerheekiradoo, toondeekiradoo, அறுக்கிறது, கிழிக்கிறது, துண்டிக்கிறது
Sever, *v. n.* pirreekiradoo, peyrkiradoo, பிரிக்கிறது, பெயர்க்கிறது

Several, *a.* pŭllăh, ăneykăh, பல, அனேக
Severally, *a.* vevveyrāy, வெவ்வேருய்
Severance, *s.* toondiddŭm, துண்டிதம்
Severe, *a.* woreypānăh, kŭdeenŭmānăh, ăkhorŭmānăh, gŭnŭmānăh, oogrŭmānăh, உறைப்பான, கடினமான, அகோரமான, கனமான, உக்கிரமான
Severely, *a.* ăkhorŭmāy, gŭnŭmmāy, &c. அகோரமாய், கனமாய்
Severity, *s.* ăkhorŭm, oogrŭm, அகோரம், உக்கிரம்
Sew, *v.* taykiradoo, தைக்கிறது
Sewer, *s.* tayŭrkārŭn, தைய்யற்காரன்
Sewing, *s.* tāyŭl, தைய்யல்
Sex, *s.* pāl, jādee, பால், சாதி
Sexual, *a.* ānpennookŭdoottăh, ஆண்பெண்ணுக்கடுத்த
Shabbily, *a.* yelleemeyāy, eenŭmmay, எளிமை, ஈன்மை
Shabbiness, *s.* yelleemey, eenŭm, எளிமை, ஈனம்
Shabby, *a.* yelleemeyānăh, eenŭmānăh, எளிமையான, ஈனமான
Shackle, *v.* kŭttookiradoo, poottookiradoo, கட்டுகிறது, பூட்டுகிறது
Shackles, *s.* shengillee, villungkoo, சங்கிலி, விலங்கு
Shade, *s.* nirrhŭl, nillŭl, நிழல், நிளல்
Shade, *v.* nirrhul iddeekiradoo, nirrhŭl sheykiradoo, நிழலிடுகிறது, நிழல்செய்கிறது
Shadiness, *s.* nirrhŭlānădoo, nirrhŭl, நிழலானது, நிழல்
Shadow, *s.* nirrhŭl, நிழல்
Shadow, *v.* nirrhŭl voodookiradoo, நிழல்விடுகிறது
Shady, *a.* nirrhŭloollăh, நிழலுள்ள
Shaft, *s.* kāl, கால்
Shaggy, *a.* sŭdeyānăh, சடையான
Shake, *s.* āttoo, ăsayvoo, ăsaypoo, āttŭm, ஆட்டு. அசைவு, அசைப்பு, ஆட்டம்
Shake, (as a table, &c.) *v.* asaykiradoo, āttookiradoo, அசைக்கிறது, ஆட்டுகிறது
Shake, (as with cold,) *v.* nŭdookiradoo, நடுக்கிறது
Shaking, *s.* ăsayvoo, āttŭm, nŭdookŭm, அசைவு, ஆட்டம், நடுக்கம்
Shall, *aux.* vŭrnoom, வேணும்
Shallow, *a.* ārhŭmillādah, ஆழமில்லாத
Shallow, (mentally,) *a.* mŭrhoongeenăh, மழுங்கின
Shallowness, *s.* ărhŭminnmey, mŭrhoongoo, ஆழமின்மை, மழுங்கு
Sham, *v.* pāsāngoopŭnnookiradoo, yeykiradoo, பாசாங்குபண்ணுகிறது, ஏய்க்கிறது
Sham, *a.* pāsāngānăh, poyyānăh, பாசாங்கான, பொய்யான
Shame, *s.* veydkŭm, bŭngkŭm, வெட்கம், பங்கம்
Shame, *v.* veydkăpŭdoottookiradoo, bŭngkăpŭdoottookiradoo, வெட்கப்படுத்துகிறது, பங்கப்படுத்துகிறது
Shamefaced, *a.* nānŭmānăh, koochiymānăh, நாணமான, கூச்சமான
Shameful, *a.* veydkŭmoollăh, bŭngŭmānăh, வெட்கமுள்ள, பங்கமுள்ள

Shameless, *a.* veydkŭmŭttăh, bŭngŭmŭttăh, வெட்கமுள்ள, பங்கமுள்ள

Shamelessly, *a.* veydkŭminnmeyay, வெட்கமின்மையாய்

Shank, *s.* kŭneykāl, கணைக்கால்

Shape, *s.* rooboo, ooroo, vŭdeevoo, sāyŭl, kolŭm; உருபு, உரு, வடிவு, சாயல், கோலம்

Shape, *v.* roobooрŭdoottookiradoo, ooroovākiradoo, உருப்படுத்துகிறது, உருவாக்கிறது

Shapeless, *a.* roobŭmillāmŭl, vŭdeevŭttăh, உருபமில்லாமல், வடிவில்லாமல்

Share, *s.* pŭngkoo, pŭgoodee, eevoo, பங்கு, பகுதி, ஈவு

Share, *v.* pŭngiddookiradoo, பங்கிடுகிறது

Sharing, *s.* pŭngiddookay, பங்கிடுகை

Shark, *s.* soorā, soorāmeen, சுரா, சுராமீன்

Sharp, *a.* koorānăh, kooroollăh, கூரான, கூருள்ள

Sharpen, *v.* koorākkookiradoo, koorākă sheykiradoo, shāneypiddeekiradoo, கூராக்குகிறது, கூராகச்செய்கிறது, சாணைப்பிடிக்கிறது

Sharper, *s.* mosăkārŭn, kŭllŭn, மோசக்காரன், கள்ளன்

Sharply, *a.* kooray, koormeyay, கூராய், கூர்மையாய்

Sharpness, *s.* koor, koormey, கூர், கூர்மை

Sharpsighted, *a.* kŭnkoormeyoollăh, kooroompārvāyoollăh, கணகூர்மையுள்ள, குறும்பார்வையுள்ள

Sharpwitted, *a.* koorŭndăbootteeyoollăh, bootteeyoollăh, கூர்ந்தபுத்தியுள்ள

Shaster, *s.* shāsterŭm, சாஸ்திரம்

Shatter, *v.* wodaykiradoo, iddeekiradoo, உடைக்கிறது, இடிக்கிறது

Shave, *v.* shŭvrŭm pŭnnookiradoo, shirreykiradoo, சவரம் பண்ணுகிறது, சிரைக்கிறது

Shaver, *s.* ŭmbŭttŭn, nāsoovŭn, pŭreekāree, அம்பட்டன், நாசுவன், பரிகாரி

Shaving, *s.* shŭvrŭm, சவரம்

Shawl, *s.* shālvāy, சால்வை

She, *p.* ăvŭl, eevŭl, அவள், இவள்

Sheaf, *s.* kŭdeerkŭttoo, கதிர்கட்டு

Shear, *v.* măyeer kŭtteereekiradoo, மயிர்கத்திரிக்கிறது

Shears, *s.* kutteereekay, கத்திரிக்கை

Sheath, *s.* worey, koodoo, உறை, கூடு

Sheathe, *v.* woreyeel podookiradoo, உறையில்போடுகிறது

Shed, *s.* koodoosāy, kootchoo, kottŭm, kottey, குடிசை, குச்சு, கொட்டம், கொட்டாய்

Shed, *v.* soreekiradoo, shindookiradoo, சொரிகிறது, சிந்துகிறது

Sheep, *s.* ādoo, shembillee ādoo, ஆடு, செம்பிலியாடு

Sheepish, *a.* veydkŭmoollăh, வெட்கமுள்ள

Sheepishness, *s.* nānŭm, veydkŭm, நாணம், வெட்கம்

Sheepshearing, *s.* āttoomayeerkŭttŭreekay, ஆட்டுமயிர்கத்திரிக்கை

Sheer, *a.* shoottŭmāy, teermānŭmāy, deergŭmāy, சுத்தமாய் தீர்மானமாய், தீர்க்கமாய்

Sheet (for bed,) *s.* doopttee, kŭtteel doopttee, துப்பட்டி, கட்டில்துப்பட்டி

Sheet,(of paper,) *s.* oorootāl kāyyeedŭm, oorootāl kŭdoodāsee, ஒருதாள்காயிதம், ஒருதாள்கடுதாசி

Shelf, *s.* ălămāree pălăghey, அலமாரிபலகை

Shell, *s.* kŭlinjee, wōdoo, கிளிஞ்சி, ஓடு

Shell,(bomb,)*s.* veddeegoondoo, வெடிகுண்டு

Shelter, *s.* wodookeddŭm, wodookoo, ஒதுக்கிடம், ஒதுக்கு

Shelter, *v.* ādŭreekiradoo, kārkiradoo, sheyrkiradoo, ஆதரிக்கிறது, காக்கிறது, சேர்க்கிறது

Shelve, *v.* sāykiradoo, tārhookiradoo, yerŭngkookiradoo, சாய்கிறது, தாழுகிறது, இறங்குகிறது

Shelving, *a.* sāykiră, yerŭngkiră, சாய்கிற, இறங்குகிற

Shepherd, *s.* āttookārŭn, ādoo meykirăvŭn, ஆட்டுக்காரன், ஆடுமேய்க்கிறவன்

Shew, *s.* kādshee, veydeekāy, veyshŭm, māreesŭm, காட்சி, வேடிக்கை, வேஷம், மாரிசம்

Shew, *v.* kāttookiradoo, kānbeekiradoo, காட்டுகிறது, காண்பிக்கிறது

Shield, *s.* gerdăkhŭm, pŭreesey, கேடகம், பரிசை

Shield, *v.* kārkiradoo, tŭrkārkiradoo, காக்கிறது, தற்காற்கிறது

Shift, *s.* tŭndirrŭm, தந்திரம்

Shift, *v.* māttookiradoo, tirroombookiradoo, kŭduttookiradoo, மாற்றுகிறது திரும்புகிறது கடத்துகிறது

Shin, *s.* kŭndeykāl, கெண்டைக்கால்

Shine, *v.* pirrăkāseekiradoo, toolŭngkookiradoo, oleeveesookiradoo, பிரகாசிக்கிறது, துலங்குகிறது, ஒளிவீசுகிறது

Shining, *s.* toolăkŭm, pirrăkāsŭm, kāndee, துலக்கம், பிரகாசம், காந்தி

Ship, *s.* kŭppŭl, கப்பல்

Ship, *v.* kŭppŭleel yettookiradoo, கப்பலிலேற்றுகிறது

Shipbuilder, *s.* kŭppŭlsheykirăvŭn, கப்பல்செய்கிறவன்

Shipmaster, *s.* kŭppŭldoorey, kŭppŭltŭllayvŭn, கப்பல்துரை, கப்பற்றலைவன்

Shipment, *s.* kŭppŭlmeyley yettookay, kŭppŭlsŭrŭkoo, கப்பல்மேலேற்றுகிறது, கப்பல்சரக்கு

Shipwreck, *s.* kŭppŭl sheydŭm, kŭppŭl nŭshttŭm, கப்பல்சேதம், கப்பல்நஷ்டம்

Shipwright, *s.* kŭppŭlsheykirăvŭn, கப்பல்செய்கிறவன்

Shirt, *s.* kŭmsoo, oolengee, கமுசு, உள்ளங்கி

Shiver, *v. a.* wodāykiradoo, iddeekiradoo, உடைக்கிறது, இடிக்கிறது

Shiver, *v. n.* nŭdoongookiradoo, wodŭrookiradoo, kooleerkiradoo, நடுங்குகிறது, உதறுகிறது, குளிர்கிறது

Shivering, *s.* gŭdăgŭdăpoo, கிடுகிடுப்பு

Shoal, *s.* tiddŭl, pār, middăpoo, திடல், பார், மிதப்பு

Shock, *s.* ădeerchee, அதிர்ச்சி

Shocked, (to be,) *v.* tiddookŭdookiradoo, tighaykiradoo, திடுக்கிடுகிறது, திகைக்கிறது

Shocking, *a.* toodookhānăh, துடுக்கான

Shockingly, *a.* toodookhăy, துடுக்காய்

Shoe, *s.* săpāttoo, jodoo, சப்பாத்து, ஜோடு

Shoe, *v.* (a horse,) lādŭm kŭttookiradoo, இலாடமடிக்கிறது

Shoemaker, *s.* shăykeelee, mādeghŭn, சக்கிலி, மாதிகன்

Shoot, (of a plant,) *s.* molley, korhoondoo, tŭlleer, முளை, கொழுந்து, துளிர்

Shoot, (with a gun,) *v.* shoodookiradoo, veydeevaykiradoo, சுடுகிறது, வெடிவைக்கிறது

Shoot. (as a plant.) *v.* molaykiradoo, முளைக்கிறது

Shop, *s.* kŭdāy, கடை

Shopkeeper, *s.* kŭdāykārŭn, veeyābāree, கடைக்காரன், வியாபாரி

Shore, *s.* kŭdŭlkŭrāy, kŭrāy, கடற்கரை, கரை

Short, *a.* koolŭmānăh, mŭttŭmānăh, குள்ளமான, மட்டமான

Shortcoming, *s.* korāy, குறை

Shorten, *v.* koorookookiradoo, korāykiradoo, குறுக்குகிறது, குறைக்கிறது

Shortly, *a.* konjshă neyrŭttilley, கொஞ்சநேரத்திலே

Shortness, *s.* koolŭm, kooroo-kŭm, mŭttŭm, குள்ளம், குறுக்கம், மட்டம்

Shortsighted, *a.* kŭn koormey illādăh, கண்கூர்மையில்லாத

Shortwinded, *a.* kooroomoochoollăh, குறுமூச்சுள்ள

Shot, (sound of.) *s.* veddee, vettoo, வெடி, வேட்டு

Shot, *s.* (small,) rŭvāy, ரவை

Should, *aux.* vŭrndeeyŭdoo, vŭrnoom, வேண்டியது, வேண்டும்

Shoulder, *s.* boojŭm, tol, புசம், தோள்

Shoulder, (to push,) *v.* boojŭttāl iddeekiradoo, புசத்தாலிடிக்கிறது

Shoulder, (to take up,) *v.* toleelvāykiradoo, தோளில்வைக்கிறது

Shout, *v.* ădeerttoo koopeedookiradoo, அதட்டிக்கூப்பிடுகிறது

Shove, *s.* tŭlloo, தள்ளு

Shove, *v.* tŭllookiradoo, shellоottookiradoo, தள்ளுகிறது, செலுத்துகிறது

Show, *s.* kādshee, ādŭmbŭrŭm, veydeekāy, veyshŭm, காட்சி, ஆடம்பரம், வேடிக்கை, வேஷம்

Show, *v.* kāttookiradoo, kānbeekiradoo, காட்டுகிறது, காண்பிக்கிறது

Shower, *s.* pāttŭmŭrhey, பாட்டமழை

Shower, *v.* shoreekiradoo, mŭrhey shoreekiradoo, சொரிகிறது, மழைசொரிகிறது

Showy, *a.* pillookānăh, yeddoopānăh, veenpoogŭrghcheeyānăh, பிலுக்கான, எடுப்பான, வீண்புகழ்ச்சியான

Shred, *s.* kŭndey, kirrheevoo, கந்தை, கிழிவு

Shred, *v.* toondeekiradoo, kirrheekiradoo, tārootārāykirrheekiradoo, துண்டிக்கிறது, கிழிக்கிறது, தாறுதாறாய்கிழிக்கிறது

Shrew, *s.* veydooveydoopookāree, ānmāree, bŭjāree, வெடுவெடுப்புக்காரி, ஆண்மாரி, பசாரி

Shrewd, *a.* sāmārtteeyŭmānăh,

shādooreeyŭmoollăh, oobāyumānăh, சாமார்த்தியமான, சாதுரியமான, உபாயமான
Shrewdness, *s.* sāmārtteeyŭm, oobāyŭm, சாமார்த்தியம், உபாயம்
Shriek, *s.* kreecheedoo, கிரீச்சிடு
Shrill, *a.* keechoollăh, கீச்சுள்ள
Shrillness, *s.* keechoo, கீச்சு
Shrimp, *s.* eerā, shennăkoonee, இரா, சென்குக்கூனி
Shrine, *s.* goree, கோரி
Shrink, *v.* shooroongkookiradoo, odoongkookiradoo, சுருங்குகிறது, ஒடுங்குகிறது
Shrinking, *s.* shoorookŭm, shoorookoo, சுருக்கம், சுருக்கு
Shroud, *s.* poonă pŭdăvey, புணைப்புடவை
Shroud, *v.* poonăpŭdăvey moodookiradoo, புணைப்புடவைமூடுகிறது
Shrub, *s.* sheydee, poondoo, செடி, பூண்டு
Shrug, *v.* tōl shoorookookiradoo, தோல்சுருக்குகிறது
Shudder, *s.* tiddookŭddoo, திடுக்கிடு
Shudder, *v.* tiddookŭddookiradoo, திடுக்கிடுகிறது
Shuffle, (with the feet,) *v.* teykiradoo, தேய்க்கிறது
Shuffling, *s.* teykay, தேய்க்கை
Shun, *v.* orheekiradoo, velŭkkookiradoo, ஒழிக்கிறது, விலக்குகிறது
Shut, *v.* shāttookiradoo, adaykiradoo, poottookiradoo, சாத்துகிறது, அடைக்கிறது, பூட்டுகிறது
Shutter, *s.* kădăvoo, கதவு
Shy, *a.* koochŭmānăh, nānŭmoollah, shŭngosŭmoollăh, korheyoollăh, கூச்சமான, நாணமுள்ள, சங்கோசமுள்ள, கோழையுள்ள
Shyness, *s.* nānŭm, koochŭm, korhay, நாணம், கூச்சம், கோழை
Sick, *a.* noovollah, veeyādeeyoollăh, pŭneeyoollăh, நோவுள்ள, வியாதியுள்ள, பிணியுள்ள
Sicken, *v.* novoopŭdookiradoo, veeyādeepŭdookiradoo, நோவுப்படுகிறது, வியாதிப்படுகிறது
Sickle, *s.* areevāl, kŭrookŭreevál, அரிவாள, கருக்கரிவாள
Sickliness, *s.* pinnee, novoo, பிணி, நோவு
Sickly, *a.* noovollăh, pŭneeyānăh, நோவுள்ள, பிணியுள்ள
Sickness, *s.* novoo, veeyādee, pŭnee, நோவு, வியாதி, பிணி
Side, *s.* pŭkkŭm, poorŭm, பக்கம், புறம்
Side, (with,) *v.* koodookiradoo, sheyrkiradoo, கூடுகிறது, சேர்கிறது
Sidesaddle, *s.* dooreysānee jeenee, துரைசாணிசீனி
Sideways, *a.* worŭmāy, ஒருமாய்
Sieve, *s.* sŭllŭdey, சல்லடை
Sift, *v.* sŭllŭdey iddookiradoo, சல்லடையிடுகிறது
Sifting, *s.* sŭllŭdey iddookay, சல்லடையிடுகை
Sigh, *s.* peyroomoochoo, பெருமூச்சு
Sigh, *v.* peyroomoochoo voodookiradoo, பெருமூச்சுவிடுகிறது
Sight, *s.* pārvāy, nokkŭm, பார்வை, நோக்கம்

Sightless, *a.* kŭn terreeyādăh, pārvayillādăh, கண்தெரியாத, பார்வையில்லாத

Sign, *s* ŭdayālŭm, kooree, kooreepoo, அடையாளம், குறி, குறிப்பு

Sign, *v.* kāy yerhoottoo podookiradoo, கையெழுத்துபோடுகிறது

Signal, *s.* ădeyālŭm, kooreepoo. jādāy, அடையாளம், குறிப்பு, சாடை

Signal, *a.* ninneykă pŭdătŭkkăh, நினைக்கப்படத்தக்க

Signalize, *v.* menmeypŭdookiradoo, mŭkheemeypŭdookiradoo, மேன்மைபடுத்துகிறது, மகிமைப்படுத்துகிறது

Signally, *a.* menmeyay, மேனமையாய்

Signature, *s.* kāy yerhoottoo, kāy yoppŭm, கையெழுத்து, கையொப்பம்

Signet, *s.* moottirrey, முத்திரை

Significance, *s.* ărroottŭm, porool. அருத்தம், பொருள

Significant, *a.* ăroottŭmānăh, kooreepānăh, அருத்தமான, குறிப்பான

Significantly, *a.* ăroottŭmāy, அருத்தமாய்

Signification, *s.* ăroottŭm, porool, அருத்தம், பொருள

Signify, *v.* ăroottŭm kollookiradoo, அருத்தம்கொள்ளுகிறது

Silence, *s.* peyshāmey, mavoonŭm, பேசாமை, மௌனம்

Silence, *v.* peshāmey sheykiradoo, măvoonŭm ākiradoo, ădŭkkookiradoo, பேசாமை செய்கிறது, மௌனமாகிறது, அடக்குகிறது

Silent, *a.* peyshādăh, măvoonŭmānăh, பேசாத, மௌனமான

Silently, *a.* măvoonŭmāy, மௌனமாய்

Silk, *s.* pŭttoo, (thread,) pŭttonool, பட்டு, பட்டுநூல்

Silky, *a.* pŭttānăh, பட்டான

Sill, *s.* pŭdee, படி

Silliness, *s.* pāytteeyŭm, moodăttŭnŭm, பைத்தியம், மூடத்தனம்

Silly, *a.* bootteekerttăh, pāytteeyŭmānăh, புத்திகெட்ட, பைத்தியமான

Silver, *s.* vellee, வெள்ளி

Silver, *v.* vellee poosookiradoo, வெள்ளிபூசுகிறது

Silver, *a.* vellee, வெள்ளி

Silvering, *s.* velleepoosookay, வெள்ளிபூசுகை

Silvery, *a.* velleepoley, வெள்ளிபோலே

Silversmith, *s.* tŭttān, தட்டான்

Similar, *a.* oppānăh, sŭmmānăh, ஒப்பான, சமமான

Similarity, *s.* oppŭney, oppoo, yenney, sŭmānŭm, pāvuney, poley, ஒப்பனை, ஒப்பு, எணை, சமானம், பாவனை

Simmer, *v.* shoodookiradoo, சுடுகிறது

Simper, *s.* kodoonjshirreepoo, illeepoo, கொடுஞ்சிரிப்பு, இளிப்பு

Simper, *v.* kodoonjshirreepoo, shirreekiradoo, கொடுஞ்சிரிப்பு, சிரிக்கிறது

Simple, *a.* payteeyŭmānăh, peydeeyānăh, oroomeyānăh, பைத்தியமான, பேடியான, ஒருமையான

Simpleton, *s.* areevilādăvŭn, ăvveeveykee, mŭndŭn, pāytee-yŭkārŭn, அறிவில்லாதவன், அவிவேகி, மந்தன், பைத்தியக்காரன்

Simplicity, *s.* peydeytŭnŭm, kŭbŭdŭm inmey, பேடித்தனம், கபடமின்மை

Simplify, *v.* teyleevākiradoo, orhŭngakiradoo, தெளிவாகிறது, ஒழுங்காகிறது

Simply, *a.* (only,) māttirrŭm, மாத்திரம்

Simulate, *v.* māyŭveyshŭmāy irookiradoo, மாயவேஷமாயிருக்கிறது

Simulation, *s.* māyăveyshŭm, மாயவேஷம்

Simultaneous, *a.* oroo mikkŭh, oroo mŭreyānŭh, ஒருமிக்க, ஒருமுறையான

Simultaneously, *a.* oroo mikkŭh, oroo mŭreyeeley, ஒருமிக்க, ஒருமுறையாய்,

Sin, *s.* pāvŭm, drōgŭm, toshŭm, ŭkirămŭm, பாவம், துரோகம், தோஷம், அக்கிரமம்

Sin, *v.* pāvŭm sheykiradoo, drōgum, or toshŭm, sheykiradoo, பாவம்செய்கிறது, துரோகம் or தோஷம்செய்கிறது

Since, *p.* moodŭlkondoo, todŭngkee, முதல்க்கொண்டு, துடங்கி

Since, (because,) *a.* pŭdeeyāl, pŭdeeyināley, படியால, படியினாலே

Sincere, *a.* oonmeyoollăh, nisshŭmoollăh, oottŭmgoonŭmoollăh, உண்மையுள்ள, நிசமுள்ள, உத்தமகுணமுள்ள

Sincerely, *a.* neyrāy, nisshŭmāy, oonmeyyāy, நேராய், நிசமாய், உண்மையாய்

Sincerity, *s.* neyrmey, oonmey, நேர்மை, உண்மை

Sinew, *s.* nŭrŭmboo, nādee, நரம்பு, நாடி

Sinewless, *a.* bellŭnŭttăh, bellŭmillādăh, பலமற்ற, பலமில்லாத

Sinewy, *a.* bellŭnoollăh, பலமுள்ள

Sinful, *a.* pāvŭmoollăh, பாவமுள்ள

Sinfulness, *s.* pāvatŭnmey, பாவத்தன்மை

Sing, *v.* pādookiradoo, rākhŭmpādookiradoo, பாடுகிறது, ருகம்பாடுகிறது

Sing, (as birds,) *v.* koovookiradoo, கூவுகிறது

Singe, *v.* kŭrookookiradoo, கருகுகிறது

Singing, *s.* pāttoo, keedŭm, பாட்டு, கீதம்

Single, *v.* onrey teyreendoo kollookiradoo, ஒன்றைதெரிந்துக்கொள்ளுகிறது

Single, *a.* wottey, oroomey, wonrey, ஒற்றை, ஒருமை, ஒன்றே

Singleness, *s.* tŭneemey, andŭrrŭm, wottey, wottoomey, தனிமை, அந்திரம், ஒற்றை, ஒற்றுமை

Singly, *a.* tŭneeyey, vevveyrey, wotteyāy, தனியாய், வெவ்வேருய், ஒத்தையாய்

Singular, *a.* vŭrhăkŭmillādăh, வழக்கமில்லாத

Singularity, *s.* poodoomādirree, oroomādirree, புதுமாதிரி, ஒருமாதிரி

Singularly, *a.* poodoomādirreeyāy, புதுமாதிரியாய்

Sinister, *a.* yedădoo, doorkoonăh

kŭrttăh, இடது, துர்க்குண, கெட்ட

Sink, *v. a.* tārhttookiradoo, ămeerhttookiradoo, தாழ்த்துகிறது, அமிழ்த்துகிறது.

Sink, *v. n.* yeeroottoo pokiradoo, ameerhndoo pokiradoo, இழுத்துபோகிறது, அமிழ்ந்துபோகிறது

Sinking, *s.* ămeerhttookāy, அமிழ்த்துகை

Sinless, *a.* pāvŭmillādăh, பாவமில்லாத

Sinner, *s.* pāvee, droghee, பாவி, துரோகி

Sinuosity, *s.* vŭleyvoo, neyleevoo, வளைவு, நெளிவு

Sip, *s.* ooreenjshoo, உறிஞ்சு

Sip, *v.* ooreenjshookiradoo, உறிஞ்சுகிறது

Sir, *s.* ayāh, svāmee, ஐயா, சாமி

Sirup, *s.* sheeneepāghoo, சினிப்பாகு

Sister, (younger,) *s.* tŭngŭtchee, tŭngkāy, தங்கச்சி, தங்கை

Sister, (elder,) ŭkkāl, tămăkāy, அக்காள், தமக்கை

Sit, *v.* oodkārookirădoo, ooloo-kārookiradoo, உட்காருகிறது, உளுக்காருகிறது

Sit, (on eggs,) *v.* ădāykarkiradoo, அடைகாக்கிறது

Sitting, *s.* oodkārookāy, உட்காருகை

Situation, (site,) *s.* yeddŭm, tānŭm, nelley, இடம், தானம், நிலை

Situation, (office,) *s.* ootteeyokŭm, ăloovŭl, உத்தியோகம், அலுவல்

Six, *a.* āroo, ஆறு

Sixteen, *s.* pŭdinaroo, பதினாறு

Sixty, *s.* ăroopŭddoo, அறுபது

Size, *s.* ŭlăvoo, pirrŭmānŭm, அளவு, பிரமாணம்

Skeleton, *s.* yeloomboo rooboo, yeloomboo goodoo, எலும்புரூப்பு, எலும்புகூடு

Sketch, *s.* kŭreepoo pŭdŭm, குறிப்புபடம்

Sketch, *v.* kŭreepoopŭdŭm yerhoodookiradoo, குறிப்புபடமெழுதுகிறது

Skill, *s.* sāmārtteeŭm, vivveykhŭm, சாமார்த்தியம், விவேகம்

Skilful, *a.* sāmārtteeŭmānăh, vivveykhŭmoollăh, சாமார்த்தியமான, விவேகமுள்ள

Skilfully, *a.* sāmārtteeŭmāy, gŭrtteeyay, சாமர்த்தியமாய், கெட்டியாய்

Skim, *v.* ādāyvāngkiradoo, yeydoovāngkiradoo, ஆடைவாங்கிறது, ஏடுவாங்கிறது

Skim-milk, *s.* ādeyvāngeenăpāl, ஆடைவாங்கினபால்

Skin, *s.* tol, தோல்

Skin, *v. a.* tol ooreekiradoo, தோலுரிக்கிறது

Skip, *v.* toollookiradoo, goodeekiradoo, pāykiradoo, துள்ளுகிறது, குதிக்கிறது, பாய்கிறது

Skirmish, *s.* shinnăpōre, சின்னப்போர்

Skirmish, *v.* shinnăpōre sheykiradoo, சின்னப்போர்செய்கிறது

Skirt, *v.* worŭmkŭttookiradoo, ஓரமகட்டுகிறது

Skulk, *v.* pŭdoongkookiradoo, oleekiradoo, பதுங்குகிறது, ஒளிகிறது

Skulker, *s.* pŭdoongkookirăvŭn, பதுங்குகிறவன்

Skull, *s.* tŭlleyodoo, mŭndeyodoo, தலையோடு, மண்டையோடு

Skulking, *a.* pŭdoongkookiră, பதுங்குகிற

Sky, *s.* vānŭm, āgāshŭm, வானம், ஆகாஷம்

Skyrocket, *s.* āgāshă vānŭm, ஆகாஷவானம்

Slab, (of stone,) *s.* kŭlpŭlăkhāy, கல்பலகை

Slack, *v.* **Slacken**, (as a rope.) tŭlŭrăhvoodookiradoo, தளரவிடுகிறது

Slack (as lime,) *v.* neerttoopodookiradoo, நீர்த்துப்போகிறது

Slack, *a.* tŭlŭreendăh, தளர்ந்த

Slake, *v.* (as thirst,) dāghŭmteerkiradoo, தாகந்தீர்க்கிறது

Slam, *v.* pudār enroo ădeekiradoo, படாரென்றடிக்கிறது

Slander, *s.* kōl, poorŭnney, ăvădooroo, கோள், புரணி, அவதூறு

Slander, *v.* kōl shollookiradoo, கோள் சொல்லுகிறது

Slanderer, *s.* kōllŭn, kol shollookiravŭn, கோளன், கோளச்சொல்லுகிறவன்

Slant, *s.* sāyvoo, sāreevoo, săttār, சாய்வு, சரிவு, சத்தார்

Slant, *v.* sāykiradoo, sāreekiradoo, சாய்கிறது, சரிகிறது

Slantingly, *a.* sāreevay, sŭttārāy, சரிவாய், சத்தாராய்

Slap, *s.* ărāy, ŭdee, அறை, அடி

Slap, *v.* ărāykiradoo, kāyālŭdeekiradoo, அறைகிறது, கையாலடிக்கிறது

Slash, *s.* veyttoo, வெட்டு

Slash, *v.* vettookiradoo, வெட்டுகிறது

Slattern, *s.* shoottŭmillādavŭl, சுத்தமில்லாதவள்

Slaughter, *s.* kolley, கொலை

Slaughter, *v.* kolley sheykiradoo, kollookirădoo, கொலைசெய்கிறது, கொல்லுகிறது

Slave, *s.* ădoomey, ooreeyŭn, அடிமை, ஊழியன்

Slavish, *a.* ădoomey tŭnŭmānăh, ooreyŭmānăh, அடிமைதனமான, ஊழியமான

Slavishness, *s.* ădoomeytŭnnŭm, ooreeyŭm, அடிமைதனம், ஊழியம்

Slay, *v.* kollookiradoo, ădeekiradoo, கொல்லுகிறது, அடிக்கிறது

Sleek, *a.* yenney vŭrhookoollăh, pŭlapŭlapānăh, எண்ணெய்வழுக்குள்ள, பளபளப்புள்ள

Sleep, *s.* nittirrey, tookkŭm, worăkŭm, நித்திரை, தூக்கம், உறக்கம்

Sleep, *v.* toongkiradoo, nittirrey sheykiradoo, தூங்கிறது, நித்திரைசெய்கிறது

Sleepily, *a.* tookŭmay, nittirreygoonŭmoollah, nittirreyshombay, தூக்குமை, நித்திரைகுணமுள்ள, நித்திரைச்சோம்பாய்

Sleepiness, *s.* nittirreygoonum, நித்திரைகுணம்

Sleepy, *a.* nittirreygoonŭmoollăh, நித்திரைகுணமுள்ள

Sleeve, *s.* shŭtteyeen kay, சட்டையின்கை

Sleight, (of hand,) *s.* sheppŭddeevittey, செப்படிவித்தை

Slender, *a.* meylleeyăh, sirroo, noyăh, nooneeyăh, மெலிய, சிறு, நொய்ய, நுணிய

Slenderness, meyleevoo, noymey, மெலிவு, நொய்மை

Slice, s. toondoo, pŭlăvoo, துண்டு, பிளவு

Slice, v. toondăreekiradoo, துண்டரிகிறது

Slide, v. săreekiradoo, vŭrhookiradoo, சரிக்கிறது, வழுக்கிறது

Slight, s. verndāveyroopoo, வேண்டாவெறுப்பு

Slight, v. ăvŭmŭdeekiradoo, அவமதிக்கிறது

Slight, a. yellăpŭmānăh, எளப்பமான

Slightness, s. meyleevoo, yelloomey, மெலிவு, எளுமை

Slily, a. tŭndirrŭmay, oobāyŭmāy, தந்திரமாய், உபாயமாய்

Slim, a. meyleeyăh, meylindăh, noŋjshŭlānăh, மெல்லிய, மெலிந்த, நோஞ்சலான

Slime, s. korheysheyroo, sheyroo, குழைசேறு, சேறு

Sliminess, s. korheyvoo, குழைவு

Slimy, a. korheysheyroollăh, குழைசேறுள்ள

Sliness, s. oobāyŭm, oobāyatŭndirrŭm, உபாயம், உபாயதந்திரம்

Sling, s. kowvŭn, கவண்

Sling, v. kowvŭndăkŭl yerreekiradoo, கவண்டுகல்லெறிகிறது

Slink, v. woleekiradoo, mŭreykiradoo, pŭdŭngkookiradoo, ஒளிகிறது, மறைகிறது, பதுங்குகிறது

Slinking, a. woleekāy, mŭreykay, ஒளிகை, மறைகை

Slip, s. vŭrhŭkkoo, sŭrŭkkoo, வழுக்கு, சறுக்கு

Slip, v. vŭrhookkookiradoo, sŭrookkookiradoo, வழுக்குகிறது, சறுக்குகிறது

Slipper, s. shāppāttoo, jodoo, pāpāshoo, சப்பாத்து, சோடு, பாப்பாசு

Slippery, a. vŭrhookŭlānăh, sŭrookŭlānăh, வழுக்கலான, சறுக்கலான

Slipperiness, s. vŭrhookŭl, sŭrookŭl, வழுக்கல், சறுக்கல்

Slit, s. keerheevoo, கிழிவு

Slit, v. keerheekiradoo, கிழிகிறது

Slop, s. oottoondă neer, உற்றுண்ட நீர்

Slope, s. sāyvoo, sāypoo, sŭreevoo, yerăkhŭm, சாயவு, சாய்ப்பு, சரிவு, இறக்கம்

Slope, v. sāykiradoo, săreekiradoo, சாய்க்கிறது, சரிக்கிறது

Sloppy, a. eereepānăh, ஈரிப்பான

Slothful, a. sombānăh, mŭndŭmmoollăh, சோம்பான, மந்தமுள்ள

Slothfulness, s. sombărey, mŭndŭm, சோம்பறை, மந்தம்

Slouch, v. keelkŭnnalparkiradoo, கீள்கண்ணால்பார்க்கிறது

Slough, s. sheyttoonillŭm, சேற்றுநிலம்

Sloven, s. ăsoottŭn, tooppookŭrttăvŭn, அசுத்தம், துப்புக்கெட்டவன்

Slovenliness, s. ăsoottŭm, ălŭnggolŭm, அசுத்தம், அலங்கோலம்

Slovenly, a. ăsoottumānăh, ălŭnggolŭmānăh, அசுத்தமான

Slow, a. meddoovānăh, mŭndŭmānăh, tāmeeshŭmānăh, மெ

துவான, மந்தமான, தாமிஷ மான

Slowly, *a.* mŭllahmŭllăh, mellăh, medoovay, மெள்ள மெள்ள. மெதுவாய்

Slowness, *s.* meddoovoo, mŭndŭm, tāmeeshŭm, மெதுவு. மந்தம், தாமிஷம்

Slue, *v.* tirroombookiradoo, திரும்புகிறது

Sluggard, *s.* sombŭn, சோம்பன்

Sluggish, *a.* sombŭlānăh, சோம்பலான

Sluggishly, *a.* sombŭlāy, சோம்பலாய்

Sluggishness, *s.* somboo, sombārey, mŭndŭm, சோம்பு, சோம்பாறை, மந்தம்

Sluice, *s.* mudăghoo, kŭlingkoo, மதகு, கலிங்கு

Slumber, *v.* nitteerey sheykiradoo, toongkookiradoo, நித்திரைசெய்கிறது, தூங்குகிறது

Slumber, *s.* nitteerey, tookkŭm, நித்திரை, தூக்கம்

Slumberer, *s.* tookkŭmoollăvŭn, nitteereykārŭn, தூக்கமுள்ளவன், நித்திரைகாரன்

Slur, *v.* kŭduttookiradoo, tŭttookiradoo, கடத்துகிறது, தட்டுகிறது

Slut, *s.* ăsoottee, tooppookŭrttăvŭl, அசுத்தி, துப்புகெட்டவள்

Sluttish, *a.* ăsootteeyoollăh, tooppookŭrdānăh, அசுத்தியுள்ள, துப்புகேடான

Sly, *a.* oobāyŭmānăh, tŭndirrŭmānăh, உபாயமான, தந்திரமான

Slyness, *s.* oobāyŭm, tŭndirrŭm, உபாயம் தந்திரம்

Smack, *s.* āreyvoo, kāyŭdee, அறைவு, கையடி

Smack, *v.* āreykiradoo, kayālŭddeekiradoo, அறைகிறது கையாலடிக்கிறது

Small, *a.* shinnăh, sirroo, shinnădoo, சின்ன, சிறு, சின்னது

Smallness, *s.* sirroomey, shinnamey, சிறுமை சின்னமை

Small-pox, *s.* perreeyă ŭmmey, vāyshooree, பெரியம்மை, வைசூரி

Smart, *v.* woreykiradoo, kārghkiradoo, உறைக்கிறது, கரைக்கிறது

Smart, *a.* pillookānăh, பிலுக்கான

Smartly, *a.* koormeyāy, terrŭmay, கூர்மையாய், திறமாய

Smartness, *s.* koormey, terrŭm, கூர்மை, திறம்

Smarting, *s.* woreykāy, kārghkāy, ஒரைக்கை, கரைக்கை

Smashed, (to be,) *v.* neyreenjshoo pokiradoo, நெரிஞ்சுப போகிறது

Smear, *v.* poosookiradoo, tŭdăvookiradoo, பூசுகிறது, தடவுகிறது

Smell, *s.* vāsŭney, mŭnŭm, வாசனை, மணம

Smell, *v.* vāsŭney piddeekiradoo, mŭnŭm piddeekiradoo, வாசனைபிடிக்கிறது, மணம்பிடிக்கிறது

Smile, *s.* poonshirreepoo, kooroonjshirreepoo, புஞ்சிரிப்பு, குறுஞ்சிரிப்பு

Smile, *v.* poonshirreepoo kollookiradoo, புஞ்சிரிப்பு கொள்ளுகிறது

Smiling, *a.* poonsheereepoollăh, புஞ்சிரிப்புள்ள

Smite, *v.* ŭdeekiradoo, araykiradoo, அடிக்கிறது, அறைகிறது
Smith, *s.* (iron,) kŭroomān, kollŭn, கருமான், கொல்லன்
Smithy, *s.* wollăkĕddŭm, உலைகிடம்
Smoke, *s.* pŭghay, pogghoo, poghŭrtchŭl, புகை, போகு, புகைச்சல்
Smoke, *v. n.* poghaykiradoo, புகைகிறது
Smoke, (tobacco,) *v. a.* shooroottoo koodeekiradoo, சுருட்டுகுடிக்கிறது
Smoker, *s.* shooroottoo koodeekirăvŭn, சுருட்டுகுடிக்கிறவன
Smoking, *s.* shooroottoo koodeekay, சுருட்டுகுடிக்கை
Smoky, *a.* poghāyoollăh, புகையுள்ள
Smooth, *a.* shemmeyānăh, vŭrhăvŭrhăpānăh, செம்மையான, வழுவழுப்பான
Smooth, *v.* oppŭndŭm pŭnnookiradoo, seevookiradoo, ஒப்பந்தம்பண்ணுகிறது, சீவுகிறது
Smoothly, *a.* shemmeyāy, oppŭndŭmāy, செம்மையாய், ஒப்பந்தமாய்
Smoothness, *s.* shemmey, oppŭndŭm, செம்மை, ஒப்பந்தம்
Smother, *v.* mooch ădaykă pŭnnookiradoo, மூச்சடைக்கபண்ணுகிறது
Smouldering, *a.* ănŭlookiră, அனலுகிற
Smuggle, *v.* kŭllăserrŭk yettookiradoo, கள்ளசரகசேர்க்குகிறது
Smuggled-goods, *s.* kŭllăsāmān, kŭllăserŭkkoo, கள்ளசாமான, கள்ளசரக்கு
Smuggler, *s.* kŭllăserrŭk kondoovŭrookirăvŭn, கள்ளசரககுகொண்டுவருகிறவன்
Smuggling, *s.* kŭllăserrŭkkătorheel, கள்ளசரக்குதொழில்
Snail, *s.* nŭttey, நத்தை
Snake, *s.* pāmboo, sŭrbŭm, பாம்பு, சருப்பம்
Snap, (with the fingers,) *v.* nodeekiradoo, நொடிக்கிறது
Snap, (as a dog,) *v.* kŭvvookiradoo, veydooveydookiradoo, கவ்வுகிறது, வெடுவெடுக்கிறது
Snappish, *a.* yeddoottŭdeemŭdŭkānăh, veydooveydoopānăh, எடுத்தடிமடக்கான, வெடுவெடுப்பான
Snappishly, *a.* veydooveydoopay, yeddoottŭdeemŭdŭkānăh, வெடுவெடுப்பாய், எடுத்தடிமடக்கான
Snappishness, *s.* yeddoottŭdeemŭdŭkānăgoonŭm, veydooveydoopoo, எடுத்தடிமடக்கானகுணம், வெடுவெடுப்பு
Snare, *s.* kŭnnee, கண்ணி
Snare, *v.* kŭnneeyeel poodeekiradoo, கண்ணியில்பிடிக்கிறது
Snarl, *v.* moroomorookiradoo, மொறமொறக்கிறது
Snatch, *v.* poodoongkookiradoo, pŭreekiradoo, பிடுங்குகிறது, பறிக்கிறது
Sneak, *v.* pŭdŭngkookiradoo, பதுங்குகிறது
Sneaking, *a.* pŭdookŭmoollăh, பதுக்கமுள்ள
Sneakingly, *a.* pŭdookŭmay, பதுக்கமாய்
Sneer, *s.* nŭgeypoo, neyleepāyăpeyshoo, நகைப்பு, நெளிப்பாய்பேசு

Sneer, *v.* nŭgaykiradoo, neyleepay peyshookiradoo, நகைக்கிறது, நெளிப்பாய்பேசுகிறது

Sneeringly, *a.* nŭghaypay, nelleepay, நகைப்பாய், நெளிப்பாய்

Sneeze, *s.* toommŭl, toommoo, தும்மல், தும்மு

Sneeze, *v.* toommookiradoo, தும்முகிறது

Sneezing, *a.* toommookiră, தும்முகிற

Sniff, *v.* mookkāl ooreenjshookiradoo, மூக்காலுறுஞ்சுகிறது

Snip, *v.* kŭttŭreekiradoo, கத்தரிக்கிறது

Snipe, *s.* oollān, உள்ளான

Snivel, *v.* shinnoongkookiradoo, சிணுங்குகிறது

Snivelling, *a.* shinnookŭmoollăh, சிணுக்கமுள்ள

Sniveler, *s.* shinnoongkee, சிணுங்கி

Snore, *v.* korŭttāy eerhookiradoo, குறட்டையிழுக்கிறது

Snoring, *s.* korŭttay, குறட்டை

Snort, *v.* mookkoo sheerookiradoo, மூக்குச்சீறுகிறது

Snorting, *s.* sheerookay, சீறுகை

Snot, *s.* sŭlee, ooley, சளி,ஊளை

Snotty, *a.* ooleyānăh, ஊளையான

Snout, *s.* neendă mookkoo, நீண்டமூக்கு

Snub, *v.* mooreekiradoo, முறிக்கிறது

Snuff, *s.* mookkoo tool, nŭsseeyŭm, மூக்குத்தூள், நசியம்

Snuff, (of candle,) *s.* vendătirree, வெந்தத்திரி

Snuff, *v.* vendătirree kŭtteereekiradoo, வெந்ததிரிகத்தரிக்கிறது

Snug, *a.* ădŭkkŭmānăh, neyrookŭmānăh, அடக்கமான, நெருக்கமான

Snugly, *a.* ădŭkkŭmāy, அடக்கமாய்

Snugness, *s.* ădŭkkŭm, அடக்கம

So, *a.* ippŭdee, ăppŭdee, iprăkhārŭm, pol, poley, ivviddŭm, இப்படி, அப்படி, இப்பிரகாரம், போல், போலே, இவ்விதம்

Soak, *v.* oorookiradoo, ஊறுகிறது

Soaking, *s.* oorookay, ஊறுகை

Soap, *s.* sŭvookārŭm, soppoo, சவுக்காரம்,சோப்பு

Soap, *v.* sŭvookārŭm poosookiradoo, சவுக்காரம்பூசுகிறது

Soapy, *a.* sŭvookārŭmoollăh, சவுக்காரமுள்ள

Soar, *v.* whyrkiradoo, yerhoombookiradoo, உயர்கிறது, எழும்புகிறது

Soaring, *s.* whyrvoo, yerhoombookay, உயர்வு, எழும்புகை

Sob, *s.* vimmŭl, teymbookāy, விம்மல், தேமபுகை

Sob, *v.* vimmee ullookiradoo, teymbookiradoo, விம்மியழுகிறது, தேம்புகை

Sober, *v.* teylleeyăhveekiradoo, தெளியவைக்கிறது

Sober, *a.* veyreeyŭttăh, teyleevānăh, soobāvŭmānăh, வெறியற்ற, தெளிவான, சுபாவமான

Soberly, *a.* teyleevāy, veyreeyinmeyay, soobāvŭmay, தெளிவாய், வெறியின்மையாய், சுபாவமாய்

Sobriety, *s.* teyleevoo, veyreeyinmey, soobāvŭm, தெளிவு, வெறியின்மை, சுபாவம்.

Sociability, *s.* ănneeyoneeŭm, sheyrttee, அன்னியொன்னியம், சேர்த்தி

Sociable, *a.* ănneeyoneeŭmānăh, yennŭkkŭmoollăh, sheyrtteeoollăh, அன்னியொன்னியமான, இணக்கமுள்ள, சேர்த்தியுள்ள

Sociably, *a.* ănneeyoneeŭmāy, sheyrtteeyay, அன்னியொன்னியமாய், சேர்த்தியாய்

Sock, *s.* meyjodoo, ărey meyjodoo, மேசோடு, அரைமேசோடு

Socket, *s.* worey, உறை

Sod, *s.* krāpŭttey, krāpŭttee, கிருபத்தை, கிருபத்தி

Sod, *v.* krāpŭttey kŭttookiradoo, கிருபத்தைகட்டுகிறது

Soda, *s.* woră mŭn, sără mŭn, உறமண

Soever, *p.* yenrāloom, yengilloom, என்றாலும், என்கிலும்

Sofa, *s.* sāykiră kŭtteel, சாய்கிறகட்டில்

Soft, *a.* meydoovānăh, meyleendă, yellŭkkumānăh, மெதுவான, மெலிந்த, எளக்கமான

Soft, (stools,) *a.* kŭreechŭlānăh, கழிச்சலான

Soften, *v.* yellŭkkookiradoo, எளக்குகிறது

Softly, *a.* meydoovay, mellăh, mŭllăh, மெதுவாய், மெள்ள, மொள்ள

Softness, *s.* meydoovoo, pŭdămey, meydoo, மேதுவு, பதுமை, மெது

Soil, *s.* nellăbeydŭm, boomeebeydŭm, நிலபேதம், பூமிபேதம்

Soil, *v.* kŭraypŭdoottookiradoo, கறைப்படுத்துகிறது

Soiled, *a.* kŭrayăpŭttăh, கறைப்பட்ட

Sojourn, *v.* irrookiradoo, tŭngkookiradoo, இருக்கிறது, தங்குகிறது

Solace, *s.* vŭssŭdee, teyttŭm, வசதி, தேற்றம்

Solace, *v.* vŭssŭdee sheykiradoo, teyttookiradoo, வசதிசெய்கிறது, தேற்றுகிறது

Solar, *a.* shooreeyăh, சூரிய

Solder, *s.* velleeyŭm, வெள்ளியம்

Solder, *v.* velleeyŭmpŭttăvaikkiradoo, வெள்ளியம்பற்றவைக்கிறது

Soldier, *s.* kŭtteekŭtteesheyvoogŭn, porsheyvoogŭn, seeppāy, கத்திகட்டிசேவுகன், போர்சேவுகன், சிப்பாய்

Sole, (of the foot,) *s.* oollungkāl, உள்ளங்கால்

Sole, (of a shoe,) *s.* ŭdeetōll, அடிதோல்

Sole, *a.* tŭneettădānăh, tŭneemeyānăh, தனித்ததான, தனிமையான

Solely, *a.* tŭnettoo, tŭneeyey, தனித்து, தனியை

Solemn, *a.* măkboottoovŭmānăh, gŭmbeerŭmānăh, băyabŭtteeyānăh, மகுத்துவமான, கம்பீரமான, பயபத்தியான

Solemnization, *s.* āsārŭm, ănoosārŭm, ஆசாரம், அனுசாரம்

Solemnize, *v.* āsŭreekiradoo, kondādookiradoo, ஆசரிக்கிறது, கொண்டாடுகிறது

Solemnly, *a.* băyăbŭtteeyāy, gŭmbeerŭmay, பயபத்தியாய், கம்பீரமாய்

Solicit, *v.* kerlkiradoo, vŭrndeekiradoo, prātteekiradoo, கே

ழிக்கிறது, வேண்டுகிறது, பிராத்திக்கிறது
Solicitation, s. kerlvee, prāttŭney, vŭrndookay, கேழ்வி, பிராத்தனை, வேண்டுகை
Solicitous, a. ăkkŭrreyoollăh, teyveyoollah, அக்கறையுள்ள, தேவையுள்ள
Solicitude, s. ăkkŭrrey, teyvey, அக்கறை, தேவை
Solid, a. worrŭmānăh, vayrŭmānăh, உரமான, வைரமான
Solidify, v. worrŭmākiradoo, vāyrŭmākiradoo, உரமாகுகிறது, வைரமாகுகிறது
Solidity, s. worrŭm, vāyrŭm, worŭddee, உரம், வைரம், உறுதி
Solidly, a. worrŭmay, vāyrŭmāy, உரமாய், வைரமாய்
Soliloquize, v. tŭnneeley peyshookiradoo, தன்னிலேபேசுகிறது
Soliloquy, s. tŭnneeley ninneypoo, tāney ninneypoo, தன்னிலேநினைப்பு, தானேநினைப்பு
Solitary, a. tŭneettăh, tāney, yekāndăh, தனித்த, தானே, ஏகாந்த
Solitude, s. tŭneemey, yekāndŭm, தனிமை, ஏகாந்தம்
Solubility, s. kŭrayoom tŭnmey, கரையுந்தன்மை
Soluble, a. kŭrayă tŭkkăh, கரையத்தக்க
Solution, s. kŭreydŭl, கரைதல்
Solve, v. velleepŭdoottookiradoo, வெளிப்படுத்துகிறது
Sombre, a. kŭrookŭlanah, yerroolānăh, mŭngŭlānăh, கறுக்கலான, இருளான, மங்கலான
Some, a. sillăh, konjshăh, ărpŭh, சில, கொஞ்ச, அற்ப
Somebody, s. āroo, yevvŭro, shillŭr, ஆரோ, எவரோ, சிலர்
Somehow, a. yeppŭdeeyō, yevviddŭmō, எப்படியோ, எவவிதமோ
Something, s. yeydō, yennămō, ஏதோ, என்னமோ
Sometime, a. sillăveyley, yeppovākeeloom, yepporhoodākeeloom, சிலவேளை, யெப்பவாகிலும், எப்பொழுதாகிலும்
Sometimes, a. sillăveyley, sillănāl, சிலவேளை, சிலநாள
Somewhat, a. konjshŭm, shŭttăh, கொஞ்சம், சற்றே
Somewhere, a. yengeeyō, yengeeyoom, எங்கெயோ, எங்கெயும்
Somniferous, a. tookkŭm vŭrăpŭnnătŭkkăh, தூக்கம்வரபண்ணத்தக்க
Somnolency, s. tookkŭm, தூக்கம்
Son, s. mŭkŭn, poottirrŭn, koomārŭn, மகன், புத்திரன், குமாரன்
Song, s. pāttoo, issey, keedŭm, shŭngkeedŭm, பாட்டு, இசை, கீதம், சங்கீதம்
Sonorous, a. toneeyoollăh, nādŭmānăh, sŭddŭmoollăh, தொனியுள்ள, நாதமான, சத்தமுள்ள
Sonorously, a. nādŭmāy, sŭddŭmay, நாதமாய், சத்தமாய்
Soon, a. seekārŭm, shoorookoo, jŭldee, konjshăneyrŭttookoollăh, சீக்கிரம், சுறுக்கு, சல்தி, கொஞ்சநேரத்துக்குள்ள
Soot, s. wottŭday, wottŭray, ஒட்டடை, ஒட்டறை
Soothe, v. āttookiradoo, tŭneekiradoo, teyttookiradoo, ஆற்

றுகிறது, தணிகிறது, தேற்றுகிறது
Soothe, (a child,) v. tālāttookirradoo, தாலாட்டுகிறது
Soothing, a. āttookirā, tālāttookirā, ஆட்டுகிற, தாலாட்டுகிற
Soothsaying, s. teerkātūrshūnnūm, shāstūrūm, தீர்க்கதரிசனம், சாஸ்த்திரம்
Sooty, a. wottūdeyoollāh, ஒட்டடையுள்ள
Sop, v. tōykirādoo, toovaykiradoo, தோய்க்கிறது, துவைக்கிறது
Soporific, s. nittirreyākātūkkā mūroondoo, நித்திரையாக்கத்தக்க மருந்து
Sordid, a. lobūmānāh, pissūnnūmānāh, keerhmeyānāh, உலோபமான, பிசுனமான, கீழ்மையான
Sordidly, a. lobūmay, pissūnūmay, உலோபமாய், பிசுனமாய்
Sordidness, s. keerhmey, lobūm, pissūnūm, கீழ்மை, உலோபம், பிசுனம
Sore, s. yerrūnūm, poon, இரணம, புண்
Sore, a. rūnūmoollāh, poonnoollāh, இரணமுள்ள, புண்ணுள்ள
Sorely, a. rūnnūmay, neyrvay, இரணமாய், நோவாய்
Soreness, s. neyrvoo, rūnnūm, நோவு, இரணம்
Sorrily, a. pūreedābūmānāh, பரிதாபமான
Sorrow, s. tweeārūm, dookūm, veeyākoolum, kleyshūm, துயரம், துக்கம், வியாகுலம், கிலேஷம்
Sorrow, v. dookāpūdookiradoo, tweeārāpūdookiradoo, துக்கப்படுகிறது, துயரப்படுகிறது
Sorrowful, a. dookūmoollāh, tweeārūmānāh, kleyshūmoollāh, துக்கமுள்ள, துயரமான, கிலேஷமுள்ள
Sorrowfully, a. tweeārūmay, kleyshūmāy, துயரமாய், கிலேஷமாய்
Sorry, (mean,) a. arpūmānāh, அற்பமான
Sorry, a. dookūmoollāh, sūnshjūllūmoollāh, துக்கமுள்ள, சஞ்சலமுள்ள
Sort, s. viddūm, tūrrūm, eenūm, koolūm, mādirree, விதம், தரம், இனம், கோலம், மாதிரி
Sort, v. vūgookiradoo, pirreekiradoo, வகுக்கிறது, பிரிக்கிறது
Sot, s. koodeekārūn, veyreeyūn, குடிகாரன், வெறியன்
Sottish, a. koodeeyānāh, veyrreeyānāh, குடியான, வெறியான
Sottishly, a. veyreeyāy, வெறியாய்
Sottishness, s. koodee, veyrree, குடி, வெறி
Soul, s. jeevūn, āttoomā, wheer, சீவன், ஆத்துமா, உயிர்
Sound, s. sūddūm, nādūm, sūbdūm, சத்தம், நாதம், சப்தம்
Sound, (depth,) v. ārhūmpārkiradoo, ஆழம்பார்க்கிறது
Sound, (to make a,) v. sūttūmiddeekiradoo, nādūmiddeekiradoo, சத்தமிடுகிறது, நாதமிடுகிறது
Sound, a. āroggeeūmānāh, nūllā, ஆரோக்கியமான, நல்ல
Sour, a. poolleepānāh, poolleeyānāh, புளிப்பான, புளியான
Source, s. woottoo, tūllāmey, ādee, mooghūmey, ஊற்று, தலைமை, ஆதி, முகமை

Souring, *s.* poolleepoo, புளிப்பு
Sourly, *a.* poolleepāy, புளிப்பாய்
Sourness, *s.* poolleepoo, புளிப்பு
South, *s.* teyrkkoo, tendissey, தெற்கு, தென்திசை
Southeast, *s.* tenkŭrhŭkkoo, தென்கிழக்கு
Southerly, *a.* teyrkay, teyrkey, தெற்காய், தெற்கே
Southern, *a.* teyrkeyoollăh, தெற்கேயுள்ள
Sovereign, *s.* rājshā, ărŭssŭn, இராசா, அரசன்
Sovereign, *a.* rājshŭreekŭmā-năh, இராசரீகமான
Sovereignty, *s.* rājshātoovŭm, இராசத்துவம்
Sow, *s.* penpŭnnee, penmirroo-gŭm, பெண்பன்றி, பெண்மிருகம்
Sow, *v.* verrey viddeykiradoo, விரைவிதைக்கிறது
Sower, *s.* viddeykirăvŭn, விதைக்கிறவன்
Sowing, *s.* viddeypoo, விதைப்பு
Space, *s.* yeddŭm, virreevoo, இடம், விரிவு
Spacious, *a.* visstārŭmānah, vis-sālŭmānăh, விஸ்தாரமான, விசாலமான
Span, *s.* jān, wottey, billeess, சாண், ஒட்டை, பில்லீஸ்
Span, *v.* jān ŭllŭkirădoo, சாணளக்கிறது
Spangle, *s.* ăbeereyk, அபிரேக்
Spangle, *v.* abeereykoo minnoo-kiradoo, அபிரேக்கு மின்னுகிறது
Spare, (life, &c.) *v.* āgeeney pŭ-nāmŭl voodookiradoo, ஆக்கினை பண்ணுமல்விடுகிறது
Spare, *v.* shirrookkă kodookira-doo, சிறுக்கக்கொடுக்கிறது
Sparingly, *a.* korāyăh, sirroo-găh, குறைய, சிறுக
Spark, *s.* poree, shoodur, poo, பொறி, சுடர், பூ
Sparkle, *v.* tŭllatŭllăkiradoo, pŭllăpŭllăkiradoo, pŭlleerid-dookiradoo, தளதளக்கிறது, பளபளக்கிறது, பளிரிடுகிறது
Sparrow, *s.* adaykŭlangkooroo-vee, oorkooroovee, அடைக்கலாங்குருவி
Spasm, *s.* oroo vayroo novoo, oroo yerooppoo, ஒரு வைரு நோவு, ஒரு யெரப்பு
Spattering, *s.* teyreepoo, podoo-podoopoo, தெரிப்பு, பொடுபொடுப்பு
Spatula, *s.* toodoopoo, துடுப்பு
Spawn, *s.* meen shenney, மீன்சினை
Spawn, *v.* meen koonjshoo poree-kiradoo, மீன்குஞ்சுபொரிக்கிறது
Speak, *v.* shollookirădoo, pey-shookirădoo, சொல்லுகிறது, பேசுகிறது
Speaker, *s.* peyshookirăvŭn, prŭssŭngee, பேசுகிறவன், பிரசங்கி
Speaking, *s.* peyshoo, பேச்சு
Spear, *s.* eettee, vŭllayŭm, ஈட்டி, வல்லயம்
Spear, *v.* eetteeyāl koottookira-doo, ஈட்டியால்குத்துகிறது
Spearman, *s.* eetteekārŭn, ஈட்டிக்காரன்
Special, *a.* vissheyshŭmānăh, mookkeeŭmānăh, prŭdānŭm-ānăh, விசேஷமான, முக்கியமான, பிரதானமான
Specially, *a.* vissheyshŭmay,

mookkeeŭmay, விசேஷமாய், முக்கியமாய்

Specie, *s.* pŭnŭm, nānāyŭm, kāssoo, பணம், நாணயம், காசு

Species, *s.* jādee, vŭrookŭm, vengŭm, சாதி, வருக்கம்

Specific, *s.* kāykŭndă mŭroondoo, கைகண்டமருந்து

Specifical, *a.* tŭttoovăh, eeyŭlpānăh, தத்துவ, இயல்பான

Specifically, *a.* eeyŭlpay, koorittoo, இயல்பாய், குறித்து

Specification, *s.* vibbărŭm, nirroobŭm, kooreepoo, விபரம், நிருபம், குறிப்பு.

Specify, *v.* vibbŭră pŭdoottookiradoo, nirroobă pŭdŭttookiradoo, விபரப்படுத்துகிறது, நிருபப்படுத்துகிறது

Specimen, *s.* mādirree, sāyŭl, மாதிரி, சாயல்

Specious, *a.* veyleevissheyshŭmānăh, beydeeshŭmānăh, வெளிவிசேஷமான, பேடிசமான

Speciously, *a.* veyleevissheyshŭmāy, beydeeshŭmāy, வெளிவிசேஷமாய், பேடிசமாய்

Speciousness, *s.* veyleevissheyshŭm, beydeeshŭm, வெளிவிசேஷம், பேடிசம்

Speck, *s.* poollee, pottoo, koottoo, புள்ளி, பொட்டு, குற்று

Speck, *v.* poolleevaikiradoo, புள்ளிவைக்கிறது

Spectacle, *s.* tottŭm, veydeekāy, தோற்றம், வேடிக்கை

Spectacles, *s.* mookkoo kŭnādee, மூக்குகண்ணாடி

Spectator, *s.* pārkirăvŭn, kānookirăvŭn, பார்க்கிறவன், காணுகிறவன்

Speculate, *v* nāyŭmperrăh virŭmbee veeyābārŭmsheykiradoo, நயம்பெறவிரும்பிவியாபாரம்செய்கிறது

Speculation, *s.* veeyābāree yennŭm, வியாபாரயெண்ணம்

Speculative, *a.* veeyābārăyennŭmoollăh, வியாபாரயெண்ணமுள்ள

Speculatively, *a.* veeyābārăyennŭmay, வியாபாரயெண்ணமாய்

Speculator, *s.* veeyăbārŭmsheyyă yennookirăvŭn, வியாபாரம்செய்யவெண்ணுகிறவன்

Speech, *s.* peytchoo, prŭssŭngŭm, பேச்சு, பிரசங்கம்

Speed, *s.* juldee, seekirrŭm, soorookoo, சல்தி, சீக்கிறம், சுறுக்கு

Speed, *v.* juldeepŭdoottookiradoo, சல்திபடுத்துகிறது

Spell, *v.* yerhoottookoottookirradoo, எழுத்துகூட்டுகிறது

Spend, *v.* shellăvakkookiradoo, shellăvurheekiradoo, shellăvoo pŭnnookiradoo, செலவாக்குகிறது, செலவழிக்கிறது, செலவுபண்ணுகிறது

Spendthrift, *s.* woodāree, shellavālee, shellăvookārŭn, ஊதாரி, செலவாளி,

Spend, (time,) *v.* porhoottoopokiradoo, kālŭmkŭrheekiradoo, பொழுதுபோக்கிறது, காலம்கழிக்கிறது

Sperm, *s.* vindoo, indeereeŭm, விந்து, இந்திரியம்

Spew, *v.* vāndee pŭnnookiradoo, வாந்திபண்ணுகிறது

Spew, (as beasts,) *v.* kŭkkookiradoo, கக்குகிறது

Spewing, *s.* vāndee, kŭkkoo, வாந்தி, கக்கு

Sphere, *s.* oonday, vŭttŭm, உண்டை, வட்டம்
Spheric, *a.* oondayānăh, vŭttŭmānăh, உண்டையான, வட்டமான
Spice, *s.* vāsŭney sŭrŭkkoo, gŭrŭmmăsāley, வாசனை சரக்கு, கரும்மசாலை
Spice, *v.* vāsŭney sŭrŭkkoo koottookiradoo, வாசனைசரக்குகூட்டுகிறது
Spicy, *a.* vāsŭneyoollăh, வாசனையுள்ள
Spider, *s.* sillŭndee, sillŭmbee, pottoopoochee, சிலந்தி, சிலம்பி, பட்டுபூச்சி
Spike, *s.* ānee, ஆணி
Spill, *v.* shindookiradoo, சிந்துகிறது
Spin, *v.* nool noottookiradoo, நூல்நூற்றுகிறது
Spinal, *a.* moodookyelloomboollăh, முதுகெலும்புள்ள
Spine, *s.* moodookoo yelloomboo, nŭddoo yelloomboo, முதுகெலும்பு, நடுவெலும்பு
Spinner, *s.* nool noottookirăvŭn, நூல்நூற்றுகிறவன்
Spinning, *s.* shoorhŭrchee, சுழற்ச்சி
Spinning-wheel, *s.* rāttinnŭm, இராட்டிநம்
Spinster, *s.* kŭlleeyānŭm pŭnnādăvŭl, kŭnnee, கலியாணம்பண்ணாதவள், கன்னி
Spiral, *a.* shoreyānăh, poreyānăh, சொரியான, பொரியான
Spirally, *a.* shoreyāy, poreyay, சொரியாய், பொரியாய்
Spire, *s.* kobŭrrŭm, kodoomoodee, கோபுரம், கொடுமுடி
Spirit, (spectre,) *s.* āveyshŭm, ஆவேஷம்.
Spirit, *s.* ānoovŭm, ānmey, roshŭm, ஆனுவம், ஆன்மை, உரோஷம்
Spirited, *a.* ānoovŭmoollăh, ஆனுவமுள்ள
Spiritless, *a.* ānoovŭmillādăh, roshumillādăh, ஆனுவமில்லாத, உரோஷமில்லாத
Spiritlessly, *a.* ānoovŭmillameyyay, ஆனுவமில்லாமை
Spiritous, *a.* sārāyŭm poley, சாராயம்போலே
Spiritousness, *s.* sārāyŭm tŭnmey, சாராயத்தன்மை
Spirits, *s.* sārāyŭm, சாராயம்
Spiritual, *a.* wheeroollăh, dreyghŭmoollah, உயிருள்ள, திரேகமுள்ள
Spirt, *v.* koppŭlleekiradoo, கொப்பளிக்கிறது
Spit, *v.* oomeekiradoo, tooppookiradoo, உமிகிறது, துப்புகிறது
Spit, *s.* irroopoosŭlākhay, இருப்புசலாகை
Spite, *s.* vŭrmŭm, pŭghay, வருமம், பகை
Spite, *v.* vŭrmăpŭdoottookiradoo, வருமப்படுத்துகிறது
Spiteful, *a.* vŭrmŭmoollăh, pŭgheyoollah, வருமமுள்ள, பகையுள்ள
Spitefully, *a.* vŭrmŭmāy, kodoomeyay, வருமமாய், கொடுமையாய்
Spitefulness, *s.* vŭrmŭm, pŭghay, வருமம், பகை
Spitter, *s.* oomeekirăvŭn, உமிகிறவன்
Spittle, *s.* vāyneer, oomerhneer, வாய்நீர், உமிழ்நீர்
Splash, *v.* teyreekiradoo, yerraykiradoo, தெறிக்கிறது, இறைக்கிறது

Splash, *s.* teyree, teyreeppoo, தெறி, தெறிப்பு

Splashy, *a.* sŭdŭkŭllānăh, சதக்கலான

Spleen, *s.* pŭghay, oolpŭghay, பகை, உள்பகை

Spleeny, *a.* pŭghayoollăh, பகையுள்ள

Splendid, *a.* ălŭngkārŭmoollah, veydeekāyoollăh, அலங்காரமுள்ள, வேடிக்கையுள்ள

Splendidly, *a.* ălŭngkārŭmay, அலங்காரமாய்

Splendour, *s.* pirrăkāsŭm, sŭrŭppoo, menmey, prŭbălŭm, tŭllookkoo, minnookkoo, பிரகாசம், சிறப்பு, மேன்மை, பிரபலம், தளுக்கு, மினுக்கு

Splenetic, *a.* vŭrmŭmoollah, வருமமுள்ள

Splice, *s.* issay, pŭttoo, ăndāy, இசை, பற்று, அண்டை

Splice, *v.* issāykiradoo, puttookiradoo, இசைக்கிறது, பற்றுகிறது

Splinter, *s.* shimboo shirrāy, சிம்புசிராய்

Splinter, *v.* shimboo shimbākkiradoo, சிம்புசிம்பாக்கிறது

Splintery, *s.* shimbooshimboollăh, சிம்புசிம்புள்ள

Split, *v.* pŭlăkirădoo, புளக்கிறது

Splutter, *v.* ălŭppookiradoo, அலப்புகிறது

Spoil, *v.* pŭrhoodākkookiradoo, kŭrdookiradoo, ărheekiradoo, பழுதாக்கிறது, கெடுக்கிறது, அழிக்கிறது

Spoil, *s.* kolley, கொள்ளை

Spoiled, *a.* kŭrttoo ponăh, கெட்டுப்போன

Spoiling, *s.* kŭrdootŭlley, கெடுதலை

Spoke, (of wheel,) *s.* āreykāl, அரைக்கால்

Spokesman, *s.* peyssă neymeettăvŭn, பேசநியமித்தவன்

Spoliate, *v.* kolley yeddookiradoo, கொள்ளையடிக்கிறது

Spoliation, *s.* kolley, pŭreepoo, கொள்ளை, பறிப்பு

Sponge, *s.* kŭdŭlkālān, spŭnjoo, கடற்காளான், ஸ்பஞ்சு

Sponge, *v.* spŭnjāl todeykiradoo, ஸ்பஞ்சால் துடைக்கிறது

Spongy, *a.* spŭnjmādirreeyay, meydoovāy, ஸ்பஞ்சுமாதிரியாய், மெதுவாய்

Sponsor, *s.* pŭnneyālee, oottrāvadee, jāmeen, பிணையாளி, உத்திரவாதி, சாமீன்

Spontaneous, *a.* tānānăh, தானான

Spontaneously, *a.* tānākăh, tānāy, தானாக, தானே

Spoon, *s.* kŭrŭndee, கரண்டி

Spoonful, *s.* kŭrŭndee nerrăyăh, கரண்டிநிறை

Sport, *s.* găylee, pŭghŭdee, pŭreekāsŭm, கேலி, பகடி, பரிகாசம்

Sport, *v.* villeyādookiradoo, விளையாடுகிறது

Sportfulness, *s.* găylee, கேலி

Sportive, *a.* găyleeyoollăh, கேலியுள்ள

Sportsman, *s.* veyttey ādookiravŭn, veytteykārŭn, வேட்டையாடுகிறவன், வேட்டைக்காரன்

Spot, *s.* kŭrey, māsoo, கறை, மாசு

Spot, *v.* kŭrey pŭdoottookiradoo, கறைபடுத்துகிறது

Spotless, *a.* kŭrrey illādăh, koottŭmillādăh, கறையில்லாத, குற்றமில்லாத

Spotlessness, *s.* kŭrrey eenmey, koottŭm eenmey, கறையின்மை, குற்றமின்மை

Spout, *v.* beeriddă pŭnnookiradoo, பீரிடப்பண்ணுகிறது

Spout, *s.* kindee, tānneer vŭrroom toovārŭm, கிண்டி, தண்ணீர்வருந்துவாரம்

Spouter, *s.* vāyādee, veenprŭssŭngee, வாயாடி, வீண்பிரசங்கி

Spouting, *s.* neerpaytchŭll, peysooshŭmbŭrădāyŭm, நீர்ப்பாய்ச்சல், பேச்சுசம்பரதாயம்

Sprain, *s.* shoolookoo, nŭrŭmbooshoolookkoo, சுளுக்கு, நரம்புசுளுக்கு

Sprained, (to be,) *v.* shoolookay irrookiradoo, சுளுக்காயிருக்கிறது

Sprawl, *v.* tŭvŭrhookiradoo, தவழுகிறது

Spray, *s.* ălayteevŭley, அலைத்திவலை

Spread, *v.* pŭrăpookiradoo, virreekirădoo, pŭrăvookiradoo, பறப்புகிறது, விரிக்கிறது, பரவுகிறது

Spreading, *s.* pŭdŭrchee, pŭrŭppoo, படர்ச்சி, பரப்பு

Sprig, *s.* moley, tŭleer, korhoondoo, முளை, துளிர், கொழுந்து

Spright, *s.* āveyshŭm, ஆவேஷம்

Sprightful, *a.* veerŭmoollăh, toollookiră, வீரமுள்ள, துள்ளுகிற

Sprightless, *a.* veerŭmillādăh, வீரமில்லாத

Sprightliness, *s.* veerătŭttoovŭm, வீரத்துவம்

Sprightly, *a.* veerŭmoollăh, tŭllāttŭmānăh, வீரமுள்ள, துள்ளாட்டமான

Spring, (of water,) *s.* neeroottoo, நீரூற்று

Spring, (season,) *s.* vŭshŭndăkālŭm, வசந்தகாலம்

Spring, (as water,) *v.* oorookiradoo, soorŭkiradoo, ஊறுகிறது, சொரிகிறது

Spring, (to leap,) *v.* toollookiradoo, pāykiradoo, துள்ளுகிறது, பாய்கிறது

Springe, *s.* bone, போனி

Spring, (as plants,) *v.* moleykiradoo, முளைக்கிறது

Springing, *s.* toollookāy, moleykay, துளுக்கை, முளைகை

Springy, *a.* veeseyoollăh, விசையுள்ள

Sprinkle, *v.* toovookiradoo, teyleekiradoo, தூவுகிறது, தெளிக்கிறது

Sprinkling, *s.* teyleepoo, toovoo, தெளிப்பு, தூவு

Sprite, *s.* āveyshŭm, ஆவேஷம்

Sprout, *s.* moley, tooleer, korhoondoo, முளை, துளிர், கொழுந்து

Sprout, *v.* moleykiradoo, tooleerkiradoo, முளைக்கிறது, துளிர்க்கிறது

Spruce, *a.* singkārŭmoollăh, nāgŭreekŭmoollăh, pārvāyoollăh, சிங்காரமுள்ள, நாகரீகமுள்ள, பார்வையுள்ள

Sprucely, *a.* singārŭmay, seerŭppāy, சிங்காரமாய், சிறப்பாய்

Spruceness, *s.* singārătŭnmey, seerŭppoo, nāgŭrreekŭm, சிங்காரதன்மை, சிறப்பு, நாகரீகம்

Spume, *s.* norrey, poongkŭl, நுரை, பொங்கல்
Spur, *s.* yeespŭrsoo mool, இஸ்ப்பார்சுமுள்
Spur, *v.* yeespŭrsāl iddeekiradoo, இஸ்ப்பாரசாலிடிக்கிறது
Spurious, *a.* poyyānăh, vŭmbānăh, பொய்யான, வம்பான
Spuriousness, *s.* poy, vŭmbootŭnŭm, பொய், வம்புத்தனம்
Spuriously, *a.* poorŭlleeyay, புரளியாய்
Spurn, *v.* veyrookiradoo, tŭllookiradoo, needeekiradoo, வெறுக்கிறது, தளளுகிறது, நீடிக்கிறது
Spurt, *v.* koppŭleekiradoo, கொப்புளிக்கிறது
Sputter, *v.* tŭppookiradoo, தப்புகிறது
Sputterer, *s.* tŭppookirăvŭn, தப்புகிறவன்
Spy, *s.* veyvookārŭn, வேவுக்காரன்
Spy, *v.* veyvoo parkiradoo, oosāveekiradoo, வேவுபார்க்கிறது, உசாவுகிறது
Spy-glass, *s.* doorā pārkirā kŭnādee, தூரப்பார்க்கிறகண்ணாடி
Squabble, *s.* koorhăppŭm, shŭndey, kāy kŭlŭppoo, குழப்பம், சண்டை, கைகலப்பு
Squabble, *v.* kaykŭlŭkirădoo, shŭndey piddeekiradoo, கைகலக்கிறது, சண்டைபிடிக்கிறது
Squabbler, *s.* shŭndeypiddeekirăvŭn, சண்டைபிடிக்கிறவன்
Squalid, *a.* ărhookānăh, அழுக்கான
Squall, (child's,) *s.* keechiddoo, கீச்சிடு
Squall, (as a child,) *v.* keechookeech enkiradoo, keechiddookiradoo, கீச்சுக்கீச்சென்கிறது கீச்சிடுகிறது
Squall, (of wind,) *s.* kāttookoorhăpŭm, காற்றுக்குழப்பம்
Squally, *a.* kāttoo koorhăpŭmānăh, காற்றுக்குழப்பமான
Squalor, *s.* ărhookoo, அழுக்கு
Squander, *v.* veenshellăvoo sheykiradoo, virroodāvăy shellăvŭrheekiradoo, வீண்செலவுசெய்கிறது, விருதாவாய்செலவழிக்கிறது
Squanderer, *s.* woodāree, veenshellăvoo sheykirăvŭn, ஊதாரி, வீண்செலவுசெய்கிறவன்
Square, *s.* sŭdoorŭm, sŭdoorăghonŭm, சதுரம், சதுரகோணம்
Square, *a.* sŭdoorŭmānăh, சதுரமான
Square, *v.* sŭdooreekiradoo, சதுரிக்கிறது
Squash, *v.* mŭsseekiradoo, mŭssookookiradoo, மசிக்கிறது, மசுக்குகிறது
Squash, *s.* mŭssookkoo, mŭsseevoo, மசுக்கு, மசிவு
Squat, *v.* koondeeirrookiradoo, குந்தியிருக்கிறது
Squeak, *v.* keechookeech enkiradoo, keechiddookiradoo, கீச்சுகீச்சென்கிறது, கீச்சிடுகிறது
Squeak, *s.* keechoo, keechiddoo, கீச்சு, கீச்சிடு
Squeal, *v.* keechiddookiradoo, கீச்சிடுகிறது
Squeamish, *a.* ovŭtteepoollăh teggootteepoollah, உவட்டிப்புள்ள, திகட்டிப்புள்ள
Squeamishness, *s.* ovŭtteepoo teggootteepoo, உவடிப்பு, திகட்டிப்பு
Squeeze, *v.* peerheekiradoo,

ămookkookiradoo, neyrookoo-kiradoo. பிழிகிறது, அமுக்குகிறது, நெரிக்கிறது
Squeezing, *s.* peerheevoo, ămoo-kŭm, பிழிவு, அமுக்கம்
Squint, *s.* orookŭn. ஒருகண்
Squint, *v.* orookŭnpārkiradoo, ஒருகண்பார்க்கிறது
Squirrel, *s.* ăneepoolley, அணிப்பிள்ளை
Squirt, *s.* peechāngkol, பீச்சாங்கோல்
Stab, *s.* koottoo, koottoogāyŭm, குற்று, குற்றுகாயம்
Stab, *v.* koottookiradoo, குற்றுகிறது
Stability, *s.* nellămey, wooroo-dee, teyrŭm, நிலைமை, உறுதி, திறம்
Stable, *a.* nelleyoollăh, woorā-deeyānăh, நிலையுள்ள, உறுதியான
Stable, (horse,) *s.* koodirrey lāyŭm, குதிரைலாயம்
Stack, *s.* pōr, போர்
Stack, *v.* pōrpodookiradoo, போர்ப்போடுகிறது
Staff, *s.* oonrookōl, kaykōl, kōl, ஊன்றுகோல், கைகோல், கோல்
Stag, *s.* kŭleymān, ānmān, கலைமான், ஆண்மான்
Stage, (theatrical,) *s.* nādŭkăsā-ley, நாடகசாலை
Stage-play, *s.* nādăkŭm, நாடகம்
Stage-player, *s.* nādăkŭn, koot-tādee, நாடகன், கூத்தாடி
Stagger, *v.* tŭllādookiradoo, ŭl-leykiradoo, தள்ளாடுகிறது, அலைகிறது
Staggering, *s.* tŭllāttŭm, tŭdoo-māttŭm, தள்ளாட்டம், தடுமாட்டம்
Stagnant, *a.* worāyndăh, pāyā-dăh, adaypŭttăh, உறைந்த, பாயாத, அடைப்பட்ட
Stagnate, *v.* ădayttoopokiradoo, woraynjshoopokiradoo, அடைந்துபோகிறது, உறைஞ்சுபோகிறது
Stagnation, *s.* woraynshoopok-hay, ădaypoo, உறைஞ்சுபோகை, அடைப்பு
Staid, *a.* ădŭkkŭmānăh, அடக்கமான
Staidness, *s.* ădŭkkŭm, அடக்கம்
Stain, *s.* māsoo, kŭrey, மாசு, கறை
Stain, *v.* māsoo pŭdoottookira-doo, kŭrey pŭdoottookiradoo, மாசுபடுத்துகிறது, கறைபடுத்துகிறது
Stainless, *a.* māsillādăh, kŭrey-ŭttăh, மாசில்லாத, கறையற்ற
Stair, *s.* pŭdee, படி
Stake, (wooden,) *s.* tŭdee, kāl, komboo, தடி, கால், கொம்பு
Stake, (wager,) *s.* pŭndāyŭm, பந்தயம்
Stake, (bet,) *v.* pŭndāyŭm vay-kiradoo, பந்தயம்வைக்கிறது
Stake, *v.* veyleekŭttookiradoo, வேலிக்கட்டுகிறது
Stale, *a.* pŭrhoodānăh, pŭr-hŭssanăh, பழுதான, பழசான
Staleness, *s.* pŭrhŭmey, பழமை
Stalk, *s.* tāl, tāmboo, தாள், தாம்பு
Stallion, *s.* goondookoodirrey, ānkoodirrey, குண்டுகுதிரை, ஆண்குதிரை
Stamen, *s.* worrŭm, bellŭn, உறம், பெலன்

Stammer, *v.* teyttee peyshookiradoo, teekkee peyshookiradoo, தெத்திபெசுகிறது, திக்கி பேசுகிறது

Stammerer, *s.* teekkoovāyŭn, teyttoovāyŭn, திக்குவாயன், தெத்துவாயன்

Stamp, *s.* mooddirrey, moottirrey, முத்திரை

Stamp, (with the foot,) *v.* meedeekiradoo, மிதிக்கிறது

Stamped-paper, *s.* mooddirrey kāyiddŭm, முத்திரைகாயிதம்

Stanch, *v.* wottookiradoo, tŭdŭkkiradoo, ஒட்டுகிறது, தடுக்கிறது

Stanch, *a.* worŭmoollah, bellŭnānăh, உறமுள்ள, பெலனுள்ள

Stanchness, *s.* worŭm, bŭllŭm, உறம், பலம்

Stand, *v.* neerkiradoo, நிற்கிறது

Stand there, (imperative,) ŭngey nilloo, அங்கைநில்லு

Standard, *s.* pōrkodee, bowttāh, போர்கொடி, பொட்டா

Standard-bearer, *s.* por kodee pŭday kārŭn, போர்க்கொடிப்படைக்காரன்

Standing, *s.* neettŭl, நிற்றல்

Staple, *s.* veeyābārăstŭlŭm, வியாபாரஸ்த்தலம்

Star, *s.* nŭttchettrŭm, நடசேத்திரம்

Starch, *s.* kŭjnee, pŭsey kŭnjee, கஞ்சி, பசைகஞ்சி

Starch, *v.* kŭnjee podookiradoo, கஞ்சிபோடுகிறது

Stare, *s.* kooreettăpārvay, குறித்தபார்வை

Stare, *v.* oottoopārkiradoo, உற்றுப்பார்க்கிறது

Starless, *a.* nŭdchettrŭm tonādăh, நடசேத்திரம்தோனாத

Starlight, *s.* nuttcheyttrā wolee, nŭttcheyttră velleetchŭm, நடசேதிரவொளி, நடசேத்திர வெளிச்சம்

Start, *v.* tiddookŭdookiradoo, திடுக்கிடுகிறது

Start, *s.* tiddookāttŭm, திடுக்காட்டம்

Startle, *v.* tiddookŭdă pŭnnookiradoo, திடுக்கிடபண்ணுகிறது

Starve, *v.* pŭsheeyeenāl shorookiradoo, பசியினுல்சோருகிறது

State, *s.* stiddee, nirroovākhŭm, āstee, ஸிதிதி, நிறுவாகம், ஆஸ்த்தி

State, (government,) *s.* rajsheeŭm, circār, இராடிசியம், சர்க்கார்

Stateliness, *s.* sŭmbirrŭmŭm, ādŭmbŭrrŭm, சம்பிரமம், ஆடம்பரம்

Stately, *a.* ādŭmbŭrrŭmānăh, ஆடம்பரமான

Statement, *s.* sholleeyă kāreeŭm, சொல்லியகாரியம்

Statesman, *s.* mŭndirree, மந்திரி

Station, *v.* yeyrpŭdoottookiradoo, nelleypŭdoottookiradoo, நிலைபடுத்துகிறது

Station, (office,) *s.* oodeeyoghŭm, oodeeyoghătŭnmey, உத்தியோகம், உத்தியோகத்தன்மை

Station, *s.* nelley, nellaymey, yeddŭm, நிலை, நிலமை, இடம்

Stationary, *a.* nelleypeyrādăh, நிலைபோராத

Stationery, *s.* kāyiddŭm, pennā medŭleyăh, காயிதம், பேனமுதலிய

Statue, *s.* roobŭm, ooroobŭm, shelley, உருபம், ஊருபம், சிலை
Stature, *s.* ālpŭreeshŭm, ālŭlăvoo, ālwhyeerŭm, ஆளபரிசம், ஆளளவு, ஆளவொயரம்
Statute, *s.* kŭttŭlley, kŭrpuney, neymŭm, கட்டளை, கற்பனை, நியமம்
Stay, *v.* irrookiradoo, neerkiradoo, இருக்கிறது, நிற்கிறது
Stay, (in a place for a halt,) *v.* tŭngkookiradoo, tŭreekiradoo, தங்குகிறது, தரிக்கிறது
Stay, (to stop a person,) *v.* nirroottoo vaikiradoo, நிறுத்தி வைக்கிறது
Stay, (to prevent.) *v.* tudookiradoo, mŭreekiradoo, தடுக்கிறது, மறிக்கிறது
Stay, (prop.) *s.* tāngkee, moottoo, தாங்கி, முட்டு
Stay, (help,) *s.* ādŭrvoo, wottāshey, ஆதரவு, ஒத்தாசை
Stead, *s.* bŭdil, yeedoo, pridee, பதில், ஈடு, பிரதி
Steadfast, *a.* ooroodeeyānăh, oorŭmānăh, உறுதியான, உரமான
Steadily, *a.* oorŭdeeyay, nelleyyay, உறுதியாய, நிலையாய்
Steadiness, *s.* oorŭdee, woorŭm, உறுதி, உறம்
Steady, *v.* nirrottookiradoo, bŭlăpŭdoottookiradoo, ămŭrttookiradoo, நிறுத்துகிறது, பலப்படுத்துகிறது, அமர்த்துகிறது
Steal, *v.* tirroodookiradoo, kŭlvoosheykiradoo, sorŭmsheykiradoo, திருடுகிறது, களவுசெய்கிறது, சோரம்செய்கிறது
Stealer, *s.* tirroodŭn, kŭlvŭn, திருடன், களவன்
Stealing, *s.* kŭlvoo, sorŭm, களவு, சோரம்
Stealthily, *a.* kŭbŭdŭmay, rŭgoosheeŭmay, கபடமாய், இரகசியமாய்
Steam, *s.* āvee, ஆவி
Steamer, *s.* poghay kŭppŭl, புகைகப்பல்
Steam, *v.* āvee yerhoombookiradoo, ஆவியெழும்புகிறது
Steed, *s.* koodirrey, குதிரை
Steel, *s.* yeghoo, oorookoo, எஃகு, உருக்கு
Steel-yard, *s.* trāss kol, திராசுகோல்
Steep, *v.* woorăvaikiradoo, toykiradoo, ஊறவைக்கிறது, தோய்க்கிறது
Steep, *a.* modānăh, shenggoottānăh, yeyttŭmānăh, மேடான, செங்குத்தான, ஏற்றமான
Steepness, *s.* shenggoottoo, yeyttŭm, modoo, செங்குத்து, ஏற்றம், மேடு
Steer, (ox,) *s.* kāley mādoo, காளைமாடு
Steer, (a boat, &c.) *v.* sookāntirroopookirădoo, சுக்கான்திருப்புகிறது
Stem, *s.* tāl, tŭndoo, kămboo, தாள், தண்டு, காம்பு
Stem, *v.* yeddeerettookiradoo, tŭdookiradoo, virrodeekiradoo, எதிரேற்றுகிறது, தடுக்குகிறது, விரோதிக்கிறது
Stench, *s.* nāttŭm, kowvŭtchee, நாற்றம், கவுச்சி
Step, (pace,) *s.* kowvŭttŭdee, nŭdăkoompŭddee, கவுட்டடி, நடக்கும்படி
Step, (of door, &c.) *s.* pŭdee, படி
Step-child, *s.* sŭkālŭttee poolley, சக்களத்திபிள்ளை

Sterile, (females,) *a.* mŭlŭdeeyānăh, மலடியான
Sterile, (ground,) *a.* kŭrŭmboo, களம்பு
Sterility, *s.* mŭlŭdoo, kŭrŭmboo, மலடு, களம்பு
Stern, (of ship,) *s.* kŭppŭleenpintŭttoo, கப்பலின்பின்தட்டு
Stern, *a.* kŭndeepānăh, veddooveddoopānăh, கண்டிப்பான, வெடுவெடுப்பான
Sternly, *a.* veddooveddoopay, kundeepāy, வெடுவெடுப்பாய், கண்டிப்பாய்
Sternness, *s.* kŭndeepoo, veddooveddoopoo, கண்டிப்பு, வெதுவெதுப்பு
Stew, *v.* shoondookiradoo, சுண்டுகிறது
Steward, *s.* kāreeyŭkārŭn, காரியக்காரன்
Stick, *s.* tŭdee, koochee, kol, தடி, குச்சி, கோல்
Stick, *v.* koottookiradoo, wottookiradoo, pottookiradoo, குத்துகிறது, ஒட்டுகிறது, பொத்துகிறது
Stickiness, *s.* pŭsey, piddeepoo, பசை, பிடிப்பு
Stickle, *v.* pŭdshāpādŭm sheykiradoo, பட்சாபாதம்செய்கிறது
Stickler, *s.* pŭdshāpādee, பட்சாபாதி
Sticky, *a.* pŭsseyānăh, piddeepānăh, பசையான, தடிப்பான
Stiff, *a.* worreypānăh, vŭleyādătŭnmeyoollah, vŭleyāmeyānăh, ஒறைப்பான
Stiffen, *v.* worrăpākkookiradoo, vŭleyādirookă sheykiradoo, nimmeerkiradoo, ஒறைப்பாக்குகிறது, வளையாதிருக்கச்செய்கிறது, நிமிர்கிறது
Stiffness, *s.* worreypoo, vŭleyāmey, ஒறைப்பு, வளையாமை
Stifle, *v.* poraikk yeyrookiradoo, tikkoomook ādookiradoo, புரைக்கேறுகிறது, திக்குமுக்காடுகிறது
Stifled, (to be,) *v.* tikkoomookoo pŭdootookiradoo, திக்குமுக்குபடுத்துகிறது
Stigma, *s.* eerhăkoo, vŭdoo, இழுக்கு, வடு
Stigmatize, *v.* eerhookoo pŭnnookiradoo, இழுக்குபண்ணுகிறது
Still, (for distilling,) *s.* vāley, வாலை
Still, *a.* sŭmādānŭmānăh, சமாதானமான
Still, *v.* sŭmādānă pŭdoottookiradoo, tăneekiradoo, சமாதானப்படுத்துகிறது, தணிக்கிறது
Still, *adv.* innŭm, yenrāloom, இன்னம், என்றாலும்
Still-born, *a.* sheyttoo pirrŭndăh, செத்துபிறந்த
Stillness, *s.* sŭmādānŭm, ămaydee, சமாதானம், அமைதி
Stilt, *s.* poykāl, பொய்க்கால்
Stimulant, *a.* diddă pŭdoottă tŭkkăh, திடப்படுத்தத்தக்க
Stimulate, *v.* diddă pŭdă pŭnnookiradoo, திடப்படபண்ணுகிறது
Stimulating, *a.* diddăpŭdŭttookiră, திடப்படுத்துகிற
Sting, *v.* kodookoonāl kottookiradoo, கொடுக்கினால்கொட்டுகிறது
Sting, *s.* kodookoo, கொடுக்கு
Stingily, *a.* lobŭmay, pissŭna-

tunmeyay, உலோபமாய், பிசுனத்தன்மையாய்
Stinginess, *s.* lobŭm, pissŭnŭm, உலோபம், பிசுனம்
Stingy, *a.* lobŭmoollăh, pissŭnŭmoollah, உலோபமுள்ள, பிசுனமுள்ள
Stink, *s.* nāttŭm, nārŭl, doorkŭndŭm, நாற்றம், நாறல், துறக்கந்தம்
Stink, *v.* nārookiradoo, nāttŭmyeddookiradoo, doorkŭndŭmvissookiradoo, நாறுகிறது, நாற்றமெடுக்கிறது, துறக்கந்தம்வீசுகிறது
Stinking, *a.* nāttookiră, நாறுகிற
Stint, *v.* ŭlăvoo kooreekiradoo, அளவுகுறிக்கிறது
Stinted, *a.* ălăvookooreekiră, அளவுகுறிக்கிற
Stipend, *s.* shŭmbălŭm, சம்பளம்
Stipendiary, *s.* shŭmbălăkārŭn, சம்பளக்காரன்
Stipulate, *v.* oppŭndŭm pŭnnookiradoo, ஒப்பந்தம்பண்ணுகிறது
Stipulation, *s.* oppŭndŭm, poroottŭm, ஒப்பந்தம், பொருத்தம்
Stir, (a fluid, &c.) *v.* koottookiradoo, kŭlukkookiradoo, korhŭppookiradoo, கூட்டுகிறது, கலக்குகிறது, கொழுப்புகிறது
Stir, (move,) *v.* ăseykiradoo, āttookiradoo, அசைக்கிறது, ஆட்டுகிறது
Stirrup, *s.* reekkāp, ŭngăvŭdee, ரிக்காப், அங்கவடி
Stitch, *s.* tayyŭl, தையயல்
Stitch, *v.* taykiradoo, pottookiradoo, தைக்கிறது, பொற்றுகிறது
Stock, *s.* kay irrooppoo, கையிருப்பு
Stock, *v.* kay irroopoo vaikkiradoo, கையிருப்புவைக்கிறது
Stocks, *s.* koottey, torhoo, குட்டை, தொழு
Stockade, *s.* mŭrŭttāl sheykira korttey, மரத்தால்செய்கிற கோட்டை
Stocking, *s.* meyjodoo, மேசோடு
Stolen, *a.* tirroodăpŭttăh, திருடப்பட்ட
Stomach, *s.* yeyreyvowvŭr, yeyreyvayŭr, இரைவவுற், இரைவயற்
Stomachic, *a.* yeyrey vowvŭr kŭdoottăh, இரைவயறுக்கடுத்த
Stone, *s.* kŭl, kŭlloo, கல், கல்லு
Stone, (large rock,) *s.* pārey, pāreykŭl, பாறை, பாறைக்கல்
Stone, (testicle,) *s.* ăndŭm, viddey, அண்டம், விதை
Stone, (to throw,) *v.* kŭl yeyreekiradoo, கல்லெறிகிறது
Stone-cutter, *s.* kŭl tŭchŭn, கல்தச்சன்
Stone-mason, *s.* kŭl kŏttŭn, கல்கொத்தன்
Stony, *a.* kŭloollăh, kŭlpāreyānăh, கல்லுள்ள, கல்பாறையான
Stool, *s.* mŭnney, mookāllee, மணை, முக்காலி
Stools, *s.* jelăwāddee, mŭlŭm, சலவாதி, மலம்
Stoop, *v.* kŭvveerhkiradoo, tārhkiradoo, kooneekiradoo, கவிழ்கிறது, தாழ்கிறது, குனிகிறது

Stoop, *s.* tārhvoo, kooneevoo, தாழ்வு, குனிவு

Stop, (period,) *s.* yelĕyă kooree, moodippoo, இலயக்குறி, முடிப்பு

Stop, *s.* nirroopoo, நிருப்பு

Stop, *v.* nirroottookiradoo, neerkă sheykiradoo, mŭreekiradoo, tŭdookiradoo, நிறுத்துகிறது, நீர்கசைகிறது, மறைக்கிறது, தடுக்கிறது

Stoppage, *s.* tŭdŭngkŭl, tŭdey, adaypoo, தடங்கல், தடை, அடைப்பு

Stopping, (halting,) *a.* tŭngookira, tŭreekiră, தங்குகிற தரிக்கிற

Store, *v.* koottookiradoo, sheykŭreekiradoo, கூட்டுகிறது, சேகரிக்கிறது

Stores, *s.* bojŭnă sāmāngkŭl, போசனசாமான்கள்

Store, (for supplies,) *s.* tŭttoomoottootŭlăvādashāley, தட்டுமுட்டுதளவாடசாலை

Storm, *s.* kāttoo koorhăpŭm, காறறுகுழப்பம்

Storm, *v.* kodeekiradoo, kondăleekiradoo, குடிக்கிறது, கொந்தளிக்கிறது

Storming, *s.* kodeepoo, kondulăpoo, குடிப்பு, கொந்தளிப்பு

Story, (of a house,) *s.* mālееkhăy, மாளிகை

Stout, *a.* pŭroombŭddeeyānăh, பரும்படியான

Stoutly, *a.* pŭroombŭddeeyay, பருமபடியாய்

Stoutness, *s.* pŭroombŭddee, pŭroomey, பருமபடி, பருமை

Stow, *v.* wodŭngkă vaikkiradoo, wodookookiradoo, ஒடுக்குகிறது, ஒடுங்கவைக்கிறது

Straddle, *v.* siddărookiradoo, goolaykiradoo, சிதறுகிறது, குலைகிறது

Straggle, *v.* siddărookiradoo, kolaykiradoo, vellŭkookiradoo, சிதருகிறது, கலைகிறது. விலககுகிறது

Straighten, *v.* worŭngkoo sheykiradoo, nimmeertookiradoo, ஒழுங்குசெய்கிறது, நிமிர்த்துகிறது

Straightly, *a.* neyray, woroongkay, நேராய், ஒழுங்காய்

Straightness, *s.* neyrmey, woroongkoo, நேர்மை, ஒழுங்கு

Straightway, *a.* odăney, உடனே

Strain, (thro' a sieve, &c.,) *v.* vŭdeekŭttookiradoo, வடிகட்டுகிறது

Strain, (with force,) *v.* oonneetookkookiradoo, ஊனணிதாக்குகிறது

Strait, *a.* neyrānăh, worŏŏngānăh, நேரான, ஒழுங்கான

Strait, (difficulty,) *s.* vŭroottŭm, preeyāsum, வருத்தம், பிரயாசம்

Straiten, *v.* neyrpŭdoottookiradoo, நேர்ப்படுத்துகிறது

Straitly, *a.* neyray, woroongkăy, நேராய், ஒழுங்காய்

Straitness, *s.* neyr, neyrmey, woroongkoo, நேர், நேர்மை, ஒழுங்கு

Strand, *s.* kŭdŭlkŭrrey, kŭdŭlorŭm, கடற்கரை, கடலோரம்

Strange, *a.* poodoomeyānăh, vindeyānăh, ădeesheeŭmānăh, புதுமையான, அதிசியமான

Strangeness, *s.* vindey, ădeesheeŭm, poodoomey, விந்தை, அதிசியம், புதுமை

Stranger, *s.* ănneeyŭn, areemookhŭmillādăvŭn, அன்னியன், அறிமுகமில்லாதவன்
Strangle, *v.* korăvŭlley neyrookiradoo, குரவளைநெருக்கிறது
Strangulation, *s.* korăvŭlley neyrookŭm, குரவளைநெருக்கம்
Strangury, *s.* neerkŭttoo, neerkŭdoopoo, நீர்க்கட்டு, நீர்க்கடுப்பு
Strap, *s.* kŭchoo, vŭdŭm, vār, கச்சு, வடம், வார்
Stratagem, *s.* oobāyŭm, tŭndeerŭm, உபாயம், தந்திரம்
Straw, *s.* vaykŭl, வைக்கல்
Stray, *v.* tŭppeepokiradoo, vŭrheetŭppookiradoo, தப்பிபோகிறது, வழிதப்புகிறது
Streak, *s.* keerhoo, vŭree, reykhāy, கீறு, வரி, இரேகை
Streak, *v.* keerhookiradoo, vŭreekiradoo, கீறுகிறது, வரிகிறது
Stream, *s.* neerottŭm, tanneerottŭm, நீரோற்றம், தண்ணீரோற்றம்
Stream, *v.* neer odookiradoo, neerpaykiradoo, நீரோடுகிறது, நீர்பாய்கிறது
Streamer, *s.* kodee, bowtăh, கொடி, பாவுட்டா
Street, *s.* teyroo, teyroovoo, veedee, தெரு, தெருவு, வீதி
Strength, *s.* bŭlŭm, bellŭn, worăppoo, worŭm, sŭttoovŭm, teddŭm, trānee, பலம், பெலன், உறப்பு, உறம், சற்றுவம், திடம், திராணி
Strengthen, *v.* diddă pŭdoottookiradoo, woorădee pŭdoottookiradoo, திடப்படுத்துகிறது, உறதிப்படுத்துகிறது
Strenuously, *a.* mooyŭrcheeyay, piddeevādŭmay, veerumay, முயற்சியாய், பிடிவாதமாய், வீரமாய்
Strenuous, *a.* piddeevādŭmānăh, veerŭmānăh, பிடிவாதமான, வீரமான
Stress, *s.* kŭdoottŭm, eerookŭm, bārŭm, கடுத்தம், இறுக்கம், பாரம்
Stretch, *v. a.* neettookiradoo, eerhookiradoo, நீட்டுகிறது, இழுக்கிறது
Stretch, *v. n.* neelookiradoo, needookiradoo, நீளுகிறது, நீடுகிற
Stretched, (to become,) *v.* neendoo pokiradoo, நீண்டுபோகிறது
Strew, *v.* shidŭrookiradoo, yeyreykiradoo, toovookiradoo, சிதறுகிறது, இறைகிறது, தூவுகிறது
Strict, *a.* dittŭmānăh, niddārttŭmānăh, திட்டமான, நிதார்த்தமான
Strictly, *a.* dittŭmay, niddārttŭmay, திட்டமாய், நிதார்த்தமாய்
Strictness, *s.* dittŭm, kŭndittŭm, kŭndeepoo, திட்டம், கண்டிதம், கண்டிப்பு
Stricture, *s.* ădaypoo, sŭndoopoodee, அடைப்பு, சந்துபிடி
Stride, *s.* kŭvŭttŭday, kŭvădoo, கவட்டடி, கவடு
Stride, *v.* kŭvadoovaikiradoo, tāndookiradoo, கவடுவைக்கிறது, தாண்டுகிறது
Strife, *s.* sŭndey, ădeebŭdee, kŭlakhŭm, koorhăpum, சண்டை, அடிப்பு, கலகம, குழப்பம்

Strike, *v.* ŭdeekiradoo, அடிக்கிறது

Striking, *s.* ŭdee, ărey, அடி, அறை

String, *s.* kowroo, kāyroo, கவறு, கயறு

String, *v.* kowroopoottookiradoo, kowroopaytchookiradoo, கவறுபூட்டுகிறது, கவறுபாச்சுகிறது

Stringy, *a.* noolloollăh, நாலுள்ள

Strip, *s.* toondoo, துண்டு

Strip, *v.* (clothes off,) kŭlŭttookiradoo, kŭrhŭttookiradoo, கழற்றுகிறது

Strip, *v.* (skin of an animal,) ooreekiradoo, உரிக்கிறது

Stripe, *s.* vŭree, keeroo, keettoo, வரி, கீறு, கீற்று

Stripe, *v.* kŭmbeekŭttookiradoo, keerookiradoo, கம்பிகட்டுகிறது, கீறுகிறது

Striped, *a.* keerookeerānăh, கீறுகீறான

Stripling, *s.* wāleebŭn, tŭroonŭn, koomărŭn, வாலிபன், தருணன், குமாரன்

Stripping, *s.* kŭrhătŭl, wooreeppoo, கழற்றல், உரிப்பு

Strive, *v.* pirrăyasăpŭdookiradoo, பிரயாசப்படுகிறது

Stroke, *s.* ŭdee, arey, tŭttoo, அடி, அறை, தட்டு

Stroke, (as a cat,) *v.* tŭdăvookiradoo, தடவுகிறது

Stroll, *v.* woolāvookirădoo, woolāttookiradoo, உலாவுகிறது, உலாற்றுகிறது

Stroll, *s.* woolāh, woollāttoo, உலா, உலாற்று

Strolling, *a.* woolāttookiră, உலாற்றுகிற

Strong, *a.* bŭlŭmānăh, gŭrtteeyānăh, worrŭttăh, terroomollăh, பலமான, கெட்டியான, உரத்த, திறமுள்ள

Strop, *s.* shāneetoll, சாணித்தோல்

Structure, *s.* kŭttădŭm, kŭttoo, கட்டடம், கட்டு

Struggle, *v.* eerhoopŭreepŭddookiradoo, porādookiradoo, இழுபறிபடுகிறது, போராடுகிறது

Struggle, *s.* eerhoopŭree, porāttŭm, இழுபறி, போராட்டம்

Strumpet, *s.* veysee, pŭrŭttey, வேசி, பரத்தை

Strut, *v.* kendee nŭdŭkiradoo, கிந்திநடக்கிறது

Strutting, *s.* kendee nŭdookiră, கிந்திநடக்கிற

Stubble, *s.* ăreetāl, wōttootāl, அரிதாள, ஒட்டுதாள்

Stubborn, *a.* morŭttoollăh, kooroomboollăh, shŭndeeyānăh, முரட்டுள்ள, குறும்புள்ள, சண்டியான

Stubbornness, *s.* shŭndeetŭnŭm, yedākhodŭm, tŭrkooroomboo, சண்டித்தனம், ஏடாகோடம், தறுகுறும்பு

Stud, *s.* koodirreypŭndee, குதிரைப்பந்தி

Student, *s.* sheeshŭn, pŭlleepoolley, சிஷன், பள்ளிப்பிள்ளை

Studious, *a.* kŭroottoollăh, pŭdeepilăgŭvŭnŭmoollah, கருத்துள்ள, படிப்பில்கவனமுள்ள

Studiousness, *s.* gŭvŭneepoo, vitteyāthoorŭm, கவனிப்பு, வித்தையாதுரம

Study, *s.* pŭdeepoo, kŭlvee, vit-

teyābeeyāsŭm, படிப்பு, கல்வி, வித்தையாப்பியாசம்
Study, *v.* pŭdeekiradoo, wodookiradoo, படிக்கிறது, ஓதுகிறது
Stuff, *s.* sŭrŭkkoo, sāmān, pundŭm, சரக்கு, சாமான், பண்டம்
Stuff, *v.* tinneekiradoo, ădŭkkookiradoo, koodŭppookiradoo, திணிக்கிறது, அடக்குகிறது, குதப்புகிறது
Stuffed, *a.* tinneettăh, ădŭkkeenăh, koodŭppeenăh, திணித்த, அடக்கின, குதப்பின
Stuffing, *s.* tinneeppoo, adaypoo, திணிப்பு, அடைப்பு
Stultify, *v.* pāytteeŭmakiradoo, beydāpŭdoottookiradoo; பைத்தியமாக்கிறது, பேதாப்படுத்துகிறது
Stumble, *s.* yeddŭroo, tŭdookŭl, இடறு, தடுக்கல்
Stumble, *v.* yeddŭrookiradoo, pirrheypŭdookiradoo, இடறுகிறது, பிழைபடுகிறது
Stumbling, *a.* tŭdookŭlānăh, yeydŭrŭlānăh, தடுக்கலான, இடறலான
Stump, *s.* (tree,) veytteenă mŭrrŭtteen ŭdee, வெட்டினமரத்தினடி
Stumpy, *a.* koorheyānăh, குழையான
Stun, *v.* virreykă sheykiradoo, măyăkkookiradoo, விறைக்கச்செய்கிறது, மயக்குகிறது
Stunned, *v.* (to be,) măyŭngkeepokiradoo, மயங்கிபோகிறது
Stunt, *v.* nŭrookiradoo, nŭrookă punnookiradoo, நறுக்கிறது, நறுக்கப்பண்ணுகிறது
Stuntedness, *s.* nŭrookay, நறுக்கை
Stupe, *s.* moottāl, moodŭn, மூட்டாள், மூடன்
Stupefaction, *s.* măyăkkŭm, mŭndŭm, sowrnneykŭrdoo, மயக்கம், மந்தம், சுவர்ணகேடு
Stupify, *v.* mayŭkkookiradoo, sorŭnneykŭrdookiradoo, beydeypŭdoottookiradoo, மயக்குகிறது, சுவர்ணகெடுக்கிறது
Stupendous, *a.* mŭkhă, birŭmāndăh, perreyăh, beermeekătŭkkăh, மகா, பிரமாண்ட, பெரிய, பிரமிக்கத்தக்க
Stupid, *a.* moodŭmānăh, moottālānăh, mŭndŭbootteeyoollăh, மூடமான, மூட்டாளான, மந்தப்புத்தியுள்ள
Stupidity, *s.* moodătŭnŭm, bootteeyeenum, மூடத்தனம், புத்தியீனம்
Stupidly, *a.* moodătŭnŭmay, bootteeyeenŭmay, மூடத்தனமாய், புத்தியீனமாய்
Stupor, *s.* shorvoo, măyăkŭm, timmeerpoo, mŭndŭm, சோர்வு, மயக்கம், திமிர்ப்பு, மந்தம்
Sturdy, *a.* bŭllŭmānah, piddeevādŭmānăh, vŭleemeyoollah, பலமான, பிடிவாதமான, வலிமையுள்ள
Sturdiness, *s.* bellŭn, vŭloomey, பெலன், வலுமை
Stutter, *v.* teyteepey shookiradoo, teekkee peyshookiradoo, தெற்றிப்பேசுகிறது, திக்கிப்பேசுகிறது
Stutterer, *s.* teytteevayŭn, teekkoovayŭn, தேற்றுவாயன், திக்குவாயன்
Stuttering, *s.* teekkoo, teekkoo-

vay, tettoovay, திக்கு, திக்குவாய், தெற்றுவாய்

Sty, *s.* pŭnneekoodoo, பன்றிகூடு

Style, *s.* (for writing on leaves,) yerhootănee, yelleykŭnee, எழுத்தாணி, இலேகனி

Style, *v.* peyriddookiradoo, nămkŭrŭnŭm sheykiradoo, பெயரிடுகிறது, நாமகரணஞ்செய்கிறது

Suavity, *s.* mŭreeyăday, săndŭm, oobăsărŭm, மரியாதை, சாந்தம், உபசாரம்

Subdivide, *v.* pŭngkay pŭngiddookiradoo, shembădee yăkkiradoo, vŭgookiradoo, பங்கைபங்கிடுகிறது, சமபாதியாக்கிறது, வகுக்கிறது

Subdivision, *s.* pŭngkoo, pŭreevoo, பங்கு, பிரிவு

Subdue, *v.* keerhpŭdoottookiradoo, adukkookiradoo, கீழ்ப்படுத்துகிறது, அடக்குகிறது

Subjacent, *a.* ădoottăh, keerhănăh, அடுத்த, கீழான

Subject, *s.* kăreeŭm, porool, pŭdărtŭm, காரியம், பொருள், பதார்த்தம்

Subject, *v.* keelpŭdoottookiradoo, ădŭkkookiradoo, கீழ்ப்படுத்துகிறது, அடக்குகிறது

Subjective, *a.* yerhoovaykooreeyăh, எழுவாய்க்குரிய

Subjection, *s.* keerhpŭdeepoo, ămăydee, ădŭkkŭm, கீழ்ப்படிபு, அமைதி, அடக்கம்

Subjects, *s.* keerhpŭttavŭrkŭl, கீழ்ப்பட்டவர்கள்

Subjoin, *v.* koottookiradoo, sheyrkiradoo, கூட்டுகிறது, சேர்க்கிறது

Subjugate, *v.* ădŭkkookiradoo, keerhpŭdoottookiradoo, kŭttoopŭdoottookiradoo, அடக்குகிறது, கீழ்ப்படுத்துகிறது, கட்டுப்படுத்துகிறது

Subjugation, *s.* keelpŭdoottookay, adeemey, கீழ்ப்படுத்துகை, அடிமை

Sublimate, *s.* poodămeettăporool, bŭspŭm, புடமிட்டபொருள், பஸ்பம்

Sublimate, *v.* shootteepŭnnookiradoo, shoodookiradoo, சுத்திபண்ணுகிறது, சுடுகிறது

Sublime, *a.* oonneedŭmănăh, meyllanah, whyrŭndăh, உன்னிதமான, மேலான, உயர்ந்த

Submarine, *a.* kŭdŭleel vărhummoollăh, neereelvărhumoollăh, கடலில்வாழுமுள்ள, நீரில்வாழுமுள்ள

Submerge, *v.* tanneeril ămurheendookiradoo, தண்ணீரிலமுழுந்துகிறது

Submersion, *s.* tanneeril ămurhkay, தண்ணீரிலமுழ்கை

Submission, *s.* tărhmey, vŭnăkŭm, keelpŭdeevoo, tărhvoo, தாழ்மை, வணக்கம், கீழ்ப்படிவு, தாழ்வு

Submissive, *a.* ămayvoollah, keelpŭdeekiră, tărhvoollah, அமைவுள்ள, கீழ்ப்படிகிற, தாழ்வுள்ள

Submissively, *a.* keelmeyay, tărhmeyay, கீழ்மையாய், தாழ்மையாய்

Submissiveness, *s.* tărhmey, keelpŭdeevoo, தாழ்மை, கீழ்ப்படிவு

Submit, *v.* keelpŭdeekiradoo, ădŭngkookirădoo, wodoongkookiradoo, கீழ்ப்படிகிறது, அடங்குகிறது, ஒடுங்குகிறது

Subordination, *s.* keelpŭdeevoo, tārhvoo, tārhmey, கீழ்ப்படிவு, தாழ்வு, தாழ்மை

Subordinate, *a.* tārhvoollăh, ămayvoollăh, keelānah, தாழ்வுள்ள, அமைவுள்ள, கீழான

Subscribe, *v.* kay yerhoodoovaikiradoo, kay oppŭm vaikiradoo, கையொப்பம்வைக்கிறது, கையெழுத்துவைக்கிறது

Subscriber, *s.* kay yerhoottookārŭn, kayoppăkārŭn, கையொப்பக்காரன், கையெழுத்துக்காரன்

Subscription, *s.* kayoppŭm, kayyerhoottoo, கையொப்பம், கையெழுத்து

Subsequent, *a.* pinpŭtteeyăh, ootŭrăh, ăppŭrăh, பின்பற்றிய, உத்தர, பின்னுலேசம்பவிக்கும், அப்பற

Subsequently, *a.* pinnāley, pinney, pinboo, appŭrŭm, பின்னாலே, பின்னே, பின்பு, அப்புறம்

Subserviency, *s.* ădoomey, keelpŭdeevoo, அடிமை, கீழ்ப்படிவு

Subservient, *a.* ădoomeyānăh, keelpŭdeevoollah, அடிமையான, கீழ்ப்படிவுள்ள

Subside, *v.* tăneekiradoo, adaykiradoo, wodoongkookiradoo, தணிகிறது, ஒடுங்குகிறது, அடைகிறது

Subsidence, *s.* tăneevoo, ădayvoo, pŭdeevoo, தணிவு, அடைவு, படிவு

Subsist, *v.* jeevŭnŭm pŭnnookiradoo, pŭrheykiradoo, சீவனம்பண்ணுகிறது, பிழைக்கிறது

Subsistence, *s.* jeevŭnŭm, pŭrheypoo, சீவனம், பிழைப்பு

Substance, *s.* āstee, pŭdārttŭm, porool, ஆஸ்தி, பதார்த்தம், பொருள்

Substantial, *a.* tirrŭmānăh, pirrădānăh, திரமான, பிரதான, மெய்ப்பொருளான

Substantive, *s.* peyrtcholl, பெயர்ச்சொல்

Substitute, *v.* bŭddil vaikiradoo, yewdoovaikiradoo, பதில்வைக்கிறது, ஈடுவைக்கிறது

Substitute, *s.* bŭddil, eedoo, pinney, பதில், ஈடு, பிணை

Substitution, *s.* bŭddilvaykookay, பதில்வைக்குகை

Subterfuge, *s.* poyshāttoo, poyshākkoo, பொய்ச்சாட்டு, சாக்கு

Subterranean, *a.* boomeekoollānăh, பூமிக்குள்ளான

Subtle, *a.* kŭbădŭmānăh, tŭndirrŭmānăh, sootchŭmānăh, கபடமான, தந்திரமான, சூட்சமான

Subtly, *a.* kŭbădŭmay, tŭndeerŭmay, கபடமாய், தந்திரமாய், சூட்சமாய்

Subtract, *v.* kŭrheekiradoo, கழிக்கிறது

Subtraction, *s.* kŭrheepookŭnnŭkkoo, kŭrheevookŭnŭkkoo, கழிப்புக்கணக்கு, கழிவுகணக்கு

Subversive, *a.* ărheekătŭkkăh, kŭveerhkătŭkkăh, அழிக்கத்தக்க, கவிழக்கத்தக்க

Subversion, *s.* ărheevoo, kŭveerhvoo, poorŭttoo, அழிவு, கவிழ்வு, புரட்டு

Subvert, *v.* ărheekiradoo, kŭveerhkiradoo, அழிக்கிறது, கவிழ்க்கிறது

Succeed, *v.* vŭrtteekăpŭnnookiradoo, shitteeyākiradoo, வர்த்திக்கபண்ணுகிறது, சித்தியாகிறது.

Succeeding, *a.* pinvŭrookira, ădoottăh, pindeenăh, பின்வருகிற, அடுத்த, பிந்தின

Success, *s.* sittee, ănoogoolăkāreeyŭsittee, சித்தி, அனுகூலகாரியசித்தி

Successful, *a.* sitteeyānăh, năyăpādoollăh, சித்தியான, நயப்பாடுள்ள

Successful, *v.* (to be,) sitteekiradoo, சித்திக்கிறது

Successively, *a.* kŭrmăkŭrmummay, vŭreeseyay, pŭdeepudeeyay, கிரமகிரமமாய், வரிசையாய், படிப்படியாய்

Successor, *s.* bŭdilāl, māttāl, பதிலாள், மாற்றான்

Succinct, *a.* soorookŭmoollăh, wodingkeeyah, sooroongkeeyăh, சுருக்கமுள்ள, ஒடுங்கிய, சுருங்கிய

Succinctly, *a.* soorookŭmay, wodŭkkŭmay, சுருக்கமாய், ஒடுக்கமாய்

Succinctness, *s.* soorookŭm, wodookum, சுருக்கம், ஒடுக்கம்

Succulent, *a.* sārŭmoollăh, sāroollăh, சாரமுள்ள, சாருள்ள

Succumb, *v.* keelădŭngkookiradoo, ădŭngkookiradoo, கீழடங்குகிறது, அடங்குகிறது

Such, *a.* ăppeyrpŭttăh, appŭddeepŭttăh, poleeyăh, அப்பேர்ப்பட்ட, அப்படிப்பட்ட, போலிய

Suck, *v.* (as a child,) pālkoodeekiradoo, பால்குடிக்கிறது

Suck, (as calves, &c.) woottookiradoo, ஊட்டுகிறது

Suck, *v.* sooppookiradoo, சூப்புகிறது

Sucker, *s.* (plant,) tooleer, துளிர்

Sucker, *s.* (young one,) molley koodee pilley, முலைகுடிப்பிள்ளை

Sucking, *a.* molleypāl koodeekiră, woottookiră, முலைப்பால்குடிக்கிற, ஊட்டுகிற

Sucking, *a.* soopookiră, சூப்புகிற

Suckle, *v.* moleykodookiradoo, முலைகொடுக்கிறது

Suction, *s.* sooppookay, woorinjeekay, சூப்புகை, உறிஞ்சுகை

Sudden, *a.* diddeer enroo, sŭddoodeeyānăh, teedookoorānăh, திடீரென்று, சடுதியான, திடுகூரான

Suddenly, *a.* diddeeren, shŭdookeyn, diddooken, திடீரென, திடுக்கென, சடுக்கென

Suet, *s.* korhoopoo, கொழுப்பு,

Suffer, *v.* toonbăpŭdookiradoo, pādoopŭdookiradoo, துன்பப்படுகிறது, பாடுபடுகிறது

Suffer, *v.* (to permit,) sugheekiradoo, woottŭreekiradoo, சகிக்கிறது, உத்திரிக்கிறது

Sufferance, *s.* sugheepoo, woottŭreepoo, சகிப்பு, உத்தரிப்பு

Sufferer, *s.* pādoopŭdookirăvŭn, toonbăpŭdookirăvŭn, பாடுபடுகிறவன், துன்டப்படுகிறவன்

Suffering, *s.* pādoo, vŭroottŭm, toonbŭm, eedāynshŭl, பாடு, வருத்தம், துன்பம், இடைஞ்சல்

Suffice, *v.* poorŭnŭmākiradoo,

tirrootteepŭnnookiradoo, பூரணமாக்கிறது, திருத்திபண்ணுகிறது

Sufficiency, s. tirroottee, poorŭnnŭm, திருத்தி, பூரணம்

Sufficiently, a. tirrootteeyay, poorŭnnŭmay, திருத்தமாய், பூரணமாய்

Sufficient, a. tirootteeyānăh, poorŭnnŭmānăh, dārālŭmānăh, திருத்தியான, பூரணமான, தாராளமான

Suffocate, v. mootchooveedādăpŭdeesheykiradoo, மூச்சுவிடாதபடிசெய்கிறது

Suffocation, s. tikkoomookoo, tikkoomook adaypoo, திக்குமுக்கு, திக்குமுக்கடைப்பு

Suffuse, v. nerraykiradoo, nirŭppookiradoo, நிறைக்கிறது, நிரப்புகிறது

Suffusion, s. nerreyvoo, நிறைவு

Sugar, s. sŭkkŭrey, sŭrookŭrey, shŭkkŭrey, சக்கரை, சருக்கரை

Sugar-cane, s. kŭroomboo, கரும்பு

Sugar-candy, s. kŭlkŭndoo, kŭrkŭndoo, கலக்கண்டு, கற்கண்டு

Suggest, v. kāttee shollookiradoo, kooreettoo shollookiradoo, காட்டிச்சொல்லுகிறது, குறித்துச்சொல்லுகிறது

Suggestion, s. ninneypoo, kātteeshollookay, நினைப்பு, காட்டிச்சொல்லுகை

Suicide, s. tŭrkolley, தற்கொலை

Suit, s. (of clothes,) oroodŭstoo, oodoopoo, ஒருதஸ்த்து வுடுப்பு

Suit, (in law,) veeyājeeŭm, prayadoo, வியாச்சியம், பிறையாது

Suit, v. issaykiradoo, poroottookiradoo, இசைக்கிறது, பொருத்துகிறது

Suitable, a. tŭgoodeeyānăh, tŭgoondăh, tŭkkăh, தகுதியான, தகுந்த, தக்க

Suitably, a. wottapudee, tŭgoodeeyay, ஒத்தப்படி, தகுதியாய்

Suitor, s. (of woman,) streevŭsseeyŭn, streeay toodŭrkirăvŭn, இஸ்திரிவசியன், இஸ்திரியைதுடர்கிறவன்

Suitor, s. (in law,) vādee, veeyajeeyakărŭn, வாதி, வியாச்சியக்காரன்

Sulkily, a. moorăgoonŭmay, kooroombay, veddooveddoopay, மூரகுணமாய், குறும்பாய், வெடுவெடுப்பாய்

Sulkiness, s. moorăgoonum, veddooveddoopoo, kooroombătŭnŭm, மூரகுணம், வெடுவெடுப்பு, குறும்புத்தனம்

Sulky, a. moorăgoonŭmānăh, veydooveydoopoollăh, மூரகுணமான, வெடுவெடுப்புள்ள

Sullen, a. veddooveddoopānah, koorŭmbootŭnnŭmoollăh, வெடுவெடுப்பான, குறும்புத்தனமுள்ள

Sullenly, a. veddooveddoopay, வெடுவெடுப்பாய்

Sullenness, s. kooroombootŭnnŭm, veydooveydoopoo, குறும்புத்தனம், வெடுவெடுப்பு

Sullied, a. kŭraypŭttah, māseepŭttăh, கறைபட்ட, மாசுபட்ட

Sully, v. māsoopŭdoottookiradoo, kŭraypŭdoottookiradoo,

மாசுபடுத்துகிறது, கறைபடுத்துகிறது
Sulphur, *s*. gŭndăgŭm, கந்தகம்
Sulphureous, *a*. gŭndăgŭmoollăh, கந்தகமுள்ள
Sulphuric, *a*. gŭndăgŭmānăh, கந்தகமான
Sultan, *s*. toollookoorājshŭn, sooltān, துலுக்குஇராசன், சுல்த்தான்
Sultriness, *s*. yeerookŭm, veppŭm, இறுக்கம், வெப்பம்
Sultry, *a*. veppŭmānăh, yerrookŭmoollah, வெப்பமான, இறுக்கமுள்ள
Sum, *s*. tokhāy, mŭttŭm, தொகை, மொத்தம்
Sum, *v*. tokhāy pŭdoottookiradoo, தொகைபடுத்துகிறது
Summarily, *a*. tokhāyay, soorookŭmay, தொகையாய், சுருக்கமாய்
Summary, *s*. vibbără kooreeppoo, விபரக்குறிப்பு
Summary, *a*. tirrŭttānăh, tokheyānăh, soorookŭmānăh, திரட்டான, தொகையான, சுருக்கமான
Summer, *s*. kodey kālŭm, கோடைகாலம்
Summerset, *s*. kootteekŭrŭnŭm, குட்டிகரணம்
Summit, *s*. ootchee, tŭlleypoo, உச்சி, தலைப்பு
Summit, *s*. (of a hill,) mŭleyootchee, மலையுச்சி
Summon, *v*. vŭrāvărhaykiradoo, ărhaykiradoo, kooppiddookiradoo, வரவழைக்கிறது, அழைக்கிறது, கூப்பிடுகிறது
Summons, *s*. oppŭm, ărhaypoo kāyiddŭm, ஒப்பம், அழைப்புகாயிதம்
Sumptuous, *a*. sŭmbirrŭmānăh, ălŭngkārŭmānăh, koosāllămānăh, சம்பிரமான, அலங்காரமான, குசாலமான
Sumptuously, *a*. sŭmbirrŭmāy, ălŭngkārumay, சம்பிரமாய், அலங்காரமாய்
Sumptuousness, *s*. sŭmbirrŭmmŭm, ălŭngkārŭm, சம்பிரமம், அலங்காரம்
Sun, *s*. shooreeyŭn, ngāyerroo, சூரியன், ஞாயிறு
Sunbeam, *s*. shooreeyă kāndee, சூரியகாந்தி
Sundial, *s*. shooreeyă gŭdārŭm, சூரியகடாரம்
Sunday, *s*. nāyeettă kŭrhŭmey, ஞாயிற்றுக்கிழமை
Sunder, *v*. ărookiradoo, kŭleykiradoo, pirreekiradoo, அறுக்கிறது, கலைக்கிறது, பிரிக்கிறது
Sundered, *a*. ăroondăh, pirreendăh, அறுந்த, பிரிந்த
Sundry, *a*. pŭllah pŭllăhviddăh, pŭllah vŭgeyānăh, பலபலவித, பலவகையான
Sunken, *v*. (to be,) pŭdeendăpokiradoo, pŭdeenjeepokiradoo, படிந்துபோகிறது, படிஞ்சிபோகிறது
Sunny, *a*. veyiloollăh, shodeeyoollăh, வெயிலுள்ள, சோதியுள்ள
Sunrise, *s*. shooreeyă wodăyŭm, shooreeyŭn pŭrăpādoo, சூரியோதயம், சூரியன்புறப்பாடு
Sunset, *s*. shooreeyăstteemānŭm, சூரியஸ்தமானம்
Sunshine, *s*. veyil, veyilkāyvoo, வெயில், வெயில்காய்வு
Sup, *v*. rātteree bōshŭnŭmpŭn-

nookiradoo, இராத்திரிபோசனம்பண்ணுகிறது

Superabundance, *s.* miggoodee, ădeegŭm, மிகுதி, அதிகம்

Superabundant, *a.* miggoodeeyānăh, adeegŭmānăh, மிகுதியான, அதிகமான

Superabundantly, *a.* miggoodeeyay, adeegŭmay, மிகுதியாய், அதிகமாய்

Superb, *a.* khoosăloollăh, sŭmbŭrŭmānah, alŭngkārŭmoollah, குசாலுள்ள, சம்பிரமான, அலங்காரமுள்ள

Supercilious, *a.* bŭdāyānah, neemeercheeānăh, படாயான, நிமிர்ச்சியான

Superficial, *a.* velleepoochānăh, poleegoonŭmānăh, வெளிப்பூச்சான, பொலிகுணமான

Superficially, *a.* velleepoochāy, poleetŭnŭmāy, வெளிபூச்சாய், போலித்தனமாய்

Superfine, *a.* mŭkhāmeddoovānăh, மகாமெதுவான

Superfluity, *s.* ălăvookŭdeegŭm, அளவுக்கதிகம்

Superfluous, *a.* ăvŭssŭrŭmillādă, meylmitchŭmānah, அவசரமில்லாத, மேல்மிச்சமான

Superfluously, *a.* meylmitchŭmay, மேல்மிச்சமாய்

Superincumbent, *a.* meyltāngkookiră, மேல்தாங்குகிற

Superintend, *v.* nŭdăpeekiradoo, kŭnkāneekiradoo, kāroobāroo pŭnnookiradoo, நடப்பிக்கிறது, கண்காணிக்கிறது, காறுபாறுபண்ணுகிறது

Superintendence, *s.* kāreeyăvissārŭney, kāroobāroo, காரியவிசாரணை, காறுபாறு

Superintendent, *a.* meylveeshareekiră, kŭnkāneekiră, மேல்விசாரிக்கிற, கண்காணிக்கிற

Superintendent, *s.* ădeegāree, kŭnkānee, அதிகாரி, கண்காணி

Superior, *s.* tŭlleyăvŭn, yejjŭmān, meylveejārŭnăkārŭn, தலையவன், எசமான், மேல்விசாரணைக்காரன்

Superior, *a.* meylmeyānăh, meyllānah, aroomeyānăh, மேல்மையான, மேலான, அருமையான

Superiority, *s.* tŭlleymey, ădeekhŭreepoo, meynmey, தலைமை, அதிகரிப்பு, மேன்மை

Superscribe, *v.* meylvilāsum yerhoodookiradoo, oppŭmiddookiradoo, மேல்விலாசம்யெழுதுகிறது, ஒப்பமிடுகிறது

Superscription, *s.* meylvilāsŭm, meylyerhoottoo, மேல்விலாசம், மேல்யெழுத்து

Supersede, *v.* bŭdilneymeekiradoo, பதில்னியமிக்கிறது

Superstition, *s.* kooroottoopŭttee, veenbuttee, ăvăbŭttee, குருட்டுப்பத்தி, வீண்பத்தி, அவபத்தி

Superstitious, *a.* ăvăbŭtteeyoollăh, அவபத்தியுள்ள

Superstitiously, *a.* ăvăbŭtteeyāy, அவபத்தியாய்

Superstructure, *s.* meylkŭttoo, மேற்கட்டு

Supervene, *v.* meylvŭrrookiradoo, sŭmbăveekiradoo, மேல்வருகிறது, சம்பவிக்கிறது

Supervention, *s.* sŭmbaŭm, சம்பவம்

Supervise, *v.* kŭnkāneekiradoo, meylveeshāreekiradoo, கண்காணிக்கிறது, மேல்விசாரிக்கிறது

Supervision, *s.* kŭnkānŭm, kāreeyăvisshārŭney, கண்காணம், காரியவிசாரணை

Supine, *a.* sombŭllānah, somboollăh, சோம்பலான, சோம்புள்ள

Supplant, *v.* tŭllookirădoo, bŭrtŭruff sheykiradoo, தள்ளுகிறது, பார்த்திரப்செய்கிறது

Supple, *a.* pŭddŭmānăh, yellukkŭmānăh, பதமான, இளக்கமான

Supplicant, *s.* genjshookirăvŭn, mŭnrādookiravun, கெஞ்சுகிறவன், மன்றுடுகிறவன்

Supplicant, *a.* genjshookiră, கெஞ்சுகிற

Supplicate, *v.* genjsheekŭrdkiradoo, vŭrndookiradoo, கெஞ்சுகிறது, வேண்டுகிறது

Supply, *v.* kodookiradoo, ălleekiradoo, கொடுக்கிறது, அளிக்கிறது

Supply, *s.* Supplies (food, &c.) sŭrrăkoo, sāmān, bojŭnă sŭrrăkoo, pŭlăh sŭrrăkoo, சறக்கு, சாமான், போசன சறக்கு, பலசறக்கு

Support, *v.* tāngkookiradoo, ādŭreekiradoo, oobăkŭreekiradoo, ottāshey sheykiradoo, தாங்குகிறது, ஆதரிக்கிறது, உபகரிக்கிறது, ஒத்தாசைசெய்கிறது

Support, *s.* ottāshey, ādŭrăvoo, sŭgāyŭm, wodăvee, ஒத்தாசை, ஆதரவு, சகாயம், உதவி

Suppose, *v.* yennookiradoo, ninneykiradoo, எண்ணுகிறது, நினைக்கிறது

Supposition, *s.* yennŭm, nineyvoo, எண்ணம், நினைவு

Suppress, *v.* taneekiradoo, ădŭkkookiradoo, தணிக்கிறது, அடக்குகிறது

Suppression, *s.* ădŭkkŭm, tăneevoo, அடக்கம், தணிவு

Supremacy, *s.* migghoomeynmey, மிகுமேன்மை

Supreme, *a.* migghoomeynmeyoollăh, மிகுமேன்மையுள்ள

Sure, *a.* nijjŭmānăh, nitcheeyŭmoollah, நிசமான, நிச்சயமுள்ள

Surely, *a.* nijjŭmay, nitcheeyŭmmay, நிசமாய், நிச்சயமாய்

Sureness, *s.* nittcheeŭm, nijjŭm, oonmey, நிட்சயம், நிசம், உண்மை

Surety, *s.* jāmeendār, pinneyālee, otteerăvādee, சாமீன்தார், பிணையாளி, உத்திரவாதி

Surface, *s.* meylpoorŭm, மேற்புறம்

Surfeit, *s.* perroonteenee, teyvŭttoo, பெருந்தீனி, தெவிட்டு

Surfeit, *v.* perroonteenee teenăsheykiradoo, பெருந்தீனிதின்னச்செய்கிறது

Surgeon, *s.* vāydeeyŭn, pŭrheekhāree, வைத்தியன், பரிகாரி

Surgery, *s.* (the science of,) vāydeeyă vārkodŭm, வைத்தியவாகிடம்

Surliness, *s.* veydooveydoopoo, kooroomboo, வெடுவெடுப்பு, குறும்பு

Surlily, *a.* veydooveydoopay, kooroombay, வெடுவெடுப்பாய், குறும்பாய்

Surly, *a.* veydooveydoopoollăh, kooroombānăh, வெடுவெடுப்புள்ள, குறும்பான

Surmise, *s.* yennŭm, ninneypoo, எண்ணம், நினைப்பு

Surmise, *v.* yennookiradoo, bāneekiradoo, ninneykiradoo, என்னுகிறது, பாணிக்கிறது, நினைக்கிறது

Surpass, *a.* meynmeypŭdookiradoo, ădeekhŭreekiradoo, மேன்மைப்படுகிறது, அதிகரிக்கிறது

Surpassingly, *a.* ădeegămeynmeyay, அதிகமேன்மையாய்

Surplus, *s.* meetchŭm, bākkee, மிச்சம், பாக்கி

Surprise, *v.* ātchŭreeyăpŭdootookiradoo, birmeekătcheykiradoo, ădeeseeyăpŭdootookiradoo, ஆச்சரியப்படுத்துகிறது, பிரமிக்கச்செய்கிறது, அதிசயப்படுத்துகிறது

Surprise, *s.* ātchŭreeyum, ădeeseeyŭm, ஆச்சரியம், அதிசயம்

Surprisingly, *a.* ădeeseeyŭmay, vimmiddŭmay, அதிசயமாய், விம்மிதமாய்

Surrender, *v.* oppeeveekiradoo, oppookodookiradoo, ஒப்பிவிக்கிறது, ஒப்புக்கொடுக்கிறது

Surrender, *s.* oppeeveekay, ஒப்பிவிக்கை

Surreptitious, *a.* kŭllătŭnŭmoolläh, rŭgoosheeŭmānăh, கள்ளத்தனமுள்ள, இரகுஷியமான

Surreptitiously, *a.* kŭllătŭnŭmay, rŭgoosheeŭmay, கள்ளத்தனமாய், இரகுஷியமாய்

Surround, *v.* shoottookiradoo, shoorhkiradoo, vŭlleykiradoo, சுற்றுகிறது, சூழ்கிறது, வளைகிறது

Surrounding, *a.* shoottookiră, shoorhkiră, vŭlleykiră, சுற்றுகிற, சூழ்கிற, வளைகிற

Survey, *v.* nellŭm ălŭkiradoo, boomee ălŭkiradoo, ălăvoopārkiradoo, நிலமளக்கிறது, பூமியளக்கிறது, அளவுபார்க்கிறது

Survey, *s.* deysŭm ălăvoo pārkāy, தேசமளவுபார்க்கை

Surveyor, *s.* nellŭm ălŭkirăvun, deysum ălavoo pārkirăvŭn, நிலமளக்கிறவன், தேசமளவுபார்க்கிறவன்

Survive, *v.* wheerpŭrhāykiradoo, உயிர்பிழைக்கிறது

Susceptible, *a.* oonŭrcheeyoolläh, pŭtteepoodeekătŭkkăh, உணர்ச்சியுள்ள, பற்றிப்பிடிக்கத்தக்க

Suspect, *v.* sŭndeykă pŭdookiradoo, āyyăpŭdookirădoo, sŭmoosyăpŭdookiradoo, சந்தேகப்படுகிறது, ஐயப்படுகிறது, சமுசயப்படுகிறது

Suspectful, *a.* sŭndeykŭmoollah, sŭmoosyŭmoollah, சந்தேகமுள்ள, சமுசயமுள்ள

Suspend, *v.* tookkookiradoo, தூக்குகிறது

Suspend, *v.* (from office,) ănāmŭttil vaikiradoo, vellāykeevaikiradoo, அனுமத்தில்வைக்கிறது, விலக்கிவைக்கிறது

Suspense, *s.* āyyŭm, sŭndeykŭm, ஐயம், சந்தேகம்

Suspicious, *a.* sŭndeykŭmānăh, āyyŭmānăh, சந்தேகமான, ஐயமான

Suspicion, *s.* āyyŭm, sundeykŭm, sŭmoosyŭm, ஐயம், சந்தேகம், சமுசயம்

Sustain, *v.* tāngkookiradoo, ādŭreekiradoo, தாங்குகிறது, ஆதரிக்கிறது

Sustenance, *s.* ākhārŭm, boshŭnŭm, ஆகாரம், போசனம்

Suttee, *s.* woodŭnukŭttayyeyroo-

kirăvŭl, உடன்கட்டைடயேறு கிறவன்
Swallow, v. moorhoongookiradoo, முழுங்குகிறது
Swamp, s. sheyroonillŭm, kŭrrŭney, சேறுநிலம், கழனி
Swampy, a. sheyroollah, kŭrhŭnney, சேறுள்ள, கழனி
Swap, v. bŭdilookoo bŭdil kodookiradoo, mättookiradoo, பதிலுக்கு பதில் கொடுக்கிறது, மாத்துகிறது
Sward, s. pilloonellŭm, புல்லுநிலம்
Swarm, v. koottŭmiddookiradoo, கூட்டமிடுகிறது
Swarm, v. tirulookiradoo, திரளுகிறது
Sway, v. ăgeenāsŭkărŭm pŭnnookiradoo, ădeekhārŭmpŭnnookiradoo, ஆக்கினைசக்கரம்பண்ணுகிறது, அதிகாரம் பண்ணுகிறது
Sway, s. ădeegārŭm, tŭttoovŭm, ādshee, āgeenāsŭkŭrrŭm, அதிகாரம், தத்துவம், ஆட்சி, ஆக்கினைசக்கரம்
Swear, v. āneyyiddookiradoo, sŭtteeŭm pŭnnookiradoo, ஆணையிடுகிறது, சத்தியம் பண்ணுகிறது
Swearing, s. āney, sŭtteeŭm, ஆணை, சத்தியம்
Sweat, s. veyrvey, வேர்வை
Sweaty, a. veyrpoollăh, வெயர்ப்புள்ள
Sweep, v. koottookiradoo, peyrookookiradoo, கூட்டுகிறது, பெருக்குகிறது
Sweepings, s. kooppey, koolŭm, குப்பை, கூளம்
Sweet, a. titteepoollăh, inneepānăh, தித்திப்புள்ள, இனிப்பான
Sweeten, v. titteepākookiradoo, eeneepākookiradoo, தித்திப்பாக்குகிறது, இனிப்பாக்குகிறது
Sweetly, a. titteepay, inneepay, தித்திப்பாய், இனிப்பாய்
Sweetmeats, s. mittāy, pŭlăkhārum, மிட்டாய், பலகாரம்
Sweet-smelling, a. rombo vāsŭneyoolăh, ரொம்ப வாசனையுள்ள
Swell, v. veengkookiradoo, oobbookiradoo, வீங்குகிறது, உப்புகிறது
Swelling, a. veengkookiră, oobbookiră, வீங்குகிற, உப்புகிற
Swerve, v. konookiradoo, கோணுகிறது
Swift, a. veykhŭmoollăh, seekeerŭmănăh, வேகமுள்ள, சீக்கிரமான
Swiftness, s. adeeveykhŭm, seekirrŭm, veykhŭm, அதிவேகம், சீக்கிரம், வேகம்
Swiftly, a. veykhŭmay, seekirrŭmay, வேகமான, சீக்கிரமான
Swim, v. neenjshookiradoo, neendookiradoo, நீஞ்சுகிறது, நீந்துகிறது
Swimmer, s. neetchookārŭn, nindookārŭn, நீச்சுக்காரன், நீந்துக்காரன
Swimming, s. neenjshŭl, nindŭl, நீஞ்சல், நீந்தல்
Swindle, v. mosŭm pŭnnookiradoo, peetŭlāttumpunnookiradoo, மோசம்பண்ணுகிறது, பித்தலாட்டம்பண்ணுகிறது.
Swindler, s. mosăkārŭn, peetŭllāttăkārŭn, மோசக்காரன், பித்தலாட்டக்காரன்
Swine, s. pŭnnee, pŭnree, பண்ணி, பன்றி

Swine-herd, *s.* pŭnnee kāvŭlŭn, பன்னிகாவலன்
Swing, *s.* oonjŭl, ஊஞ்சல்
Swing, *v.* oonjulāttookiradoo, ஊஞ்சலாட்டுகிறது
Swinging, *s.* āttŭm, ஆட்டம்
Swinish, *a.* pŭnneetŭnŭmānăh, பன்னித்தனமான
Switch, *s.* tŭdee, kootchee, komboo, தடி, குச்சி, கொம்பு
Switch, *v.* kootchālŭdeekiradoo, குச்சாலடிக்கிறது
Swivel, *s.* worŭlley, உருளை
Swoon, *v.* morcheypokiradoo, kŭlaykiradoo, மூர்ச்சைபடுகிறது, களைக்கிறது
Swoon, *s.* morchey, kŭlay, shorvoo, மூர்ச்சை, களை, சோர்வு
Swop, *v.* bŭdil kodookiradoo, māttookiradoo, பதில்கொடுக்கிறது, மாற்றுகிறது
Sword, *s.* kŭttee, pŭttākŭttee, கத்தி, பட்டாக்கத்தி
Sycophancy, *s.* eetchŭgam, mokhămun, இச்சகம், முகமன்
Sycophant, *s.* eetchăgŭmpādee, eetchăgŭn, mokhămŭnkārŭn, இச்சகம்பாடி, இச்சகன், முகமன்காரன்.
Syllable, *s.* ăsay, அசை
Sylvan, *a.* kādoollăh, soleyānăh, காடுள்ள, சோலையான
Symbol, *s.* kooreepoo, ădayālŭm, குறிப்பு, அடையாளம்
Symmetrical, *a.* nŭllăsŭmānŭmānăh, woroopoollăh, rŭmbeyŭmmoollah, நல்லசமானமான, உறுப்புள்ள, ரமபியமுள்ள
Symmetrically, *a.* nŭllăsŭmānŭmmay, woroopay, நல்சமானமாய், உறுப்பாய்
Symmetry, *s.* worŭppoo, rŭmbeyŭm, உறுப்பு, ரமபியம்
Sympathetic, *a.* koodăwŭnnerkira, yeygŭmānăh, கூடவுணருகிற, ஏகமான
Sympathetically, *a.* koodăwŭnnŭrwāy, yeygŭmāy, கூடஉணர்வாய், ஏகமாய்
Sympathize, *v.* koodăwŭnnŭrkirradoo, yeyghobittirrookiradoo, கூடவுணர்கிறது, ஏகோபித்திருக்கிறது
Sympathy, *s.* koodăwŭnnŭrvoo, yeyghobittirrookay, கூடவுணர்வு, ஏகோபித்திருக்கை
Symptom, *s.* kooree, lŭtchŭnŭm, குறி, லட்சணம்
Synonymous, *a.* wottăpāyunoollăh, woreyărtŭmoollăh, ஒத்தபயனுள்ள, ஒரேஅர்த்தமான
Synopsis, *s.* vibbŭrră kooreepoo, விபரக்குறிப்பு
Syringe, *s.* peechāngkol, பீச்சாங்கோல்
Syringe, *v.* peechāngkolpeechookiradoo, பீச்சாங்கோல்பீச்சுகிறது
Syrup, *s.* pāgoo, sāroo, பாகு, சாறு
System, *s.* wooroongoo, morrey, ஒழுங்கு, முறை
Systematic, *a.* woroongoollăh, morreyoollăh, ஒழுங்குள்ள, முறையுள்ள

T

Table, *s.* (furniture,) meyshey, மேசை
Table, *s.* (index,) ăttăvŭney, jāpttāh, அட்டவணை, சாப்த்தா
Tacit, *a.* mowvŭnŭmānăb, peyshādăh, மவுனமான, பேசாத

Tacitly, *a.* mowvŭnŭmay, peyshāmŭl, மவுனமாய், பேசாமல்

Taciturn, *a.* movŭnŭmānăh, peyshādăh, மவுனமான, பேசாத

Taciturnity, *s.* mowvŭnŭm, மவுனம்.

Tack, *s.* āsmāneegirree ānee, அசுமானகிரியாணி,

Tackle, *s.* kŭppee, kowroomoodŭlānăh, கப்பி, கவுறுமுதலான

Tact, *s.* kootchŭm, sāmārtteeyŭm, கூச்சம், சாமார்த்தியம்

Tag, *s.* tŭttoo, தட்டு

Tail, *s.* vāl, வால்

Tail, *s.* (of a peacock,) toghāy, தோகை

Tailor, *s.* tăyărkārŭn, dŭrjee, தையக்காரன், தாஜி

Taint, *s.* māsoo, pŭrhoodoo, மாசு, டழுது

Taint, *v.* māsoopŭdoottookiradoo, pārhākookiradoo, மாசுபடுத்துகிறது, பாழாக்குகிறது

Tainted, *a.* māsānăh, pŭrhoodoopŭttăh, pŭrhoodānăh, பழுதுபட்ட, பழுதான, மாசான

Take, *v.* yeddookiradoo, vāngkookiradoo, piddeekiradoo, kollookiradoo, எடுக்கிறது, வாங்கிறது, பிடிக்கிறது, கொள்ளுகிறது

Taking, *s.* vāngkŭl, piddeepoo, kāykol, tookkoo, தூக்கு, பிடிப்பு, கைகொள், வாங்கல்

Tale, *s.* poorānum, kŭdey, புராணம், கதை

Tale-bearer, *s.* kŭdeykārŭn, கதைக்காரன்

Talent, *s.* vŭllămey, samartteeum, வல்லமை, சாமார்த்தியம்

Talk, *v.* peysookiradoo, sŭmbāshŭney sheykiradoo, பேசுகிறது, சம்பாஷிணைசெய்கிறது

Talk, *s.* peytchoo, sŭmbāshŭney, kŭdey, பேச்சு, சம்பாஷிணை, கதை

Talkative, *a.* vāyādeeyānăh, miggoodeeyay peysookiră, வாயாடியான, மிகுதியாய்பேசுகிற

Talkativeness, *s.* vāyādeetŭnnŭm, வாயாடித்தனம்

Talker, *s.* vāyādee, peychookārun, வாயாடி, பேசுகிறவன்

Tall, *a.* whyrŭndăh, nŭtteyānăh, wossŭndăh, உயர்ந்த, நெட்டையான, உசந்த

Tallness, *s.* nŭttey, whyrrŭm, நெட்டை, உயரம்

Tallow, *s.* māttoo korhoopoo, மாட்டுக்கொழுப்பு

Talley, *v.* lŭkkăkŭttookiradoo, sāreevŭrookiradoo, இலக்கக்கட்டுகிறது, சரிவருகிறது

Talon, *s.* pŭdsheeneggŭm, பட்சிநகம்

Tamarind, *s.* (fruit,) poollee, poolleeŭm, pŭrhŭm, புளி

Tamarind, *s.* (tree,) poolleeyămŭrrŭm, புளியமரம்

Tame, *a.* sādoovānăh, pŭrhŭkŭmānăh, shooneykurttăh, சாதுவான, பழக்கமான, சுணைகெட்ட

Tame, *v.* shooneykŭrdookiradoo, pŭrhŭkkookiradoo, சுணைக்கெடுக்கிறது, பழக்குகிறது

Tameness, *s.* pŭrhăkŭm, shooneykŭrdoo, பழக்கம், சுணைகேடு

Tamper, *v.* tŭlley ittookollookiradoo, yeyrpŭdoottookiradoo, தலையிட்டுக்கொள்ளுகிறது, ஏற்படுத்துகிறது

Tamul, tămŭrh, தமிழ்
Tan, *s.* tolpŭdineddŭmsŭkkāy, தோல்பதனிடும்சக்கை
Tan, *v.* tolpŭdineddookiradoo, தோல்பதனிடுகிறது
Tangible, *a.* kāykollătŭkkăh, கைக்கொள்ளத்தக்க
Tangle, *v.* sikkeekollookiradoo, சிக்கிக்கொள்ளுகிறது
Tangle, *s.* sikkoo, pinnŭl, சிக்கு, பின்னல்
Tank, *s.* koolŭm, yeyree, koottay, குளம், ஏரி, குட்டை
Tanner, *s.* tol pŭdineddookiră-vŭn, தோல்பதனிடுகிறவன்
Tannery, *s.* tolpŭdineddoom sāley, தோல்பதனிடுஞ்சாலை
Tannin, *s.* kŭssāyŭm, கசாயம்
Tantalize, *v.* yeykkiradoo, ஏய்க்கிறது
Tantamount, *a.* săreevŭndăh, oreyviddŭmānăh, săreesŭmŭmānăh, சரிவந்த, ஒரேவிதமான, சரிசமமான
Tap, *s.* tŭttoo, தட்டு
Tap, *v.* tŭttookiradoo, தட்டுகிறது
Tape, *s.* nādā, நாடா
Taper, *v.* koor iddookiradoo, கூரிடுகிறது
Tapering, *a.* koorākiră, koochākiră, கூராகிற, கூச்சாகிற
Tar, *s.* keel, கீல்
Tar, *v.* keelpoosookiradoo, கீல்பூசுகிறது
Tardily, *a.* meddoovāy, tāmăshŭmay, மெதுவாய், தாமஷமாய்
Tardiness, *s.* tāmăshŭm, meddoovoo, தாமஷம், மெதுவு
Tardy, *a.* tāmăshŭmānăh, meddoovānăh, தாமஷமான, மெதுவான

Target, *s.* măpŭttoo, மபட்டு
Tarnish, *v.* kŭreypŭdoottookiradoo, māsoopŭdoottookiradoo, கறைப்படுத்துகிறது, மாசுப்படுத்துகிறது
Tarpauling, *s.* keelpāy, கீல்ப்பாய்
Tarry, *v.* tāmăsheekiradoo, tŭngkookiradoo, தாமஷிக்கிறது, தங்குகிறது
Tart, *a.* poolleepoollăh, poolleeyānăh, புளிப்புள்ள, புளியான
Tartness, *s.* poolleepoo, poollee, புளிப்பு, புளி
Tartly, *a.* poolleepay, koorpay, கடுகடுப்பாய், கூர்ப்பாய்
Task, *s.* (lesson,) kooreettăpādŭm, குறித்தபாடம்
Taste, *s.* roossee, roosseegŭrŭm, soovay, உருசி, உருசிகரம், சுவை
Taste, *v.* roosseepārkiradoo, roosseekiradoo, உருசிபார்க்கிறது, உருசிக்கிறது
Tasteless, *a.* roosseeyillādăh, உருசியில்லாத
Tasty, *a.* roosseeyoollăh, உருசியுள்ள
Tatter, *s.* kŭndey, pŭrhŭngkŭndey, கந்தை, பழங்கந்தை
Tattle, *s.* shondookŭdey, சொண்டுக்கதை
Tattle, *v.* shondookŭdey shollookiradoo, shondoopeyshookiradoo, சொண்டுக்கதை சொல்லுகிறது, சொண்டுபேசுகிறது
Tattler, *s.* shondookŭdeykārŭn, சொண்டுக்கதைக்காரன்
Tattling, *s.* shondookŭdey, சொண்டுக்கதை
Tattoo, *v.* (to beat,) sāyŭntirrŭm tămboor ŭdeekiradoo, சாயந்திரம் தம்பூரடிக்கிறது

Taunt, *v.* eegŭrchee shollookiradoo, sŭrrăsŭmpŭnnookiradoo, இகழ்ச்சிசொல்லுகிறது, சரசம்பண்ணுகிறது

Tauntingly, *a.* eegŭrcheeyay, sŭrrăsŭmāy, இகழ்ச்சியாய், சரசமாய்

Tawdriness, *s.* woyyārŭm, sŭmālŭm, ஒய்யாரம், சுமாளம்

Tawdry, *a.* woyyārŭmānăh, sŭmālŭmānăh, ஒய்யாரமான, சுமாளமான

Tawny, *a.* shengkŭl mŭngkŭlānăh, செங்கல் மங்கலான

Tax, *v.* yerrey vaykiradoo, vŭrree vaykiradoo, இறைவைக்கிறது, வரிவைக்கிறது

Tax, *s.* vŭrree, yerrey, teervay, kŭndāyŭm, இறை, வரி, தீர்வை, கந்தாயம்

Taxation, *s.* vŭrreevaypoo, வரிவைப்பு

Tea, (leaves,) *s.* teyyelley, தேயிலை

Teach, *v.* pŭdeepeekiradoo, kŭrpeekiradoo, bodeekiradoo, படிப்பிக்கிறது, கற்ப்பிக்கிறது, போதிக்கிறது

Teacher, *s.* vātteeyār, shŭttāmpoolley, உவாத்தியார், சட்டாம்பிள்ளை

Teaching, *s.* kŭrpŭney, pŭdeepeepoo, கற்பனை, படிப்பிப்பு

Teak, (timber,) *s.* teykoomŭrrŭm, தேக்குமரம்

Teal, *s.* tārā, தாரா

Tear, *s.* kŭnneer, கண்ணீர்

Tear, *s.* (rent,) keerheevoo, கிழிவு

Tear, *v.* keerheekiradoo, pirreekiradoo, கிழிக்கிறது, பிறிக்கிறது

Tearless, *a.* kŭnneerillādăh, கண்ணீரில்லாத

Tease, *v.* ŭlleykŭrheekiradoo, ŭllŭttookiradoo, அலைக்கழிக்கிறது, அலட்டுகிறது

Teasing, *s.* ălŭttoo, ălŭgŭreepoo, அலட்டு, அலக்கழிப்பு

Teat, (woman,) *s.* molleykŭn, molleykāmboo, முலைக்கண், முலைக்காம்பு

Teat, (cow,) *s.* mŭdee, mŭdeekŭn, மடி, மடிக்கண்

Tedious, *a.* ŭlloopoollăh, yelleykăpŭnnookiră, அலுப்புள்ள, இளைக்கப்பண்ணுகிற

Tediously, *a.* ŭlloopāy, அலுப்பாய்

Teeming, *a.* kŭllaykiră, களைக்கிற

Teeth, *s.* pŭllookhŭl, பல்லுகள்

Teethe, *v.* pŭlloo mollaykiradoo, பல்முளைக்கிறது

Telescope, *s.* doorbeen, doorădishteekŭnādee, nŭtchoo kŭnādee, தூரதிஷ்டிகண்ணாடி, நச்சுகண்ணாடி

Tell, *v.* shollookiradoo, ăreeveekiradoo, teyreeveekiradoo, சொல்லுகிறது, அறிவிக்கிறது, தெரிவிக்கிறது

Temerity, *s.* tooneevoo, tooneekŭrŭm, துணிவு, துணிகரம்

Temper, *s.* goonŭm, tŭnmey, nerroovākhŭm, தன்மை, குணம், நிருவாகம்

Temper, (steel, &c.) *v.* toykiradoo, தோய்கிறது

Temperament, *s.* sŭreerăgoonŭm, goonŭm, tŭnmey, சரீரகுணம், குணம், தன்மை

Temperance, *s.* tŭnnŭdākŭm, தன்னடக்கம்

Temperate, *a.* tŭnŭdākŭmānăh, தன்னடக்கமான

Temperature, *s.* kāttoogoonŭm, காற்றுகுணம்
Tempest, *s.* shooreykāttoo, shŭndămāroodŭm, சூறைக்காற்று, சண்டமாருதம்
Tempestuous, *a.* shooreykāttānăh, shŭndămāroodŭmānăh, சூறைக்காற்றான, சண்டமாருதமான
Temple, *s.* koveel, deyvālăyŭm, ālăyŭm, கோவில், தேவாலயம், ஆலயம்
Temporary, *a.* ănnitteeyŭmānăh, viddoodeeyānăh, அநித்தியமான, விடுதியான
Tempt, *v.* toondookiradoo, yeyveevoodookiradoo, தூண்டுகிறது, ஏவுகிறது
Temptation, *s.* toondookay, yeyppoo, yeyvookay, தூண்டுகை, ஏவுகை
Tempter, *s.* toondookirăvŭn, தூண்டுகிறவன்
Temptingly, *a.* yeyyvay, yeyppay, ஏய்வாய், ஏய்ப்பாய்
Ten, *n.* pŭttoo, பத்து
Tenable, *a.* yeddoopŭdādăh, ărheekăkoodādăh, எடுபடாத, அழிக்கக்கூடாத
Tenacious, *a.* yeddookootŭnŭmmānăh, yellŭkhādăh, இடுக்குத்தனமான, இளகாத
Tenacity, *s.* viddāpiddee, arhoottŭm, விடாப்பிடி, அழுத்தம்
Tenant, *s.* vādăkhāykee irrookirrăvŭn, kodeykooleeirrookirăvun, வாடகைக்கியிருக்கிறவன், கொடைக்கூலிக்கி யிருக்கிறவன்
Tend, *v.* kākkiradoo, teydookiradoo, காக்கிறது, தேடுகிறது
Tendency, *s.* nokkŭm, tottŭm, நோக்கம், தோற்றம்
Tender, (for contract,) *s.* dŭrkhāst, தர்க்காஸ்து
Tender, *v.* dŭrkhāstsheykiradoo, தர்க்காஸ்துசெய்கிறது
Tender, *a.* meddoovānăh, மெதுவான
Tenderness, *s.* meddoovoo, மெதுவு
Tendon, *s.* nŭrŭmboo, நரம்பு
Tenement, *s.* voodoo, nelleymey, வீடு, நிலைமை
Tense, (present,) neeghŭrghkālŭm, tŭrkālŭm, நிகழ்காலம், தற்காலம்
Tense, (past,) shellkālŭm, ponăkālŭm, செல்காலம், போனகாலம்
Tense, (future,) vŭrroongkālŭm, yeddeerkālŭm, வருங்காலம், எதிர்காலம்
Tension, *s.* poodeepoo, virraypoo, பிடிப்பு, விறைப்பு
Tent, *s.* goodārŭm, deyrăh, கூடாரம், டேரா
Tenth, *a.* pŭttām, pŭttāvadoo, பத்தாம், பத்தாவது
Tenthly, *a.* pŭttāvŭday, பத்தாவதாய்
Tenure, *s.* āttchee, ஆட்சி
Tepid, *a.* konjshāshoodānăh, கொஞ்சச்சூடான
Term, (expression,) *s.* shōll, gŭdavoo, சொல், கெடுவு
Term, *v.* peyr iddookiradoo, peyrkodookiradoo, பெயரிடுகிறது, பெயர்கொடுக்கிறது
Terms, *s.* tŭvŭney, தவணை
Termagant, (woman,) *s.* bujjāree, ānmāree, பசாரி, ஆண்மாரி
Terminate, *v.* moodeekiradoo, teerkiradoo, முடிக்கிறது, தீர்க்கிறது

Termination, *s.* moodeevoo, teerpoo, முடிவு, தீர்ப்பு

Terrace, *s.* mettey, oopŭreekhay, மெத்தை, உப்பரிகை

Terrible, *a.* bāyŭngkŭrŭmānăh, nŭdoonŭdoongkătŭkkăh, diddookŭddătŭkkăh, பயங்கரமான, நடுநடுங்கத்தக்க

Terrify, *v.* bāyăpŭdoottookiradoo, diddookŭddăpŭnnookiradoo, பயப்படுத்துகிறது, திடுக்கிடப்பண்ணுகிறது

Territory, *s.* rājeeŭm, sheemey, deysŭm, இராச்சியம், சீமை

Terror, *s.* bāyŭngkŭrŭm, ŭtchŭm, deeghŭl, deegheypoo, பயங்கரம், அச்சம், திகில், திகைப்பு

Terse, *a.* worhoongkānăh, teyleevānăh, ஒழுங்கான, தெளிவான

Tersely, *a.* worhoongkāy, teyleevay, ஒழுங்காய், தெளிவாய்

Terseness, *s.* worhŭngoo, teyleevoo, ஒழுங்கு, தெளிவு

Test, *s.* shodŭney, pŭreeshodŭney, pŭreedshey, சோதனை, பரிட்சை

Test, *v.* shodeekiradoo, pŭreedsheekiradoo, சோதிக்கிறது, பரிட்சிக்கிறது

Testator, *s.* mŭrŭnăsādănŭmpŭnnookiradoo, மரணசாதனம்பண்ணுகிறவன்

Testatrix, *s.* mŭrŭnăsādanŭmpŭnnookirāvŭl, மரணசாதனம்பண்ணுகிறவள்

Testicle, *s.* beejŭm, viddey, ăndŭm, பீசம், விதை, அண்டம்

Testification, *s.* sātshee, ăttātshee, roojoo, சாட்சி, அத்தாட்சி, உருசு

Testifier, *s.* sātsheekārŭn, sātshee, சாட்சிக்காரன், சாட்சி

Testify, *v.* sātsheeyiddookiradoo, sātsheeshollookiradoo, சாட்சியிடுகிறது, சாட்சிசொல்லுகிறது

Testily, *a.* veddooveddoopay, moorgŭmay, வெடுவெடுப்பாய், மூர்க்கமாய்

Testimonial, *s.* seepārsoopŭttrŭm, சிபாரிசுபத்திரம்

Testimony, *s.* sātshee, ăttātshee, சாட்சி, அத்தாட்சி

Testiness, *s.* veddooveddoopoo, moorgŭm, வெடுவெடுப்பு, மூர்க்கம்

Testy, *a.* veddooveddoopānăh, வெடுவெடுப்பான

Tetanus, *s.* eerpoo, pŭllookŭttŭl, ஈர்ப்பு, பல்லுக்கிட்டல்

Text, *s.* vāggeeŭm, வாக்கியம்

Texture, *s.* nessavoo, pinnŭl, நெசவு, பின்னல்

Than, *a.* koo, pārkilloom, eeloom, pārkkăh, eel, pārkeel, க்கு, பார்க்கிலும், இலும், பார்க்க, இல், பார்க்கில்

Thank, *v.* vŭndŭnŭm shollookiradoo, toodeeshollookiradoo, pooghŭrhkiradoo, வந்தனம்சொல்லுகிறது, துதிசொல்லுகிறது, புகழ்கிறது

Thankful, *a.* vŭndŭnŭmoollah, toodeeyoollah, வந்தனமுள்ள, துதியுள்ள

Thankfulness, *s.* vŭndŭnŭm, pooghŭrh, toodee, வந்தனம், புகழ், துதி

That, *p.* ădoo, ăndăh, அது, அந்த

Thatch, (a house,) *v.* voodoo, meykiradoo, வீடுமேய்கிறது

Thatch, *s.* voodoo meykira pilloo, வீடுமேய்கிறபுல்லு

Theft, *s.* kŭlvoo, tirroottoo, shorŭm, களவு, திருட்டு, சோரம்

Their, *p.* ăvŭrkŭloodâyăh, ăvuloodāyăh, avŭrkhŭloodăh, அவர்களுடைய, அவர்களுட

Themselves, *p.* ăvŭrghŭl dāney, அவர்கள்தானே

Then, *a.* ăppodoo, appodoom, appŭrrŭm, peerpādoo, அப்போது, அப்போதும், அப்புறம், பிற்பாடு

Thence, *a.* ŭngey "eerŭndoo, avvŭdŭtteel eerŭndoo, adootodŭngkee, அங்கிருந்து, அவ்விடமிருந்து, அதுதுடங்கி

Thence, *a* ākayāl, ānăpŭdeeyāl, ஆகையால், ஆனபடியால்

Theorist, *s.* shoostirŭm kŭttookirăvŭn, சூஸ்த்திரங்கட்டுகிறவன்

Theory, *s.* yennŭm, எண்ணம்

There, *a.* ŭngey, ăvvŭddŭm, அங்கு, அவ்விடம்

Thereabout, *a.* ăvvŭdŭngkŭleel, அவ்விடங்களில்

Thereafter, *a.* ăndăpirăkārŭm, adoopoley, அந்தப்பிரகாரம், அதுபோல்

Thereby, *a.* ădeenāley, ădaykondoo, ădoomoolŭmay, அதினால், அதைக்கொண்டு, அதுமூலமாய்

Therefore. *a.* ākāyāl, ādŭlāl, ādŭrkhākăh, ஆகையால், ஆதலால்

Therein, *a.* ăndăvoodŭtteel, அந்தவிடத்தில்

Thereof, *a.* ădeen, ădeenodăh, அதின், அதினோடே

Thereon, *a.* ădeenperril, iddeenperril, ădŭnmeyley, அதின்பேரில், இதின்பேரில், அதன்மேல்,

Thereupon, *a.* woodăney, ădinperril, அதின்பேரில், உடனே,

Therewith, *a.* ăttoodŭn, ittoodŭn, அத்துடன், இத்துடன்

These, *p.* eedookhŭl, eevŭrkhŭl, இதுகள், இவர்கள்

They, *p.* ăvŭrkhŭl, ivvŭrkhŭl, ăvay, ivvay, அவர்கள், இவர்கள், அவை, இவை

Thick, *a.* gŭnŭmānăh, pŭroomeyoollăh, கனமான, பருமையுள்ள

Thicken, *v.* gŭnŭmākkookiradoo, tŭdeepākkookiradoo, கனமாக்குகிறது, தடிப்பாக்குகிறது

Thicken, (food, &c.) korŭmbākkookiradoo, குழம்பாக்குகிறது

Thicket, *s.* sirrookādoo, pŭrŭtteykādoo, சிறுகாடு, பரட்டைக்காடு

Thickly, *a.* gŭnumay, tŭdeepay pŭroombŭdeeyay, கனமாய், தடிப்பாய், பரும்படியாய்

Thickness, *s.* gŭnŭm, pŭroombŭdee, tŭdeepoo, கனம், பரும்படி, தடிப்பு

Thief, *s.* tiroodŭn, kŭlvŭn, shorŭn, திருடன், களவன், சோரன்

Thieve, *v.* tiroodookiradoo, kŭlvoosheykiradoo, திருடுகிறது, களவுசெய்கிறது

Thievish, *a.* kŭllăh, shorăh, கள்ள, சோர

Thigh, *s.* todāy, தொடை

Thimble, *s.* angoostān, அங்குஸ்த்தான்

Thin, *a.* mellindăh, mellinshă

yellayttăh, மெலித்த, மெலிஞ்ச, இளைத்த
Thine, *p*. oonnoodayăh, oon, உன்னுடைய, உன்
Thing, *s*. porool, sāmān, pŭndŭm, vŭstoo, பொருள், சாமான், பண்டம், வஸ்து
Think, *v*. ninneykiradoo, yennookiradoo, ālosheekiradoo, நினைக்கிறது, எண்ணுகிறது, ஆலோசிக்கிறது
Thinker, *s*. ninneykirăvŭn, yennookirăvŭn, நினைக்கிறவன், எண்ணுகிறவன்
Thinking, *s*. ninneyvoo, yennŭm, yoshŭney, நினைவு, எண்ணம்
Thinly, *a*. melleesāy, மெல்லிசாய்
Thinness, *s*. melleesoo, yellamey, மெல்லிசு, இளமை
Third, *a*. moonnām, moonrāvŭdān, moonrām, மூணும், மூன்றும், மூன்றுவதான
Third, (a third part,) moonreel onroo, moonrām pŭngoo, மூன்றிலொன்று, மூன்றும்பங்கு
Thirst, *s*. dākhŭm, viddāy, tŭvveepoo, āvŭl, தாகம், விடாய், தவிப்பு, ஆவல்
Thirst, *v*. dākhŭm yeddookiradoo, viddāyākiradoo, தாகமெடுக்கிறது, விடாயாகிறது
Thirsty, *a*. dākhŭmoollăh, viddayoollăh, āvŭloollăh, தாகமுள்ள, விடாயுள்ள
Thirteen, *n*. pŭdeemoonoo, பதிமூன்று
This, *p*. iddoo, indăh, இது, இந்த
Thither, *a*. ŭngey, avvŭdŭtteel, அங்கே, அவ்விடத்தில்
Thong, *s*. vār, irrookoovār, வார், இருக்குவார்
Thorn, *s*. mool, moolloo, முள், முள்ளு
Thorny, *a*. mooloollăh, முள்ளுள்ள
Thorough, *a*. dittŭmānăh, deerkhŭmānăh, திட்டமான, தீர்க்கமான
Thoroughfare, *s*. mārgŭm, மார்க்கம்
Thoroughly, *a*. deerkhŭmay, தீர்க்கமாய்
Thou, *p*. nee, neer, நீ, நீர்
Though, *a*. ākeeloom, oom, irroondāloom, āloom, irrookăh, ஆகிலும், உம், ஆலும், இருக்க
Thought, *s*. ninneyvoo, ninneypoo, yennŭm, āloshŭney, kŭrroottoo, நினைவு, எண்ணம், கருத்து, ஆலோசனை
Thoughtful, *a*. ninneypoollăh, gŭvŭnŭmoollăh, kŭroottoollăh, நினைப்புள்ள, கருத்துள்ள கவனமுள்ள
Thoughtfulness, *s*. ninneypoo, gŭvŭnŭm, kŭroottoo, நினைப்பு, கவனம், கருத்து
Thoughtlessly, *a*. ninneyāmŭl, நினையாமல்
Thoughtlessness, *s*. ninneyveenmey, yennāmey, நினைவின்மை, எண்ணாமை
Thousand, *n*. āyirrŭm, ஆயிரம்
Thousandth-part, *s*. ayirrŭmānăh pŭngoo, ஆயிரமானபங்கு
Thrall, *s*. ădimmey, அடிமை
Thralldom, *s*. ădimmeytŭnŭm, அடிமைத்தனம்
Thrash, (grain,) *v*. pōrŭdeekiradoo, போரடிக்கிறது
Thrashing, *s*. pōrŭdee, போரடி
Thrashingfloor, *s*. kŭlŭm, pōrkŭlŭm, களம், போர்க்களம்

Thread, *s.* nool, eerhey, நூல், இழை
Thread, (a needle,) *v.* kōrkiradoo, கோர்க்கிறது
Threat, *s.* băyăpŭdoottoo, băyămooroottoo, பயப்படுத்து, பயமுறுத்து
Threaten, *v.* băyăpŭdoottookiradoo, băyămooroottookiradoo, பயப்படுத்துகிறது, பயமுறுத்துகிறது
Three, *n.* moonoo, moonroo, மூன்று, மூணு
Three-quarters, *s.* mookāl, முக்கால்
Thrice, *a.* moonoo derrŭm, moomorrey, மூணுதரம், மும்முறை
Thriftiness, *s.* sheyrheepoo, vŭrtteepoo, vŭlŭrtchee, செழிப்பு, வர்த்திப்பு, வளர்ச்சி
Thrifty, *a.* sheyrheepānăh, vŭrtteepānăh, செழிப்பான, வர்த்திப்பான
Thrive, *v.* sheyreekiradoo, vārhookiradoo, செழிக்கிறது, வாழுகிறது
Thrive, (as plants,) *v.* tŭrhaykiradoo, தழைக்கிறது
Thriving, *a.* sheyreekira, tŭrhaykira, செழிக்கிற, தழைக்கிற
Throat, *s.* tondey, korăvŭllay, தொண்டை, குரல்வளை
Throb, *v.* iddeekiradoo, இடிக்கிறது
Throb, *s.* toodeepoo, idday, துடிப்பு, இடை
Throe, *s.* nokādoo, நோக்காடு
Throne, *s.* singāshŭnŭm, சிங்காசனம்
Throng, *s.* jennăkoottŭm, ஜெனக்கூட்டம்
Throng, *v.* neyrookookiradoo, நெருக்குகிறது
Throttle, *v.* koravulley poodeekiradoo, tondeynerrookiradoo, குரல்வளைபிடிக்கிறது, தொண்டைநெரிக்கிறது
Through, (owing to,) *a.* mokhandŭrŭttilley, āl, kondoo, முகாந்திரத்திலே, ஆல், கொண்டு
Through, *a.* moolŭmākăh, vŭrheeyāk, ooroovăh, ooroovee, மூலமாக, வழியாக, உருவ, உருவி
Throw, *v.* yeyreekiradoo, எறிகிறது
Thrust, *s.* koottoo, pāytchoo, iddee, குத்து, பாய்ச்சு, இடி
Thrust, *v.* paytchookiradoo, koottookiradoo, iddeekiradoo, பாய்ச்சுகிறது, குத்துகிறது, இடிக்கிறது
Thumb, *s.* perroo veerŭl, பெருவிரல்
Thumb, *v.* veerŭlāl oonookiradoo, விரலாலூணுகிறது
Thump, *s.* koottoo, ŭddee, tŭttoo, ărey, குத்து, அடி, தட்டு, அறை
Thump, *v.* koottookiradoo, tŭttookiradoo, குத்துகிறது, தட்டுகிறது
Thunder, *s.* yiddee, yiddeemorghăkŭm, இடி, இடிமுழக்கம்
Thunder, *v.* yiddeekiradoo, yiddeeyiddeekiradoo, இடிக்கிறது, இடியிடிக்கிறது
Thundering, *s.* yiddeemorhăkŭm, இடிமுழக்கம்
Thunderstorm, *s.* mŭleyoomiddeeyoom, மழையுமிடியும்
Thursday, *n.* veeyālă kŭrghămey, வியாளக்கிழமை, or வியாளக்கிளமை

Thus, *a.* ippŭdeeyey, ivvidŭmmay, ăppŭdeeyey, இப்படியே, அப்படியே, இவ்விதமாய்

Thus-far, *a.* iddoovŭraykoom, இதுவரைக்கும்

Thwart, *v.* tŭddookiradoo, kŭttŭreekiradoo, kŭlaykiradoo, தடுக்கிறது, கத்தரிக்கிறது, கலைக்கிறது

Thwarting, *s.* tŭdooppoo, kŭttŭreeppoo, தடுப்பு, கத்தரிப்பு

Thyself, *p.* needāney, oonneydāney, நீதானே, உன்னைத்தானே

Tick, (on dogs, &c.) *s.* oonnee, உண்ணி

Ticket, *s.* kaykŭdŭn, கைக்கடன்

Ticket, (lottery,) *s.* tirroovŭlleychittoo, pŭndeeyăchittoo, திருவளச்சீட்டு, பந்தயச்சீட்டு

Tickle, *v.* tchŭckkŭllookhŭlloo pŭnnookiradoo, சக்கள்கிளுபண்ணுகிறது

Tide, (high,) *s.* neeryeyttŭm, neerperrookkum, நீரேற்றம், நீர்பெருக்கம்

Tide, (low,) *s.* neervŭttŭm, நீர்வற்றம்

Tidiness, *s.* seeroo, seer, shoottŭm, சீரு, சீர், சுற்றம்

Tidings, *s.* sŭmātchārŭm, sheydee, vŭrttŭmānŭm, sŭngŭdee, சமாச்சாரம், செய்தி, வர்த்தமானம், சங்கதி

Tidy, *a.* shoottŭmānăh, seeroollăh, சீருள்ள, சுற்றமான

Tie, *s.* kŭttoo, moodootchoo, கட்டு, முடிச்சி

Tie, *v.* kŭttookiradoo, moodeekiradoo, கட்டுகிறது, முடிகிறது

Tiger, *s.* pillee, vengkāy, புலி, வேங்கை

Tight, *a.* woorŭddeeyānăh, eerookkŭmānăh, gŭrtteeyānăh, உருதியான, இருக்கமான, கெட்டியான

Tighten, *v.* woorŭddee pudoottookiradoo, eerookkăkiradoo, gŭrtteeyākkookiradoo, இறுக்காக்கிறது, உருதிபடுத்துகிறது, கெட்டியாக்குகிறது

Tightly, *a.* eerookkŭmay, இருக்கமாய்

Tightness, *s.* eerookŭm, worădee, இருக்கம், உருதி

Tigress, *s.* pennpillee, பெண்புலி

Tile, *s.* wodoo, ஓடு

Tile, *v.* wodoopodookiradoo, ஓடுபோடுகிறது

Till, *v.* nellŭm sāgholeepŭnnookiradoo, boomee oorookiradoo, நிலஞ்சாகுவளிபண்ணுகிறது, பூமியுழுகிறது

Till, *a.* vŭraykoom mŭttoom, pŭreeyŭndŭm, வரைக்கும், மட்டும், பரியந்தம்

Tillable, *a.* sāgholeepŭnnatŭkăh, oorooghŭtŭkkăh, சாகுவளிபண்ணத்தக்க, உழுகத்தக்க

Tilt, *v.* kodeykowvarookiradoo, sāykiradoo, கொடைகவருகிறது, சாய்கிறது

Timber, *s.* mŭrrŭm, மரம்

Time, *s.* kālŭm, veyley, nāl, காலம், வேளை, நாள்

Meantime, *a.* ădrkoollăh, appŭddeeyirookă, அதற்குள்ளே, அப்படியிருக்க

Time, *v.* orhoongoosheykiradoo, kālăvŭreeseypŭdoottookiradoo, ஒழுங்குசெய்கிறது, காலவரிசைப்படுத்துகிறது

Timely, *a.* sŭmāyŭttookŭdoottăh, சமயத்துக்கடுத்த

Timid, *a.* koochŭmoollăh, ătchŭmoollăh, கூச்சமுள்ள, அச்சமுள்ள

Timidity, *s.* kootchŭm, korhey, ătchŭm, கூச்சம், கோழை

Tin, *s.* tŭggarŭm, தகரம்

Tinder, *s.* kŭreegeenă toonee, கரிகினதுணி

Tinge, *v.* vŭrŭnŭm poosookiradoo, sāyŭm poosookiradoo, வர்னம்பூசுகிறது, சாயம்பூசுகிறது

Tingle, *v.* worreykiradoo, உறைக்கிறது

Tinker, *s.* kŭlāykārŭn, tŭggarăvelleykārŭn, கலாயக்காரன், தகரவேலைககாரன்

Tinkle, *v.* kŭlăkŭlŭkkiradoo, கலகலக்கிறது

Tint, *s.* nirrŭm, vŭrŭnŭm, shāyŭm, நிறம், சாயம், வரன்னம்

Tiny, *a.* shinnăh, seereeyăh, ŭrpăh, சின்ன, சிறிய, அற்ப

Tip, *s.* noonee, monney, koor, நுணி, முனை, கூர்

Tipple, *v.* koodeekiradoo, குடிக்கிறது

Tippler, *s.* koodeekārŭn, குடிகாரன்

Tipsy, *a.* veyreeyoollăh, koodeemŭddŭmoollah, வெறிப்புள்ள, குடிமதமுள்ள

Tiptoe, (to walk on,) *v.* koondee nŭddŭkiradoo, குந்திநடக்கிறது

Tired, (to be,) *v.* yellŭppay irrookiradoo, āyāsŭmay irrookiradoo, எளப்பாயிருக்கிறது, ஆயாசமாயிருக்கிறது

Tire, *v.* yelleykăpŭnnookiradoo, āyāsăpŭdoottookiradoo, இளைக்கப்பண்ணுகிறது, ஆயாசப்படுத்துகிறது

Tiresome, *a.* ŭlăkŭrheevānăh, tondŭrăvānăh, அலககழிவான, தொந்தரவான

Titillation, *s.* koochŭm, kaykoochŭm, கூச்சம், கைக்கூச்சம்

Title, *s.* pŭttăpeyr, pŭttŭm, பட்டப்பெயர், பட்டம்

Titter, *v.* poonjeeroopiddookiradoo, புஞ்சிருப்பிடுகிறது

To, *p.* koo, eel, கு, இல்

To-night, inroorāttirree, indărāttirree, இன்றுராத்திரி, இந்தராத்திரி

Toad, *s.* towvookŭlley, தவுக்களை

Toadstool, *s.* kālān, காளான்

Toast, *v.* kŭrookookiradoo, vāttookiradoo, shoodookiradoo, கருக்குகிறது, சுடுகிறது

Toast, *s.* shoottoo rōttee, சுட்டரொட்டி

Tobacco, *s.* pokhŭlley, புகையிலை

Toddy, *s.* kŭl, kŭlloo, mŭddoo, கள்ளு, கள், மது

Toe, *s.* kālvirrŭl, கால்விரல்

Together, *a.* koodăh, oroomeekkăh, கூட, ஒருமிக்க

Toil, *s.* prăyāsŭm, whyrepoo, pādoo, பிரயாசம, உழைப்பு, பாடு

Toilsome, *a.* prăyāsŭmānăh, பிரயாசமான

Token, *s.* ădayālŭm, kooreepoo, saykay, அடையாளம், குறிப்பு, சைகை

Tolerable, *a.* tŭrrŭmānăh, opporăvānăh, தரமான, ஒப்புரவான

Tolerably, *a.* oppoorăvay, ஒப்புரவாய்

Tolerate, *v.* yeddŭm kodookiradoo, இடங்கொடுக்கிறது
Toll, *v.* mŭnee ŭdeekiradoo, மணியடிக்கிறது
Toll, *s.* āyŭm, soongŭm, teervey, ஆயம், சுங்கம், தீர்வை
Tomato, *s.* tŭkkālee, tŭkkāleepŭrrŭm, தக்காளி, தக்காளிப்பழம்
Tomb, *s.* koree, kŭllŭrrey, கோரி, கல்லறை
Tombstone, *s.* koreekŭll, கோரிக்கல்
To-morrow, *s.* nāleykee, nāley, நாளைக்கி, நாளை
Tone, *s.* sŭttŭm, issey, donee, சத்தம், இசை, தொனி
Tongs, (smiths,) *s.* koorădoo, yeddookee, குறடு, இடுக்கி
Tongue, *s.* nākkoo, nāvoo, நாக்கு, நாவு
To-night, *a.* inreerāttirree, inreerāvoo, inneyrāttirree, இன்றைராத்திரி, இன்றிரவு
Too, *a.* oom, koodăh, உம், கூட
Too-much, *a.* romboo, ălăvookeeminjee, ரொம்ப, அளவுக்குமிஞ்சி
Tool, *s.* āyoodŭm, tŭlăvādŭm, kŭroovee, ஆயுதம், தளவாடம், கருவி
Tooth, *s.* pŭl, tŭndŭm, பல், தந்தம்
Toothache, *s.* pŭlnovoo, பல்நோவு
Tooth-brush, *s.* pŭl brooshee, பல்புருஷி
Toothless, *a.* pŭllillādăh, பல்லில்லாத
Tooth-pick, *s.* pŭlkoottee, பல்குத்தி
Top, *s.* tŭlley, noonee, koor, ootchee, தலை, நுனி, கூர், உச்சி
Tope, *s.* toppoo, soley, தோப்பு, சோலை
Tope, *v.* mikkăkoodeekiradoo, ădeegăkoodeekiradoo, மிகக்குடிக்கிறது, அதிகக்குடிக்கிறது
Topheavy, *a.* tŭlleybārŭmānăh, தலைப்பாரமான
Topic, *s.* kāreeŭm, nimmitteeyŭm, காரியம், நிமித்தியம்
Topsyturvy, *a.* tāroomārāy, தாறுமாறாய்
Torch, *s.* (for palanquin,) pălăkee māssāl, பல்லக்கிமசால்
Torch, (with bearers and oil,) pălăkee māssālchee, பல்லக்கிமசாலச்சி
Torment, (pain,) *s.* veydŭnney, nokādoo, வேதனை, நோககாடு
Torment, *s.* (trouble,) vaydey, āgginney, வாதை, ஆக்கினை
Torment, *v.* veydunneysheykiradoo, vaydeysheykiradoo, வேதனைசெய்கிறது, ஆக்கினைசெய்கிறது
Torn, *a.* keerheendăh, keerheenjshăh, கிழிந்த, கிழிஞ்ச
Torpid, *a.* mŭndŭmānăh, timmeerānăh, மந்தமான, திமிரான
Torpor, *s.* timmeer, timmeerppoo, திமிர், திமிர்ப்பு
Torrent, *s.* neerottŭm, neerpāytchŭl, நீரோட்டம், நீர்ப்பாய்ச்சல்
Torrid, *a.* wooshŭnŭmānăh, உஷ்டணமான
Tortoise, *s.* āmey, ஆமை
Tortuous, *a.* tirrookŭlānăh, tirrookŭlmoorookŭlānăh, திருகலான, திருகலமிருகலான
Torture, *s.* sŭkkŭrăveydŭney, dŭndinney, சக்கரவேதனை, தண்டினை

Torture, *v.* sukkŭrăveydŭneypŭdoottookiradoo, dŭndeeneypŭdoottookiradoo, சக்கரவேதனைப்படுத்துகிறது, தண்டினைப்படுத்துகிறது

Toss, *v.* yettookiradoo, எற்றுகிறது

Total, *s.* tokhey, yekhŭm, mottŭm, தொகை, எகம், மொத்தம்

Total, *a.* yellā, moottănăh, mooroo, எல்லா, முற்றின, முழு

Totality, *s.* mottŭm, tokhay, மொத்தம், தொகை

Totally, *a.* tokheyay, தொகையாய்

Totter, *v.* tŭdătŭdăkiradoo, ălaykiradoo, தடதடக்கிறது, அலைகிறது

Tottering, *s.* tŭdătŭdăpoo, asayvoo, tŭlăttŭm, தடதடப்பு, அசைவு, தள்ளாட்டம்

Touch, *v.* todookiradoo, tottoopārkiradoo, teendookiradoo, தொடுகிறது, தொட்டுபார்க்கிறது, தீண்டுகிறது

Touch, *s.* tottoopārkāy, todookāy, தொட்டுப்பார்க்கை, தொடுகை

Touch-hole, *s.* pŭttoovay, tirreevay, பற்றுவாய், திரிவாய்

Touchiness, *s.* veddooveddoopoo, kobŭm, வெடுவெடுப்பு, கோபம்

Tocuhing, *a.* tottoopārkiră, தொட்டுப்பார்க்கிற

Touching, (concerning,) p. koorittoo, tottoo, pŭttee, குறித்து, தொட்டு, பற்றி

Touchstone, *s.* worreykŭl, உரைகல்

Touchy, *a.* veddooveddoopoollăh, veddookoollăh, வெடுவெடுப்புள்ள, வெடுக்குள்ள

Tough, *a.* worrŭmoollăh, bŭllŭmmoollăh, உரமுள்ள, பலமுள்ள

Toughness, *s.* (as fowls, &c.) worrŭm, உரம்

Toughness, (as wood, &c.) *s.* bŭllŭm, பலம்

Tour, *s.* păyŭnŭm, prăyānŭm, பயணம், பிரயாணம்

Tow, (for rope,) *s.* jŭnnăpŭnnăr, சணப்பநார்

Tow, *v.* kŭttee yeerhookiradoo, yellookiradoo, கட்டியிழுக்கிறது, இழுக்கிறது

Towards, *p.* pŭkkŭmākăh, neyrey, yeddirrey, பக்கமாக, நேரே, எதிரே

Towel, *s.* toowāley, துவாலை

Town, *s.* pŭttănŭm, oor, பட்டணம், ஊர்

Toys, *s.* villeyāttoo sāmān, விளையாட்டுசாமான்

Trace, *s.* ădeyālŭm, kooree, kooreepoo, அடையாளம், குறி, குறிப்பு

Trace, *s.* kooree, kooreepoo, குறி, குறிப்பு

Track, *s.* ŭddeepādoo, kālŭddee, kŭvadoo, அடிப்பாடு, காலடி, கவடு

Track, *v.* ŭddee poodeettoo tottookiradoo, அடிப்பிடித்துத்தொடருகிறது

Tract, *s.* deysŭm, nādoo, nellŭm, தேசம், நாடு, நிலம்

Tractable, *a.* (as a child,) pŭdeeyătŭkkăh, படியத்தக்க

Tractable, *a.* (as a horse, &c.) pŭrhŭkăpŭdătŭkkăh, பழக்கப்படத்தக்க

Trade, *v.* kŭchăvŭddŭmsheykiradoo, veeyābārŭmsheykiradoo, கச்சவடஞ்செய்கிறது, வியாபாரஞ்செய்கிறது

Trade, *s.* veeyābārŭm, chettoo, kŭchăvŭddŭm, வியாபாரம், செட்டு, கச்சவட்டம்

Trader, *s.* kŭdeykārŭn, vŭrtăkŭn, veeyābāree, chetty, கடைக்காரன், வர்த்தகன், வியாபாரி, செட்டி

Trade-winds, *s.* pŭroovă kāttoo, kălăpokă kāttoo, பருவக்காற்று, காலபோகக்காற்று

Tradition, *s.* pārŭmpŭrrey, பாரம்பரை

Traditional, *a.* pārŭmpŭrreyānăh, பாரம்பரையான

Traduce, *v.* koottŭm shāttookiradoo, pŭrheekiradoo, kolshollookiradoo, குற்றஞ்சாட்டுகிறது, பழிக்கிறது, கோட்சொல்லுகிறது

Traffic, *s.* vŭrtăkŭm, chettoo, veeyābārŭm, kŭchăvŭddŭm, வர்த்தகம், செட்டு, வியாபாரம், கச்சவடம்

Traffic, *v.* veeyābārŭm sheykiradoo, kŭchăvŭddŭm sheykiradoo, வியாபாரமசெய்கிறது, கச்சவடஞ்செய்கிறது

Trafficker, *s.* kŭdeykārŭn, vŭrtăkŭn, kŭchăvŭddăkārŭn, கடைக்காரன், வர்த்தகன், கச்சவடக்காரன்

Tragical, *a.* jeevŭnpokătŭkkăh, சீவன்போகத்தக்க, பிராணசேதமான

Trail, (on the ground,) *v.* eerootoo kondoopokiradoo, இழுத்துக்கொண்டுபோகிறது

Trail, (by smell,) *v.* vāsŭneypoodeettoopokiradoo, வாசனைபிடித்துப்போகிறது

Train, (people,) *s.* pŭreeseyjennŭm, பரிசைசினம்

Train, *v.* vŭlŭrkiradoo, pŭdeepeekiradoo, வளர்க்கிறது, படிப்பிக்கிறது

Trait, *s.* goonă kooree, goonă pongkoo, குணககுறி, குணப்போக்கு

Traitorous, *a.* vŭnjshăkŭmoollăh, rājshādrokhŭmoollăh, வஞ்சகமுள்ள, துரோகமுள்ள

Traitor, *s.* vŭnjshăkŭn, drokhŭn, வஞ்சகன், துரோகன்

Trammelled, (to be,) *v.* ăvŭsstāy pŭdookiradoo, அவஸ்தைபடுகிறது

Trample, *v.* kālāl middeekiradoo, காலால்மிதிக்கிறது

Tranquil, *a.* sāndŭmoollăh, amaydeeyoollăh, sŭmādānŭmānăh, சாந்தமுள்ள, அமைதியுள்ள, சமாதானமான

Tranquilize, *v.* sŭmādānapŭdoottookiradoo, sŭmmăpŭdoottookiradoo, சமாதானப்படுத்துகிறது, சமப்படுத்துகிறது

Tranquillity, *s.* sŭmādānŭm, sāndŭm, ămaydee, சமாதானம், சாந்தம், அமைதி

Transact, *v.* nŭddăpeekiradoo, kāreeyăpŭdoottookiradoo, sheykiradoo, நடப்பிக்கிறது, காரியப்படுத்துகிறது, செய்கிறது

Transaction, *s.* nŭdŭkay, nŭdăpoo, sŭngŭdee, shŭmātchārŭm, நடக்கை. நடப்பு, சங்கதி, சமாச்சாரம்

Transcend, *v.* meylkollookiradoo, vellookiradoo, மேற்கொள்ளுகிறது, வெல்லுகிறது

Transcendency, *s.* miggoomyenmey, whyrtchee, oonneedŭm, மிகுமேன்மை, உயர்ச்சி, உன்னிதம்

Transcendent, *a.* woocheetŭmānăh, vellookiră, உச்சிதமான, வெல்லுகிற

Transcribe, *v.* peyrttyerhoodookiradoo, பெயர்த்தெழுதுகிறது

Transcript, *s.* priddee, பிரதி

Transfer, *s.* ărŭdeeoppŭdeepoo, அறுதியொப்படைப்பு

Transfer, *v.* ărŭdeeoppŭdeekiradoo, kodoottoovoodookiradoo, அறுதியொப்படைக்கிறது, குடுத்துவிடுகிறது

Transform, *v.* rooboo mattookiradoo, உருபுமாற்றுகிறது

Transfuse, *v.* vārkiradoo, woottookiradoo, வார்க்கிறது, ஊற்றுகிறது

Transgression, *s.* doshŭm, droghŭm, koottum, தோஷம், துரோகம், குற்றம்

Transgress, *v.* koottŭmpŭnnookiradoo, droghŭmpunnookiradoo, குற்றம்பண்ணுகிறது, தோஷம்பண்ணுகிறது

Transient, *a.* nelley illādăh, nittcheŭmilladah, நிலையில்லாத, நிட்சயமில்லாத

Transit, *s.* koorookoopeyrchee, குறுக்குபெயர்ச்சி

Transition, *s.* mārghay, மாறுகை

Transitory, *a.* nillādăh, nilleyŭttăh, நில்லாத, நிலையற்ற

Translation, *s.* tŭrjjoomăh, morheepeyrpoo, தர்சுமா, மொழிபெயர்ப்பு

Translate, *v.* tŭrjjoomăhpŭnnookiradoo, morheepeyrkirradoo, தர்சுமாபண்ணுகிறது

Translucent, *a.* teyleevoollăh, தெளிவுள்ள

Transmigrate, *v.* deyshŭtteeleerŭndoo deyshŭttookoo pokiradoo, தேசத்திலிருந்துதேசத்துக்குபோகிறது

Transmigration, *s.* oormārghāy, ஊருமாறுகை

Transmission, *s.* ănnoopookāy, அநுப்புகை

Transmit, *v.* ănnoopookiradoo, அநுப்புகிறது

Transmute, *v.* māttookiradoo, மாற்றுகிறது

Transparency, *s.* toolakŭm, teyleevoo, துலக்கம், தெளிவு

Transparent, *a.* toolakŭmānah, teyleevānah, துலக்கமான, தெளிவான

Transpire, *v.* areeyŭlăkookiradoo, sŭmbăveekiradoo, அறியலாகுகிறது, சம்பவிக்கிறது

Transplant, *v.* poodingeenŭddookiradoo, பிடுங்கிநடுகிறது

Transplantation, *s.* nāttoo, nŭddookāy, நாற்று. நடுகை

Transport, *s.* oolāssŭm, உல்லாசம்

Transport, *v.* vengkōl yettookiradoo, kŭllŭney yettee voodookiradoo, வெங்கோலேற்றுகிறது, கள்ளனையேற்றிவிடுகிறது

Transportation, *s.* vengkōl yettookăy, வெங்கோலேற்றுகை

Transpose, *v.* peyrkiradoo, māttookiradoo, பெயர்க்கிறது, மாற்றுகிறது

Transverse, *s.* vittăttŭlăvoo, விட்டத்தளவு

Trap, *s.* bone, goondoo, போன, குண்டு

Trap, *v.* bone-eelăkhăpŭdoottookiradoo, போனிலகப்படுத்துகிறது

Trash, *s.* woodăvādăporool, kooppey, உதவாதப்பொருள், குப்பை

Travail, *s.* prŭssăveydŭney, பிரசவவேதனை

Travail, *v.* prŭsăveydŭneypŭdookiradoo, பிரசவேதனைப்படுகிறது

Travel, *v.* păyŭnŭm pokiradoo, yattirrey punnookiradoo, பயணம்போகிறது, யாத்திரைபண்ணுகிறது

Traveller, *s.* deyshāndirree, vŭrheepokkān, தேசாந்திரி, வழிப்போக்கான

Traverse, *v.* koorookeypokiradoo, குறுக்கேபோகிறது

Tray, *s.* tŭttoo, தட்டு

Treacherous, *a.* kŭbbŭdŭmoollăh, tŭndŭrŭmoollah, irŭndăgŭmānăh, கபடமுள்ள, தந்திரமுள்ள, இரண்டகமான

Treachery, *s.* kŭbbŭdŭm, tŭndŭrŭm, irŭndăgŭm, கபடம், தந்திரம், இரண்டகம்

Treacle, *s.* teenjāroo, தீஞ்சாறு

Tread, *v.* kālāl middeekiradoo, காலால்மிதிக்கிறது

Treason, *s.* rājshădrokhŭm, இராசத்துரோகம்

Treasonable, *a.* rājshădrokhŭmānăh, இராசத்துரோகமான

Treasure, *s.* kŭjjānāhpŭnŭm, bokkishŭm, கசானாப்பணம், பொக்கிஷம்

Treasurer, *s.* kujjāntchee, shroff, கசானச்சி, சிராப்பு

Treasury, *s.* kŭjjānāh, கசானு

Treat, *s.* oobăsārŭm, உபசாரம்

Treat, *v.* oobăsārŭm sheykiradoo, உபசாரம்செய்கிறது

Treatise, *s.* shāsttŭrāpŭttirreekay, சாஸ்திரப்பத்திரிகை

Treatment, *s.* preyōjŭnŭm, prăyoghŭm, பிரயோசனம், பிரயோகம்

Treaty, *s.* yenăkŭm, porootŭm, sŭmādānŭm, இணக்கம், பொருத்தம், சமாதானம்

Treble, *a.* moonoopŭngānăh, மூனுபங்கான

Treble, *v.* moonoopŭngākkookiradoo, மூனுபங்காக்குகிறது

Trebly, *a.* moonoopŭngkay, மூனுபங்காய்

Tree, *s.* mŭrrŭm, virootsheekhŭm, மரம், விருட்சம்

Tremble, *v.* gŭddoogŭddookiradoo, nŭdoongkookiradoo, கிடுகிடுக்கிறது, நடுங்குகிறது

Trembling, *s.* nŭdookŭm, gŭddoogŭddoopoo, நடுக்கம், கிடுகிடுப்பு

Tremendous, *a.* birrŭmāndŭmānăh, muleykătŭkkăh, பிரமாண்டமான, மலைக்கத்தக்க

Tremor, *s.* ŭttchŭm, nŭdookŭm, அச்சம், நடுக்கம்

Tremulous, *a.* ădeertcheeoollăh, அதிர்ச்சியுள்ள

Trench, *s.* ŭggŭrh, ŭggurhgŭdŭngoo, kāvay, அகழ், அகழ்கிடங்கு, காவாய்

Trepidation, *s.* nŭdookŭm, ădeertchee, நடுக்கம், அதிர்ச்சி

Tresspass, (on land, &c.) *v.* yelleykŭdŭkiradoo, எல்லைகடக்கிறது

Tresspass, *s.* yelleykŭdŭkookhay, எல்லைகடக்குகை

Tresspasser, *s.* yelleykŭdookirăvŭn, எல்லைகடக்கிறவன்

Trial, (in law,) *s.* shodŭney, pŭritchey, vijjārŭney, சோதனை, பரீட்சை, விசாரனை

Trial, (of goods, &c.) *s.* shodŭney, pŭritchey, சோதனை, பரீட்சை

Triangle, *s.* mookonŭm, முக்கோணம்

Triangular, *a.* mookonŭmānăh, முக்கோணமான

Tribe, *s.* jādee, koolŭm, kotteerŭm, சாதி, குலம், கோத்திரம்

Tribulation, *s.* oobăteerŭm, yedainjshŭl, உபத்திரவம், இடைஞ்சல்

Tribunal, *s.* neeyāyŭsttŭr, neeyāyŭdeebudeekhŭl, நியாயஸ்த்தர், நியாயாதிபதிகள்

Tributary, *a.* vŭreekodookiră, yerreykodookiră, kŭppŭmkŭttookiră, வரிக்கொடுக்கிற, இறைகொடுக்கிற, கப்பங்கட்டுகிற

Tribute, *s.* kŭppŭm, yerrey, vŭrree, கப்பம், இறை, வரி

Trick, *s.* wooroottoo, mosŭm, உருட்டு, மோசம்

Trick, *v.* wooroottoopŭnnookiradoo, mosŭmpŭnnookiradoo, உருட்டுபண்ணுகிறது, மோசம்பண்ணுகிறது

Trick, *v.* (as conjurers,) kŭnkŭttee vittey pŭnnookiradoo, கண்கட்டிவித்தைபண்ணுகிறது

Trickle, *v.* worhookiradoo, kŭssaykiradoo, ஒழுகிறது, கசைகிறது

Trifle, *s.* ărpŭm, sholpŭm, konjshŭm, அற்ப்பம், சொற்ப்பம், கொஞ்சம்

Trifle, *v.* shinnătŭnŭmpŭnnookiradoo, சின்னத்தனம்பண்ணுகிறது

Trifler, *s.* veenŭn, shinnătŭnŭmpŭnnookirăvŭn, வீணன், சின்னத்தனம்பண்ணுகிறவன்

Trifling, *a.* ărpumānăh, sholpŭmānăh, அற்ப்பமான, சொற்ப்பமான

Trim, *a.* worhŭngānăh, ஒழுங்கான

Trim, *v.* worhŭngoopŭnnookiradoo, ஒழுங்குபண்ணுகிறது

Trim, *v.* (as a lamp,) vŭlakoojodeekiradoo, விளக்குசோடிக்கிறது

Trimly, *a.* worhŭngkay, ஒழுங்காய்

Trinket, *s.* shillŭrey meyāpŭrŭnă wodămey, சில்லறைமெய்யாபரணஉடைமை

Trip, (journey,) *s.* păyŭnŭm, nŭdey, yāttirrey, பயணம், நடை, யாத்திரை

Trip, (stumble,) *v.* tŭtteevoorhookiradoo, yeddărookiradoo, தத்திவிழுகிறது, இடறிவிழுகிறது

Triple, *a.* moonoopŭngānăh, மூனுபங்கான

Tripping, *s.* tŭttoonŭdey, தத்துநடை

Trite, *a.* shoochŭmānăh, shoostŭrŭmānăh, சூட்சமான, சூஸ்த்தரமான

Tritely, *a.* shoochŭmay, shoostŭrŭmay, சூட்சமாய், சூஸ்த்தரமாய்

Triteness, *s.* shoochŭm, shoostŭrŭm, சூட்சம், சூஸ்த்தரம்

Triturate, *v.* ăraykiradoo, bŭspŭmākiradoo, teykiradoo, அரைகிறது, பஸ்ப்பமாகிறது, தேயகிறது

Trituration, *s* ărăypoo, teypoo, அரைப்பு, தேய்ப்பு

Triumph, *s.* jeyyŭm, சயம்

Triumph, *v.* vetteekollookiradoo, jeyyŭmkollookiradoo, வெற்றிகொள்ளுகிறது, சயங்கொள்ளுகிறது

Triumphant, *a.* veytteeyoollăh,

jeyyŭmoollah, வெற்றியுள்ள, சயமுள்ள
Triumphantly, *a.* veytteeyay, jeyyŭmay, வெற்றியாய், சயமாய்
Trivial, *a.* ŭrpăh, leyssānăh, அற்ப, இலேசான
Troop, *s.* dŭndoo, trooppoo, தண்டு, திருப்பு
Trooper, *s.* trooppooseepāy, koodeereyseepāy, திருப்புசிப்பாய், குதிரைசிப்பாய்
Troops, *s.* dŭndoojennŭm, pŭdeyjennŭm, தண்டுசனம், படைசனம்
Trophy, *s.* vettee kodee moodŭlānahporool, வெற்றிக்கொடிமுதலானபொருள்
Trot, *v.* koolookoowŏttŭmaypokiradoo, குலுக்குவோட்டமாய்போகிறது
Trouble, *s.* kŭshttŭm, avuddee, tondŭrăvoo, கஷ்ட்டம், அவதி, தொந்தரவு
Trouble, *v.* kŭshttăpŭdoottookiradoo, tondŭrăvoopŭdoottookiradoo, கஷ்ட்டப்படுத்துகிறது, தொந்திரவுபடுத்துகிறது
Troubled, *v.* (in mind-to be,) mŭnăkleyshăpŭdookiradoo, மனக்கிலேஷப்படுகிறது
Troublesome, *a.* kŭshttŭmānah, கஷ்ட்டமான
Trough, *s.* mŭrrătottee, மரத்தொட்டி
Trowsers, *s.* kālserrāy, kālsettey, pântăloom, nijjār, கால்சிராய், கால்சட்டை, பெணடலம், நிஜார்
Truce, *s.* kowvl, கவுல்
Truckle, *v.* yenŭngkookiradoo, keerhpŭdookiradoo, இணங்குகிறது, கீழ்ப்படுகிறது
Truckling, *a.* yenŭngkŭlānăh, இணங்கலான
Truculence, *s.* ooggrŭm, kooroorŭm, உக்கிரம், குரூரம்
Trudge, *v.* kālnŭdeyaypokiradoo, கால்நடையாய்போகிறது
True, *a.* nijshŭmānăh, meyyānăh, nitchymānăh, நிசமான, மெய்யான, நிட்சயமான
Truly, *a.* nijshŭmākăh, oonmeyyākăh, meyyākăh, நிசமாக, உண்மையாக, மெய்யாக
Trumpery, *s.* wodăvādāporool, உதவாதபொருள்
Trumpet, *s.* trooppoobŭgŭl, yekkālŭm, திருப்புபிகுல், எக்காளம்
Trumpeter, *s.* yekkālămoodookirăvŭn, எக்காளமூதுகிறவன்
Trunk, (elephant,) *s.* toodeekay, துதிக்கை
Trunk, *s.* poottee, பெட்டி
Trunk, (body,) *s.* woodŭl, உடல்
Trunk, (of a tree,) *s.* mŭrrŭttwoodŭl, மரத்துடல்
Trust, *s.* nŭmbeekay, ooroodee, நம்பிக்கை, உறுதி
Trust, *v.* nŭmbeekollookiradoo, nŭmbookiradoo, நம்பிக்கொள்ளுகிறது, நம்புகிறது
Trustee, *s.* poroopookārŭn, poroopālee, பொறுப்புக்காரன், பொறுப்பாளி
Trusty, *a.* nisjhŭmānăh, nŭmbeekayānăh, நிசமான, நம்பிக்கையான
Truth, *s.* nijjum, mey, நிசம், மெய்
Try, *v.* prăysăpŭttoopārkiradoo, pākiradoo, பிரயாசைபட்டுபார்க்கிறது, பார்க்கிறது
Try, (in court,) *v.* neeyāyŭmkerlkiradoo, நியாயம்கேழ்க்கிறது

Tub, *s.* mŭrrătottee, மரத்தொட்டி

Tube, *s.* korhāy, குழாய்

Tubular, *a.* korhayānăh, குழாயான

Tuck, *v.* sheyrookookiradoo, செருகுகிறது

Tuesday, *s.* shevvaykŭrhămey, செவ்வாய்க்கிழமை

Tuft, (of grass,) *s.* kottoopilloo, கொத்துப்பில்லு

Tug, *v.* eerhookiradoo, illookiradoo, இழுக்கிறது

Tuition, *s.* pŭdeepeepoo, kŭrpeepoo, படிப்பிப்பு, கற்ப்பிப்பு

Tumble, *v.* vŭrhookiradoo, virhoottookiradoo, வழுக்கிறது, விழுத்துகிறது

Tumbler, (man,) *s.* tombŭn, தொம்பன்

Tumor, *s.* veekkŭm, oobbŭl, ădeypoo, வீக்கம், உப்பல், அடைப்பு

Tumult, *s.* kŭlăkhŭm, koorhăpŭm, shŭndey, oorpoorŭllee, கலகம், குழப்பம், சண்டை, ஊர்புரளி

Tune, *s.* rāghŭm, sŭngeedum, issay, sooroodee, இராகம், சங்கீதம், இசை, சுருதி,

Turban, *s.* tŭllăpāh, தலைப்பா, தலைப்பாகை

Turbid, *a.* mŭndeeyānăh, tŭddeepānăh, மண்டியான, தடிப்பான

Turbulency, *s.* koorhăpŭm, kŭlŭkŭm, குழப்பம், கலகம்

Turbulent, *a.* koorhăpŭmānăh, kŭlŭkŭmānăh, குழப்பமான, கலகமான

Turf, *s.* krāy, கிருய்

Turgid, *a.* mŭndeeyānăh, மண்டியான

Turgidness, *s.* mŭndee, tŭddeepoo, மண்டி, தடிப்பு

Turkey, *s.* māngoree, vāngoree kānāngoree, மான்கோழி, வான்கோழி, கானுங்கோழி

Turmeric, *s.* mŭnjshŭl, மஞ்சல

Turmoil, *s.* koorhăpŭm, kŭlăkŭm, குழப்பம், கலக்கம்

Turn, (round,) *v.* tirrpookiradoo, திருப்புகிறது

Turn, (over,) *v.* porottookiradoo, புரட்டுகிறது

Turn, (a wheel,) *v.* ooroottookiradoo, oorollookiradoo, உருட்டுகிறது, உருளுகிறது

Turn, *s.* tirreeppoo, porottoo, shoottoo, திருப்பு, புரட்டு

Turn, *v.* tirroopookiradoo, poorŭttookiradoo, kŭveerhkiradoo, திருப்புகிறது, புரட்டுகிறது, கவிழ்க்கிறது

Turned, *a.* porŭndăh, tirroombeenăh, புரண்ட, திரும்பின

Turner, *s.* kŭdaytchŭlkārŭn, கடைச்சல்காரன்

Turning, *s.* kŭdaytchŭl velley, கடைச்சல்வேலை

Turpentine, *s.* kŭrpoorătaylŭm, கர்ப்பூரத்தயிலம்

Turpitude, *s.* doorchŭnŭm, dooshtădinnŭm, துர்ச்சனம், துஷ்டடினம்

Turtle, *s.* āmey, ஆமை

Tush, *in.* tchee, pesādey, சீ, பேசாதை

Tusk, *s.* yāney tŭndŭm, யானை தந்தம்

Twain, *s.* eerŭndoo, jodoo, இரண்டு, சோடு

Twang, *s.* wosey, kinneedoo, tonee, ஓசை, கிண்ணீடு, தொனி

Twang, *v.* toneekiradoo, தொனிக்கிறது

Twelfth, *a.* pŭnnirrŭndām, பன்னிரண்டாம்

Twelve, *n.* pŭnnirrŭndoo, பன்னிரண்டு

Twentieth, *a.* irroovŭdām, eeroobŭdām, இருபதாம்

Twenty, *n.* irroovŭdoo, irroobŭdoo, இருபது

Twice, *a.* irrŭndoo derrŭm, இரண்டுதரம்

Twig, *s.* kŭllāy, kŭnnoo, கிளை, கணு

Twilight, *s.* mŭlley veyleetchŭm, sŭndee veyleetchŭm, மலைவெளிச்சம், சந்திவெளிச்சம்

Twins, *s.* rŭttey poolleykhŭl, இரட்டைப்பிள்ளைகள்

Twine, *s.* moorookoo nool, twine, முறுக்குநூல், டொயின்

Twine, *v.* moorookookiradoo, முறுக்குகிறது

Twinge, *s.* vŭllee, koottoo, வலி, குத்து

Twinkle, *s.* toolăkŭm, துலக்கம்

Twinkle, *v.* poreepŭrŭkookiradoo, பொறிபறக்குகிறது

Twirl, *v.* shoottookiradoo, shoorhŭttookiradoo, சுற்றுகிறது, சுழற்றுகிறது

Twist, *v.* moorookookiradoo, tirreekiradoo, முறுக்கிறது, திரிக்கிறது

Twisted, *a.* moorookeenăh, tirrookŭlănăh, முறுக்கின, திருகலான

Twisting, *s.* tirroovoo, mooroookoo, திருவு, முறுக்கு

Twit, *v.* vŭdootchollookiradoo, eegŭrhtchee shollookiradoo, வடுச்சொல்லுகிறது, இகழ்ச்சிசொல்லுகிறது

Twitch, *v.* poodingkeekiradoo, pŭreekiradoo, eerhookiradoo, பிடுங்குகிறது, பறிக்கிறது, இழுக்கிறது

Two, *n.* irrŭndoo, irroo, இரண்டு, இரு

Twofold, *a.* irrŭndoo pŭngkānăh, irroomŭdŭngkānăh, இரண்டுபங்கான, இருமடங்கான

Type, *s.* ădayālŭm, kooree, oppoo, அடையாளம், குறி, ஒப்பு

Typify, *v.* kooreekāttookiradoo, moon ădayālŭm kāttookiradoo, குறிகாட்டுகிறது, முன்னடையாளங்காட்டுகிறது

Tyrannical, *a.* kooroorŭmānăh, nishtoorŭmānăh, குரூரமான, நிஷ்டூரமான

Tyrannically, *a.* kodoomeyay, nishtoorŭmay, குரூரமாய், நிஷ்டூரமாய்

Tyrannize, *v.* koodoomey sheykiradoo, nishtoorŭm sheykiradoo, குரூரமாய்செய்கிறது, நிஷ்டூரம்செய்கிறது

Tyranny, *s.* kodoomey, nishtoorŭm, கொடுமை, நிஷ்டூரம்

Tyrant, *s.* nishtoorŭn, நிஷ்டூரன்

U

Ubiquity, *s.* sădārunneeŭm, சாதாரணியம்

Udder, *s.* pŭshăveen mŭdee, பசுவின்மடி

Ugliness, *s.* ăvălŭdshŭnum, ăsingŭm, ăndăkŭrdoo, அவலக்ஷணம், அசிங்கம்

Ugly, *a.* ăssingŭmānăh, ăvălŭdshŭnŭmānăh, ăndăkŭrdānăh, அசிங்கமான, அவலச்சணமான, அந்தக்கேடான

Ulcer, *s.* rŭnnŭm, poon, pillăvay, இரணம், புண், பிளவை

Ulcerate, *v.* poonākookiradoo, புண்ணாகுகிறது

Ultimate, *a.* kŭdayseeyānăh, moodeevānăh, கடைசியான, முடிவான

Ultimately, *a.* kŭdayseeyay, moodeevay, கடைசியாய், முடிவாய்

Umbilical, (cord,) *s.* toppŭl kodee, தொப்புழ்க்கொடி

Umbrage, *s.* mŭnăkooray, kobŭm, மனக்குறை, கோபம்

Umbrella, *s.* koday, koodey, கொடை, குடை

Umpire, *s.* mŭdeeyŭstŭn, மத்தியஸ்தன்

Unable, *a.* vŭllămey illādăh, trānee illadah, koodādah, வல்லமையில்லாத, திராணியில்லாத, கூடாத

Unaccommodating, *a.* dăyăvillādăh, ăbăghărăh, தயவில்லாத, அபகார

Unaccustomed, *a.* vŭrhŭkă pŭddādăh, pŭrhŭkādăh, வழக்கப்படாத, பழகாத

Unacquainted, *a.* areeyādăh, moogă pŭrhăkŭmŭttăh, அறியாத, முகப்பழக்கமற்ற

Unadorned, *a.* ŭlŭngkŭreeyādăh, அலங்கரியாத

Unadulterated, *a.* āpŭttăh, kŭlŭpillādăh, அப்பட்ட, கலப்பில்லாத

Unalloyed, *a.* shoottŭmānăh, kŭlŭpillādăh, சுத்தமான, கலப்பில்லாத,

Unalterable, *a.* māttăkoodādăh, nelleyoollăh, மாற்றக்கூடாத, நிலையுள்ள

Unanimity, *s.* oroomey, oroomŭnăpādoo, ஒருமை, ஒருமனப்பாடு

Unanimous, *a.* oroomŭnăpādănăh, oroomeyānăh, ஒருமனப்பாடான

Unapplicable, *a.* poroondādăh, பொருந்தாத

Unassisted, *a.* toone yillādăh, wodavee yillādăh, துணையில்லாத, உதவியில்லாத, தானும்

Unattainable, *a.* ăroomeyānăh, kittādăh, அருமையான, கிட்டாத

Unavailing, *a.* prăyoshŭnŭmillādăh, பிரயோசனமில்லாத

Unavoidable, *a.* vŭlăkăkoodādăh, விலக்கக்கூடாத

Unawares, *a.* yeddoottăpŭdee, yerhoondăpŭdee, vŭndăpŭdee, எடுத்தபடி, எழுந்தபடி, வந்தபடி

Unbecoming, *a.* tŭkhādăh, wovvādăh, தகாத, ஒவ்வாத

Unbelief, *s.* ăvănŭmbeekay, aveesoovāsŭm, nŭmbāmey, அவநம்பிக்கை, அவிசுவாசம், நம்பாமை

Unbeliever, *s.* ăvvănŭmbeekaykārun, nŭmbādăvŭn, அவநம்பிக்கைகாரன், நம்பாதவன்

Unbend, *v.* vŭlleyād irookiradoo, வளையாதிருக்கிறது

Unbending, *a.* nimmeerndăh, vŭlleyād irookiră, நிமிர்ந்த, வளையாதிருக்கிற

Unbiassed, *a.* worrăvārŭm illādăh, ஓரவாரமில்லாத

Unbind, *v.* kŭrhŭttookiradoo, kuluttookiradoo, aveerhkiradoo, கழட்டுகிறது, அவிழ்க்கிறது

Unblemished, *a.* mā̆ssillādă̆h, kŭraypŭdādă̆h, மாசில்லாத, கறைப்படாத

Unbolt, *v.* tāppālkŭrhŭttookiradoo, tŭrrŭkkiradoo, தாழ்ப்பாள்கழட்டுகிறது, திறக்கிறது

Unborn, *a.* pirrăvādă̆h, oorpŭtteeyākādă̆h, பிறவாத, உற்பத்தியாகாத

Unbosom, *v.* woottŭdoosholloo kiradoo, உற்றதுசொல்லுகிறது

Unbound, *a.* kŭttādă̆h, கட்டாத

Unbounded, *a.* ŭllŭv illādă̆h, அளவில்லாத

Unburthen, *v.* legghoovākkookiradoo, லெகுவாக்குகிறது

Uncalled, *a.* ărheyādă̆h, koopeedādă̆h, அழையாத, கூப்பிடாத

Unceasing, *a.* yeddeyvoodādă̆h, இடைவிடாத

Uncertain, *a.* nishŭm illādă̆h, nitcheeyŭm illādă̆h, sŭndeykhŭmānă̆h, நிசமில்லாத, நிச்சயமில்லாத, சந்தேகமான

Uncertainty, *s.* sŭndeykhŭm, sŭmoosyŭm, ăsādeeyŭm, சந்தேகம், சமுசயம், அசாத்தியம்

Unchangeable, *a.* măttăkoodādă̆h, mārādă̆h, மாற்றக்கூடாத, மாறாத

Uncharitable, *a.* dŭrmŭmillādă̆h, ădŭrmŭmānă̆h, தருமமில்லாத, அதருமமான

Uncivil, *a.* ănāsārŭmānă̆h, nāttoopongkānă̆h, அனாசாரமான, நாட்டுப்போங்கான

Uncivilized, *a.* nākŭreekŭmillādă̆h, நாகரீகமில்லாத

Unclad, *a.* oodoopillādă̆h, niroovānŭmānă̆h, உடுப்பில்லாத, நிருவாணமான

Uncle, (elder,) *s.* perreyăppŭn, பெரியப்பன்

Uncle, (younger,) *s.* shittŭppŭn, சிற்றப்பன்

Uncle, (maternal,) *s.* māmŭn, tāymāmŭn, மாமன், தாய்மாமன்

Unclean, *a.* arhookānă̆h, shoottŭm illādă̆h, அழுக்கான, சுத்தமில்லாத

Uncleanness, *s.* ăsoottŭm, ărhookoo, அசுத்தம், அழுக்கு

Unclose, *v.* tirrŭkiradoo, திறக்கிறது

Unclothe, *v.* oodooppoo kŭlŭttookiradoo, உடுப்புகழற்றுகிறது

Unclouded, *a.* mŭndārŭm illādă̆h, மந்தாரமில்லாத

Uncoil, *v.* shoorool kollaykiradoo, சுருள்குலைகிறது

Uncomfortable, *a.* āroodŭl illādă̆h, kŭlăkŭmoollă̆h, ஆறுதலில்லாத, கலக்கமுள்ள

Uncommon, *a.* vŭrhăkŭmillādă̆h, vādeekayillādă̆h, noodŭnŭmānă̆h, வழக்கமில்லாத, வாடிக்கையில்லாத, நூதனமான

Uncommonness, *s.* aroomey, ăbooroovŭm, noodŭnŭm, அருமை, அபூருவம், நூதனம்

Unconcern, *s.* kŭvŭleyŭttah, ăsuttey, கவலையற்ற, அசட்டை

Unconcerned, *a.* ăsŭtteyoollă̆h, அசட்டையுள்ள

Unconnected, *a.* peereendă̆h, todărcheeillādă̆h, பிரிந்த, தொடர்ச்சியில்லாத

Unconquerable, a. vellăkoodādăh, வெல்லக்கூடாத

Unconscious, a. ăreeyādăh, terreyādăh, அறியாத, தெரியாத

Unconsciousness, s. ăreeyāmey, terreyāmey, அறியாமை, தெரியாமை

Uncontrolled, a. ishttŭmānăh, kŭttillādăh, இஸ்ட்டமான, கட்டில்லாத

Uncorked, a. ădaykādăh, moodādăh, அடைக்காத, மூடாத

·Uncounted, a. yennādăh, tokhayillādăh, எண்ணாத, தொகையில்லாத

Uncorrupted, a. shoottŭmoollăh, சுத்தமுள்ள

Uncourteous, a. ăvămŭrreeyādeyānăh, nāttoopongānăh, அவமரியாதையான, நாட்டுப்போங்கான

Uncouth, a. toorpāngkānăh, துர்பாங்கான

Uncultivated, (land,) s. tŭroosoo nellŭm, săkhoovŭllee illādăh boomee, தருசுநிலம், சாகுவளியில்லாதபூமி

Uncut, a. veyttoopŭdādăh, tŭrreekăpŭdādăh, வெட்டுபடாத, தறிக்கப்படாத

Undecayed, a. arheeyādăh, korayādăh, அழியாத, குறையாத

Undeceived, a. yekkăpŭdādăh, doorbŭtteekŭrdoopŭdādăh, ஏய்க்கப்படாத, துர்ப்புத்திக்கெடுபடாத

Undecided, a. irroomŭnŭmoollăh, pŭllămŭnŭmoollăh, இருமனமுள்ள, பலமனமுள்ள

Undeniable, a. yedderpeyshăkoodādăh, yedderroobeekăkoodādăb, nitcheeŭmanah, எதிர்பேசக்கூடாத, எதிரூபிக்கக்கூடாத, நிச்சயமான

Undeniably, a. nitcheeŭmay, நிச்சயமாய்

Under, p. keerhey, keeley, ŭdeeyilley, ool, keerhpŭkkŭm, கீழே, அடியிலே, உள், கீழ்ப்பாடு, கீழ்ப்பக்கம்

Underfoot, a. keerhānăh, ădeeyeenkeerhānăh, கீழான, அடியின்கீழான

Undergo, v. pŭdookiradoo, sŭggeekiradoo, படுகிறது, சகிக்கிறது

Underhand, a. kŭbŭdŭmānăh, ăndŭrŭngkŭmānăh, கபடமான, அந்தரங்கமான

Undermine, v. soorŭngŭmărookiradoo, சுரங்கமறுக்கிறது

Underneath, p. keerhey, keelley, ŭdeeyilley, கீழே, அடியிலே

Underrate, v. krayŭmtŭnneekiradoo, கிரையந்தணிக்கிறது

Understand, v. terreekiradoo, ăreekiradoo, தெரிகிறது, அறிகிறது

Understanding, s. boottee, mŭnnŭm, ăreevoo, terreevoo, புத்தி, மானம், அறிவு, தெரிவு

Undertake, v. tŭlley iddookiradoo, oodŭnpŭdookiradoo, தலையிடுகிறது, உடன்படுகிறது

Undertaking, s. kāreeyŭm, mooyŭrchee, காரியம், முயற்சி

Undervalue, v. villeykorayăpārkirădoo, விலைகுறையப்பார்க்கிறது

Undeserved, a. tŭkhādăh, ăneedăh, தகாத, அனீத

Undesirable, a. veyroopānăh, ishttŭm illādăh, வெருப்பான, இஷ்டமில்லாத

Undetected, *a.* velleepŭdādăh, வெளிப்படாத

Undigested, *a.* ăseerŭnŭmānăh, sŭmeeyādăh, அசீரணமான, சமியாத

Undiminished, *a.* korayādăh, tŭneeyādăh, குறையாத, தணியாத

Undiscovered, *a.* velleepŭdādăh, tŭndoopoodeeyādăh, வெளிப்படாத, கண்டுபிடியாத

Undismayed, *a.* dayreeŭmoollăh, ŭnjshādăh, தைரியமுள்ள, அஞ்சாத

Undisputed, *a.* vŭrŭkillādăh, வழக்கில்லாத

Undissolved, *a.* kŭreyādăh, கரையாத

Undistinguishable, *a.* tottŭmillādăh, தோற்றமில்லாத

Undistinguished, *a.* peyrvŭlŭngkādăh, பெயர்வளங்காத

Undisturbed, *a.* sāndŭmoollăh, kŭlŭkŭmillādăh, சாந்தமுள்ள, கலக்கமில்லாத

Undivided, *a.* pugookăkoodădah, pirreeyādăh, பகுக்கக்கூடாத

Undo, *v.* kŭttăveerhkiradoo, கட்டவிழ்க்கிறது

Undoing, *s.* kŭttăveerhkay, கட்டவிழ்க்கை

Undone, *a.* kŭrttăh, ărheendăh, கெட்ட, அழிந்த

Undoubted, *a.* sŭndeykhŭmillādăh, kerlvee yillādăh, சந்தேகமில்லாத, கேழ்வியில்லாத

Undress, *v.* oodoopoo kŭlŭttookiradoo, கழற்றுகிறது

Undressed, *a.* seerpŭdoottādăh, pŭtcheyay, சீர்ப்படுத்தாத, பச்சையாய்

Undried, *a.* pŭtcheyānăh, kayndirādăh, பச்சையான, காய்ந்திராத

Undulate, *v.* ăleykiradoo, அலைகிறது

Undulation, *s.* modoopŭllŭm, ălayvoo, oolayvoo, மேடுபள்ளம், அலைவு, உலைவு

Uneasiness, *s.* koorhăpŭm, mŭnnăkŭlăkŭm, mŭnnăkleyshŭm, குழப்பம், மனக்கலக்கம்

Uneasy, *a.* mŭnnăbeydŭmānăh, aleyvoollăh, மனபேதமான, அலைவுள்ள

Unemployed, *a.* veyleyillādăh, வேலையில்லாத

Unengaged, *a.* oodŭnpŭdādăh, உடன்படாத

Unequal, *a.* yeggădeysŭmānăh, woovādăh, ஏகதேசமான, ஓவ்வாத

Unequalled, *a.* niggŭrillādăh, நிகரில்லாத

Unequivocal, *a.* deerkŭmānăh, dittŭmānăh, தீர்க்கமான, திட்டமான

Uneven, *a.* sŭmmŭmillādăh, săreeyillādăh, சமமில்லாத, சரியில்லாத

Unexampled, *a.* niggŭrillādăh, நிகரில்லாத

Unexpected, *a.* ninneyādăh, yennādăh, yeddeerpārttirādăh, நினையாத, எண்ணாத, எதிர்பார்த்திராத

Unfading, *a.* wolleeyoollăh, mŭngkādăh, ஒளியுள்ள, மங்காத

Unfailing, *a.* tŭppādăh, tŭvŭrādăh, தப்பாத, தவறாத

Unfair, *a.* neeyāyŭmillādăh, ākhādăh, nŭneyākerdānăh, நியாயமில்லாத, ஆகாத, நாணயக்கேடான

Unfaithful, *a.* nŭmbeekay kerdānăh, oonmeyillādăh, நம்பிக்கைகேடான, உண்மையில்லாத

Unfashionable, *a.* vŭrhăkŭmillādăh, pŭrhăkŭmillādăh, வழக்கமில்லாத, பழக்கமில்லாத

Unfasten, *v.* kŭlŭtteepodookiradoo, pŭttookolaykiradoo, கழற்றிபோடுகிறது, பூட்டுக்குலெக்கிறது

Unfavorable, *a.* sŭgāyumillādăh, nŭrkālŭmillādăh, சகாயமில்லாத, நற்காலமில்லாத

Unfeeling, *a.* oonŭrtcheeyillādăh, kŭdeenŭmoollăh, உணர்ச்சியில்லாத, கடினமுள்ள

Unfeigned, *a.* oonmeyoollăh, kŭbădŭmillādăh, உண்மையுள்ள, கபடமில்லாத

Unfinished, *a.* moodeeyādăh, korayvoollăh, முடியாத, குறைவுள்ள

Unfit, *a.* tŭghoodeeyillādăh, tŭkhādăh, yennăkŭmillādăh, தகுதியில்லாத, தகாத, இணக்கமில்லாத

Unfitness, *s.* tŭkhāmey, wovāmey, தகமை, ஒவ்வாமை

Unfix, *v.* kŭrhŭttookiradoo, kŭlŭttookiradoo, neekkookiradoo, கழற்றுகிறது, நீக்குகிறது

Unfixed, *a.* nilleyŭttăh, neekkŭmoollăh, நிலையற்ற, நீக்கமுள்ள

Unfledged, *a.* yerŭkkoo moleyādăh, இறகுமுளையாத

Unfold, *v.* tŭrrŭkiradoo, virreekiradoo, திறக்கிறது, விரிக்கிறது

Unforeseen, *a.* moonyennādăh, moonkānādăh, moonăreeyādăh, முன்னெணணாத, முன்காணாத, முன்னறியாத

Unfortunate, *a.* ădŭsstŭmillādăh, viddeeyŭttăh, அதஷ்டமில்லாத, விதியற்ற

Unfounded, *a.* woroodeeyŭttăh, poyyānăh, உறுதியற்ற, பொய்யான

Unfrequent, *a.* vādeekayillādăh, vŭrhăkŭmillādăh, வாடிக்கையில்லாத, வழக்கமில்லாத

Unfriendly, *a.* sinneykŭmŭttăh, சிநேகமற்ற

Unfruitful, *a.* kŭneeyillādăh, virroodāvānăh, கனியில்லாத, விருதாவான

Ungainly, *a.* pŭsstŭndillādăh, kaykānādăh, பசுந்தில்லாத, கைகாணாத

Ungenerous, *a.* dŭrmŭmillādăh, eeyādăh, lobŭmoollăh, தருமமில்லாத, ஈயாத, உலோபமுள்ள

Ungovernable, *a.* āndookollăkoodādăh, ŭdăkăkoodādăh, ஆண்டுக்கொள்ளகூடாத, அடக்ககூடாத

Ungraceful, *a.* ŭllŭngkārŭmillādăh, அலஙகாரமில்லாத

Ungracious, *a.* kroobeeyillādăh, கிருபையில்லாத

Ungrateful, *a.* nŭnreeyillādăh, nŭnteemŭrŭndăh, நன்றியில்லாத, நன்றிமறந்த

Ungrounded, *a.* wooroodeeyillādăh, poyyānăh, உறுதியில்லாத, பொய்யான

Unguarded, *a.* gŭvŭnŭmillādăh, kāvŭlillādăh, கவனமில்லாத, காவலில்லாத

Unguent, *s.* tayilŭm, தயிலம்

Unhandy, *a.* kayvŭrādăh, கைவராத

Unhappiness, *s.* nirrăbŭndŭm, ădŭshtŭm inmey, kleyshŭm, mŭnnătookŭm, நிர்ப்பந்தம், அதஷ்ட்டமின்மை, கிலேஷம், மனத்துக்கம்

Unhappy, *a.* ădŭshtŭmillădăh, tookŭmoollăh, அதஷ்ட்டமில்லாத, துக்கமுள்ள

Unhatched, *a.* koonjshoo poreeyādăh, குஞ்சுபொரியாத

Unhealthiness, *s.* soogăveenŭm, săvookeeyăveenŭm, சுகவீனம், சவுக்கியவீனம்

Unhealthy, *a.* shostŭmillădăh, savookeeyŭmillādăh, சொஸ்த்தமில்லாத, சவுக்கியமில்லாத

Unheard, *a.* kerlveepŭdādăh, poodeenŭmānăh, கேழ்விப்படாத, புதினமான

Unheeded, *a.* ninneypillădăh, yennŭmillădăh, நினைப்பில்லாத, எண்ணமில்லாத

Unhewn, *a.* veyttādăh, வெட்டாத

Unhurt, *a.* gāyăpŭdādăh, pŭrhoodillādăh, காயப்படாத, பழுதில்லாத

Uniform, *a.* oreytŭnmeyoollăh, oroosheeroollăh, ஒரேதன்மையுள்ள, ஒருசீருள்ள

Uniformity, *s.* orootŭnmey, oroosheer, ஒருதன்மை, ஒருசீர்

Uniformly, *a.* orootŭnmeyay, oroosheeray, ஒருதன்மையாய் ஒருசீராய்

Unimpaired, *a.* kŭrdādăh, pŭrhoodillādăh, கெடாத, பழுதில்லாத

Unimpeachable, *a.* korayshollă koodādăh, sŭtteeyŭmoollăh, குறைசொல்லக்கூடாத, சத்தியமுள்ள

Unimportant, *a.* veesheyshŭmillādăh, ŭrppăh, விசேஷமில்லாத, அற்ப

Unimproved, *a.* ădeekhŭreepillādăh, sheykoyillādăh, அதிகரிப்பில்லாத, செய்கையில்லாத

Unincumbered, *a.* vŭllŭngkăpŭddādăh, விலங்கப்படாத

Uninhabited, *a.* koodeeyillādăh, jennăsŭnjŭrŭmillādăh, குடியில்லாத, சனசஞ்சாரமில்லாத

Uninjured, *a.* sheydăpŭdādăh, kŭrdādăh, சேதப்படாத, கெடாத

Uninstructed, *a.* pŭdeepeekăpŭdādăh, pŭdeeyādăh, படிப்பிக்கப்படாத, படியாத

Unintelligible, *a.* terreeyă koodādăh, ăreeyă koodādăh, தெரியக்கூடாத, அறியக்கூடாத

Unintentional, *a.* yennādăh, ninneyādăh, எண்ணாத, நினையாத

Uninteresting, *a.* inbŭmillādăh, pirreeyŭmkollādăh, இன்பமில்லாத, பிரியங்கொள்ளாத

Uninterrupted, *a* tŭdeyillādăh, yedeyoorillādah, தடையில்லாத, இடையூறில்லாத

Uninvited, *a.* ărheyādăh, teydādăh, அழையாத, தேடாத

Union, *s.* woodŭnpādoo, goomboo, koottŭm, உடன்பாடு, கும்பு, கூட்டம்

Unison, (in,) oreypiddeevādŭmākăh, yerākă issayvoo, ஒரேபிடிவாதமாக, இராகயிசைவு

Unit, *s.* yeykhŭm, onroo, ஏகம், ஒன்று

Unite, *v.* koottookiradoo, isseykiradoo, கூட்டுகிறது, இசைக்கிறது

United, *a.* yenneykăpŭttăh, sheyrndăh, isseykăpŭttăh, இ

ணைக்கப்பட்ட, சேர்ந்த, இசைக்கப்பட்ட

Unity, s. isseyvoo, yennăkŭm, இசைவு, இணக்கம்

Universal, a. yeyngoom nirrayndăh, எங்கும்நிறைந்த

Universe, s. ăndŭm, sŭroovălokhŭm, அண்டம், சருவலோகம்

Unjust, a. ăneedee, ănneeyāyŭm, அநீதி, அனியாயம்

Unjustifiable, a. needeeyillādăh, neeyāyŭmillādăh, நீதியில்லாத, நியாயமில்லாத

Unkind, a. yerrŭkŭmillādăh, pŭtshŭmillādah, இரக்கமில்லாத, பட்சமில்லாத

Unkindly, a. yerrŭkŭmillāmŭl, pŭtshŭmillāmeyay, இரக்கமில்லாமல், பட்சமில்லாமையாய்

Unkindness, s. yerrŭkŭmillamey, apŭtshŭm, இரக்கமில்லாமை, அபட்சம்

Unknowing, a. areeyādăh, terreeyādăh, அறியாத, தெரியாத

Unknown, a. ăreeyādăh, terreeyādăh, அறியாத, தெரியாத

Unknowingly, a. ăreeyāmeyay, terreeyāmeyay, அறியாமையாய், தெரியாமையாய்

Unlawful, a. needeekŭrdoollăh, neeyāyăveenăh, prŭmānă virrodŭmānăh, நீதிகேடுள்ள, நியாயவீன, பிரமாணவிரோதமான

Unlawfulness, s. ănneeyāyŭm, needeekŭrdoo, அநியாயம், நீதிகேடு

Unless, a. illāvittāl, ŭllāmŭl, ŭllāvittāl, tŭvvirăh, இல்லாவிட்டால், அல்லாமல், அல்லாவிட்டால், தவிர

Unlike, a. sŭmmŭdeeyillādăh, wotteerādăh, சமமதியில்லாத, ஒத்திராத

Unlikely, a. sŭndeykhŭmoollăh, சந்தேகமுள்ள

Unlimited, a. ŭllāvillādăh, yelleyillādăh, அளவில்லாத, எல்லையில்லாத

Unload, v. yerrŭkkookiradoo, இறக்குகிறது

Unlock, v. poottoo kŭrhŭttookiradoo, பூட்டுகழற்றுகிறது

Unloose, v. ăveerhkiradoo, kŭrhŭttookiradoo, அவிழ்க்கிறது, கழற்றுகிறது

Unlucky, a. ădŭstŭmillādăh, neerbākeeyŭmoollăh, அதஷ்டமில்லாத, நிர்ப்பாக்கியமுள்ள

Unman, v. veerŭmkŭrdookiradoo, ānmeykŭrdookiradoo, வீரங்கெடுக்கிறது, ஆண்மைகெடுக்கிறது

Unmanageable, a. ŭdŭngkādăh, ālŭkākoodādăh, அடங்காத, ஆளக்கூடாத

Unmanliness, s. ānmey inmey, veerŭm inmey, ஆண்மையின்மை, வீரமின்மை

Unmanly, a. ānmayillādăh, veerŭmillādăh, ஆண்மையில்லாத, வீரமில்லாத

Unmannerly, a. worhookŭmillādăh, toodookoollăh, ஒழுக்கமில்லாத துடுக்குள்ள

Unmarried, a. kŭleeyanŭm illādăh, veevākhŭm illādăh, கலியாணமில்லாத, விவாகமில்லாத

Unmask, v. veyshŭmkŭrdookiradoo, kolăneekiradoo, வேஷங்கெடுக்கிறது, கோலநீக்கிறது

Unmeaning, a. ărtŭmillādăh,

payŭnillādăh, அர்த்தமில்லாத, பயனில்லாத

Unmeasured, *a.* ŭlăveedādăh, அளவிடாத

Unmeditated, *a.* ăloshŭney illādăh, yosheeyādăh, ஆலோசனையில்லாத யோசியாத

Unmentioned, *a.* shollādăh, kooreeyādăh, சொல்லாத, கூறியாத

Unmerciful, *a.* yerrŭkŭmillādăh, kodoomeyānăh, இரக்கமில்லாத கொடுமையான

Unmindful, *a.* ninneyādăh, nyābăgŭmillādăh, நினையாத, ஞாபகமில்லாத

Unmoved, *a.* ăseyādăh, nilleyoollăh, அசையாத, நிலையுள்ள

Unnatural, *a.* soobāvŭkoo virrodŭmānăh, சுபாவத்துக்குவிரோதமான

Unnecessary, *a.* ăvăsŭrŭm illādăh, teyvey illādăh, அவசரமில்லாத, தேவையில்லாத

Unnerve, *v.* veerŭmkolaykiradoo, வீரங்குலைக்கிறது

Unnoticed, *a.* yennādăh, gŭvŭnneeyādah, எண்ணாத, கவனியாத

Unnumbered, *a.* yennookŭdŭngkādăh, kŭnŭkillādăh, எண்ணுக்கடங்காத, கணக்கில்லாத

Unobjectionable, *a.* tŭdeyshollādăh, yeddeerpeysādăh, தடைசொல்லாத, எதிர்பேசாத

Unobliging, *a.* ăbăsārŭmoollah, toodookoollăh, அபசாரமுள்ள, துடுக்குள்ள

Unobservant, *a* pŭrākoollăh, pārămookŭmoollăh, பராக்குள்ள, பராமுகமுள்ள

Unobserved, *a.* pārādăh, gŭvŭnneeyādăh, பாராத, கவனியாத

Unoccupied, *a.* koodeeyillādăh, குடியில்லாத

Unofficial, *a.* ootteeyokŭttookoopoorŭmbānăh, உத்தியோகத்துக்குப் புறம்பான

Unopened, *a.* tŭrăvādăh, poottăpŭttăh, திறவாத, பூட்டப்பட்ட

Unpack, *v.* koleykiradoo, குலைக்கிறது

Unpaid, *a.* koolee kodookādăh, கூலிகொடுக்காத

Unpalatable, *a.* rooseey illādăh, pirreeyŭm illādăh, உருசியில்லாத, பிரியமில்லாத

Unparalleled, *a.* niggŭrillādăh, oppillādăh, நிகரில்லாத, ஒப்பில்லாத

Unpardonable, *a.* porookăpŭdādăh, mŭnneekăpŭdādăh, பொறுக்கப்படாத,, மன்னிக்கப்படாத

Unpin, *v.* ŭllăpŭnātee kŭrhŭttookiradoo, அலப்பநாத்திகழற்றுகிறது

Unpitied, *a.* yerrăkŭm ădayādăh, இரக்கமடையாத

Unpleasant, *a.* shŭndoshŭmillādăh, veyroopoollăh, pirreeyŭm illādăh, சந்தோஷமில்லாத, வெறுப்புள்ள, விருப்பமில்லாத, பிரியமில்லாத

Unpolished, *a.* (as brass, &c.) minnookŭm illādăh, மினுக்கமில்லாத

Unpolished, *a.* (in manners) nāttoopoorăvŭrhăkŭmānăh, நாட்டுப்புறவழக்கமான

Unpolite, *a.* nāgŭreekŭm illādăh, ănăsārŭmānăh, நாகரீகமில்லாத, அநாசாரமான

Unpopular, *a.* jenŭngkŭlookoo wovādăh, mŭnoosŭrookoo

wovādăh, சனங்களுக்கொவ்வாத, மனுஷருக்கொவ்வாத

Unpracticed, *a.* pŭrhăkŭm illādăh, vŭrhăkŭm illādăh, பழக்கமில்லாத, வழக்கமில்லாத, முன்னெண்ணாத

Unpremeditated, *a.* moonyennādăh, moonyennee vaykādăh, முன்னெண்ணிவைக்காத

Unpremeditately, *a.* yerhoondăpŭdee, vŭndăpŭdee, எழுந்தபடி, வந்தபடி

Unprepared, *a.* moosteepākhādăh, āyoottăpŭdādăh, முஸ்திப்பாகாத, ஆயுதப்படாத

Unpretending, *a.* veembeeyillādăh, வீம்பில்லாத

Unprincipled, *a.* goonŭmillādăh, needeekŭrdoollăh, குணமில்லாத, நீதிகேடுள்ள

Unproclaimed, *a.* prŭssittăpŭdādăh, ăreeveeyādăh, பிரசித்தப்படாத, அறிவியாத

Unproductive, *a.* vŭllay illādăh, virroottee yillādăh, விளைவில்லாத, விருத்தியில்லாத

Unprofitable, *a.* lābŭm illādăh, pryoshŭnŭm illādăh, லாபமில்லாத, பிரயோசனமில்லாத

Unpromising, *a.* kŭvvaykee vŭrādăh, கவைக்குவராத

Unpropitious, *a.* ăvŭsayŭnŭmānăh, அவசயனமான

Unprosperous, *a.* vŭrteepillādăh, ănoogoolŭmillādah, வர்த்திப்பில்லாத, அனுகூலமில்லாத

Unproved, *a.* roobeeyādăh, ătătsheeyillādăh, roojoopŭnnādăh, உரூபியாத, அத்தாட்சியில்லாத, உருசுப்பண்ணாத

Unprovided, *a.* moosteepillādăh, முஸ்திப்பில்லாத

Unprovoked, *a.* kobŭttookooyeddŭmillādăh, kobŭm moottādăh, கோபத்துக்கேடமில்லாத, கோபமூட்டாத

Unpublished, *a.* prŭsseetăpŭdādăh, veyleepŭdādăh, பிரசித்தப்படாத, வெளிப்படாத

Unpunished, *a.* dŭndeekăpŭdādăh, தண்டிக்கப்படாத

Unqualified, *a.* pŭdeepillādăh, sāmārtteeyŭm illādăh, படிப்பில்லாத, சாமார்த்தியமில்லாத

Unquenchable, *a.* ārādah, tŭneeyādăh, ஆறாத, தணியாத

Unquestionable, *a.* kerlveekkeddŭm illādăh, turkŭmillādăh, கேழ்விக்கிடமில்லாத, தர்க்கமில்லாத

Unquestioned, *a.* kerlveeyillādăh, tŭrkŭttookkeddŭm illādăh, கேழ்வியில்லாத, தற்க்கத்துக்கிடமில்லாத

Unravel, *v.* seekkŭrdookiradoo, pŭggookiradoo, சிக்கெடுக்கிறது, பகுக்கிறது

Unread, *a.* pŭdeeyādăh, vāsheeyādăh, படியாத, வாசியாத

Unreasonable, *a.* neeyāyŭm illādăh, anneeyāyăh, நியாயமில்லாத, அநியாய

Unreasonableness, *s.* neeyāyăkŭrdoo, anneeyāyŭm, நியாயக்கேடு, அநியாயம்

Unreconciled, *a.* yennăkŭm illādăh, sŭmādānŭm illādăh, இணக்கமில்லாத, சமாதானமில்லாத

Unrefined, *a.* shoottŭm illādăh, poddŭm podādăh, சுத்தமில்லாத, புடம்போடாத

Unreformed, *a.* goonŭm illādăh, worhoong illādăh, குணமில்லாத, ஒழுங்கில்லாத

Unregulated, *a.* worhoongoopŭdādăh, seerpŭdādăh, ஒழுங்குபடாத,, சீர்ப்படாத

Unrelenting, *a.* kodoomeyānăh, கொடுமையான

Unremitting, *a.* yeddeyvoodādăh, todŭrtcheeoollăh, இடைவிடாத, தொடர்ச்சியுள்ள

Unreserved, *a.* dārālŭmānăh, vellee mŭnŭmānăh, தாராளமான, வெளிமனமான

Unresolved, *a.* teermānă pŭdādăh, teyrntŭreeyādăh, தீர்மானப்படாத, தேர்ந்தறியாத

Unrestrained, *a.* tŭnishtŭmānăh, ădŭngkādăh, தன்னிஷ்டமான, அடங்காத

Unrevealed, *a.* velleepŭdoottāpŭdādăh, ăreeveeyādăh, வெளிப்படுத்தப்படாத, அறிவியாத

Unrewarded, *a.* vegghoomŭdeeyillādăh, வெகுமதியில்லாத

Unrighteous, *a.* needeeyillādăh, aneedeeyānăh, நீதியில்லாத, அநீதியான

Unrighteousness, *s.* needeekŭrdoo, anneedee, நீதிக்கேடு, அநீதி

Unripen, *a.* pŭrhookādăh, pŭrhādăh, பழுக்காத,

Unrivalled, *a.* niggŭrillādăh, நிகரில்லாத

Unrobe, *v.* oodoopoo kŭlŭttookiradoo, உடுப்புகழற்றுகிறது

Unroof, *v.* meylkoorey pirreekirradoo, மேற்கூரைபிரிக்கிறது

Unruly, *a.* woroongkillădăh, tāroomāroollăh, ஒழுங்கில்லாத, தாறுமாறுள்ள

Unsaddle, *v* jeenee kŭlŭttookiradoo, jeenee kŭrhŭttookiradoo, சேணிகழற்றுகிறது

Unsafe, *a.* moshŭmānăh, bŭttirrŭmillādăh, மோசமான, பத்திரமில்லாத

Unsaleable, *a.* villeypŭdādăh, விலைப்படாத

Unsatisfied, *a.* mŭnnă poorŭnŭmillādăh, sŭndoshŭm illādăh, sŭnmădŭmillādăh, மனப்பூரணமில்லாத, சந்தோஷமில்லாத, சம்மதமில்லாத

Unsavory, *a.* rooseeyillādăh, உருசியில்லாத

Unsay, *v.* shonnăday mārookiradoo, mŭrootŭlleekiradoo, மறுதலிக்கிறது, சொன்னதைமாறுகிறது

Unscientific, *a.* shāstirŭttookooporoondādăh, சாஸ்திரத்துக்குபொருந்தாத

Unseal, *v.* moodirrey wodaykiradoo, moodirrey mooreekiradoo, முத்திரைவுடைக்கிறது, முத்திரைமுறிக்கிறது

Unseasonable, *a.* pŭrcovŭmtŭppeenăh, sŭmāyŭmillādah, பருவம்தப்பின, சமயமில்லாத

Unseasoned, *a.* soovayillādăh, pŭtcheyānăh, சுவையில்லாத

Unseemly, *a.* âkhādah, isseyādăh, ஆகாத, இசையாத

Unseen, *a.* kānādăh, tonādăh, காணாத, தோணாத

Unsettled, *a.* teerpillādăh, nilleyillādăh, தீர்ப்பில்லாத, நிலையில்லாத

Unsettled, *v.* nilleykoolaykiradoo, நிலைகுலைகிறது

Unsew, *v.* tayŭlpirreekiradoo, தையல்பிரிக்கிறது

Unshaken, *a.* ăshayādăh, ādādăh, அசையாத, ஆடாத

Unsheath, *v.* ooroovookiradoo, worreykŭrhŭttookiradoo, உ

குவுகிறது, உறைகழற்றுகிறது

Unsightly, *a.* ăvvălŭdshŭnŭmoollăh, அவலட்சணமுள்ள

Unsigned, *a.* kay yeyrhoottoo podādăh, kay yeyrhoottillādăh, கையெழுத்துபோடாத, கையெழுத்தில்லாத

Unskilful, *a.* sāmărtteeyŭmillādăh, vivveykhŭm illādăh, சாமார்த்தியமில்லாத, விவேகமில்லாத

Unsociable, *a.* yennăkŭm illādăh, săvookāsŭm illādăh, இணக்கமில்லாத, சாவுகாசமில்லாத

Unsold, *a.* villeypŭdādăh, விலைப்படாத

Unsorted, *a.* teyreendoo kollādăh, vŭgookăpŭdādăh, தெரிந்துகொள்ளாத, வகுக்கப்படாத

Unsought, *a.* teydādăh, தேடாத

Unsound, *a.* yellăpŭmānăh, soogumillādăh, இளப்பமான, சுகமில்லாத

Unsparing, *a.* kodoomeyoollăh, kodeyillādăh, dŭrmŭmillādăh, கொடுமையுள்ள, கொடையில்லாத, தர்மமில்லாத

Unspent, *a.* shellăvākhādăh, shellăvoodādăh, செலவாகாத, செலவிடாத

Unstable, *a.* nelleyillādăh, wooroodeeyillādăh, நிலையில்லாத, உறுதியில்லாத

Unsteady, *a.* nelleymeyānăh, நிலைமையான

Unstitch, *v.* tayŭlpirreekiradoo, தையல்பிரிக்கிறது

Unsubdued, *a.* keerhpŭdādăh, keelpŭdādăh, ădŭngkādăh, கீழ்ப்படாத, அடங்காத

Unsubstantial, *a.* yellăpŭmānăh, இளப்பமான

Unsuccessful, *a.* ănoogoolŭm illādăh, shitteeyākhādăh, அநுகூலமில்லாத, சித்தியாகாத

Unsufferable, *a.* porookăpŭdādăh, பொறுக்கப்படாத

Unsuitable, *a.* tŭkhādăh, koodādăh, yokkeeyŭm illādăh, தகாத, கூடாத, யோக்கியமில்லாத

Unsullied, *a.* tooyăh, kŭrey illādăh, தூய்ய, கறையில்லாத

Unsupportable, *a.* tāngkă koodādăh, porookă koodādăh, தாங்கக்கூடாத, பொறுக்காத

Unsupported, *a.* tāngkădăh, porookhādăh, தாங்காத, பொறுக்காத

Unsuspected, *a.* sŭndeykhŭm illādăh, ayyŭm illādăh, சந்தேகமில்லாத, ஐயமில்லாத

Unsuspicious, *a.* sŭndeykhŭm illādăh, சந்தேகமில்லாத

Unsustainable, *a.* tāngkă koodādăh, nelleypŭdādăh, தாங்கக்கூடாத, நிலைபடாத

Unswept, *a.* koottăpŭdādăh, peyrookăpŭdādăh, கூட்டப்படாத, பெருக்கப்படாத

Untainted, *a.* shoottŭmoollăh, māssillādăh, சுத்தமுள்ள, மாசில்லாத

Untaken, *a.* yeddoopŭdādăh, ākăpŭdādăh, எடுபடாத, அகப்படாத

Untameable, *a.* pŭrhăkăkoodādăh, pŭdeeyādăh, பழக்கக்கூடாத, படியாத

Untamed, *a.* pŭrhăkădăh, vŭssăpŭdādăh, பழகாத, வசப்படாத

Untangle, *v.* seekkŭrdookiradoo, சிககெடுககிறது

Untanned, *a.* pŭcheyānăh, பச்சையான

Untarnished, *a.* shoottŭmānăh, kŭraypŭdādăh, māsoopŭdādăh, சுத்தமான, கறைபடாத, மாசுபடாத

Untasted, *a.* roosseepārādăh, tinnăreeyādăh, உருசிபாராத, தின்னறியாத

Untaught, *a.* pŭdeepeeyādăh, pŭdeeyādăh, படிப்பியாத, படியாத

Untaxed, *a.* vŭreekoolpŭdādăh, வரிகருள்படாத

Unteachable, *a.* vŭssăpŭdādăh, shorkerlādăh, வசப்படாத, சொற்கேளாத

Untenable, *a.* bŭtteeră pŭdoottăkoodādăh, பத்திரப்படுத்தக்கூடாத

Unthankful, *a.* nŭnree yăreeyădăh, nŭnreekŭrttăh, நன்றியறியாத, நன்றிகெட்ட

Unthinking, *a.* ninneyādăh, gŭvŭnŭm illādăh, நினையாத, கவனமில்லாத

Unthought of, *a.* ninneyādăh, ninneyteerādăh, நினையாத, நினைத்திராத

Unthread, *v.* nool pirreekiradoo, நூல்பிரிக்கிறது

Unthrifty, *a.* ărheepoollăh, oodāreeyānăh, அழிப்புள்ள, ஊதாரியான

Untie, *v.* kŭrhŭttookiradoo, kŭlŭttookiradoo, kŭttăveerhkiradoo, ăveerhkiradoo, கட்டவிழ்க்கிறது, அவிழ்க்கிறது

Until, *p.* vŭreykoom, vŭreyoom, mŭttoom, வரைக்கும், வரையும், மட்டும்

Untile, *v.* odoo pireekiradoo, odoo kŭrhŭttookiradoo, ஓடுபிரிக்கிறது, ஓடுகழற்றுகிறது

Untilled, *a.* tŭreesānăh, தரிசான

Untimely, *a.* veyley tŭppeenăh, kālŭm tŭppeenăh, pŭroovŭmtŭppeenah, வேளைதப்பின, காலந்தப்பின, பருவந்தப்பின

Untiring, *a.* yelleyādah, sŭleeyādăh, shorādăh, இளையாத, சலியாத, சோராத

Untold, *a.* shollādăh, veyleepŭdādăh, சொல்லாத, வெளிப்படாத

Untomb, *v.* sŭvŭmkilărookiradoo, சவங்கிளறுகிறது

Untouched, *a.* todādăh, moottādăh, kāyeedādăh, தொடாத, முட்டாத, கைவிடாத

Untoward, *a.* doorjŭnăh, ădŭngkādăh, துர்ச்சின, அடங்காத

Untowardness, *s.* doorjŭnŭm, tŭrkooroomboo, துர்ச்சனம், தர்க்குரும்பு

Untractable, *a.* tāroomāroollăh, தாறுமாறுள

Untrained, *a.* (as a horse, &c.) pŭrhŭkādah, பழகாத

Untrained, *a.* (as a child,) pŭddeepeekādăh, படிப்பிககாத

Untranslated, *a.* tŭrjoomāsheyyāpŭdādăh, morheepeyrkăpŭdādăh, தர்சுமாசெய்யப்படாத, மொழிபெயர்க்கப்படாத

Untransparent, *a.* yirroollānăh, இருளான

Untravelled, *a.* payŭnŭm pŭdādăh, பயணம்படாத

Untried, *a.* shodeeyādăh, sheydoopārādăh, vishārŭney illādăh, சோதியாத, செய்துப்பாராத, விசாரணையில்லாத

Untroubled, *a.* mŭnŭm kŭlŭngkādăh, koorhăpŭm adeyădăh, மனங்கலங்காத,குழப்பமடையாத

Untrue, *a.* meyyillādăh, poyoollăh, poyānăh, மெய்யில்லாத, பொய்யுள்ள, பொய்யான

Untrusty, *a.* nŭmbăkoodādăh, நம்பக்கூடாத

Untruth, *s.* poy, ăsutteeŭm, பொய், அசத்தியம்

Untwist, *v.* pirreekiradoo, moorookŭveerhkiradoo, பிரிகிறது, முறுக்கவிழ்க்கிறது

Unusually, *a.* poodoosay, புதுசாய்

Unusual, *a.* vŭrhăkŭm illādăh, poodoosānăh, வழக்கமில்லாத, புதுசான

Unutterable, *a.* shollă moodeeyādăh, sholloo koolpŭdādăh, சொல்லமுடியாத, சொல்லுக்குள்படாத

Unvaried, *a.* orootŭnmeyānăh, veyttoomey illādăh, ஒருதன்மையான, வேற்றுமையில்லாத

Unversed, *a.* pŭrhŭkādăh, ăreeyădăh, பழகாத, அறியாத

Unwariness, *s.* gŭvŭnŭm inmey, ăjākkirŭttey, கவனமின்மை, அசாக்கிறதை

Unwarlike, *a.* yoottŭttookootŭvādăh, porookootŭvādăh, யுத்தத்துக்கொதவாத, போருக்குதவாத

Unwarrantable, *a.* sărree yennăkoodādăh, சரியென்னக்கூடாத

Unwarranted, *a.* kŭttŭley illādăh, tooneekŭrŭmānăh, nijjŭmillādăh, கட்டளையில்லாத, துணிகரமான, நிசமில்லாத

Unwary, *a.* gŭvvŭnŭm illādăh, கவனமில்லாத

Unwashed, *a.* kŭrhoovādăh, kŭssŭkkādăh, கழுவாத, கசக்காத

Unwavering, *a.* mŭnăsey illādăh, மனசில்லாத

Unwearied, *a.* yelleyādăh, இளையாத

Unweave, *v.* nessoovoo pirreekirradoo, நெசவுபிரிக்கிறது

Unweighed, *a.* nirroottoopārādăh, நிறுத்துப்பாராத

Unwelcome, *a.* pirreeyŭm illādăh, pinneedŭmānăh, பிரியமில்லாத, பின்னிதமான

Unwell, *a.* novoollăh, soogăveenŭmoollăh, நோவுள்ள, சுகவீனமுள்ள

Unwholesome, *a.* soogăveenă, soogŭttookoo tŭkhādăh, சுகவீன, சுகத்துக்குதகாத

Unwilling, *a.* mŭnŭsillādăh, veyroopoollăh, மனசில்லாத, வெருப்புள்ள

Unwillingness, *s.* mŭnŭsinmey, veyroopoo, மனசின்மை, வெருப்பு

Unwind, *v.* shoottookolaykiradoo, சுற்றுகொலைகிறது

Unwinnowed, *a.* podaykādăh, toottādăh, புடையாத, தூற்றாத

Unwise, *a.* bootteeyeenŭmoollăh, bootteekorayăvoollăh, புத்தியீனமுள்ள, புத்திகுறைவுள்ள

Unwithered, *a.* pŭtcheyānăh, பச்சையான

Unwittingly, *a.* ninneyāmŭl, நினையாமல்

Unwonted, *a.* pŭrhăkŭmillādăh பழக்கமில்லாத

Unworthy, *a.* pāttirrŭmillādăh, tŭkhādăh, keerhmeyānăh, பாத்திரமில்லாத, தகாத, கீழ்மையான

Unwound, *a.* shoottookolayndăh, சுற்றுகருலந்த

Unwritten, *a.* yerhoodādăh, vŭrreyādăh, எழுதாத, வரியாத

Unyielding, *a.* ădŭngkādăh, அடங்காத

Unyoke, *v.* noogŭmkŭrhuttookiradoo, yeyrpŭttavookiradoo, நுகங்கழற்றுகிறது, ஏர்ப்பூட்டவிழ்க்கிறது

Up, *a.* meyley, whyr, மேலே, உயர

Upbraid, *v.* koottŭm shārtteepeyshookiradoo, குற்றஞ்சாற்றிபேசுகிறது

Uphold, *v.* tāngkookiradoo, tābŭreekiradoo, தாங்குகிறது, தாபரிக்கிறது

Upland, *s.* whyrndă nellŭm, உயர்ந்தநிலம்

Upmost, *a.* whyrndăh, ākăh, ootcheeyānăh, உயர்ந்த, ஆக, உச்சியான

Upon, *p.* meyl, meyley, perreel, eel, மேல், மேலே, பேரில், யில்

Upper, *a.* meyl, meylānăh, whyrndăh, meylkondăh, மேல், மேலான, உயர்ந்த, மேல்கொண்ட

Uppermost, *a.* meylmitchŭmānăh, meylānăh, wootchŭmānăh, மேல்மிச்சமான, மேலான, உச்சமான

Upright, *a.* niddānŭmānăh, neemeerndăh, neyrmeyānăh, நிதானமான, நிமிர்ந்த, நேர்மையான

Uproar, *s.* kŭlādee, kookoorŭl, ārăvārŭm, கலாதி, கூக்குரல், ஆரவாரம்

Uproot, *v.* veyrodoo poodingkeekiradoo, வேரோடுபிடுங்குகிறது

Upset, *v.* kŭveerhkiradoo, கவிழ்க்கிறது

Upsidedown, *a.* meylkeerhăkăh, மேல்கீழான

Upstart, *s.* ŭrpăbowshŭn, அற்பப்புவஷன்

Upward, *a.* whyrŭmānăh, meylākăh, உயரமான, மேலாக

Urbane, *a.* āsārŭmoollăh, oobăsŭreekiră, ஆசாரமுள்ள, உபசரிக்கிற

Urbanity, *s.* āsārŭm, oobăsārŭm, ஆசாரம், உபசாரம்

Urchin, *s.* pŭnnee goonă'pāyŭn, பண்ணிகுணப்பய்யன்

Urge, *v.* wooroodee kerdkiradoo, toondookiradoo, உறுதிக்கேழ்க்கிறது, தூண்டுகிறது

Urgency, *s.* ăvăsŭrrŭm, nerrookŭdāy, ăgŭtteeyŭm, moottoopādoo, அவசரம், நெருக்கிடை, அகத்தியம், முட்டுப்பாடு

Urgent, *a.* ăvăsŭrrŭmānăh, nerrookŭdayānah, அவசரமான, நெருக்கிடையான

Urine, *s.* moottirrŭm, sirrooneer, மூத்திரம், சிறுநீர்

Usage, *s.* pŭrhăkŭm, vŭrhăkŭm, பழக்கம், வழக்கம்

Use, *s.* pryoshŭnŭm, vŭrhăkŭm, பிரையோசனம், வழக்கம்

Use, *v.* pŭrhăkookiradoo, vŭrhŭngookiradoo, kāyālookiradoo, பழகுகிறது, வழங்குகிறது, கையாளுகிறது

Useful, *a.* pryoshŭnŭmānăh, பிரையோசனமான

Usefully, *a.* pryoshŭnŭmay, kāreeyābākŭmay, பிரயோசனமாய், காரியமாகமாய்

Usefulness, *s.* tŭgoodee, woodăvee, pŭlŭn, pryoshŭnŭm, தகுதி, உதவி, பலன், பிரயோசனம்

Useless, *a.* pryoshŭnŭm illādah, pŭlŭn illādăh, teyvey illādăh, wodăvādăh, பிரயோசனமில்லாத, பலனில்லாத, தேவையில்லாத, உதவாத

Usual, *a.* vŭrhŭkŭmānăh, vādeekayānăh, வழக்கமான, வாடிக்கையான

Usually, *a.* vŭrhŭkŭmāy, வழக்கமாய்

Usurp, *v.* ănneeyāyŭmay yeddoottoo kollookiradoo, அநியாயமாய் யெடுத்துக்கொள்ளுகிறது

Usury, *s.* vŭdee, lābŭm, pŭlsey, வட்டி, லாபம், பலிசை

Utensil, *s.* tŭttoomoottoo tŭllăvādŭm, தட்டுமுட்டுதளவாடம்

Utility, *s.* pryoshŭnŭm, pŭlŭn, பிரயோசனம், பலன்

Utmost, *a.* koodoomānăh, vŭrreykoom, koodeeyānah, moodeendăh, moorhoodoom, கூடுமான, வரைக்கும், கூடியான, முடிந்த, முழுதும்

Utmost, *s.* koodeeyăvŭlăvoo, pŭreeyŭndŭm, கூடிய அளவு, பரியந்தம்

Utter, *v.* shollookiradoo, vŭlŭmbookiradoo, சொல்லுகிறது, விளம்புகிறது

Utter, *a.* moorhoo, nirroomoolŭmānăh, முழு, நிருமூலமான

Utterance, *s.* sholl, peychoo, சொல், பேச்சு

Utterly, *a.* moorhoodŭloom, nirroomoolŭmay, முழுதலும், நிருமூலமாய்

V

Vacancy, (in office,) *s.* ăloovŭl, oodeeyokŭm, அலுவல், உத்தியோகம்

Vacant, *a.* kāleeyānăh, காலியான

Vacate, *v.* kāleeākkookiradoo, காலியாகுகிறது

Vacation, *s.* voodootŭlley, விடுதலை

Vacillate, *v.* mŭnŭm ăseykiradoo, மனமசைகிறது

Vacillation, *s.* mŭnŭm ăseyvoo, மனமசைவு

Vaccinate, *v.* ŭmmay koottookiradoo, அம்மைகுத்துகிறது

Vaccination, *s.* ŭmmaykoottoo, அம்மைகுத்து

Vagabond, *s.* nādodee, pokirree, நாடோடி, போக்கிரி

Vagary, *s.* veen yennŭm, வீணெண்ணம்

Vagina, *s.* yonee, koodee, oobŭsstŭm, யோனி, கூதி, உபஸ்தம்

Vagrant, *s.* nādodee, eenŭn, deyshāndŭree, நாடோடி, ஈனன், தேசாந்திரி

Vagrant, *a.* ălaykiră, tirreekiră, அலைகிற, திரிகிற

Vague, *a.* nitcheeŭm illādăh, நிச்சயமில்லாத

Vain, *a.* veenānăh, virroodāvānăh, வீணான, விருதாவான

Variety, *s.* pŭllăviddŭm, nālāyviddŭm, பலவிதம், நாலாவிதம்

Various, *a.* pŭllăn, pŭllăpŭllăh, pŭllăviddŭmānăh, பல, பலபல, பலவிதமான

Varnish, *s.* minnookoo, merroogoo, மினுக்கு, மெருகு
Varnish, *v.* minnookookiradoo, merrookiddookiradoo, மினுக்குகிறது, மெருகிடுகிறது
Vary, *v.* māttookiradoo, mātteepokiradoo, மாற்றுகிறது, மாற்றிபோகிறது
Vast, *a.* peyrookŭmoollăh, vistārŭmānăh, பெருக்கமுள்ள, விஸ்தாரமான
Vaunt, *v.* veembāy peyshookiradoo, ākkeerŭmeekiradoo, வீம்பாய்பேசுகிறது, ஆக்கிரமிக்கிறது
Vaunter, *s.* veembookārŭn, வீம்புக்காரன்
Vaunting, *a.* veemboollăh, ākkeerŭmānăh, வீம்புள்ள, ஆக்கிரமான
Veer, *v.* tirroopookiradoo, tirroombookiradoo, திருப்புகிறது, திரும்புகிறது
Vegetables, *s.* tŭrkāree, mŭrrăkŭrree, தர்க்காரி, மரக்கறி
Vegetate, *v.* moleykiradoo, tŭrheykiradoo, முளைக்கிறது, தழைக்கிறது
Vegetation, *s.* moleypoo, முளைப்பு
Vehemence, *s.* veyghŭm, moomoorŭm, வேகம், மும்முரம்
Vehement, *a.* veyghŭmoollăh, moomoorŭmoollăh, வேகமுள்ள
Veil, *s.* mookādoo, முக்காடு
Veil, *v.* mookādoo podookiradoo, முக்காடுபோடுகிறது
Vein, *s.* nŭrrŭmboo, நரம்பு
Velocity, *s.* veyghŭm, sŭdoodee, seekirrŭm, shoorookoo, வேகம், சடுதி, சீக்கிரம், சுறுக்கு
Velvet, *s.* mŭkhămŭl, மகமல்
Venal, *a.* lŭnjŭm vāngookiră, லஞ்சம்வாங்குகிற
Venerable, *a.* vŭnŭngkătŭkkăh, gŭnŭm poroondeeyăh, வணக்கத்தக்க, கனம்பொருந்திய
Venerate, *v.* nŭmŭshkŭreekiradoo, நமஸ்கரிக்கிறது
Veneration, *s.* nŭmŭshkārŭm, நமஸ்காரம்
Venereal disease, *s.* lingăpootoo, இலிங்கபுத்து
Venery, *s.* anoobokhŭm, streebokhŭm, அநுபோகம், ஸ்திரிபோகம்
Vengeance, *s.* pŭrheevāngkŭl vŭnjshŭm, vŭrmŭmsādeepoo, பழிவாங்கல், வர்மம்சாதிப்பு
Vengeful, *a.* vŭrmŭmsādeekiră, pŭrheevāngookiră, வர்மம்சாதிக்கிற, பழிவாங்குகிற
Venial, *a.* poorookă koodeeyăh, mŭnneekătŭkkăh, பொறுக்கக்கூடிய, மன்னிக்கத்தக்க
Venison, *s.* mān yerreytchee, மானிறைச்சி
Venom, *v.* vishŭm, விஷம்
Venomous, *a.* vishŭmoollăh, விஷமுள்ள
Vent, *v.* veylee voodookiradoo, yeddŭmkodookiradoo, வெளிவிடுகிறது, இடம்கொடுக்கிறது
Ventilate, *v.* kāttoo veesa yeddŭm pŭnnookiradoo, காற்றுவீசயிடம்பண்ணுகிறது
Ventilation, *s.* kāttooveesookāy, காற்றுவீசுகை
Venture, *s.* (daring,) tooneevoo, துணிவு
Venture, *s.* (speculation,) ăloovŭl, அலுவல்
Venture, *v.* tooneekiradoo, tŭlleypŭdookiradoo, துணிகிறது, தலைப்படுகிறது

Venturous, *a.* tooneevānăh, tooneekŭrŭmānăh, ăloovŭlānăh, துணிவான, துணிகரமான

Venus, *s.* vellee, sokkŭrŭn, வெள்ளி, சுக்கிரன்

Veracious, *a.* meyyānăh, oonmeyyānăh, மெய்யான, உண்மையான

Veracity, *s.* meymey, oonmey, nijjŭm, மெய்மை, உண்மை, நிசம்

Verandah, *s.* tālvārŭm, தாள்வாரம்

Verb, *s.* vinnaytcholl, வினைச்சொல்

Verbal, *a.* vinneyŭdeeyānăh, வினையடியான

Verbatim, *a.* shollookootchollay, சொல்லுக்குச்சொல்லாய்

Verbose, *a.* sholmiggoondăh, சொல்மிகுந்த

Verdant, *a.* pŭshoomeyānăh, pŭtcheyānăh, பசுமையான, பச்சையான

Verdict, *s.* teerpoo, teermānŭm, தீர்ப்பு, தீர்மானம்

Verdigris, *s.* kŭlimboo, களிம்பு

Verdure, *s.* pŭtchey, pŭshoomey, tŭrheypoo, sheyrheepoo, பச்சை, பசுமை, தழைப்பு, செழிப்பு

Verge, *s.* orŭm, kurrey, ஓரம், கரை

Verge, *v.* kittookiradoo, கிட்டுகிறது

Verging, *a.* kittookiră, கிட்டுகிற

Verification, *s.* oonmeypŭdootookay, உண்மைபடுத்துகை

Verify, *v.* meypŭdoottookiradoo, oonmeypŭdoottookiradoo, மெய்ப்படுத்துகிறது, உண்மைபடுத்துகிறது

Verity, *s.* mey, oonmey, nijjŭm, மெய், உண்மை, நிசம்

Vermillion, *s.* jādeelingŭm, shendoorŭm, சாதிலிங்கம், செந்தூரம்

Vermin, *s.* poorhoopoochee, புழுபூச்சி

Vernal, *a.* vŭsŭndă kālŭttey sheyrndăh, வசந்தகாலத்தைச்சேர்ந்த

Versatile, *a.* mŭnnŭm māttootŭkkăh, yeddoopŭdătŭkkăh, எடுபடத்தக்க

Verse, *s.* pāttoo, kŭvvee, பாட்டு, கவி

Versedsine, *s.* vŭllăveen whyrŭm, வலவினவைரம்

Versify, *v.* pāttoo shollookiradoo, பாட்டுசொல்லுகிறது

Version, *s.* vibbŭrrŭm, tiroop-poo, விபரம், திர்ப்பு

Vertex, *s.* kodoomoodee, ooche, கொடுமுடி, உச்சி

Vertical, *a.* oocheeyiloollăh, oocheeyānăh, உச்சியிலுள்ள, உச்சியான

Very, *a.* rombo, miggăvoom, miggoondăh, ரொம்ப, மிகவும், மிகுந்த

Very, *a.* ăndăh, dāney, அந்த, தானே

Vessel, *s.* koppŭreymoodăh moodŭlānăh sāmāngkŭl, கொப்பரைமுடாமுடலானசாமான்கள்

Vestige, *s.* ădayālum, kooreepoo, அடையாளம், குறிப்பு

Vesture, *s.* oodoopoo, உடுப்பு

Veteran, *a.* veerumoollăh, வீரமுள்ள

Veto, *s.* mureepoo, yeddeermurrey, மறிப்பு, எதிர்மறை

Vex, *v.* ălukkuhreekiradoo, அலைக்கழிக்கிறது

Vexation, *s.* ălukkahreevoo, அலைக்கழிவு

Vexatious, *a.* ălukkuhreevoolăh, அலைக்கழிவுள்ள

Vial, *s.* koopee, குப்பி

Viand, *s.* boshŭnăpudārtum, போசனபதார்த்தம்

Vibrate, *v.* ādookiradoo, asaykiradoo, ஆடுகிறது, அசைகிறது

Vibration, *s.* ādul, asayvoo, ஆடல், அசைவு

Vice, *s.* pāvum, teemey, kerdoo, பாவம், தீமை, கேடு

Vicinity, *s.* sŭmeebŭm, சமீபம்

Vicious, *a.* kerdānăh, கேடான

Vicissitude, *s.* beydum, பேதம்

Victim, (a sacrifice,) *s.* pullee, gavoo, பலி, காவு

Victim, (prey,) *s.* yerrey, இரை

Victor, *s.* vetteel udayndăvun, வெற்றியடைந்தவன்

Victorious, *a.* vetteeyoollăh, jayumollăh, வெற்றியுள்ள, சயமுள்ள

Victory, *s.* vettee, வெற்றி

Victual, *v.* boshunum kodookiradoo, போசனங்கொடுக்கிறது

Victuals, *s.* shāppādoo, boshunum, சாப்பாடு, போசனம்

Vie, *v.* vādādookiradoo, vadoosheykiradoo, வாதாடுகிறது, வாதுசெய்கிறது

View, *s.* kādshee, tottum, காட்சி, தோற்றம்

View, *v.* parkiradoo, kānookiradoo, பார்க்கிறது, காணுகிறது

Vigilant, *a.* guvunumoollah, veerheepanah, கவனமுள்ள, விழிப்பான

Vigour, *s.* ānmey, veerŭm, ஆண்மை, வீரம்

Vigourous, *a.* ānmeyoollăh, ஆண்மையுள்ள

Vile, *a.* pārhānăh, kŭrdoollăh, timmeyānăh, பாழான, கேடுள்ள, தீமையான

Vileness, *s.* pollāngkoo, yeenŭm, பொல்லாங்கு, ஈனம்

Vilify, *s.* pŭrheekiradoo, dooshŭneekiradoo, பழிக்கிறது, தூஷணிக்கிறது

Village, *s.* grāmŭm, oor, kooppăkudoo, கிராமம், ஊர்

Villain, *s.* dooshtŭn, drogee, shŭndālŭn, துஷ்டன், துரோகி, சண்டாளன்

Villainy, *s.* drogŭm, shŭndālŭm, துரோகம், சண்டாளம்

Vindicate, *v.* neeyāyŭmyenrookāttookiradoo, shāreeyenrookāttookiradoo, நியாயமென்றுகாட்டுகிறது, சரியென்றுகாட்டுகிறது

Vindication, *s.* neeyāyŭm yeddoottookāttookay, நியாயம்யெடுத்துகாட்டுகை

Vindicator, *s.* neeyāyătŭrŭndŭrŭn, நியாயதுரந்தரன்

Vindictive, *a.* pŭrheevāngkookiră, பழிவாங்குகிற

Vindictiveness, *s.* pŭrheevāngkookiră goonŭm, பழிவாங்குகிறகுணம்

Vine, *s.* moondireekaykodee, trādsheekodee, முந்திரிகைகொடி, திராட்சிகொடி

Vinegar, *s.* kādee, காடி

Vineyard, *s.* moondeereekaytottŭm, முந்திரிகைதோட்டம்

Vinous, *a.* moondeereerŭssŭmānăh, முந்திரிரசமான

Violate, *v.* kooleykiradoo, meerookiradoo, குலைக்கிறது, மீறுகிறது

Violate, *v.* (a female) kŭrpŭrheekiradoo, கற்பழிக்கிறது

Violation, *s.* kŭrpŭrheevoo, koleypoo, கற்ப்பழிவு, குலைவு
Violator, *s.* drogee, koottăvālee, துரோகி, குற்றவாளி
Violence, *s.* bŭllăvŭndŭm, பலவந்தம்
Violent, *a.* bŭllavŭndŭmoollăh, பலவந்தமுள்ள
Violently, *a.* bŭllăvŭndŭmāy, பலவந்தமாய்
Viper, *s.* vireeyŭn pāmboo, விரியன்பாம்பு
Virgin, *s.* kŭnneyāstree, kŭnneepenn, கன்னியாஸ்திரி, கன்னிப்பெண்
Virgin, *a.* kŭnneekŭdoottăh, கன்னிகடுத்த
Virginity, *s.* kŭnneemey, kŭnneetuttoovum, கன்னிமை, கன்னித்தத்துவம்
Virile, *a.* ānmeyoollăh, ஆண்மையுள்ள
Virility, *s.* ānmey, poorooshătŭttoovŭm, ஆண்மை, புருஷத்துவம்
Virtue, *s.* dŭrmŭm, ărŭm, pooneeyŭm, தருமம், அறம், புண்ணியம்
Virtuous, *a.* dŭrmŭmoollăh, ărŭmoollah, pooneeyŭmānăh, தருமமுள்ள, அறமுள்ள, புண்ணியமுள்ள
Virulence, *s.* dooshtătŭnŭm, veegeenăveygŭm, துஷ்டத்தனம், விகினவேகம்
Virulent, *a.* dooshtătŭnŭmoollăh, துஷ்டத்தனமுள்ள
Virus, *s.* sheerh, shee, சீழ், சீ
Visage, *s.* mooghŭm, mooghărooboo, முகம், முகரூபு
Viscera, *s.* koodŭl, koodŭr, குடல், குடர்
Viscid, *a.* pissoopissoopānăh, பிசுபிசுப்பான
Visibility, *s.* kādshee, terreevoo, காட்சி, தெரிவு
Visible, *a.* tottumoollah, velleeyanăh, தோற்றமுள்ள, வெளியான
Vision, *s.* parvay, kādshee, terreevoo, பார்வை, காட்சி, தெரிவு
Visionary, *a.* yennundăvărān, எண்ணந்தவரான
Visit, *s.* sŭndeepoo, சந்திப்பு, காணல்
Visit, *v.* poyee pārkiradoo, போய் பார்க்கிறது
Visitation, *s.* shŭndeepoo, tureeseepoo, சந்திப்பு, தரிசிப்பு
Visitation, (calamity,) *s.* toonbŭm, துன்பம்
Visitor, *s.* shŭndeekiravŭn, சந்திக்கிறவன்
Visual, *a.* pārkă koodeyăh, பார்க்ககூடிய
Vital, *a.* whyroollăh, jeevunoollah, உயிருள்ள, ஜீவனுள்ள
Vitality, *s.* jeevunirookay, whyrirookay, ஜீவனிருக்கை, உயிரிருக்கை
Vitals, *s.* whyrnelleyum, உயிர்நிலையம், உயிர்த்தானங்கள்
Vitiate, *v.* arheekiradoo, kŭrdookiradoo, அழிக்கிறது, கெடுக்கிறது
Vitiation, *s.* ārheevoo, kurdoo, அழிவு, கேடு
Vitreous, *a.* kŭnnādeeyaytchārndah, கண்ணாடியைச்சார்ந்த
Vitrefy, *v.* kunnādee akookiradoo, கண்ணாடியாகுகிறது
Vituperate, *v.* pugayshātteekiradoo, பகைசாதிக்கிறது
Vivacious, *a.* ootchayumānăh, உச்சாயமான

Vivacity, *s.* ootchayum, உச்சாயம்

Vivid, *a.* prăkāsumānăh, பிரகாசமான

Vividness, *s.* prăkāsum, பிரகாசம்

Vivify, *v.* teyleeveekiradoo, தெளிவிக்கிறது

Vocabulary, *s.* neegŭndoo, நிகண்டு

Vocal, *a.* vāyāl perrukkiră, toneeyoollăh, வாயாற்பிறக்கிற, தொனியுள்ள

Vocation, *s.* ăllooviil, veyley, அலுவல், வேலை

Vocative, *a.* villeevettoomey, விளிவேற்றுமை

Vociferate, *v.* koopiddookiradoo, கூப்பிடுகிறது

Vociferation, *s.* koopiddoo, கூப்பிடு

Voice, *s.* tonee, koovoo, தொனி, கூவு

Void, *v.* vandee punnookiradoo, வாந்திபண்ணுகிறது

Void, *a.* illādăh, veyroomeyānăh, இல்லாத, வெறுமையான

Voidable, *a.* beydeekătukkăh, பேதிக்கத்தக்க

Volatile, *a.* toodeeyātumoollăh, āttumoollăh, துடியாட்டமுள்ள, ஆட்டமுள்ள

Volatility, *s.* toolāttum, toodeeyāttum, துள்ளாட்டம், துடியாட்டம்

Volubility, *s.* vātchāllŭm, வாச்சாலம்

Volume, *s.* pudulum, படலம்

Voluminous, *a.* pŭlapoostagŭm kondăh, பலபொஸ்தகம் கொண்ட

Voluntarily, *a.* munădākăh, மனதாக

Voluntary, *a.* ishtumākăh, ishtumoollăh, இட்டமுள்ள

Volunteer, *v.* oomeydoovārāyirookiradoo, உமேதுவாராயிருக்கிறது

Voluptuary, *s.* kāmvikkārun, vaybogee, காமவிகாரன்

Voluptuous, *a.* kamvikkārumoollăh, காமவிகாரமுள்ள

Voluptuousness, *s.* kamvikkārum, காமவிகாரம்

Vomit, *v.* vandee sheykiradoo, vandee yeddookiradoo, வாந்திசெய்கிறது, வாந்தியெடுக்கிறது

Vomit, *s.* vandee, வாந்தி

Vomiting, *s.* vandee, வாந்தி

Voracious, *a.* ārāpusheeoollăh, ஆருப்பசியுள்ள

Voraciousness, *s.* ārāpushee, ஆருப்பசி

Vortex, *s.* neer tchooree, neertchoorul, நீர்ச்சுழி, நீர்ச்சுழல்

Vouch, *v.* shatshee shollookiradoo, dishtandurăh pudoottookiradoo, சாட்சிசொல்லுகிறது

Voucher, *s.* shatshee shollookiravun, dustaveyjoo, சாட்சிசொல்லுகிறவன், தஸ்தாவேசு

Vouchsafe, *v.* arooltcheykiradoo, anoogrākeekiradoo, அருள்செய்கிறது, அனுக்கிரகிக்கிறது

Vow, *s.* prattuney, neyrchee, பிரார்த்தனை, நேர்ச்சி

Vow, *v.* prāttuney sheykiradoo, prātteekiradoo, பிரார்த்திக்கிறது

Vowel, *s.* wheer yerhoottoo, உயிரெழுத்து

Voyage, *s.* kudul prayunum, கடற்பிரயாணம்

Voyager, *s.* kudul prayunee, கடற்பிரயாணி

Vulgar, *a.* keerhmeyānăh, eenuh, கீழ்மையான, ஈன
Vulgarity, *s.* poonmey, eenum, புன்மை, ஈனம்
Vulnerable, *a.* gāyă pudă koodeeya, காயப்படக்கூடிய
Vulture, *s.* rājalee, இராசாளி

W

Wabble, *v.* ādookiradoo, tullādookiradoo, ஆடுகிறது, தள்ளாடுகிறது
Wabbling, *s.* ādookiră, ஆடுகிற
Wad, *s.* toopākkee tukkey, துப்பாக்கித்தக்கை
Waddle, *v.* ashayndoo nudukkiradoo, அசைந்துநடக்கிறது
Wade, *v.* tanneer vurheeyay nudukkiradoo, தண்ணீர்வழியாய்நடக்கிறது
Wag, *v.* āttookiradoo, asaykiradoo, ஆட்டுகிறது, அசைக்கிறது
Wag, *s.* geyleekārun, கேலிக்காரன்
Wager, *v.* pundyum podookiradoo, பந்தயம்போடுகிறது
Wager, *s.* pundyum, பந்தயம்
Wages, *s.* shumpălum, koolee, சம்பளம், கூலி
Waggishness, *s.* geylee, surasum, கேலி, சரசம்
Waggish, *a.* geyleeyānăh, surăsumānăh, கேலியான, சரசமான
Waggon, *s.* bundee, vundee, பண்டி, வண்டி
Wail, *s.* wooley, polombul, ஊளை, புலம்பல்
Wail, *v.* wooley iddookiradoo, polumbookiradoo, ஊளையிடுகிறது, புலம்புகிறது
Waist, *s.* arey, அரை
Wait, *v.* kăttirrookiradoo, pārttirrookiradoo, yedeerparttirrookiradoo, காத்திருக்கிறது, பார்த்திருக்கிறது, எதிர்பார்த்திருக்கிறது
Waive, *v.* nirroottee vaikkiradoo, நிறுத்திவைக்கிறது
Wake, *v.* yeyrhoopookiradoo, virrheekătcheykiradoo, எழுப்புகிறது, விழிக்கச்செய்கிறது
Wakeful, *a.* toongādăh, nitteerey illādăh, jakirŭttayānăh, தூங்காத, நித்திரையில்லாத, சாக்கிறதையான
Wakefulness, *s.* virrheepoo, sjākiruttey, விழிப்பு, சாகிறதை
Waken, *v. a.* moorheechoo kollookiradoo, virrheettoo kollookiradoo, முழிச்சுக்கொள்ளுகிறது
Waken, *v. n.* virrheekiradoo, விழிக்கிறது
Walk, *s.* nudey, oolāvoo, நடை, உலாவு
Walk, *v.* nudukkiradoo, oolāvookiradoo, நடக்கிறது, உலாவுகிறது
Walker, *s.* nudeykārun, நடைக்காரன்
Wall, *s.* shoovur, sevvur, சுவர்
Wallow, *v.* oorhulookiradoo, உழலுகிறது
Wan, *a.* velloo velloottăh, veeyādeeyoollăh, வெளுவெளுத்த, வியாதியுள்ள
Wand, *s.* adeekārăkol, அதிகாரக்கோல்
Wander, *v.* shoottookiradoo, aleykiradoo, சுற்றுகிறது, அலைகிறது
Wanderer, *s.* deyshāndirree, nādodee, தேசாந்திரி, நாடோடி

Wandering, *s.* ălayvoo, nādottŭm, அலைவு, நாடோட்டம்
Wane, *v.* teykiradoo, koorаykiradoo, தேய்கிறது, குறைகிறது
Waning, *a.* teykiră, koorаykiră, தேய்கிற, குறைகிற
Wanness, *s.* velloopoo, veeyādeekolum, வெளுப்பு, வியாதிகோலம்
Want, *v.* verndeeyăday irookiradoo, āsureekiradoo, வேண்டியதாயிருக்கிறது
Want, *s.* teyvey, virroopum, தேவை, விருப்பம்
Wanting, *a.* teyveyānăh, koorāykira, தேவையான, குறைகிற
Wanton, *s.* kāmeeyān, காமியான்
Wanton, *a.* mokumkondoo nudukira, மோகங்கொண்டுநடக்கிற
Wantonness, *s.* mokhaleeley, ruttakorhoopoo, mudaverree, மோகலீலை, இரத்தகொழுப்பு, மதவெறி
War, *s.* por, yoottum, shundey, போர், யுத்தம், சண்டை
War, *v.* yoottumpunnookiradoo, யுத்தம்பண்ணுகிறது
Warble, *v.* pādookiradoo, பாடுகிறது
Ward, *s.* kāvul, காவல்
Ward, (off,) *v.* tuttookiradoo, tuveerkiradoo, தட்டுகிறது, தவிர்க்கிறது
Wardrobe, *s.* ălămāree, அலமாரி
Wares, *s.* surukkoo, sāmān, சரக்கு, சாமான்
Warfare, *s.* porāttum, yoottum, shundey, போராட்டம், யுத்தம், சண்டை
Wariness, *s.* yechureepoo, guvunum, எச்சரிப்பு, கவனம்
Warm, *a.* shoodăh, ănulānăh, shoodoollăh, சூடான, அனலான, சூடுள்ள
Warm, *v. a.* kāchookiradoo, shoodookiradoo, காய்ச்சுகிறது, சுடுகிறது
Warm, *v.n.* veykum kollookiradoo, வெகங்கொள்ளுகிறது
Warmly, *a.* ănulay, shooday, அனலாய், சூடாய்
Warmth, *s.* kāyvoo, shoodoo, veykhŭm, காய்வு, சூடு, வேகம்
Warn, *v.* yeytchŭrreekiradoo, kŭdeendookollookiradoo, எச்சரிக்கிறது, கடிந்துகொள்ளுகிறது
Warp, *s.* nessavoopāy, நெசவுபாய்
Warp, *v.* (as wood,) toovŭloo kiradoo, neyleekiradoo, துவளுகிறது, நெளிகிறது
Warrant, *s.* kŭttŭley, arhaytŭl, tŭttoovăpŭtteereekay, கட்டளை, அழைத்தல், தத்துவபத்திரிகை
Warranted, *a.* ooroodeepettăh, nijshăpŭttăh, உறுதிபெற்ற, நிசப்பட்ட
Warrior, *s.* veerŭn, pŭdayālŭn, வீரன், படையாளன்
Wart, *s.* mŭtchŭm, மச்சம்
Wary, *a.* gŭvŭnŭmoollah, yetchŭreepoollăh, கவனமுள்ள, எச்சரிப்புள்ள
Wash, *v.* kŭrhoovookiradoo, kŭloovookiradoo, kŭssŭkkookiradoo, கழுவுகிறது, களுவுகிறது, கசக்குகிறது
Washerman, *s.* vŭnnān, yekhālee, வண்ணான், ஏகாலி
Washing, *s.* kŭrhoovoo, kŭssŭkkoo, கழுவு, கசக்கு
Wasp, *s.* kŭlăvee, vŭndoo, கொளவி, வண்டு
Waspish, *a.* veddooveddoopool-

lăh, kŭddookŭddoopoollăh, வெடுவெடுப்புள்ள, கடுகடுப்புள்ள
Waspishness, *s.* kobŭm, kŭdoopoo, veddooveddoopoo, கோபம், கடுப்பு, வெடுவெடுப்பு
Waste, *s.* veenshellăvoo, kŭrheevoo, korayvoo, வீண்செலவு, கழிவு, குறைவு
Waste, *v.* veenăyshellăvŭrheekiradoo, kŭrdookiradoo, வீணாய்செலவழிக்கிறது
Watch, (time piece,) *s.* gŭdeeyārŭm, கடியாரம்
Watch, (guard,) *s.* kāvŭl, காவல்
Watch, *v.* kāvŭlsheykiradoo, kākookiradoo, kākiradoo, காவல்செய்கிறது, காக்குகிறது, காக்கிறது
Watcher, *s.* kāvŭlkārŭn, kāvŭlŭn, காவல்காரன், காவலன்
Watchful, *a.* jākkirŭttayānăh, virrheepoollăh, சாக்கிரதையான, விழிப்புள்ள
Watchfulness, *s.* virrheepoo, jākkirŭttay, yetchŭreekāy, விழிப்பு, சாக்கிறதை, எச்சரிக்கை
Watching, *s.* kāvŭl, kāppoo, காவல், காப்பு
Watchword, *s.* kāvŭl kooreepoo tcholl, காவல்குறிப்புச்சொல்
Water, *s.* tănneer, neer, jellum, தண்ணீர், நீர், சலம்
Water, *v.* tănneer vārkiradoo, tănneer teyleekiradoo, தண்ணீர்வார்க்கிறது, தண்ணீர்தெளிக்கிறது
Water, (cold,) pŭtchă tănneer, பச்சைதண்ணீர்
Water, (horses, &c.) *v.* tănneerkānbeekiradoo, tănneerkāttookiradoo, தண்ணீர்காண்பிக்கிறது, தண்ணீர்காட்டுகிறது
Water, (hot,) shoodăh tănneer, venneer, சுடுதண்ணீர், வெந்நீர்
Waterchannel, *s.* vāykāl, வாய்க்கால்
Watercourse, *s.* neerottŭm, நீரோட்டம்
Water-melon, *s.* tŭrboojoo, தர்பூசு
Watertight, *a.* neerooradăh, நீரூறாத
Waterwheel, *s.* tănneer shŭkkrŭm, தண்ணீர்சக்கரம்
Watery, *a.* neeroollăh, நீருள்ள
Wave, *s.* alay, tirray, அலை, திரை,
Wave, *v.* āttookiradoo, ஆட்டுகிறது
Waver, *v.* ādookiradoo, ălaykiradoo, ஆடுகிறது, அலைகிறது
Wax, *s.* morhoogoo, மொழுகு
Wax, (sealing,) ărŭkkoo, அரக்கு
Wax, (a floor, &c.) *v.* morhoogoo poosookiradoo, மொழுகுபூசுகிறது
Wax-candle, *s.* morhoogoo bŭttee, மொழுகுபத்தி
Wax-cloth, *s.* morhoogoo toonee, மொழுகுதுணி
Way, *s.* vŭrhee, dāree, pādey, mārghŭm, bāttey, வழி, தாரி, பாதை, மார்க்கம், பாட்டை
Waylay, *v.* sŭdeesheyă kāttirookiradoo, சதிசெய்யகாத்திருக்கிறது
Wayward, *a.* morŭndoollăh, veddooveddoopānăh, முரண்டுள்ள, வெடுவெடுப்பான
Waywardness, *s.* morŭndoo, kooroomboo, முரண்டு, குரும்பு
We, *p.* nām, nāngkŭl, yengkŭl, நாம், நாங்கள், யெங்கள்

Weak, *a.* bŭllăveenŭmoollăh, yellayttăh, novoollăh, sŭttoovŭm illādăh, பலவீனமுள்ள, சத்துவமில்லாத

Weak, (in intellect,) *a.* tŭlŭndă boottee, தளந்தபுத்தி

Weaken, *v.* bellŭn koraykiradoo, sŭttoovŭm koraykiradoo, பலன் குறைகிறது, சத்துவம் குறைகிறது

Weakly, *a.* bŭllăveenŭmay, பலவீனமாய்

Weakness, *s.* sŭttoovăkŭrdoo, சத்துவகேடு

Weakness, (of intellect,) *s.* beydeytŭnmey, பேததன்மை

Weal, *s.* sheyrheepoo, deysheyrheepoo, செழிப்பு, தேசச்செழிப்பு

Wealth, *s.* āysooreeŭm, dirrăveeŭm, shelvŭm, porool, sŭmbŭttoo, ஐசுவரியம், திரவியம், செல்வம், பொருள், சம்பத்து

Wealthy, *a.* aysooreeŭmoollăh, shelvŭmoollăh, ஐசுரியமுள்ள, செல்வமுள்ள

Wean, *v.* pālmŭrrŭkkă pŭnnookiradoo, பால்மறககப்பண்ணுகிறது

Weaned-child, *s.* pālmŭrŭndăpoolley, பால்மறந்தபிள்ளை

Weapon, *s.* āyoodŭm, kuroovee, ஆயுதம், கருவி

Wear, *v.* ăneekiradoo, tŭreekiradoo, அணிகிறது, தரிககிறது

Wear, (clothes,) *v.* oodoopoo podookiradoo, உடுப்புபோடுகிறது

Wear away, *v.* woraynjoopokiradoo, உரைஞ்சிபோகிறது

Weariness, *s.* yellaypoo, āyāsŭm, shorboo, tŭllŭrtchee, இளைப்பு, ஆயாசம், சோர்பு, தளர்ச்சி

Wearisome, *a.* sŭlleepānăh, சலிப்பான

Weary, *v.* yellakă sheykiradoo, இளைககச்செய்கிறது

Weary, *a.* yellaypānăh, ăloopoollăh, sŭllepānăh, இளைப்பான, அலுப்புள்ள, சலிப்பான

Weather, *s.* kālŭm, kālăsoobāvŭm, காலம், காலசுபாவம்

Weave, *v.* pinnookiradoo, neykiradoo, nessăvoopinnookiradoo, பின்னுகிறது, நெய்கிறது, நிசவுபின்னுகிறது

Weaver, *s.* kaykollŭn, shenneeŭn, nessăvookārŭn, shŭrdŭn, கைக்கோளன், சேணியன், நிசவுககாரன், சேடன்

Weaving, *s.* pinnŭl, nessŭvooveyley, பின்னல், நிசவுவேலை

Web, *s.* pinnŭl, nessăvoo, பின்னல், நிசவு

Webfooted, *a.* tolŭdeeyoollăh, tolkāloollah, தோலடியுள்ள, தோல்காலுள்ள

Wed, *v.* kŭleeyānŭm pŭnnookiradoo, vivvākŭm pŭnnookiradoo, கலியாணம்பண்ணுகிறது, விவாகம்பண்ணுகிறது

Wedding, *s.* kŭleeyānŭm, vivvākŭm, கலியாணம், விவாகம்

Wedding ceremony, *s.* kŭleeyānăsāsterŭm, கலியாணசாஸ்திரம்

Wedge, *s.* āppoo, ஆப்பு

Wedge, *v.* āpp ŭdeekiradoo, ஆப்படிக்கிறது

Wedlock, *s.* kŭleeyānŭm, vivvăkŭm, கலியாணம், விவாகம்

Wednesday, *s.* boodŭnkŭrhămey, புதன்கிழமை

Weed, *s.* kŭiley, களை

Weed, *v.* kúlley poodingeekirădoo, kŭlley púreekiradoo, களைபிடுங்குகிறது, களைபறிக்கிறது

Week, *s.* vārŭm, kŭrhămey, வாரம், கிழமை

Weekly, *a.* vārŭm doroom, kŭrhămeydoroom, வாரந்தோரும், கிழமைதோரும்

Weep, *v.* ălookiradoo, kŭnneervoodookiradoo, அழுகிறது, கண்ணீர்விடுகிறது

Weeper, *s.* ălookirăvŭn, அழுகிறவன்

Weeping, *s.* ălookey, அழுகை

Weigh, *v.* niroottoo pārkiradoo, tookookiradoo, nirookiradoo, நிறுத்துப்பார்க்கிறது, தூக்குகிறது, நிறுக்கிறது

Weighing, *s.* tookkoo, nirrey, தூக்கு, நிறை

Weight, *s.* gŭnŭm, bārŭm, nirrey, கனம், பாரம், நிறை

Weighty, gŭnŭmānăh, bārŭmānăh, கனமான, பாரமான

Weighty, (important,) *a.* mooggeeyŭmānăh, முக்கியமான

Welcome, *s.* oobăsārŭm, mŭngălŭm, உபசாரம், மங்களம்

Welcome, *v.* ŭngeekŭreekiradoo, oobăsārŭm shollookiradoo, அங்கிகரிக்கிறது, உபசாரஞ்சொல்லுகிறது

Welcome, *v.* inbŭmānăh, ŭngeekŭreepānăh, இன்பமான, அங்கிகரிப்பான

Welcome, (you are) oobăsārŭmākăveer, உபசாரமாகவீர்

Weld, *v.* pālŭm vaittoo pŭttăvaikiradoo, பாளம்வைத்துப்பற்றவைக்கிறது

Welding, *s.* pŭttooveylley, பற்றுவேலை

Welding-heat, *s.* veykkădoo, வெக்காடு

Welfare, *s.* soogŭm, soogăveertee, sheymŭm, சுகம், சுகவிர்த்தி, க்ஷேமம்

Well, *s.* kŭnăroo, koovŭm, கிணறு, கூவம்

Well, *a.* soogŭmoollăh, nŭnmeyoollăh, சுகமுள்ள, நன்மையுள்ள

Well, *a.* soogŭmay, sostŭmay, nŭnmeyay, சுகமாய், சொஸ்தமாய், நன்மையாய்

Well-bred, *a.* nŭllŭmay vŭrhŭngăpŭttāh, வழக்கப்பட்ட

Well-builder, *s.* kŭnārookŭttee, கிணறுகட்டி

Well-digger, *s.* wŏddŭn, ஒட்டன்

Well-done, *i.* săvāss, gerttee, சவாஸ், கெட்டி

Well rope, *s.* tāmbookowroo, தாம்புக்கயறு

Well-nigh, *a.* kittătŭttăh, konjshŭm korayăh, கிட்டத்தட்ட, கொஞ்சங்கொறைய

Well-wisher, *s.* ŭnbŭn, அன்பன்

Wen, *s.* kŭrhŭlley kŭttee, கழலைகட்டி

West, *s.* meyrkoo, mettissey, மேற்கு, மேற்றிசை

West, *a.* meyrkānăh, meettisseyānăh, மேற்கான, மேற்றிசையான

Western, *a.* meyrkoollăh, மேற்குள்ள

Wet, Wetness, } *s.* eerŭm, nănayvoo, ஈரம், நனைவு

Wet, *a.* eerŭmānăh, nănaynjah nănayndăh, ஈரமான, நனைஞ்ச நனைந்த

Wet, *v.* eerŭm sheykiradoo, nŭnaykiradoo, ஈரம்செய்கிறது, நனைக்கிறது

Wetnurse, *s.* āmāh, moleytāy, ஆமா, முலைத்தாய்
Wetting, *s.* nănayvoo, toyvoo, நனைவு, தோய்வு
Whale, *s.* timmingkŭlŭm, திமிங்கலம்
What, *p.* yennăh, yeddoo, yeydoo, என்ன, எது, ஏது
Whatever, *p.* yeddākeeloom, yeddoovākeeloom, yeddoovo, yevvayākeeloom, எதாகிலும், எதுவாகிலும்
What-though, *a.* eeroondāloom, eeroondoom, இருந்தாலும், இருந்தும்
Wheat, *s.* godoomey, godoombey, கோதுமை, கோதும்பை
Wheedle, *v.* myŭkkookiradoo, மயக்குகிறது
Wheedler, *s.* myŭkkookārŭn, மயக்குக்காரன்
Wheedling, *s.* titteepānă peytchoo, nyŭtcholl, தித்திப்பான பேச்சு, நயச்சொல்
Wheel, *s.* shŭkkărŭm, woorŭlley, சக்கரம், உருளை
Wheelbarrow, *s.* kayvŭndee, கைவண்டி
Whelp, *s.* miroogha koottee, மிருகக்குட்டி
Whelp, *v.* koottee podookiradoo, குட்டிப் போடுகிறது
When, *a.* yeppo, yeppodoo, yepporhoodoo, yenneyrŭm, எப்போ, எப்போது, எப்பொழுது, என்னேரம்
Whence, *a.* yengeeroondoo, yenġey, yevvidŭm, எங்கிருந்து, எங்கெ, எவ்விடம்
Whenever, *a.* yeppovākeeloom, yepporhoodākeeloom, எப்போவாகிலும், எப்பொழுதாகிலும்

Where, *a.* yengey, yevvidŭm எங்கே, எவ்விடம்
Whereabout, *a.* yevvŭdŭtteel, yengey, எவ்விடத்தில், எங்கே
Whereas, *a.* ăppŭdeeyirookă, ādŭlal, ākeeloom, yenrāloom, அப்படியிருக்க, ஆதலால், ஆகிலும், என்றாலும்
Whereby, *a.* yedināley, எதினாலே
Wherefore, (interrogatively,) *a.* yeyn, yenŭttookoo, ஏன், என்னத்துக்கு
Wherefore, (for therefore) *a.* ānăpŭdeeyināley, ādŭr kākhăh, ஆனபடியினாலே, அதற்காக
Whereupon, *a.* oodăney, tŭtchŭnŭmmey, உடனே, தற்சணமே
Whet, *v.* koorākookiradoo, shāneypideekiradoo, teettookiradoo, கூராக்குகிறது, சாணைபிடிக்கிறது, தீட்டுகிறது
Whether, *a.* iddākeeloom, ăddākeeloom, இதாகிலும், அதாகிலும்
Whetstone, *s.* shāneykŭl, சாணைக்கல்
Which, *p.* yeddoo, yendăh, எது, எந்த
Whichever, *p.* yedākeeloom, எதாகிலும்
While, Whilst, *a.* podoo, porhoodoo, veyleyeel, neyrŭtteel, போது, பொழுது
While, *v.* porhoodoopokkookiradoo, porhoodookŭrheekiradoo, பொழுதுபோக்குகிறது, பொழுதுகழிக்கிறது
Whim, *s.* yennŭm, ninneypoo, எண்ணம், நினைப்பு
Whimsical, *a.* keeroodoollăh, koosāloollăh, கிறுதுள்ள, குசாலுள்ள

Whine, v. vimmookiradoo, விம்முகிறது

Whip, s. süvookoo, küsay, sättay, சவுக்கு, கசை, சாட்டை

Whip, v. süvookāl üdeekiradoo, சவுக்காலடிக்கிறது

Whirl, v. shoorhüttookiradoo, shoottookiradoo, சுழற்றுகிறது, சுற்றுகிறது

Whirlpool, s. neershoorhee, நீர்ச்சுழி

Whirlwind, s. shooründähkāttoo, சுழண்டகாற்று

Whisk, s. toodaypüm, vārookol, துடைப்பம், வாருகோல்

Whiskers, s. künnämeesey, கன்னமீசை

Whisper, s. koosookoosoopeytchoo, குசுகுசுபேச்சு

Whisper, v. koosookoosoopeysookiradoo, குசுகுசுபேசுகிறது

Whistle, v. isseykotteekoopidookiradoo, ஈஸ்கொட்டிகூப்பிடுகிறது

White, a. velleyneerümoollăh, வெள்ளைநிறமுள்ள

Whiten, Whitewash, v. velleyüdeekiradoo, வெள்ளையடிக்கிறது

Whiteness, s. velley, velleyvürünüm, venmey, வெள்ளை, வெள்ளைவர்ணம், வெண்மை

Whither, a. yengey, எங்கே

Whitish, a. velleyānah, venmeyoollăh, வெள்ளையான, வெண்மையுள்ள

Whitlow, s. nägäshoottoo, நகச்சுற்று

Whiz, v. veenidookiradoo, வீண்ணிடுகிறது

Who, p. ār, yār, yevvün, yevvül, yevvür, ஆர், எவன், எவள், எவர்

Whoever, p. ārākeeloom, yārākeeloom, yevvunākeeloom, yevvüno, ஆராகிலும், யாராகிலும், எவனாகிலும், எவனோ

Whole, s. moorhoodoom, yellām, முழுதும், எல்லாம்

Whole, a. yellā, moorhoo, எல்லா, முழு

Wholesale, a. mottümay, மொத்தமாய்

Wholesome, a. süvookkeeyümoollăh, soogümānăh, soogümmoollăh, சவுக்கியமுள்ள, சுகமான, சுகமுள்ள

Wholesomeness, s. süvookkeeyüm, sheymüm, சவுக்கியம், க்ஷேமம்

Wholly, a. shoottümay, teermānümāy, சுற்றமாய், தீர்மானமாய்

Whom, p. ārey, yārey, yevüney, yevüley, yevürey, ஆரை, யாரை, எவனை, எவளை, எவரை

Whoop, s. kookoorül, kootchül, கூக்குரல், கூச்சல்

Whoop, v. kookoorül yeddookiradoo, கூக்குரலிடுகிறது

Whore, s. veysee, teyvideeyāl, வேசி, தேவிடியாள்

Whorish, a. veyseetünümoollăh, வேசித்தனமுள்ள

Whose, p. āroodaiyăh, yevüroodăiyăh, ஆருடைய, எவருடைய

Whose-ever, p. yevünākeeloom, yevünoom, yāronrāloom, எவனாகிலும், எவனும், யாரொன்றலும்

Whosoever, p. āronrāloom, ஆரொன்றலும்

Why, a. yehn, yehnnätteenāley, yennüttookoo, ஏன், என்னத்தினாலே, என்னத்துக்கு

Wick, *s.* vŭlŭkoo tirreechŭl, வளக்குதிரிச்சல்

Wicked, *a.* pollādăh, drokhŭm-oollăh, dooshtăh, பொல்லாத, துரோகமுள்ள, துஷ்ட

Wickedly, *a.* drokhŭmay, dooshtŭmay, துரோகமாய், துஷ்டமாய்

Wickedness, *s.* pollāngkoo, dooshtăgoonum, drokhŭm, பொல்லாங்கு, துஷ்டகுணம், துரோகம்

Wide, *a.* virreevānăh, ŭgulŭm-ānăh, விரிவான, அகலமான

Widely, *a.* virreevay, ŭghŭlŭm-ay, விரிவாய், அகலமாய்

Widen, *v.* ŭgŭlāpŭdoottookiradoo, virreekiradoo, அகலப்படுத்துகிறது, விரிக்கிறது

Wideness, *s.* ŭghŭlŭm, virreevoo, அகலம், விரிவு

Widow, *s.* kāympenn, கைம்பெண்

Widower, *s.* pendeerhŭndon, பெண்டிழந்தோன்

Width, *s.* ughulŭm, virreevoo, அகலம், விரிவு

Wield, *v.* kayādookiradoo, கையாடுகிறது

Wife, *s.* penjādee, pendāttee, mŭnăvee, bāree, பெண்சாதி, பெண்டாட்டி, மனைவி, பாரி

Wig, *s.* poymayeer, modeemayeer, பொய்மயிர், முடிமயிர்

Wild, *a.* kādānăh, காடான

Wild animal, *s.* kāttoo mirroogŭm, காட்டுமிருகம்

Wilderness, *s.* vŭnŭm, kādoo, வனம், காடு

Wildness, *s.* kāttootŭnmey, mirroogătŭnŭm, காட்டுதன்மை, மிருகத்தனம்

Wile, *s.* tŭndirrŭm, oobayŭm, தந்திரம், உபாயம்

Wilful, *a.* morondoogoonŭm-oollăh, முரண்டுக்குணமுள்ள

Wilfully, *a.* morondoogoonŭm-ay, முரண்டுக்குணமாய்

Wilfulness, *s.* morondoogoonŭm, முரண்டுக்குணம்

Will, *s.* mŭnŭm, shittŭm, ittchey, மனம், சித்தம், இச்சை

Will, (of a deceased person,) *s.* jādăkhŭm, சாதகம்

Will, *v.* vŭrnoomyenroo shollookiradoo, வரனும்என்றுசொல்லுகிறது

Willing, *a.* pirreeŭmoollăh, mŭnŭmoollăh, பிரியமுள்ள, மனமுள்ள

Willingly, *a.* mŭnŭmay, pirreeŭmay, மனமாய், பிரியமாய்

Willingness, *s.* mŭnŭm, pirreeŭm, மனம், பிரியம்

Wily, *a.* tŭndirŭmoollăh, oobăyŭmoollăh, தந்திரமுள்ள, உபாயமுள்ள

Win, *v.* vellookiradoo, vetteekānookiradoo, வெல்லுகிறது, வெற்றிகாணுகிறது

Win, (at play,) *v.* geyleekiradoo, செலிக்கிறது

Wince, *v.* pădaykiradoo, toodeekiradoo, பதைக்கிறது, துடிக்கிறது

Wind, *s.* kāttoo, காற்று

Wind, *v.* (as thread,) noolshoottookiradoo, நூல்சுற்றுகிறது

Wind, *v.* (as a clock,) &c. shoottookiradoo, சுற்றுகிறது

Wind, *v.* (as a road,) koneekondoopokiradoo, கோணிக்கொண்டுபோகிறது

Winding, *s.* koneekondoopokhookay, கோணிக்கொண்டு போருகை

Windmill, *s.* kāttyendirrŭm, காற்றெந்திரம்

Windpipe, *s.* koorŭlvŭley, குரல்வளை

Window, *s.* jennŭl, சன்னல்

Wine, *s.* winesārāyŭm, ஒயின் சாராயம்

Wing, *s.* rŭkhay, yerăgoo, இறக்கை, இறகு

Wink, *s.* kŭnneemey, கண்ணிமை

Wink, *v.* kŭnneemey pārkiradoo, கண்ணிமைபார்க்கிறது

Winning speech, *s.* năyātchol, mŭdoorămorhee, நயச்சொல், மதுரமொழி

Winnow, *v.* podaykiradoo, புடைக்கிறது

Wipe, *v.* todaykiradoo, shoottŭm sheykiradoo, துடைக்கிறது, சுத்தஞ்செய்கிறது

Wire, *s.* kŭmbee, கம்பி

Wisdom, *s.* nyānŭm, areevoo, boottee, oonŭrchee, bodŭm, ஞானம், அறிவு புத்தி, உணர்ச்சி, போதம்

Wise, *a.* nyānŭmoollah, bootteeoollāh, āreevoollăh, புத்தியுள்ள, அறிவுள்ள

Wisely, *a.* bootteeyay, yoogŭmmay, புத்தியாய், யூகமாய்,

Wish, *s.* issey, āsay, veeroopŭm, இச்சை, ஆசை, விருப்பம்

Wish, *v.* vŭrndookiradoo, veeroombookiradoo, வேண்டுகிறது, விரும்புகிறது

Wishfully, *a.* veerŭppay, āsayay, விருப்பாய், ஆசையாய்

Wit, *s.* boottee, vivveygŭm, yooktee, புத்தி, விவேகம் யுக்தி

With, *p.* koodăh, oodăney, wodoo, கூட, உடனே, ஒடு

Withdraw, *v.* peyrkookiradoo, pirreekiradoo, yedookiradoo, பேர்க்குகிறது, பிரிக்கிறது, எடுக்கிறது

Wither, *v. n.* (as a plant, &c.) kānjeepokiradoo, kāykiradoo, காஞ்சிபோகிறது, காய்கிறது

Wither, *v. a.* vŭrŭttookiradoo, vāttookiradoo, oolŭrttookiradoo, வரட்டுகிறது, வாட்டுகிறது, உலர்த்துகிறது

Withering, *a.* kānjeepokiră, kaykiră, vadookiră, oolŭrttookiră, காஞ்சிபோகிற, காய்கிற, வாடுகிற, உலர்த்துகிற

Withhold, *v.* kodāmŭl vaikiradoo, poodeekiradoo, கொடாமல்வைக்கிறது, பிடிக்கிறது

Within, *a.* ool, oolley, eel, ăndŭrŭm, உள், உள்ளே, இல், அந்தரம்

Without, *a.* veyleeyay, poorŭmbay, வெளியாய், புறம்பாய்

Without, *prep.* illāmŭl, ănree, tŭveerăh, worheeyah, இல்லாமல், அன்றி, தவிர, ஒழிய

Withstand, *v.* yeddeerttoo neerkiradoo, yeddeerkiradoo, tŭdookiradoo, எதிர்த்துநிற்கிறது, எதிர்க்கிறது, தடுக்கிறது

Witless, *a.* bootteeyeenăh, ăvivveykăh, புத்தியீன, அவ்விவேக

Witness, (to bear,) *v.* shātsheeyiddookiradoo, shātsheesshollookiradoo, சாட்சியிடுகிறது, சாட்சிசொல்லுகிறது

Witness, (personally,) *v.* shātsheevŭrookiradoo, kānookiradoo, சாட்சிவருகிறது, காணுகிறது

Witness, *s.* shātshee, சாட்சி

Witty, *a.* shootchŭmoollăh, boot-

teeyoollăh, குட்சமுள்ள, புத்தியுள்ள
Woe, *s.* dookŭm, mŭnăsŭnjshŭlŭm, veeyākhoolŭm, துக்கம், மனசஞ்சலம், வியாகூலம்
Woeful, *a.* sŭnjshŭlŭmoollăh, dookŭmānăh, சஞ்சலமுள்ள, துக்கமான
Woman, *s.* poombuley, stree, penn, mŭnooshee, பெம்பிளை, ஸ்திரீ. மனுஷி
Womanhood, *s.* pennmey, பெண்மை
Womanish, *a.* pennmeyānăh, streekŭdoottăh, பெண்மையான, ஸ்திரிக்கடுத்த
Womanly, *a.* penmeyay, பெண்மையாய்
Womb, *s.* kŭroovoo, கருவு
Wonder, *s.* ădeeseeyŭm, ātchŭreeŭm, அதிசியம்,ஆச்சரியம்
Wonder, *v.* ădeeseeyăpŭdookiradoo, ātchŭreeyapŭdookiradoo, அதிசியப்படுகிறது, ஆட்சிரியப்படுகிறது
Wonderful, *a.* ădeeseeyŭmānăh, ātchŭreeyŭmānăh, அதிசியமான, ஆட்சரியமான
Wonderfully, *a.* ădeeseeyŭmay, ātchŭreeyŭmay, அதிசயமாய், ஆட்சிரியமாய்
Won't, (will not,) *aux.* illeyenroo shollookiradoo, இல்லையென்று சொல்லுகிறது
Woo, *v.* mŭnrādookiradoo, vŭrndeekerdkiradoo, மன்றாடுகிறது, வருந்திக்கேழ்க்கிறது
Wood, *s.* (timber,) mŭrrŭm, மரம்
Wood, *s.* (of trees,) soley, kādoo, சோலை, காடு
Wood, *s.* (firewood,) verăgoo, verăvoo, வெறகு, வெறவு
Wooden, *a.* mŭrrŭmānăh, mŭrrăh, மரமான, மர
Woodpigeon, *s.* kăttoopoorā, காட்டுபுறா
Woody, *a.* (jungly,) kādoollăh, காடுள்ள
Wool, *s.* āttoo romŭm, ஆட்டுரோமம்
Woollen, *a.* kŭmbleeyākeeyăh, āttoo mayeerālāy, கம்பளியாகிய, ஆட்டுமயிராலே
Word, *s.* shol, vārttay, morhee, vāgeeŭm, peytchoo, vŭssănŭm, சொல், வார்த்தை, மொழி, வாக்கியம், பேச்சு, வசனம்
Wordy, *a.* miggoosholloollăh, மிகுசொல்லுள்ள.
Work, *s.* veyley, dorheel, ăloovŭl, pŭneevŭday, வேலை, தொழில், அலுவல், பணிவிடை
Work, *v.* veyley sheykiradoo, ăloovŭl sheykiradoo, வேலைசெய்கிறது, அலுவல்செய்கிறது
Work, *v.* (ferment,) pongkookiradoo, noraykiradoo, பொங்குகிறது, நுரைக்கிறது
Workman, *s.* veyleykārŭn, வேலைக்காரன்
Workmanlike, *a.* tirroondeenăh, teyreenăh, திருந்தின, தேறின
Workmanship, *s.* kāyveyley, veyley, கைவேலை, வேலை
World, *s.* wolăgŭm, prŭbŭnjshum, poovunŭm, boolokhŭm, உலகம், பிரபஞ்சம், புவனம், பூலோகம்
Worldly, *a.* prŭbŭnjshăh, பிரபஞ்ச
Worldly-minded, *a.* prŭbŭnjshă mŭnnŭssoollăh, பிரபஞ்சமனசுள்ள

Worm, *s*. nākoopoochee, poorhoo, நாகருப்பூச்சி, புழு
Wormeaten, *a*. poorhookŭdeeyanăh, புழுக்கடியான
Worry, *v*. (tease,) tondărăvoosheykiradoo, தொந்திரவுசெய்கிறது
Worship, *v*. nŭmŭshkŭreekiradoo, torhookiradoo, pottookiradoo, நமஷ்க்கரிக்கிறது, தொழுகிறது, போற்றுகிறது
Worshipper, *s*. bŭktŭn, torhookirăvŭn, பக்தன், தொழுகிறவன்
Worst, *a*. mŭkhākerdānăh, மகாகேடான
Worsted, *s*. kŭmbleenool, கம்பளிநால்
Worth, *s*. peyroomŭdee, villeykrāyŭm, peyroomānăh, பெறுமதி, விலைக்கிரயம், பெறுமான
Worthiness, *s*. yoggeeŭm, tŭrgoodee, pāttirrŭm, யோக்கியம், தகுதி, பாத்திரம்
Worthless, *a*. wodăvādăh, tālvānah, yelpŭmānăh, உதவாத, தாழ்வான, இளப்பமான
Wortlhessness, *s*. tŭkhāmey, தகாமை
Worthy, *a*. tŭgoodeeyānăh, yoggeeŭmoollah, தகுதியான, யோக்கியமுள்ள
Wound, *s*. gāyŭm, rŭnnŭm, காயம், ரணம்
Wound, *v*. gāyăpŭdoottookiradoo, rŭnnăpŭdoottookiradoo, காயப்படுத்துகிறது, ரணப்படுத்துகிறது
Wounding, *s*. gāyăpādoo, காயப்பாடு
Wrangle, *v*. shŭndeypoodeekiradoo, kulăkhŭm iddookiradoo, சண்டைபோடுகிறது, கலகமிடுகிறது
Wrangler, *s*. kŭlŭkhăkārŭn, shŭndeykārŭn, கலகக்காரன், சண்டைக்காரன்
Wrap, *v*. shootteekŭttookiradoo, shoottookiradoo, சுற்றிக்கட்டுகிறது, சுற்றுகிறது
Wrath, *s*. kobŭm, ooggrŭm, krodŭm, kŭdoongkobŭm, oograkobŭm, கோபம், உக்கிறம், குரோதம், கடுங்கோபம், உக்கிரகோபம்
Wrathful, *a*. krodŭmānăh, ooggrŭmānăh, குரோதமான, உக்கிரமான
Wreath, *s*. shoottoo, māley, சுட்டு, மாலை
Wreathe, *v*. shoottookiradoo, சுட்டுகிறது
Wreck, *s*. shinnābinnŭm, சின்னாபின்னம்
Wreck, *v*. sheydăpŭdookiradoo, modeeoodaykiradoo, சேதப்படுகிறது, மோதியுடைக்கிறது
Wrench, *v*. tirookeepŭreekiradoo, moorookookiradoo, திருகிப்பறிக்கிறது, முறுக்குகிறது
Wrest, *v*. tirookeepoodingeekiradoo, திருகிபிடுங்குகிறது
Wretch, *s*. nirroobŭndŭn, pādăgŭn, நிர்ப்பந்தன், பாதகன்
Wretched, *a*. yellăpŭmānăh, yelleeyuh, yeyrheymeyānăh, இளப்பமான, எளிய, ஏழைமையான
Wretchedness, *s*. yellăpŭm, இளப்பம்
Wriggle, *v*. neyleekiradoo, ăsaykiradoo, நெளிக்கிறது, அசைகிறது
Wring, *v*. poorheekiradoo, புழிகிறது
Wrinkle, *s*. soorookoo, சுருக்கு
Wrinkle, *v*. sooroongkookiradoo,

சுருங்குகிறது

Wrist, *s.* mŭneekŭttoo, மணிக்க ட்டு

Write, *v.* yerhoodookiradoo, vŭreekiradoo, எழுதுகிறது வ ரிகிறது

Writer, *s.* yerhoodooveyley kārŭn, yerhoodookārŭn, எ ழுத்துவேலைக்காரன், எழுத்து க்காரன்

Writhe, *v.* pŭdaykiradoo, படைக கிறது

Writhing, *s.* pŭdaypoo, படைப் பு

Writing, *s.* yerhoottoo, kāyyerhoottoo, எழுத்து, கையெ ழுத்து

Written, *a.* yerhoodăpŭttăh, எழுதப்பட்ட

Wrong, *s.* koottŭm, tŭppiddŭm, குற்றம், தப்பிதம்

Wrong, *v.* rŭndăghŭm sheykiradoo, tŭppiddŭm sheykiradoo, இரண்டகம்செய்கிறது,

Wrong, *a.* tŭppiddŭmānăh koottŭmoollăh, pirhey pŭttăh, தப்பிதமான, குற்றமுள்ள, பிழைப்பட்ட

Wrong, *ad.* tŭppeedŭmay, தப் பிதமாய்

Wrongful, *a.* teemeyoollăh, தீமையுள்ள

Wrongfully, *a.* teemeyāy, தீமை யாய்

Wroth, *a.* kobŭmoollăh, ooggrŭmānăh, கோபமுள்ள, உக் கிரமான

Wrought, *a.* kāyvinneypŭttăh, கைவினைப்பட்ட

Wry, *a.* konŭlānăh, vŭlayndăh neyrillādăh, moorookeenăh, கோணலான, வளைந்த, நேரி ல்லாத, முறுக்கின

Y

Yam, *s.* kŭlŭngkoo, கிழங்கு

Yard, *s.* gejjŭm, moonŭdee, eerŭndoo molŭm, கெசம், மூ ணடி, இரண்டுமுழம்

Yawn, *v.* kottāvee voodookiradoo, கொட்டாவிவிடுகிறது

Yawn, *s.* kottāvee, கொட்டாவி

Yea, *a.* ām, āmām, meydān, ăppŭdee, ஆம், ஆமாம், மெ ய்தான், அப்படி

Year, *s.* vŭrooshŭm, āndoo, வ ருஷம், ஆண்டு

Yearly, *a.* vŭrooshŭmdoroom, vŭrooshŭmay, āndoroom, வ ருஷந்தோறும், வருஷமாய்

Yearn, *v.* yerrŭngkookiradoo, eedŭveekiradoo,இரங்குகிறது, பரிதவிக்கிறது

Yearning,*s.* pŭreedābŭm, yerrăkŭm, āvŭl, பரிதாபம், இரக் கம், ஆவல்

Yell, *v.* kookoorookiradoo, கூக் குருக்கிறது

Yell, *s.* kookoorŭl, கூக்குரல்

Yellow, *s.* mŭnjshŭl vŭrrŭnŭm, mŭnjshŭll nirrŭm, மஞ்சள் வரணம், மஞ்சள்நிறம்

Yellow, *a.* mŭnjshŭl vŭrrŭnŭmoollăh, மஞ்சள்வரணமுள் ள

Yelp, *v.* koolaykiradoo, குலைக் கிறது

Yes, *a.* ām, āmā, āmām, ஆம், ஆமா, ஆமாம்

Yesterday, *s*, neyttoo, neytteeyădinnŭm, நேத்து, நேத் தியதினம்

Yesterday, (the day before,) moondānāl, முந்தாநாள்

Yesternight, *s.* pona rātteeree,

neyttoo rātteeree, போனராத்திரி, நேத்துராத்திரி

Yet, *a*, innoom, yenrāloom, pinnoom, yenkiloom, இன்னும், என்றாலும், பின்னும், எங்கிலும்

Yield, *v.* yennŭngkookiradoo, yeddumkodookiradoo, இணங்குகிறது, இடங்கொடுக்கிறது

Yielding, *a.* yennăkŭmoollăh, இணக்கமுள்ள

Yoke, *s.* (for bullocks,) noogŭm, noogătŭddee, நுகம், நுகத்தடி

Yoke, *v.* noogŭmkuttookiradoo, noogŭmpoottookiradoo, நுகமகட்டுகிறது, நுகம்பூட்டுகிறது

Yolk, *s.* (of an egg,) āmbillee, mŭnjshăkŭroo, அம்பிலி, மஞ்சக்கரு

Yonder, *a.* ăppoorŭm, ăndăndey, ăppāley, அப்புறம், அந்தண்டை, அப்பாலே

Yore, *a.* moonney, முன்னே

You, *p.* nee, neer, neengkŭl, நீ, நீர், நீங்கள்

Young, *s.* kŭnroo, koottee, koonjshoo, கன்று, குட்டி, குஞ்சு

Young, *a.* yellăsānăh, yelleyăh, இளசான, இளைய

Young, (man,) vāleeyăvŭn, வாலியவன்

Young, (woman,) vāleeyăvŭl, வாலியவள்

Your, *p.* oon, oonoodāyăh, oonoodăh, oomădoo, oongŭloodāyăh, உன், உன்னுடைய, உன்னுடை, உம்முடை, உங்களுடைய

Yourself, *p.* oonneydāney, oommeydāmey, neerdāmey, உன்னைதானே, உம்மைதானே, நீர்தானே

Youth, *s.* yellămey, yellŭm, prāyŭm, vāleeyŭm, இளமை, இளம்பிருயம், வாலியம்

Youthful, *a.* vālleyăh, vāley, வாலிய, வாலே

Youthfulness, *s.* poolleymey, yelăvŭnŭm, பிள்ளைமை, இளவனம்

Z

Zeal, *s.* poodeevādŭm, āvŭl, wootchākhŭm, பிடிவாதம், ஆவல், உச்சாகம

Zealous, *a.* poodeevādŭmoollăh, mŭnăveyghŭmoollăh, vayrāgeeŭmoollăh, பிடிவாதமுள்ள, மனவேகமுள்ள, வைராக்கியமுள்ள,

Zenith, *s.* wootchee, உச்சி

Zero, *s.* soonŭm, சுன்னம்

Zest, *s.* roosee, உருசி

Zig zag, *a.* konŭlay, vŭleyvay, கோணலாய், வளைவாய்

Zinc, *s.* tootŭnākhŭm, துத்தநாகம்

Zodiac, *s.* rāsheemŭndălŭm, இராசிமண்டலம்

Zoology, *s.* mirroogă shāsteerŭm, மிருகசாஸ்திரம்